Stefan Bergs

Rückstellungen im Braunkohlenbergbau

GABLER EDITION WISSENSCHAFT

Betriebswirtschaftslehre des Bergbaus, Hüttenwesens und Flächenrecyclings

Herausgegeben von
Professor Dr.-Ing. Dipl.-Kfm. Dieter Jacob,
Technische Universität Bergakademie Freiberg,
Professor Reinhard Schmidt,
Präsident des Sächsischen Oberbergamtes

Stefan Bergs

Rückstellungen im Braunkohlenbergbau

Auswirkungen der Verpflichtung zur Wiedernutzbarmachung der Oberfläche nach BBergG

Mit einem Geleitwort von Prof. Dr. Dieter Slaby

Deutscher Universitäts-Verlag

Bibliografische Information Der Deutschen Nationalbibliothek
Die Deutsche Nationalbibliothek verzeichnet diese Publikation in der
Deutschen Nationalbibliografie; detaillierte bibliografische Daten sind im Internet über
<http://dnb.d-nb.de> abrufbar.

Dissertation TU Bergakademie Freiberg, 2005 u.d.T.: Stefan Bergs, Rückstellungen wegen der Verpflichtung zur Wiedernutzbarmachung der Oberfläche nach BBergG – speziell im Braunkohlenbergbau.

1. Auflage September 2006

Alle Rechte vorbehalten
© Deutscher Universitäts-Verlag | GWV Fachverlage GmbH, Wiesbaden 2006

Lektorat: Brigitte Siegel / Dr. Tatjana Rollnik-Manke

Der Deutsche Universitäts-Verlag ist ein Unternehmen von Springer Science+Business Media.
www.duv.de

Das Werk einschließlich aller seiner Teile ist urheberrechtlich geschützt. Jede Verwertung außerhalb der engen Grenzen des Urheberrechtsgesetzes ist ohne Zustimmung des Verlags unzulässig und strafbar. Das gilt insbesondere für Vervielfältigungen, Übersetzungen, Mikroverfilmungen und die Einspeicherung und Verarbeitung in elektronischen Systemen.

Die Wiedergabe von Gebrauchsnamen, Handelsnamen, Warenbezeichnungen usw. in diesem Werk berechtigt auch ohne besondere Kennzeichnung nicht zu der Annahme, dass solche Namen im Sinne der Warenzeichen- und Markenschutz-Gesetzgebung als frei zu betrachten wären und daher von jedermann benutzt werden dürften.

Umschlaggestaltung: Regine Zimmer, Dipl.-Designerin, Frankfurt/Main
Druck und Buchbinder: Rosch-Buch, Scheßlitz
Gedruckt auf säurefreiem und chlorfrei gebleichtem Papier
Printed in Germany

ISBN-10 3-8350-0461-1
ISBN-13 978-3-8350-0461-0

Geleitwort

Das Thema der im Rahmen einer Dissertation durchgeführten Forschung ist, trotz der bereits über Jahrhunderte andauernden Entwicklung des Bergbaus und der hiermit einhergehenden Auseinandersetzung mit den Folgen der Eingriffe in Naturhaushalte und in gesellschaftliche Strukturen und trotz der Fülle hierzu bereits vorliegender wissenschaftlicher Literatur und praktischer Erfahrungen, von großem Interesse. Die gestellte Aufgabe beinhaltet rechtliche, technische, ökologische, betriebswirtschaftliche, finanzwirtschaftliche und steuerliche Fragen und sie hat eine historische Dimension.

Die Untersuchungen werden auf das Problem der Ermittlung und der Bildung von Rückstellungen für die bergrechtlich bestimmten Pflichten zur Wiedernutzbarmachung (WNBM) und der privatrechtlichen Verpflichtung zur Zwischenbewirtschaftung der vom Braunkohlenbergbau zeitweilig devastierten Flächen begrenzt, und Herr Bergs verweist in diesem Zusammenhang auf die Rolle der Regionalplanung und der Braunkohlenpläne sowie auf die Verpflichtungen nach allgemeinem Polizei- und Ordnungsrecht und nach weiteren Rechtsgrundlagen (Wasserrecht, Umweltrecht u.a.).

Grundlage für die Bestimmung der finanziellen Mittel für die Erfüllung der Verpflichtung zur WNBM und der hierfür zu bildenden Rückstellungen ist die Vorauskalkulation des sachlichen Aufwandes und dessen finanzielle Bewertung. Das setzt eine hierfür geeignete Strukturierung des Prozesses der WNBM aus sachlicher und zeitlicher Sicht voraus.

Bezüglich der sachlichen Struktur wird empfohlen, den Erfahrungen aus der Arbeit mit Gewerkekatalogen bei der Braunkohlensanierung in Ostdeutschland zu folgen. Modulare Bausteine der Vorauskalkulation und für die Zurechnung des Aufwandes und der Kosten sind entsprechend definierte und mit Abrechnungseinheiten versehene Gewerke, Untergewerke, Teilleistungen und Einzelmaßnahmen.

Die zeitliche Einordnung der Leistungen zur WNBM über alle Phasen der Nutzung einer Lagerstätte hinweg führt zu einem charakteristischen Verlauf des hierfür erforderlichen Erfüllungsbetrages über die Zeitachse, beginnend mit den bereits als Folge von Such- und Erkundungsarbeiten verursachten Aufwendungen bis zu den in der Auslaufphase und darüber hinaus anstehenden Verpflichtungen für Nachsorge und für ggf. erforderliche Langzeitaufgaben, letztere häufig nicht mehr unter der Zuständigkeit der Bergbehörde.

Kernproblem des zu diesen Problemen herrschenden Meinungsstreites ist es, ob der Verpflichtungsumfang zu einem Bilanzstichtag *aus dem zu diesem Tag aktuell bestehenden (verursachten) oder aus dem zum planmäßigen Erfüllungszeitpunkt gegebenen* Leistungsumfang zu bestimmen ist. Dieses Problem ist im Bergbau von erheblicher Relevanz, weil der Verpflichtungsumfang zum Zeitpunkt des planmäßigen Abschlusses der Gewinnungstätigkeit (z.B. für die Gestaltung eines Tagebaurestloches) geringer sein kann (in der Regel sein wird) als der stichtagsbezogene und im Fall einer vorzeitigen Zerschlagung des Betriebes bestehende Verpflichtungsumfang. Weiter wird zum Teil kontrovers diskutiert, ob eine Periodisierung des Erfüllungsbetrags direkt dem aktuellen Stand der Verursachung und damit den sich verändernden Ergebnissen einer dann permanent durchzuführenden Verpflichtungsinventur folgen soll, oder ob eine Periodisierung des Erfüllungsbetrages in Relation zu einer der Bezugsgrößen Fördermenge, Absatzmenge, Ertrag oder Zeit erfolgen soll. Die diesbezüglich unterschiedlichen Vorgehensweisen und die sich abhängig hiervon ergebenden Wirkungen, z.B. auf die Unter- oder Überdeckung der Rückstellungen in Relation zum bewerteten Stichtags-Verpflichtungsumfang, werden anschaulich an Hand eines Praxisbeispieles dargestellt und diskutiert.

Herr Bergs plädiert für eine Periodisierungsgröße *modifizierter Stichtags-Erfüllungsumfang*. Es werden Vorschläge unterbreitet, wie in diesem Fall den Gefahren einer Eigenkapitalaufzehrung in frühen Projektperioden und einer liquidätsmäßigen Unterdeckung durch Erweiterung der Kompetenzen der Bergbehörde im Rahmen der Betriebsplanzulassung begegnet werden kann.

Die Arbeit gibt auch Anregungen und Antworten auf weitere und spezielle Fragen der monetären Bemessung des Erfüllungsbetrages, z.B. zur Kalkulation und Zurechenbarkeit der Kosten, zur Berücksichtigung aufwandsmindernder Faktoren sowie der Entwicklung von Preisen und Inflation, zu den Möglichkeiten und Konsequenzen einer Verzinsung, zu den steuerlichen Auswirkungen und zu den sich aus der Einführung internationaler Rechnungslegungsstandards ergebenden Regelungen. Die Arbeit enthält auch einen Ausblick auf noch ungelöste Probleme und anstehende weitere Untersuchungen.

Die in dieser Publikation zusammengefassten Forschungsarbeiten sind eine Bereicherung des wissenschaftlichen Kenntnisstandes auf diesem Gebiet und sie sind darüber hinaus von aktueller Bedeutung für die Lösung der in der Bergbaupraxis anstehenden Aufgaben.

Prof. Dr. oec. habil. Dieter Slaby

Vorwort

Die vorliegende Arbeit wurde im Wintersemester 2005/2006 von der Fakultät für Wirtschaftswissenschaften der Technischen Universität Bergakademie Freiberg als Dissertation angenommen.

Für die Unterstützung, die ich während der Erstellung dieser Arbeit erhalten habe, bin ich zahlreichen Menschen zu Dank verpflichtet:

In erster Linie natürlich meinem Doktorvater, Herrn Prof. Dr. Dieter Slaby, an dessen Lehrstuhl ich im Rahmen meiner Tätigkeit als wissenschaftlicher Mitarbeiter die Möglichkeit zur Promotion erhielt.

Danken möchte ich auch Herrn Prof. Dr. Dieter Jacob sowie Herrn Prof. Dr. F. Ludwig Wilke für die Übernahme der Zweit- bzw. Drittgutachten sowie für inhaltliche Anregungen.

Für zahlreiche fachliche Hinweise und interessante Diskussionen geht mein Dank an Herrn Dr. Bernd-Uwe Haase, MIBRAG mbH, sowie an Herrn Gottfried-Christoph Wild, Romonta GmbH, weiterhin an Herrn Dipl.-Kfm. Marcus Käsebier. Herrn Prof. Dr. Gerhard Ring, Herrn Assessor Carsten Ilius (beide TU Bergakademie Freiberg) und Herrn Bergoberrat Josef Bach vom Sächsischen Oberbergamt in Freiberg verdanke ich wertvolle Anregungen und Vorschläge zum Kapitel 1. Zur Diskussion wichtiger Einzelfragen standen mir weiterhin Herr Dr. Herbert Wiesner und Herr Dr. Heiner Schreier, beide TU Bergakademie Freiberg, freundlicherweise zur Verfügung.

Für die zügige und professionelle Erledigung von Schreibarbeiten geht mein Dank an Frau Birgit Koch und Herrn Dipl-Kfm. Tobias Giese.

Für die finanzielle und fachliche Unterstützung, die mir von den Unternehmen Vattenfall Europe Mining AG und MIBRAG mbH in den letzten Jahren gewährt wurde, danke ich allen hieran beteiligten Mitarbeitern dieser beiden Unternehmen.

Schließlich hat die Förderung und Unterstützung durch meine Eltern, nicht nur während der Promotionsphase, einen ganz erheblichen Anteil am Gelingen dieser Arbeit.

Die Geduld und moralische Unterstützung von Sophie Engelmann hat mir speziell in den Monaten der endgültigen Fertigstellung dieser Arbeit den benötigten „letzten Schub" gegeben.

Stefan Bergs

Inhaltsverzeichnis

Geleitwort	V
Vorwort	VII
Abbildungsverzeichnis	XVII
Tabellenverzeichnis	XIX
Abkürzungsverzeichnis	XXI

0	**Einführung**	1
0.1	Hintergrund und Rechtfertigung der Arbeit	1
0.2	Gang der Untersuchung	3
1	**Rechtliche Grundlagen der Entstehung und Erfüllung der Pflicht zur Wiedernutzbarmachung der vom Bergbau in Anspruch genommenen Oberfläche**	7
1.1	Vorbemerkung	7
1.2	„Wiedernutzbarmachung" als eine unter Bergaufsicht zu erfüllende Verpflichtung des Bergbautreibenden	7
1.2.1	„Wiedernutzbarmachung" in Vorschriften des BBergG	7
1.2.2	Verwendung juristischer Auslegungsmethoden zur inhaltlichen Ausfüllung von „Wiedernutzbarmachung"	8
1.2.2.1	Vorbemerkung	8
1.2.2.2	Bedeutung der einzelnen Auslegungsmethoden	9
1.2.2.3	Einzelheiten zur grammatikalischen Auslegung	10
1.2.2.4	Einzelheiten zur systematischen Auslegung	10
1.2.3	Auslegung des Begriffs der „Ordnungsmäßigkeit" der Oberflächengestaltung unter dem Primat des Telos des BBergG	11
1.2.3.1	Grammatikalische Auslegung des Begriffs der „Ordnungsmäßigkeit" der Oberflächengestaltung unter dem Primat des Telos des BBergG	11
1.2.3.2	Zwischenergebnis	12
1.2.3.3	Systematische Auslegung des Begriffs der „Ordnungsmäßigkeit" der Oberflächengestaltung unter dem Primat des Telos des BBergG	12
1.2.3.3.1	„Wiedernutzbarmachung" in den Vorschriften bezüglich der bergrechtlichen Erlaubnis, Bewilligung und des Bergwerkseigentums (Bergbauberechtigungen: §§ 6 ff. BBergG)	12
1.2.3.3.2	„Wiedernutzbarmachung" in den Vorschriften über das bergrechtliche Betriebsplanverfahren (§§ 51 ff. BBergG)	14
1.2.3.3.2.1	Vorbemerkung	14
1.2.3.3.2.2	Betriebsplanpflicht nach § 51 BBergG	14
1.2.3.3.3	Die Bergaufsicht nach BBergG	15
1.2.3.3.3.1	Aufgaben der Bergaufsicht	15
1.2.3.3.3.2	Entstehen und Ende der Bergaufsicht	16
1.2.3.3.4	Zwischenergebnis	17

1.2.4	Auslegung des Begriffs der „Öffentlichen Interessen" unter dem Primat des Telos des BBergG	20
1.2.4.1	„Öffentliche Interessen" in Vorschriften des BBergG	20
1.2.4.2	Grammatikalische Auslegung des Begriffs der „Öffentlichen Interessen" unter dem Primat des Telos des BBergG	20
1.2.4.3	Systematische Auslegung des Begriffs der „Öffentlichen Interessen" unter dem Primat des Telos des BBergG	21
1.2.4.3.1	Vorbemerkung	21
1.2.4.3.2	Geltungsbereich des § 48 Abs. 2 Satz 1 BBergG	22
1.2.4.3.3	Entstehungsgeschichte der §§ 48 Abs. 2 Satz 1 und 11 Nr. 10 BBergG	23
1.2.4.3.4	Zwischenergebnis	25
1.2.4.3.5	Die „Beachtung" öffentlicher Interessen i.S.d. § 4 Abs. 4 BBergG	26
1.2.4.3.6	Braunkohlenpläne als Konkretisierungsgrundlage der „Öffentlichen Interessen"	28
1.2.4.3.6.1	Erfordernisse der Raumordnung und Landesplanung als öffentliche Interessen	28
1.2.4.3.6.2	Braunkohlenpläne	28
1.2.4.3.6.3	Erfordernisse des Naturschutzes als öffentliche Interessen	30
1.2.5	Abschließende Definition von „Wiedernutzbarmachung"	31
1.2.6	Einzelfragen bezüglich der Pflicht zur Wiedernutzbarmachung	32
1.2.6.1	Braunkohlenpläne und Umweltverträglichkeitsprüfung	32
1.2.6.2	Abgrenzung von „Wiedernutzbarmachung" zur „Folgenutzung"	32
1.2.6.3	Einzelfragen zur Wiedernutzbarmachung i.R.d. Betriebsplansystematik des BBergG	34
1.3	Nach Ende der Bergaufsicht zu erfüllende Verpflichtungen	38
1.3.1	Verpflichtungen nach allgemeinem Polizei- und Ordnungsrecht	38
1.3.2	Verpflichtungen nach Wasserrecht	39
1.4	Ergebnisse des Kapitels 1 sowie abschließende Bemerkungen	40
2	**Strukturierung des Gesamtprozesses der Wiedernutzbarmachung in sachlicher und zeitlicher Hinsicht**	**43**
2.1	Vorbemerkung	43
2.2	Strukturierung in sachlicher Hinsicht	43
2.2.1	Einzelne Gewerke	43
2.2.2	Untergewerke	44
2.2.3	Teilleistungen und Einzelmaßnahmen	45
2.2.4	Der Begriff des „sachlichen Verpflichtungsumfangs"	48
2.2.5	Bestimmung von Abrechnungseinheiten für das Mengen- und Leistungsgerüst	49
2.2.6	Einteilung in Gewerke für Maßnahmen nach realisierter Wiedernutzbarmachung	51
2.2.7	Grafische Darstellung der Ergebnisse der bisherigen Ausführungen	51
2.3	Strukturierung in zeitlicher Hinsicht	52
2.3.1	Vorbemerkung	52
2.3.2	Erste Hauptphase: Vorproduktionsphase	53
2.3.2.1	Suche und Erkundung	53
2.3.2.2	Aufschluss	53
2.3.3	Zweite Hauptphase: Produktionsphase	56
2.3.3.1	Anlaufphase	56

Inhaltsverzeichnis XI

2.3.3.2	Regelbetrieb	56
2.3.3.3	Auslaufphase	57
2.3.4	Dritte Hauptphase: Nachproduktionsphase	58
2.3.4.1	Vorbemerkung	58
2.3.4.2	Abschließende Wiedernutzbarmachung, abschließende Zwischenbewirtschaftung und punktuelle Maßnahmen	58
2.3.4.3	Nachsorgephase	59
2.3.4.4	Langzeitaufgaben	59
2.3.5	Grafische Darstellung der Ergebnisse der bisherigen Ausführungen	59
2.4	Ergebnisse des Kapitels 2	62

3 Grundlagen der Bildung von Rückstellungen, ihre Einordnung in die Pflicht zur Rechnungslegung sowie ihre Abhängigkeit vom zugrunde liegenden Rechnungszweck ... 63

3.1	Vorbemerkung	63
3.2	Eingrenzung des für die vorliegende Arbeit relevanten Rückstellungsbegriffs	64
3.2.1	Der Rückstellungskatalog des § 249 HGB	64
3.2.2	Die für die vorliegende Arbeit relevante Rückstellungsart	66
3.2.3	Abgrenzung von „Rückstellungen" zu anderen Bilanzpositionen	68
3.3	„Rückstellung" als theoretischer und damit zweckabhängig zu definierender Begriff: Ausfüllung des Rückstellungsbegriffs in Abhängigkeit vom verfolgten Rechnungszweck	69
3.3.1	Der rein theoretische Begriff der „Rückstellung"	69
3.3.2	Ausfüllung des rein theoretischen Begriffs der „Rückstellung" durch Rückgriff auf die Grundsätze ordnungsmäßiger Buchführung (GoB)?	70
3.4	Zweck der handelsrechtlichen Rechnungslegung	73
3.4.1	Einordnung der Rückstellungsbildung in die Pflicht zur Rechnungslegung	73
3.4.2	Der Rechungszweck der Ermittlung von Restbetragsansprüchen	74
3.4.3	Der Rechungszweck der Ermittlung zukünftiger Entnahmeströme	78
3.4.4	„Verlustantizipierender Umsatzgewinn" als Beispiel für den Versuch einer zweckentsprechenden Ermittlung des Rechnungsziels unter zweckentsprechender Auslegung von GoB	80
3.4.4.1	Vorbemerkung	80
3.4.4.2	Das Rechnungsziel „verlustantizipierender Umsatzgewinn"	80
3.4.4.3	Kritische Betrachtung des Rechnungsziels „verlustantizipierender Umsatzgewinn"	83
3.5	Zweck der steuerrechtlichen Rechnungslegung	86
3.5.1	Ableitung des Zwecks der steuerrechtlichen Rechnungslegung aus Grundsätzen steuerlicher Rechnungslegung	86
3.5.2	Das Maßgeblichkeitsprinzip	89
3.6	Ergebnisse des Kapitels 3	90

4 Die Bildung von Rückstellungen wegen bergbaubedingter Verpflichtungen als Problem der Periodisierung des Erfüllungsbetrags 93

4.1	Vorbemerkung	93
4.2	Der Grundsatz der Einzelerfassung und –bewertung bergbaubedingter Verpflichtungen	93
4.3	Der Schuldcharakter bergbaubedingter Verpflichtungen als Ansatzkriterium	96

4.3.1	Verpflichtungen gegenüber einem Dritten	96
4.3.2	Rechtliches Be- oder Entstehen bergbaubedingter Verpflichtungen	98
4.3.3	Wahrscheinlichkeit der Inanspruchnahme aus bergbaubedingten Verpflichtungen	99
4.4	Die „Wirtschaftliche Verursachung" bergbaubedingter Verpflichtungen als Kriterium der Periodisierung des Erfüllungsbetrags und damit als Ansatzkriterium	101
4.4.1	Vorbemerkung	101
4.4.2	„Wirtschaftliche Verursachung" gem. der Konzeption „verlustantizipierende Umsatzgewinnermittlung"	102
4.4.3	„Wirtschaftliche Verursachung" gem. Finanzrechtsprechung	103
4.4.4	Kritik an der Finanzrechtsprechung durch Vertreter der Konzeption „verlustantizipierende Umsatzgewinnermittlung"	105
4.4.5	Vergleich des Verständnisses von „wirtschaftlicher Verursachung" gem. der Konzeption „verlustantizipierende Umsatzgewinnermittlung" mit jenem der Finanzrechtsprechung hinsichtlich der Auswirkungen auf Rückstellungen wegen bergbaubedingter Verpflichtungen	106
4.4.6	Fehlende Eindeutigkeit und Konsistenz der Konzeption von „wirtschaftlicher Verursachung" gemäß Finanzrechtsprechung	110
4.4.7	Eigene Überlegungen zum Kriterium der „wirtschaftlichen Verursachung"	113
4.4.7.1	Vorbemerkung	113
4.4.7.2	Diskussion des Zeitpunktes, für den der Erfüllungsbetrag bemessen wird	114
4.4.7.3	Auswahl des Zeitpunktes, für den der Erfüllungsbetrag bemessen wird	118
4.4.7.4	Demonstration denkbarer Periodisierungsgrößen anhand eines vereinfachenden Beispiels	120
4.4.7.5	Auswirkungen der verschiedenen Bezugsgrößen auf das Werturteil „Gläubigerschutz", auf die gesellschaftsrechtliche Bemessung von Restbetragsansprüchen sowie auf das „Vorsichtsprinzip"	130
4.4.7.6	Allgemeine Ausfüllung des Kriteriums der „wirtschaftlichen Verursachung"	136
4.4.7.7	Das Problem der bilanziellen Überschuldung sowie die Frage der liquiditätsmäßigen Sicherstellung der Wiedernutzbarmachung	138
4.4.7.7.1	Das Problem der bilanziellen Überschuldung	138
4.4.7.7.2	Die liquiditätsmäßige Sicherstellung der Wiedernutzbarmachung	139
4.4.7.8	Zusammenfassung und Demonstration der gewonnenen Erkenntnisse anhand eines praxisnahen Beispiels	143
4.4.7.9	Exkurs: Rückstellungsbildung und Kostenrechnung	150
4.4.8	Für die steuerliche Erfolgsmessung vorrangige Spezialregelung bzgl. der Periodisierung des Erfüllungsbetrags	151
4.4.9	Ergebnisse zu 4.4	152
4.5	Zur Rückstellungsrelevanz aktivierungspflichtiger Ausgaben	154
4.5.1	Vorbemerkung	154
4.5.2	Relevanz und Anwendungsfälle aktivierungspflichtiger Ausgaben i.R.d. Wiedernutzbarmachung	154
4.5.3	Meinungsspektrum in der Literatur und Finanzrechtsprechung	155
4.5.4	Eigene Lösung	158
4.5.5	Für die steuerliche Erfolgsmessung vorrangige Spezialregelung	159
4.5.6	Ergebnisse zu 4.5	160

Inhaltsverzeichnis XIII

4.6	Erhöhte Konkretisierungsanforderungen an öffentlichrechtliche Verpflichtungen als Grundlage des Ansatzes von Verbindlichkeitsrückstellungen gem. Finanzrechtsprechung	161
4.6.1	Vorbemerkung	161
4.6.2	Kriterien für den Ansatz von Rückstellungen wegen öffentlichrechtlicher Verpflichtungen gem. Finanzrechtsprechung	161
4.6.3	Kritik an den erhöhten Konkretisierungsanforderungen gem. Finanzrechtsprechung	162
4.6.4	Mögliche Auswirkungen auf Rückstellungen wegen der bergrechtlichen Verpflichtung zur Wiedernutzbarmachung bei Befolgung der Kriterien gem. Finanzrechtsprechung	164
4.6.5	Unmaßgeblichkeit der erhöhten Konkretisierungsanforderungen für die bergrechtliche Verpflichtung zur Wiedernutzbarmachung	165
4.6.6	Ergebnisse zu 4.6	167
4.7	Ergebnisse des Kapitels 4	167
5	**Die Bemessung des Erfüllungsbetrags auf Grundlage der Ergebnisse der Verpflichtungsinventur**	**169**
5.1	Vorbemerkung	169
5.2	Der „Erfüllungsbetrag" als zentraler Wertbegriff für ungewisse Sachleistungsverbindlichkeiten	169
5.2.1	Bewertungsrahmen für Verbindlichkeiten nach § 253 HGB	169
5.2.2	Bewertungsrahmen für Verbindlichkeiten nach § 6 EStG	173
5.2.3	Das für die Bemessung des Erfüllungsbetrags relevante Instrument	174
5.2.4	Der Umfang der in die passiven Herstellungskosten einzubeziehenden Kostenarten	175
5.2.5	Ergebnisse zu 5.2	176
5.3	Ausgestaltung der Verpflichtungsinventur und Auflösung von Rückstellungen	176
5.3.1	Vorbemerkung	176
5.3.2	Aufnahme von Erfüllungsumfang und Erfüllungsbetrag in das Verpflichtungsinventar sowie Bildung von Rückstellungen	177
5.3.3	Gründe für Anpassungen von Erfüllungsumfang und Erfüllungsbetrag bereits aufgenommener Einzelmaßnahmen	179
5.3.4	Praxisprobleme bei der Erstellung des Verpflichtungsinventars	180
5.3.5	Auflösung von Rückstellungen sowie Löschung von Erfüllungsumfang und Erfüllungsbetrag aus dem Verpflichtungsinventar	182
5.3.6	Ergebnisse zu 5.3	186
5.4	Spezifische monetäre Bewertung des sachlichen Umfangs von Einzelmaßnahmen der Wiedernutzbarmachung	187
5.4.1	Vorbemerkung	187
5.4.2	Bezugsobjekt von „Einzel- und Gemeinkosten"	187
5.4.3	Eignung und Übertragbarkeit des Katalogs der Einzel- und Gemeinkosten nach § 255 Abs. 2 HGB für und auf die „passive Bestandsbewertung"	188
5.4.4	Allgemeine Grundsätze für die spezifische monetäre Bewertung des planmäßigen Erfüllungsumfangs	189
5.4.4.1	Vorbemerkung	189
5.4.4.2	Kosten bei Fremdvornahme	189
5.4.4.3	Kosten bei Eigenvornahme	190

5.4.4.3.1	„Einzelkosten" für Personal und Technik und das Bezugsobjekt „Einzelmaßnahme"	190
5.4.4.3.2	Anpassung des Begriffspaars der Einzel- und Gemeinkosten	191
5.4.4.3.3	Wahl der Abrechnungseinheiten	192
5.4.5	Die Bemessung stundenbezogener Kostensätze	194
5.4.5.1	In stundenbezogene Kostensätze einzubeziehende Kostenarten dem Grunde nach	194
5.4.5.1.1	In Kostensätze für Einsatz von Personal einzubeziehende Kostenarten	194
5.4.5.1.2	In Kostensätze für Einsatz von Technik einzubeziehende Kostenarten	195
5.4.5.2	In stundenbezogene Kostensätze einzubeziehende Kostenarten der Höhe nach	197
5.4.5.2.1	Vorbemerkung	197
5.4.5.2.2	Beschränkung der Gemeinkosten der Höhe nach im § 255 Abs. 2 HGB	197
5.4.5.2.3	Analoge Anwendung der Beschränkungen des § 255 Abs. 2 HGB auf die passive Bestandsbewertung	198
5.4.6	Ergänzende Bemerkungen zur spezifischen monetären Bewertung des sachlichen Umfangs von Einzelmaßnahmen der Wiedernutzbarmachung	204
5.4.6.1	Überleitung von stundenbezogenen Kostensätzen auf Richtsätze	204
5.4.6.2	Kosten für Einsatzmaterial sowie weitere Einzelkosten	205
5.4.7	Für die steuerliche Erfolgsmessung vorrangige Spezialregelung	206
5.4.8	Ergebnisse zu 5.4	208
5.5	Berücksichtigung aufwandsmindernder (gegenläufiger) Bewertungsfaktoren bei der Bemessung des Erfüllungsbetrags	209
5.5.1	Vorbemerkung	209
5.5.2	Ertragspotentiale infolge des Ausscheidens von beim Bergbauunternehmen aktivierten Vermögensgegenständen	211
5.5.2.1	Vorbemerkung	211
5.5.2.2	Berücksichtigung des Schrottwertes bei der Bemessung der Abschreibungen oder des Erfüllungsbetrags?	211
5.5.2.3	Bedeutung von Schrottwerten bei der Verschrottung von im Braunkohlenbergbau typischerweise genutzter Technik	213
5.5.2.4	Meinungsstand in Literatur und Finanzrechtsprechung	213
5.5.3	Ertragspotentiale infolge der Annahme von Stoffen Dritter	215
5.5.3.1	Vorbemerkung	215
5.5.3.2	Anwendungsfälle der Verwendung von Stoffen Dritter im Rahmen der Wiedernutzbarmachung	217
5.5.3.3	Erfüllungsimmanente Erträge und Aufwendungen auf Seiten des Bergbauunternehmens infolge der Annahme und Verkippung von Stoffen	217
5.5.3.4	Differenzierung in direkte Erlöse, erfüllungsimmanente Erträge und erfüllungsimmanente Aufwendungen	219
5.5.4	Literaturmeinungen und Finanzrechtsprechung zur Thematik „Saldierung"	221
5.5.5	Auswirkungen der Annahme und Verkippung von Kraftwerksrückständen auf die Bemessung des Erfüllungsbetrags	222
5.5.6	Unterschiede zwischen der Annahme von Stoffen Dritter und der Realisierung von Schrotterlösen hinsichtlich der Auswirkungen auf die Bemessung des Erfüllungsbetrags	224
5.5.6.1	Vergleich beider Ertragspotentiale	224
5.5.6.2	Charakteristik des Schrottmarktes	224

Inhaltsverzeichnis XV

5.5.6.3	Anpassung der Schrottpreise „frei Werk" i.R.d. Bemessung des Erfüllungsbetrags	226
5.5.6.4	Ergebnis bzgl. der Annahme von Stoffen anderweitiger Dritter und Auswirkungen auf die Bemessung des Erfüllungsbetrags	227
5.5.7	Mögliche Auswirkungen der Reservierung bzw. Bereitstellung liquider Mittel auf die Bemessung des Erfüllungsbetrags	228
5.5.8	Für die steuerliche Erfolgsmessung vorrangige Spezialregelung	229
5.5.9	Ergebnisse zu 5.5	230
5.6	Preisverhältnisse	231
5.6.1	Vorbemerkung	231
5.6.2	Mögliche, der Bemessung des Erfüllungsbetrags zugrunde zu legende Preisverhältnisse	232
5.6.2.1	Erfüllungspreisverhältnisse	232
5.6.2.2	Stichtagspreisverhältnisse	233
5.7	Abzinsung	234
5.7.1	Vorbemerkung	234
5.7.2	Fehlender Zinsanteil bei ungewissen Sachleistungsverbindlichkeiten	235
5.7.3	Für die steuerliche Erfolgsmessung vorrangige Spezialregelung	238
5.7.4	Zum „Steuerstundungsvorteil" infolge der Rückstellungsbildung	242
5.7.5	Ergebnisse zu 5.6 und 5.7	243
5.8	Ergebnisse des Kapitels 5	244
6	**Rückstellungen nach den IFRS/IAS**	**247**
6.1	Vorbemerkung	247
6.2	Schuldkategorien nach IAS 37	250
6.3	Passivierungsvoraussetzungen für provisions nach IAS 37	251
6.3.1	Vorbemerkung	251
6.3.2	Voraussetzung der gegenwärtigen Verpflichtung aufgrund eines vergangenen Ereignisses	251
6.3.3	Voraussetzung des wahrscheinlichen Abflusses von Ressourcen, die einen wirtschaftlichen Wert verkörpern, zwecks Erfüllung der Verpflichtung	252
6.3.4	Voraussetzung der verlässlichen Schätzbarkeit des Erfüllungsbetrags	252
6.4	Bemessung des Erfüllungsbetrags	253
6.4.1	Allgemeiner Rahmen	253
6.4.2	Einzelfragen der Bemessung des Erfüllungsbetrags	254
6.5	Aktivierung von Ausgaben für die Verpflichtungserfüllung nach IAS 16	255
6.6	Fragen der Abzinsung, der maßgeblichen Preisverhältnisse sowie der Berücksichtigung zukünftiger Ereignisse bei provisions	259
6.6.1	Regelungen nach IAS 37	259
6.6.2	Folgebewertung von liabilities nach IFRIC 1	263
6.6.2.1	Anwendungsbereich und Gegenstand von IFRIC 1	263
6.6.2.2	Abhängigkeit der Behandlung von Veränderungen des Erfüllungsbetrags von der Bewertung des asset nach IAS 16	263
6.7	Rechenbeispiel für die Aktivierung und Abschreibung des Erfüllungsbetrags sowie dessen Revision im Zeitablauf	266
6.8	Ausweis und Auflösung von provisions nach IAS 37	269
6.9	Ergebnisse des Kapitels 6	270

7	**Ergebnisse der Arbeit sowie Ausblick**	**273**
7.1	Ergebnisse der Arbeit	273
7.2	Ausblick	277

Literaturverzeichnis **279**

Abbildungsverzeichnis

Abb. 1: Zusammenfassende Übersicht zur sachlich-inhaltlichen Strukturierung des Prozesses der Wiedernutzbarmachung 52

Abb. 2: Zusammenfassende Übersicht zur zeitlichen Strukturierung des Prozesses der Wiedernutzbarmachung und der Zwischenbewirtschaftung 60

Tabellenverzeichnis

Tab. 1: Verlauf der Rückstellungsdotierung in Abhängigkeit vom angenommenen Erfüllungszeitpunkt und bei Verwendung verschiedener Bezugsgrößen.............121

Tab. 2: Rückstellungsdotierung gem. tatsächlichem Stichtags-Erfüllungsumfang bei Abstellen auf jeweiligen Bilanzstichtag (Fall 1) (Werte in €).....................124

Tab. 3: Zeitabhängig-lineare Rückstellungsdotierung mit nachträglichen Anpassungen und Verteilung Dotierungslücke bei Abstellen auf jeweiligen Bilanzstichtag (Fall 1) (Werte in €)...124

Tab. 4: Zeitabhängig-lineare Rückstellungsdotierung mit nachträglichen Anpassungen und sofortiger Schließung der Dotierungslücke bei Abstellen auf jeweiligen Bilanzstichtag (Fall 1) (Werte in €)...........................124

Tab. 5: Mögliche Verläufe der Rückstellungsdotierung anhand eines Praxisbeispiels (Restlochgestaltung)...144

Tab. 6: Anteil der Schrotterlöse an den gesamtem Entfernungskosten (vor Abzug der Schrotterlöse) nach Art der zu entfernenden Technik.............213

Tab. 7: Entwicklung der Schrotterlöse der „Richtsorte 2" zwischen 1991 und 2004.....226

Tab. 8: Auswirkungen steigender Preise auf die Höhe des Erfüllungsbetrags.............231

Tab. 9: Steuerliche Rückstellungsdotierung bei Entfernungsverpflichtungen.............242

Tab. 10: Rückstellungsbildung nach dem cost model ohne Schätzrevision....................267

Tab. 11: Rückstellungsbildung nach dem cost model mit einfacher Schätzrevision (Änderung Erfüllungsbetrag)...268

Tab. 12: Rückstellungsbildung nach dem cost model mit zweifacher Schätzrevision (Änderung Erfüllungsbetrag)...268

Abkürzungsverzeichnis

a	Jahr
Abb.	Abbildung
AbfG	Abfallgesetz
ABG	Allgemeines Berggesetz für die Preußischen Staaten
AbgrG	Abgrabungsgesetz
ABP	Abschlussbetriebsplan
Abs.	Absatz
abw.	abweichend/e/r
a.F.	alte Fassung
AfA	Absetzung für Abnutzung
AHK	Anschaffungs- und Herstellungskosten
AK	Anschaffungskosten
AktG	Aktiengesetz
Alt.	Alternative
APOR	Allgemeines Polizei- und Ordnungsrecht
Art.	Artikel
AtG	Atomgesetz
Auff.	Auffassung
BB	Betriebs-Berater (Zeitschrift)
BBergG	Bundesberggesetz
BbgPolG	Brandenburgisches Polizeigesetz
Bd.	Band
betr.	betreffend
BFHE	Sammlung der Entscheidungen des Bundesfinanzhofs
BFH/NV	Sammlung amtlich nicht veröffentlichter Entscheidungen des Bundesfinanzhofs
BGBl.	Bundesgesetzblatt
BGH	Bundesgerichtshof
BilReG	Bilanzrechtsreformgesetz
BMF	Bundesministerium der Finanzen
BNatSchG	Bundesnaturschutzgesetz
Bsp.	Beispiel
BStBl.	Bundessteuerblatt
BT-Drucks.	Bundestags-Drucksache
Buchst.	Buchstabe
BuW	Betrieb und Wirtschaft (Zeitschrift)
BVerfG	Bundesverfassungsgericht
BVerfGE	Sammlung der Entscheidungen des Bundesverfassungsgericht
BVerwG	Bundesverwaltungsgericht
BVerwGE	Sammlung der Entscheidungen des Bundesverwaltungsgericht
BZ	Betriebszeit
bzgl.	bezüglich

bzw.	beziehungsweise
DB	Der Betrieb (Zeitschrift)
DBW	Die Betriebswirtschaft (Zeitschrift)
DEBRIV	Bundesverband Braunkohle
ders.	derselbe
d.h.	das heißt
dies.	dieselbe/n
DIHT	Deutscher Industrie- und Handelstag
DStJG	Veröffentlichungen der Deutschen Steuerjuristischen Gesellschaft
DStR	Deutsches Steuerrecht (Zeitschrift)
DStZ	Deutsche Steuerzeitung
DVBl.	Deutsches Verwaltungsblatt (Zeitschrift)
Die AG	Die Aktiengesellschaft (Zeitschrift)
Die WPg	Die Wirtschaftsprüfung (Zeitschrift)
EFG	Entscheidungen der Finanzgerichte
EG	Europäische Gemeinschaft
EStDV	Einkommensteuer-Durchführungsverordnung
EStG	Einkommensteuergesetz
EStR	Einkommensteuer-Richtlinien
ET	Energiewirtschaftliche Tagesfragen (Zeitschrift)
EU	Europäische Union
e.V.	eingetragener Verein
evtl.	eventuell/e/r/n
FA N.F.	Finanz-Archiv Neue Folge
ff.	folgende
FG	Finanzgericht
Fn.	Fußnote
FR	Finanz-Rundschau (Zeitschrift)
GDMB	Gesellschaft für Bergbau, Metallurgie, Rohstoff- und Umwelttechnik
gem.	gemäß
GG	Grundgesetz für die Bundesrepublik Deutschland
ggf.	gegebenenfalls
ggü.	gegenüber
GmbH	Gesellschaft mit beschränkter Haftung
GmbHG	GmbH-Gesetz
GmbHR	GmbH-Rundschau (Zeitschrift)
GoB	Grundsätze ordnungsmäßiger Buchführung
GVBl.	Gesetz- und Verordnungsblatt
GVR	Gewinn- und Verlustrechnung
h	Stunde
H	Hinweis
ha	Hektar
HGB	Handelsgesetzbuch
HK	Herstellungskosten
h.M.	herrschende Meinung
hrsg.	herausgegeben
Hrsg.	Herausgeber

Hs.	Halbsatz
HwStR	Handwörterbuch des Steuerrechts
IAS	International Accounting Standard(s)
IASB	International Accounting Standards Board
IASC	International Accounting Standards Committee
i.d.F.v.	in der Fassung vom
IDW	Institut der Wirtschaftsprüfer in Deutschland e.V.
i.d.R.	in der Regel
IFRIC	International Financial Reporting Interpretations Committee
IFRS	International Financial Reporting Standard(s)
IFS	Institut Finanzen und Steuern
IH	Instandhaltung
i.H.d.	in Höhe der/des
i.H.v.	in Höhe von
inkl.	inklusive
i.R.d.	im Rahmen der/des
i.R.e.	im Rahmen einer/eines
i.S.d.	im Sinne des/der
i.S.v.	im Sinne von
i.V.m.	in Verbindung mit
i.Z.m.	in Zusammenhang mit
JbFAfStR	Jahrbuch der Fachanwälte für Steuerrecht
Jg.	Jahrgang
JZ	Juristenzeitung
kg	Kilogramm
KÖSDI	Kölner Steuerdialog (Zeitschrift)
KoR	Zeitschrift für kapitalmarktorientierte Rechnungslegung
KrW-/AbfG	Kreislaufwirtschafts-/Abfallgesetz
KStG	Körperschaftsteuergesetz
l	Liter
LMBV	Lausitzer- und Mitteldeutsche Bergbauverwaltungs-gesellschaft mbH
LOBA	Landesoberbergamt
LPlG	Landesplanungsgesetz
m	Meter
mm	Millimeter
m^2	Quadratmeter
m^3	Kubikmeter
m.a.W.	mit anderen Worten
max.	maximal
MIBRAG	Mitteldeutsche Braunkohlengesellschaft mbH
Nr.	Nummer
Mio.	Million(en)
m.w.N.	mit weiteren Nachweisen
N.F.	Neue Folge
NJW	Neue Juristische Wochenzeitschrift
NSt	Neues Steuerrecht von A bis Z (Loseblatt-Sammlung)
NVwZ	Neue Zeitschrift für Verwaltungsrecht

NW	Nordrhein-Westfalen
OFD	Oberfinanzdirektion
OFH	Oberster Finanzhof
p.a.	per anno
PZ	Präsenzzeit
R	Richtlinie
REA	Rauchgas-Entschwefelungs-Anlage
RegE	Regierungsentwurf
RegBkPlG	Gesetz zur Regionalplanung und zur Braunkohlen- und Sanierungsplanung (Land Brandenburg)
RGBl.	Reichsgesetzblatt
RStBl.	Reichssteuerblatt
SFAS	Statements of Financial Accounting Standards
sog.	sogenannte/n/r/s
Sp.	Spalte
StbJb	Steuerberater-Jahrbuch
StBp	Die steuerliche Betriebsprüfung (Zeitschrift)
StuB	Steuern und Bilanzen (Zeitschrift)
StuW	Steuer und Wirtschaft (Zeitschrift)
StVj	Steuerliche Vierteljahresschrift
t	Tonne
T	Tausend
Tab.	Tabelle
Tz.	Textzahl
u.a.	unter anderem
u.ä.	und ähnlichem/s
UmwHG	Umwelthaftungsgesetz
usw.	und so weiter
u.U.	unter Umständen
UVP	Umweltverträglichkeitsprüfung
UVPG	Gesetz über die Umweltverträglichkeitsprüfung
VerwArch	Verwaltungsarchiv (Zeitschrift)
VersR	Versicherungsrecht (Zeitschrift)
vgl.	vergleiche
vglw.	vergleichsweise
VO	Verordnung
VG	Verwaltungsgericht
WHG	Wasserhaushaltsgesetz
WiSt	Wirtschaftswissenschaftliches Studium (Zeitschrift)
WISU	Das Wirtschaftsstudium (Zeitschrift)
WpHG	Wertpapierhandelsgesetz
WNBM	Wiedernutzbarmachung
z.B.	zum Beispiel
ZBB	Zeitschrift für Bankrecht und Bankwirtschaft
zfb	Zeitschrift für Betriebswirtschaft
zfbf	Zeitschrift für betriebswirtschaftliche Forschung
ZfBR	Zeitschrift für Bergrecht
zfhf	Zeitschrift für handelswissenschaftliche Forschung
ZGR	Zeitschrift für Unternehmens- und Gesellschaftsrecht

ZHR	Zeitschrift für das gesamte Handelsrecht und Wirtschaftsrecht
ZIP	Zeitschrift für Wirtschaftsrecht
ZNER	Zeitschrift für neues Energierecht
z.T.	zum Teil
ZUR	Zeitschrift für Umweltrecht
z.Z.	zur Zeit

0 Einführung

0.1 Hintergrund und Rechtfertigung der Arbeit

„Rückstellungen" dürften seit jeher die wohl umstrittenste und daher auch meistdiskutierte Bilanzposition sein, worauf schon die praktisch nicht mehr übersehbare Literaturfülle hinweist, die sich zu dieser Thematik über die Jahrzehnte angehäuft hat.

In den 1990er Jahren standen Rückstellungen wegen „Umweltschutzverpflichtungen" im Mittelpunkt der Rückstellungen betreffenden wissenschaftlichen Diskussion. Zwar sind hierzu zahlreiche Publikationen, auch und gerade Dissertationen, erschienen. Diese behandeln bergbaubedingte Verpflichtungen und hierauf beruhende Rückstellungen aber entweder gar nicht oder nur sehr oberflächlich. Insofern besteht hier eine bedeutsame Lücke, zu deren Schließung diese Arbeit einen nennenswerten Beitrag leisten soll.

Innerhalb der Thematik „bergbaubedingte Rückstellungen" erfolgt in der vorliegenden Arbeit eine Beschränkung des Untersuchungsgegenstandes auf nach Bundesberggesetz (BBergG) wieder nutzbar zu machende Flächen sowie auf nach privatrechtlichen Verpflichtungen einer Zwischenbewirtschaftung zuzuführende Flächen. Da letztgenannte Verpflichtungen eine enge rechtliche und inhaltliche Verknüpfung wie auch eine enge zeitliche Nähe zur bergrechtlichen Pflicht zur Wiedernutzbarmachung aufweisen, kann eine weitgehende Übertragung der für letztere gewonnenen Erkenntnisse und entwickelten Grundsätze erfolgen. Nicht behandelt werden demzufolge alle übrigen, ebenfalls gewichtigen, zu Pflichten auf Seiten des bilanzierenden Bergbauunternehmens führenden und daher u.U. rückstellungsrelevanten Problembereiche: Rückstellungen wegen Verpflichtungen, die durch vorzunehmende Umsiedlungen und sonstige Maßnahmen zeitlich vor Aufnahme bzw. Fortsetzung bergbaulicher Tätigkeit entstehen, müssen ebenso einer eigenständigen Untersuchung vorbehalten bleiben wie Rückstellungen, die zur bilanziellen Abbildung von Verpflichtungen infolge verursachter Bergschäden gebildet werden. Unbeachtet bleiben auch Besonderheiten, die sich aus den Verhältnissen im nicht mehr aktiven Bergbau ergeben. Damit wird insbesondere nicht eingegangen auf Maßnahmen, die zur Wiedernutzbarmachung solcher ehemals bergbaulich genutzter Flächen durchgeführt werden, die über keinen privaten Rechtsnachfolger verfügen und die daher der öffentlichen Hand zufallen.

Weiterhin dienen im Kapitel 1 und 2 angesprochene, nach Ende der Bergaufsicht durchzuführende und nicht auf privatrechtlicher Grundlage beruhende Verpflichtungen und hiernach durchzuführende Maßnahmen, speziell nach Wasserhaushaltsgesetz und Allgemeinem Polizei- und Ordnungsrecht, lediglich der thematischen Abrundung sowie als Anknüpfungspunkt für weitere Untersuchungen.

Wenn innerhalb der somit bereits eingegrenzten Thematik eine nochmalige Beschränkung auf die Bedingungen bzw. auf die Verhältnisse speziell im Braunkohlenbergbau erfolgt, so geschieht dies aus folgenden Gründen: Zum einen kann bereits die der Rückstellungsbildung voranzustellende Identifizierung der rechtlichen Grundlagen, wie v.a. anhand des Instrumentes der „Braunkohlenpläne" ersichtlich, nicht pauschal für „den" Bergbau erfolgen, sondern muss differenziert nach Bergbauzweigen sowie Betriebsplanpflichtigkeit vorgenommen werden. Ebenso muss die Strukturierung des Prozesses der Wiedernutzbarmachung in sachlicher als auch in zeitlicher Hinsicht letztlich für jeden Bergbauzweig separat erfolgen. Weiterhin erscheint es sinnvoll, bei der Diskussion von Aspekten der Bewertung eine gewisse Beschränkung vorzunehmen. So können z.b. Fragen der Berücksichtigung von Erfahrungswerten bei Bemessung des Erfüllungsbetrags, die bei Bergschadensrückstellungen ausführlich zu diskutieren wären, hier zugunsten anderer Einzelfragen, wie z.b. der Ermittlung des sachlichen Verpflichtungsumfangs oder der Berücksichtigung aufwandsmindernder Faktoren, vernachlässigt werden.

Fragen der Bewertung von Grundstücken, die bergbaulich in Anspruch genommen werden und infolge dieser Inanspruchnahme ggf. abzuschreiben wären, werden in der vorliegenden Arbeit ebenfalls nicht behandelt. Da sich die gleichzeitige Vornahme von Abschreibung und Rückstellungsbildung zumeist wohl kaum rechtfertigen ließe,[1] impliziert die in der vorliegenden Arbeit vorgenommene Beschränkung auf Rückstellungsfragen die gleichzeitige Irrelevanz der Abschreibungsthematik bzw. blendet wechselseitige Beziehungen aus. Eine simultane Betrachtung von Aktivierungs- und Passivierungsfragen muss aber zwingend erfolgen bei Betrachtung der Rückstellungsbildung nach International Accounting Standards (IAS) bzw. International Financial Reporting Standards (IFRS). Der Begriff „bergbaubedingte Rückstellungen" wird in dieser Arbeit nur für den somit eingegrenzten Untersuchungsgegenstand (Rückstellungen wegen der Pflicht zur Wiedernutzbarmachung nach BBergG und zur Zwischenbewirtschaftung im aktiven Braunkohlenbergbau) verwendet.

Diese Thematik wird, trotz der erwähnten Fülle an Literaturbeiträgen zu „umweltschutzrelevanten" Rückstellungen, in der wissenschaftlichen Diskussion praktisch völlig ausgeblendet. Unbehandelt bleiben in der einschlägigen Literatur bereits weitgehend die rechtlichen Grundlagen der Rückstellungsbildung, insbesondere finden sich kaum Hinweise auf das BBergG im Allgemeinen wie die Pflicht zur Wiedernutzbarmachung im Besonderen. Ebenso findet keine Auseinandersetzung mit inhaltlichen wie zeitlichen Aspekten der hinter der Rückstellungsbildung stehenden bzw. der diese erst legitimierenden bergbaulichen Prozesse statt.

Die auch in dieser Arbeit unumgängliche Diskussion der im Schrifttum bereits ausgiebig erörterten Ansatzfragen berücksichtigt neuere Beiträge aus Literatur und Rechtsprechung, soll dabei aber auch eigene Akzente setzen.

---

[1] Herzig (1991a), S. 616; Förschle/ Scheffels (1993), S. 1202.

Gang der Untersuchung   3

Hinsichtlich Fragen der Verpflichtungsbewertung unbeachtet bleibt in der Literatur schließlich auch die Art und Weise der Ermittlung des der Rückstellungsbildung zugrunde zu legenden sachlichen Verpflichtungsumfangs (bzw. wird die Notwendigkeit einer solchen Ermittlung häufig überhaupt nicht erkannt) wie auch dessen spezifischer monetärer Bewertung. Die zumeist anzutreffende Forderung nach Bewertung der Verpflichtung zu „Vollkosten" ist als solche keiner unmittelbaren Umsetzung zugänglich. Ggü. bisher erschienenen Publikationen erfolgt in der vorliegenden Arbeit auch eine ausführlichere Diskussion von Fragen der Berücksichtigung von den Aufwand für Rückstellungsdotierung mindernden Faktoren, die über jene bzgl. der (ansonsten zumeist pauschal befürworteten) „Kippgebühren-Urteile" des Bundesfinanzhofs (BFH) hinausgeht. Eine weitere Rechtfertigung erfährt die vorliegende Arbeit durch die seit dem „Steuerentlastungsgesetz 1999/2000/2002" kodifizierten, für die steuerliche Erfolgsmessung vorrangigen Ansatz- und Bewertungsregeln, denen speziell für bergbaubedingte Verpflichtungen eine erhebliche Bedeutung zukommt und die daher ebenfalls erläutert werden.

Aufgrund der für bestimmte Gesellschaften nunmehr verpflichtenden Bilanzierung nach IAS/IFRS werden die entsprechenden Vorschriften hinsichtlich Rückstellungsansatz bzw. -bildung sowie hinsichtlich der Verpflichtungsbewertung in einem eigenen Kapitel diskutiert.

Neben den genannten Gründen für eine ausführliche Beschäftigung mit der bergrechtlichen Pflicht zur Wiedernutzbarmachung sowie der sich hieran zumeist anschließenden Pflicht zur Zwischenbewirtschaftung speziell im Braunkohlenbergbau sei auch auf die unmittelbar Belange des Umweltschutzes und damit die Lebensqualität des Menschen berührenden Auswirkungen des Braunkohlenbergbaus hingewiesen: Angesichts von Betriebsflächen von über 10.000 ha allein in den westdeutschen Braunkohlerevieren sowie von überschlägig ebenfalls ca. 10.000 ha im Mitteldeutschen und Lausitzer Revier[2] muss die Frage nach einer zielgerichteten Wiedernutzbarmachung auch mit Blick auf deren wirtschaftliche Implikationen beantwortet werden.

0.2   Gang der Untersuchung

Im Kapitel 1 werden die für die Legitimierung einer Rückstellungsbildung zwingend zu identifizierenden rechtlichen Grundlagen ausführlich erörtert, speziell die bergrechtliche Pflicht zur Wiedernutzbarmachung. Den Mittelpunkt der Untersuchung bildet der Begriff der „Wiedernutzbarmachung" selbst, den es auszulegen gilt. Über die Einordnung der Pflicht zur Wiedernutzbarmachung in die bergbehördlich genehmigten Betriebspläne bzw. in deren Systematik gelingt auch die Abgrenzung zur privatrechtlich geregelten Zwischenbewirtschaftung von

---

[2]   Vgl. DEBRIV (2005), Anlage 12. Die für die beiden letztgenannten Reviere veröffentlichten Zahlen enthalten auch Betriebsflächen des nicht mehr aktiven Braunkohlenbergbaus und liegen bei zusammen über 45.000 ha, Stand Ende Dezember 2004.

Flächen sowie zu weiteren Verpflichtungsgrundlagen, die im Anschluss an die WNBM greifen, in dieser Arbeit aber, wie erwähnt, nur der Vollständigkeit halber aufgeführt werden.

Das Kapitel 2 befasst sich mit der Strukturierung des Gesamtprozesses der WNBM unter sachlichen wie zeitlichen Aspekten. Nur über eine sachliche Strukturierung kann die spätere Bewertung des sachlichen Verpflichtungsumfangs mit spezifischen Kostensätzen zwecks Bemessung des Erfüllungsbetrags gelingen.

Eine allgemeine Umschreibung von „Rückstellungen" wie auch die Eingrenzung auf die für die vorliegende Arbeit allein relevanten Rückstellungen wegen ungewisser Sachleistungsverbindlichkeiten erfolgt im Kapitel 3. Hier wird weiterhin die Einordnung von „Rückstellungen" als rein theoretischer Begriff in das betriebswirtschaftliche Rechnungswesen wie in die Pflicht zur Rechnungslegung vorgenommen. Die Ausfüllung des theoretischen Begriffs der „Rückstellung" hängt ab von der Interpretation der verschiedenen GoB, die diesen Begriff zweckentsprechend konkretisieren sollen. Vor diesem Hintergrund werden zwei grundsätzlich unterschiedliche Rechnungszwecke vorgestellt, die dem Zweckgebilde „handelsrechtlicher Jahresabschluss" zugrunde liegen können. Abschließend wird der Zweck der steuerlichen Erfolgsmessung erläutert.

Kapitel 4 behandelt die Kriterien der Bildung von Rückstellungen unter besonderer Berücksichtigung der für die vorliegende Arbeit relevanten bergbaubedingten Rückstellungen: Während der Schuldcharakter bergbaubedingter Verpflichtungen eindeutig bejaht werden kann, bedarf das Kriterium der „wirtschaftlichen Verursachung" einer genaueren Betrachtung. Nach Darstellung der beiden die wissenschaftliche Diskussion prägenden Vorstellungen von „wirtschaftlicher Verursachung" werden eigene Überlegungen zur Ausfüllung dieses Kriteriums angestellt, wobei die Entscheidung über das „richtige" Verständnis von „wirtschaftlicher Verursachung" vom verfolgten Rechnungszweck (Kapitel 3) abhängt und nur wertend erfolgen kann. In diesem Zusammenhang wird auch die generell sowie speziell für das Verständnis von „wirtschaftlicher Verursachung" bedeutsame Unterscheidung zwischen „Erfüllungsbetrag" und „Rückstellung" herausgearbeitet. Das Kapitel 4 schließt mit Überlegungen zur Rückstellungsrelevanz aktivierungspflichtiger Ausgaben sowie mit einer Diskussion der erhöhten Konkretisierungsanforderungen, die die Finanzrechtsprechung an öffentlich-rechtliche Verpflichtungen als Grundlage eines Ansatzes von Verbindlichkeitsrückstellungen i.R.d. steuerlichen Erfolgsmessung stellt.

An die im Kapitel 2 vorgenommene sachliche Strukturierung des Prozesses der WNBM knüpft schließlich Kapitel 5 an, das die Bemessung des Erfüllungsbetrags zum Gegenstand hat. Dargestellt wird zunächst die Ausgestaltung der Verpflichtungsinventur, bei der der sachliche Verpflichtungsumfang ermittelt wird. Da sich die Vorgehensweise bei der Auflösung von Rückstellungen analog zu ihrer Bildung verhält, erfolgen diesbezügliche Überlegungen im unmittelbaren Anschluss. Auf ein eigenes Kapitel zur Auflösung bergbaubedingter Rückstellungen kann daher verzichtet werden. Anschließend wird untersucht, wie die spezifische

Gang der Untersuchung

monetäre Bewertung des sachlichen Verpflichtungsumfangs einer definierten Einzelmaßnahme auszugestalten ist. In einem nächsten Schritt gilt es zu prüfen, welche gegenläufigen Bewertungsfaktoren mindernd auf die Bemessung des Erfüllungsbetrags wirken und nach welchen Kriterien diese zu berücksichtigen sind. Für den hiernach ermittelten Betrag werden daraufhin die relevanten Preisverhältnisse bestimmt. Das Kapitel 5 endet mit der Diskussion der Frage nach einer evtl. Abzinsung des Erfüllungsbetrages bergbaubedingter Verpflichtungen.

Im sechsten und letzten Kapitel werden schließlich die Rückstellungen betreffenden Vorschriften nach IAS/IFRS untersucht, wobei der Schwerpunkt auf der Herausarbeitung von Besonderheiten und Unterschieden ggü. der Situation nach Handels- und Steuerrecht liegt.

Die Arbeit endet mit einer Zusammenfassung der Ergebnisse sowie einem Ausblick und Hinweisen auf weiteren Untersuchungsbedarf.

1 Rechtliche Grundlagen der Entstehung und Erfüllung der Pflicht zur Wiedernutzbarmachung der vom Bergbau in Anspruch genommenen Oberfläche

1.1 Vorbemerkung

Wie in der Einführung erläutert, erfolgt in dieser Arbeit eine weitgehende Beschränkung des Untersuchungsgegenstandes auf die bergrechtliche Pflicht zur Wiedernutzbarmachung sowie die sich hieran z.T. anschließende, privatrechtlich geregelte Pflicht zur Zwischenbewirtschaftung. Für beide Verpflichtungsarten gilt es, die für Verbindlichkeitsrückstellungen unerlässliche Identifizierung und Konkretisierung der (berg- bzw. privat)rechtlichen Grundlage vorzunehmen. Der Begriff der „Wiedernutzbarmachung" steht dabei seinem Inhalt und seiner Bedeutung nach sowie hinsichtlich seiner Einordnung in die bergbehördlich überwachte Betriebsplansystematik im Mittelpunkt des ersten Kapitels der vorliegenden Arbeit. Gegen Ende dieses Kapitels besprochene, nach Ende der Bergaufsicht zu erfüllende Verpflichtungen dienen lediglich der Abrundung der Thematik wie als Anknüpfungspunkt für weitere, Rückstellungsfragen thematisierende Arbeiten.

1.2 „Wiedernutzbarmachung" als eine unter Bergaufsicht zu erfüllende Verpflichtung des Bergbautreibenden

1.2.1 „Wiedernutzbarmachung" in Vorschriften des BBergG

Die Pflicht des Bergbautreibenden zur Behebung bzw. Linderung der durch bergbauliche Tätigkeit erfolgten Eingriffe in die Oberfläche ergibt sich aus dem Bundesberggesetz (BBergG) und wird durch den Begriff der „Wiedernutzbarmachung" (WNBM) erfasst bzw. konkretisiert. Der Begriff der WNBM findet sich an verschiedenen Stellen des BBergG.

So erstreckt sich der Gültigkeitsbereich des BBergG nach § 2 Abs. 1 Nr. 2 BBergG auch auf „das Wiedernutzbarmachen der Oberfläche während und nach der Aufsuchung, Gewinnung und Aufbereitung von bergfreien und grundeigenen Bodenschätzen". Zwar bilden die Tätigkeiten der „Aufsuchung, Gewinnung und Aufbereitung" die „bergbaulichen Haupttätigkeiten" (vgl. zu deren Legaldefinitionen § 4 BBergG), deren rechtliche Regelung damit den Kern des Bergrechts darstellt. Durch die Erstreckung der Gültigkeit des § 2 Abs. 1 Nr. 2 BBergG auf die WNBM wird aber klargestellt, dass die WNBM den bergbaulichen Tätigkeiten zuzurechnen ist und damit als ein integrierter Teil derselben anzusehen ist. Die Bedeutung umweltschutzrelevanter Belange im Rahmen bergbaulicher Tätigkeit findet hier ihren Ausdruck. Die WNBM nimmt damit eine gewisse Sonderstellung im Bergrecht ein. Einerseits ist sie den bergbaulichen Haupttätigkeiten nachgeordnet, andererseits fällt sie auch nicht unter die „Nebentätigkeiten"[3] des „Verladens, Beförderns, Abladens, Lagerns und Ablagerns" (§ 2 Abs. 1 Nr. 1 BBergG) von bergbaulich gewonnen Massen. Weiterhin abzugrenzen sind die „Betriebsanlagen und Betriebseinrichtungen (Einrichtungen)" nach § 2 Abs. 1 Nr. 3 BBergG, sofern sie überwiegend einer der in den Nr. 1 oder 2 des § 2 Abs. 1 BBergG bezeichneten Tätigkeiten dienen.

Eine Legaldefinition von „WNBM" findet sich schließlich in § 4 Abs. 4 BBergG: „Wiedernutzbarmachung ist die ordnungsgemäße Gestaltung der vom Bergbau in Anspruch genommenen Oberfläche unter Beachtung des öffentlichen Interesses.".

1.2.2 Verwendung juristischer Auslegungsmethoden zur inhaltlichen Ausfüllung von „Wiedernutzbarmachung"

1.2.2.1 Vorbemerkung

Mit der vorgenannten Legaldefinition gelingt indes eine nähere oder gar eindeutige Umschreibung von „WNBM" zumindest auf unmittelbare Weise *nicht*, denn: Sowohl bei dem Begriff der „Ordnungsmäßigkeit" der Oberflächengestaltung wie dem der dabei zu beachtenden „öffentlichen Interessen" handelt es sich um *unbestimmte Rechtsbegriffe*, konkret um *normative Begriffe*, d.h. um Begriffe, die vom Rechtsanwender (dem das BBergG anwendenden Bergbauunternehmen) ein *Werturteil*, keine bloße Wahrnehmung oder Schlussfolgerung (wie bei empirischen oder deskriptiven Begriffen) verlangen. Die Verwendung wertausfüllungsbedürftiger Begriffe ist eine Reaktion auf die Unmöglichkeit, sämtliche denkbaren, vom Gesetzgeber als regelungswürdig erachteten Tatbestände eindeutig und explizit zu formulieren. Wertausfüllungsbedürftige Begriffe ermöglichen als offene, lediglich ein allgemeines Programm enthaltende Begriffe dem Rechtsanwender in besonderer Weise ihre situationsgerechte Anwendung bei der Erfassung komplexer Lebenssachverhalte und eröffnen die Option, auf im Zeitablauf veränderte Rahmenbedingungen und Wertvorstellungen durch entsprechende Auslegung flexibel reagieren zu können.[4] Die Vagheit normativer Begriffe impliziert dabei in besonderem Maße die Notwendigkeit, diese durch ein Werturteil inhaltlich auszufüllen, d.h. *auszulegen*.[5] „Auslegen" bezeichnet damit den Prozess des Sich-Vergegenwärtigens des Sinns eines Textes, des „Zur-Sprache-Bringens" des im Textwortlaut noch verborgenen, deutlicher zu machenden und mitzuteilenden Sinnes. Die Auslegung mündet in die (begründete) Auswahl nur *einer* von i.d.R. mehreren als möglich erachteten Deutungen des betrachteten

---

[3] Boldt/ Weller (1984), § 2, Tz. 16; Piens/ Schulte/ Graf Vitzthum (1983), § 2, Tz. 11, 12.
[4] Vgl. BVerfG, Beschluß vom 26.09.1978, S. 181/182.
[5] Siehe zum Vorstehenden auch Tipke (1986), S. 1 bis 3.

Textes, nämlich der als „richtig" erkannten. Dabei kann sich allerdings die getroffene Entscheidung nicht auf beobachtbare, quantifizierbare Entscheidungsgrundlagen stützen und insofern als „allein richtig" i.S.v. „exakt nachprüfbar" gelten.[6]

Voraussetzung einer erfolgreichen Auslegung ist indes zunächst die Existenz eines dem Gesetz zugrunde liegenden Regelungsplanes als einer dem Gesetz immanenten „innere[n] Ordnung",[7] da ansonsten eine zweckorientierte (teleologische) Auslegung unmöglich erscheint. Eine solche explizite Regelungsabsicht enthält das BBergG in seinem § 1 („Zweck des Gesetzes"):

„Zweck dieses Gesetzes ist es,

1. zur Sicherung der Rohstoffversorgung das Aufsuchen, Gewinnen und Aufbereiten von Bodenschätzen unter Berücksichtigung ihrer Standortgebundenheit und des Lagerstättenschutzes bei sparsamem und schonendem Umgang mit Grund und Boden zu ordnen und zu fördern,

2. die Sicherheit der Betriebe und der Beschäftigten des Bergbaus zu gewährleisten sowie

3. die Vorsorge gegen Gefahren, die sich aus bergbaulicher Tätigkeit für Leben, Gesundheit und Sachgüter Dritter ergeben, zu verstärken, und den Ausgleich unvermeidbarer Schäden zu verbessern.".

1.2.2.2 Bedeutung der einzelnen Auslegungsmethoden

Zur Erschließung des normativen Sinns einer Vorschrift stehen verschiedene Auslegungsmethoden[8] zur Verfügung.

Gemeinhin werden unterschieden die Auslegung nach dem Wortlaut (grammatikalische Auslegung), die Auslegung aus dem Sinnzusammenhang, „in den die gesetzliche Vorschrift eingebettet ist"[9] (systematische Auslegung), die Auslegung aus dem Zweck (Telos) der jeweiligen Vorschrift (teleologische Auslegung) sowie die Auslegung aus der Entstehungsgeschichte und damit nicht zuletzt aus den Gesetzesmaterialien, die zu der fraglichen Norm bzw. dem auslegungsbedürftigen Gesetz existieren (historische Auslegung). Zwar sollen grundsätzlich sämtliche Auslegungsmethoden für eine Auslegung heranzuziehen sein,[10] geht man aber mit *Tipke* und *Lang*[11]davon aus, dass *in jedem Fall und primär* nach dem *Zweck* des Normtextes (bzw. des Gesetzes) auszulegen ist, stellen nur die grammatikalische, die systematische und die historische Methode auch tatsächlich eine solche dar. Differenziert man zudem dahin-

---

[6] Vgl. Larenz/ Canaris (1995), S. 8, 19, 26, 133, 134; Lang (1995), S. 161.

[7] Larenz/ Canaris (1995), S. 194, Zitat S. 65.

[8] Vgl. die Übersichten z.B. bei Beisse (1981c), S. 135 bis 138; Hassold (1983), S. 221/222; Tipke (1986), S. 5 bis 10; Zippelius (2003), S. 42 bis 44.

[9] BVerfG, Beschluß vom 23.03.1982, S. 155.

[10] BVerfG, Beschluß vom 17.05.1960, S. 130: „ergänzen sich gegenseitig."; Beisse (1981c), S. 135.

[11] Tipke (1985), S. 135; ders. (1986), S. 5; Lang (1995), S. 173; siehe auch Hassold (1983), S. 231/232.

gehend,[12] dass die Historie lediglich eine Dimension sowohl der grammatikalischen wie der systematischen Auslegungsmethode ist, so verbleiben als „echte" Auslegungsmethoden die grammatikalische und die systematische, die beide eine historische Dimension aufweisen und unter dem Primat des Telos des BBergG stehen.

Zunächst soll eine Auslegung des § 4 Abs. 4 BBergG nur hinsichtlich der geforderten „Ordnungsmäßigkeit" der Oberflächengestaltung erfolgen. Da die „öffentlichen Interessen" i.R.d. WNBM „zu beachten" sind, die „Ordnungsmäßigkeit" also auch unabhängig von den „öffentlichen Interessen" sicherzustellen ist, soll auf letztere aus Gründen der Übersichtlichkeit erst an späterer Stelle der Arbeit eingegangen werden, auch wenn beide Formulierungen letztlich nicht getrennt ausgelegt werden können (systematische Dimension der Auslegung).

1.2.2.3 Einzelheiten zur grammatikalischen Auslegung

Jede Auslegung findet ihren Ausgangspunkt im Wortlaut eines Normtextes, dessen möglicher Wortsinn zugleich ihre Grenze markiert (grammatikalische Auslegung), womit der Rahmen der Auslegung indes nur vorläufig und noch recht grob abgesteckt ist.[13]

Innerhalb dieses Rahmens kann eine erste Eingrenzung aber durch einen Rückgriff auf jene Wortbedeutung erfolgen, von der der historische Gesetzgeber ausging (historische Dimension der grammatikalischen Auslegung) und die sich, wie auch die generelle Regelungsabsicht, nicht zuletzt aus den Gesetzesmaterialien ergibt. Zwar sollen letztere ggü. den übrigen Auslegungsmethoden „bloß unterstützend" heranzuziehen sein, ihnen kommt ein „erhebliches Gewicht bei der Auslegung" indes bei (u.a.) „zeitlich neuen" Regelungen zu, so wie z.B. dem BBergG,[14] da hier von einer (zumindest weitgehenden) Übereinstimmung zwischen historischem und gegenwärtigem Textverständnis ausgegangen werden kann. Weiterhin kann die von der Fachwissenschaft dem Begriff der „WNBM" zugeschriebene Bedeutung herangezogen werden.[15]

1.2.2.4 Einzelheiten zur systematischen Auslegung

Die systematische Auslegung will aus der Einordnung des Normtextes in den (gesamten) Gesetzestext auf seine Bedeutung schließen. Entscheidende Bedeutung kommt damit dem Gesamtzusammenhang des Gesetzes (hier: BBergG) sowie dessen Teleologie zu,[16] d.h. beide

---

[12]   Vgl. Hassold (1983), S. 223, 227.
[13]   BVerfG, Beschluß vom 09.08.1978, S. 158; Beisse (1981c), S. 137; Larenz/ Canaris (1995), S. 143 bis 145, 163/164; Zippelius (2003), S. 47; Hassold (1983), S. 214, 218, 223.
[14]   Erstes Zitat BVerfG, Beschluß vom 17.05.1960, S. 130; weitere Zitate BVerfG, Beschluß vom 11.06.1980, S. 297; vgl. zum BBergG: BVerfG, Beschluß vom 09.01.1991, S. 215/216; BVerfG, Beschluß vom 07.03.2002, S. 1365.
[15]   Auch der fachliche Sprachgebrauch kann zur grammatikalischen Auslegung herangezogen werden, vgl. Beisse (1981c), S. 137.
[16]   Hassold (1983), S. 223; Beisse (1981c), S. 135; Larenz/ Canaris (1995), S. 145 bis 149.

Aspekte können nicht voneinander getrennt untersucht werden. Damit kann weiterhin, im Gegensatz zur grammatikalischen Methode, der Begriff der „Oberflächengestaltung" auch nicht mehr isoliert ausgelegt werden, sondern muss als Bestandteil von Aspekte der WNBM insgesamt regelnden Vorschriften sowie mit Blick auf deren Stellung innerhalb des BBergG verstanden werden.

1.2.3 Auslegung des Begriffs der „Ordnungsmäßigkeit" der Oberflächengestaltung unter dem Primat des Telos des BBergG

1.2.3.1 Grammatikalische Auslegung des Begriffs der „Ordnungsmäßigkeit" der Oberflächengestaltung unter dem Primat des Telos des BBergG

Wie bereits eingangs erwähnt, bildet die WNBM einen integralen Bestandteil bergbaulicher Tätigkeit. Da jegliche bergbauliche Tätigkeit durch eine im Vergleich zur Fertigungsindustrie ausgeprägt dynamische, vom Fortschritt der Gewinnung und den Eigenarten der jeweiligen Lagerstätte abhängige Betriebsweise geprägt ist,[17] muss auch die WNBM als Teil dieses dynamischen Prozesses gesehen und verstanden werden.

Die WNBM erstreckt sich damit über sämtliche Phasen dieses dynamischen Prozesses, d.h. über sämtliche Etappen eines Bergbaubetriebes hinweg.[18] Die WNBM kann und soll, auch nach dem Willen des historischen Gesetzgebers, daher nicht etwa einmalig quasi als abschließende Phase bergbaulicher Tätigkeit, sondern muss bereits während des Gewinnungsprozesses erfolgen.[19] Daher sind schon während der Aufsuchung, Gewinnung und Aufbereitung zumindest „bestimmte Vorkehrungen"[20] zu treffen, die eine ordnungsgemäße WNBM ermöglichen oder zumindest erleichtern.

D.h.: Auch wenn die WNBM nicht bereits (zumindest für bestimmte Lagerstättenteile umfassend bzw. abschließend) während der Gewinnungsphase[21] erfolgt (erfolgen kann), so muss sich jegliche bergbauliche Tätigkeit bereits ab dem erstmaligen Zeitpunkt der Gewinnung an der z.T. erst nach endgültiger Einstellung der Gewinnung realisierbaren WNBM orientieren.

Neben diesem *zeitlichen* Aspekt bestehen für die WNBM auch in *sachlicher* Hinsicht bestimmte Vorstellungen des Gesetzgebers: So ist unter „Wiedernutzbarmachung der Oberfläche [...] nicht unbedingt die Wiederherstellung des vor Beginn des Abbaus bestehenden Zu-

---

[17] BT-Drucks. 8/1315, S. 70.
[18] Vgl. hierzu ausführlich unter 2.3.
[19] BT-Drucks. 8/1315, S. 67 und 76; unzutreffend insoweit Bartels (1991), S. 2048/2049; ders. (1992a), S. 43, 194; ders. (1992c), S. 1095; ders. (1992d), S. 1311, 1316, und Marx/ Köhlmann (2005), S. 654, die für „Rekultivierungsverpflichtungen" von einem aperiodischen Anfall ausgehen.
[20] BT-Drucks. 8/1315, S. 76.
[21] Nur auf diese soll in den weiteren Ausführungen Bezug genommen werden, da sich aus der Aufsuchung und Aufbereitung i.d.R. deutlich weniger umfangreiche Pflichten hinsichtlich der WNBM ergeben dürften.

standes der Oberfläche" zu verstehen, sondern vielmehr „die Vorkehrungen und Maßnahmen [...], die erforderlich sind, um die für die Zeit nach dem Abbau oder nach Einstellung eines Aufbereitungsbetriebes geplante Nutzung [...] zu gewährleisten.".[22]

Die Wiederherstellung des ursprünglichen Zustandes (vor Gewinnung) wird im Bergbau allgemein wie speziell bei Betrieben des Braunkohlentagebaus i.d.R. auch gar nicht möglich sein: Bereits das enorme Massendefizit aufgrund der Gewinnung bei den heute üblichen Betriebsgrößen[23] verhindert, dass nach endgültiger Einstellung des Betriebs der ursprüngliche Zustand wiederherstellbar ist.

Bedeutsam ist weiterhin, dass sich die Pflicht zur WNBM nicht ausschließlich auf die Tätigkeiten der „Aufsuchung, Gewinnung und Aufbereitung" beziehen soll, wie sich bei rein wörtlicher Auslegung des § 2 Abs. 2 Nr. 2 BBergG ergeben könnte, sondern sich vielmehr auf „die gesamte bergbauliche Tätigkeit" erstreckt, d.h. auch auf z.B. aufgeschüttete Halden.[24]

1.2.3.2 Zwischenergebnis

Der Versuch, den Begriff der „Ordnungsmäßigkeit" anhand der Gesetzesmaterialien sowie der Fachliteratur grammatikalisch auszulegen, führt zu keinem Ergebnis, da „WNBM" zumeist negativ abgegrenzt wird („keine Wiederherstellung des Ausgangszustandes"; ebenso Negativabgrenzung zur Folgenutzung). Eine *eindeutige positive Umschreibung fehlt* insoweit, insbesondere *findet sich kein Hinweis auf die Bedeutung der erforderlichen „Ordnungsmäßigkeit" der Oberflächengestaltung*. Vor diesem Hintergrund soll nunmehr versucht werden, die „Ordnungsmäßigkeit" aus der systematischen Einordnung des § 4 Abs. 4 BBergG innerhalb des BBergG zu bestimmen.

1.2.3.3 Systematische Auslegung des Begriffs der „Ordnungsmäßigkeit" der Oberflächengestaltung unter dem Primat des Telos des BBergG

1.2.3.3.1 „Wiedernutzbarmachung" in den Vorschriften bezüglich der bergrechtlichen Erlaubnis, Bewilligung und des Bergwerkseigentums (Bergbauberechtigungen: §§ 6 ff. BBergG)

In den bisherigen Ausführungen wurden die §§ 2 Abs. 1 Nr. 2 und 4 Abs. 4 BBergG nur separat betrachtet. Relevanz erlangen Fragen der WNBM aus Sicht des Bergbautreibenden aber

---

[22] BT-Drucks. 8/1315, S. 76; Piens/ Schulte/ Graf Vitzthum (1983), § 2, Tz. 10; Knauff (1998), S. 24/25; Züscher (1998), S. 42; Rausch (1990), S. 49.

[23] Zumeist über 10 Mio. t Förderung p.a. bei Laufzeiten von mehreren Jahrzehnten, vgl. Regionaler Planungsverband Westsachsen (1998): Braunkohlenplan – Tagebau Vereinigtes Schleenhain, S. 13 sowie DEBRIV (2001), S. 26, 30, 34.

[24] BT-Drucks. 8/1315, S. 76.

„Wiedernutzbarmachung" als eine unter Bergaufsicht zu erfüllende ...   13

(erst) dadurch, dass die Pflicht zur WNBM in weiteren Vorschriften des BBergG Erwähnung findet.

Die Nr. 7 des § 11 BBergG bestimmt, eine bergrechtliche *Erlaubnis* „zur Aufsuchung zu gewerblichen Zwecken oder zur großräumigen Aufsuchung" sei dann zu *versagen*, wenn „der Antragsteller nicht glaubhaft macht, dass die für eine ordnungsgemäße Aufsuchung und der damit nach § 2 Abs. 1 Nr. 1 und 2 im Zusammenhang stehenden Tätigkeiten erforderlichen Mittel aufgebracht werden können". Voraussetzung für eine Erlaubnis ist hiernach also (u.a.), dass der Antragssteller *glaubhaft macht*, über die für die Aufsuchung und eben auch über die für die in diesem Zusammenhang erforderliche ordnungsgemäße Oberflächengestaltung nötigen finanziellen Mittel zu verfügen.[25]

Die Nr. 7 des § 11 BBergG gilt für die *Versagung einer Bewilligung* „entsprechend" (§ 12 Abs. 1 Satz 1 BBergG), d.h. abgestellt auf die andersartige Situation i.R.d. Gewinnung.[26]

Hingegen sind Aspekte der WNBM *ohne* Bedeutung für die *Versagung von Bergwerkseigentum*, da die abschließende Aufzählung der Versagungsgründe keine diesbezüglichen Hinweise enthält, was auch insofern naheliegend ist, als das Bergwerkseigentum lediglich dazu dient, „die Bewilligung in ein grundstückgleiches Recht zu überführen"[27] und damit Fragen der Aufsuchung und Gewinnung, d.h. von Eingriffen in die Oberfläche, überhaupt nicht berührt werden, somit diesbezüglich auch kein Regelungsbedarf besteht.

Weiterhin ist in allen anderen Fällen als denen des Abs. 1 des § 14 BBergG und bei Nichtvorliegen der Versagungsgründe der §§ 11 und 12 BBergG demjenigen Antrag „auf Erteilung einer Erlaubnis oder Bewilligung" der „Vorrang" einzuräumen, „in dem das Arbeitsprogramm zusammen mit der Voraussetzung, die nach § 11 Nr. 7 für Erlaubnis oder Bewilligung glaubhaft zu machen ist, den Anforderungen einer sinnvollen und planmäßigen Aufsuchung oder Gewinnung am besten Rechnung trägt" (§ 14 Abs. 2 BBergG).

Die die WNBM der Oberfläche betreffenden Vorschriften über die Bergbauberechtigungen[28] sollen vorläufig *nicht* zur Auslegung des Begriffs der „WNBM" herangezogen werden, vielmehr soll letzterer zunächst nur anhand der Vorschriften über die Betriebsplanpflicht definiert werden. Der Grund hierfür liegt in der ggü. den Vorschriften zu den Bergbauberechtigungen größeren Bedeutung der Vorschriften über die Betriebsplanpflicht für Fragen der WNBM.

Da die Erlaubnis nach § 7 BBergG wie auch die Bewilligung nach § 8 BBergG als bloße Rechtstitel eine *Ausübung* der gewährten Rechte *nicht* zulassen, hierzu vielmehr insbesondere

---

[25] Verweis auf § 2 Abs. 1 Nr. 2 BBergG, siehe auch BT-Drucks. 8/1315, S. 87; Boldt/ Weller (1984), § 11, Tz.10.

[26] BT-Drucks. 8/1315, S. 88.

[27] BT-Drucks. 8/1315, S. 86, 88.

[28] D.h. über das bergbauliche Berechtsamswesen, siehe Definition Boldt/ Weller (1984), § 6, Tz.1.

die Betriebspläne nach §§ 51 ff. BBergG aufzustellen sind,[29] sich die Frage nach der „ordnungsgemäßen Gestaltung der Oberfläche" zu diesem frühen Zeitpunkt (noch) nicht bzw. nur sehr eingeschränkt stellt, erfolgt die Auslegung von „WNBM" zunächst anhand der §§ 51 ff. BBergG. Hieran schließt sich ein Abgleich des gefundenen Ergebnisses mit den zunächst vernachlässigten Vorschriften über die Bergbauberechtigungen an.

1.2.3.3.2 „Wiedernutzbarmachung" in den Vorschriften über das bergrechtliche Betriebsplanverfahren (§§ 51 ff. BBergG)

1.2.3.3.2.1 Vorbemerkung

Für die Zulassung von Betriebsplänen i.S.d. § 52 BBergG[30] ist „die erforderliche Vorsorge zur Wiedernutzbarmachung der Oberfläche in dem nach den Umständen gebotenen Ausmaß" zu treffen (§ 55 Abs. 1 Satz 1 Nr. 7 BBergG). Für die Zulassung eines *Abschluss*betriebsplanes (ABP) muss „die Wiedernutzbarmachung der Oberfläche in der vom einzustellenden Betrieb in Anspruch genommenen Fläche" zudem „sichergestellt sein" (§ 55 Abs. 2 Satz 1 BBergG, der die Zulassungsvoraussetzungen für einen ABP ggü. Abs. 1 Satz 1 modifiziert).[31]

Mit Blick auf die Auslegung des Begriffs der „Ordnungsmäßigkeit" der Oberflächengestaltung ist hinsichtlich seiner systematischen Einordnung in das BBergG hiernach der Grund (bzw. Zweck) zu klären, aus dem die Pflicht zur (Vorsorge zur/Sicherstellung der) WNBM in den Katalog[32] des § 55 BBergG aufgenommen worden ist. Zuvor aber muss auf einer vorgelagerten Ebene ermittelt werden, zu welchem Zweck Betriebspläne überhaupt aufzustellen sind.

1.2.3.3.2.2 Betriebsplanpflicht nach § 51 BBergG

Aufsuchungs- und Gewinnungsbetriebe sowie Betriebe zur Aufbereitung dürfen gem. § 51 Abs. 1 Satz 1 BBergG nur aufgrund von Betriebsplänen errichtet, geführt und eingestellt werden, womit alle zentralen Entwicklungsphasen eines Bergbaubetriebs erfasst werden (siehe Geltungsbereich des BBergG nach § 2 Abs. 1 BBergG).

---

[29]   BT-Drucks. 8/1315, S. 84 bis 86; Boldt/ Weller (1984), § 7, Tz. 1; § 8, Tz. 20; das auf Aufsuchungsarbeiten begrenzte Gewinnungsrecht nach § 7 Abs. 1 Nr. 2 BBergG braucht hier mangels Relevanz nicht näher betrachtet zu werden, siehe hierzu BT-Drucks. 8/1315, S. 85; Boldt/ Weller (1984), § 7, Tz. 2 und 3; bezüglich des *Bergwerkseigentums* gilt aufgrund der inhaltlichen Deckungsgleichheit mit der Bewilligung dasselbe wie zu dieser, vgl. BT-Drucks. 8/1315, S. 86; Boldt/ Weller (1984), § 9, Tz. 2.

[30]   Gemeint sind hiermit Haupt-, Rahmen- und Sonderbetriebspläne, vgl. Boldt/ Weller (1984), § 55, Tz. 5.

[31]   Vgl. zur Möglichkeit der Einforderung von Sicherheiten durch die Bergbehörde zwecks Sicherstellung der genannten Anforderungen unter 4.4.7.7.2.

[32]   Genau genommen zwei Kataloge, nämlich nach Abs. 1 Satz 1 für Betriebspläne allgemein und nach Abs. 2 Satz 1 nur für Abschlussbetriebspläne.

"Wiedernutzbarmachung" als eine unter Bergaufsicht zu erfüllende ... 15

Die Betriebspläne müssen vom Unternehmer aufgestellt und von der Bergbehörde zugelassen werden (§ 51 Abs. 1 Satz 1 BBergG). Gemäß § 51 Abs. 1 Satz 2 BBergG gehören zum
„Betrieb" auch die in § 2 Abs. 1 BBergG bezeichneten Tätigkeiten und Einrichtungen und
damit auch das Wiedernutzbarmachen der Oberfläche während und nach der Aufsuchung,
Gewinnung und Aufbereitung. Die Verpflichtung zur Aufstellung von Betriebsplänen beginnt
mit der Vornahme von Aufsuchungsarbeiten und endet erst mit der Durchführung des ABP,
d.h. erst nach *erfolgter WNBM der in Anspruch genommenen Flächen.*[33] Damit kann die Frage nach dem Zweck der Aufnahme von Bestimmungen zur WNBM in den Katalog des § 55
BBergG nicht unabhängig von der Frage nach dem Zweck der Betriebsplanpflicht sowie der
diesbezüglichen Zuständigkeit der Bergbehörden beantwortet werden.

1.2.3.3.3 Die Bergaufsicht nach BBergG

1.2.3.3.3.1 Aufgaben der Bergaufsicht

Wenn die Bergbehörden einen Betriebsplan zulassen (und damit über Fragen der WNBM befinden), damit ein Betrieb errichtet, geführt und eingestellt werden darf, stellt sich die Frage
nach Zweck und Rechtfertigung bergbehördlicher Tätigkeit. Nach § 69 Abs. 1 BBergG unterliegt der Bergbau „der Aufsicht durch die zuständige Behörde (Bergaufsicht)". Unter „Bergbau" sind dabei die in § 2 Abs. 1 BBergG bezeichneten Tätigkeiten, Einrichtungen und Anlagen zu verstehen.[34] Die Bergbehörde hat u.a. darüber zu wachen, dass „die zugelassenen Betriebspläne eingehalten werden".[35] Die Bergaufsicht erstreckt sich hiernach in jedem Fall auch
auf die (Vorsorge zur/Sicherstellung der) WNBM der Oberfläche.[36] Die Zuständigkeit der
Bergaufsicht auch für Fragen der WNBM bestand ursprünglich *nicht:* Mit dem Übergang vom
Direktions- zum Inspektionsprinzip Mitte des 19. Jahrhunderts beschränkte sich die Tätigkeit
der Bergbehörden auf polizeilich-sicherheitliche Aufgaben.[37] Erst im Zeitablauf wurde der
Zuständigkeitsbereich der Bergbehörden zwar in größeren zeitlichen Abständen, aber beständig erweitert.[38]

---

[33] Vgl. zum Vorstehenden: Boldt/ Weller (1984), § 51, Tz. 1.
[34] BT-Drucks. 8/1315, S. 121; Boldt/ Weller (1984), § 69, Tz. 5; vgl. auch die Definition von „Bergbaube-
    trieb" in § 114 Abs. 1 BBergG.
[35] BT-Drucks. 8/1315, S. 121; Boldt/ Weller (1984), § 69, Tz. 11.
[36] Boldt/ Weller (1984), § 69, Tz. 5.
[37] Boldt/ Weller (1984), § 69, Tz. 1, 2; vgl. § 196 Abs. 1 ABG: „Der Bergbau steht unter der polizeilichen
    Aufsicht der Bergbehörden.", vgl. auch § 196 Abs. 2 ABG, wonach sich die Bergaufsicht u.a. auf „die Si-
    cherheit der Baue", „die Sicherheit des Lebens und der Gesundheit der Arbeiter", „den Schutz der Oberflä-
    che im Interesse der persönlichen Sicherheit und des öffentlichen Verkehrs" sowie „den Schutz gegen ge-
    meinschädliche Einwirkungen des Bergbaues" erstreckte.
[38] Vgl. die Nachweise bei Boldt/ Weller (1984), § 69, Tz. 3; für die vorliegende Arbeit besonders bedeutsam
    ist dabei das „Gesetz zur Änderung bergesetzlicher Vorschriften im Lande Nordrhein-Westfalen vom 25.
    April 1950", GVBl. NW 1950, S. 73 bis 74 mit Begründung, ZfBR, Bd. 91 (1950), S. 192: Zu den Aufgaben
    der Bergbehörde zählt auch „die Sicherung und Ordnung der Oberflächennutzung und Gestaltung der Land-

1.2.3.3.3.2 Entstehen und Ende der Bergaufsicht

Die Bergaufsicht *entsteht*, sobald eine Tätigkeit i.S.d. § 2 Abs. 1 Nr. 1 oder 2 BBergG aufgenommen wird bzw. die Errichtung einer Einrichtung i.S.d. § 2 Abs. 1 Nr. 3 BBergG beginnt, was anhand einer Anzeige nach § 50 BBergG oder der Zulassung eines Betriebsplanes nach § 51 BBergG festgestellt wird.[39] Die Bergaufsicht erstreckt sich *räumlich* auf jenen Bereich, in dem Tätigkeiten i.S.d. § 2 Abs. 1 Nr. 1 und 2 BBergG stattfinden (d.h. auch auf den Bereich, in dem Maßnahmen der WNBM realisiert werden) oder in dem Einrichtungen der in § 2 Abs. 1 Nr. 3 BBergG bezeichneten Art vorhanden sind, nicht dagegen auf sonstige Flächen, auch wenn diese von Bergschäden betroffen sind.[40]

Das *Ende* der Bergaufsicht war in der Zeit *vor* Geltung des BBergG *nicht* geregelt. Aufgrund diesbezüglicher „Schwierigkeiten" in der Praxis erwies sich aber eine explizite rechtliche Regelung als erforderlich.[41] § 69 Abs. 2 BBergG bestimmt daher nunmehr: „Die Bergaufsicht endet nach Durchführung des Abschlussbetriebsplanes (§ 53) oder entsprechender Anordnungen der zuständigen Behörde (§ 71 Abs. 3) zu dem Zeitpunkt, in dem nach allgemeiner Erfahrung nicht mehr damit zu rechnen ist, dass durch den Betrieb Gefahren für Leben und Gesundheit Dritter, für andere Bergbaubetriebe und für Lagerstätten, deren Schutz im öffentlichen Interesse liegt, oder gemeinschädliche Einwirkungen eintreten werden". Bis zu dem somit umschriebenen Zeitpunkt erscheint eine Bergaufsicht unerlässlich, eine zeitlich weitergehende „spezielle staatliche Aufsicht" ist hingegen bei Erfüllung der Voraussetzungen des Abs. 2 nicht erforderlich.[42]

Der Zeitpunkt der vollständigen Erfüllung der Voraussetzungen des § 69 Abs. 2 BBergG stellt den frühestmöglichen Termin dar, zu dem die Bergbehörde ihre Aufsicht beenden kann.[43] Ein Ende der Bergaufsicht scheint dann gerechtfertigt, wenn der ABP nach § 55 Abs. 2 BBergG durchgeführt ist, eine weitergehende Bergaufsicht dagegen nur dann, wenn trotzdem noch mit zukünftigen Gefahren für die Rechtsgüter des § 69 Abs. 2 BBergG aus dem Betrieb zu rechnen ist.[44] Werden z.B. bereits wieder nutzbar gemachte, aber noch nicht aus der Bergaufsicht entlassene Flächen durch Starkregen zerstört, kann die Bergbehörde hierauf mit Anordnungen nach § 71 BBergG reagieren, bevor sie ihre Aufsicht beendet. Neben der

---

schaft während des Bergwerksbetriebes und nach dem Abbau" inkl. „Regelung der Vorflut" sowie die „Rekultivierung, Verhinderung der Verschlechterung der Bodengüte, Verpflichtung zur Verwendung kulturfähigen Bodens" zwecks „Sicherung der Oberflächennutzung nach dem Abbau".

[39] Boldt/ Weller (1984), § 69, Tz. 14.

[40] Boldt/ Weller (1984), § 69, Tz. 7; Piens/ Schulte/ Graf Vitzthum (1983), § 55, Tz. 78; die Fassung von „WNBM/ Rekultivierung" unter „Bergschäden" bei Hirte (1988) S. 246 und, diesem folgend, Schellhorn (1995), S. 556, entbehrt jeglicher bergrechtlicher Grundlage wie auch sachlicher Notwendigkeit, ungeachtet der Tatsache, dass auch Betriebsflächen von Bergschäden betroffen sein können.

[41] BT-Drucks. 8/1315, S. 121/122.

[42] BT-Drucks. 8/1315, S. 122; Boldt/ Weller (1984), § 69, Tz. 16, 17; wegen der Unbestimmtheit des Endes der Bergaufsicht kritisch zum § 69 Abs. 2 BBergG: Herrmann (2004), S. 73.

[43] Boldt/ Weller (1984), § 69, Tz. 17.

[44] Boldt/ Weller (1984), § 69, Tz. 17, 18.

Durchführung des Abschlussbetriebsplanes ist also *zusätzlich* eine hinsichtlich § 69 Abs. 2 BBergG positive *Prognose*entscheidung der Bergbehörde erforderlich.[45] Die Bergaufsicht kann auch für bestimmte Teile des Betriebs früher als für den Gesamtbetrieb enden, so z.b., wenn einzelne Teilflächen wieder nutzbar gemacht sind.[46]

In diesem Zusammenhang darf der Abs. 2 Satz 1 des § 55 BBergG allerdings *nicht* so verstanden werden, „der Schutz Dritter vor den durch den Betrieb verursachten Gefahren für Leben und Gesundheit auch noch nach Einstellung des Betriebes" (Nr. 1) stelle eine von der Pflicht zur „Wiedernutzbarmachung der Oberfläche in der vom einzustellenden Betrieb in Anspruch genommenen Fläche" (Nr. 2) streng zu trennende Verpflichtung dar, worauf das Wort „sowie" in der Nr. 1 evtl. hindeuten könnte.[47]

Vielmehr dürfte eine ordnungsgemäße Gestaltung der Oberfläche häufig gerade eine unabdingbare Voraussetzung dafür sein, die bergbehördliche Prognose „Es ist nach allgemeiner Erfahrung auch für die Zukunft nicht mehr mit betriebsbedingten Gefahren für die Schutzgüter des § 69 Abs. 1 BBergG zu rechnen" aufstellen zu können. Das Beispiel einer erforderlichen, Gefahren ausschließenden erdbautechnischen Gestaltung und Stabilisierung des Tagebaurestloches bzw. dessen Böschungssystems möge hier genügen. Die bergbehördliche Prognose bleibt aber schlussendliche Voraussetzung für eine Beendigung der Bergaufsicht.[48]

Vergegenwärtigt man sich erneut die „polizeigeprägte Entstehungsgeschichte" der Bergaufsicht und berücksichtigt ferner, dass sich an der polizeilich-sicherheilich geprägten Aufsicht unter dem BBergG vom Grundsatz her nichts geändert hat, die Regelungen die Bergaufsicht betreffend also unverändert der Abwehr von Gefahren dienen und insofern, als ein Spezialgesetz zur Gefahrenabwehr, materielles Polizeirecht darstellen,[49] so drängt sich die Interpretation von „ordnungsgemäß" i.S.v. „sicherheitlich/polizeilich unbedenklich" geradezu auf. *Die polizeilich-sicherheitliche Unbedenklichkeit der realisierten Maßnahmen der WNBM ist damit der Maßstab, an dem die „Ordnungsmäßigkeit" der Oberflächengestaltung gemessen wird bzw. es kann und darf von (erfolgter/realisierter) „WNBM" erst dann gesprochen werden, wenn die polizeilich-sicherheitliche Unbedenklichkeit von entsprechenden Maßnahmen bestätigt ist bzw. als gesichert gilt.*

1.2.3.3.4 Zwischenergebnis

Betrachtet man den § 69 BBergG als Ausgangspunkt der Auslegung von „WNBM", so ergeben sich unter Zuhilfenahme der systematischen, den Telos der relevanten Vorschriften beachtenden Auslegungsmethode folgende Zusammenhänge (Gesamtzusammenhang der dies-

---

[45] Piens (2004), S. 83.
[46] Boldt/ Weller (1984), § 69, Tz. 20.
[47] So könnten auch Boldt/ Weller (1984), § 69, Tz. 20, verstanden werden.
[48] Piens (2004), S. 83.
[49] Boldt/ Weller (1984), § 69, Tz. 11.

bezüglich relevanten Vorschriften des BBergG): Wenn die Bergaufsicht nach wie vor primär[50] polizeilich-sicherheitliche Aufgaben wahrzunehmen hat und sich zu deren Durchsetzung des bergrechtlichen Betriebsplanverfahrens bedient, dann kann die Nr. 7 des § 55 Abs. 1 Satz 1 BBergG bzw. die Nr. 2 des § 55 Abs. 2 Satz 1 BBergG ebenso nur polizeilich-sicherheitlich verstanden werden.

Das bergrechtliche Betriebsplanverfahren kann damit in besonderer Weise als ein *Instrument einer umfassenden präventiven und laufenden Betriebsüberwachung* gelten, das nicht zuletzt den Gefahren bergbaulicher Tätigkeit Rechnung trägt.[51] Nur so lässt sich auch verstehen, warum Betriebe von (u.a.) „geringer Gefährlichkeit" von der Betriebsplanpflicht *befreit* werden können (§ 51 Abs. 3 BBergG.).

Betrachtet man in diesem Zusammenhang den Katalog des § 55 Abs. 1 Satz 1 BBergG, so wird man, neben der Nr. 7, zumindest dessen Nr. 2, 3, 5, 6, 8, 9 und 13, u.U. auch die Nr. 10 bis 12 als polizeilich-sicherheitlich relevant erachten dürfen, ebenso (neben der Nr. 2) die Nr. 1 des § 55 Abs. 2 Satz 1 BBergG. Der Begriff der „WNBM" kann damit auf verschiedenen Ebenen systematisch und teleologisch ausgelegt werden: Zum einen fügt sich die Nr. 7 nahtlos in die Systematik des § 55 Abs. 1 Satz 1 BBergG ein (gemeinsame grundlegende Zwecksetzung der meisten der dort aufgeführten Voraussetzungen), zweitens ergibt sich das hier gefundene Ergebnis auch systematisch-teleologisch aus dem § 55 Abs. 1 Satz 1 BBergG im Gesamtzusammenhang mit weiteren diesbezüglich relevanten Vorschriften des BBergG (nämlich jener zur Bergaufsicht) und schließlich harmoniert die hier als allein richtig erachtete Definition von „ordnungsgemäßer Oberflächengestaltung" auch mit dem Zweck des BBergG in seiner Gesamtheit, insbesondere der angestrebten Vorsorge gegen Gefahren für Leben, Gesundheit und Sachgüter Dritter infolge bergbaulicher Tätigkeit (Nr. 3 des § 1 BBergG, siehe auch dessen Nr. 2). „Wiedernutzbarmachung" soll damit in der vorliegenden Arbeit (vorläufig) wie folgt definiert werden: „*Gestaltung der vom Bergbau in Anspruch genommenen Oberfläche unter Beachtung polizeilich-sicherheitlicher Aspekte zum Zwecke des Schutzes der Rechtsgüter des § 69 Abs. 2 BBergG, d.h. in einer diese Güter schützenden Art und Weise.*".

Diese polizeilich-sicherheitlichen Aspekte können unter Rückgriff auf die Grundzüge des allgemeinen Polizei- und Ordnungsrechts (APOR) näher umschrieben werden: Das APOR umfasst sämtliche rechtliche Regelungen, die sich auf diejenige Staatstätigkeit erstrecken, die die öffentliche Sicherheit und Ordnung schützt, Gefahren von dieser abwendet und eingetretene Störungen beseitigt (Recht der Gefahrenabwehr).[52] Nach dem landesgesetzlich geregel-

---

[50] Nicht ausschließlich, siehe z. B. die Nr. 4 des § 55 Abs. 1 Satz 1 BBergG: Zulassung eines Betriebsplanes nur, wenn „keine Beeinträchtigung von Bodenschätzen, deren Schutz im öffentlichen Interesse liegt, eintreten wird".

[51] Boldt/ Weller (1984), Vor § 50, Tz. 1, 6; dies. (1984), § 51, Tz. 6; Piens/ Schulte/ Graf Vitzthum (1983), § 51, Tz. 1.

[52] Schoch (2003), Tz. 1.

"Wiedernutzbarmachung" als eine unter Bergaufsicht zu erfüllende ...   19

ten Polizei- und Ordnungsrecht[53] hat die Polizei im hier interessierenden Zusammenhang v.a. die „Aufgabe, Gefahren für die öffentliche Sicherheit oder Ordnung abzuwehren (Gefahrenabwehr)".[54]

Die polizeiliche Generalklausel ergänzt damit spezialgesetzliche Eingriffsbefugnisse, zu denen auch der § 69 Abs. 2 BBergG gehört und der vor dem Hintergrund dieser Generalklausel interpretiert werden muss. „Gefahr" kann in einer *Störung* (bereits realisierte Gefahr) oder in einer aufgrund der Feststellung des Sachverhalts zu treffenden *Prognose* aus ex-ante-Sicht, ohne dass für diese eine absolute Gewissheit des Schadenseintritts erforderlich wäre, bestehen. In jedem Fall muss für die öffentliche Sicherheit oder Ordnung mit hinreichender Wahrscheinlichkeit mit dem Eintritt eines Schadens zu rechnen sein.[55]

Die Vorläufigkeit der Definition von „WNBM" ergibt sich daraus, dass die WNBM gemäß BBergG „unter Beachtung des öffentlichen Interesses" zu erfolgen hat (§ 4 Abs. 4 BBergG).

Welche weiteren Anforderungen sich hieraus ergeben, wird sogleich zu untersuchen sein. Zunächst müssen die bisher gefundenen Ergebnisse allerdings noch mit den Vorschriften über die Bergbauberechtigungen (Berechtsamswesen) (§§ 6 ff. BBergG) abgeglichen werden.[56] Da Bergbauberechtigungen von den zuständigen (Berg-)Behörden erteilt werden und auch Aufsuchungstätigkeiten von Beginn an unter Bergaufsicht stehen,[57] kann hinsichtlich des Zwecks der Bergaufsicht und natürlich auch des BBergG als solchem auf die entsprechenden bisherigen Ausführungen verwiesen werden. Insofern dürfte ohne weitere Begründung zu behaupten sein, dass systematische wie teleologische Auslegungsgesichtspunkte zu keiner anderen als der soeben herausgearbeiteten vorläufigen Definition von „WNBM" führen, zumal die grammatikalisch-historische Auslegung von „WNBM" erst recht in keinem abweichenden Ergebnis münden kann, da diese allein mit Blick auf den insoweit allgemein gültigen § 4 Abs. 4 BBergG vorgenommen wurde.

---

[53] Vgl. Schoch (2003), Tz. 36 ff.
[54] So für z.B. Brandenburg: § 1 Satz 1 Gesetz über die Aufgaben und Befugnisse der Polizei im Land Brandenburg (Brandenburgisches Polizeigesetz – BbgPolG) vom 19. März 1996, GVBl. 1996 I, S. 74; zum Begriff der öffentlichen Sicherheit und öffentlichen Ordnung siehe Schoch (2003), Tz. 66 ff. und 79 ff.: die Polizei muss Gefahren nicht nur von der Allgemeinheit, sondern auch vom Individuum abwehren.
[55] Siehe zum Vorstehenden Schoch (2003), Tz. Tz. 52 bis 59, 84 bis 89; siehe zu bergbaubedingten Verpflichtungen auf Grundlage APOR unten 1.3.1.
[56] Siehe oben 1.2.3.3.1.
[57] Boldt/ Weller (1984), § 6, Tz. 8.

20 Rechtliche Grundlagen der Entstehung und Erfüllung der Pflicht zur ...

1.2.4 Auslegung des Begriffs der „Öffentlichen Interessen" unter dem Primat des Telos des BBergG

1.2.4.1 „Öffentliche Interessen" in Vorschriften des BBergG

Neben der Legaldefinition von „WNBM" in § 4 Abs. 4 BBergG enthalten verschiedene andere Vorschriften des BBergG ebenfalls den Begriff des „öffentlichen Interesses" bzw. der „öffentlichen Interessen", nämlich u.a. die Nr. 9 und 10 des § 11 BBergG (die über seinen Abs. 1 Satz 1 auch für den § 12 BBergG gelten), § 15 BBergG (Verweis auf § 11 Nr. 10 BBergG), § 48 Abs. 2 BBergG und § 52 Abs. 2a Satz 3 BBergG (Verweis auf den § 48 Abs. 2 hinsichtlich der „öffentlichen Interessen".).

Ausgehend vom § 4 Abs. 4 BBergG soll der Begriff des „öffentlichen Interesses" daher zunächst grammatikalisch und anschließend systematisch unter Beachtung des Telos der Einzelnormen wie des BBergG in seiner Gesamtheit ausgelegt werden.

1.2.4.2 Grammatikalische Auslegung des Begriffs der „Öffentlichen Interessen" unter dem Primat des Telos des BBergG

Angesichts der nahezu unbeschränkten Vielzahl denkbarer öffentlicher Interessen scheint eine rein grammatikalische Auslegung wenig hilfreich, so dass auch an dieser Stelle auf die Gesetzesmaterialien zum BBergG zurück gegriffen werden soll (historische Dimension der grammatikalischen Auslegung).

In diesem Zusammenhang erlangt Bedeutung, dass die Legaldefinition von „WNBM" im Regierungsentwurf des BBergG noch nicht enthalten war, sondern erst nach entsprechendem Vorschlag des Bundesrates[58] in den § 4 BBergG aufgenommen wurde, womit die „an anderer Stelle des Gesetzentwurfs verstreuten Vorschriften über den Inhalt und das Ausmaß der Rekultivierung einheitlich gehandhabt" werden sollten. Entscheidend ist hierbei, dass das „öffentliche Interesse" im Vorschlag konkretisiert wurde und „insbesondere" bestehen sollte aus „Ziele und Erfordernisse der Raumordnung und Landesplanung, des Naturschutzes sowie der Erholung.". Auf Seiten des Gesetzgebers bestanden also relativ konkrete Vorstellungen von „öffentlichem Interesse".

In den Beschluss des Ausschusses für Wirtschaft wurde der vom Bundesrat vorgeschlagene Abs. 3a dann zwar übernommen, da man dessen Ansicht, den im Gesetzentwurf verschiedentlich verwendeten Begriff der WNBM durch eine einheitliche Begriffsbestimmung zu ergänzen, folgte. Der Zusatz „insbesondere der Ziele und Erfordernisse der Raumordnung und Landesplanung, des Naturschutzes und der Landschaftspflege sowie der Erholung" aber ent-

---

[58] BT-Drucks. 8/1315, S. 13, 174, dort noch als Abs. 3a.

"Wiedernutzbarmachung" als eine unter Bergaufsicht zu erfüllende ... 21

fiel,[59] womit Abs. 3a dem späteren, kodifizierten Abs. 4 entsprach. Durch den allgemeinen Hinweis auf die Notwendigkeit der Beachtung öffentlicher Interessen erhoffte man sich, den öffentlichen Interessen im Rahmen der Wiedernutzbarmachung besser Rechnung tragen zu können als durch den Zusatz „insbesondere".[60] Vermutlich sollte durch die Streichung des Zusatzes *einer Fixierung auf bestimmte, gesetzlich explizit genannte öffentliche Belange vorgebeugt* werden, *ohne* dass hiermit eine *inhaltliche* Abänderung angestrebt wurde. *Bei seiner Auslegung sind daher die im Laufe des Gesetzgebungsverfahrens gestrichenen Ziele und Erfordernisse unverändert, allerdings nicht ausschließlich* („insbesondere"), *zu berücksichtigen.*[61] Die grammatikalische Auslegung ergibt somit in ihrer historischen Dimension zumindest ein erstes Zwischenergebnis hinsichtlich des Begriffs der „öffentlichen Interessen" i.S.d. § 4 Abs. 4 BBergG.

1.2.4.3 Systematische Auslegung des Begriffs der „Öffentlichen Interessen" unter dem Primat des Telos des BBergG

1.2.4.3.1 Vorbemerkung

Mit der Feststellung, dass i.R.d. WNBM bestimmte, wenn auch nicht abschließend aufgeführte „öffentliche Interessen" zu beachten sind, besteht weder Erkenntnis über das Gewicht, das dem „öffentlichen Interesse" beizulegen ist noch über den Bindungsgrad des Begriffs „unter Beachtung" im § 4 Abs. 4 BBergG und auch und v.a. nicht über mögliche Quellen, denen sich die bei der WNBM der bergbaulich in Anspruch genommenen Oberfläche zu beachtenden öffentlichen Interessen, speziell im Braunkohlenbergbau, in konkretisierterer Form entnehmen lassen.

Bei Betrachtung des Gesamtzusammenhangs, in den Bestimmungen zur WNBM im BBergG gestellt sind, fällt zunächst der § 11 Nr. 10 BBergG auf, wonach die Erlaubnis zu versagen ist, wenn „überwiegende öffentliche Interessen die Aufsuchung im gesamten zuzuteilenden Feld ausschließen".[62]

Fragen der WNBM werden hier zwar nicht unmittelbar angesprochen, auffallend ist aber das Gewicht, das „überwiegenden öffentlichen Interessen" i.R.d. § 11 BBergG zugemessen wird (Möglichkeit der Versagung einer Erlaubnis). Auffallend ist ebenfalls, dass eine entsprechende Regelung im § 55 *fehlt*, obwohl sie hier, angesichts der die Errichtung, Führung und Einstellung eines Betriebes überhaupt erst zulassenden Betriebspläne, erst recht zu erwarten wäre. Eine dem § 11 Nr. 10 BBergG vergleichbare Regelung findet sich aber im § 48 Abs. 2 Satz 1 BBergG: „In anderen Fällen als denen des Absatzes 1 und des § 15 kann, unbeschadet

---

[59] BT-Drucks. 8/3965, S. 133.
[60] BT-Drucks. 8/3965, S. 133; vgl. auch Boldt/ Weller (1984), § 4, Tz. 20; Rasel (1994), S. 136.
[61] Rausch (1990), S. 50/51; Rasel (1994), S. 136/137; im Ergebnis auch Niermann (1992), S. 156/157.
[62] Vgl. mit Verweis auf die Nr. 10 auch § 12 Abs. 1 Satz 1 BBergG und § 15 BBergG.

anderer öffentlich-rechtlicher Vorschriften, die für die Zulassung von Betriebsplänen zuständige Behörde eine Aufsuchung oder eine Gewinnung beschränken oder untersagen, soweit ihr überwiegende öffentliche Interessen entgegenstehen."[63]

Die Diskussion des Zusammenhangs, in dem die verschiedenen Vorschriften stehen, soll an den § 48 Abs. 2 Satz 1 BBergG anknüpfen, da dieser Bezug nimmt auf die „für die Zulassung von Betriebsplänen zuständige Behörde".

1.2.4.3.2 Geltungsbereich des § 48 Abs. 2 Satz 1 BBergG

Eine Versagung oder Beschränkung der Zulassung durch die Bergbehörde ist nach dem Satz 1 des § 48 Abs. 2 BBergG zunächst nur möglich, wenn nicht durch dessen Abs. 1 geschützte Flächen, also solche, die einem öffentlichen Zweck gewidmet sind oder im Interesse eines öffentlichen Zwecks geschützt sind, betroffen sind, d.h. auch umweltrechtlich geschützte Gebiete oder im Geltungsbereich eines Bebauungsplanes liegende Flächen, da in diesen Fällen Bergbau ohnehin nur nach Erteilung einer Befreiung durch die zuständige Fachbehörde unter Berücksichtigung auch nicht-bergbaulicher öffentlicher Interessen möglich wäre, die Bergbehörde hier also über keinerlei Zuständigkeit verfügt. Der Satz 1 des § 48 Abs. 2 BBergG greift weiterhin dann nicht, wenn i.R.d. Erteilung einer Bergbauberechtigung bereits eine andere Fachbehörde zwecks Wahrung der öffentlichen Interessen i.S.d. § 11 Nr. 10 BBergG gegenüber der Bergbehörde gem. § 15 BBergG eine Stellungnahme abgeben soll, bevor diese über die Erteilung der begehrten Berechtigung entscheidet. Erfolgt i.R.d. Erlaubnis- und Bewilligungsverfahrens wegen des § 48 Abs. 2 BBergG dann eine eigenständige (bergrechtliche) Prüfung öffentlicher Interessen, so erfolgt diese Prüfung zwangsläufig mehrfach. Weiterhin sollen Untersagungsmöglichkeiten nach anderen Fachgesetzen, d.h. Untersagungen durch andere Fachbehörden auf Grundlage anderer öffentlich-rechtlicher Vorschriften zwecks Wahrung anderweitiger öffentlicher, zu schützender Interessen durch den § 48 Abs. 2 Satz 1 BBergG unberührt bleiben („unbeschadet anderer öffentlich-rechtlicher Vorschriften").[64] Nach Ausschluss verschiedener möglicher Anwendungsgebiete kann, wie sogleich gezeigt werden wird, die Frage nach dem verbleibenden Anwendungsbereich des § 48 Abs. 2 Satz 1 BBergG, insbesondere die nach einer evtl. Relevanz für die Betriebsplanzulassung, *allein unter Rückgriff auf die Entstehungsgeschichte dieser Vorschrift* beantwortet werden.[65]

---

[63] Sog. „Öffnungsklausel" des § 48 Abs. 2 Satz 1 BBergG, vgl. Boldt/ Weller (1992), § 48, Tz. 2; Stiens (1995), S. 101.

[64] Vgl. zum Vorstehenden: Boldt/ Weller (1992), § 48, Tz. 3; Rausch (1990), S. 206/207; Rasel (1994), S. 209 bis 211.

[65] Kühne (1984), S. 712; Rausch (1990), S. 207/208; Niermann (1992), S. 166/167.

1.2.4.3.3 Entstehungsgeschichte der §§ 48 Abs. 2 Satz 1 und 11 Nr. 10 BBergG

Nach Auswertung der Entstehungsgeschichte des § 48 Abs. 2 Satz 1 BBergG[66] ergibt sich, dass der Satz 1 des § 48 Abs. 2 BBergG seinen Ursprung im § 54 Abs. 1 Nr. 8 RegE BBergG (heutiger § 55 BBergG) findet,[67] nach dem eine Betriebsplanzulassung nur zu erteilen war, wenn „dem Betrieb überwiegende öffentliche Interessen, insbesondere im Hinblick auf gemeinschädliche Einwirkungen der Aufsuchung oder Gewinnung, nicht entgegenstehen". Auf eine vollständige Aufzählung sämtlicher öffentlicher Interessen sollte aufgrund deren Vielfältigkeit und relativer Beeinträchtigung in Abhängigkeit vom konkreten Einzelfall verzichtet werden.[68]

„Öffentliche Interessen" haben also zu Beginn des Gesetzgebungsverfahrens des BBergG ein explizit formuliertes Versagungskriterium für die Betriebsplanzulassung dargestellt. Die spätere Streichung der „öffentlichen Interessen" aus der Nr. 8 und deren Einfügung in einen neuen Abs. 2 des § 47 RegE BBergG (heutiger § 48) diente lediglich der Zusammenfassung der an mehreren Stellen des RegE anzutreffenden „öffentlichen Interessen"[69] in einer einzigen Vorschrift, hatte also *ausschließlich redaktionelle Gründe* und bedeutet damit *keine inhaltliche Änderung der Voraussetzungen für eine Betriebsplanzulassung.*[70]

Der Satz 1 des jetzigen § 48 Abs. 2 BBergG geht also unmittelbar auf eine entsprechende, ursprünglich vorgesehene Zulassungsvoraussetzung für Betriebspläne zurück, auch wenn aufgrund seiner Stellung im BBergG der direkte Bezug hierzu abhanden gekommen ist bzw. der „abschließende" Katalog des § 55 BBergG insofern als unvollständig bezeichnet werden muss. Im Gegensatz hierzu können die Voraussetzungen für die Versagung einer Erlaubnis nach § 11 BBergG insoweit als umfassend geregelt gelten, als diese bei Vorliegen überwiegender öffentlicher Interessen (Nr. 10) nicht erteilt werden darf. Gemäß Begründung zum jetzigen § 11 Nr. 10 BBergG[71] zählen zu diesen öffentlichen Interessen z.B. „Erfordernisse des Naturschutzes und der Landschaftspflege, der Raumordnung und Landesplanung". Zwar sollte auch die heutige Nr. 10[72] nach den Vorstellungen des Wirtschaftsausschusses des Bundestages entfallen, um die bereits zuvor erläuterte, angestrebte Konzentration anderweitiger öffentlicher Belange im § 47 Abs. 2 RegE BBergG[73] zu verwirklichen.

---

[66] Vgl. ausführlich: Rausch (1990), S. 208 bis 210; diesem folgend: Rasel (1994), S. 112 bis 118.
[67] BT-Drucks. 8/1315, S. 25.
[68] BT-Drucks. 8/1315, S. 111; kritisch hierzu Kühne (1980), S. 60/61, 67, der sich strikt gegen offene, auf eine Vielzahl anderer Normen beziehende Gemeinwohlklauseln wendet.
[69] BT-Drucks. 8/3965, S. 13, 31, 36, 137, 138.
[70] Kühne (1984), S. 712.
[71] BT-Drucks. 8/1315, S. 87.
[72] Nr. 8 im § 11 RegE BBergG, vgl. BT-Drucks. 8/1315, S. 15.
[73] BT-Drucks. 8/3965, S. 12, 31, 137/138.

24 Rechtliche Grundlagen der Entstehung und Erfüllung der Pflicht zur ...

Um den abschließenden Charakter der Versagungsgründe des § 11 BBergG aber zu gewährleisten und den besonderen Stellenwert der „öffentlichen Interessen" zu betonen, der durch den Abs. 2 Satz 1 des § 48 BBergG allein nicht möglich sei, wurde dem § 11 BBergG auf Wunsch des Bundesrates die jetzige Nr. 10 angefügt[74] und damit die Streichung der vorherigen Nr. 8 RegE rückgängig gemacht. Die angestrebte Konzentration der öffentlichen Interessen im Abs. 2 des jetzigen § 48 BBergG wurde „dadurch zunichte gemacht".[75]

Es liegt bezüglich des vor diesem Hintergrund als unvollständig zu bezeichnenden Kataloges des § 55 BBergG schlicht ein Versehen des Gesetzgebers vor, der auf die schlussendliche Ergänzung des § 11 BBergG um eine Nr. 10 nicht durch eine entsprechende Ergänzung des § 55 BBergG reagiert hat, obwohl die für die Ergänzung des § 11 BBergG geltend gemachten Gründe für den § 55 BBergG genauso zutreffen.[76]

Der Katalog des § 55 BBergG ist demnach um die Forderung nach Beachtung von den Interessen des Bergbaus gegenläufigen öffentlichen Interessen zu ergänzen, die Erfüllung seiner Voraussetzungen wie auch das evtl. Vorhandensein eines gegenteiligen, überwiegenden öffentlichen Interesses können und müssen im selben Betriebsplanverfahren geprüft werden.[77] Die vom Satz 1 des § 48 Abs. 2 BBergG umfassten öffentlichen Belange müssen dabei solche sein, die *nicht* bereits vom Katalog des § 55 BBergG erfasst sind.[78]

Nur bei Zugrundelegung dieser Auslegung des § 48 Abs. 2 Satz 1 BBergG ergibt auch der § 54 Abs. 2 Satz 1 BBergG („Wird durch die in einem Betriebsplan vorgesehenen Maßnahmen der Aufgabenbereich anderer Behörden oder der Gemeinden als Planungsträger berührt, so sind diese vor der Zulassung des Betriebsplanes durch die zuständige Behörde zu beteiligen.") Sinn:[79] Ohne Berücksichtigung von in einem umfassenderen Sinne verstandener öffentlicher Interessen dürfte sich die vorzunehmende Beteiligung der Gemeinden und weiterer Behörden ausschließlich auf jene öffentlichen Interessen beschränken, die sich unmittelbar aus § 55 Abs. 1 Satz 1 BBergG ergeben, nicht auf darüber hinausgehende Belange. Der § 54 Abs. 2 Satz 1 BBergG liefe damit teilweise ins Leere.

Die hier dargelegten Erkenntnisse lassen sich auch auf die seit der „Altenberg-Entscheidung" bestehende ständige Rechtsprechung des BVerwG stützen bzw. hat diese der erläuterten Auslegung des § 48 Abs. 2 Satz 1 BBergG überhaupt erst zum endgültigen Durchbruch verholfen.[80] Gemäß BVerwG stellt § 48 Abs. 2 Satz 1 BBergG eine die Befugnisse der Bergbehörde im Betriebsplanverfahren *erweiternde* Norm dar als Ergänzung des § 55 Abs. 1

---

[74] BT-Drucks. 8/4220, S. 1; BT- Drucks. 8/4331, S. 2.
[75] Kühne (1984), S. 712; ausführlich zur Entstehung von § 11 Nr. 10 BBergG: Kühne (1984), S. 711 bis 713; Rausch (1990), S. 208 bis 210; Rasel (1994), S. 117.
[76] Kühne (1984), S. 713; Rasel (1994), S. 116 bis 118.
[77] Rausch (1990), S. 213/214; Rasel (1994), S. 118; Wilde (1998), S. 1324; Niermann (1992), S. 167; Lütkes (2003), S. 14/15.
[78] Boldt/ Weller (1992), § 48, Tz. 5; Rasel (1994), S. 213.
[79] Rasel (1994), S. 115/116.
[80] Vgl. Boldt/ Weller (1992), § 48, Tz. 5; Rasel (1994), S. 113/114, 214; Niermann (1992), S. 166.

Satz 1 BBergG, die die Aufsuchung und Gewinnung von Bodenschätzen bei gegenläufigen öffentlichen Interessen durch deren Berücksichtigung durchaus begrenzen kann. Die entgegenstehenden öffentlichen Interessen müssen dabei solche sein, die in öffentlich-rechtlichen Verboten oder Beschränkungen ihren Niederschlag finden oder die dem Schutz Dritter dienen und deren Verletzung zu befürchten steht.[81]

Die gegenteilige, ältere Auffassung, nach der über die Betriebsplanzulassung *ausschließlich* nach dem Katalog des § 55 BBergG zu entscheiden sei, der § 48 Abs. 2 Satz 1 BBergG damit *keine* Erweiterung dieses Katalogs darstelle und evtl. gegenläufige öffentliche Belange daher nur *außer*halb des Betriebsplanverfahrens geprüft werden könnten, kann damit nicht mehr aufrechterhalten werden.[82]

1.2.4.3.4 Zwischenergebnis

Als öffentliche Interessen, die bei der WNBM zu beachten sind und zugleich eine Zulassungsvoraussetzung für Betriebspläne darstellen, und zwar sowohl originär über § 48 Abs. 2 Satz 1 BBergG wie auch mittelbar über die Legaldefinition von WNBM in § 4 Abs. 4 BBergG i.V.m. § 55 Abs. 1 Satz 1 Nr. 7 BBergG, können hauptsächlich (nicht: allein) gelten[83] Ziele und Erfordernisse

1. der Raumordnung,
2. der Landesplanung,
3. des Naturschutzes,
4. der Landschaftspflege sowie
5. der Erholung.

Dass die hier aufgeführten öffentlichen Interessen im Gesamtkontext des BBergG *keinen Ausschließlichkeitsanspruch erheben können*, sei hier nur der Vollständigkeit halber erwähnt: Die einen Schutz volkswirtschaftlich bedeutsamer Lagerstätten sowie der Energieversorgung[84] bezweckenden §§ 11 Nr. 9 und 55 Abs. 1 Satz 1 Nr. 4 BBergG berücksichtigen ihrerseits ebenfalls einen der Zwecke des BBergG, nämlich den der „Sicherung der Rohstoffversorgung" (§ 1 Nr. 1 BBergG).

---

[81] BVerwG, Urteil vom 04.07.1986, S. 323; BVerwG, Urteil vom 16.03.1989, S. 339, 345; BVerwG, Urteil vom 14.12.1990, S. 142 bis 144; BVerwG, Urteil vom 02.11.1995, S. 287; siehe auch die Besprechungen zum Urteil vom 04.07.1986 durch Seibert (1986), S. 1277 bis 1281; zum Urteil vom 16.03.1989 durch Beckmann (1989), S. 669 bis 672 und Kremer (1989), S. 1357 bis 1358.

[82] Vgl. zur älteren Auffassung Boldt/ Weller (1984), § 48, Tz. 7; Weller (1984), S. 168/169; schwankend Piens/ Schulte/ Graf Vitzthum (1983), § 55, Tz. 3, 4, 144; mit hiervon abweichender Auffassung jetzt auch Boldt/ Weller (1992), § 48, Tz. 4; so zuvor bereits: Schulte (1981), S. 94; ebenso wohl Sondermann (1981), S. 613.

[83] Zur Einstufung als öffentliche Interessen siehe auch VG Leipzig, Urteil vom 19.01.1995, S. 55/56; VG Potsdam, Beschluß vom 06.09.1996, S. 54.

[84] Piens/ Schulte/ Graf Vitzthum (1983), § 11, Tz. 16 sowie § 55, Tz. 43; Boldt/ Weller (1984), § 11, Tz. 12 sowie § 55, Tz. 22, 23.

Als ein weiteres Beispiel für ein zu beachtendes öffentliches Interesse ist die erst im Jahre 1990[85] in den § 1 Nr. 1 BBergG zusätzlich aufgenommene Forderung nach „sparsamem und schonendem Umgang mit Grund und Boden" zu nennen:

Die zunehmende Beachtung bodenschutzrechtlicher Belange hat zu einer diesbezüglichen Ergänzung auch des BBergG geführt, wobei die Einfügung keine Änderung der Zwecksetzung des BBergG bewirken soll. Insbesondere bleibt die bereits in anderen Vorschriften des BBergG anzutreffende Forderung nach einem Schutz von Lagerstätten,[86] speziell solchen, die von volkswirtschaftlicher Bedeutung und daher im öffentlichen Interesse zu schützen sind, von der Neuregelung unberührt.[87] Ungeachtet dessen zeigt die Neuregelung aber die Wandelbarkeit des Verständnisses von „öffentlichen Interessen" bzw. stellt sie ein prägnantes Beispiel für die Auslegungsbedürftigkeit des Begriffs der „öffentlichen Interessen" dar.

Die „Beachtung" der genannten Ziele und Erfordernisse ergänzt damit die vorläufige, polizeilich-sicherheitlich geprägte Definition von „WNBM" wie folgt: „*Gestaltung der vom Bergbau in Anspruch genommenen Oberfläche unter Beachtung polizeilich-sicherheitlicher Aspekte zum Zwecke des Schutzes der Rechtsgüter des § 69 Abs. 2 BBergG, d.h. in einer diese Güter schützenden Art und Weise unter gleichzeitiger Beachtung der Ziele und Erfordernisse der Raumordnung und Landesplanung, des Naturschutzes, der Landschaftspflege und Erholung sowie ggf. weiterer öffentlicher Interessen.*".

Nach Eingrenzung der für den hier interessierenden Zusammenhang relevanten „öffentlichen Interessen" bleiben noch zwei Fragen offen:

1. Erstens bleibt der Bindungsgrad zu klären, der der Formulierung „unter Beachtung öffentlicher Interessen" in § 4 Abs. 4 BBergG zugrunde liegt.

2. Weiterhin muss in diesem Zusammenhang geklärt werden, woraus sich der konkrete Umfang der Maßnahmen der WNBM ableiten lässt, d.h. auf welcher Grundlage die (zunächst noch äußerst vagen) „öffentlichen Interessen" so weit konkretisierbar sind, dass sich hieraus quantifizierbare Handlungspflichten für das Bergbauunternehmen ergeben.

1.2.4.3.5 Die „Beachtung" öffentlicher Interessen i.S.d. § 4 Abs. 4 BBergG

Wenn § 4 Abs. 4 BBergG lediglich die „Beachtung" öffentlicher Interessen fordert, so deutet dies bereits auf eine relativ schwache Bindungswirkung für den Bergbautreibenden hin. M.a.W.: Das Bergbauunternehmen muss diese Interessen *nicht* ohne Abstriche und unbesehen umsetzen, realisieren oder verwirklichen, zudem ist auch das private Interesse des Bergbauun-

---

[85] Gesetz zur Änderung des Bundesberggesetzes vom 12. Februar 1990, BGBl. 1990 I, S. 215 bis 218, siehe hierzu auch Boldt/ Weller (1992), § 1, Tz. 1 bis 5 sowie BT- Drucks. 11/4015, S. 4, 9.

[86] §§ 1 Nr. 1, 11 Nr. 9, 16 Abs. 2, 35 Nr. 5, 55 Abs. 1 Satz 1 Nr. 4 BBergG; siehe hierzu Boldt/ Weller (1984), § 11, Tz. 12.

[87] Boldt/ Weller (1992), § 2, Tz. 5.

„Wiedernutzbarmachung" als eine unter Bergaufsicht zu erfüllende ...   27

ternehmers zu beachten.[88] Über die (ohnehin) in ordnungsgemäßer Art und Weise vorzunehmende Gestaltung der Oberfläche hinaus entstehen keine weiteren, zusätzlichen Verpflichtungen, solange nur i.r.d. der Oberflächengestaltung die soeben eingegrenzten „öffentlichen Interessen" beachtet werden.

Auf diese Auslegung deuten auch die eingangs zitierten Gesetzesmaterialien hin: Nach diesen sind unter „Wiedernutzbarmachung der Oberfläche" „die Vorkehrungen und Maßnahmen [zu verstehen], die erforderlich sind, um die für die Zeit nach dem Abbau oder nach Einstellung eines Aufbereitungsbetriebes geplante Nutzung [...] zu gewährleisten.".[89] Zu diesen „Vorkehrungen und Maßnahmen" zählt insbesondere die ordnungsgemäße Herstellung von Flächen mit einem für die geplante Folgenutzung geeigneten Material.[90] Bei Durchführung der WNBM muss also primär auf die *Ermöglichung* im Sinne einer *erleichterten Durchführung* oder zumindest einer *Nicht-Erschwerung* der geplanten Folgenutzung abgestellt werden. Die Flächen müssen so hergerichtet werden, dass sie sich für die geplante Folgenutzung *eignen*.[91]

Diese wird i.d.R. aus landwirtschaftlicher, forstwirtschaftlicher, wasserwirtschaftlicher oder freizeitlicher, evtl. auch baulicher Folgenutzung bestehen[92] und von der ursprünglichen Nutzungsart der betroffenen Flächen in erheblichem Umfang abweichen. Die Pflicht zur WNBM erfasst damit *nicht* etwa solche Vorschriften, die die Durchführung der geplanten Folgenutzung als solche regeln.[93] Es besteht hier sicherlich eine gewisse „Grauzone": Es lässt sich in vermutlich jedem Einzelfall darüber streiten, ob die Art und Weise der Oberflächengestaltung (Flächenneigung, Bodenqualität, Zufahrtswege usw.) erforderlich für die bloße Vorbereitung der geplanten Folgenutzung ist oder schon als Bestandteil derselben aufzufassen ist. Da Fragen der Folgenutzung und ihrer Abgrenzung zur WNBM erst an späterer Stelle der Arbeit behandelt werden, sollen, wie angekündigt, zunächst die Grundlagen dargestellt werden, aus denen heraus die „öffentlichen Interessen" stärker konkretisiert werden können, wobei der Schwerpunkt der Betrachtungen auf den Erfordernissen der Raumordnung und Landesplanung sowie des Naturschutzes liegt.

---

[88] Piens/ Schulte/ Graf Vitzthum (1983), § 55, Tz. 90.
[89] BT-Drucks. 8/1315, S. 76, Einfügung durch Verf.; Piens/ Schulte/ Graf Vitzthum (1983), § 2, Tz. 10; Knauff (1998), S. 24/25; Züscher (1998), S. 42; Rausch (1990), S. 49.
[90] Kunde/ Müllensiefen (1998), S. 59; vgl. auch die Fragen der Beschaffenheit, Mächtigkeit, Flächenneigung, der Art und des Zeitpunktes des Aufbringens von „kulturfähigem Bodenmaterial" regelnden Richtlinien des LOBA Nordrhein-Westfalen vom 12.11.1973 i.d.F.v. 02.03.1984 für die forstwirtschaftliche „Rekultivierung" sowie vom 07.01.1992 i.d.F.v. 17.05.1993 für die „landwirtschaftliche Wiedernutzbarmachung" im Braunkohlenbergbau.
[91] Knöchel (1996), S. 54; Boldt/ Weller (1984), § 55, Tz. 45.
[92] BT-Drucks. 8/1315, S. 76; Piens/ Schulte/ Graf Vitzthum (1983), § 2, Tz. 10; Boldt/ Weller (1984), § 2, Tz. 20.
[93] BT-Drucks. 8/1315, S. 76; Boldt/ Weller (1984), § 2, Tz. 21; Piens/ Schulte/ Graf Vitzthum (1983), § 55,Tz. 77.

1.2.4.3.6 Braunkohlenpläne als Konkretisierungsgrundlage der „Öffentlichen Interessen"

1.2.4.3.6.1 Erfordernisse der Raumordnung und Landesplanung als öffentliche Interessen

„Erfordernisse" der Raumordnung und Landesplanung bildet den Oberbegriff für Grundsätze und Ziele der Raumordnung und Landesplanung. Raumordnung wird dabei als die zusammenfassende, übergeordnete Planung und Ordnung des Raumes verstanden. Landesplanung ist damit eine Ausprägung der Raumordnung, eben auf Landesebene, in Abgrenzung zur städtebaulichen Planung.[94] Landesentwicklungspläne[95] können dabei eine Konkretisierung von in einem Landesentwicklungsprogramm[96] festgelegten Grundsätzen und Zielen der Raumordnung und Landesplanung darstellen. Regionalplanung bezeichnet eine sich auf eine bestimmte Planungsregion beziehende Erscheinungsform der Landesplanung.[97] Fachliche Entwicklungspläne gehören ebenfalls dem Bereich der Raumordnung bzw. Landesplanung an und bestimmen Ziele der Raumordnung und Landesplanung für den bezeichneten Fachbereich.[98]

1.2.4.3.6.2 Braunkohlenpläne

Zu den fachlichen Entwicklungsplänen gehören auch und gerade die *Braunkohlenpläne*, deren Aufstellung in allen großen Braunkohleländern in den jeweiligen Landesplanungsgesetzen geregelt ist.[99]

Diese „legen auf der Grundlage des Landesentwicklungsprogramms und von Landesentwicklungsplänen und in Abstimmung mit den Gebietsentwicklungsplänen im Braunkohlenplangebiet Ziele der Raumordnung und Landesplanung fest, soweit es für eine geordnete Braunkohlenplanung erforderlich ist".[100] Der Geltungsbereich der Braunkohlenpläne wird in

---

[94]   Siehe zum Vorstehenden Rausch (1990), S. 141 bis 143.
[95]   Nordrhein-Westfalen: § 13 LPlG vom 11. Februar 2001; Sachsen-Anhalt: § 4 LPlG vom 28. April 1998.
[96]   Brandenburg: § 2 Abs. 1 RegBkPlG vom 12. Dezember 2002; Nordrhein-Westfalen: § 12 LPlG vom 11. Februar 2001.
[97]   Brandenburg: §§ 1 und 2 Abs. 1 RegBkPlG vom 12. Dezember 2002: „Regionalpläne"; Nordrhein-Westfalen: § 14 LPlG vom 11. Februar 2001: „Gebietsentwicklungspläne"; Sachsen: § 4 LPlG vom 14. Dezember 2001: „Regionalpläne"; Sachsen-Anhalt: § 6 LPlG vom 28. April 1998: „Regionale Entwicklungspläne".
[98]   Rausch (1990), S. 142.
[99]   Brandenburg: § 12 Abs. 1 RegBkPlG vom 12. Dezember 2002; Nordrhein-Westfalen: §§ 24 bis 38 LPlG vom 11. Februar 2001; Sachsen: § 4 Abs. 4 und 5 LPlG vom 14. Dezember 2001: Braunkohlenplan als Teilregionalplan in den Braunkohlenplangebieten; Sachsen-Anhalt: § 8 Abs. 1 LPlG vom 28. April 1998: Aufstellung von Regionalen Teilgebietsentwicklungsplänen für Gebiete, in denen Braunkohleaufschluss- oder -abschlussverfahren durchgeführt werden sollen.
[100] So für Nordrhein-Westfalen: § 24 Abs. 1 LPlG vom 11. Februar 2001; ähnlich für Brandenburg: § 12 Abs. 1 Satz 1 und 2 RegBkPlG vom 12. Dezember 2002; Sachsen: § 2 Abs. 1 LPlG vom 14. Dezember 2001: Braunkohlenpläne „enthalten die Ziele und Grundsätze der Raumordnung" für ihren jeweiligen Geltungsbereich sowie § 2 Abs. 3 LPlG: die Ziele und Grundsätze sind „als solche eindeutig zu kennzeichnen".

„Wiedernutzbarmachung" als eine unter Bergaufsicht zu erfüllende ...   29

räumlicher Hinsicht u.a. bestimmt durch die für den Abbau und die Außenhalden vorgesehenen sowie für die von einer geplanten Umsiedlung betroffenen Gebiete, weiterhin durch jene Gebiete, deren oberster Grundwasserleiter durch Sümpfungsmaßnahmen beeinflusst wird.[101]

Der Braunkohlenplan muss Angaben enthalten u.a. zu den Abbaugrenzen und Sicherheitslinien des Abbaus, den Grenzen der Grundwasserbeeinflussung, den Haldenflächen und deren Sicherheitslinien, *zu den Grundzügen der Oberflächengestaltung bzw. Wiedernutzbarmachung der Oberfläche einschließlich der im Rahmen der Rekultivierung angestrebten Landschaftsentwicklung.*[102] Dazu gehören auch die Flächenanteile der Bodennutzungsarten sowie deren ungefähre Lage im Raum.[103]

Aus Sicht der bergbautreibenden Unternehmen kommt in diesem Zusammenhang der Tatsache besondere Bedeutung zu, dass diese verpflichtet sind, *ihre Betriebspläne mit den Braunkohlenplänen in Einklang zu bringen.*[104] In den Braunkohlenplänen wird also primär auf die Situation abgestellt, wie sie sich bei zukünftiger Erfüllung der Verpflichtung zur WNBM darstellt, was sich eindeutig daraus ergibt, dass sich in den Braunkohlenplänen Angaben finden zur Gestaltung des zukünftigen Restloches (als Restsee).[105]

Gestaltungsmöglichkeiten besitzen die Bergbauunternehmen nicht zuletzt dadurch, dass die konkrete Ausfüllung des durch die Braunkohlenpläne vorgezeichneten Rahmens erst durch die von den Unternehmen selbst aufgestellten Betriebspläne erfolgt.[106]

Die Bedeutung der Braunkohlenpläne ergibt sich mit Blick auf die nach mehreren Vorschriften des BBergG zu beachtenden bzw. zu berücksichtigenden öffentlichen Interessen daraus, dass *die Braunkohlenpläne mit der Bekanntmachung ihrer Genehmigung Ziele der Raumordnung und Landesplanung werden* und damit sowohl von den Bergbehörden wie auch durch die Bergbauunternehmen bei der Gestaltung der Oberfläche zu beachten sind.[107] Da Programme und Pläne der Landesplanung grundsätzlich als hinreichend konkretisiert gelten,[108] muss dies dann auch für die Braunkohlenpläne gelten, da ihre Besonderheit gegenüber den „normalen" Plänen und Programmen im hier interessierenden Zusammenhang lediglich in ihrer auf die jeweils bezeichneten Gebiete bezogenen räumlichen Beschränkung liegt. Die erforderliche Konkretisierung dürfte durch die zwingenden textlichen und zeichnerischen Dar-

---

[101] Brandenburg: § 13 Abs. 1 RegBkPlG vom 12. Dezember 2002; Nordrhein-Westfalen: § 25 Abs. 1 LPlG vom 11. Februar 2001; Sachsen: § 4 Abs. 5 LPlG vom 14. Dezember 2001.

[102] Brandenburg: § 12 Abs. 3 a) RegBkPlG vom 12. Dezember 2002; Nordrhein-Westfalen: § 24 Abs. 2 LPlG vom 11. Februar 2001; Sachsen: § 4 Abs. 4 LPlG vom 14. Dezember 2001.

[103] Stürmer/ Lange (1993), S. 297.

[104] Nordrhein-Westfalen: § 34 Abs. 5 LPlG vom 11. Februar 2001; Sachsen: § 4 Abs. 5 LPlG vom 14. Dezember 2001; Brandenburg: § 12 Abs. 6 Satz 3 RegBkPlG vom 13. Mai 1993; zur betrieblichen Praxis siehe Lange/ Lange/ Stürmer (1998), S. 73.

[105] Lange/ Stürmer (1998), S. 72; Wittig (1998), S. 483; Stürmer (1990), S. 8 bis 10.

[106] Wittig (1998), S. 480.

[107] Nordrhein-Westfalen: § 34 Abs. 4 LPlG vom 11. Februar 2001; Knauff (1998), S. 32; Wittig (1998), S. 481; Boldt/ Weller (1984), § 55, Tz. 46.

[108] VG Leipzig, Urteil vom 19.01.1995, S. 56.

stellungen im Braunkohlenplan[109] gewährleistet sein. Die Erfordernisse der Raumordnung und Landesplanung, die sich für die jeweiligen Braunkohlenplangebiete in den genehmigten Braunkohlenplänen konkretisieren bzw. durch diese zum Ausdruck gelangen, stellen damit öffentliche Interessen dar, die bei der Entscheidung über die Zulassung von Betriebsplänen durch die Bergbehörde zu beachten sind.

In diesem Zusammenhang ist darauf hinzuweisen, dass, angesichts der langen Zeiträume, für die Braunkohlenpläne aufgestellt werden sowie angesichts des Umstandes, dass Braunkohlenpläne nur auf Grundlage *heutiger* Erkenntnisse, Wertvorstellungen und Planungsabsichten aufgestellt werden können, sich zwischenzeitlich hinsichtlich der beabsichtigten Folgenutzung geänderte Vorstellungen ergeben können. Auch und gerade für die WNBM können damit häufig nur die Grundzüge der Oberflächengestaltung angegeben werden, die dann zu einem späteren Zeitpunkt und bei Vorliegen detaillierterer Vorstellungen hinsichtlich Folgenutzung zu präzisieren sind.[110] Auch neue naturwissenschaftliche Erkenntnisse, z.B. über die Zwecksetzung forstwirtschaftlicher Folgenutzung, können entsprechende Änderungen bzw. Präzisierungen bewirken, ebenso ein veränderter „Zeitgeist".[111]

1.2.4.3.6.3 Erfordernisse des Naturschutzes als öffentliche Interessen

Die Braunkohlenpläne streben keinesfalls eine ausschließlich wirtschaftliche Folgenutzung der wieder nutzbar gemachten Flächen an. Durch die Braunkohlenpläne werden vielmehr auch Interessen des Naturschutzes berücksichtigt, so hinsichtlich der Herstellung von Landschaftsverbünden oder der anzustrebenden „Funktion" von Restseen als Biotop. Im Rheinischen Braunkohlenrevier, für das schon seit Beginn der 1950er Jahre eine umfassende Braunkohlenplanung existiert[112] und wo auch entsprechend umfangreichere Erfahrungen infolge einer „eingespielten" WNBM-Konzeption existieren, werden zahlreiche Flächen und (künstliche) Gewässer der Natur überlassen, viele werden zu Landschafts- bzw. Naturschutzgebieten erklärt („Natur aus 2. Hand").[113]

---

[109] Brandenburg: § 2 Abs. Satz 1 RegBkPlG vom 12. Dezember 2002; Nordrhein-Westfalen: § 24 Abs. 2 LPlG vom 11. Februar 2001; Sachsen: § 2 Abs. 2 Satz 1 LPlG vom 14. Dezember 2001.

[110] Vgl. Regionaler Planungsverband Westsachsen (1998): Braunkohlenplan – Tagebau Vereinigtes Schleenhain, S. 4, 65/66.

[111] Lange/ Stürmer (1998), S. 69; vgl. zu diesbezüglichen Wandlungen im Zeitablauf ausführlich Schölmerich (1998), S. 142 bis 156; siehe auch Lange/ Stürmer (1998), S. 69: Bedeutung von „Stand der Wissenschaft und Technik".

[112] Gesetz über die Gesamtplanung im Rheinischen Braunkohlenplangebiet vom 25. April 1950, GVBl. NW 1950, S. 71 bis 73.

[113] Vgl. zu Grundlagen und mit zahlreichen Beispielen Bauer (1998), S. 426 bis 431; Pflug/ Stürmer (1998), S. 432 bis 451.

Erfordernisse des Naturschutzes sind als öffentliche Interessen über § 48 Abs. 2 Satz 1 BBergG im Betriebsplanverfahren zu berücksichtigen.[114] Dabei gilt ein „Eingriff" i.S.d. Naturschutzrechtes (§ 19 Abs. 2 BNatSchG) auch durch die bergrechtliche „Wiedernutzbarmachung" als ausgeglichen.[115] Aus naturschutzrechtlicher Sicht ergeben sich somit keine weitergehenden Anforderungen an die bergrechtlich geregelte Ausgestaltung von „WNBM".

1.2.5 Abschließende Definition von „Wiedernutzbarmachung"

Nach Darstellung der Konkretisierungsgrundlage der öffentlichen Interessen kann „WNBM" nunmehr abschließend wie folgt verstanden werden: *„Gestaltung der vom Bergbau in Anspruch genommenen Oberfläche unter Beachtung polizeilich-sicherheitlicher Aspekte zum Zwecke des Schutzes der Rechtsgüter des § 69 Abs. 2 BBergG, d.h. in einer diese Güter schützenden Art und Weise unter gleichzeitiger Beachtung der Ziele und Erfordernisse der Raumordnung und Landesplanung, des Naturschutzes, der Landschaftspflege und Erholung sowie ggf. weiterer öffentlicher Interessen in dem Maße, wie sich diese in den Vorgaben der Braunkohlenpläne konkretisieren.".*

Zur Vermeidung von Missverständnissen muss darauf hingewiesen werden, dass die in der vorliegenden Arbeit entwickelte Interpretation von „WNBM" *ausschließlich* für solche betriebsplanpflichtigen Betriebe des Braunkohlenbergbaus relevant ist, die aufgestellte Braunkohlenpläne zu beachten haben, d.h.: Fallen betriebsplanpflichtige Betriebe aus anderen Bergbauzweigen ebenfalls unter die Pflicht zur WNBM bzw. greift für einzelne Betriebe, unabhängig vom Bergbauzweig, eine Betriebsplanpflicht überhaupt nicht, so muss der Begriff von „WNBM" jeweils erneut und unabhängig vom hier oder ggf. andernorts entwickelten Verständnis von „WNBM" ausgelegt werden, da die Zwecksetzung (Telos) der entsprechenden Vorschriften immer gesehen werden muss in Abhängigkeit vom Gesamtkontext (Systematik), in den diese Vorschriften eingebettet sind (Grundsatz der Relativität der Rechtsbegriffe).[116] Dies gilt auch für die über die Braunkohlenpläne oder für die unmittelbar aus dem BBergG (z.B. § 1 Nr. 1 BBergG) heraus zu beachtenden „öffentlichen Interessen", deren Auslegung, als unbestimmte Rechtsbegriffe, in besonderer Weise mit Blick auf den Gesamtkontext der fraglichen Regelungen erfolgen muss.

Die in der vorliegenden Arbeit vorgenommene Beschränkung auf Rückstellungen wegen der Pflicht zur WNBM nach BBergG unter den spezifischen Bedingungen im Braunkohlenbergbau rechtfertigt sich damit erneut, da die in diesem Kapitel geleistete Arbeit ansonsten, d.h. bei Erstreckung der Untersuchung auf andere Verpflichtungsgrundlagen und/oder andere

---

[114] Lütkes (2003), S. 14/15.

[115] § 2 Abs. 1 Nr. 7 BNatSchG; vgl. auch BT-Drucks. 14/6378, S. 36; ebenso: von Mäßenhausen (2003), S. 45, 47; Spieth (2004), S. 64; so bereits vor der Neuregelung des § 2 Abs. 1 Nr. 7 BNatSchG: Wilde (1998), S. 1325; die älteren, gegenteiligen Auffassungen von Kolonko (1995), S. 131; Niermann (1992), S. 156, 221; Schulte (1986), S. 388, sind damit überholt.

Bergbauzweige, zwecks Legitimierung einer Rückstellungsbildung jeweils erneut geleistet werden müsste und damit einen für eine nicht-juristische Arbeit nicht mehr vertretbaren Umfang annehmen würde.

1.2.6 Einzelfragen bezüglich der Pflicht zur Wiedernutzbarmachung

1.2.6.1 Braunkohlenpläne und Umweltverträglichkeitsprüfung

Das Braunkohlenplanverfahren stellt ein „besonderes Planungsverfahren" i.S.d. § 54 Abs. 2 Satz 3 BBergG dar. Ein Planfeststellungsverfahren mit Umweltverträglichkeitsprüfung gem. § 52 Abs. 2a BBergG ist daher, *zusätzlich* zum Braunkohlenplanverfahren, *nicht zwingend* erforderlich (§ 52 Abs. 2b Satz 2 BBergG).[117]

Da in allen Braunkohleländern entsprechende Verfahren durchzuführen sind,[118] ergeben sich auch vor diesem Hintergrund weitere, i.R.d. WNBM zu beachtende Anforderungen zumindest so lange nicht, wie die Braunkohlenplanverfahren den Anforderungen an eine UVP gem. BBergG entsprechen.[119]

1.2.6.2 Abgrenzung von „Wiedernutzbarmachung" zur „Folgenutzung"

Wie bzgl. der Bergaufsicht bereits erläutert,[120] kann diese für bestimmte Teilflächen schon *vor* Einstellung des Gesamtbetriebes enden, sofern sämtliche Voraussetzungen, im hier interessierenden Zusammenhang speziell jene der §§ 4 Abs. 4 und 69 Abs. 2 BBergG, erfüllt sind.[121] Ist bei einer für eine land- oder forstwirtschaftliche Folgenutzung vorgesehenen Fläche der für die geplante Folgenutzung herzustellende Bewuchs gesichert, kann also für diese Fläche von „erfolgreicher WNBM" gesprochen werden, kann die Bergaufsicht *für diese abgegrenzte Flächeneinheit* zu diesem Zeitpunkt enden.[122] Die Entlassung aus der Bergaufsicht geschieht für definierte Flächen häufig nach Durchführung eigens aufgestellter Abschluss- oder auch Sonderbetriebspläne, da genauere Angaben bzgl. der WNBM der Oberfläche im Hauptbetriebsplan oft nicht möglich sind und die WNBM einer Flächeneinheit zudem ein eigenständiges Vorhaben darstellen kann, für das sich eine Prüfung durch die Bergbehörde als erforderlich erweist.[123] Die bei landwirtschaftlichen Flächen übliche Zwischenbewirtschaf-

---

[116] Engisch (1989), S. 78.
[117] Boldt/ Weller (1992), § 52, Tz. 77, 79; Piens/ Schulte/ Graf Vitzthum (1983), § 54, Tz. 41.
[118] Vgl. die Nachweise oben unter 1.2.4.3.6.2.
[119] Vgl. zu den Kriterien für die Durchführung einer UVP bei Tagebaubetrieben: Verordnung zur Änderung bergrechtlicher Verordnungen vom 10. August 1998, S. 2093 bis 2095.
[120] Oben unter 1.2.3.3.3.2.
[121] Boldt/ Weller (1984), § 69, Tz. 20.
[122] Boldt/ Weller (1984), § 69, Tz. 20.
[123] Boldt/ Weller (1984), § 52, Tz. 4 und § 55, Tz. 35; Piens/ Schulte/ Graf Vitzthum (1983), § 52, Tz. 9; Niermann (1992), S. 78/79.

"Wiedernutzbarmachung" als eine unter Bergaufsicht zu erfüllende ... 33

tung findet damit zumindest z.T. *nicht* mehr unter Bergaufsicht statt,[124] nämlich dann, wenn eine Zwischenbewirtschaftung für eine positive Prognoseentscheidung der Bergbehörde nicht erforderlich ist. Maßnahmen der Zwischenbewirtschaftung u.ä. fallen damit auch *nicht* mehr unter „WNBM".

Letztere findet ausschließlich unter Bergaufsicht statt, d.h. ihre ordnungsgemäße Durchführung ist Voraussetzung für das Ende der Bergaufsicht. Führt das Bergbauunternehmen *nach* Ende der Bergaufsicht also *weitere* Maßnahmen durch, ist es hierzu *auf keinen Fall nach BBergG, allenfalls nach anderweitigen Fachgesetzen verpflichtet.*

Der Begriff der „WNBM" ist damit *nicht* mehr relevant, womit es für entsprechende Maßnahmen auch keine „Rückstellung für WNBM" geben kann, unabhängig davon, ob die Zwischenbewirtschaftung durch Betriebe bzw. Mitarbeiter des ehemaligen Bergbautreibenden oder durch Dritte erfolgt[125]. Entscheidend ist allein das vorherige *Ende der Bergaufsicht, das den Zeitpunkt der Vollendung sämtlicher Maßnahmen der WNBM und damit zugleich den Beginn der Folgenutzung markiert.* Hintergrund von Verpflichtungen zur Zwischenbewirtschaftung ist die in der Praxis zumeist praktizierte Grundstücksüberlassung inklusive einer Rückgabeverpflichtung für zu überbaggernde Flächen anstelle eines Flächenankaufes. Bis zu deren Erfüllung erfolgt die Entschädigung des Eigentümers durch periodische Geldleistungen als Nutzungsentschädigung oder in natura durch die vorübergehende Bereitstellung von Austauschland.

Im Rahmen privatrechtlicher Vereinbarungen zwischen dem Bergbauunternehmen und Landwirten verpflichtet sich das Bergbauunternehmen in der Praxis[126] insbesondere zur Herstellung bestimmter Bodenqualitäten. Weiterhin erfolgt durch den Bergbau eine mehrjährige (7 Jahre) Zwischenbewirtschaftung der Flächen, bevor diese an die Landwirte als Folgenutzer übergeben werden.[127] Aufwendungen für die Inkulturnahme des Neulandes sowie der Mehraufwand für die Zwischenbewirtschaftung gehen damit zu Lasten des Bergbauunternehmens. Hinzu kommen Beratungsleistungen auch nach Rückgabe der Flächen.

Ab diesem Zeitpunkt greifen auch umfassende Gewährleistungspflichten des Bergbauunternehmens zugunsten des Folgenutzers hinsichtlich der Bodenqualität bzw. Ertragswirksamkeit der zuvor zwischenbewirtschafteten Böden. Zu erwartende Mindererträge bzw. das allgemeine Bewirtschaftungsrisiko werden bei Flächenübergabe durch eine Einmalzahlung abgegolten. Solche privatrechtlichen Vereinbarungen bzw. der freihändige Flächenerwerb stellen in der Praxis zumindest im rheinischen Braunkohlenrevier, in dem diesbezüglich eine

---

[124] Zenker (1992), S. 41.
[125] Vgl. hierzu Sihorsch (1998), S. 121.
[126] Vgl. zu den folgenden Ausführungen Sihorsch (1998), S. 123 bis 127 sowie Lieven (1998), S. 107/108 mit Blick auf die Verhältnisse im Rheinischen Revier.
[127] Vgl. auch Hartung, M. (1997), S. 384.

langjährige Tradition besteht, den absoluten Regelfall,[128] die bergrechtliche Grundabtretung nach §§ 77 ff. BBergG die Ausnahme dar.[129]

Kommt ein Vertrag über den freihändigen Erwerb eines Grundstücks oder über ein freiwilliges Nutzungsverhältnis zustande, liegt ein *privatrechtlicher, kein öffentlichrechtlicher Vertrag* vor,[130] die Verpflichtung des Bergbautreibenden zur Zwischenbewirtschaftung u.ä. besteht also ggü. dem einzelnen Landwirt, nicht ggü. der Bergbehörde. Eine Abgrenzung zur Folgenutzung ist auch dann relativ problemlos, wenn das Bergbauunternehmen angekaufte Flächen mangels Nachfrage nicht veräußern kann und auch seitens der öffentlichen Hand kein Interesse besteht.[131]

Eine Entlassung aus der Bergaufsicht ist hier genauso möglich, für das Bergbauunternehmen stellt sich aber ggf. das Problem einer *längerfristigen oder sogar dauerhaften Bewirtschaftung solcher Flächen auf eigene Rechnung*. Existieren fachgesetzliche Vorschriften zur Unterhaltung solcher Flächen, ergeben sich entsprechende, u.U. rückstellungsrelevante Verpflichtungen *allein aus diesen* und *nicht* mehr nach BBergG.[132]

Für den zumeist verbleibenden Restsee gilt analog, dass mit Erreichen des dauerhaft stabilen Endwasserstandes und bestimmter Qualitätsanforderungen hinsichtlich Wasserbeschaffenheit die WNBM beendet ist und, sofern zusätzlich aus bergbehördlicher Sicht keine die geplante Folgenutzung in Frage stellenden Gefahren mehr drohen, die Bergaufsicht beendet werden kann.[133]

1.2.6.3 Einzelfragen zur Wiedernutzbarmachung i.R.d. Betriebsplansystematik des BBergG

Wie erwähnt,[134] muss im ABP, im Gegensatz zu den übrigen Betriebsplänen, die WNBM „sichergestellt" sein, während für die übrigen Betriebspläne die „erforderliche Vorsorge" zur WNBM „in dem nach den Umständen gebotenem Ausmaß" ausreicht.

Da in frühen Stadien bergbaulicher Tätigkeit eine detaillierte Kenntnis der Anforderungen an die WNBM häufig noch nicht vorhanden sein wird, genügen Angaben über entsprechende Vorsorgemaßnahmen in dem Maße, wie der jeweilige Betriebsplan die Inanspruch-

---

[128] In 99% aller Fälle, vgl. Anz (1982), S. 50.

[129] Sihorsch (1998), S. 123.

[130] Boldt/ Weller (1984), § 79, Tz. 8a; Piens/ Schulte/ Graf Vitzthum (1983), § 79, Tz. 13; Anz (1982), S. 50.

[131] Bzgl. forstwirtschaftlicher Flächen: Sihorsch (1998), S. 130; bzgl. „Sondergrünflächen": Stürmer (1990), S. 10, d.h. u.a. gezielt geschaffene Feuchtgebiete, Sukzessionsflächen, Tümpel usw., vgl. auch Stürmer/ Lange (1993), S. 301; Hartung, M. (1997), S. 381 bis 383 sowie landschaftsgliedernde Grünflächen, vgl. Sihorsch (1998), S. 129.

[132] Vgl. auch Zschiedrich (2004), S. 7; Luckner (2004), S. 29; Herrmann (2004), S. 74/75, 77/78: Nach Ende der Bergaufsicht Haftung nunmehr nach Umwelt- und Polizeirecht.

[133] Zschiedrich (2004), S. 6; Luckner (2004), S. 28/29, 31.

[134] Oben unter 1.2.3.3.2.1.

"Wiedernutzbarmachung" als eine unter Bergaufsicht zu erfüllende ... 35

nahme der Oberfläche vorsieht,[135] so dass nach der bergbaulichen Inanspruchnahme eine ordnungsgemäße Oberflächengestaltung ermöglicht wird. Zu den zu berücksichtigenden „Umständen" einer dem Grunde nach erforderlichen WNBM dürften dann technologische, sicherheitliche und wirtschaftliche Aspekte gehören.[136]

Für die Zulassung eines ABP muss die WNBM im Einzelnen sichergestellt sein,[137] was angesichts der alsbald folgenden, spätestens zu diesem Zeitpunkt i.d.R. bereits bekannten Folgenutzung auch keine nennenswerten Probleme bereiten dürfte. In der Praxis hat die aufgezeigte Unterscheidung zwischen Abschluss- und sonstigen Betriebsplänen insofern Bedeutung, als ein Eigeninteresse des Bergbauunternehmens an der Entlassung aus der Bergaufsicht lediglich bei der Möglichkeit einer Flächenvermarktung bestehen dürfte oder wenn privatrechtliche Vereinbarungen eine zügige Gestaltung der Oberfläche zwecks Zwischenbewirtschaftung erzwingen. Im Übrigen fordern die Bergbehörden bzw. die von diesen nach § 66 Satz 1 Nr. 8 BBergG erlassenen, konkrete Anforderungen an die Art und Weise der Ausgestaltung der WNBM regelnden Bergverordnungen[138] die „unverzügliche" bzw. „frühestmögliche" „Inkulturnahme" neu entstandener Flächen.[139]

Eine rasche, abschließende Gestaltung bergbaulich in Anspruch genommener Flächen würde auch dem Zweck (bzw. einem der Zwecke) des BBergG, nämlich dem „sparsamen und schonenden Umgang mit Grund und Boden" (§ 1 Nr. 3 BBergG), eher gerecht werden als eine bloße „Vorsorge" hierzu.

Weiterhin ist zu klären, inwieweit die zukünftige Behandlung der bergbaulich genutzten Anlagen und Einrichtungen eine Zulassungsvoraussetzung für Betriebspläne darstellt. Nach § 53 Abs. 1 Satz 1 BBergG müssen Abschlussbetriebspläne „auch Angaben über eine Beseitigung der betrieblichen Anlagen und Einrichtungen oder über deren anderweitige Verwendung" enthalten. Die in diesem Zusammenhang vorgenommene Abgrenzung zu dem die Sicherstellung der vollständigen Beseitigung betrieblicher Anlagen im Bereich des Festlandsockels und der Küstengewässer fordernden § 55 Abs. 2 Satz 1 Nr. 3 BBergG wird z.T. so gedeutet, eine diesbezügliche Pflicht bestehe in anderen als diesen Fällen nicht, die Art des Verbleibs der Anlagen und Einrichtungen werde vielmehr vom Unternehmer als deren Eigen-

---

[135] M.a.W. wie eine WNBM überhaupt „erforderlich" ist, vgl. Piens/ Schulte/ Graf Vitzthum (1983), § 55, Tz. 92.
[136] Vgl. Piens/ Schulte/ Graf Vitzthum (1983), § 55, Tz. 92.
[137] Boldt/ Weller (1984), § 55, Tz. 35 und 45; Piens/ Schulte/ Graf Vitzthum (1983), § 55, Tz. 142; vgl. zur Möglichkeit seitens der Bergbehörde, zum Zweck der liquiditätsmäßigen Sicherstellung der WNBM Sicherheiten einzufordern unter 4.4.7.7.2.
[138] Vgl. hierzu Boldt/ Weller (1984), § 55, Tz. 45.
[139] Vgl. Richtlinien des LOBA Nordrhein-Westfalen vom 12.11.1973 i.d.F.v. 02.03.1984 für die forstwirtschaftliche „Rekultivierung" sowie vom 07.01.1992 i.d.F.v. 17.05.1993 für die „landwirtschaftliche Wiedernutzbarmachung" im Braunkohlenbergbau.

36 Rechtliche Grundlagen der Entstehung und Erfüllung der Pflicht zur ...

tümer bestimmt.[140] Ein Abschlussbetriebsplan könne damit auch ohne Abbruchauflage zugelassen werden.[141]

Angesichts der langen Zeiträume, über die Betriebe des Braunkohlenbergbaus betrieben werden und der Unmöglichkeit, eine anderweitige (wirtschaftliche!) Verwendung im Zeitpunkt der Einstellung bzw. nach Ende der Nutzungsdauer der Technik zuverlässig zu prognostizieren, soll in der vorliegenden Arbeit gleichwohl von einer de-facto-Pflicht zur Beseitigung betrieblicher Anlagen und Einrichtungen ausgegangen werden.[142] Etwas anderes könnte nur gelten, soweit die Braunkohlenpläne eine z.b. museale Folgenutzung vorsehen und hierzu bereits konkrete Angaben vorliegen,[143] ansonsten (bei land- oder forstwirtschaftlicher Folgenutzung, erst recht bei der Anlage eines Restsees) kann eine anderweitige Verwendung der Anlagen und Einrichtungen ausgeschlossen werden.

Da insbesondere durch die Errichtung der Tagesanlagen, letztlich aber auch durch das Aufstellen von Betriebstechnik Eingriffe in die Oberfläche stattfinden (Fundamentierung, Herstellung von Aufstandflächen), sollen in der vorliegenden Arbeit Entfernungsverpflichtungen, neben bergbaubedingten Verpflichtungen i.e.S., zu den bergbaubedingten Verpflichtungen i.w.S. zählen und damit unter die Pflicht zur WNBM fallen. Dabei wird der Grad, zu dem errichtete Einrichtungen wieder entfernt werden (müssen), entscheidend von der verfolgten Folgenutzungskonzeption abhängen: So wird sich bei z.b. baulicher Folgenutzung eine wohl vollständige Entfernung vorhandener Fundamente erforderlich erweisen, während bei z.B. forstlicher Folgenutzung eine Beschränkung der Entfernung auf die oberflächennahen Erdschichten genügen dürfte.

Sofern bei überbaggerten, offen liegenden Flächen eine WNBM nicht kurzfristig möglich bzw. vorgesehen ist, kann die Bergbehörde eine vorübergehende Begrünung (Zwischenbegrünung) solcher Flächen auferlegen.[144]

Da auf Fragen der Verkippung von Stoffen (u.a. Rückstände aus der Verstromung von Braunkohle) i.R.d. WNBM an späterer Stelle dieser Arbeit noch einzugehen sein wird,[145] sei an dieser Stelle nur darauf hingewiesen dass, sofern eine solche Verkippung im Braunkohlenplan vorgesehen ist, diese als integrierter Bestandteil der WNBM aufzufassen ist, da bereits durch das Ob und schließlich das Wie der Verkippung die Gestaltung der Oberfläche (erheb-

---

[140] Piens/ Schulte/ Graf Vitzthum (1983), § 53, Tz. 10; Boldt/ Weller (1984), § 53, Tz. 5; § 55, Tz. 47; Knöchel (1996), S. 46; vgl. auch BT-Drucks. 8/1315, S. 108: Die Einstellung eines Betriebs „kann" mit der Beseitigung von Anlagen und Einrichtungen verbunden sein.

[141] Piens/ Schulte/ Graf Vitzthum (1983), § 53, Tz. 10 und § 55, Tz. 92; BVerwG, Urteil vom 04.07.1986, S. 327: Eine Verpflichtung zum vollständigen Abbruch der Tagesanlagen kann nicht von der Bergbehörde, wohl aber von der hierfür zuständigen Baubehörde auferlegt werden.

[142] Für eine de facto immer bestehende Pflicht zur Beseitigung auch Kühne (2001), S. 28 bis 33, unter Bezugnahme auf eine diesbezügliche Erhebung im Steinkohlenbergbau im Ruhrgebiet.

[143] Vgl. zur Auflösung von Rückstellungen wegen Entfernungsverpflichtungen unten unter 5.3.5.

[144] Z.B. für Brandenburg: Richtlinie des Landesbergamtes Brandenburg zum Immissionsschutz in Braunkohletagebauen vom 10.12.2001, S. 6.

[145] Unten unter 5.5.

lich) geprägt wird (Halden, zumindest aber Reduzierung des Massendefizits, damit Wiedergewinnung größerer Flächenanteile als ohne Verkippung). In der Praxis erfolgt daher diesbezüglich eine einheitliche Planung und Gestaltung der Oberfläche.[146]

Im Übrigen kann auch an einer Verkippung von Stoffen ein „öffentliches Interesse", z.B. in sicherheitlicher Hinsicht, bestehen.[147]

Als letzter Punkt sei hier auf die ggü. der „WNBM" vorzunehmende Abgrenzung des sich ebenfalls im BBergG findenden Begriffs der „Wiederherstellung" eingegangen (§§ 39 Abs. 3 bis 5, 81 Abs. 3 Nr. 1).

§ 39 BBergG findet Anwendung auf Aufsuchungsarbeiten auf fremden Grundstücken. Dem Aufsuchungsberechtigten soll ein Recht auf Benutzung fremder Grundstücke zwecks Durchführung von Aufsuchungsarbeiten zugestanden werden, unabhängig von bestehenden Grundstücksgrenzen. Dafür ist der Aufsuchungsberechtigte gem. § 39 Abs. 3 BBergG verpflichtet, nach Abschluss der Aufsuchungsarbeiten den früheren Zustand wiederherzustellen. Diese ggü. dem Grundstückseigentümer und nicht ggü. der Bergbehörde bestehende Verpflichtung kann durch die zuständige Bergbehörde allerdings eingeschränkt oder aufgehoben werden, wenn im weiteren Verlauf mit der Aufnahme von Gewinnungsarbeiten zu rechnen ist. Die aus einer zunächst vorzunehmenden, durch die späteren Gewinnungsarbeiten aber wieder zunichte gemachten Wiederherstellung des fremden Grundstücks resultierende Unwirtschaftlichkeit soll dem Aufsuchungsberechtigten nicht zugemutet werden. Ordnet aber die Bergbehörde eine ggü. dem ursprünglichen Zustand abweichende Folgenutzung an, muss der Aufsuchungsberechtigte eine entsprechende WNBM vornehmen.[148]

Mit der „Wiederherstellung" soll durch das aufsuchende Bergbauunternehmen also der ursprüngliche, infolge Aufsuchungsarbeiten beeinträchtigte Zustand des Grundstücks (weitestgehend) wieder hergestellt werden.

Dies scheint angesichts der bei Aufsuchungsarbeiten vermutlich eher geringfügigen Inanspruchnahme der Oberfläche auch durchaus zumutbar und muss auch deswegen verlangt werden, weil fremde, keine eigenen Grundstücke betroffen sind, für die eine abweichende Folgenutzung nicht vorgesehen ist.

---

[146] Starke (1991b), S. 920.
[147] Vgl. Regionaler Planungsverband Westsachsen (1998): Braunkohlenplan - Tagebau Vereinigtes Schleenhain, S. 77: Herstellung eines Stützkörpers durch Einbau von Kraftwerksrückständen zwecks Stabilisierung einer Kippenböschung.
[148] Vgl. zum Vorstehenden: BT-Drucks. 8/1315, S. 100; Boldt/ Weller (1984), § 39, Tz. 7; Piens/ Schulte/ Graf Vitzthum (1983), § 39, Tz. 1, 6; dies. (1983), § 55, Tz. 74.

1.3 Nach Ende der Bergaufsicht zu erfüllende Verpflichtungen

1.3.1 Verpflichtungen nach allgemeinem Polizei- und Ordnungsrecht

Auf die Bedeutung der grundlegenden Aufgaben des allgemeinen Polizei- und Ordnungsrechts (APOR) für das Verständnis des § 69 Abs. 2 BBergG und damit der „Ordnungsmäßigkeit" der Oberflächengestaltung wurde bereits eingegangen.[149] Das APOR erlangt seinerseits *un*mittelbare Bedeutung für die Zeit *nach Ende* der Bergaufsicht. Für das Vorliegen einer unter APOR fallenden Gefahr ist im hier interessierenden Zusammenhang damit erforderlich, dass, erstens, sich die Prognose der Bergbehörde (keine weiteren Gefahren vorhanden) ex post als falsch herausstellt (das Bergbauunternehmen aus ex-post-Sicht also aus der Bergaufsicht nicht hätte entlassen werden dürfen) und dass, zweitens, das Bergbauunternehmen zur Gefahrenabwehr bzw. -beseitigung herangezogen werden kann, es also „Inhaber der tatsächlichen Gewalt" oder Eigentümer der gefahrverursachenden Sache ist.[150]

Als Beispiel einer solchen, bei Ende der Bergaufsicht noch nicht absehbaren Gefahr soll hier auf ein mögliches „Setzungsfließen" hingewiesen werden. Hierunter wird die spontane, oft weiträumige Verflüssigung locker gelagerten, wassergesättigten Gesteins aus einer Böschung verstanden.[151] Ein solches Setzungsfließen setzt damit eine ungenügende Böschungsstabilisierung i.R.d. WNBM voraus,[152] die in ihrem Gefährdungspotential auch von der Bergbehörde nicht erkannt wurde. Ist ein Setzungsfließen eingetreten (Störung), kann das Bergbauunternehmen zur Beseitigung der Störung bzw. zur Abwehr weiterer Gefahren verpflichtet werden, droht eine Gefahr (Gefahrverdacht), können sich Gefahrerforschungsmaßnahmen als erforderlich erweisen.[153]

In jedem Fall ist der (aus bergrechtlicher Sicht: ehem.) Unternehmer bzw. dessen Rechtsnachfolger zur Ergreifung weiterer Maßnahmen verpflichtet, obwohl die WNBM abgeschlossen war bzw. als abgeschlossen galt und, infolge günstiger Prognose der Bergbehörde, die Bergaufsicht bereits beendet wurde.

---

[149] Vgl. oben unter 1.2.3.3.4.
[150] BbgPolG vom 19. März 1996, § 6 Abs. 1 und 2; vgl. auch Schoch (2003), Tz. 143 ff.
[151] Vgl. hierzu sowie zu den Hintergründen: ohne Verf. (1988), S. 203/204; Warmbold/ Vogt (1994), S. 22 bis 28; mit anschaulichem Beispiel eines Setzungsfließens: Novy/ Reichel/ Warmbold/ Vogt (1999), S. 466; Fritz/ Benthaus (2000), S. 263.
[152] Vgl. zu den verschiedenen Stabilisierungsverfahren: Warmbold/ Vogt (1994), S. 25 bis 27; Novy/ Reichel/ Warmbold/ Vogt (1999), S. 470 bis 474; Fritz/ Benthaus (2000), S. 263/264.
[153] Schoch (2003), Tz. 85, 95, 97.

Nach Ende der Bergaufsicht zu erfüllende Verpflichtungen

1.3.2 Verpflichtungen nach Wasserrecht

Nach Einstellung bergbaulicher Tätigkeit füllen sich die verbliebenen Restlöcher durch Grundwasserwiederanstieg und Zuleitung von Oberflächenwasser. Das so entstehende Gewässer stellt einen planfeststellungspflichtigen Gewässerausbau (hier: Herstellung) nach § 31 Abs. 2 WHG dar.[154] In der Folge (nach erfolgter Herstellung) greift die Pflicht zur „Unterhaltung" eines Gewässers, worunter dessen „Pflege und Entwicklung" (§ 28 Abs. 1 Satz 1 WHG) zu verstehen ist und die sich an den Bewirtschaftungszielen der §§ 25a bis 25d WHG zu orientieren hat (§ 28 Abs. 1 Satz 2 WHG) und zugleich Belange des Naturschutzes sowie des Bildes und des Erholungswertes der Gewässerlandschaft berücksichtigen muss (§ 28 Abs.1 Satz 4 WHG). Umfasst von der „Unterhaltung" wird auch „die Erhaltung eines ordnungsgemäßen Abflusses" (§ 28 Abs. 1 Satz 5 WHG).[155] Das unterhaltungspflichtige Bergbauunternehmen muss für den Restsee als „künstliches Gewässer" i.S.d. § 25b Abs. 4 WHG also insbesondere eine „nachteilige Veränderung" des ökologischen Potentials und chemischen Zustands des Gewässers vermeiden sowie ein gutes ökologisches Potential und einen guten chemischen Zustand erhalten oder erreichen (§ 25b Abs. 1 WHG).

Die Frage, inwieweit das Bergbauunternehmen für einen solchen Restsee Lasten tragen muss (unmittelbarer Unterhalt oder Beiträge an einen anderen Träger der Unterhaltungspflicht, z.B. Zweckverband) ist landesgesetzlich geregelt, kann und muss auch hier nicht weiter vertieft werden. Unabhängig von der konkreten Ausgestaltung im Einzelfall bleibt festzuhalten, dass auf den Bergbautreibenden, auch nach Entlassung aus der Bergaufsicht, dauerhafte Lasten wegen Gewässerunterhaltung zukommen können.

Auf die Frage, ob und inwieweit für Verpflichtungen nach Wasserrecht und APOR Rückstellungen gebildet werden können und müssen, wird in der vorliegenden Arbeit nicht eingegangen. Die Diskussion der verschiedenen Ansatzkriterien an späterer Stelle der Arbeit erfolgt allein mit Blick auf die bergrechtliche Pflicht zur WNBM sowie die an diese z.T. anknüpfende Pflicht zur Zwischenbewirtschaftung.

Inwieweit nach anderen Verpflichtungsgrundlagen Rückstellungen gebildet werden können, muss einer eigenen Untersuchung vorbehalten werden. Insofern sollen die hier angesprochenen Verpflichtungsgrundlagen lediglich der Abrundung der Thematik dienen und einen Anknüpfungspunkt für eine solche eigenständige Abhandlung bieten.

---

[154] Freytag/ Bens (2004), S. 1; Zschiedrich (2004), S. 4; zum Zusammenspiel zwischen Zulassung des ABP und wasserrechtlichen Vorschriften siehe Friedrichs (2004), S. 46 bis 52.
[155] Vgl. hierzu sowie zu den folgenden Ausführungen Piens (2004), S. 86 bis 91 m.w.N.; siehe auch Luckner (2004), S. 31.

1.4 Ergebnisse des Kapitels 1 sowie abschließende Bemerkungen

Als entscheidend für die Abgrenzung des Begriffs der „WNBM" erweist sich zum einen der Zusammenhang, in den die Pflicht zur WNBM innerhalb des BBergG gestellt ist, insbesondere das Verhältnis zur polizeilich-sicherheitlich geprägten Bergaufsicht, unter der Betriebspläne zugelassen werden, weiterhin die Entstehungsgeschichte der entsprechenden Vorschriften und letztlich (und entscheidend) die Zwecke der jeweiligen Regelungen sowie des BBergG insgesamt. Dadurch kann auch eine Abgrenzung zur „Folgenutzung" vorgenommen werden, die erst mit Ende der Bergaufsicht beginnt, gleichwohl aber noch vom Bergbauunternehmen (dem ehem. „Unternehmer" nach BBergG) vorgenommen werden kann.

Die bereits bergrechtlich zu beachtenden „öffentlichen Interessen" können sinnvoll nur mit Blick auf die Entstehungsgeschichte der einschlägigen berggesetzlichen Vorschriften näher bestimmt werden. Ihre unmittelbare Maßgeblichkeit für das Bergbauunternehmen gewinnen sie schließlich durch ihre Konkretisierung in den verpflichtend zu beachtenden Braunkohlenplänen. Um den relativ „stabilen Kern" der polizeilich-sicherheitlich geprägten „Ordnungsmäßigkeit" der Oberflächengestaltung herum besteht mit den in den Braunkohlenplänen vorgesehenen Folgenutzungskonzeptionen sowie den dahinter stehenden „öffentlichen Interessen" eine im Zeitablauf wandelbare, ggü. neuen gesellschaftlichen Entwicklungen wie neuen naturwissenschaftlichen Erkenntnissen offene Grundlage für die konkrete Ausgestaltung der WNBM sowie für die hierbei durch das Bergbauunternehmen zu beachtenden „öffentlichen Interessen". Gerade letztgenannte unterliegen im Zeitablauf einer u.U. durchaus anpassungsbedürftigen Auslegung bzw. einer deutlich erkennbaren Fortentwicklung, wie nicht zuletzt die noch vglw. junge Forderung nach „sparsamem und schonendem Umgang mit Grund und Boden" (§ 1 Nr. 1 BBergG) zeigt.

Generell und grundsätzlich soll an dieser Stelle noch einmal betont werden, dass das hier gefundene Ergebnis der Auslegung der Begriffe der „Ordnungsmäßigkeit" sowie der „öffentlichen Interessen" entscheidend von der verwendeten Methodik sowie den herangezogenen Quellen abhängt und demnach keinen Ausschließlichkeitsanspruch erheben kann und will; mit einer anderen Methodik und anderen Quellen mag man zu abweichenden Auslegungsergebnissen gelangen. Eine eindeutige, allumfassende und abschließende Definition unbestimmter Rechtsbegriffe kann es allein schon aufgrund ihres immer nur relativ „richtigen" Verständnisses grundsätzlich nicht geben.

Pflichten, die sich nach Ende der Bergaufsicht ergeben, können auf verschiedenen Grundlagen beruhen, fallen aber keinesfalls mehr unter „WNBM". Rückstellungsrelevant erscheinen somit zahlreiche Verpflichtungsgrundlagen, für die aber eine differenzierte Betrachtungsweise geboten ist.

Ergebnisse des Kapitels 1 sowie abschließende Bemerkungen 41

Abschließend soll auf den bereits im Gesetzgebungsverfahren zum BBergG stellenweise anzutreffenden Ausdruck der „Rekultivierung" eingegangen werden, der z.T. synonym mit „WNBM" verwendet wird,[156] z.T. auch von diesem abgegrenzt wird.[157] Auch in Teilen der Fachliteratur sind beide Begriffe nicht eindeutig bestimmt.[158] In der bilanzrechtlichen Literatur findet sich dagegen nahezu ausschließlich der Begriff der „Rekultivierung".[159]

Für die vorliegende Arbeit kommt den geschilderten begrifflichen Unklarheiten keine weitere Bedeutung zu. Solange sich nämlich aus dem BBergG oder einem anderen vom betroffenen Bergbauunternehmen zu beachtenden Fachgesetz keine Verpflichtung zur „Rekultivierung" ergibt, kann es auch keine „Rückstellung wegen Rekultivierungsverpflichtungen" geben. Hat sich das Bergbauunternehmen privatrechtlich zur Zwischenbewirtschaftung einer Fläche verpflichtet, dann ist hierfür eine „Rückstellung wegen Zwischenbewirtschaftungsverpflichtungen" zu bilden. Damit soll dem Begriff der „Rekultivierung" nicht seine in anderen Fachgebieten (Agrar- und Forstwirtschaft, Garten- und Landschaftsbau, Landschaftsökologie usw.) evtl. vorhandene Bedeutung abgesprochen werden. Für die vorliegende Arbeit muss aber gefordert werden, eine *eindeutige* Verpflichtungsgrundlage für die Rückstellungsbildung zu identifizieren, was mit dem Begriff der Rekultivierung nicht ohne weiteres möglich erscheint.

---

[156] Begründung des Bundesrates zum Vorschlag zur Einführung eines § 4 Abs. 3 a BBergG, BT-Drucks. 8/1315, S. 174: „Die Definition der Wiedernutzbarmachung dient dazu, [...] Vorschriften über den Inhalt und das Ausmaß der Rekultivierung einheitlich [...] zu handhaben.".

[157] Vgl. Regierungsbegründung zum BBergG, wonach Wiedernutzbarmachung [...] mit der diesem Zusammenhang oft unrichtigerweise genannten Rekultivierung nicht zu verwechseln" sei, BT-Drucks. 8/1315, S. 76; so auch Boldt/ Weller (1984), § 55, Tz. 45: „Wiedernutzbarmachung ist also noch keine Rekultivierung".

[158] Vgl. z.B. Knauff (1998), S. 24; Thomasius/ Häfker (1998), S. 839, 840, 843; vgl. auch Kirchner (1984), S. 336/337; stärker differenzierend Pflug (1998), S. 3 und Drebenstedt (2003), S. 72, 83/84.

[159] Vgl. für viele: Gail (1991), S. 92; Herzig (1991a), S. 610, 612; siehe auch Schellhorn (1995), S. 556, mit unklaren, z.T. widersprüchlichen Abgrenzungen der Begriffe WNBM, Rekultivierung und Wiederherstellung.

2 Strukturierung des Gesamtprozesses der Wiedernutzbarmachung in sachlicher und zeitlicher Hinsicht

2.1 Vorbemerkung

Nach Darstellung der bergrechtlichen sowie weiterer Verpflichtungsgrundlagen sollen nunmehr die hierauf beruhenden, vom Bergbautreibenden verpflichtend zu erbringenden Leistungen bzw. Maßnahmen unter sachlich-inhaltlichen Gesichtspunkten benannt und strukturiert werden. Diese sachlich-inhaltliche Strukturierung bildet den Ausgangspunkt der Ermittlung des „Erfüllungsbetrags" als dem für ungewisse Sachleistungsverbindlichkeiten relevanten Wertmaßstab.[160] An die sachlich-inhaltliche Strukturierung schließt sich an die Einordnung der vom Bergbautreibenden zu erbringenden Maßnahmen in den Gesamtprozess bergbaulicher Tätigkeit (zeitliche Dimension). Dazu werden die verschiedenen Phasen eines Tagebaubetriebes sowie insbesondere ihre jeweilige Relevanz für die WNBM dargestellt.

Ausgangspunkt der Ausführungen dieses Kapitels soll eine Gliederung bergbaubedingter Maßnahmen in *Gewerke* sein, die sowohl von wissenschaftlicher Seite empfohlen als auch in der Praxis vorgenommen wird.[161] Unter „Gewerk" wird ein durch gemeinsame inhaltliche Merkmale gekennzeichnetes komplexes Arbeitsgebiet verstanden, das einen definierten Erfolg erzielen will, sich dazu aber ggf. verschiedener Mittel, Verfahren oder Technologien bedienen muss.[162]

2.2 Strukturierung in sachlicher Hinsicht

2.2.1 Einzelne Gewerke

Für Maßnahmen der WNBM erscheint folgende Strukturierung sinnvoll:

1. Massenbewegung: Maßnahmen, die das Gewinnen, Fördern, Verkippen, Schieben und Planieren von Massen (kulturfähiger Boden, Abraum) zum Gegenstand haben; Realisierung durch Tagebaugroßgeräte sowie Erdbautechnik bzw. jeweils Kombinationen aus diesen.

2. Oberflächengestaltung: Maßnahmen, die nach erfolgter Massenbewegung der abschließenden Gestaltung der Oberfläche dienen durch z.B. Feinplanierung, Kalkung,

---

[160] Vgl. zu diesem unter 5.2.
[161] Steinmetz/ Piatkowiak/ Slaby/ Seidelmann/ Golzcyk (1995a), S. 6; LMBV (2001); CUI mbH (2002).
[162] In Anlehnung an Steinmetz/ Piatkowiak/ Slaby/ Seidelmann/ Golzcyk (1995a), S. 6/7.

Düngung sowie schließlich die Erstbepflanzung. Weiterhin Maßnahmen der Zwischenbegrünung (diese ggf. vor der abschließenden Massenbewegung).

3. Wasserwirtschaftliche Maßnahmen: Maßnahmen, die die Flutung des Restloches, den Betrieb bzw. die Unterhaltung wasserwirtschaftlicher Anlagen (Brunnen, Pegel, Rohrleitungen) während der WNBM (nicht: während des Regelbetriebs) zum Gegenstand haben, weiterhin deren Neuanschaffung und Einbau (z.b. Ein- und Auslaufbauwerke) bzw. Herstellung (z.b. Wasserläufe) sowie das Monitoring von Grundwasserständen und des Restsees.

4. Entfernungsmaßnahmen: Maßnahmen, die die Entfernung von Tagesanlagen (Gebäude, Straßen/Wege, sonstige Infrastruktur) sowie Betriebstechnik (Tagebaugroßgeräte, Bandanlagen, Bahnanlagen, Hilfsgeräte, Anlagen der Wasserhaltung u.a.) zum Gegenstand haben.

5. Entsorgung: Abgabe der durch Entfernungsmaßnahmen, ggf. auch von i.R.d. Durchführung anderer Gewerke anfallenden Stoffen an einen geeigneten Fachbetrieb bzw. Transport der Stoffe zu diesem.

2.2.2 Untergewerke

Die Aufteilung von Maßnahmen der WNBM in Gewerke stellt nur einen ersten, zunächst noch groben Schritt der Aufteilung von Maßnahmen der WNBM unter sachlich-inhaltlichen Gesichtspunkten dar. In einem *zweiten* Schritt bietet sich daher eine Unterteilung der 5 Gewerke in *Untergewerke* an. Bei Untergewerken handelt es sich um speziellere, stärker konkretisierte Maßnahmekomplexe innerhalb eines Gewerkes, die der Erreichung einer bestimmten, zuvor stärker eingegrenzten und umschriebenen Zielstellung dienen. Damit können auch die einzusetzenden Mittel, Verfahren und Technologien konkretisiert sowie zweckentsprechend ausgewählt und benannt werden.[163]

Aufgrund der Vielzahl denkbarer Untergewerke bzw. der Vielzahl möglicher Arten der Strukturierung sowie Benennung von Untergewerken innerhalb eines Gewerkes kann hier nur eine ausschnittsweise bzw. beispielhafte, daher in der Praxis ergänzungs- bzw. anpassungsbedürftige Strukturierung erfolgen.[164]

1. Untergewerke des Gewerkes Massenbewegung:

   a) Massenbewegung mit Tagebaugroßgeräten.

   b) Massenbewegung mit Großgerätekombination: Gewinnungsgerät, Bandanlage, Absetzer.

   c) Massenbewegung mit Planiertechnik.

---

[163] In Anlehnung an Steinmetz/ Piatkowiak/ Slaby/ Seidelmann/ Golzcyk (1995a), S. 6.

[164] In Anlehnung an Gewerkekatalog Braunkohlesanierung, abgedruckt in Steinmetz/ Piatkowiak/ Slaby/ Seidelmann/ Golzcyk (1995b), Anlage 2.1-1, Blatt 1 bis 6.

Strukturierung in sachlicher Hinsicht

d) Massenbewegung mit mobiler Erdbautechnik.

2. Untergewerke des Gewerkes Oberflächengestaltung:
   a) Flächenberäumung: Ggf. erforderlich nach realisierten Entfernungsmaßnahmen.
   b) Zwischenbegrünung: Zwecks Emissionsschutz auf während der WNBM freiliegenden Flächen.
   c) Flächenmelioration: In Abstimmung mit Folgenutzung.
   d) Gestaltung landwirtschaftliche Flächen: Wegebau, Erstbepflanzung/ Inkulturnahme.
   e) Gestaltung forstwirtschaftliche Flächen: Wegebau, Erstbepflanzung/ Inkulturnahme.
   f) Gestaltung Flächen für Erholung: Anlegen von Wander- und Radwegen sowie Erstbepflanzung/ Inkulturnahme.
   g) Gestaltung der Flächen im Uferbereich.

3. Untergewerke des Gewerkes Wasserwirtschaftliche Maßnahmen:
   a) Wasserhebung bis Flutung Restloch.
   b) Herstellung von Ein- und Auslaufbauwerken.
   c) Flutung Restloch.
   d) Herstellung der Oberflächenentwässerung: Drainage bzw. Vorflut.
   e) Betrieb der Oberflächenentwässerung: Drainage bzw. Vorflut.

4. Untergewerke des Gewerkes Entfernungsmaßnahmen:
   a) Entfernung Tagebaugroßgeräte.
   b) Entfernung mobile Betriebstechnik und Hilfsgeräte.
   c) Entfernung Bandanlagen.
   d) Entfernung Gebäude.
   e) Entfernung Anlagen der Wasserhaltung.

5. Untergewerke des Gewerkes Entsorgung:
   a) Sortierung Entsorgungsmassen.
   b) Abtransport Entsorgungsmassen zum Entsorger.

2.2.3 Teilleistungen und Einzelmaßnahmen

Die Untersetzung der Gewerke in Untergewerke stellt aber ebenfalls noch nicht den abschließenden Schritt zur notwendigen Aufteilung der verschiedenen Maßnahmen der WNBM dar. Insbesondere ist festzustellen, dass für die Durchführung jedes der hier bezeichneten Untergewerke *verschiedene Maßnahmen, Tätigkeiten bzw. Handlungen* notwendig sind.

Diese können teilweise als spezifisch für das jeweilige Untergewerk betrachtet werden (z.B. Einleiten von Fremd- und Sümpfungswasser i.R.d. Restlochflutung), z.T. werden einzelne Maßnahmen aber für die Durchführung verschiedener Untergewerke erforderlich sein und wären dann als spezifisch für das jeweilige Gewerk zu betrachten (z.b. Wegebau sowohl bei land- wie forstwirtschaftlicher wie freizeitlicher Folgenutzung, damit Zuordnung zum Gewerk „Oberflächengestaltung").

Die hier zunächst als „Maßnahmen" bezeichneten, unter sachlich-inhaltlichen Gesichtspunkten geordneten *einzelnen* Tätigkeiten sollen in der vorliegenden Arbeit als *Teilleistungen* bezeichnet werden, also z.b. „Wegebau" oder „Flutung Restloch mit Fremdwasser".[165] Für jede der im Folgenden aufgeführten Teilleistungen ist zudem zu entscheiden, in welcher *Größenordnung bzw. –einheit* diese angegeben werden. Jeder Teilleistung wird daher eine entsprechende *Einheit*[166] zugeordnet, in der die jeweilige Teilleistung *abgerechnet* wird (*Abrechnungseinheit der Teilleistung*).

Da, wie bereits erwähnt, eine Zuordnung zu einzelnen Untergewerken nicht immer möglich ist, erfolgt die folgende (wiederum nur ausschnittsweise bzw. beispielhafte) Aufführung der Teilleistungen für die übergeordneten Gewerke:[167]

1. Für Gewerk Massenbewegung:

   a) Massengewinnung mit Eimerkettenbaggern (Tm^3).

   b) Bandanlagenförderung (Tm^3).

   c) Abflachen von Böschungen (Tm^3).

   d) Böschungsplanierung (Tm^3).

2. Für Gewerk Oberflächengestaltung:

   a) Kalken (ha).

   b) Manuelle Bepflanzung (Stück).

   c) Nachbesserung (ha).

3. Für Gewerk Wasserwirtschaftliche Maßnahmen:

   a) Betreiben von Filterbrunnen (Stück).

   b) Wasserabgabe in Vorflut (Tm^3).

4. Für Gewerk Entfernungsmaßnahmen:

   a) Herstellung Transporttrasse: Zwecks Transport der Großgeräte zur Baustelle (m^2).

   b) Einrichtung Baustelle: Herstellung von Untergrund und Zufahrtswegen (m^2).

   c) Maschinelle Entfernung (h).

5. Für Gewerk Entsorgung

   a) Beladen LKW für Abtransport (min.).

Die bisher entwickelte Systematik ist allerdings noch nicht vollständig. So fehlt eine Bezeichnung für den Fall, dass ein Bergbauunternehmen eine bestimmte *Kombination von Teilleis-*

---

[165] Steinmetz/ Piatkowiak/ Slaby/ Seidelmann/ Golzcyk (1995a), S. 6/7, verwenden in diesem Zusammenhang den Begriff „Untergewerk II".

[166] In Anlehnung an LMBV (2001).

[167] In Anlehnung an Gewerkekatalog Braunkohlesanierung, abgedruckt in Steinmetz/ Piatkowiak/ Slaby/ Seidelmann/ Golzcyk (1995b), Anlage 2.1-1, Blatt 1 bis 6 sowie eigene Überlegungen des Verf.

Strukturierung in sachlicher Hinsicht 47

tungen durchführen will, die erst in dieser Kombination gewährleisten bzw. sicherstellen, dass auch jede einzelne Teilleistung für sich den ihr zugedachten Zweck erfüllt bzw. den bergrechtlich anzustrebenden Erfolg erzielt, insbesondere die Entlassung aus der Bergaufsicht für eine bestimmte Teilfläche.

So würde es wenig sinnvoll erscheinen, sämtliche Teilleistungen, die (z.B.) das Erzielen des angestrebten Erfolges „Gestaltung einer Fläche von 8 ha für landwirtschaftliche Folgenutzung" gewährleisten sollen, jeweils für sich separat zu betrachten, evtl. sogar einzeln auszuschreiben und von (zahlreichen) verschiedenen Fremdfirmen jeweils nur eine, für sich evtl. äußerst überschaubare Teilleistung durchführen zu lassen (Kalkung, Düngung, Wegebau, Grabenbau, Erstbepflanzung usw.). *Eine somit für sich abgegrenzte Zielstellung, ein für sich definierter „Einzelerfolg" im Rahmen der Gesamt-Zielstellung „WNBM" soll in der vorliegenden Arbeit als Einzelmaßnahme bezeichnet werden.*[168]

Eine Einzelmaßnahme stellt eine *Kombination verschiedener Teilleistungen* aus ggf. unterschiedlichen Gewerken dar bzw. besteht u.U. auch nur aus einer einzigen Teilleistung, für die eine einheitliche Zielstellung besteht und die daher aus technologischen und/oder wirtschaftlichen Gründen sinnvollerweise nur „aus einer Hand" durchgeführt werden sollte. Im weiteren Verlauf der Arbeit wird nur noch von „Einzelmaßnahme" gesprochen, unabhängig davon, ob diese aus einer einzigen Teilleistung oder (wohl der Regelfall) aus einer Kombination mehrerer Teilleistungen besteht.

Der Abgrenzung solcher Kombinationen von Teilleistungen kommt insbesondere unter Bewertungsgesichtspunkten eine erhebliche Bedeutung zu, da sich nur über eine weitere Untersetzung von Teilleistungen und der spezifischen Bewertung der Ergebnisse dieser Untersetzung der „Erfüllungsbetrag" ermitteln lässt. Die zuletzt gemachte Aussage gilt indes nicht uneingeschränkt: Uneingeschränkte Gültigkeit besitzt sie nur dann, wenn das Bergbauunternehmen eine Einzelmaßnahme in Eigenregie durchführt. Die Einzelmaßnahme setzt sich in ihrem *sachlichen* Umfang aus der Summe sämtlicher Teilleistungen (bzw. der Summe deren jeweiliger sachlicher Umfänge) und in ihrem *monetären* Umfang aus der Summe sämtlicher bewerteter Teilleistungen zusammen (Erfüllungsbetrag der Einzelmaßnahme).

Es ist aber durchaus vorstellbar und z.T. auch zwangsläufig, dass das Bergbauunternehmen bestimmte Einzelmaßnahmen nicht selber durchführen kann (fehlende technologische Kompetenz oder Erfahrung), nicht selber durchführen darf (fehlendes sicherheitsrelevantes Fachwissen) oder nicht selber durchführen möchte (wirtschaftliche, kapazitätsmäßige Gründe oder Gründe der „Firmenpolitik").

Vor allem in den beiden erstgenannten Fällen wird dem Bergbauunternehmen schlicht die Kompetenz fehlen, die zum Erreichen einer bestimmten Zielstellung (= abgegrenzte Einzelmaßnahme) erforderlichen Teilleistungen überhaupt zu definieren, geschweige denn selbst zu erbringen. In diesen Fällen bleibt als einzige Alternative die Ausschreibung der angestrebten Zielstellung, d.h. des rein verbal angegebenen, von einer zu beauftragenden Fremdfirma herzustellenden Zustandes. Der entsprechende Herstellungsvorgang bedeutet dann die Realisierung der bezeichneten Einzelmaßnahme. Die Einführung des Begriffs „Einzelmaßnahme" rechtfertigt sich damit aus Gründen der sachlichen Strukturierung mit dem Ziel, für definierte Objekte eine eigenständige Entlassung aus der Bergaufsicht zu ermöglichen wie auch aus Gründen der Kostenzurechnung und damit der Bemessung des Erfüllungsbetrags der Einzelmaßnahme.

Eine dem Gewerk „Massenbewegung" zugeordnete Einzelmaßnahme könnte z.b. lauten „Böschungsgestaltung Restloch", eine andere „Verfüllung Randschlauch des Tagebaus", jeweils zunächst *unabhängig* von den dann konkret zu erbringenden Teilleistungen und den Untergewerken, die von der Realisierung der Einzelmaßnahme berührt werden.

Eine Einzelmaßnahme, die unter dem Gewerk „Entfernungsmaßnahmen" und dessen Untergewerk „Entfernung Tagebaugroßgeräte" erfasst würde, wäre z.B. „Entfernung Schaufelradbagger Inventar-Nr. 123234". Damit erscheint es erforderlich, einer Einzelmaßnahme eine eigenständige Abrechnungseinheit zuzuordnen (*Abrechnungseinheit der Einzelmaßnahme*), insbesondere natürlich dann, wenn zur Realisierung einer Einzelmaßnahme verschiedene Teilleistungen mit je unterschiedlichen Abrechnungseinheiten erbracht werden müssen.

Kriterium der Auswahl einer Abrechnungseinheit sollte dabei der sachliche Gegenstand sein, mit dessen Realisierung (Bewegung, Hebung, Entfernung, Entsorgung) die Herstellung eines definierten Erfolges ermöglicht wird. Für erdbautechnische und wasserwirtschaftliche Einzelmaßnahmen wäre die Abrechnungseinheit damit „m^3/Tm^3", für Einzelmaßnahmen des Gewerkes Oberflächengestaltung „ha" sowie für Einzelmaßnahmen der Gewerke Entfernung und Entsorgung „t" oder „m^3".

2.2.4 Der Begriff des „sachlichen Verpflichtungsumfangs"

Bei nahezu allen Einzelmaßnahmen wird sich der gleichzeitige Einsatz von Personal und Technik als erforderlich erweisen (als eine evtl. Ausnahme: rein manuelle Pflege von Anpflanzungen auf bestimmter Fläche). Ein zusätzlicher Einsatz von Material hingegen wird sich auf jene Fälle beschränken, in denen ein solcher zur Erreichung der Zielstellung der Einzelmaßnahme unerlässlich ist (z.B. Dünger, Setzlinge, Schotter für Wegebau, Drainagerohre für Entwässerung). Mit *Einsatzmaterial* werden damit solche Materialien bezeichnet, die i.R.d. WNBM einmalig verwendet werden und die zugleich keinen untrennbaren Bezug zum Einsatz von Personal und Technik aufweisen (wie z.B. Arbeitschutzkleidung oder Dieselkraftstoff).

---

[168] Steinmetz/ Piatkowiak/ Slaby/ Seidelmann/ Golczyk (1995a), S. 7, verwenden in diesem Zusammenhang den Begriff „Planungsbaustein".

Die zur Realisierung einer definierten Einzelmaßnahme zu erbringenden Stunden an Einsatz von Personal und Technik werden in der vorliegenden Arbeit als *Leistungseinheiten* bezeichnet und befassen sich mit der Verwendung/dem Einbau von Einsatzmaterial und/oder mit der Bewegung von Massen (Gewinnen, Fördern, Verkippen, Schieben und Planieren von Abraum oder Kulturboden, Entfernen von Betriebstechnik und Tagesanlagen usw.).

Die zu erbringenden Leistungseinheiten werden hier, zunächst in Summe über eine Einzelmaßnahme, schließlich aggregiert über sämtliche Einzelmaßnahmen der WNBM, als *Leistungsgerüst* bezeichnet. Demgegenüber bezeichnet *Mengengerüst* die Summe sämtlicher Einsatzmaterialien, die i.R.d. Realisierung einer Einzelmaßnahme (bzw. über mehrere Einzelmaßnahmen) verbraucht werden.

Die zu bewegenden Massen sind (neben der Verwendung von Einsatzmaterial) der zweite sachliche Gegenstand, mit dem sich die Leistungseinheiten befassen. Um die bisherige Systematik zu vervollständigen, werden die i.R.d. Erbringung von Leistungseinheiten zu bewegenden Massen in der vorliegenden Arbeit als *Massengerüst* bezeichnet. Als Oberbegriff für Massen-, Mengen- und Leistungsgerüst wird die Bezeichnung *sachlicher Verpflichtungsumfang* gewählt.

2.2.5 Bestimmung von Abrechnungseinheiten für das Mengen- und Leistungsgerüst

Nachdem sowohl für die Teilleistungen wie die Einzelmaßnahmen bzw. für die beiden zugrunde liegenden Massengerüste bereits Abrechnungseinheiten beispielhaft aufgeführt wurden, ergibt sich bezüglich des *Einsatzmaterials* ebenso das Erfordernis, geeignete Abrechnungseinheit zu definieren. Angesichts von im betrieblichen Beschaffungsbereich erfassten Informationen (stück- bzw. mengenbezogene Beschaffung) dürfte sich dies vgwl. einfach gestalten.

Als *Abrechnungseinheiten für Einsatzmaterial* kommen beispielhaft in Frage:[169]

1. Meliorationsmittel, Düngemittel u.ä.: in kg oder t.
2. Saatgut: in kg oder t.
3. Pflanzenschutzmittel: in l oder m^3, alternativ in kg oder t.
4. Setzlinge: in Stück.
5. Durchleitungen/Rohre für Drainage: in m.
6. Baustoffe: in Stück, kg, t oder m.

Es muss betont werden, dass nicht für jede Art Einsatzmaterial eine einzige Abrechnungseinheit bestimmt werden kann. Dies wird besonders deutlich bei den Baustoffen: Schüttgut (Kies, Schotter usw.) dürfte in Tonnen, Findlinge in Stück und Rohre für Drainage in m[170]

---

[169] Steinmetz/ Piatkowiak/ Slaby/ Seidelmann/ Golzcyk (1995a), S. 24 ff.

[170] Steinmetz/ Piatkowiak/ Slaby/ Seidelmann/ Golzcyk (1995a), S. 35/36.

abgerechnet werden. Jede Art Einsatzmaterial muss demnach ihrer Art nach genau bezeichnet werden und eine eindeutige Abrechnungseinheit zugeordnet bekommen.

Analog der Bestimmung der Abrechnungseinheiten beim Einsatzmaterial müssen für die *Leistungseinheiten für Technik und Personal* ebenfalls Abrechnungseinheiten festgelegt werden. Denkbar wäre insbesondere bei Personal, ebenso aber auch beim Einsatz von Technik, ein Bezug auf z.b. 1 Schicht, 1 Woche, 1 Monat oder 1 Jahr als zeitliche Abrechnungseinheiten.

In der vorliegenden Arbeit soll aber „1 Stunde" als Abrechnungseinheit gewählt werden: Speziell für den Einsatz von Technik kann in zahlreichen Fällen davon ausgegangen werden, dass die Zeitdauer der Durchführung der jeweiligen Einzelmaßnahme sich nicht über mehrere Wochen oder gar Monate erstreckt. Ggf. erfordert die Durchführung der Einzelmaßnahme nicht einmal einen vollen Tag oder eine volle Schicht.

Um aber *in jedem Fall* eine spätere, möglichst exakte Kostenzuordnung zur Einzelmaßnahme zu gewährleisten,[171] sollte angestrebt werden, die Abrechnungseinheit von vornherein möglichst klein zu wählen, um (praktisch) jede denkbare Einzelmaßnahme später auch einzeln bewerten zu können. Weiterhin ist festzustellen, dass es sich bei der Durchführung von Einzelmaßnahmen der WNBM um die Erledigung konkreter, einzeln abgegrenzter Aufträge bzw. Projekte handelt, für die eine Kalkulation eines in Stunden bemessenen Zeitfonds, der *Realisierungszeit der Einzelmaßnahme*, möglich und auch nötig ist. Auch vor diesem Hintergrund bietet sich die Wahl der Abrechnungseinheit „1 Stunde" an.[172]

Hinsichtlich der Bestimmung von Abrechnungseinheiten für den Einsatz von Personal gelten die zuvor angestellten Überlegungen analog: Die Gewährleistung einer möglichst genauen Einzelerfassung der Anzahl Personalstunden je Einzelmaßnahme muss hier genauso angestrebt werden wie bezüglich des Technikeinsatzes. Hinzu kommt, dass das eingesetzte Personal i.R.d. WNBM teilweise die zugleich eingesetzte Technik bedienen muss. Wird für letztere eine stundenbezogene Abrechnungseinheit gewählt, muss dies für das eingesetzte Personal genauso gelten.[173]

Die Abrechnungseinheit sowohl der Leistungseinheiten Technik wie Personal lautet damit „1 Stunde". Die Realisierungszeit der Einzelmaßnahme besteht hiernach aus einer bestimmten Anzahl Einsatzstunden Technik und Personal, die ihrerseits wiederum durch die i.R.d. Realisierung der Einzelmaßnahme zu bewegenden Massen sowie den maschinellen bzw. manuellen Einbau, Auftrag oder das Einbringen des für die Einzelmaßnahme benötigten Einsatzmaterials teilweise oder vollständig in Anspruch genommen werden.

---

[171] Vgl. hierzu unter 5.4.
[172] Vgl. Slaby (2000), S. 9; vgl. auch: Caterpillar Inc. (1999), S. 22-1 ff.; Hauptverband der deutschen Bauindustrie e.V. (2001), S. 16.
[173] Slaby (2000), S. 10.

Strukturierung in sachlicher Hinsicht 51

2.2.6 Einteilung in Gewerke für Maßnahmen nach realisierter Wiedernutzbarmachung

Nach realisierter WNBM wird sich z.T. die Durchführung weiterer Maßnahmen als erforderlich erweisen, sowohl noch während der Bergaufsicht als auch und v.a. nach deren Beendigung. Folgende Einteilung in Gewerke erscheint plausibel:

1. Sicherheitliche Maßnahmen.
2. Monitoring (speziell bei Gewässern und für das Grundwasser).
3. Zwischenbewirtschaftung Flächen.
4. Nachbesserung/Gewährleistung Flächen.
5. Unterhaltung Wasserflächen.

Sofern entsprechende Maßnahmen durchzuführen sind (z.B. Kontrolle der biologischen und chemischen Qualität des Restseewassers, Überprüfung der Stabilität von Böschungen, Absperrmaßnahmen u.ä.) sollte eine Erfassung als „Einzelmaßnahme" und deren unmittelbare Zuordnung zu einem der Gewerke (oder einem weiteren, noch zu bestimmenden Gewerk) erfolgen. Die Einzelmaßnahmen könnten dann ihrerseits wiederum in Teilleistungen strukturiert werden. Auf die Bestimmung von Untergewerken könnte angesichts der hier nicht erforderlichen Gliederungstiefe somit verzichtet werden.

2.2.7 Grafische Darstellung der Ergebnisse der bisherigen Ausführungen

Abbildung 1 fasst die Ausführungen unter 2.2 anschaulich zusammen. Auf erneute Erläuterungen kann an dieser Stelle daher verzichtet werden.

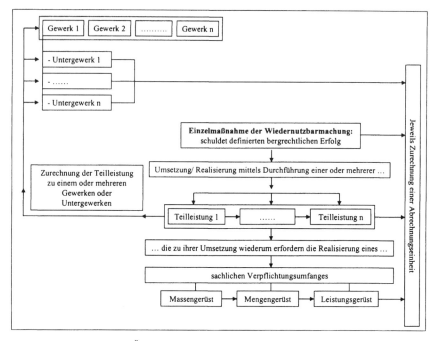

Abb. 1: **Zusammenfassende Übersicht zur sachlich-inhaltlichen Strukturierung des Prozesses der Wiedernutzbarmachung**

2.3 Strukturierung in zeitlicher Hinsicht

2.3.1 Vorbemerkung

Die in den folgenden Ausführungen erläuterte Strukturierung des Prozesses der WNBM in zeitlicher Hinsicht differenziert zwischen bergbaulichen Haupt- und Unterphasen.

Zu den bergbaulichen Hauptphasen werden hier gezählt die Vorproduktionsphase, die Produktionsphase sowie die Nachproduktionsphase.

Während die Vorproduktionsphase der Rohstoffgewinnung als eigentlichem Zweck bergbaulicher Tätigkeit zeitlich vorgeschaltet ist, bezeichnet entsprechend die Produktionsphase sämtliche Perioden, in denen primär die Gewinnung des Rohstoffs zwecks wirtschaftlicher Verwertung erfolgt. Es werden aber bereits in dieser Phase zumindest vereinzelt auch Maßnahmen der WNBM und Zwischenbewirtschaftung realisiert.

Während der Nachproduktionsphase werden in der Umsetzung begriffene Maßnahmen der WNBM und Zwischenbewirtschaftung vollendet sowie noch ausstehende Maßnahmen realisiert. Innerhalb der verschiedenen Hauptphasen kann jeweils in bergbauliche Unterphasen

Strukturierung in zeitlicher Hinsicht   53

differenziert werden, wobei dies nur für die Vorproduktions- und Produktionsphase sinnvoll erscheint. Während der Nachproduktionsphase bietet sich aufgrund der Einstellung der eigentlichen bergbaulichen Prozesse eine alleinige Differenzierung nach Maßnahmen bzw. Phasen der Erfüllung an.

2.3.2 Erste Hauptphase: Vorproduktionsphase

2.3.2.1 Suche und Erkundung

Diese erste Unterphase der Hauptphase „Vorproduktionsphase" ist mit Blick auf die vom Bergbautreibenden vorzunehmende Wiederherstellung, alternativ WNBM von Bedeutung.[174] Während dieser Phase begründete Verpflichtungen werden entweder nach erfolgter Aufsuchung und Erkundung erfüllt (Wiederherstellung) oder in einer späteren Phase, nämlich dann, wenn nach erfolgreicher Aufsuche und Erkundung ein Betrieb zugelassen wird mit der Pflicht, die während dieser ersten Phase begründeten Verpflichtungen, dann als Maßnahmen der WNBM, zu erfüllen. Dabei wird sich der Charakter der in der ersten Unterphase begründeten Maßnahmen und damit der zur Erfüllung zu realisierende sachliche Verpflichtungsumfang im Zeitablauf infolge bergbaulicher Eingriffe erheblich ändern.

2.3.2.2 Aufschluss

Zur Unterphase des *Tagebauaufschlusses* (bergrechtlich: Errichtung des Betriebes) zählen sämtliche die eigentliche Gewinnung vorbereitende Maßnahmen, d.h. sämtliche Maßnahmen, die zur Herstellung des *Aufschlussraumes* notwendig sind inkl. aller dazu erforderlichen Ausrüstungen.[175] Zur Herstellung der Baufreiheit für die Aufschlussfigur sowie für die Tagesanlagen und Infrastruktur (Transportwege, Verbindungsleitungen für Strom, Kommunikation usw.) muss zunächst die Geländeoberfläche beräumt werden. Hierzu sind sämtliche aufstehenden, den späteren Aufschluss störende Hindernisse zu verlegen (Siedlungsgebiete, öffentliche Infrastruktur, Wasserläufe usw.) bzw. zu beseitigen (Rodung von Wald, Abriss von Gebäuden, Anlagen und Infrastruktur usw.).

Im Bereich der geplanten Aufschlussfigur muss zudem das Erdreich entwässert werden, um die Figur herstellen zu können. Dazu werden die grundwasserführenden Schichten über der Kohle entwässert sowie der Druckwasserspiegel unter der Kohle entspannt.[176] Bereits zu

---

[174] Vgl. die entsprechenden Ausführungen unter 1.2.6.3.
[175] Strzodka/ Sajkiewicz/ Dunikowski (1979), S. 61.
[176] Thole (1992), S. 53.

dieser sehr frühen, der späteren Gewinnung zeitlich vorgelagerten Etappe sind damit erhebliche Eingriffe in die Oberfläche erforderlich, ohne dass überhaupt mit der eigentlichen bergbaulichen Tätigkeit (der Gewinnung des Rohstoffes) begonnen wurde.

Die Pflicht zur WNBM entsteht damit bergrechtlich mit Vornahme der ersten bergbaulichen Maßnahmen, d.h. mit den ersten Eingriffen in die Oberfläche zwecks Ermöglichung der späteren Gewinnung. Bereits zu diesem sehr frühen Zeitpunkt, der zwischen ca. 1,5 und 2 Jahren[177] vor den eigentlichen Aufschlussarbeiten liegen kann, wird also eine Verpflichtung zur WNBM ggü. der Bergbehörde begründet, auch wenn die Erfüllung der Verpflichtung häufig erst (deutlich) später erfolgt.

Die eigentlichen *Aufschlussarbeiten* können erst nach erfolgter Montage der dazu benötigten Technik sowie der Errichtung erforderlicher Tagesanlagen (Gebäude für Verwaltung, Soziales, Instandhaltung usw.) beginnen. Zur Durchführung dieser Arbeiten ist wiederum zunächst die Herstellung von Zugangswegen/ -straßen bzw. Gleisverbindungen sowie die Einrichtung von Montageplätzen erforderlich, weiterhin die Installierung von Versorgungsleitungen (Strom, Wasser, Gas, Kommunikation).

Die eigentlichen bergtechnischen Aufschlussarbeiten beginnen mit der Gewinnung des im *Aufschlussraum* anstehenden Abraumes sowie der anstehenden Kohle. In diesem Zusammenhang müssen auch sämtliche erforderlichen Arbeitsebenen eingerichtet werden, auf denen dann die dort planmäßig zum Einsatz kommende Technik montiert wird. Die Größe des Aufschlussraumes, und damit auch die zuvor zu beräumende Fläche, wird dabei wesentlich durch die Menge an freizulegender Kohle bzw. die Anzahl freizulegender Flöze sowie durch die Teufe bestimmt, in der die nutzbare Kohle ansteht (notwendigerweise herzustellende Abbautiefe), weiterhin durch die zum Einsatz kommende Gewinnungs- und Fördertechnologie (Anzahl und Fläche der Arbeitsebenen), durch die gewählte Aufschlussart,[178] sowie durch sicherheitliche Vorgaben (maximal zulässige Böschungsneigung). Die für die Herstellung des Aufschlussraumes erforderliche, in Anspruch zu nehmende und zukünftig wieder nutzbar zu machende Fläche wird damit wesentlich durch die Eigenschaften der Lagerstätte, die Anforderungen an den Umfang der zukünftigen Förderung sowie die einzusetzende Technologie bestimmt und ist damit abhängig vom jeweils betrachteten Einzelfall.

Die *Verkippung* des Aufschlussabraumes erfolgt, da während des Aufschlusses noch keine Innenkippe zur Verfügung steht, auf einer Außenkippe entweder in einem benachbarten Tagebau bzw. Tagebaurestloch oder, falls diese Variante nicht realisierbar ist, auf einer Hochkippe. Steht ein anderer(s) Tagebau(restloch) zur Verfügung, kann der Aufschlussabraum des neu aufzuschließenden Tagebaus zugleich im Rahmen der WNBM eines anderen, evtl. schon im Auslaufbetrieb befindlichen Tagebaus Verwendung finden. Zum einen verur-

---

[177] Strzodka/ Sajkiewicz/ Dunikowski (1979), S. 61.
[178] Vgl. hierzu Strzodka/ Sajkiewicz/ Dunikowski (1979), S. 68; Starke (1991a), S. 6/7.

Strukturierung in zeitlicher Hinsicht 55

sacht die Verkippung in einem anderen Tagebau im Regelfall niedrigere Kosten, zum anderen wird die Inanspruchnahme u.U. erst anzukaufender Kippenflächen vermieden.[179]

Die Bergbauunternehmen haben bereits aus diesen Gründen ein erhebliches Eigeninteresse, Eingriffe in die Oberfläche zu minimieren. Das Anlegen einer Hochkippe bewirkt zwangsläufig einen erheblichen Eingriff in die Oberfläche, der ebenfalls die Pflicht zur WNBM der Kippenoberfläche wie der Flächen, die für die Einrichtung der Verkippungstechnologie (Band, Zug, LKW) in Anspruch genommen wurden (Trassen), nach sich zieht. Auch hier bestimmen die im Einzelfall anzutreffenden Umstände (ist ein für die Verkippung geeigneter Tagebau im Umfeld vorhanden, welche Entfernung ist bis zu diesem zurückzulegen (Art und Länge der zu errichtenden Trassen), welches Verkippungsvolumen steht zur Verfügung, in welcher Entfernung kann andernfalls eine Kippe aufgeschüttet werden, welche Form soll diese annehmen,...) die Art und den Umfang der zukünftig vorzunehmenden Maßnahmen der WNBM, ebenso den Zeitpunkt ihrer erstmaligen Vornahme wie deren Abfolge im Zeitablauf. In jedem Fall stellt die Verkippung des Aufschlussabraumes die erste Komponente der WNBM dar, so wie diese unter Beachtung der Braunkohlenpläne (und damit auch: Lage der Kippenflächen) zu erfolgen hat.

Um eine ordnungsgemäße WNBM zu gewährleisten, die die an die Folgenutzung gestellten Anforderungen erfüllt, ist während sämtlicher bergbaulicher Hauptphasen auf die *Bereitstellung von für die jeweils geplante Folgenutzung geeignetem Bodenmaterial* zu achten. Insofern kann hier von einer phasenübergreifenden „Daueraufgabe" gesprochen werden. Die verschiedenen Folgenutzungsarten, v.a. land- und forstwirtschaftliche Folgenutzung, stellen unterschiedliche qualitative und quantitative Anforderungen an den benötigten Boden. Um eine zeitlich wie räumlich ordnungsgemäße Bereitstellung der jeweils benötigten Böden zu gewährleisten, muss sowohl während der Vorproduktions- als auch während der Produktionsphase auf eine entsprechende Gewinnung, Förderung und Verkippung dieser Böden wie auch des Abraums geachtet werden.[180] Freiliegende Flächen müssen zwecks Erosionsschutz u.U. zwischenbegrünt werden. Hinsichtlich Einzelheiten der Behandlung kulturfähiger Böden in Abhängigkeit von der geplanten Folgenutzung (Bodenqualität bzw. –zusammensetzung, Mächtigkeit, Herstellung verschiedener Bodenschichten, Flächenneigung, Ausmaß von Planierungsarbeiten u.a.) kann auf entsprechende Bergverordnungen sowie die diesbezügliche Fachliteratur verwiesen werden.[181]

---

[179] Vgl. Starke (1991a), S. 13; Thole (1992), S. 53.
[180] Strzodka/ Sajkiewicz/ Dunikowski (1979), S. 383, 386; dies. (1980), S. 390, 407.
[181] Bzgl. Anforderungen für eine landwirtschaftliche Folgenutzung: Kunde (1990), S. 19 bis 21; Kunde/ Müllensiefen (1998), S. 62, 64; Lieven (1998), S. 101 bis 104; Zenker (1992), S. 42/43; für forstwirtschaftliche Folgenutzung: Kunde/ Müllensiefen (1998), S. 61 bis 63; Preußner (1998), S. 517.

2.3.3 Zweite Hauptphase: Produktionsphase

2.3.3.1 Anlaufphase

Nach Herstellung der Aufschlussfigur muss die hierzu eingesetzte Betriebstechnik auf den hergestellten Arbeitsebenen so aufgestellt und angepasst sowie ggf. um zusätzlich benötigte Technik ergänzt und sämtliche Einheiten Technik aufeinander abgestimmt werden, dass der sich anschließende Regelbetrieb planmäßig aufgenommen werden kann. Hierzu muss die für den Regelbetrieb benötigte Technik u.a. kapazitativ aufeinander abgestimmt und v.a. muss für den Einsatz im Regelbetrieb neu angeschaffte Technik einem Probelauf unterzogen werden. Weiterhin muss während der Anlaufphase, sofern nicht bereits während der Aufschlussphase geschehen, eine ausreichende Freilegung von Kohle erfolgen (Herstellung eines ausreichenden Abraumvorlaufes), mit deren Gewinnung und Förderung der Regelbetrieb beginnt.

2.3.3.2 Regelbetrieb

An die Anlaufphase schließt sich unmittelbar die zweite Unterphase der Produktionsphase an: Der *Regelbetrieb* (bergrechtlich: Führung des Betriebs) stellt die zentrale und längste Phase bergbaulicher Tätigkeit dar, während der die eigentliche Rohstoffgewinnung erfolgt.

Der Regelbetrieb eines Braunkohlen-Tagebaues ist durch eine fortschreitende Verlegung bzw. Entfernung von Objekten aus dem Tagebauvorfeld, eine sich hieran anschließende Inanspruchnahme der Oberfläche, die Verkippung der dabei gewonnenen Massen wie auch durch eine fortschreitende Wasserhebung gekennzeichnet, um die sich räumlich erstreckende Lagerstätte abbauen zu können (dynamische Betriebsweise des Bergbaus).

Es werden also fortlaufend neue Verpflichtungen zur WNBM, d.h. verpflichtend zu realisierende Einzelmaßnahmen begründet. Ebenso werden regelmäßig bergrechtliche Verpflichtungen erfüllt durch die WNBM von Flächen, die auf der Kippenseite des Tagebaus (oder einer Außenkippe) durch die Verkippung von Abraum sowie den Auftrag und die Behandlung von Kulturboden geschaffen werden (*laufende WNBM*). Damit werden auch die Verpflichtungen zur Zwischenbewirtschaftung während des Regelbetriebs erfüllt oder es wird zumindest mit deren Erfüllung begonnen (*laufende Zwischenbewirtschaftung*).

Denkbar ist weiterhin, dass nicht mehr benötigte Einrichtungen schon während des Regelbetriebs entfernt und deren Aufstandflächen wieder nutzbar gemacht werden. Kennzeichnend für die Phase des Regelbetriebs ist insbesondere der infolge fortgesetzter Auskohlung sich beständig fortentwickelnde und sich dabei zumeist erweiternde offene Tagebauraum. Dabei wird man spätestens in den letzten Perioden des Regelbetriebs beginnen, die Betriebsweise des Tagebaus an der geplanten Folgenutzungskonzeption auszurichten, d.h. insbesondere die WNBM des Tagebaurestloches durch eine entsprechende Betriebsweise vorzubereiten.

Strukturierung in zeitlicher Hinsicht   57

Dazu muss v.a. auf die ordnungsgemäße Gestaltung verbleibender Böschungen geachtet werden, sofern keine vollständige Auffüllung des verbleibenden Restloches durch Aufschlussmassen eines Folgetagebaus vorgesehen ist.

2.3.3.3 Auslaufphase

Die dritte und letzte Unterphase der Produktionsphase stellt der *Auslauf* dar. Diese Phase beginnt mit dem Erreichen des geplanten Endstandes durch den ersten Abraumschnitt.[182] Mit Blick auf die während dieser Phase zu realisierenden Einzelmaßnahmen der WNBM ist zunächst von wesentlicher Bedeutung, die abschließende Herstellung des verbleibenden, endgültigen *Böschungssystems des Restloches* weitgehend durch die vorhandenen Tagebaugroßgeräte vorzunehmen, um spätere, aufwendige Nacharbeiten mittels Erdbautechnik oder Spültechnik zu vermeiden.[183] Dasselbe gilt für das Böschungssystem von Kippen und Halden. Hier sollte durch die eingesetzte Absetztechnologie eine möglichst weitgehende Ausgestaltung des Böschungssystems erfolgen. Die Gestaltung des Böschungssystems schließt die Beachtung von Aspekten der Standsicherheit, des Erosionsschutzes bzw. -sicherheit sowie evtl. erforderliche Meliorationsmaßnahmen ein, wobei die genannten Punkte wiederum in erheblichem Umfang von der geplanten Folgenutzung sowie den gegebenen Bodenqualitäten abhängen.[184] Insbesondere der wasserangrenzende Bereich des Böschungssystems zu flutender Restlöcher, also jener Teil des Böschungssystems, der zukünftig erheblichen Belastungen durch Wellenschlag ausgesetzt sein wird, darf zum Schutz gegen Wellenerosion nur eine relativ flache Neigung aufweisen. Trockene Böschungsabschnitte hingegen können erheblich steiler gestaltet werden, sofern durch ausreichenden Schutz einer Bodenerosion auch bei stärkeren Niederschlägen vorgebeugt wird.

Auch in der Auslaufphase muss die *Entwässerung* sichergestellt sein. Zum einen muss die Regulierung der *Vorflut* gewährleistet werden, d.h. es muss die Frage, wie Niederschlags- und Grundwasser abzuführen sind, geklärt werden. Hierzu wird es z.T. notwendig sein, natürliche Vorfluter neu bzw. wieder anzulegen bzw. bestehende (künstliche) Vorfluter vorläufig weiter zu nutzen. Mit dem näher rückenden *Ende der Entwässerung* erfolgt zwangsläufig der Wiederanstieg des Grundwassers, der insbesondere Einfluss auf die *Flutung des Restloches* haben wird. Zu deren Beschleunigung bietet sich die Zuführung gehobenen Wassers aus benachbarten Tagebauen oder aus natürlichen Vorflutern (Wasserläufen) an, wozu die entsprechenden Rohrleitungssysteme inkl. notwendiger Pumpanlagen zu installieren bzw. weiter zu betreiben sind.

---

[182] Strzodka/ Sajkiewicz/ Dunikowski (1979), S. 82.
[183] Strzodka/ Sajkiewicz/ Dunikowski (1980), S. 399; Starke (1991), S. 15.
[184] Strzodka/ Sajkiewicz/ Dunikowski (1980), S. 398.

Für die in der Vergangenheit einer WNBM noch nicht zugeführten Flächen, insbesondere jene, die kippenseitig unmittelbar an das Restloch angrenzen, ist nunmehr die WNBM vorzunehmen. Weiterhin stellt sich die Frage nach dem weiteren *Verbleib der vorhandenen Betriebstechnik, Tagesanlagen und Versorgungsinfrastruktur inkl. Anlagen der Wasserhaltung*, da diese im auslaufenden bzw. ausgelaufenen Tagebau objektiv nicht mehr benötig werden und zugleich die WNBM des Betriebsgeländes, einen Grundwasserwiederanstieg eingeschlossen, be- bzw. verhindern und zudem ein Sicherheitsrisiko darstellen. Wie dargelegt,[185] wird in der vorliegenden Arbeit von einer de-facto-Pflicht zur vollständigen Beseitigung sämtlicher Einrichtungen ausgegangen, d.h. mit Ende der Auslaufphase, u.U. aber auch erst während der sich anschließenden Nachproduktionsphase, werden die verbleibenden Einrichtungen entfernt.

2.3.4 Dritte Hauptphase: Nachproduktionsphase

2.3.4.1 Vorbemerkung

Da die eigentlichen bergbaulichen Prozesse (Überbaggerung, Förderung, Verkippung) mit Ende der Auslaufphase abgeschlossen sind, erfolgen während der Nachproduktionsphase allein verpflichtend zu erfüllende, noch ausstehende Maßnahmen. Sofern eine Entlassung der betroffenen Flächen aus der Bergaufsicht bereits erfolgt ist, fallen diese Maßnahmen ausschließlich unter „Folgenutzung".

2.3.4.2 Abschließende Wiedernutzbarmachung, abschließende Zwischenbewirtschaftung und punktuelle Maßnahmen

Sofern noch Maßnahmen der WNBM vollständig ausstehen oder ihre Realisierung noch nicht abgeschlossen ist, muss dies während der Nachproduktionsphase geschehen (*abschließende WNBM*, z.B. endgültige Gestaltung der Oberflächen der ehem. Tagesanlagen). Dasselbe gilt für Maßnahmen der Zwischenbewirtschaftung, mit deren Umsetzung häufig erst während der Nachproduktionsphase begonnen werden kann (*abschließende Zwischenbewirtschaftung*).

Während der Nachproduktionsphase kann sich zudem die Durchführung von *punktuellen Maßnahmen* als erforderlich erweisen, d.h. solche Maßnahmen, die in engem zeitlichen und sachlichen Zusammenhang mit Maßnahmen der WNBM stehen und die entweder für noch unter Bergaufsicht stehende Flächen (u.U. Notwendigkeit einer Anordnung nach § 71 BBergG) oder für bereits entlassene Flächen zu erfüllen sind (z.B. weitere/nachträgliche Böschungsstabilisierung zwecks Gefahrenabwehr oder –beseitigung nach APOR).

---

[185] Vgl. unter 1.2.6.3.

2.3.4.3 Nachsorgephase

Unter der Nachsorgephase werden hier sämtliche Perioden verstanden, die der Realisierung der zuvor durchzuführenden Maßnahmen zeitlich nachfolgen und während denen die Erfolge dieser Maßnahmen überwacht (z.b. Überwachung der Stabilität eines Böschungssystems) und sichergestellt (z.b. Freihalten von Wasserläufen) werden oder, sofern sich der erhoffte Erfolg nicht in dem gewünschten Umfang eingestellt hat, dieser Erfolg endgültig herbeigeführt werden soll (z.b. nachträglich erforderliche partielle Bestockung einer forstwirtschaftlich zu nutzenden Fläche).

2.3.4.4 Langzeitaufgaben

Unter Langzeitaufgaben werden hier sämtliche Maßnahmen verstanden, die langfristig, u.U. dauerhaft („unendlich") durchzuführen sind infolge früherer bergbaulicher Tätigkeit. Hierzu dürften insbesondere zählen das Monitoring des Grundwassers und von Oberflächengewässern sowie deren Bewirtschaftung (v.a. nach WHG: Unterhaltung Restsee), u.U. auch die Überwachung von Flächen, auf denen zuvor Veredelungsbetriebe angesiedelt waren (z.B. Abzäunung ehem. Schlammteiche).

2.3.5 Grafische Darstellung der Ergebnisse der bisherigen Ausführungen

In der nachstehenden Abbildung 2 sind die Ergebnisse der bisherigen Ausführungen sowie z.T. auch die im Kapitel 1 gewonnenen Erkenntnisse zusammenfassend dargestellt. Neben den bergbaulichen Haupt- und Unterphasen sind die Phasen der Erfüllung abgebildet, ebenso die Phase der Folgenutzung sowie die zeitliche Erstreckung behördlicher Zuständigkeiten.

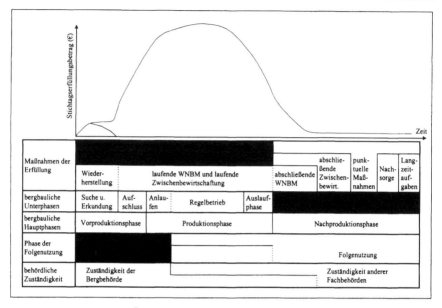

Abb. 2: Zusammenfassende Übersicht zur zeitlichen Strukturierung des Prozesses der Wiedernutzbarmachung und der Zwischenbewirtschaftung

Die bergbaulichen Hauptphasen sind wie zuvor beschrieben in bergbauliche Unterphasen unterteilt. Schon während, ansonsten nach der Phase der bergbaulichen Unterphase der Suche und Erkundung erfolgt die Wiederherstellung (Fall, dass nach Aufsuche und Erkundung kein Betrieb aufgenommen wird: gepunktete Linie), alternativ die WNBM der betroffenen Flächen, sofern diese anstelle Wiederherstellung von der Bergbehörde angeordnet wird (daher die gestrichelte Linie zwischen Wiederherstellung und WNBM). Laufende WNBM und laufende Zwischenbewirtschaftung finden teilweise parallel statt, zugleich ist eine eindeutige Abgrenzung zur abschließenden WNBM und abschließenden Zwischenbewirtschaftung dann nicht möglich, wenn z.B. größere Einzelmaßnahmen sich über den Endtermin der Auslaufphase hinweg erstrecken (daher auch hier die gestrichelte Linie).

Laufende WNBM und laufende Zwischenbewirtschaftung finden auf jeden Fall während der Produktions- sowie u.U. bereits zuvor, während der Vorproduktionsphase statt. Die Nachproduktionsphase muss nicht mit der Phase der abschließenden WNBM übereinstimmen, nämlich dann, wenn hiernach ungeplant weitere Maßnahmen erforderlich sind, die einen engen zeitlichen und inhaltlichen Bezug zu den Maßnahmen der WNBM aufweisen. Die hiermit angesprochenen punktuellen Maßnahmen stellen, wie erläutert, keine echte Phase dar, vielmehr kann sich ihre Realisierung quasi jederzeit nach der Auslaufphase als erforderlich erweisen. Abschließende WNBM und abschließende Zwischenbewirtschaftung finden z.T. pa-

Strukturierung in zeitlicher Hinsicht 61

rallel statt, ansonsten läuft die abschließende Zwischenbewirtschaftung der abschließenden WNBM zeitlich nach. An die abschließende WNBM bzw. Zwischenbewirtschaftung schließt sich die Nachsorgephase an. Auch während dieser kann sich u.U. das Erfordernis der Realisierung punktueller Maßnahmen stellen.

Die Nachsorgephase dürfte häufig praktisch nahtlos in die Phase der Realisierung von Langzeitaufgaben übergehen (gestrichelte Linie).

Die Folgenutzung setzt z.T. bereits während der Produktionsphase ein, nämlich zu dem Zeitpunkt, in dem für bestimmte Flächen die laufende WNBM abgeschlossen ist und die laufende Zwischenbewirtschaftung beginnt; zu diesem Zeitpunkt kann auch die Entlassung aus der Bergaufsicht erfolgen. Die Folgenutzung fällt daher häufig unter die Zuständigkeit anderer Fachbehörden (daher die gestrichelte Linie auch zur Abgrenzung der behördlichen Zuständigkeit). Die Bergbehörde, die zunächst die Wiederherstellung und WNBM sichern soll, bleibt aber auch nach abschließender WNBM ggf. zuständig (punktuelle Maßnahmen).

Der Verlauf des Stichtagserfüllungsbetrags in €,[186] d.h. des Betrages, der zum jeweiligen Bilanzstichtag erforderlich wäre, müsste die WNBM zu diesem Zeitpunkt und nicht planmäßig realisiert werden, dargestellt in Summe über sämtliche durchzuführende Einzelmaßnahmen der WNBM, zeigt die zu behebenden Folgen bergbaulicher Eingriffe in ihrem monetären Umfang. Der Anstieg des Stichtagserfüllungsbetrags bis weit in den Regelbetrieb hinein erklärt sich durch fortgesetzte bergbauliche Eingriffe in die Oberfläche, wozu speziell während der Aufschlussphase auch die Errichtung später zu entfernender Einrichtungen gehört. Gegen Ende des Regelbetriebs sowie während der Auslaufphase vermindert sich der Stichtagserfüllungsbetrag wieder. Gründe hierfür sind eine auf die abschließende WNBM bzw. auf die geplante Folgenutzung ausgerichtete Betriebsweise (z.B. gezieltes Schneiden der verbleibenden Böschungen durch Tagebaugroßgeräte anstelle einer nachträglichen, wohl aufwendigeren Gestaltung durch Erdbautechnik) sowie die zunehmende Durchführung laufender Maßnahmen der WNBM und Zwischenbewirtschaftung (laufende Erfüllung). Ebenso ist denkbar, dass z.B. die Verkippung der Aufschlussmassen eines Folgetagebaus ab den letzten Perioden des Regelbetriebs dazu führt, dass sich die Ausgaben für die Erfüllung speziell der Einzelmaßnahme „Restlochgestaltung" deutlich vermindern ggü. der Variante einer WNBM in früheren Phasen, in denen wegen des Fehlens solcher Verkippungsmassen eine aufwendigere Gestaltung und Flutung des Restloches erforderlich wäre. Der nach realisierter abschließender WNBM und abschließender Zwischenbewirtschaftung verbleibende Sockelbetrag soll auf das Erfordernis hinweisen, Langzeitaufgaben zu erfüllen. Die Zeitachse müsste demnach fortgeschrieben werden.

---

[186] Siehe zum Begriff ausführlich unter 4.4.7.

2.4 Ergebnisse des Kapitels 2

Für ein inhaltliches Verständnis des Gesamtprozesses der WNBM erscheint dessen Strukturierung in sachlich-inhaltlicher wie zeitlicher Hinsicht unerlässlich. V.a. mit der Differenzierung in Einzelmaßnahmen und Teilleistungen sowie der Zuordnung von Abrechnungseinheiten konnten die Grundlagen gelegt werden, an denen eine spezifische monetäre Bewertung zwecks Bemessung des der Rückstellungsbildung zugrunde zu legenden Erfüllungsbetrags einer Einzelmaßnahme der WNBM anknüpfen kann. Die zeitliche Strukturierung des Gesamtprozesses der WNBM soll hingegen der besseren Einordnung der Ausführungen zur sachlichen Strukturierung dienen. Eine unmittelbare Bedeutung kommt der zeitlichen Einordnung einer Einzelmaßnahme der WNBM für die Bemessung ihres Erfüllungsbetrags insoweit zu, wie dessen Bewertungsparameter in ihrer Höhe abhängig sind vom Zeitpunkt, zu dem die Einzelmaßnahme realisiert wird.[187]

---

[187] Zur Festlegung der relevanten Preisverhältnisse siehe 5.6; zur Abzinsung von Entfernungsverpflichtungen i.R.d. steuerlichen Erfolgsmessung siehe unter 5.7.3; zur Abzinsungspflicht nach IAS/ IFRS siehe unter 6.6.

3 Grundlagen der Bildung von Rückstellungen, ihre Einordnung in die Pflicht zur Rechnungslegung sowie ihre Abhängigkeit vom zugrunde liegenden Rechnungszweck

3.1 Vorbemerkung

Eine eindeutige, umfassende Charakterisierung der Bilanzposition „Rückstellungen" kann angesichts einer fehlenden allgemeinen Definition in dem für diese Bilanzposition einschlägigen § 249 HGB *nicht* gegeben werden, da dieser lediglich einen Katalog zulässiger Rückstellungsarten enthält.[188]

Aus der Literatur lässt sich allerdings folgende, relativ weite Umschreibung entnehmen: Rückstellungen werden gebildet zwecks bereits gegenwärtiger bilanzieller und erfolgswirksamer Berücksichtigung erst zukünftig anfallender Ausgaben (allgemein: Vermögensabgänge) oder Ausgabenüberschüsse, die aufgrund ihrer Zugehörigkeit zu (dem) abgelaufenen Geschäftsjahre(n) bereits zum gegenwärtigen Bilanzstichtag als Aufwand verrechnet werden müssen, nicht erst in der Periode ihres tatsächlichen, zukünftigen Anfalls.[189] Es erfolgt also eine erfolgswirksame Vorwegnahme der zukünftigen Ausgaben in der Periode ihrer „Entstehung" bzw. „Verursachung"[190] mittels Aufwandsverrechnung. Charakteristisch für Rückstellungen ist dabei die Ungewissheit, die ihnen hinsichtlich ihrem Be- bzw. Entstehen und/oder der Höhe des zukünftigen Vermögensabgangs anhaftet.[191] Rückstellungen sind eine passive Bilanzposition; im Gliederungsschema des § 266 Abs. 3 HGB sind sie zwischen dem Eigenkapital und den Verbindlichkeiten eingeordnet. Die schwer zu konkretisierende Bilanzposition „Rückstellungen", die sich auch in der genannten Einordnung ausdrückt, resultiert nicht zuletzt aus ihrem weiten Anwendungsgebiet: Rückstellungen müssen bzw. dürfen gebildet werden sowohl für aus einer rechtlichen Verpflichtung bzw., umfassender, d.h. unter Einbeziehung rein faktischer Verpflichtungen, für aus einer Außenverpflichtung resultierende, zukünftig anfallende Ausgaben wie auch für solche Ausgaben, denen es an einer solchen verpflichtenden Grundlage ggü. einem außenstehendem Dritten mangelt, sog. „Aufwandsrückstellungen" wegen „Innenverpflichtungen". Sofern „Rückstellungen" auf einer Verpflichtung

---

[188] Mayer-Wegelin (1995a), § 249, Tz. 14, 17; Adler/ Düring/ Schmaltz, § 249, Tz. 27; Berger/ Ring (2003), § 249, Tz. 6; Lück (2000), S. 233; vgl. auch die Meinungsübersicht bei Ludewig (1988), S. 766/767.

[189] Vgl. Berger/ Ring (2003), § 249, Tz. 1; Knobbe-Keuk (1993), S. 114; Mayer- Wegelin (1995a), § 249, Tz. 17.

[190] Erstes Zitat bei Lück (2000), S. 232; zweites Zitat bei: Mayer-Wegelin (1995a), § 249, Tz. 17; Kessler (1992), S. 7; Köster (1994), S. 25.

[191] Mayer-Wegelin (1995a), § 249, Tz. 17; Naumann (1993), S. 92.

ggü. einem Dritten beruhen, fallen sie zusammen mit „Verbindlichkeiten" unter den Oberbegriff „Schulden" und damit unter *Fremd*kapital. Rückstellungen wegen Außenverpflichtungen weisen grundsätzlich keinen Bezug zu Aktivposten auf, stellen also insbesondere keine Wertberichtigungsposten dar.[192]

Für die Erstellung von Bilanz sowie Gewinn- und Verlustrechnung (GVR) ist die Position „Rückstellungen" damit in zweierlei Hinsicht bedeutsam:

1. Im Geschäftsjahr der Rückstellungsbildung führt diese zu einer entsprechenden Aufwandsverrechnung und beeinflusst damit unmittelbar die *Erfolgslage* des Bilanzierenden. Letztere wird auch in dem Fall berührt, dass die Rückstellung ertragswirksam aufgelöst wird.

2. Die gebildete Rückstellung beeinflusst zudem unmittelbar die *Vermögenslage* des Bilanzierenden: Rückstellungen auf Grundlage einer Außenverpflichtung führen über ihre erfolgswirksame Bildung zu einer Reduzierung der Eigenkapitalquote bzw. Erhöhung des Fremdkapitalanteils (der Schulden).

Bevor auf weitere Einzelheiten zum Rückstellungsbegriff (Kapitel 4: Bildung von Rückstellungen; Kapitel 5: Bemessung des Erfüllungsbetrags) eingegangen wird, soll zunächst eine Eingrenzung der für die vorliegende Arbeit relevanten Rückstellungsart sowie die Abgrenzung von „Rückstellungen" zu anderen Bilanzpositionen erfolgen.

3.2 Eingrenzung des für die vorliegende Arbeit relevanten Rückstellungsbegriffs

3.2.1 Der Rückstellungskatalog des § 249 HGB

Anstelle einer einheitlichen Definition führt der § 249 HGB sämtliche handelsrechtlich zulässigen Rückstellungen auf, wobei für zukünftige Ausgaben infolge Außenverpflichtung ausnahmslos eine Passivierungspflicht normiert ist, während für Rückstellungen auf Grundlage einer „Innenverpflichtung", den sog. „Aufwandsrückstellungen", sowohl Ansatzpflichten wie Ansatzwahlrechte normiert sind.

Ansatz*pflichtig* sind:

1. Rückstellungen für ungewisse Verbindlichkeiten (§ 249 Abs. 1 Satz 1 erste Alt. HGB);

2. Rückstellungen für drohende Verluste aus schwebenden Geschäften (§ 249 Abs. 1 Satz 1 HGB zweite Alt. HGB);

---

[192] Vgl. zum Vorstehenden: Berger/ Ring (2003), § 249, Tz. 1; Lück (2000), S. 233, 85; Federmann (2000), S. 288; Döllerer (1975), S. 293; Eifler (1976), S. 32, 35 bis 37; Naumann (1993), S. 86.

Eingrenzung des für die vorliegende Arbeit relevanten Rückstellungsbegriffs 65

3. Rückstellungen für unterlassene Aufwendungen für Instandhaltung, die im folgenden Geschäftsjahr innerhalb von drei Monaten nachgeholt werden (§ 249 Abs. 1 Satz 2 Nr. 1 erste Alt. HGB);

4. Rückstellungen für unterlassene Abraumbeseitigung, die im folgenden Geschäftsjahr nachgeholt wird (§ 249 Abs. 1 Satz 2 Nr. 1 zweite Alt. HGB);

5. Rückstellungen für Gewährleistungen, die ohne rechtliche Verpflichtung erbracht werden (§ 249 Abs. 1 Satz 2 Nr. 2 HGB).

Ein Ansatz*wahlrecht* besteht hingegen für:

1. Rückstellungen für unterlassene Aufwendungen für Instandhaltung, die zwischen dem 4. und 12. Monat des folgenden Geschäftsjahrs nachgeholt wird (§ 249 Abs. 1 Satz 3 HGB);

2. Rückstellungen für ihrer Eigenart nach genau umschriebene, dem Geschäftsjahr oder einem früheren Geschäftsjahr zuzuordnende Aufwendungen, die am Abschlussstichtag wahrscheinlich oder sicher, aber hinsichtlich ihrer Höhe oder des Zeitpunkts ihres Eintritts unbestimmt sind (§ 249 Abs. 2 HGB).

Der Rückstellungskatalog in Abs. 1 und 2 des § 249 HGB ist abschließend: Für andere als die dort genannten Zwecke dürfen keine Rückstellungen gebildet werden (§ 249 Abs. 3 HGB), womit insbesondere auf weitergehende Aufwandsrückstellungen als jene nach Abs. 2 abgestellt wird.[193]

Für Rückstellungen, die eindeutig unter Fremdkapital fallen bzw. die einer Verbindlichkeit sehr nahe kommen, nämlich den Rückstellungen für ungewisse Verbindlichkeiten (Verbindlichkeitsrückstellungen) und Rückstellungen für drohende Verluste aus schwebenden Geschäften (Drohverlustrückstellungen) sowie den Gewährleistungen, die ohne rechtliche Verpflichtung erbracht werden, besteht Ansatzpflicht.[194]

Eine Ansatzpflicht besteht hingegen auch für einige der nicht auf einer Außenverpflichtung beruhenden Rückstellungen wegen „Innenverpflichtungen", nämlich den Rückstellungen wegen unterlassener Instandhaltung bei Nachholung innerhalb der ersten drei Monate des folgenden Geschäftsjahres sowie wegen unterlassener Abraumbeseitigung und deren Nachholung im folgenden Geschäftsjahr. Für diese besteht keine erzwingbare Leistungspflicht; insbesondere im Zerschlagungsfall wird eine Erfüllung der betreffenden „Verpflichtung" nicht erfolgen. Diesen wie auch den übrigen Rückstellungen wegen unterlassener Instandhaltung sowie den nur wahlweise zu bildenden Rückstellungen nach § 249 Abs. 2 HGB wird daher eher Rück*lagen*funktion, keinesfalls ein Schuld- bzw. Fremdkapitalcharakter zugesprochen.[195]

---

[193] Berger/ Ring (2003), § 249, Tz. 13; Mayer-Wegelin (1995a), § 249, Tz. 16.

[194] Adler/ Düring/ Schmaltz, § 249, Tz. 28; Berger/ Ring (2003), § 249, Tz. 6; Mayer-Wegelin (1995a), § 249, Tz. 20; einen Schuldcharakter von Drohverlustrückstellungen verneinend: Schneider (1983c), S. 2090; ders. (1995b), S. 1422, 1426.

[195] Adler/ Düring/ Schmaltz, § 249, Tz. 28; Müller (1981), S. 141/142; Schneider (1983c), S. 2090; ders. (1986), S. 341; Döllerer (1987b), S. 6.

3.2.2 Die für die vorliegende Arbeit relevante Rückstellungsart

Zu entscheiden ist zunächst, welche der im § 249 HGB aufgeführten Rückstellungsarten für die vorliegende Arbeit relevant sind. Dazu sei zunächst daran erinnert, dass, wie im Kapitel 1 aufgezeigt, die bergrechtliche Pflicht zur WNBM sowie die Pflicht zur Zwischenbewirtschaftung durch die auf die Braunkohlenpläne abgestimmten Betriebspläne sowie die Bergverordnungen bzw. durch privatrechtliche Vereinbarungen relativ stark konkretisiert sind. Es liegt eindeutig eine *Pflicht ggü. der Bergbehörde bzw. sonstigen Dritten zur Realisierung eines bestimmten Zustandes der Oberfläche* vor, der das Bergbauunternehmen in jedem Fall nachzukommen hat. Rückstellungen wegen „Gewährleistungen, die ohne rechtliche Verpflichtung erbracht werden", scheiden damit, neben inhaltlichen Fragen, bereits deswegen aus, weil eine solche rechtliche Verpflichtung gerade besteht und zwingend zu erfüllen ist.

Aus bereits inhaltlichen Gründen nicht betrachtet zu werden brauchen Rückstellungen wegen unterlassener Instandhaltung, da von „unterlassenen Instandhaltungsmaßnahmen" im vorliegenden Zusammenhang keinesfalls ausgegangen werden kann. Fraglich ist hingegen, inwieweit eine „Rückstellung für unterlassene Abraumbeseitigung" im hier interessierenden Zusammenhang relevant ist. Unterlassene Abraumbeseitigung (Abraumrückstand) liegt dann vor, wenn im Geschäftsjahr weniger Abraum über dem zu gewinnenden Rohstoff freigelegt wurde als mit Blick auf den regulären Weiterbetrieb des Tagebaus erforderlich wäre. Ein solcher Rückstand kann sowohl technologische wie wirtschaftliche Gründe haben, wobei sich die praktische Relevanz unterlassener Abraumbeseitigung aufgrund tagebautechnologischer Zwänge in engen Grenzen halten wird. Unabhängig von solch inhaltlichen Fragen ist festzustellen, dass einer entsprechenden Rückstellung eine reine Kostenabgrenzungsfunktion zukommt, da ihr keine Verpflichtung ggü. Dritten zugrunde liegt[196] und die damit, entgegen teilweiser, unzutreffender Auffassung in der Literatur,[197] in keinerlei Verbindung zur Pflicht zur WNBM steht. Vor dem aufgezeigten Hintergrund braucht diese Rückstellungsart im Folgenden nicht näher betrachtet zu werden.

Auch die verpflichtend zu bildenden „Rückstellungen für drohende Verluste aus schwebenden Geschäften" (Drohverlustrückstellungen)[198] sind nicht geeignet für die Abbildung der bergrechtlichen Verpflichtung zur WNBM infolge bergbaulicher Tätigkeit. Drohverlustrückstellungen werden gebildet, um einen Verpflichtungsüberschuss abzubilden, der sich aus einem schwebenden Geschäft, d.h. aus einem noch nicht erfüllten synallagmatischen Austausch-/

---

[196] Vgl. ausführlich zum Vorstehenden: Krämer (1987), S. 351 bis 356.
[197] Lederle (1991), S. 61; Kirchhoff (1994), S. 127.
[198] Vgl. zu den folgenden Ausführungen: Woerner (1984), S. 490 bis 493; ders. (1985), S. 179/180; ders. (1988), S. 771/772; Adler/ Düring/ Schmaltz, § 249, Tz. 136, 139; Groh (1988a), S. 27 bis 29; Döllerer (1974), S. 1543; Berger/ Ring (2003), § 249, Tz. 3, 57, 58; BFH, Urteil vom 10.04.1991 – II R 118/86, S. 621; BFH, Urteil vom 15.04.1993 – IV R 75/91, S. 438; BFH, Urteil vom 20.01.1993 – I R 115/91, S. 374.

Eingrenzung des für die vorliegende Arbeit relevanten Rückstellungsbegriffs 67

Leistungsvertrag ergibt. Der Schwebezustand endet, wenn der zur *Sach*leistung verpflichtete Vertragspartner seine Leistung erbracht hat. Bis zur Erfüllung der Sachleistung werden weder Anspruch noch Verpflichtung aus dem Geschäft bilanziert, da von der Gleichwertigkeit beider Positionen auszugehen ist und zudem ein Erfolgsausweis bereits vor Erfüllung angesichts noch bestehender Risiken unzulässig ist.

Stellt sich allerdings heraus, dass der Wert der Verpflichtung den Anspruch auf die Gegenleistung übersteigt, gebietet das Imparitätsprinzip die Bildung einer Drohverlustrückstellung i.H.d. Differenz zwischen Anspruch und der diesen übersteigenden eigenen Verpflichtung. Von einem für eine Drohverlustrückstellung notwendigen gestörten Austauschverhältnis (Lieferungs- oder Leistungsgeschäft) zwischen Bergbauunternehmen und Bergbehörde bzw. Folgenutzer kann aber in keinem Fall ausgegangen werden bzw. liegt ein solches Austauschverhältnis bereits dem Grunde nach überhaupt nicht vor, so dass auch eine Drohverlustrückstellung für die Abbildung der bergrechtlichen Verpflichtung zur WNBM ausscheidet.

Die nach § 249 Abs. 2 HGB wahlweise zu bildenden Rückstellungen scheinen für die Abbildung der bergrechtlichen Verpflichtung zur WNBM in Frage zu kommen, betrachtet man zunächst nur grob die dort kodifizierten Ansatzkriterien. Tatsächlich dürfen Rückstellungen nach § 249 Abs. 2 HGB als Aufwandsrückstellungen aber ausschließlich wegen *Innen*verpflichtungen des Kaufmanns gebildet werden, auch wenn sich diese Einschränkung im Abs. 2 nicht explizit findet. Wie bei den Rückstellungen wegen unterlassener Instandhaltung und Abraumbeseitigung fehlt bei den Rückstellungen nach Abs. 2 eine Außenverpflichtung, die „Verpflichtung" besteht ausschließlich ggü. dem bilanzierenden Kaufmann selbst.[199] Der Abs. 2 des § 249 HGB scheidet damit für den hier interessierenden Zusammenhang ebenfalls aus.

Damit verbleiben die „Rückstellungen für ungewisse Verbindlichkeiten" nach § 249 Abs. 1 Satz 1 erste Alt. HGB als für die vorliegende Arbeit relevante Rückstellungsart, die wiederum, in Abgrenzung zu Geldleistungsverpflichtungen, auf *Sach*leistungsverpflichtungen reduziert werden kann.[200] Da das Bestehen bergbaubedingter Verpflichtungen nach realisiertem bergbaulichen Eingriff dem Grunde nach absolut gewiss ist,[201] erstreckt sich die für Rückstellungen charakteristische Ungewissheit hier allein auf die Höhe der Verpflichtung.

---

[199] Adler/ Düring/ Schmaltz, § 249, Tz. 188; Maul (1986), S. 631.
[200] Zur Abgrenzung siehe Adler/ Düring/ Schmaltz, § 249, Tz. 46; Berger/ Ring (2003), § 249, Tz. 32; Christiansen (1993), S. 29/30.
[201] Vgl. mit ausführlicher Erläuterung unter 4.3.2.

3.2.3 Abgrenzung von „Rückstellungen" zu anderen Bilanzpositionen

(Sichere) *Verbindlichkeiten* unterscheiden sich von den Rückstellungen durch die Sicherheit ihres Bestehens wie die Kenntnis ihrer Höhe. Bei Rückstellungen dagegen muss über mindestens einen dieser Aspekte Unsicherheit bestehen.[202]

Die (passiven) *Rechungsabgrenzungsposten* sind dadurch charakterisiert, dass diese nur gebildet werden dürfen für vor dem Bilanzstichtag zugeflossene Einnahmen, die Ertrag für eine bestimmte Zeit nach dem Bilanzstichtag darstellen.[203] Bei Rückstellungen findet hingegen kein Mittelzufluss, sondern ein Abfluss statt, und dies auch nicht im abgelaufenen Geschäftsjahr, sondern zu einem zukünftigen Zeitpunkt.

Eventualverbindlichkeiten stellen Verbindlichkeiten dar, bei denen zum Bilanzstichtag mit einer Inanspruchnahme, im Gegensatz zu Rückstellungen, nicht gerechnet zu werden braucht.[204] Ihre bilanzielle Berücksichtigung erfolgt daher nur unter der Bilanz (§ 251 Satz 1 HGB) bzw., bei Kapitalgesellschaften, alternativ im Anhang (§ 268 Abs. 7 HGB). Von den Rückstellungen zu unterscheiden sind weiterhin die *Sonderposten mit Rücklageanteil* (§ 247 Abs. 3 HGB), die allein aufgrund steuerlicher Vorschriften in der Handelsbilanz angesetzt werden und eine Mischposition aus Eigen- und Fremdkapital darstellen.[205]

Keine Rückstellung sind auch die *sonstigen finanziellen Verpflichtungen*, die von Kapitalgesellschaften im Anhang anzugeben sind (§ 285 Nr. 3 HGB) und Zahlungsverpflichtungen aus schwebenden Geschäften abbilden, für die aber von einer Ausgeglichenheit von Leistung und Gegenleistung ausgegangen werden kann; andernfalls wäre eine Drohverlustrückstellung zu bilden.[206]

Rückstellungen stellen weiterhin *keinen* Vorsorgeposten für *allgemeine Unternehmensrisiken* dar wie z.B. das Erfordernis der Substanzerhaltung.[207]

Für solch allgemeine, globale Risiken sind vielmehr Rück*lagen* das geeignete Instrument: Während Rück*stellungen* der Gewinn*ermittlung* dienen, werden Rück*lagen* i.R.d. Gewinn*verwendung* gebildet. Während erstere eine Vermögensbelastung des Bilanzierenden berücksichtigen bzw. abbilden, haben letztere den Charakter einer „Reserve".[208] Möchte das bilanzierende Unternehmen eine allgemeine Vorsorge wegen globaler Risiken betreiben, kann es solche Risiken also nicht einzeln benennen und konkretisieren, darf es hierfür Rücklagen *nach*

---

[202] Adler/ Düring/ Schmaltz, § 249, Tz. 37; Lück (2000), S. 85; Mayer-Wegelin (1995a), § 249, Tz. 22; BFH, Urteil vom 05.02.1987 – IV R 81/84, S. 846.

[203] Adler/ Düring/ Schmaltz, § 249, Tz. 38; Mayer-Wegelin (1995a), § 249, Tz. 22; empfangene Mieten u.ä., § 250 Abs. 2 HGB.

[204] Adler/ Düring/ Schmaltz, § 249, Tz. 39.

[205] Mayer-Wegelin (1995a), § 249, Tz. 22; Adler/ Düring/ Schmaltz, § 249, Tz. 36.

[206] Mayer-Wegelin (1995a), § 249, Tz. 22.

[207] Adler/ Düring/ Schmaltz, § 249, Tz. 34; BFH, Urteil vom 03.07.1956 – I 118/55 U, S. 249; BFH, Urteil vom 26.05.1976 – I R 80/74, S. 623.

[208] OFH, Urteil vom 22.06.1949 – I 174/43 S, Sp. 119; BFH, Urteil vom 25.09.1968 – I 52/64, S. 19; BFH, Urteil vom 26.05.1976 – I R 80/74, S. 623.

"Rückstellung" als theoretischer und damit zweckabhängig zu definierender ...

erfolgter Gewinnermittlung (und damit Rückstellungsansatz) bilden und dadurch Teile des ausgewiesenen Gewinns von einer Ausschüttung an die Unternehmenseigner ausschließen.

3.3 „Rückstellung" als theoretischer und damit zweckabhängig zu definierender Begriff: Ausfüllung des Rückstellungsbegriffs in Abhängigkeit vom verfolgten Rechnungszweck

3.3.1 Der rein theoretische Begriff der „Rückstellung"

Das zentrale Problem bei der Umschreibung der Position „Rückstellungen" ist, dass sich diese weder dem Grunde noch der Höhe nach unmittelbar beobachten lässt, es sich bei ihr vielmehr, in Abgrenzung zur unmittelbar beobachtbaren Größe „Zahlungsmittel" (Kassenbestand, Bankguthaben), um eine *rein theoretische Größe* handelt, ebenso wie „Vermögen" oder „Gewinn", die beide durch die Bildung einer Rückstellung unmittelbar beeinflusst werden.[209] Unmittelbar beobachten lassen sich die hinter „Rückstellungen" stehenden monetären Beträge erst in der zukünftigen Periode der Verpflichtungserfüllung, d.h. bei Leistung von Ausgaben bzw. Auszahlungen. Eine inhaltliche Umschreibung von „Rückstellungen" sowie die Klärung von Ansatz- und Bewertungsfragen wäre damit nur im Fall einer reinen Zahlungs- bzw. Einnahmenüberschussrechnung überflüssig, die entweder (einzel-)periodisch oder über die Totalperiode (Ermittlung des Totalerfolges als Endeinnahmenüberschuss)[210] erfolgen könnte.

Der handelsrechtliche Jahresabschluss muss aber, erstens, periodisch (genau: jährlich) (§§ 242 Abs. 1 Satz 1 und Abs. 2, 240 Abs. 2 Satz 1 HGB) sowie, hier entscheidend, zweitens in Form einer *Vermögens*rechnung, keiner Zahlungsrechnung aufgestellt werden. Hierzu hat der Kaufmann sowohl „einen das Verhältnis seines Vermögens und seiner Schulden darstellenden Abschluss ([..,], Bilanz) [...]" wie auch „eine Gegenüberstellung der Aufwendungen und Erträge des Geschäftsjahrs (Gewinn- und Verlustrechnung) aufzustellen." (§ 242 Abs. 1 Satz 1 und Abs. 2 HGB). Der Jahresabschluss (nach § 242 Abs. 3 HGB aus Bilanz und GVR bestehend) muss dabei (u.a.) „sämtliche" Schulden, damit auch Rückstellungen, Aufwendungen (bei Rückstellungsdotierung) und Erträge (bei Rückstellungsauflösung) enthalten (§ 246 Abs. 1 Satz 1 HGB: Grundsatz der Vollständigkeit, siehe auch §§ 247 Abs. 1, 239 Abs. 2 sowie § 240 Abs. 2 Satz 1 i.V.m. Abs. 1 HGB).

Die Position „Rückstellungen" ist damit ein *Rechnungsinhalt* des *Rechnungsinstrumentes* „Vermögensvergleich"[211] mit seinen Komponenten „Bilanz" und „GVR". Hiernach fragt sich, *welcher Zweck dem rein theoretischen Begriff der „Rückstellung" zukommt* bzw., umfassender, *zu welchem Zweck das Rechnungsinstrument Vermögensvergleich aufgestellt wird und*

---

[209] Schneider (1983a), S. 149, 151; ders. (1997), S. 33.
[210] Schneider (1983a), S. 151; ders. (1997), S. 39/40; vgl. bereits Rieger (1936), S. 83, 108/109.
[211] Schneider (1997), S. 45, 273; Pannen (2000), S. 145.

dessen *Komponente „Bilanz"* eine *Position „Rückstellungen"* enthalten *muss.* Unter dem Begriff „Zweck" (genau: *Rechnungszweck*) wird hier die Ermittlung einer den Wissenswünschen der (unternehmens*externen*) Empfänger von Rechnungslegung entsprechenden *Maßgröße* für das gesuchte, zu ermittelnde Ergebnis, das *Rechnungsziel*, verstanden. Der rein theoretische Begriff des Rechnungszwecks wird dabei mittels Messung auf einen in Modellen als beobachtbar gedachten theoretischen Begriff, eben die das Rechnungsziel darstellende, in einer Anzahl Währungseinheiten ausdrückbare Maßgröße reduziert,[212] also z.B. „Netto-Zerschlagungsvermögen in €" als denkbares Ziel eines Jahresabschlusses bei gegebenem Rechnungszweck „Messung des Gläubigerzugriffsnettovermögens bei fiktiver Unternehmenszerschlagung zum Bilanzstichtag". Über die Bestimmung des Rechnungszieles erfolgt auch die Bestimmung der *Rechnungsinhalte*: „Rückstellung" als Inhalt des auf einer *Einzelerfassung und –bewertung* (§ 252 Abs. 1 Nr. 3 HGB) beruhenden Rechnungsinstrumentes „Vermögensvergleich" muss damit, ebenso wie der seinerseits genauso theoretische Begriff „(Rückstellungs-)Aufwand", in Abhängigkeit vom verfolgten Rechnungszweck sowie von dem diesem zugrunde liegenden Gewinnverständnis definiert werden.[213]

3.3.2 Ausfüllung des rein theoretischen Begriffs der „Rückstellung" durch Rückgriff auf die Grundsätze ordnungsmäßiger Buchführung (GoB)?

Wie eingangs erwähnt, findet sich im § 249 HGB keine eindeutige Umschreibung des Rückstellungsbegriffs. Stattdessen wird der Kaufmann über die §§ 243 Abs. 1 und 238 Abs. 1 Satz 1 HGB aufgefordert, die Aufstellung des Jahresabschlusses sowie die Führung der Bücher „nach den Grundsätzen ordnungsmäßiger Buchführung" (GoB) vorzunehmen.[214] Vor diesem Hintergrund bedürfen letztgenannte einer genaueren Betrachtung.

Bei den GoB handelt es sich um *den* zentralen unbestimmten Rechtsbegriff des Bilanzrechts überhaupt, der durch Auslegung auszufüllen ist.[215] Die GoB sind rechtsform- und von der Unternehmensgröße *un*abhängige und insoweit für alle Kaufleute allgemein verbindliche Vorschriften, anders als z.B. die nur für Kapitalgesellschafen gültigen §§ 264 ff. HGB.[216] Nur diese allgemein gültigen GoB sind über § 5 Abs. 1 Satz 1 EStG auch für die steuerliche Erfolgsmessung maßgebend.[217]

---

[212] Schneider (1980), S. 1227; ders. (1983a), S. 149; ders. (1994), S. 1155; ders. (1995a), S. 204/205, 211; Pannen (2000), S. 73/74, 139/140.

[213] Schneider (1997), S. 45/46, 278/279.

[214] Die GoB berühren sowohl Buchführungs- wie Ansatz- und Bewertungsfragen, vgl. die Übersicht bei Baetge/ Kirsch (1995), S. 152, sowie die dazu gehörenden Erläuterungen.

[215] Lang (1986a), S. 233; Baetge/ Kirsch (1995), Tz. 240; zum Begriff „Auslegung" vgl. die Ausführungen unter 1.2.2.

[216] Beisse (1990a), S. 506/507; ders. (1990b), S. 2008; ders. (1999), S. 2182; ders. (2001), S. 733/734; Lang (1986a), S. 222/223, 225; Baetge/ Kirsch (1995), Tz. 241; Moxter (1980a), S. 265/266.

[217] Vgl. hierzu unter 3.5.2.

"Rückstellung" als theoretischer und damit zweckabhängig zu definierender ... 71

Auslegungsbedürftig sind dabei sowohl die kodifizierten (v.a. jene des § 252 HGB) wie die nichtkodifizierten GoB, zu denen z.b. Grundsatz der „wirtschaftlichen Betrachtungsweise" oder der Grundsatz der Nichtbilanzierung schwebender Geschäfte gezählt wird.[218] Ihre Eigenschaft als unbestimmte Rechtsbegriffe bewahrt den GoB in erheblichem Umfang die Fähigkeit, auf neue Entwicklungen reagieren und die Behandlung neu auftretender Sachverhalte (z.b. Leasing) klären zu können. Die Konkretisierung der GoB obliegt dem bilanzierenden Kaufmann, d.h. ihm kommt die Aufgabe zu, einen (jeden) einzelnen GoB durch ein Werturteil inhaltlich auszufüllen.[219]

Zu klären bleibt hiernach, auf welcher Grundlage diese Ausfüllung zu erfolgen hat, d.h. woran sich die Auslegung orientieren muss. Seit *Döllerer*[220] ist nahezu unbestritten, dass die GoB durch „Nachdenken" darüber zu ermitteln sind, wie eine konkrete Bilanzierungsfrage entschieden werden muss, um zu einer „sachgerechten", d.h. gesetzeszweckentsprechenden Bilanz zu gelangen. Über den (die) Bilanzzweck(e) muss daher im Vorfeld entschieden werden. Die GoB sind folglich durch Deduktion aus dem Zweck der Handelsbilanz abzuleiten, d.h. Ansatz- wie Bewertungsfragen sind über die GoB so zu entscheiden, dass der Zweck der Handelsbilanz (weitestgehend, bestmöglich) erreicht wird.[221] Insofern gilt der allgemeine betriebswirtschaftliche Grundsatz, dass jeglicher Bewertungsvorgang und dessen Ergebnis vom verfolgten Bewertungszweck abhängen,[222] hier analog. Eine Deduktion gesetzeszweckentsprechender GoB setzt indes die Existenz eines dem Gesetz zugrunde liegenden Regelungsplanes, d.h. einer dem Gesetz immanenten „inneren Ordnung" voraus.[223] Auf Grundlage dieser Ordnung müssten die GoB dann zweckgerichtet (teleologisch) ausgelegt werden. Deduktive wie teleologische Methode verfolgen also letztlich beide das Ziel, GoB zweckentsprechend auszulegen.[224] Das Vorliegen eines solchen vernünftigen Planes wird aber insbesondere von *Schneider* bestritten;[225] sofern von der Existenz eines Planes bzw. eines Zweckes ausgegangen wird, herrscht sowohl über Anzahl wie Inhalt des/der Zwecke/s keine Einigkeit.[226] Grund für diese divergenten Auffassungen ist die fehlende Benennung eines expliziten Rechnungs-

---

[218] Baetge/ Kirsch (1995), Tz. 241; Beisse (1999), S. 2182, 2183; ders. (2001), S. 737, 739, 744; Ballwieser (1990), S. 480; Moxter (1993a), Sp. 506.

[219] Beisse (1990a), S. 500; ders. (1993), S. 80; Lang (1986a), S. 223/224, 233; Tipke (1986), S. 2/3; Baetge/ Kirsch (1995), Tz. 242.

[220] Folgende Zitate Döllerer (1959), S. 1220.

[221] Vgl. zur deduktiven Methode nach Döllerer auch: Baetge/ Kirsch (1995), Tz. 248, 251 bis 253; Beisse (1984a), S. 7; Kropff (1997), S. 83/84; Lang (1986a), S. 234/235; Moxter (1980a), S. 258/259; ders. (1984a), S. 1784; ders. (1985), S. 20; ders. (1993b), S. 75; ders. (1994a), S. 97/98.

[222] Vgl. Busse von Colbe (1984), S. 41, 52; Moxter (1984b), S. 388.

[223] Larenz/ Canaris (1995), S. 65, 194; vgl. hierzu bereits 1.2.2.1.

[224] Vgl. Lang (1986b), S. 235.

[225] Schneider (1983a), S. 141, 144, 156, 157, 158; ders. (1983c), S. 2093; ders. (1997), S. 86; ebenso: Pannen (2000), S. 85.

[226] Beisse (1984a), S. 8; Groh (1989), S. 231.

zweckes in den §§ 238 ff. HGB:[227] *Es finden sich hier keinerlei Angaben darüber, zu welchem Zweck der Jahresabschluss zu erstellen ist und damit existiert auch keine Deduktionsbasis, auf deren Grundlage GoB, die wiederum für die Konkretisierung des nicht definierten, rein theoretischen Rückstellungsbegriffs benötigt werden, durch Auslegung inhaltlich ausgefüllt werden könnten.* Die in den §§ 238 ff. HGB aufzufindenden GoB sind einer unmittelbaren Interpretation nicht zugänglich: Dies gilt bereits für den elementaren Grundsatz der Einzelerfassung und – bewertung:[228] Ohne vorhergehende Identifizierung des einzeln zu erfassenden und, hieran anschließend, einzeln zu bewertenden Objektes kann weder dieser GoB noch jener der Vollständigkeit[229] umgesetzt bzw. beachtet werden. Diese Feststellung gilt auch für z.B. die Anweisung, Aufwendungen und Erträge „unabhängig von den Zeitpunkten der entsprechenden Zahlungen im Jahresabschluss zu berücksichtigen" (§ 252 Abs. 1 Nr. 5 HGB):[230] Die hiernach erforderliche Periodisierung der über die Totalperiode anfallenden Zahlungen[231] setzt eine vorherige Entscheidung über die *Kriterien* bzw. den *Zweck* voraus, nach denen diese Aufteilung, auch und gerade der zukünftigen Auszahlungen i.R.d. WNBM auf die einzelnen Geschäftsjahre (im Fall der Rückstellung wegen der Pflicht zur WNBM: als Aufwand), zu erfolgen hat.[232]

Die Feststellung als solche, i.R.d. Rückstellungsbildung sei Aufwand für erst zukünftig anfallende Ausgaben zu verrechnen, hilft insofern nicht weiter, da nicht gesagt wird, auf welche Weise die Periodisierung erfolgt und damit auch nicht, zu welchem Zeitpunkt die Periodisierung (erstmalig) greift. Ohne Kenntnis des Zwecks des handelsrechtlichen Jahresabschlusses kann also keine Interpretation der GoB erfolgen; die Bestimmung des Zwecks des Jahresabschlusses setzt ihrerseits wiederum (u.a.) die inhaltliche Klärung (=Auslegung) der Einzelnormen des HGB voraus, die erst in ihrer Gesamtbetrachtung Aufschluss über den Zweck des Jahresabschlusses geben können.

Dabei brauchen, wie sogleich gezeigt wird, in der vorliegenden Arbeit nur die zur Lösung von Ansatz- und Bewertungsfragen heranzuziehenden, zweckentsprechend auszulegenden GoB betrachtet zu werden, d.h. die *materiellen* GoB in Abgrenzung zu den *formellen* GoB, die allein der Umsetzung der *Dokumentationsaufgabe* der Rechnungslegung dienen und damit

---

[227] Baetge/ Kirsch (1995), Tz. 253, 259, 266; Böcking (1988), S. 80; Naumann (1993), S. 37; ders. (1991), S. 530; Thies (1996), S. 7, 28; Wangemann (1997), S. 39.

[228] Vgl. zu diesem: Schneider (1970), S. 1700/1701; ders. (1971a), S. 608; ders. (1972), S. 182; ders. (1997), S. 120, 124; Selchert (1995), § 252, Tz. 48; ausführlich zum Einzelbewertungsgrundsatz im Allgemeinen vgl. Adler/ Düring/ Schmaltz, § 252, Tz. 48 bis 58; speziell bei Rückstellungen: Kessler (1995), § 249, Tz. 271 bis 283; Thies (1996), S. 92 bis 94.

[229] Vgl. zur Einordnung dieses Grundsatzes als GoB: Leffson (1987), S. 219 bis 225; Baetge/ Kirsch (1995), Tz. 306.

[230] Vgl. zur Einordnung als GoB: Leffson (1987), S. 299 ff.; Baetge/ Kirsch (1995), Tz. 318 bis 322.

[231] Vgl. hierzu Leffson (1987), S. 188.

[232] Vgl. auch: Kessler (1992), S. 8 bis 10; Bach (1996), S. 52/53; Friedemann (1996), S. 14.

Zweck der handelsrechtlichen Rechnungslegung 73

der *Nachprüfbarkeit von Grund und Höhe ausgewiesener, Zahlungsverpflichtungen auslösender Vermögens- und Erfolgsgrößen.*[233]

3.4 Zweck der handelsrechtlichen Rechnungslegung

3.4.1 Einordnung der Rückstellungsbildung in die Pflicht zur Rechnungslegung

Fragen der Rückstellungsbildung werden in der vorliegenden Arbeit behandelt als Teilaspekt des betriebswirtschaftlichen Rechnungswesens als Gesamtheit aller Regeln, nach denen der wirtschaftliche Aspekt vergangener, vorhandener oder erwarteter Tatbestände und Handlungsabläufe gemäß vorzugebender Wissenswünsche strukturgleich in Zahlen abzubilden, d.h. zu messen ist. Aspekte der Rückstellungsbildung ordnen sich damit ein in ein System, das in seiner Verfassung als Teil der Wirtschaftsordnung in jener Ausgestaltung zu betrachten ist, wie letztere mit Blick auf Probleme infolge Auftragshandeln sowie der Bemessung von Zahlungen (allgemein: dem Nachkommen von finanziellen Verpflichtungen) konzipiert wurde, die von der Organisation „Unternehmung" an Dritte zu leisten sind (v.a.: Gewinnabführungen an Eigentümer, Bedienung der Ansprüche von Gläubigern und Fiskus).

Über die *Bemessung verpflichtend zu leistender Zahlungen* muss *Rechenschaft gegeben* werden: Diese *Rechnungslegung* erfolgt mit Hilfe des betriebswirtschaftlichen Rechnungswesens und kann für die vorliegende Arbeit auf die *gesetzlich* vorgeschriebene Rechnungslegung, in Abgrenzung zur privaten Rechnungslegung, und innerhalb ersterer auf die *finanzielle* Rechnungslegung, d.h. nach Handels- und Steuerrecht, reduziert werden. Rechenschaft muss von jenen gegeben werden, die als Beauftragte ihrem Auftraggeber Wissen über ihre dem letztgenannten i.d.R. unbekannt bleibenden Handlungen sowie deren beobachtbare Folgen in *nachprüfbarer* Form liefern müssen.[234]

Problemen des Auftragshandelns infolge der Trennung von Eigentum und Verfügungsmacht soll durch Reduzierung von Wahlrechten und Ermessensspielräumen sowie durch Verwendung intersubjektiv nachprüfbarer (objektivierter) Daten zwecks *Ehrlichkeit in der Wissensübertragung* begegnet werden.[235] Nach vorstehender Definition von „Rechnungslegung" soll diese die Wissenswünsche der Anteilseigner des Unternehmens befriedigen.

---

[233] Vgl. Schneider (1997), S. 88; Pannen (2000), S. 20, 79; vgl. zu Einzelheiten formeller GoB: Schneider (1997), S. 91 bis 96; Lang (1986a), S. 241 bis 242.

[234] Vgl. ausführlich zum Vorstehenden: Schneider (1970), S. 1704; ders. (1973), S. 30/31; ders. (1983b), S. 1049/1050; ders. (1995a), S. 47 bis 56; ders. (1997), S. 3 bis 7.

[235] Pannen (2000), S. 101 bis 103; Naumann (1993), S. 34/35.

74 Grundlagen der Bildung von Rückstellungen, ihre Einordnung in die ...

Diese Wissenswünsche existieren in zweierlei Hinsicht:

a) Die Unternehmenseigner sind interessiert an der Höhe der ihnen zustehenden erfolgs-abhängigen Ansprüche, den *Restbetragsansprüchen*.[236]

b) Die Unternehmenseigner wünschen weiterhin Informationen über das *längerfristig* aus ihrem finanziellen Engagement erzielbare *Einkommen*, d.h. über den *zukünftig* reali-sierbaren Entnahmestrom, um anhand dieser Information ihre individuellen Anlage-dispositionen treffen zu können.[237]

3.4.2 Der Rechungszweck der Ermittlung von Restbetragsansprüchen

Ihre Relevanz für die Bemessung von Restbetragsansprüchen und damit für seitens des Kaufmanns an Außenstehende zu leistende Zahlungen erhalten Rückstellungen durch ihre aufwandswirksame/erfolgsmindernde Aufnahme in das Element „Bilanz" des Rechnungsin-strumentes „Vermögensvergleich" sowie ihre spätere ertragswirksame bzw. erfolgserhöhende Auflösung.

Wie angedeutet,[238] beeinflusst die Bildung einer Rückstellung im Geschäftsjahr ihres An-satzes gleichermaßen das ausgewiesene Vermögen (verstanden als Netto- oder Reinvermögen als Differenz zwischen Bruttovermögen oder Aktiva und Fremdkapital oder Schulden) wie den ausgewiesenen Erfolg (Gewinn oder Verlust als Änderung des Nettovermögens, d.h. des Eigenkapitals ggü. dem vorhergehenden Bilanzstichtag bzw. als Differenz zwischen Ertrag und Aufwand in der Gewinn- und Verlustrechnung).[239]

An den hiernach als Reinvermögensänderung zu verstehenden, nach § 266 Abs. 3 A. V. HGB als Bestandteil der Bilanz zu ermittelnden „Jahresüberschuss/Jahresfehlbetrag" knüpfen unmittelbar gesellschaftsrechtliche Regelungen an: So insbesondere die aktienrechtlichen Vorschriften über den an die Aktionäre ausschüttbaren Betrag nach den §§ 57 Abs. 3, 58 Abs. 4 AktG, analog für den Gewinnanspruch der Gesellschafter der GmbH der § 29 Abs. 1 GmbHG sowie für die Personenhandelsgesellschaften die §§ 120, 121, 167, 168 HGB bzgl. des verteilungsfähigen Gewinns. In diesem Zusammenhang ist auch auf die §§ 57 Abs. 1 Satz 1 AktG und 30 Abs. 1 GmbHG zur Kapitalerhaltung bzw. -sicherung durch das Verbot der Einlagenrückgewähr bzw. der Auszahlung des Stammkapitals an die Gesellschafter hinzuwei-sen, ebenso auf das „Vorwarnsystem" der §§ 92 Abs. 1 AktG und 49 Abs. 3 GmbHG bei Ver-lust der Hälfte des Grund- bzw. Stammkapitals: Auch die auf die Erhaltung des eingebrachten

---

[236] Schneider (1995a), S. 111.
[237] Moxter (1976), S. 246, 250.
[238] Vgl. oben unter 3.1.
[239] Systematik nach Coenenberg (2003), S. 6 bis 8: Einflüsse aus im Geschäftsjahr evtl. vorgenommenen Einla-gen und Entnahmen müssten zwecks Berechnung der Veränderung des Reinvermögens korrigiert werden, vgl. hierzu auch Schneider (1997), S. 36.

Zweck der handelsrechtlichen Rechnungslegung 75

Kapitals abzielenden Vorschriften bauen auf dem handelsrechtlich ermittelten Jahreserfolg auf.[240]

Über das Gesellschaftsrecht als Brücke wird somit die Verknüpfung zwischen handelsrechtlicher Erfolgsmessung durch Vermögensvergleich (auf Ebene des Unternehmens) und Erzielung von Einkommen (Einkommen als realisierte Restbetragsansprüche auf Ebene der Eigentümer des Unternehmen) hergestellt.[241]

Dabei muss betont werden, dass diese Verknüpfung *nur* mit dem im handelsrechtlichen *Einzel*abschluss ermittelten Erfolg besteht. Im Gegensatz zu diesem dient der *Konzern*abschluss *allein* der Vermittlung von *Informationen*; keinesfalls werden durch den im Konzernabschluss ausgewiesenen Erfolg über das Gesellschaftsrecht Restbetragsansprüche begründet.[242]

Neben *gewinnabhängige Zwangsausgaben aufgrund gesetzlicher Vorschriften* treten solche aufgrund von *Verträgen* (z.B. Gewinnbeteiligung für Arbeitnehmer), weiterhin gewinnabhängige Wahlausgaben.[243] Neben den gesellschaftsrechtlichen Implikationen berührt die erfolgswirksame Rückstellungsbildung[244] weiterhin die Interessen von Unternehmensbeteiligten mit erfolgs*un*abhängigen Ansprüchen (*Festbetragsansprüchen*), also speziell von *Gläubigern*.[245] „Gläubigerschutz" als einem aus der Wirtschaftsordnung vorgegebenem, den Interessen der Empfänger von Rechnungslegung vorgeschaltetem Werturteil wird dabei nach wie vor überragende Bedeutung für die handelsrechtliche Vermögens- und Erfolgsmessung und damit auch für die Auslegung der GoB zugesprochen. Das Werturteil „Gläubigerschutz" bezieht dabei seine Legitimation aus der Haftungsbeschränkung bei Kapitalgesellschaften:[246] Ausgeschüttete Gewinne verbleiben in jedem Fall in der Sphäre der Unternehmenseigner. Verluste belasten die Eigner nur bis zur Aufzehrung des eingebrachten Nennkapitals. Darüber hinaus gehende Verluste gehen ausschließlich zu Lasten der Gläubiger, da für die Eigner keine Pflicht besteht, bereits empfangene Gewinnanteile oder sonstiges Privatvermögen im Verlustfall wieder oder erstmalig einzuzahlen, selbst wenn sich der Gewinnausweis ex post als unberechtigt (da verfrüht bzw. zu hoch) erweist (mangelnde Zubußepflicht im Verlustfall).

---

[240] Vgl. zum Vorstehenden ausführlich: Schulze-Osterloh (1996), S. 124 bis 126, Zitat S. 126; Strobl (1996), S. 401 bis 406; Strobl-Haarmann (1999), S. 624 bis 626.

[241] Vgl. Schneider (1973), S. 31.

[242] Busse von Colbe (1993), S. 19; Schruff (1993), S. 411; Ordelheide (1996), S. 547; Dücker (2002), S. 73; Havermann (2000), S. 125.

[243] Vgl. ausführlich Schneider (1997), S. 8; vgl. zur an die handelsrechtliche Erfolgsmessung anknüpfenden Messung des steuerlichen Erfolgs und die hierauf beruhenden zwangsweisen gewinnabhängigen Steuerzahlungen unten unter 3.5.

[244] Fragen der ebenfalls erfolgswirksamen Rückstellungsauflösung werden an späterer Stelle der Arbeit angesprochen, vgl. unter 5.3.5.

[245] Schneider (1995a), S. 111.

[246] Ausführlich Kammann (1988), S. 40 bis 48; Beisse (1990a), S. 500/01; ders. (1993), S. 79/80, 83; ders. (1994), S. 15, 27; ders. (1997), S. 386/387, 400; ders. (2001), S. 741; Strobl (1995), S. 78/79; dies. (1996), S. 394; Kropff (1997), S. 75/76, 81; Ballwieser (1997), S. 390; Siegel (1997), S. 129, 131; Schön (2000), S. 714; Pannen (2000), S. 90/91, 124.

Das Werturteil „Gläubigerschutz" kann seinerseits aber nur dann Anspruch auf Beachtung erheben, wenn die (tatsächlich aber noch nicht erwiesene) Existenz bzw. Gültigkeit geeigneter *Finanzierungshypothesen* unterstellt wird: Die Leistung gewinnabhängiger, d.h. den Verlustpuffer Eigenkapital (= Haftungsmasse) mindernder Ausgaben erhöht das Insolvenzrisiko und damit für die Gläubiger das Risiko der Nichtrealisierung ihrer Festbetragsansprüche.

Daraus folgt als Anweisung: Das Rechnungsziel ist so zu ermitteln, dass ein positiver Betrag nur ausgewiesen wird, wenn das Reinvermögen zum Periodenende jenes zum Periodenbeginn übersteigt, da nur dann das zu Periodenbeginn vorhandene Eigenkapital als pauschal vorzuhaltender Verlustpuffer zwecks Absorbierung zukünftiger, unvorhergesehener Verluste erhalten bleibt und nur dann für die Folgeperiode (Prognose!) von einem hinreichend begrenzten Risiko für die Gläubiger ausgegangen werden kann.[247] Als die hier relevante Konzeption rechnungsmäßiger Unternehmenserhaltung ist damit die *nominelle Kapitalerhaltung* heranzuziehen, nach der Gewinn nur dann vorliegt, wenn das Reinvermögen am Periodenende höher ist als der Geldbetrag, der zu Beginn der Periode als in die Verfügungsrechte an dem Unternehmen investiert galt. Der Erhalt des nominellen Periodenanfangsverlustpuffers ist die Bedingung, unter der das Rechnungsziel ermittelt wird. Dabei ist von der unveränderten Fortführung des Unternehmens auszugehen (going-concern-Grundsatz, § 252 Abs. 1 Nr. 2 HGB).[248] Aus der gesellschaftsrechtlich begründeten Beschränkung der Bemessung von Restbetragsansprüchen wie auch und v.a. aus der dem Werturteil „Gläubigerschutz" zugesprochenen Bedeutung resultiert schließlich das *Vorsichtsprinzip* (§ 252 Abs. 1 Nr. 4 HGB), dem eine dominante Stellung bei der Klärung von Fragen des Ansatzes und der Bewertung im handelsrechtlichen Jahresabschluss beizumessen ist.[249] „Vorsicht" ist dabei *nicht* in einem absoluten, willkürlich niedrige Bewertungen ermöglichenden Sinne zu verstehen, da durch die spätere, unbemerkte Auflösung hiernach gebildeter stiller Reserven Gläubigerinteressen gerade gefährdet würden.

„Vorsicht" sollte vielmehr dienen als Leitlinie für die Bildung eines hinreichend sicheren Punktwertes bei Vorliegen mehrerer, voneinander abweichender Werte für einen bestimmten Sachverhalt,[250] z.B. bei der Schätzung der Nutzungsdauer eines Anlagegutes. Zudem gilt, dass je nach Verwendung der infolge „vorsichtiger" Bewertung zusätzlich im Unternehmen verbleibenden (einbehaltenen) Mittel sowie je nach Aufteilung der aus dieser Mittelverwendung resultierenden Erträge Gläubigerinteressen gerade gefährdet werden können.

---

[247] Vgl. ausführlich Schneider (1983d), S. 135, 139 bis 143; ders. (1997), S. 36, 112 bis 117, 323/324; Pannen (2000), S. 122 bis 127.

[248] Schneider (1997), S. 36, 113; vgl. zu weiteren Erwägungen und Konzeptionen: ders. (1997), S. 240 bis 243; ders. (1971d), S. 569/570; ders. (1978b), S. 1579; kritisch zum Grundsatz der Unternehmensfortführung mit Blick auf das Werturteil „Gläubigerschutz": Schneider (1983d), S. 140.

[249] Moxter (1983a), S. 307; Schulze-Osterloh (1996), S. 128/129; Strobl (1995), S. 78/79; dies. (1996), S. 394/395, 405.

Zweck der handelsrechtlichen Rechnungslegung 77

Gleichwohl dürfte eine tendenziell „vorsichtige" Erfolgsmessung auch im Gläubigerinteresse liegen,[251] wenn auch, wie erwähnt, mangels eines eindeutig quantifizierbaren Zusammenhangs zwischen der Höhe ermittelter Restbetragsansprüche bzw. deren tatsächlicher Ausschüttung einerseits und der Bewahrung bzw. Gefährdung von Gläubigerinteressen andererseits, keine klare Grenzziehung zwischen „vorsichtiger", „unvorsichtiger" und „übervorsichtiger" Erfolgsmessung möglich ist.

Angesichts des Einflusses der als Restbetrag ermittelten Größe „Erfolg" auf die Begründung jährlich wiederkehrender Zahlungsverpflichtungen des Kaufmanns muss für deren Ermittlung bzw. für die Ermittlung des „Vermögens", anhand dessen Veränderung „Erfolg" gemessen wird, neben einem moderaten Vorsichtsprinzip, die an jegliche Rechenschaft zu stellende Forderung nach Nachprüfbarkeit der Rechnungsinhalte (d.h. auch von „Rückstellungen") in ganz besonderem Maße erhoben werden. Da „Erfolg" jährlich erneut für das jeweils abgelaufene Geschäftsjahr gemessen werden muss, stellt „Erfolg" eine retrospektiv ermittelte, einperiodige und damit statische Größe dar,[252] weswegen in der vorliegenden Arbeit auch Fragen der Rückstellungsbildung nur i.r.d. jährlichen, auf das *abgelaufene* Geschäftsjahr bezogenen Pflicht zur Jahresabschlusserstellung betrachtet zu werden brauchen, nicht für anderweitige, z.B. Planungszwecke. Zum Vermögensbegriff selbst ist anzumerken, dass dieser in der vorliegenden Arbeit *nicht* i.S.v. Zerschlagungsvermögen, d.h. als Summe der Einzelveräußerungswerte sämtlicher Vermögensgegenstände und der Einzelabstoßungswerte sämtlicher Schulden zum jeweiligen Bilanzstichtag (Bewertung der Aktiva und Schulden zu Verkehrswerten) verstanden wird.[253] Wenn also für den Ansatz wie die Bewertung der nicht anhand abzählbarer Währungsbeträge unmittelbar beobachtbaren Position „ungewisse Sachleistungsverbindlichkeit" keine Stichtagsabstoßungswerte verwendet werden dürfen (und, mangels Ermittelbarkeit, wohl auch nicht könnten), stellt sich die Frage nach der periodischen Zuordnung der zukünftigen Ausgaben für WNBM als „Rückstellung" bzw. „Rückstellungsaufwand" auf das bzw. auf die der Erfüllung vorhergehende/n Geschäftsjahr/e, d.h. nach der Zuordnung zu den entsprechenden Jahresabschlüssen.

Wie an späterer Stelle der Arbeit gezeigt werden wird,[254] liegt die Problematik der Rückstellungsbildung und der festzustellende Meinungsstreit in der Literatur genau in dieser periodischen Zuordnung zukünftiger Zahlungen als Aufwand begründet, über die dann die Bilanzposition „Rückstellung" entsteht.

---

[250] Moxter (2000a), S. 159/160; Schneider (1970), S. 1701; Ballwieser (1997), S. 390; Schildbach (1989), S. 128/129; Leffson (1987), S. 479; vgl. zu weiteren in dieser Arbeit gemachten Einschränkungen des Vorsichtsprinzips unter 5.2.1.

[251] Ausführlich hierzu: Kahle (2002), S. 699 bis 701 m.w.N.; ders. (2003), S. 267/268 m.w.N.

[252] Vgl. Schneider (1973), S. 39, 57; ders. (1979), S. 47; ders. (1983b), S. 1061; Kammann (1988), S. 73.

[253] Moxter (1977), S. 672; ders. (1983a), S. 302; ders. (1993a), Sp. 501; ders. (1993c), Sp. 1853/1854; vgl. zum Grundsatz der Unternehmensfortführung ausführlich unter 4.4.7.2.

[254] Unter 4.4.

3.4.3 Der Rechungszweck der Ermittlung zukünftiger Entnahmeströme

Finanzielles Engagement in Unternehmensbeteiligungen dient primär der Realisierung von Einkommen auf Ebene der Anteilseigner. Damit besteht ein natürliches Informationsinteresse dieser Eigner an Höhe wie zeitlichem Verlauf ihres (zukünftigen) Einkommens in Form von Entnahmen aus der Einkommensquelle „Unternehmung" wie auch an möglichen Veränderungen ihrer Erwartungen im Vergleich zum Wissensstand zu Beginn der Abrechnungsperiode. Dieses Wissen dient dabei zugleich der Durchführung von Vergleichsrechnungen mit alternativen Anlagemöglichkeiten, d.h. dieses Wissen wird generell benötigt für Dispositionszwecke, für die allein erwartete, nicht bereits realisierte Entnahmen entscheidungsrelevant sind. Für die in der Realität ungewissen und daher mehrwertigen effektiven zukünftigen Entnahmen bietet sich eine Transformation in einen verstetigten, uniformen und damit fiktiven Entnahmestrom an, der insbesondere für grundsätzlich zukunftsgerichtete Dispositionszwecke geeigneter erscheint als eine Rechnung mit effektiven Entnahmeerwartungen.[255] Sollen diese Einkommenserwartungen anhand des für den unternehmensexternen Zweck der Rechenschaft ermittelten Periodenerfolgs gebildet werden, der aufgrund seiner spezifischen Funktion auf realisierte, d.h. nachprüfbare Vergangenheitsgrößen anstelle Zukunftsschätzungen aufbauen muss, müssen die in diesen Periodenerfolg eingehenden Rechnungsinhalte zweckentsprechend definiert werden.

Der zu befürchtende Konflikt zwischen einer nachprüfbaren (objektivierten), wegen ihrer gesellschaftsrechtlichen Implikationen tendenziell vorsichtigen Periodenerfolgsermittlung einerseits und der infolge der erforderlichen Schätzung zukünftiger, mehrwertiger Zahlungen sowie deren Komprimierung auf einwertige Größen subjektive Einschätzungen erfordernden Ermittlung des zukünftigen Einkommens andererseits kann wie folgt gelöst werden: Der Periodenertrag (Leistung), der seinerseits so zu definieren ist, dass zukünftig durchschnittlich erwartete Leistungszahlungen bestmöglich wiedergegeben werden (Wiederholungshypothese), wird gekürzt um sämtliche als Periodenaufwand verrechnete Auszahlungen, sofern diese durch die Periodenleistung verursacht sind, unabhängig von der Periode der tatsächlichen Zahlungserbringung.[256] Die somit errechnete *Periodennettoleistung* dient dann ihrerseits zur *Approximation* des von den Anteilseignern erwarteten Einkommens: Die Auszahlungen sind den Periodenleistungen „so zuzurechnen, dass man die „typischerweise" für Periodenleistungen dieser Höhe erforderlichen Auszahlungen erkennt", d.h. den als konstant zu unterstellenden Periodenleistungen werden insofern extrapolierbare, durchschnittliche Periodenauszahlungen gegenüber gestellt.[257]

---

[255] Vgl. zum Vorstehenden: Moxter (1976), S. 246 bis 251.

[256] Vgl. zum Vorstehenden: Moxter (1976), S. 251 bis 263; ders. (1982), S. 149, 168, 212; ders. (1984d), S. 129; Euler (1996), S. 216.

[257] Vgl. zum Vorstehenden: Moxter (1976), S. 268/269, 353 bis 355, Zitate im Original z.T. fett; ders. (1977), S. 684; ders. (1978), S. 480; ders. (1982), S. 149, 168, 212; ders. (1984d), S. 124 bis 126, 133/134.

Objektivierungsprobleme ergeben sich sowohl bei der Entscheidung über die Aktivierung geleisteter wie über die Passivierung zukünftiger Auszahlungen, es sei denn, letztere beruhen auf einer Außenverpflichtung, denn in diesem Fall kann eine Zurechnung als Periodenaufwand über das Kriterium der Drittverbindlichkeit erfolgen. Bei rein wirtschaftlichen Gütern hingegen besteht ein erheblicher Konflikt zwischen der objektivierungsbedingten Nichtaktivierung geleisteter Auszahlungen und der hieraus resultierenden Einschränkung der Ermittlung einer extrapolierbaren Nettoperiodenleistung. Konfliktbehaftet ist auch die für die Ermittlung einer einkommensapproximativen Nettoperiodenleistung erforderliche, umfassende Zurechnung sämtlicher zurechenbarer (Anschaffungs- und Instandhaltungs-)Auszahlungen als durchschnittlicher Periodenaufwand zu einem Anlagegut.[258]

Festzuhalten bleibt, dass eine für grundsätzlich zukunftsgerichtete Dispositionszwecke (Anlageentscheidungen) von Unternehmensanteilseignern konzipierte einkommensapproximative Bilanzierung *nicht* geeignet ist für die ihrerseits durch Aspekte der Nachprüfbarkeit wie durch Vorsichtsüberlegungen geprägte, auf der einzelnen Erfassung und Bewertung der Rechnungsinhalte beruhende, retrospektive Messung des Jahreserfolges als Grundlage für die Ermittlung von gesellschaftsrechtlich begründeten Restbetragsansprüchen unter Beachtung des Werturteils „Gläubigerschutz".[259]

Die Unterscheidung in „statische" und „dynamische" Bilanzierung[260] kann nach den bisherigen Ausführungen dahingehend differenziert werden, *statische Gewinne der Bemessung von Restbetragsansprüchen*, d.h. der Bestimmung von Zahlungsverpflichtungen ggü. Außenstehenden zugrunde zu legen, während *dynamische Gewinne auf die Bestimmung des langfristig realisierbaren, zukünftigen Ausschüttungsniveaus abzielen.*

Bei ersterer Gewinnkonzeption auftretende objektivierungsbedingte Verzerrungen der periodischen Erfolgshöhe und die dadurch bewirkte Beeinträchtigung der Befriedigung zukunftsgerichteter Informationswünsche der Adressaten der Rechnungslegung[261] kann durch die rein verbale, d.h. die Erfolgsmessung nicht berührende Gewährung entsprechender Informationen im Anhang oder im Lagebericht geheilt werden. Speziell bei Kapitalgesellschaften kann dadurch die Herstellung eines den tatsächlichen Verhältnissen entsprechenden Bildes der Vermögens-, Finanz- und Ertragslage gewährleistet werden (§ 264 Abs. 2 Satz 1 HGB):[262] Genau hier liegt die Berechtigung der sog. „Abkoppelungsthese", d.h. der Trennung der stark subjektiv geprägten, zukunftsgerichteten, für Dispositionszwecke aktueller und potentieller Unternehmensanteilseigner konzipierten Informationsgewährung von der Ermittlung des Jah-

---

[258] Vgl. zum Vorstehenden: Moxter (1976), S. 270 bis 276, 279 bis 283; ders. (1978), S. 481; ders. (1980c), S. 228, 231; ders. (1982), S. 173 bis 175.

[259] Moxter (1976), S. 255; ders. (1983b), S. 134; ders. (1983c), S. 17/18; ders. (1984d), S. 134/135; Schneider (1970), S. 1698; ders. (1971b), S. 376; ders. (1983b), S. 1061/1062.

[260] Vgl. für viele: Moxter (1979d), S. 432 bis 436; ders. (1993a), Sp. 501 bis 503.

[261] Moxter (1982), S. 142/143, 227.

[262] Schneider (1973), S. 57; ders. (1983b), S. 1061/1062; ders. (1997), S. 10/11.

reserfolges als Grundlage der Bestimmung von Restbetragsansprüchen sowie einer entsprechenden Differenzierung der GoB.[263] Die so verstandene „Informationsfunktion" der Rechnungslegung sollte grundsätzlich durch einen im Vergleich zum Einzelabschluss abweichend konzipierten Konzernabschluss erfolgen, zumindest solange, wie die Bemessung von Restbetragsansprüchen nur an ersteren anknüpft. Im Gegensatz zum Einzelabschluss können für den Konzernabschluss, mangels Relevanz für die Begründung von Restbetragsansprüchen, weder das Werturteil „Gläubigerschutz" noch Vorsichtsaspekte Geltung beanspruchen, vielmehr würden beide Einflüsse die Informationsfunktion des Konzernabschlusses gerade massiv beeinträchtigen.[264] Dass hieraus abweichende Ansatz- und Bewertungsregeln für Rückstellungen resultieren können, wird im Kapitel 6 dieser Arbeit erläutert.

3.4.4 „Verlustantizipierender Umsatzgewinn" als Beispiel für den Versuch einer zweckentsprechenden Ermittlung des Rechnungsziels unter zweckentsprechender Auslegung von GoB

3.4.4.1 Vorbemerkung

Das von *Moxter* propagierte Rechnungsziel „verlustantizipierender Umsatzgewinn" stellt nur ein mögliches Rechnungsziel des handelsrechtlichen Jahresabschlusses dar. Aufgrund der enormen Resonanz, die dieses in den letzten 20 Jahren auch und gerade hinsichtlich der Rückstellungsbildung im Zeitablauf (Periodisierung des Erfüllungsbetrages) in der Literatur erfahren hat, soll dieses hier anstelle anderer denkbarer Rechnungsziele besprochen werden. Relevant ist das Rechnungsziel „verlustantizipierender Umsatzgewinn" auch deswegen, weil sich an dessen Ermittlung die Problematik einer zweckentsprechenden GoB-Ableitung in besonderer Weise veranschaulichen lässt. Im Kapitel 4 schließlich wird sich der erhebliche Einfluss zeigen, der der Art und Weise der Auslegung elementarer GoB für die Ausgabenperiodisierung zukommt.

3.4.4.2 Das Rechnungsziel „verlustantizipierender Umsatzgewinn"

Unterstellt man den Vorschriften der §§ 238 ff. HGB einen vernünftigen Gesetzesplan, so muss in Anknüpfung an obige Ausführungen gefragt werden, wie der „Zirkel, wonach die Gesetzesauslegung voraussetzt, dass eine Gesetzesauslegung bereits erfolgt ist"[265] durchbrochen werden kann, um sowohl Zweck wie Inhalt der GoB bzw. Einzelnormen inhaltlich zu

---

[263] Grundlegend: Moxter (1979c), S. 141 bis 146; ders. (1983c), S. 19; ders. (1994b), S. 709 bis 719; ders. (1997a), S. 97 bis 115; ders. (2000a), S. 159; Beisse (1988), S. 34, 39; ders. (1989), S. 297, 306; ders. (1990b), S. 2008; ders. (1993), S. 90, 93; ders. (1994), S. 5; ders. (1997), S. 404/405; mit einem Überblick über das diesbezügliche Meinungsspektrum in der Literatur: Beisse (1996), S. 45 bis 47.

[264] Ballwieser (1997), S. 375, 379, 390; Havermann (2000), S. 125.

[265] Moxter (1987), S. 363.

Zweck der handelsrechtlichen Rechnungslegung

bestimmen. *Moxter* unterstellt dabei die Existenz eines Gefüges, bestehend aus der Gesamtheit handelsrechtlicher Einzelvorschriften und Grundsätze, „das einem wohldefinierten Zweck der Handelsbilanz adäquat" sei.[266] Hieraus würden sich, so *Moxter*, die Aufgaben der Bilanz ergeben, deren Kenntnis wiederum zurückwirke „auf die Detailinterpretation der geschriebenen GoB" und „zugleich als Quelle für die Gewinnung der noch ungeschriebenen GoB" diene.[267] Die im Gesetz bereits vorhandenen, die Eigenschaften des Jahresabschlusses bereits bestimmenden Jahresabschlussvorschriften sollen in einer Weise geordnet und strukturiert, d.h. in ein System überführt werden, das „in einem bestimmten Sinn und Zweck des Jahresabschlusses kulminiert" und dabei irgend ein anderes Gefüge von Normen mit abweichenden Jahresabschlusszwecken ausschließt, so dass das System in sich widerspruchsfrei ist.[268] Entscheidende Prämisse dieser Vorgehensweise ist dabei die Hypothese, dass „sich die Primäraufgabe der Handelsbilanz und der Sinn und Zweck der Bilanzierungsprinzipien und der sie konkretisierenden Bilanzierungs- und Bewertungsnormen entsprechen („Interdependenzthese")".[269]

Die in einem ersten Schritt zu benennenden, verschiedenen denkbaren, konfliktären Primäraufgaben der Handelsbilanz[270] sowie die für diese jeweils als zweckadäquat erkannten Bilanzierungsprinzipien sollen in einem zweiten Schritt mit den kodifizierten Prinzipien verglichen und letztere dem identifizierten Primärzweck entsprechend strukturiert werden.[271] Dabei könne es *nur einen* Primärzweck der Handelsbilanz geben, die gesetzlich gewollte „Rangordnung unter den Bilanzaufgaben" gelte es zu ermitteln und zu beachten.[272]

Zu den kodifizierten Prinzipien seien insbesondere das Realisationsprinzip und das Imparitätsprinzip sowie ein „Objektivierungs- und Vereinfachungsprinzip" als „Fundamentalprinzipien" sowie schließlich der Grundsatz zu zählen, Bilanz und GVR durch einen ergänzenden Anhang zu erweitern, der durch erstere nicht erfüllbare Aufgaben übernehme.[273] Als *erstes* der „Fundamentalprinzipien" bewirke das *Realisationsprinzip* „eine umsatzgebundene Gewinnermittlung",[274] es ermittele einen „Umsatzgewinn [...] als einen am Umsatz verdienten Überschuss"[275] durch die umsatzgebundene Anlastung sämtlicher Ausgaben zu den von ihnen „alimentierten" Erträgen als Aufwand.[276] Ob realisierte und zukünftige Einnahmen und Ausgaben erfolgsneutral oder –wirksam behandelt werden, richtet sich also danach, die Umsätze

---

[266] Zitat Moxter (1985), S. 19, 21; weiterhin Euler (1989), S. 3, 40/41; ders. (1996), S. 1, 17, 18.
[267] Zitate Moxter (1985), S. 21.
[268] Zitat Moxter (1987), S. 363/364.
[269] Euler (1989), S. 58; Böcking (1989), S. 113.
[270] Vgl. zu diesen Moxter (1984d), S. 156.
[271] Euler (1989), S. 58; ders. (1996), S. 2, 17.
[272] Zitat Moxter (1984d), S. 156; ebenso ders. (1986a), S. 18; Euler (1996), S. 1.
[273] Moxter (1986b), S. 173; ders. (1984d), S. 158; Böcking (1988), S. 114.
[274] Moxter (1987), S. 365; ders. (1985), S. 22; ders. (1993a), Sp. 505/506.
[275] Moxter (1989b), S. 233.
[276] Vgl. Moxter (2003a), S. 99 bis 103; Tischbierek (1994), S. 23.

82 Grundlagen der Bildung von Rückstellungen, ihre Einordnung in die ...

welchen Geschäftsjahres sie „alimentieren", in welcher Periode sie „umsatzwirksam"[277] sind. Als Folgeprinzipien seien dem Realisationsprinzip zuzuordnen: In der Vergangenheit getätigte Ausgaben, die erst zukünftige Umsätze „alimentieren", werden erfolgsneutral aktiviert (z.B. Ausgaben für Maschinenanschaffung) und diesen zukünftigen Erträgen bei deren Anfall (als Abschreibungsaufwand) zugerechnet.[278]

Weiterhin gelte: Nur solche zukünftigen Ausgaben, die bereits realisierte Umsätze „alimentiert" haben, sollen entsprechend erfolgsmindernd passiviert werden.[279] Nur so könnten Einnahmen und Ausgaben überhaupt in Ertrag und Aufwand transformiert werden. Das Realisationsprinzip darf hiernach nicht nur in einem engen Sinne als Anschaffungswertprinzip verstanden werden, vielmehr soll es als allgemeines Periodisierungs- bzw. Abgrenzungsprinzip für Einnahmen und Ausgaben, für die Aktiv- wie Passivseite und damit für Ansatz- wie Bewertungsfragen Geltung beanspruchen.[280] Nur diese Interpretation des Realisationsprinzips als „Nettorealisationsprinzip" werde auch durch die Vorschrift des § 252 Abs. 1 Nr. 4 2. Hs. HGB („Gewinne sind nur zu berücksichtigen, wenn sie am Abschlussstichtag realisiert sind.") gedeckt, die eindeutig von „Gewinnen" als Saldo von Erträgen und Aufwendungen, nicht allein von „Erträgen" spreche.[281] Erst hierüber könne auch dem allgemeinen Periodisierungsgrundsatz des § 252 Abs. 1 Nr. 5 HGB ein sinnvoller Inhalt gegeben werden.[282]

Das (für die vorliegende Arbeit nicht weiter relevante) *zweite* Fundamentalprinzip, das *Imparitätsprinzip*, finde seine Ausprägungen v.a. im Gebot des Ansatzes von Drohverlustrückstellungen wie im Niederstwertprinzip für Aktiva und dem Höchstwertgebot für Schulden; zukünftige Geschäftsjahre sollen, insoweit unter Durchbrechung des aus dem Realisationsprinzip resultierenden Grundsatzes umsatzgebundener Gewinnermittlung, „verlustfrei" gehalten werden.[283] Realisations- wie Imparitätsprinzip dienten hiernach in besonderer Weise dem Vorsichtsprinzip und damit dem Werturteil „Gläubigerschutz".[284]

Das *dritte* Fundamentalprinzip, das „Objektivierungs- und Vereinfachungsprinzip"[285] soll subjektives Ermessen des Kaufmanns reduzieren bzw. ausschließen durch z.B. das Einzelbewertungsprinzip (§ 252 Abs. 1 Nr. 3 HGB) mit seinen Folgeprinzipien der selbständigen Be-

---

[277] Moxter (1987), S. 366; ders. (1988a), S. 453 bis 457; ders. (1989b), S. 234/235.
[278] Moxter (1987), S. 365/366; ders. (1988a), S. 449; ders. (2004), S. 1058.
[279] Moxter (1987), S. 365/366; ders. (1985), S. 22; siehe zum Passivierungskriterium „wirtschaftliche Verursachung" i.S.d. Konzeption „verlustantizipierender Umsatzgewinnermittlung" ausführlich unter 4.4.2.
[280] Moxter (1983a), S. 304/305; ders. (1984a), S. 1784; ders. (1985), S. 22; ders. (1988a), S. 453 bis 457; ders. (1993a), Sp. 505/506; Herzig (1990), S. 1344, 1347; ders. (1991b) S. 204; ders. (1994a), S. 77; ebenso: Eibelshäuser (1987), S. 861/862; Paus (1988), S. 1419; Böcking (1988), S. 126/127.
[281] Moxter (2003a), S. 46; ders. (2004), S. 1058, 1099; Herzig (1991b), S. 204/205; ders. (1993a), S. 212.
[282] Herzig (1991b), S. 212; ders. (1993a), S. 212; Kraus (1987), S. 113/114.
[283] Moxter (1984c), S. 404; ders. (1984d), S. 163/164; ders. (1985), S. 23/24; ders. (1986b), S. 174; ders. (1987), S. 366; ders. (1993a), Sp. 506; Böcking (1988), S. 128.
[284] Moxter (1985), S. 23/24; ders. (1986b), S. 174; ders. (1987), S. 365; bzgl. des Realisationsprinzips: ders. (1983a), S. 304; ders. (1984a), S. 1780, 1781; Euler (1989), S. 62, 65.

Zweck der handelsrechtlichen Rechnungslegung 83

wertbarkeit sowie des Prinzips des entgeltlichen Erwerbs (Verbot der Aktivierung selbst erstellter immaterieller Anlagegüter nach § 248 Abs. 2 HGB), des Stetigkeitsprinzips (§ 252 Abs. 1 Nr. 6 HGB) oder der Vernachlässigung von Restwerten bei der Abschreibungsbemessung.[286] Damit durchbricht auch das Objektivierungs- und Vereinfachungsprinzip den Grundsatz umsatzgebundener Gewinnermittlung.[287]

Aus den gesetzlich niedergeschriebenen „Fundamentalprinzipien" sei schließlich, als dritter Schritt, auf den adäquaten Zweck der „Bilanz im Rechtssinne" (gemeint: die nach handels- und steuerrechtlichen Vorschriften erstellte Bilanz) zu schließen:[288] *Die Bestimmung eines vorsichtig und objektiviert ermittelten, gläubigerschützenden, für Ausschüttungszwecke zur Verfügung stehenden (verteilbaren, entziehbaren), verlustantizipierenden Umsatzgewinns.*[289]

Nur die Ermittlung einer solchen „Ausschüttungsrichtgröße" könne insbesondere mit den beiden Fundamentalgrundsätzen Realisationsprinzip und Imparitätsprinzip harmonieren bzw. aus diesen abgeleitet werden.[290] Hiernach sei, als vierter Schritt, schließlich die Bestimmung von die „Fundamentalprinzipien" konkretisierenden, kodifizierten wie nichtkodifizierten „Folgeprinzipien", d.h. v.a. die „Einzelinterpretation der gesetzlichen Bilanznormen (Einzelregelungen)" möglich.[291] Diese Systembildung sei „erst dann abgeschlossen, wenn das Prinzipiengefüge als bestmögliche Approximation der handelsrechtlichen Ansatzund Bewertungsnormen gelten kann".[292] Erst durch die Bildung eines folgerichtigen, anpassungsfähigen, in sich widerspruchsfreien und nicht substituierbaren GoB-Systems sei auf den Sinn und Zweck des Jahresabschlusses zu schließen.[293]

3.4.4.3 Kritische Betrachtung des Rechnungsziels „verlustantizipierender Umsatzgewinn"

Vergleicht man die Konzeption umsatzgebundener, verlustantizipierender Gewinnermittlung mit der Konzeption einkommensapproximativer Bilanzierung, so zeigen sich erhebliche Parallelen. Insbesondere avanciert der in letzterer wurzelnde, Erträge und hiervon „verursachte"

---

[285] Moxter (1986b), S. 173; dieses wird von Moxter an anderer Stelle als Folgeprinzip im weiteren Sinne von Realisations- wie Imparitätsprinzip eingestuft, vgl. Moxter (1987), S. 366; zur Verbindung von Realisations- und Imparitätsprinzip mit Objektivierungsaspekten vgl. auch ders. (1984d), S. 164/165.

[286] Moxter (1985), S. 24; ders. (1986b), S. 174/175; ders. (1987), S. 366 bis 368; ders. (1989b), S. 234/235; ders. (1993c), Sp. 1857; Böcking (1989), S. 129 bis 131; Euler (1989), S. 63.

[287] Moxter (1986b), S. 176; ders. (1993a), Sp. 506; ders. (1993c), Sp. 1098/1099.

[288] Moxter (1984d), S. 156 m.w.N.; ders. (1985), S. 24; Böcking (1989), S. 115.

[289] Moxter (1984a), S. 1783; ders. (1986b), S. 176; ders. (1987), S. 368; ders. (1988a), S. 454; ders. (1989b), S. 236; ders. (1993a), Sp. 506; ders. (1993c), Sp. 1857/1858; ebenso: Herzig (1990), S. 1344; Naumann (1993), S. 46; Euler (1989), S. 62, 63; Friedemann (1996), S. 21; Thies (1996), S. 29/30; Hommel (2003), S. 749.

[290] Zitat Moxter (1986a), S. 17/18; Böcking (1988), S. 117; Euler (1989), S. 4, 65.

[291] Böcking (1988), S. 116; Moxter (1986b), S. 173; ders. (1987), S. 365 bis 368; Euler (1996), S. 2, 18; aus didaktischen Gründen wurden in der vorliegenden Arbeit einige solcher „Folgeprinzipien" bereits unmittelbar im Anschluss an die „Fundamentalprinzipien" besprochen, der Verf.

[292] Euler (1996), S. 18.

84 Grundlagen der Bildung von Rückstellungen, ihre Einordnung in die ...

Aufwendungen verknüpfende und damit einen verstetigten („planbaren") Erfolgsausweis ermöglichende Grundsatz umsatzgebundener Aufwandsverrechnung zum zentralen Abgrenzungsgrundsatz der „Bilanz im Rechtssinne", ungeachtet der spezifischen Zwecksetzung (Ermittlung prognosefähiger Periodenerfolge über alle zukünftigen Perioden), für die er ursprünglich konzipiert war.

Es sei daran erinnert, dass der im Jahresabschluss ausgewiesene Erfolg seinerseits Restbetragsansprüche und damit Zwangsausgaben begründet, womit Aspekten der Nachprüfbarkeit, ungeachtet ihrer generellen Bedeutung im Rahmen jeglicher Rechenschaft, zentrale Bedeutung zukommt. Eine nachprüfbare Rechenschaft wie auch eine nachprüfbare Ermittlung erfolgsabhängiger Zwangsaugaben kann aber nicht gelingen bei quasi endloser Fortschreibung der Geschäftsjahresverhältnisse sowie bei unterstellter Planbarkeit zukünftiger (v.a. anlagenbezogener) Ausgaben.[294]

Gerade unter Objektivierungsgesichtspunkten, denen ansonsten i.r.d. Theorie von der „Bilanz im Rechtssinne" eine erhebliche und andere GoB einschränkende Bedeutung zugesprochen wird,[295] können dermaßen fundierte Fortschreibungen bzw. Typisierungen vergangener Erträge wie die angebliche Planbarkeit zukünftiger Ausgaben nicht überzeugen. Dies gilt auch für den Lösungsvorschlag, „Überlegungen zur Fortgeltung dieser [der typisierten] Bedingungen und damit zur Fortgeltung des aus ihnen resultierenden Geschäftsjahrsgewinns" durch die Empfänger von Rechnungslegung durchführen zu lassen[296] und damit genau jenem Personenkreis zuzuschieben, der Anspruch auf nachprüfbare Rechenschaft hat.[297]

Abgesehen von der einkommensapproximativen Fundierung des Rechnungsziels „verlustantizipierender Umsatzgewinn" verdient auch dessen Zusammenspiel mit und Ableitung aus den GoB eine nähere Betrachtung.

Zunächst ist festzustellen, dass die Bestimmung des Rechnungsziels bei *Moxter* über die inhaltliche Konkretisierung der Einzelnormen bzw. GoB und damit *induktiv*, keinesfalls deduktiv erfolgt.[298] Die nur zweckabhängig zu definierenden GoB werden also überhaupt nicht *zweck*entsprechend ausgefüllt, sondern bestimmen ihrerseits erst bei und durch ihre Auslegung den Zweck und die Ausgestaltung des Jahresabschlusses und immunisieren sich damit

---

[293] Vgl. erneut Moxter (1987), S. 363; vgl. zum „Systemcharakter" der GoB: Euler (1989), S. 59.

[294] Mit dieser reichlich realitätsfernen Annahme zuletzt: Moxter (2003a), S. 208; Breidert (1994), S. 12; Euler (1996), S. 216/217; Jäger (1996), S. 154, 169/170; Eibelshäuser (1997), S. 160 bis 162; kritisch hierzu: Wagner (1994), S. 1188 bis 1190; Pannen (2000), S. 181.

[295] Moxter (1984d), S. 164/165; ders. (1986b), S. 174/175; ders. (1987), S. 366 bis 368.

[296] Zitat Moxter (1984d), S. 127/128, Einfügung durch Verf.

[297] Wagner (1994), S. 1193.

[298] Vgl. erneut Moxter (1986a), S. 18/19; ders. (1987), S. 364: „Sinn und Zweck des gesetzlichen Jahresabschlusses aus dem System der gesetzlichen Jahresabschlussvorschriften zu entwickeln"; weiterhin Euler (1989), S. 3; ders. (1996), S. 17; explizit auch Beisse (1984a), S. 8; ders. (1990a), S. 507; ders. (1993), S. 81; diesem folgend Böcking (1988), S. 110/111 sowie Euler (1989), S. 42; ebenso Thies (1996), S. 29/30; vgl. zur Kritik Pannen (2000), S. 84.

Zweck der handelsrechtlichen Rechnungslegung   85

ggü. jeglichen Widerlegungsversuchen, da über eine gezielte GoB-Auslegung jeder denkbare Zweck unterstellt bzw. herbeigeführt werden kann.[299]

Die Beliebigkeit der Art und Weise der Ausfüllung der GoB überrascht indes nicht: Da an eine deduktive GoB-Ermittlung ja überhaupt nicht gedacht ist, die „Fundamentalprinzipien"[300] als „bilanzrechtliche Obersätze" vielmehr „durch die historisch entstandenen Bilanzzwecke geprägt"[301] sein sollen, zugleich aber über deren Auffindung und Ausfüllung keine Aussage getroffen wird,[302] wird sich unter diesen „Obersätzen" jeder das vorstellen, was er/sie (individuell) als zweckentsprechend empfindet. Auch *Moxter* hat im Zeitablauf seine Auffassung über den „richtigen" Bilanzzweck revidieren müssen,[303] den er in früheren Jahren noch in der „Schuldendeckungskontrolle" gesehen hat.[304] Der zwischenzeitliche Sinneswandel *Moxters* ist insofern nachvollziehbar, wenn man ihm bedenkt, dass die Bestimmung rechtlicher „Obersätze" erst „das Ergebnis einer eindringlichen juristischen Denktätigkeit" darstellt, ja die juristische Methodenlehre, der sich *Moxter* und *Beisse* bedienen, überhaupt „in erster Linie die Gewinnung des juristischen Obersatzes zum Gegenstand hat".[305] Klar und eindeutig feststehende, „historisch gewachsene Bilanzzwecke" wiedergebende „bilanzrechtliche Obersätze" kann es per se also gar nicht geben, da letztere ebenfalls erst durch Auslegung zu ermitteln sind. Die hermeneutische Auslegungsmethode,[306] die zur erforderlichen wechselseitigen Konkretisierung von Bilanzzweck und Einzelnormen bzw. GoB heranzuziehen ist,[307] muss sich ihrerseits wiederum (u.a.) sowohl der „vom Gesetzgeber gesetzten Zwecke bzgl. des Jahresabschlusses" wie der „objektiv-teleologischen Jahresabschlusszwecke"[308] bedienen und damit auch und gerade jener „hermeneutisch bedeutsamen Umstände",[309] deren Ermittlung (verstanden als Zweck-Identifikation) gerade Ziel der Auslegung ist.

Auch der als weitere hermeneutisch bedeutsame Determinanten heranzuziehende Wortlaut, Wortsinn, der Bedeutungszusammenhang sowie die Entstehungsgeschichte[310] sind, wie an früherer Stelle der Arbeit ausgeführt,[311] letztlich nur bei Kenntnis und unter Beachtung des

---

[299] Vgl. Pannen (2000), S. 84/85.
[300] Moxter (1986b), S. 173.
[301] Beisse (1984a), S. 8; diesem folgend Moxter (1985), S. 20/21.
[302] Vgl. die Kritik durch Schneider (1997), S. 326.
[303] Siehe bei Moxter (1986b), S. 175, Fn. 24.
[304] Moxter (1979a), S. 437; ders. (1979b), S. 1107; ders. (1980a), S. 268/269; ders. (1983a), S. 306; vgl. zur Entwicklung der Bilanzauffassungen Moxters ausführlich: Oberbrinkmann (1990), S. 271 bis 276; mit der Annahme des Zwecks der Schuldendeckungskontrolle zuletzt: Kammann (1988), S. 76, 262; Kessler (1992), S. 87; Bach (1996), S. 74, 82.
[305] Zitate Engisch (1989), S. 63.
[306] Vgl. zu dieser grundlegend Larenz/ Canaris (1995), S. 27 bis 33; für den hier interessierenden Zusammenhang ausführlich Baetge/ Kirsch (1995), Tz. 254 bis 262.
[307] Moxter (1985), S. 22; Böcking (1994), S. 31 mit Fn. 113; Euler (1989), S. 37/38, 59; ders. (1996), S. 11 bis 14, 17; Friedemann (1996), S. 7.
[308] Zitate Baetge/ Kirsch (1995), Tz. 257.
[309] Larenz/ Canaris (1995), S. 28.
[310] Baetge/ Kirsch (1995), Tz. 255, 262.
[311] Vgl. unter 1.2.2.

86 Grundlagen der Bildung von Rückstellungen, ihre Einordnung in die ...

Telos (Zweck) des betrachteten Gesetzes, den es ja gerade zu ermitteln gilt, sinnvoll (= zweckgerichtet) heranziehbar. Das „Vorverständnis", das der um das Verständnis des Normtextes Bemühte besitzen muss, um Gesetzeszweck und Inhalt der Einzelnormen (GoB) im Rahmen eines mehrmaligen gegenseitigen, korrigierenden Abgleichs durch „wechselseitige Erhellung"[312] erkennen zu können, würde damit das Einfalltor darstellen, über das letztlich jedwede Vorstellung vom Jahresabschlusszweck entweder unmittelbar oder durch ein gewolltes, zweckgerichtetes Vorverständnis der Einzelnormen mittelbar bestimmt werden könnte.[313] Es bleibt hier letztlich ungeklärt, an welcher Stelle der hermeneutische Zirkel aus unbekanntem Zweck wie nicht vorhandenem, da zweckabhängigem Verständnis der Einzelnormen aufgebrochen wird.[314]

3.5 Zweck der steuerrechtlichen Rechnungslegung

3.5.1 Ableitung des Zwecks der steuerrechtlichen Rechnungslegung aus Grundsätzen steuerlicher Rechnungslegung

Die Messung des in der abgelaufenen Periode realisierten Erfolges als unverzerrte, weitestgehend ermessensneutrale (d.h. v.a. nicht „übervorsichtige") Größe in nachprüfbarer Form als Grundlage der Ermittlung von Restbetragsansprüchen stellt den gemeinsamen Rechnungszweck von handels- und steuerrechtlicher Erfolgsmessung und den alleinigen Zweck letzterer dar.[315]

Einziger Adressat der steuerlichen Erfolgsmessung ist der Fiskus; ein anderer Wissenswunsch als das zu versteuernde Einkommen als Grundlage für die ihm zustehenden Restbetragsansprüche kann ihm nicht unterstellt werden.[316]

Als relevante Maßgröße (Rechnungsziel) ist daher steuerlich allein das Einkommen als infolge Betätigung am Markt erwirtschafteter periodischer Reinvermögenszugang (Markteinkommen als eine vergangenheitsbasierte Größe) anzusehen.[317]

Dieses wird bei den für die vorliegende Arbeit als allein relevant erachteten Einkünften aus Gewerbebetrieb ebenfalls durch ein Rechnungsinstrument „Vermögensvergleich" (=„Steuerbilanz") bestimmt (§ 5 Abs. 1 Satz 1 EStG) unter nomineller Kapitalerhaltung als

---

[312] Zitate Larenz/ Canaris (1995), S. 29.
[313] Vgl. auch die Bedenken bei Euler (1989), S. 38/39.
[314] Oberbrinkmann (1990), S. 282; Schneider (1997), S. 329/330.
[315] Schneider (1970), S. 1704; ders. (1978b), S. 1579; ders. (1997), S. 110; Sigloch (2000), S. 172; vgl. auch: Drüen (2001), S. 995; Söffing (1995), S. 657/658; Streim (1990), S. 540.
[316] Vgl. Schneider (1980), S. 1232; Beisse (1999), S. 2181; Pannen (2000), S. 137/138.
[317] Saelzle (1977), S. 183; Schneider (1978a), S. 37; ders. (1979), S. 29; Tipke (1971), S. 7/8; ders. (1972), S. 217; Lang (2001), S. 61, 63/64; Wagner (1983), S. 44; Pannen (2000), S. 134, 225.

Zweck der steuerrechtlichen Rechnungslegung 87

auch hier relevantem Grundsatz rechnungsmäßiger Unternehmenserhaltung bei ebenfalls einzelner Erfassung und Bewertung (Aspekt der Nachprüfbarkeit) aktiver und passiver Wirtschaftsgüter unter Korrektur realisierter Einlagen und Entnahmen, wobei der hiernach ermittelte Erfolg zugleich als Grundlage des körperschaftssteuerpflichtigen Erfolges dient (§ 8 Abs. 1 Satz 1, Abs. 2 KStG).[318]

Nicht diskutiert zu werden braucht damit die Frage, inwieweit eine für *alle* Steuerpflichtigen gültige Einnahmenüberschuss- bzw. eine reine Zahlungs-/Cash-Flow-Rechnung als Rechnungsinstrument oder ein vollkommen eigenständiges Steuerbilanzrecht ggf. geeigneter wären, um insbesondere dem Grundsatz der Gleichmäßigkeit der Besteuerung als spezifischem Werturteil zu genügen und um Konflikte wegen abweichender Zwecksetzungen der handels- und steuerrechtlichen Erfolgsmessung zu vermeiden.[319]

Für die vorliegende Arbeit wird allein von dem Rechnungsinstrument „Vermögensvergleich" innerhalb des geltenden Dualismus der Einkünfteermittlung[320] sowie vom Maßgeblichkeitsprinzip in seiner jetzigen Ausgestaltung,[321] inkl. der für die vorliegende Arbeit relevanten Durchbrechungen, ausgegangen.

Die betriebliche Veranlassung des Zugangs einer wirtschaftlichen Last kann für die hier relevanten bergbaubedingten Verbindlichkeitsrückstellungen unterstellt werden, folglich stellt der Aufwand für Rückstellungsdotierung abzugsfähigen Aufwand, der den allgemeinen steuerlichen Begriff der Betriebsausgabe im Fall Vermögensvergleich präzisiert, dar.[322] Abweichend zur handelsrechtlichen Rechnungslegung steht steuerlich aber nicht das Werturteil „Gläubigerschutz", sondern „Gleichmäßigkeit der Besteuerung" im Vordergrund.[323] Der Grundsatz einer gleichen bzw. gleichmäßigen Besteuerung wird aus dem allgemeinen Gleich-

---

[318] Schneider (1970), S. 1704; ders. (1971b), S. 571; ders. (1978a), S. 37/38, 54/55, 60; ders. (1979), S. 29/30; ders. (1996), S. 42/43, 115, 157; ders. (1997), S. 36, 241; Lang (1981), S. 53.

[319] Vgl. zur Diskussion: Erhardt-Rauch (2001), S. 423 bis 428; Lang (1981), S. 65; Lauth (2000), S. 1371/1372; Wagner (1989), S. 272; ders. (1997), S. 520/521; ders. (1998a), S. 2076/2077; ders. (1998b), S. 66/67; ders. (2000), S. 200/201; Weber-Grellet (1995), S. 130; ders. (1998d), S. 2438; ders. (1998b), S. 1347 bis 1349; ders. (1999b), S. 1305/1306; ders. (1999c), S. 2666; ders. (2000), S. 167 bis 169; ders. (2002d), S. 3, 35.

[320] Vgl. zu diesem ausführlich: Tipke (1971), S. 8; ders. (1973), S. 393 ff.; Beisse (1981b), S. 14; Lang (1981), S. 50/51.

[321] Mit grundsätzlicher Kritik an der Verknüpfung von handels- und steuerrechtlicher Erfolgsmessung wegen abweichender Zwecksetzungen: Marettek (1971), S. 345/346; Kort (2001), S. 60; Siegel (1999b), S. 196; Wagner (1983), S. 48; ders. (2002), S. 1887/1888; Weber-Grellet (1993b), S. 176; ders. (1994a), S. 33; ders. (1994b), S. 288 bis 290; ders. (1998b), S. 1344, 1346; ders. (1999c), S. 2660/2661; ders. (2002b), S. 703; vgl. hingegen zur „Stiller-Teilhaber-These" sowie zu weiteren Argumenten für das Maßgeblichkeitsprinzip: Döllerer (1971), S. 1334/1335; ders. (1988b), S. 238; Beisse (1984b), S. 252; ders. (1994), S. 23; Mössner (1998), S. 149; Paulick (1972), S. 290; Söffing (1995), S. 641, 654 bis 656, 659 bis 663; Streim (1990), S. 534; vgl. zur Kritik hieran: Weber-Grellet (1994b), S. 290; ders. (1997a), S. 389; Schneider (1999), S. 106/107; ders. (2000), S. 1244/1245.

[322] Vgl. Birk (2001), Tz. 768, 775, 780, 783, 877; Crezelius (2004), § 4, Tz. 142 bis 144, 155, 158; Heinicke (2002), § 4, Tz. 102, 194, 470; Weber-Grellet (2002c), § 5, Tz. 311, 361, 368; ders. (2002d), S. 11.

[323] Vgl. zum Werturteil „Entscheidungsneutralität der Besteuerung", auf das hier nicht näher eingegangen wird: Wagner (1991), S. 7; ders. (1992), S. 4; Pannen (2000), S. 127 bis 131.

heitsgrundsatz des Art. 3 Abs. 1 GG abgeleitet:[324] Steuergesetze sind so zu gestalten, dass der allgemeine Gleichheitsgrundsatz in seiner spezifisch steuerlichen Ausprägung der Gleichmäßigkeit der Besteuerung gewahrt bleibt.[325] Die Konkretisierung dieser zunächst sehr allgemeinen Anforderung erfolgt durch den Auftrag zur Besteuerung nach der individuellen wirtschaftlichen Leistungsfähigkeit (Leistungsfähigkeitsprinzip).[326] In diesem Zusammenhang ist die Forderung nach horizontaler und vertikaler Gerechtigkeit[327] wie folgt zu präzisieren: Gleichmäßigkeit der Besteuerung (= horizontale Gerechtigkeit) geht von dem Werturteil „Der Staat soll gleiche steuerliche Leitungsfähigkeit unterschiedslos besteuern" aus: Hierzu ist zunächst die Identifizierung einer geeigneten Maßgröße (hier: Einkommen) vorzunehmen, über die steuerliche Leistungsfähigkeit als numerisches Abbild empirischer Lebenssachverhalte (der Vielgestaltigkeit wirtschaftlicher Betätigungen der einzelnen Steuerpflichtigen) gleichnamig gemacht und gemessen werden soll.[328]

Vertikale Gerechtigkeit hingegen setzt die Bestimmung einer geeigneten Maßgröße wie auch die Messung steuerlicher Leistungsfähigkeit bereits voraus und basiert auf dem umverteilungspolitischen Werturteil „Es ist gerecht, als höher erachtete (gemessene) steuerliche Leistungsfähigkeit (= höheres Einkommen) relativ stärker zu besteuern."[329] Das Leistungsfähigkeitsprinzip wird damit „zum zentralen Leitgedanken insbesondere der Einkommensteuer", zum „Fundamentalprinzip" des Steuerrechts[330] mit der Maßgröße „Einkommen" als „Indikator" steuerlicher Leistungsfähigkeit.[331] Seine Grenzen findet der Grundsatz der Besteuerung nach der individuellen wirtschaftlichen Leistungsfähigkeit dort, wo eine Gerechtigkeitsüberlegungen folgende, immer umfangreichere Berücksichtigung individueller Einflüsse auf die Leistungsfähigkeit zu Unübersichtlichkeit und Intransparenz führt und damit Missbrauch und Umgehung begünstigt.[332] Angesprochen sind damit das Erfordernis der Typisierung und über dieses solche steuerrechtlichen und -technischen Restriktionen, die eine weitestgehende Objektivierung (intersubjektive Nachprüfbarkeit) der durch steuerliche Vorschriften determinierten Ansätze und Bewertungshöhen erreichen sollen: Die Grundsätze der Steuertransparenz, der Praktikabilität und Wirtschaftlichkeit.[333] Neben einer gleichmäßigen Besteuerung hat nach dem Grundsatz der Gesetzesbestimmtheit der Steuerpflichtige schließlich einen An-

---

[324] Kirchhof (1984), S. 303; ders. (2002), S. 187; Schnädter (1984), S. 739/740; Schneider (1978a), S. 14; Wagner (1992), S. 7; Tipke/ Lang (2002), § 4, Tz. 81.

[325] Kirchhof (1984), S. 303.

[326] Kirchhof (1984), S. 303/304; ders. (1985), S. 321; Schuppert (1987), S. 709 bis 712; Wagner (1992), S. 7.

[327] Zur Unterscheidung: Kirchhof (1979), S. 156; Weber-Grellet (1993a), S. 98, 100; Schneider (2003), S. 300.

[328] Schneider (1984), S. 357, 360; ders. (1996), S. 22/23.

[329] Schneider (1984), S. 357, 360; ders. (1996), S. 23/24.

[330] Kirchhof (1984), S. 305; Pezzer (1991), S. 11; Tipke (1973), S. 397; ders. (1975), S. 406; Tipke/ Lang (2002), § 4, Tz. 83.

[331] Tipke (1971), S. 7/8; ders. (1972), S. 215; Wagner (1983), S. 44.

[332] Weber-Grellet (1999a), S. 319.

[333] Vgl. mit Erläuterungen Saelzle (1977), S. 184; vgl. auch Tipke/ Lang (2002), § 4, Tz. 130 bis 132; Kirchhof (1995a), S. 70 bis 72; ders. (1995b), S. 20 bis 22.

Zweck der steuerrechtlichen Rechnungslegung   89

spruch auf einen hinreichend präzise formulierten Steuertatbestand wie auch auf die sich hieraus ergebende Belastungswirkung.[334]

3.5.2 Das Maßgeblichkeitsprinzip

Die somit identifizierten Grundsätze steuerlicher Erfolgsmessung können allerdings nicht unmittelbar und uneingeschränkt auf ebendiese angewendet werden, da steuer- und handelsrechtliche Erfolgsmessung über § 5 Abs. 1 EStG (sog. *Maßgeblichkeitsprinzip*) mit einander verknüpft werden: „[1]Bei Gewerbetreibenden, die auf Grund gesetzlicher Vorschriften verpflichtet sind, Bücher zu führen und regelmäßig Abschlüsse zu machen, oder die ohne eine solche Verpflichtung Bücher führen und regelmäßig Abschlüsse machen, ist für den Schluss des Wirtschaftsjahres das Betriebsvermögen anzusetzen (§ 4 Abs. 1 Satz 1), das nach den handelsrechtlichen Grundsätzen ordnungsmäßiger Buchführung auszuweisen ist. [2]Steuerrechtliche Wahlrechte bei der Gewinnermittlung sind in Übereinstimmung mit der handelsrechtlichen Jahresbilanz auszuüben.". Die „Steuerbilanz" stellt hiernach lediglich eine um steuerliche Vorschriften korrigierte Handelsbilanz, also keine eigenständige Rechnung dar (§ 60 Abs. 2 EStDV).[335] Der Umfang der Bindung der steuer- an die handelsrechtliche Erfolgsmessung erstreckt sich hinsichtlich seiner *Bindungsbreite* auch auf Fragen der Bewertung regelnde GoB, nicht nur auf solche, die Ansatzfragen regeln.[336] Hinsichtlich seiner *Bindungstiefe* bezieht sich das Maßgeblichkeitsprinzip nur auf handelsrechtliche *GoB*, nicht hingegen zwangsläufig auf jede einzelne, u.U. GoB-widrige handelsrechtliche Einzelnorm (z.B. Abschreibungen nach vernünftiger kaufmännischer Beurteilung nach § 253 Abs. 4 HGB oder Aufwandsrückstellungen nach § 249 Abs. 2 HGB) sowie auf Sondervorschriften für Kapitalgesellschaften (§§ 264 ff. HGB).[337]

Erstere sind dann im Zweifelsfall durch die Finanzrechtsprechung zu interpretieren und fortzubilden.[338] Nach den bisherigen Ausführungen ergeben sich *drei Schichten des Steuerbilanzrechts:*[339]

Die Normschicht I besteht aus reinem Handelsbilanzrecht, d.h. auch aus GoB-widrigen und damit steuerlich unbeachtlichen handelsrechtlichen Einzelnormen.

Die Normschicht II umfasst die handelsrechtlichen GoB selbst sowie auf diesen beruhende handelsrechtliche Einzelnormen wie auch nach Handels- und Steuerrecht deckungsgleiche Vorschriften und damit das „eigentliche" Maßgeblichkeitsprinzip.

---

[334] Tipke/ Lang (2002), § 4, Tz. 150 bis 168.
[335] Paulick (1972), S. 277; Raupach (1990), S. 525; Schneider (1978a), S. 113; Wöhe (1973), S. 302.
[336] Pannen (2000), S. 25/26.
[337] Beisse (1988), S. 42; ders. (1989), S. 297; ders. (1998), S. 314, 315; Weber-Grellet (1994c), S. 2405; ders. (1995), S. 103; Sarrazin (1987), S. 1597.
[338] Beisse (1989), S. 307; ders. (1993), S. 88; Schneider (1997), S. 87.
[339] Beisse (1984a), S. 5; ders. (1994), S. 12/13; mit einer inhaltlich hiervon z.T. abweichenden Einteilung zuvor noch ders. (1980a), S. 243; ders. (1980b), S. 637, 642.

90 Grundlagen der Bildung von Rückstellungen, ihre Einordnung in die ...

Die Normschicht III schließlich beinhaltet originär steuerliche Vorschriften wie z.B. die AfA-Vorschriften sowie *auch und gerade solche Normen, die Ansatz- und Bewertungsaspekte von Rückstellungen wegen ungewisser Sachleistungsverpflichtungen regeln.*

Für die vorliegende Arbeit ist in diesem Zusammenhang von Bedeutung, dass zwar hinsichtlich des Ansatzes von Rückstellungen wegen ungewisser Sachleistungsverpflichtungen *keine* eigenen steuerlichen Ansatzvorschriften bestehen, wohl aber existiert steuerlich ein Verbot der Bildung von „Rückstellungen für Aufwendungen [gemeint: Ausgaben, *der Verf.*], die in künftigen Wirtschaftsjahren als Anschaffungs- oder Herstellungskosten eines Wirtschaftsguts zu aktivieren sind" (§ 5 Abs. 4b Satz 1 EStG). Ebenso enthält der § 6 Abs. 1 Nr. 3a EStG *für die steuerliche Erfolgsmessung in jedem Fall vorrangige Bewertungs- bzw. Periodisierungsvorschriften, und zwar für nahezu alle der in der vorliegenden Arbeit diesbezüglich relevanten Aspekte* (Umfang der spezifischen monetären Bewertung des Verpflichtungsumfangs, Saldierung des Erfüllungsbetrags mit Vorteilen, Abzinsung des Erfüllungsbetrags, Verteilung des Erfüllungsbetrags).

Der Normschicht III kommt aufgrund der *Vorrangigkeit expliziter, originärer steuerlicher Sonderregeln vor handelsrechtlichen Normen*[340] damit für die vorliegende Arbeit eine ganz erhebliche Bedeutung zu. Versteht man unter der Forderung nach steuerlicher Erfassung des zweckgerichtet zu ermittelnden „vollen" Gewinns[341] das Erfordernis nach *eindeutiger Formulierung von Ansatz- und Bewertungsvorschriften,*[342] (Grundsatz der Tatbestandsmäßigkeit der Besteuerung), so dürfte sich diese Forderung, ungeachtet des in der Tat höchst unbestimmtem und daher inhaltlich zunächst zu konkretisierenden Begriffs des „vollen" Gewinns[343], tendenziell besser als die handelsrechtlichen GoB eignen, eine unterschiedslose Besteuerung als gleich erachteter steuerlicher Leistungsfähigkeit und damit auch die Beachtung des seinerseits zunächst unbestimmten „Leistungsfähigkeitsprinzips"[344] zu gewährleisten.[345]

3.6   Ergebnisse des Kapitels 3

Für die i.R.d. vorliegenden Arbeit allein relevanten Rückstellungen wegen ungewisser Sachleistungsverpflichtungen stellt sich das Problem, dass Fragen ihres Ansatzes wie ihrer Bewer-

---

[340]   Beisse (1980a), S. 244; Birk (2001), Tz. 751, 786, 812, 852; Eigenstetter (1993), S. 579 bis 581; Wahl (1988), S. 375; Weilbach (1986), S. 1679/1680; ders. (1989), S. 1300.

[341]   Mit dieser Forderung BFH, Beschluss vom 03.02.1969 – Gr. S 2/68, S. 293.

[342]   Beisse (1984a), S. 4; Weber- Grellet (1994c), S. 2406.

[343]   Kritisch hierzu: Niemann (1975), S. 271; Kammann (1988), S. 78/79; Clemm (1989), S. 69; Drüen (2001), S. 995; Müller (2001), S. 1860; mit einer insofern unkritischen Wiedergabe dieser Forderung hingegen u.a.: Lippek (1998), S. 265; Kort (2001), S. 56; Woerner (1976), S. 1571.

[344]   Schneider (1978), S. 1579; ders. (2000), S. 1245; Kirchhof (1979), S. 155; Lang (1981), S. 74; ders. (1990), S. 112; ders. (2001), S. 57/58; Söffing (1995), S. 666.

[345]   Vgl. zum Vorschlag der Formulierung von auch für die steuerliche Erfolgsmessung verwendbaren „Basisnormen" der Rechnungslegung als gemeinsame Grundlage zweckspezifischer Bilanzen: Müller (2001), S. 1863/1864; siehe auch Weber-Grellet (1998b), S. 1347/1348; ders. (2000), S. 167.

tung anhand der inhaltlich erst noch auszufüllenden GoB zu klären sind. Der mit dem handelsrechtlichen Einzelabschluss verfolgte Zweck muss angesichts gesellschaftsrechtlicher Implikationen wie des Werturteils „Gläubigerschutz" darin gesehen werden, einen Erfolg zu ermitteln, der als unmittelbare Grundlage für die Bemessung von Restbetragsansprüchen als erfolgsabhängige Zwangsausgaben dienen kann. GoB wie Einzelnormen müssen mit Blick auf diesen Zweck ausgelegt werden. Eine abweichende Ausfüllung der GoB ergibt sich bei anderen Rechnungszwecken, wie z.b. dem der Ermittlung prognosefähiger Erfolge für Dispositionszwecke der Unternehmensanteilseigner. Die Problematik einer zweckentsprechenden Bestimmung des Rechnungsziels, einer zweckentsprechenden GoB-Ermittlung bzw. – Auslegung sowie einer zweckentsprechenden Definition der Rechnungsinhalte wurde beispielhaft an der Konzeption „verlustantizipierende Umsatzgewinnermittlung" nach *Moxter* aufgezeigt. Hieran wird im Kapitel 4 angeknüpft. Hinsichtlich der steuerlichen Erfolgsmessung sind für die vorliegende Arbeit relevant mehrere vorrangige, spezifisch steuerliche Ansatz- und Bewertungsvorschriften, deren Anwendung aber, wie sich zeigen wird, keine nennenswerten Probleme bereitet. Hinsichtlich des Rechnungsziels besteht vom Grundsatz her Deckungsgleichheit zwischen dem handels- und steuerrechtlichen Erfolgsbegriff, wobei abweichende Werturteile eine unterschiedliche Gewichtung von Vorsichtsaspekten bedingen können.

4 Die Bildung von Rückstellungen wegen bergbaubedingter Verpflichtungen als Problem der Periodisierung des Erfüllungsbetrags

4.1 Vorbemerkung

Nach der an früherer Stelle der Arbeit vorgenommenen, allgemeinen Umschreibung des Begriffs der Rückstellungen und dessen Eingrenzung auf die für die vorliegende Arbeit allein relevanten Verbindlichkeitsrückstellungen wegen ungewisser Sachleistungsverpflichtungen[346] werden in diesem Kapitel die Kriterien erläutert, nach denen Rückstellungen wegen bergbaubedingter Verpflichtungen gebildet werden dürfen und müssen. Unter *Bildung* wird dabei die *periodische Zuordnung des Erfüllungsbetrags einer Einzelmaßnahme* verstanden. Hierüber wird zugleich die Ebene des *Ansatzes* von Rückstellungen berührt, da die Art und Weise dieser Periodisierung (u.a.) über das Geschäftsjahr des erstmaligen Rückstellungsansatzes entscheidet. Entscheidend für die Auswahl der Periodisierungsweise ist das Verständnis des Kriteriums der „wirtschaftlichen Verursachung", das insofern kein reines Ansatzkriteriums darstellt. Somit stellt sich unmittelbar die Aufgabe der Bestimmung des Gegenstandes der in diesem Kapitel zu erörternden Fragen der Bildung und des Ansatzes sowie schließlich auch der Bewertung von Rückstellungen, womit der Grundsatz der Einzelerfassung und –bewertung in den Mittelpunkt des Interesses rückt. Hieran anschließend werden die eigentlichen Ansatzkriterien sowie die „wirtschaftlichen Verursachung" der bergbaubedingten Verpflichtung als Periodisierungskriterium untersucht.

Das Kapitel schließt mit Überlegungen zur Passivierbarkeit aktivierungspflichtiger Ausgaben sowie zu den erhöhten Konkretisierungsanforderungen, die die Finanzrechtsprechung an öffentlichrechtliche Verpflichtungen als Grundlage eines Ansatzes von Verbindlichkeitsrückstellungen i.R.d. steuerlichen Erfolgsmessung stellt.

4.2 Der Grundsatz der Einzelerfassung und –bewertung bergbaubedingter Verpflichtungen

Wie an früherer Stelle der Arbeit[347] dargestellt, werden i.R.d. Rückstellungsbildung zukünftig anfallende Ausgaben bereits zu einem früheren Zeitpunkt als Aufwand verrechnet.

Bei Auflösung der Rückstellung erfolgt eine entsprechende Ertragsbuchung. Die Tatsache, dass Rückstellungen wegen bergbaubedingter Verpflichtungen auf *ein*seitigen Geschäftsvorfällen beruhen, d.h. nicht an eine aus Marktbeziehungen resultierende Gegenleistung (wie

---

[346] Unter 3.1, 3.2.1, 3.2.2.
[347] Unter 3.1.

z.b. eine Verbindlichkeit infolge Kreditaufnahme) anknüpfen, wirft die Frage nach dem Zurechnungsobjekt von Aufwand und Ertrag auf. Grundsätzlich stellt sich bei einseitigen Verbindlichkeiten die Erfolgswirksamkeit ein bei Zugang der Schuld durch Aufwandsverbuchung (Einbuchung der Rückstellung) sowie bei ihrem Abgang durch Ertragsbuchung (Ausbuchung der Rückstellung).[348] Aus der Notwendigkeit der Zurechnung von Ausgaben als Aufwand wie auch der Ertragsrealisierung bei Ausbuchung der Rückstellung gem. Realisationsprinzip folgt die Forderung nach *Einzelerfassung und –bewertung sämtlicher Bilanzpositionen.*[349] Der Grundsatz der Einzel*erfassung* bewirkt speziell bei Verbindlichkeiten eine Abgrenzung zum allgemeinen, nur durch Rück*lagen* zu berücksichtigenden Unternehmensrisiko und dient damit in besonderem Maße der Nachprüfbarkeit der Rechnungsinhalte. Untrennbar mit der Einzelerfassung (Ansatz) verbunden ist die Notwendigkeit und Möglichkeit der Einzel*bewertung* (§ 252 Abs. 1 Nr. 3 HGB), d.h. die *Quantifizierbarkeit* einer Verpflichtung: Jede einzelne Bilanzposition soll anhand ihrer individuellen Merkmale bewertet werden, unabhängig von den Wertverhältnissen anderer Positionen.[350] Die Einseitigkeit des Zugangs bergbaubedingter Verpflichtungen erschwert allerdings deren einzelne Erfassung und anschließende Bewertung, da eine unmittelbare Beobachtbarkeit, so wie z.B. bei fremdbeschafften Vermögensgegenständen i.H.d. Anschaffungskosten, weder dem Grunde noch der Höhe nach möglich ist.

Wie sich im weiteren Verlauf der Arbeit zeigen wird,[351] besteht die Problematik der Rückstellungsbildung bereits darin, zu entscheiden, wann/unter welchen Bedingungen/bei Erfüllung welcher Voraussetzungen von einer *„Verpflichtung" in einem wirtschaftlichen Sinne* auszugehen ist. Da es angesichts des Grundsatzes der Unternehmensfortführung[352] *nicht* darum geht, zu jedem Bilanzstichtag den Abstoßungswert der bergrechtlichen Verpflichtung (ihren „Verkehrswert") zu ermitteln,[353] muss die Frage, welches Objekt einzeln zu erfassen und zu bewerten ist, ausgehend von der Periodisierung des Erfüllungsbetrags als dem für Sachleistungsverpflichtungen relevanten Wertmaßstab[354] beantwortet werden.

Für die vorliegende Arbeit wird dabei von folgenden Zusammenhängen ausgegangen: So wie der Stichtagsbilanzwert (Restbuchwert bzw. fortgeführter Buchwert) einzeln erfasster, abnutzbarer Vermögensgegenstände auf der Aktivseite nicht anhand ihres Stichtagsverkehrs-

---

[348]   Schneider (1997), S. 128/129.

[349]   Vgl. zum Zusammenspiel von Realisationsprinzip und dem Grundsatz der Einzelerfassung und –bewertung: Schneider (1970), S. 1700/170; ders. (1971a), S. 608; ders. (1972), S. 182; ders. (1997), S. 120, 124; Selchert (1995), § 252, Tz. 48; vgl. ausführlich zum Einzelbewertungsgrundsatz im Allgemeinen Adler/ Düring/ Schmaltz, § 252, Tz. 48 bis 58; speziell bei Rückstellungen: Kessler (1995), § 249, Tz. 271 bis 283; Thies (1996), S. 92 bis 94; ähnlich wie hier: Euler (1996), S. 138 sowie Baetge (1992), S. 38: Die einzelne Bilanzposition muss isolierbar und selbständig bewertbar und damit greifbar sein, muss also als Einzelheit ins Gewicht fallen und darf sich nicht im Allgemeine verflüchtigen.

[350]   Baetge (1992), S. 40; Adler/ Düring/ Schmaltz, § 252, Tz. 48; Selchert (1995), § 252, Tz. 45; Kessler (1995), § 249, Tz. 271.

[351]   Unter 4.4.

[352]   Siehe zu diesem ausführlich unter 4.4.7.2.

[353]   Vgl. unter 3.4.2.

[354]   Vgl. zu diesem ausführlich unter 5.2.

Der Grundsatz der Einzelerfassung und –bewertung bergbaubedingter Verpflichtungen

wertes ermittelt wird, sondern sich durch die Periodisierung der Anschaffungskosten über die Nutzungsdauer ergibt (und die periodisch ermittelte Verminderung des Restbuchwertes entsprechend Abschreibungsaufwand darstellt), ist auch über die Art und Weise der Periodisierung des Erfüllungsbetrages der ungewissen bergbaubedingten Verpflichtung zu entscheiden. Das, was als einzelnes Objekt erfasst und bewertet wird sowie schließlich, zusammen mit anderen Objekten, Eingang in die Bilanz findet und dort in der Gesamtheit als „Rückstellung" erscheint, die so zu bezeichnende „Einzelrückstellung" (in Abgrenzung zur Gesamtrückstellung in der Bilanz) wegen einer einzeln abgrenzbaren Verpflichtung, ergibt sich somit erst als Ergebnis der nach bestimmten Kriterien vorzunehmenden, periodischen Zuordnung des Erfüllungsbetrags einer Einzelverpflichtung.

Die im Kapitel 2 vorgenommene *sachliche Strukturierung* dient somit als Grundlage der Bemessung des *Erfüllungsbetrags* als Produkt aus dem einer definierten Einzelmaßnahme zugeordneten, in m^3, l, m^2, ha, Stück oder t ausgedrückten, insofern einzeln erfassten sachlichen Verpflichtungsumfang und spezifischen Kostensätzen, mit anschließender Berücksichtigung der Einflüsse aufwandsmindernder Vorteile, der anzunehmenden Preisverhältnisse sowie der eventuellen Vornahme einer Abzinsung. Der *Rückstellungsbetrag* ist hiernach nur der *bisher (kumuliert) periodisch zugeordnete Anteil des Erfüllungsbetrags* und daher von letzterem streng zu unterscheiden. Der *Rückstellungsaufwand der Periode* resultiert dann aus der Zurechnung weiterer Anteile des Erfüllungsbetrags zu dieser Periode. Bewertet wird also tatsächlich *nicht* die Rückstellung als solche: Wenn der rein theoretische Begriff der „Rückstellung" als ein Rechnungsinhalt in das Rechnungsinstrument „Bilanz" aufgenommen wird und zu diesem Zeitpunkt bereits in € ausgedrückt ist, dann muss der Prozess der monetären Bewertung zwangsläufig auf einer vorgelagerten Stufe stattgefunden haben. Eine bereits in € ausgedrückte Größe kann nicht (nochmals) monetär bewertet werden. Es wird also gerade *nicht* zu jedem Stichtag nur ein Bruchteil einer (z.B.) zu entfernenden Einrichtung (in t, m^3 usw.), sondern zuvor der zwecks Entfernung der Einrichtung zu realisierende sachliche Verpflichtungsumfang in seiner Gesamtheit monetär bewertet (Beispiel: Rein zeitabhängiglineare Verteilung des durch Multiplikation des sachlichen Verpflichtungsumfangs mit spezifischen Kostensätzen ermittelten Erfüllungsbetrags für die Entfernung einer Einrichtung: Der periodisch bzw. kumuliert zugeordnete Anteil am Erfüllungsbetrag stellt den periodischen bzw. kumulierten Dotierungsaufwand, d.h. den Rückstellungsaufwand der Periode bzw. den Rückstellungsbetrag dar). Die hier vorgenommene Differenzierung findet sich in der Literatur praktisch nicht, wo häufig von der „Bewertung der Rückstellung" gesprochen wird,[355] was wiederum nicht zuletzt in der praktisch durchgängig festzustellenden Vernachlässigung der Unterscheidung von sachlichem Verpflichtungsumfang einerseits und dessen spezifischer

---

[355] So z.B.: Hommel (2003), S. 749; Bach (1996), S. 244; Bartels (1992a), S. 200; Gotthardt (1995), S. 101/102.

Bewertung andererseits begründet sein dürfte.[356] Über die Periodisierung des Erfüllungsbetrags bestimmt sich somit nicht nur der Zeitpunkt des (erstmaligen) Ansatzes einer Verbindlichkeitsrückstellung, sondern auch der zeitliche Verlauf der Rückstellungsbildung und damit die Höhe des Rückstellungsbetrags zum jeweiligen Bilanzstichtag. Nach den bisherigen Ausführungen ist festzustellen, dass selbst der elementare Grundsatz (GoB) der Einzelerfassung und –bewertung einer unmittelbaren Anwendung *nicht* zugänglich ist, da sich der Gegenstand der Erfassung wie dessen Höhe allein anhand der rechnungszwecksentsprechend vorzunehmenden Periodisierung des Erfüllungsbetrags ergeben. Zudem muss der Grundsatz der Einzelerfassung und –bewertung bereits auf der der Ebene der Rückstellungsbildung vorgelagerten Stufe der Ermittlung des sachlichen Verpflichtungsumfangs greifen: Einzeln erfasst und anschließend einzeln bewertet wird jener in m^3, l, m^2, ha, Stück oder t ausgedrückte sachliche Verpflichtungsumfang, der einer definierten, einen bestimmten Erfolg schuldenden (einzelnen!) Einzelmaßnahme zuzurechnen ist. Bedeutsam ist weiterhin, für welchen *Zeitpunkt* der sachliche Verpflichtungsumfang erfasst und der Erfüllungsbetrag berechnet werden. Erst im Anschluss ist zu entscheiden, über welche *Bezugsgröße* bzw. *Periodisierungsgröße* dieser für einen bestimmten Zeitpunkt berechnete Erfüllungsbetrag periodisch als Rückstellungsbetrag zugeordnet wird.[357] Als einzeln erfasste und bewertete „Verpflichtung" (= Rückstellung) kommen somit zahlreiche verschiedene Beträge in Frage. Selbst auf der vorgelagerten Ebene der Bestimmung des sachlichen Verpflichtungsumfangs ist damit keineswegs eindeutig, *welcher* sachliche Verpflichtungsumfang einzeln erfasst und bewertet wird, da eben zunächst über den Zeitpunkt zu befinden ist, für den der Erfüllungsbetrag zu ermitteln ist.

4.3 Der Schuldcharakter bergbaubedingter Verpflichtungen als Ansatzkriterium

4.3.1 Verpflichtungen gegenüber einem Dritten

Charakteristikum ungewisser Verbindlichkeiten ist das Vorliegen einer Verpflichtung ggü. einem Dritten, in Abgrenzung zu bloßen Innenverpflichtungen des Kaufmanns.[358] Neben den hier allein relevanten Sachleistungsverpflichtungen können sich ungewisse Verbindlichkeiten auch auf Geld-, Dienst- und Werkleistungen erstrecken. Zudem kann der Rechtsgrund einer Verpflichtung zivilrechtlicher (aus Vertrag oder Gesetz), faktischer sowie öffentlichrechtlicher Natur sein.[359]

---

[356] Eine seltene Ausnahme von diesem unerfreulichen Befund stellt Fey (1992), S. 2356/2357, dar bzgl. Verpflichtungen zur Rücknahme von Verpackungsabfällen.

[357] Vgl. ausführlich hierzu unten unter 4.4.

[358] Adler/ Düring/ Schmaltz, § 249, Tz. 43; Berger/ Ring (2003), § 249, Tz. 26; Bach (1996), S. 83; Euler (1996), S. 154; Thies (1996), S. 95.

[359] Berger/ Ring (2003), § 249, Tz. 29 bis 32; Döllerer (1975), S. 291; Adler/ Düring/ Schmaltz, § 249, Tz. 46, 49; Kessler (1992), S. 89; Bach (1996), S. 83; Loose (1993), S. 16/17.

Der Schuldcharakter bergbaubedingter Verpflichtungen als Ansatzkriterium 97

Zivilrechtliche Verpflichtungen sind im vorliegenden Zusammenhang dann von Bedeutung, wenn sich das Bergbauunternehmen ggü. einem Dritten (Land- oder Forstwirt) zur Zwischenbewirtschaftung einer später an diesen zu übertragenden Flächen verpflichtet hat. Die Person des Gläubigers ist hier bekannt, allerdings wäre eine Rückstellung auch ohne eine solche Kenntnis zulässig und geboten.[360]

Bei öffentlichrechtlich begründeten, auf Gesetz oder Verwaltungsakt beruhenden Verpflichtungen ist zwischen Abgabeverpflichtungen (z.B. §§ 30 bis 32, 103, 135 BBergG) und Lasten zu unterscheiden: Zu letzteren zählt auch die ggü. der Bergbehörde zu erfüllende bergrechtliche Verpflichtung zur WNBM als eine im öffentlichen Interesse zu realisierende, in ihren Einzelheiten hingegen gesetzlich nicht bestimmte, einen bestimmten Erfolg schuldende Maßnahme.[361]

Eine Rückstellungsbildung wird auch *nicht* dadurch behindert, dass ein Bergbauunternehmen seinerseits ggf. ein Interesse an der Durchführung von Maßnahmen der WNBM haben kann, entsprechende Maßnahmen also auch ohne bergbehördliche Verpflichtung durchführen würde, da von einem solchen Eigeninteresse der öffentlichrechtliche Schuldcharakter der Verpflichtung nicht berührt wird (z.B. die Entfernung nicht mehr benötigter Einrichtungen i.S.d. § 2 Abs. 1 Nr. 3 BBergG schon während des Regelbetriebes zwecks Ersatz durch neue Einrichtungen).[362] Da für Rückstellungen wegen faktischer Verpflichtungen (d.h. Rückstellungen für aus Sicht des Kaufmanns als derart belastend empfundene Ansprüche Dritter, dass ersterer, trotz nicht vorhandenem rechtlichen Bestehen einer „Verpflichtung", sich aus wirtschaftlichen oder sittlichen Gründen einer Erfüllung nicht entziehen zu können glaubt) ggü. Verbindlichkeitsrückstellungen abweichende Ansatzkriterien gelten, werden erstere, trotz ih-

---

[360] Adler/ Düring/ Schmaltz, § 249, Tz. 44; Bach (1996), S. 84.

[361] Vgl. zur Unterscheidung in Abgaben und Lasten: Bach (1996), S. 84.

[362] Adler/ Düring/ Schmaltz, § 249, Tz. 43; Günkel (1991), S. 110/111; Bartels (1992a), S. 123; ders. (1992c), S. 1095/1096; Köster (1994), S. 72; Frenz (1997), S. 39; abw. Auffassung: BFH, Urteil vom 08.11.2000 – I R 6/96, S. 402/403 sowie FG Münster, Urteil vom 15.03.2002 – 1 K 5275/00 F, S. 66: wegen des dem öffentlichen Interesse an der nach AbfG verpflichtend vorzunehmenden Entsorgung von Abfall „gleich gerichteten" bzw. dieses „kongruent überlagernden" rein innerbetrieblichen Interesses an der Abfallentsorgung zwecks Aufrechterhaltung der „Betriebsbereitschaft" soll nur eine Aufwandsrückstellung nach § 249 Abs. 2 HGB zulässig sein, trotz gesetzlicher Verpflichtung zur Entsorgung nach AbfG; das BFH-Urteil diesbezüglich zu Recht ablehnend: Moxter (2001b), S. 569; Weber-Grellet (2002a), S. 36/37; ders. (2002b), S. 704; ders. (2003c), S. 271/272; Zühlsdorff/ Geißler (2005), S. 1101 zustimmend hingegen: Christiansen (2001a), S. 427; ders. (2002a), S. 164 bis 166; Gosch (2002), S. 981; mit selbem Ergebnis zuvor bereits: Christiansen (1987), S. 195/196; diesem folgend Thull/ Toft (1993), S. 473; eine Rückstellung wegen öffentlichrechtlicher Verpflichtung trotz gleichzeitigem innerbetrieblichem Interesse hingegen in expliziter Abgrenzung zum BFH-Urteil vom 08.11.2000 zulassend: BFH, Urteil vom 19.08.2002 – VIII R 30/01, S. 44; diesem Urteil zustimmend: Weber-Grellet (2003a), S. 21; ders. (2003b), S. 40; ebenso BFH, Urteil vom 25.03.2004 – IV R 35/02, S. 652, zustimmend hierzu: Kempermann (2004), S. 858; Weber-Grellet (2004b), S. 1016; ders. (2005), S. 38; Fatouros (2004), S. 1017/1018; ders. (2005), S. 119; ebenso FG Thüringen, Urteil vom 04.06.2003 – III 933/00, S. 1528.

rer (auch) für Bergbauunternehmen zunehmenden Bedeutung in der Praxis, in der vorliegenden Arbeit *nicht* betrachtet.[363]

Es wird also nicht die Möglichkeit betrachtet, dass ein Bergbauunternehmen die Durchführung irgendwelcher Maßnahmen beabsichtigt, die über seine Pflicht zur WNBM u.a. hinausgehen bzw. es wird hier nicht angenommen, dass das Bergbauunternehmen einen solchen Erwartungsdruck (v.a. seitens der Öffentlichkeit) zur Realisierung von über die gem. Braunkohlenplan ohnehin durchzuführenden Maßnahmen hinaus gehenden Tätigkeiten zu verspüren glaubt, dass es sich nicht in der Lage sieht, diesem stand zu halten.

4.3.2   Rechtliches Be- oder Entstehen bergbaubedingter Verpflichtungen

Rechtlich entstanden ist eine Verbindlichkeit dann, „wenn sämtliche die Leistungspflicht auslösenden Tatbestandsmerkmale erfüllt sind"[364] bzw. dann, wenn, bei Vorliegen eines unteilbaren Tatbestandes, an den die Leistungspflicht anknüpft, dieser (voll) verwirklicht ist.[365] Damit stellt sich die Frage nach dem Tatbestand bzw. den Tatbestandsmerkmalen, an den das BBergG die Pflicht zur WNBM knüpft.

Wie in Kapitel 1 dargelegt,[366] knüpft der § 4 Abs. 4 BBergG die Pflicht zur Vorsorge zur und Durchführung der WNBM an die Inanspruchnahme der Oberfläche.

Grundsätzlich entsteht eine *Pflicht* (hier: zur WNBM) als eine *generell umschriebene Rechtsfolge* bei Vorliegen bestimmter *Voraussetzungen*, eben dem *Tatbestand als einem generell umschriebenen Sachverhalt*, dessen Verwirklichung Bedingung für das Entstehen der Pflicht ist.[367]

Mit Blick auf den § 4 Abs. 4 BBergG wie auch auf den Geltungsbereich des BBergG („Wiedernutzbarmachen der Oberfläche während und nach der Aufsuchung, Gewinnung und Aufbereitung von [...] Bodenschätzen", § 2 Abs. 1 Nr. 2 BBergG) ist festzustellen, dass das BBergG für die Abgrenzung des Begriffs der WNBM abstellt auf die *Inanspruchnahme der Oberfläche im Rahmen der Aufsuchung, Gewinnung und Aufbereitung*, d.h. auf die *Vornahme bergbaulicher Eingriffe in die Oberfläche* als dem für die Verpflichtung zur Vorsorge und Sicherstellung der WNBM maßgeblichen *Tatbestand* (= generell umschriebener Sachverhalt).

Verwirklicht ist der somit generell umschriebene Sachverhalt dann, „wenn irgendwo in der Welt der Realitäten sich ein Vorgang ereignet hat, der dem Tatbestand des Gesetzes entspricht", was nach der individuellen Überzeugung des bilanzierenden Bergbauunternehmers

---

[363]   Vgl. allgemein zu Rückstellungen wegen faktischer Verpflichtungen: Adler/ Düring/ Schmaltz, § 249, Tz. 52 bis 55; Berger/ Ring (2003), § 249, Tz. 31; Grubert (1978), S. 156/157; Euler (1996), S. 157/158; Kessler (1992), S. 96/97; Mayer-Wegelin (1995a), § 249, Tz. 37; Köster (1994), S. 112/113, 325; vgl. zur zunehmenden Bedeutung faktischer Verpflichtungen speziell im Bergbau nur Wellmer/ Henning (2003), S. 9/10.
[364]   Adler/ Düring/ Schmaltz, § 249, Tz. 64; Kessler (1992), S. 102; Moxter (1992), S. 431.
[365]   Vgl. BFH, Urteil vom 12.12.1991 – IV R 28/91, S. 601; Naumann (1991), S. 529.
[366]   Unter 1.2.1.

Der Schuldcharakter bergbaubedingter Verpflichtungen als Ansatzkriterium 99

als dem hier relevanten Gesetzesanwender zu beurteilen ist.[368] Erfüllt hiernach der konkrete Sachverhalt den generell umschriebenen Sachverhalt (= Tatbestand = Vorliegen eines bergbaulichen Eingriffs in einem zunächst abstrakten Sinne), tritt die Rechtsfolge (= Pflicht zur WNBM) ein.[369]

Der *konkrete* Sachverhalt besteht damit in dem *vom jeweiligen, betroffenen Bergbauunternehmen im Einzelfall konkret vorgenommenen bergbaulichen Eingriff.* Der somit ermittelte Tatbestand ist *unteilbar*, enthält also nicht verschiedene Tatbestandsmerkmale, die für die rechtliche Entstehung sämtlich erfüllt sein müssten und ist demnach voll erfüllt mit Vornahme des jeweiligen, konkreten bergbaulichen Eingriffs.

Das rechtliche Entstehen ist also mit realisiertem bergbaulichen Eingriff gegeben, reicht aber für den Ansatz einer Rückstellung noch *nicht* aus bzw. ist der aus realisierten bergbaulichen Eingriffen bergrechtlich entstandene, monetär bewertete sachliche Verpflichtungsumfang weder für die Bemessung des Erfüllungsbetrags noch für dessen Periodisierung zwangsläufig unmittelbar maßgeblich.[370] Da mit erfolgtem bergbaulichem Eingriff die Verpflichtung zur WNBM rechtlich entstanden ist, braucht die Frage, wie erst zukünftig (voraussichtlich) rechtlich entstehende Verbindlichkeiten bilanziell zu behandeln sind, hier nicht diskutiert zu werden.

Hinzuweisen ist an dieser Stelle schließlich auf den Umstand, dass die Verpflichtung noch nicht fällig sein muss bzw. es muss der Anspruch auf Erfüllung noch nicht geltend gemacht worden sein, d.h. der (im Braunkohlenbergbau zumeist erhebliche) zeitliche Abstand zwischen Begründung und Erfüllung der Verpflichtung hindert eine Rückstellungsbildung *nicht.*[371]

4.3.3 Wahrscheinlichkeit der Inanspruchnahme aus bergbaubedingten Verpflichtungen

Zusätzlich zu dem, für bergbaubedingte Verpflichtungen mit der bergbaulichen Inanspruchnahme der Oberfläche eingetretenem, rechtlichen Entstehen einer Verpflichtung muss der

---

[367] Larenz/ Canaris (1995), S. 72/73; Zippelius (2003), S. 28/29: „Wenn...(Tatbestand), dann...(Rechtsfolge)"-Schema bzw. „Konditionalprogramm".

[368] Thiel, R. (1964), S. 166/167.

[369] Vgl. Larenz/ Canaris (1995), S. 77.

[370] Mayer-Wegelin (1995a), § 249, Tz. 43; Clemm (1994), S. 173; vgl. zum Verhältnis der Kriterien der rechtlichen Entstehung zur wirtschaftlichen Verursachung die Ausführungen unten unter 4.4; vgl. weiterhin die Erörterungen unter 4.5 bzgl. der Passivierbarkeit zukünftig anfallender, aktivierungs- und abschreibungspflichtiger Ausgaben i.R.d. Erfüllung.

[371] Adler/ Düring/ Schmaltz, § 249, Tz. 64; Berger/ Ring (2003), § 249, Tz. 34; Kessler (1992), S. 102; Köster (1994), S. 62, 63, 324; Frenz (1997), S. 41; für bergbaubedingte Verpflichtungen explizit in: BFH, Urteil vom 12.12.1991 – IV R 28/91, S. 603; vgl. zur Zulässigkeit einer Rückstellung wegen der Pflicht zur Verfüllung unterirdischer Erdgasspeicher sowie zur Wiedernutzbarmachung der Oberfläche FG Düsseldorf, Urteil vom 25.02.2003 – 6 K 6967/99 K, BB, S. 923 bis 925; unzutreffend daher die Auffassung von Kulla (1977), S. 1284/1285 betr. Schachtversatz, klarstellend Bartke (1978), S. 7; unzutreffend insoweit auch Bordewin (1979a), S. 156/157, der sich hier selbst widerspricht, sowie Friedemann (1996), S. 46.

Kaufmann auch ernsthaft mit einer Inanspruchnahme rechnen:[372] Eine rechtlich entstandene Verpflichtung stellt nur dann eine wirtschaftliche Belastung dar, wenn der Gläubiger seine Ansprüche (voraussichtlich) auch tatsächlich geltend machen wird.[373]

Bei nicht oder nur teilweise gegebener Wahrscheinlichkeit der Inanspruchnahme würden trotzdem gebildete Rückstellungen den Charakter von Rücklagen aufweisen bzw. willkürlich gebildete stille Reserven darstellen[374] und müssten dann unter Berücksichtigung der verminderten Wahrscheinlichkeit der Inanspruchnahme bewertet, d.h. ggf. (teil-)aufgelöst werden.[375] Im Fall bergbaubedingter Verpflichtungen wird man in jedem Fall von einer Inanspruchnahme ausgehen dürfen, und zwar sowohl durch die Bergbehörde wie auch durch einen zivilrechtlichen Gläubiger (Pflicht zur Zwischenbewirtschaftung). Angesichts der umfassenden Betriebsplansystematik und der Kontrolle durch die Bergbehörde erscheint es ausgeschlossen, dass das Bergbauunternehmen behördlicherseits nicht in Anspruch genommen wird. Ebenso dürfte auszuschließen sein, dass ein Folgenutzer auf die Zwischenbewirtschaftung einer ihm zustehenden Fläche durch das Bergbauunternehmen verzichtet.

Fragen der Bestimmung bzw. Abgrenzung von Wahrscheinlichkeitsschwellen, ab denen eine Inanspruchnahme droht,[376] brauchen in der vorliegenden Arbeit damit ebenso wenig diskutiert zu werden wie die in der Tat erforderliche Unterscheidung zwischen der Wahrscheinlichkeit des Be- oder Entstehens einer Verpflichtung einerseits und der Wahrscheinlichkeit der Inanspruchnahme aus einer entstandenen Verpflichtung andererseits.[377]

---

[372] Berger/ Ring (2003), § 249, Tz. 43; Groh (1994a), S. 612/613; Daub (2000), S. 133.
[373] Döllerer (1975), S. 295; Mayer-Wegelin (1995a), § 249, Tz. 53; Ehmcke (1995), S. 693/694; Groh (1995b), S. 631; Matschke/ Schellhorn (1998), S. 450; Schellhorn (2003), S. 308.
[374] Mayer-Wegelin (1995a), § 249, Tz. 53; Daub (2000), S. 136/137.
[375] Vgl. allgemein für Verbindlichkeiten: BFH, Urteil vom 20.09.1995 – X R 225/93, S. 324; BFH, Urteil vom 16.02.1996 – I R 73/95, S. 592 bis 594; BFH, Urteil vom 27.03.1996 – I R 3/95, S. 471; speziell für Rückstellungen: BFH, Urteil vom 27.11.1997 – IV R 95/96, S. 162; zu den unterschiedlichen Wahrscheinlichkeitsanforderungen an gewisse und ungewisse Verbindlichkeiten vgl. Euler (1996), S. 173; zur Auflösung von Rückstellungen vgl. unter 5.3.5.
[376] Ausgangspunkt der diesbezüglichen Diskussion ist die Formel des BFH, wonach das Be- oder Entstehen einer Verbindlichkeit sowie die Inanspruchnahme hieraus dann wahrscheinlich sind, „wenn mehr Gründe für als gegen das Be- oder Entstehen einer Verbindlichkeit und eine künftige Inanspruchnahme sprechen.", so BFH, Urteil vom 01.08.1984 – I R 88/80, S. 46, diesem folgend: BFH, Urteil vom 02.10.1992 – III R 54/91, S. 154; BFH, Urteil vom 16.02.1996 – I R 73/95, S. 593; BFH, Urteil vom 27.03.1996 – I R 3/95, S. 472; BFH, Urteil vom 27.11.1997 – IV R 95/96, S. 162; vgl. zur Thematik: Paus (1986), S. 178 bis 180; ders. (1988), S. 1420/1421; Eibelshäuser (1987), S. 863; Kupsch (1989), S. 56; Mayer-Wegelin (1995a), § 249, Tz. 54; Kessler (1992), S. 98 bis 100; Daub (2000), S. 141 bis 143; Herzig (1991b), S. 214/215; Euler (1996), S. 164/165.
[377] Berger/ Ring (2003), § 249, Tz. 42; Friedemann (1996), S. 32; ausführlich Daub (2000), S. 130 bis 133.

Die „Wirtschaftliche Verursachung" bergbaubedingter Verpflichtungen als Kriterium ... 101

4.4 Die „Wirtschaftliche Verursachung" bergbaubedingter Verpflichtungen als Kriterium der Periodisierung des Erfüllungsbetrags und damit als Ansatzkriterium

4.4.1 Vorbemerkung

Nachdem das Kriterium des Schuldcharakters bergbaubedingter Verpflichtungen mit realisiertem bergbaulichem Eingriff uneingeschränkt erfüllt ist, tritt die sog. „wirtschaftliche Verursachung der Verpflichtung im abgelaufenen Wirtschaftsjahr oder in den Vorjahren"[378] als zweites und gleichermaßen umstrittenes wie schwer zu konkretisierendes Ansatzkriterium[379] in den Mittelpunkt des Interesses. Neben dem zuerst erörterten *sachlichen* Ansatzkriterium wird durch das zweite erstmals ein *zeitlicher* Bezug hergestellt: Zu entscheiden ist über die Art und Weise der Zurechnung der zukünftig (hier: für die Realisierung einer Einzelmaßnahme) anfallenden Ausgaben (dem Erfüllungsbetrag) als Aufwand auf das/die vor dem Bilanzstichtag liegende/n Geschäftsjahr/en,[380] womit hier ein *Periodisierungsproblem* (= Frage der Rückstellungs*bildung*) vorliegt:[381] Im Gegensatz zur zeitlichen Verteilung der Anschaffungskosten als Abschreibungsaufwand über eine *gegebene* (als bekannt angenommene) Nutzungsdauer als reine Bewertungsaufgabe[382] (Periodisierung i.e.S.) ist hier über den (erstmaligen) Zeitpunkt der Aufwandsverrechnung und damit *Ansatz*fragen zu entscheiden (Wahl des Passivierungszeitpunktes).[383]

Entscheidende Bedeutung kommt in diesem Zusammenhang dem nach wie ungeklärten und höchst umstrittenen Verhältnis der Kriterien der rechtlichen Entstehung und der wirtschaftlichen Verursachung zu,[384] da ersteres, wie dargestellt, weder notwendige (faktische Verpflichtungen) noch hinreichende (Vorliegen einer rechtlich entstandenen Verpflichtung, aber fehlende Wahrscheinlichkeit der Inanspruchnahme) Voraussetzung eines Rückstellungsansatzes ist.[385] Um den Ausweis nur formalrechtlich bestehender Verbindlichkeiten zu verhindern, sollen gem. dem „Prinzip wirtschaftlicher Vermögensbelastung"[386] allein „wirtschaftliche Lasten"[387] ansatzfähig und –pflichtig sein.

---

[378] Herzig (1994e), S. 233.
[379] Döllerer (1979a), S. 7; Clemm (1994), S. 171; Kessler (2001), S. 1903; Mössner (1995), S. 95; Pickhardt-Poremba (2001), S. 181.
[380] Kessler (1992), S. 101; Gschwendter (1994), S. 260; Kupsch (1989), S. 53.
[381] Z.T. wird in der Literatur in diesem Zusammenhang auch von einem kombinierten Ansatz-Bewertungs-Problem gesprochen, vgl. Clemm (1994), S. 170; Köster (1994), S. 329; Thies (1996), S. 193.
[382] Schneider (1974a), S. 367/368.
[383] Vgl. Adler/ Düring/ Schmaltz, § 249, Tz. 68; Kessler (1992), S. 101.
[384] Weber-Grellet (2003c), S. 259.
[385] Vgl. Moxter (2003a), S. 97; ders. (1992), S. 429; Euler (1996), S. 110/111.
[386] Moxter (2003a), S. 97, 98.
[387] Euler (1996), S. 172.

102 Die Bildung von Rückstellungen wegen bergbaubedingter Verpflichtungen als ...

Problematisch ist indes, dass keineswegs eindeutig ist, unter welchen Bedingungen und damit zu welchem Zeitpunkt eine „wirtschaftliche Last" vorliegt,[388] d.h. nach welchen Kriterien der Erfüllungsbetrag den einzelnen (welchen?) Perioden als Aufwand zuzurechnen sind. Über das Vorliegen einer „wirtschaftlichen Last" kann, da der Begriff der „Rückstellung" ein rein theoretischer ist, nur in Abhängigkeit vom verfolgten Rechnungszweck entschieden werden. Auch der Begriff der „Verursachung" selbst trägt nicht zur Klärung des Problems bei: Abgesehen von der kostenrechnerischen Verwurzelung des „Verursachungsprinzips", aufgrund derer letzteres im vorliegenden Zusammenhang ohnehin nicht unmodifiziert anwendbar ist, ist dieses auch inhaltlich zu unbestimmt, um einer unmittelbaren Interpretation zugänglich zu sein. Insbesondere ist bereits ungeklärt, ob die „Verursachung" in kausaler oder finaler Hinsicht zu verstehen ist.[389]

Zunächst sollen daher die Positionen von *Moxter* und der Finanzrechtsprechung zum Passivierungszeitpunkt einander gegenüber gestellt werden, da beide, als extreme Gegenpositionen, die wissenschaftliche Diskussion entscheidend prägen und als Grundlage der sich hieran anschließenden eigenen Überlegungen zur Bestimmung des Passivierungszeitpunktes dienen.

4.4.2 „Wirtschaftliche Verursachung" gem. der Konzeption „verlustantizipierende Umsatzgewinnermittlung"

Die von *Moxter* angestrebte Bestimmung eines vorsichtig und objektiviert ermittelten, gläubigerschützenden, für Ausschüttungszwecke zur Verfügung stehenden (verteilbaren, entziehbaren), verlustantizipierenden Umsatzgewinns als Rechnungsziel und die hierzu erforderliche Anknüpfung von Ausgaben als Aufwand an jene Erträge, die durch erstere „alimentiert" werden,[390] führt zu einer, wie noch gezeigt werden wird, durchaus kritisch zu diskutierenden Periodisierung des Erfüllungsbetrags, speziell bei bergbaubedingten Verpflichtungen. Wirtschaftlich zugegangen (verursacht) sollen Verbindlichkeiten nämlich nur dann sein, wenn den von der Verbindlichkeit verkörperten Aufwendungen keine kompensierenden künftigen Erträge (allgemein: Vermögenszugänge) i.S.d. in ein umfassendes, allgemeines Periodisierungsprinzip umgedeuteten Realisationsprinzips zurechenbar seien. Nur zukünftig „unkompensierte" Aufwendungen („künftige Aufwendungsüberschüsse"), d.h. solche, die nicht zukünftigen, sondern bereits realisierten Erträgen zurechenbar sind, sind als „umsatzinduzierte", als „umsatzzugehörige" Aufwendungen hiernach passivierungsfähig und –pflichtig.[391] Daraus folge

---

[388] Moxter (1992), S. 430; Ehmcke (1995), S. 693; Matschke/ Schellhorn (1998), S. 450; Grubert (1978), S. 190/191.

[389] Zur (1992), S. 615/616; Riebel (1992), S. 257; Hummel/ Männel (1990), S. 54; Knop/ Küting (1995), § 255, Tz. 157 m.w.N.; Schneider (1961), S. 693/694; ders. (1963), S. 470.

[390] Vgl. die Nachweise unter 3.4.4.

[391] Zitate nach Moxter (2003a), S. 99/100, 102; ders. (1992), S. 432; ders. (1995d), S. 492, 495, 497; ders. (2004), S. 1058; Herzig (1994a), S. 77; Böcking (1994), S. 215; Wüstemann (2002), S. 1689; ders. (2004), S. 324; Hommel/ Wich (2004), S. 20.

Die „Wirtschaftliche Verursachung" bergbaubedingter Verpflichtungen als Kriterium ... 103

im Umkehrschluss: Fallen in zukünftigen Perioden Erträge an und sind diese nicht „ohne In-kaufnahme der entsprechenden Verbindlichkeiten"[392] realisierbar, dann müssten die zukünfti-gen Ausgaben für WNBM (der Erfüllungsbetrag) als (Rückstellungs-)Aufwand diesen zu-künftigen Erträgen in dem Umfang zugerechnet werden, wie letztere von ersteren „alimen-tiert" werden, und dies erst in der Periode des zukünftigen Anfalls der Erträge. Werden also Ausgaben für die Verpflichtungserfüllung durch zukünftige Erträge, die der Verpflichtung „unmittelbar zugerechnet werden" können und die „so gut wie sicher" sind „kompensiert", liege „keine wirtschaftliche Last vor", die es anzusetzen gelte.[393] Das Ansatzkriterium „recht-liche Entstehung" „als ein das Prinzip periodengerechter Gewinnermittlung verdrängendes Objektivierungsprinzip"[394] soll, so wie bei nur wirtschaftlich (nicht: bürgerlich-rechtlich) dem Kaufmann gehörenden und diesem trotzdem bzw. gerade deshalb zuzurechnenden Aktiva, auch bei Verbindlichkeiten *nicht* maßgebend sein,[395] vielmehr sei der Verbindlichkeitsbegriff „in wirtschaftlicher Betrachtungsweise zu verstehen".[396] Da das aufgezeigte Verständnis von „wirtschaftlicher Verursachung" nicht allein Resultat des von *Moxter* zugrunde gelegten Rechnungszieles ist, sondern in ganz erheblichem Umfang durch die Art und Weise der Be-stimmung des Passivierungszeitpunktes durch die Finanzrechtsprechung geprägt ist, soll zu-nächst deren Interpretation von „wirtschaftlicher Verursachung" erörtert werden.

4.4.3 „Wirtschaftliche Verursachung" gem. Finanzrechtsprechung

Gemäß Rechtsprechung des BFH zu der Frage des maßgeblichen Passivierungszeitpunktes einer Rückstellung soll es entscheidend sein, dass die Verpflichtung im abgelaufenen Ge-schäftsjahr „rechtlich voll wirksam entstanden oder wenigstens wirtschaftlich verursacht wor-den ist".[397] Verbindlichkeiten sind damit bereits dann zu passivieren, wenn „sie bis zum Bi-lanzstichtag rechtlich entstanden sind",[398] „mag auch die wirtschaftliche Verursachung später liegen".[399] Die vom BFH angewendete, eine formalrechtliche Qualifikation vermeidende „wirtschaftliche Betrachtungsweise" erlaube eine Rückstellung indes auch dann, wenn zwar die rechtliche Entstehung der Verpflichtung in der Zukunft liege, die wirtschaftliche Verursa-chung aber im abgelaufenen Geschäftsjahr erfolgt sei.[400] Es komme also „nicht auf die for-malrechtliche Entstehung" der Verbindlichkeit, sondern darauf an, „ob wirtschaftlich eine

---

[392] Zitat Moxter (2003a), S. 102.
[393] Zitate Moxter (1989b), S. 238; ähnlich ders. (1992), S. 432; ders. (2003b), S. 1589; Friedemann (1996), S. 42; Tischbierek (1994), S. 70, 71, 91, 150, 159.
[394] Moxter (1988a), S. 456.
[395] Moxter (2003a), S. 98; ders. (1993b), S. 80; ders. (1995a), S. 320.
[396] Zitat Moxter (2003a), S. 97; vgl. auch ders. (1989b), S. 239.
[397] BFH, Urteil vom 24.04.1968 – I R 50/67, S. 545.
[398] BFH, Urteil vom 24.06.1969 – I R 15/68, S. 582.
[399] BFH, Urteil vom 28.04.1971 – I R 39, 40/70, S. 602.
[400] BFH, Urteil vom 24.06.1969 – I R 15/68, S. 582.

Vermögensmehrung oder Vermögensminderung eingetreten ist".[401] Die wirtschaftliche Verursachung sei dann gegeben, wenn „die Verbindlichkeit, die rechtlich erst in der Zukunft entsteht, so eng mit dem betrieblichen Geschehen des vergangenen Geschäftsjahrs verknüpft ist, daß es gerechtfertigt erscheint, sie wirtschaftlich als eine bereits am Bilanzstichtag bestehende Last anzusehen. Das wird man im Allgemeinen nur annehmen können, wenn der Tatbestand, dessen Rechtsfolge die Verbindlichkeit ist, im wesentlichen vor dem Bilanzstichtag verwirklicht ist".[402] Die Voraussetzung, ob die wirtschaftliche Verursachung im abgelaufenen Geschäftsjahr eingetreten sei, müsse dabei im Einzelfall geprüft werden, eine generelle Aussage hierzu sei nicht möglich.[403]

Die *rechtliche Entstehung* einer Verpflichtung ist dann gegeben, „wenn alle Merkmale erfüllt sind, die das Gesetz für sie aufstellt".[404] Für die *wirtschaftliche Verursachung* reicht es hingegen aus, dass der Tatbestand, an den das Gesetz die Verpflichtung knüpft, „im wesentlichen" im abgelaufenen Geschäftsjahr verwirklicht ist[405] bzw. dass die „wirtschaftlich wesentlichen Tatbestandsmerkmale"[406] im abgelaufenen Geschäftsjahr verwirklicht sind, sofern „die künftigen Ereignisse, die zum unbedingten Entstehen der Verpflichtung führen, wirtschaftlich dem abgelaufenen Wirtschaftsjahr zuzurechnen sind".[407] Nur die „wirtschaftlich unwesentlichen" Tatbestandsmerkmale dürfen noch ausstehen.[408] Für rechtlich noch nicht entstandene Verpflichtungen findet sich schließlich gelegentlich die Formulierung, die „Erfüllung der Verpflichtung [müsse] demnach nicht nur an Vergangenes anknüpfen, sondern auch Vergangenes abgelten",[409] dürfe also keine „künftige[n] Gewinnchancen ermöglichen".[410]

Im Gegensatz zur rechtlichen Entstehung muss damit für die wirtschaftliche Verursachung der Tatbestand bzw. die einzelnen Tatbestandsmerkmale, an den bzw. an die die Verpflichtung anknüpft, nicht vollständig, sondern nur „im wesentlichen" im abgelaufenen Geschäftsjahr verwirklicht sein. Der Zeitpunkt der rechtlichen Entstehung markiert damit gemäß

---

[401] BFH, Urteil vom 24.06.1969 – I R 15/68, S. 582.

[402] BFH, Urteil vom 24.06.1969 – I R 15/68, S. 582; BFH Urteil vom 20.03.1980 – IV R 89/79, 298; BFH, Urteil vom 23.07.1980 – I R 28/77, S. 63; BFH, Urteil vom 20.01.1983 – IV R 168/81, S. 375/376; BFH, Urteil vom 19.05.1983 – IV R 205/79, S. 672; BFH, Urteil vom 01.08.1984 – I R 88/80, S. 46; BFH, Urteil vom 23.10.1985 – I R 227/81, S. 123; BFH, Urteil vom 28.06.1989 – I R 86/85, S. 552; BFH, Urteil vom 25.08.1989 – III R 95/87, S. 895; BFH, Beschluß vom 24.01.1990 – I B 112/88, S. 435.

[403] BFH, Urteil vom 24.06.1969 – I R 15/68, S. 582.

[404] BFH, Urteil vom 24.04.1968 – I R 50/67, S. 545; BFH, Urteil vom 19.05.1987 – VIII R 327/83, S. 849; BFH, Urteil vom 28.06.1989 – I R 86/85, S. 552; vgl. zur rechtlichen Entstehung bereits die Ausführungen oben unter 4.3.2.

[405] BFH, Urteil vom 23.07.1980 – I R 28/77, S. 63.

[406] BFH, Urteil vom 12.12.1990 – I R 153/86, S. 482; BFH, Urteil vom 12.12.1990 – I R 18/89, S. 486.

[407] BFH, Urteil vom 20.01.1983 – IV R 168/81, S. 375/376.

[408] BFH, Urteil vom 19.05.1987 – VIII R 327/83, S. 849; BFH, Urteil vom 25.08.1989 – III R 95/87, S. 895; BFH, Beschluß vom 24.01.1990 – I B 112/88, S. 435; BFH, Urteil vom 12.12.1990 – I R 153/86, 482; BFH, Urteil vom 12.12.1990 – I R 18/89, S. 486.

[409] BFH, Urteil vom 19.05.1987 – VIII R 327/83, S. 850; BFH-Urteil vom 03.12.1991 – VIII R 88/87, S. 92, Einfügung durch Verf.

[410] BFH, Urteil vom 28.05.1997 – VIII R 59/95 NV, S. 38, Einfügung durch Verf.; kritisch zu den genannten Formulierungen Schön (1994), S. 6/7.

Die „Wirtschaftliche Verursachung" bergbaubedingter Verpflichtungen als Kriterium ...   105

BFH den spätest möglichen Passivierungszeitpunkt zumindest (und nur) so lange, wie „die wirtschaftlich wesentlichen Tatbestandsmerkmale [...] als Teilmenge der für die rechtliche Entstehung maßgeblichen Tatbestandsmerkmale verstanden werden".[411]

4.4.4 Kritik an der Finanzrechtsprechung durch Vertreter der Konzeption „verlustantizipierende Umsatzgewinnermittlung"

Die aufgezeigte Rechtssprechung erfährt von *Moxter* sowie den übrigen Vertretern seiner „Alimentationsthese" in verschiedener Hinsicht Kritik: Die „wirtschaftliche Verursachung" sei ebenso wenig eindeutig definiert wie die „wirtschaftlich wesentlichen" Tatbestandsmerkmale abgrenzbar seien von den „wirtschaftlich unwesentlichen".[412]

Folglich müsse für jeden Einzelfall separat entschieden werden, was die „wirtschaftlich wesentlichen" Tatbestandsmerkmale seien. Auf die damit einhergehende, in der Tat bestehende „kasuistische Auffächerung des Passivierungszeitpunktes"[413] mangels eines allgemein gültigen Passivierungskriteriums wurde bereits hingewiesen,[414] insofern ist eine diesbezügliche „Objektivierungseinbuße"[415] nicht zu leugnen.

Weiterhin wird die Orientierung an der „rechtlichen Entstehung" als spätest möglichem Passivierungszeitpunkt kritisiert, auch wenn die „wirtschaftliche Verursachung" später liegt.[416] Eine solche frühzeitige Passivierung sei, auch unter Beachtung des Vorsichtsprinzips, immer dann unnötig, wenn die zukünftigen Ausgaben durch zukünftige Vorteile „kompensiert"[417] würden, wenn also kein zukünftiger „Aufwendungsüberschuß"[418] vorliege, weil „den künftigen Aufwendungen künftige Erträge greifbar zugeordnet werden können",[419] womit gegenwärtig keine „wirtschaftliche Last" existiere.[420]

Das Kriterium der „wirtschaftlichen Verursachung" i.S.d. Konzeption verlustantizipierender Umsatzgewinnermittlung tritt damit „als eigenständige Passivierungsvoraussetzung"[421] neben das Kriterium der rechtlichen Entstehung wie die übrigen Ansatzkriterien. M.a.W.: „Wirtschaftliche Verursachung" stellt hiernach *nicht* eine bloße Teilmenge der rechtlichen Entstehung dar, so wie i.S.d. BFH („Verwirklichung der wirtschaftlich wesentlichen Tatbestandsmerkmale"). Wenn und da sämtliche Ansatzkriterien kumulativ erfüllt sein müssen und

---

[411]   Kupsch (1992a), S. 2324; ebenso: Böcking (1994), S. 111/112, 208; Wüstemann (2002), S. 1689.
[412]   Moxter (1988a), S. 456; ders. (1992), S. 429; ders. (1995a), S. 315; Herzig (1990), S. 1346; ders. (1993b), S. 167; Tischbierek (1994), S. 52/53; vgl. auch: Eibelshäuser (1981), S. 60, 62; Crezelius (1987), S. 33/34; Ballwieser (1992b), S. 139.
[413]   Zitat Moxter (1992), S. 431; Hommel/ Wich (2004), S. 19.
[414]   Vgl. erneut BFH, Urteil vom 24.06.1969 – I R 15/68, S. 582.
[415]   Zitat Moxter (1992), S. 431.
[416]   Moxter (1992), S. 431; diesem folgend: Naumann (1991), S. 536.
[417]   Zitat: Moxter (1992), S. 433; ders. (1994a), S. 101.
[418]   Zitat Moxter (1992), 432; ebenso Jäger (1996), S. 156.
[419]   Zitat Moxter (1992), S. 432; ähnlich ders. (1995a), S. 320.
[420]   Zitat Moxter (1994a), S. 101.

die aus dem Realisationsprinzip als umfassendes Abgrenzungsprinzip abgeleitete „wirtschaftliche Verursachung" (i.S.d. Konzeption verlustantizipierender Umsatzgewinnermittlung) als *gleichrangiges* Ansatzkriterium *neben* die rechtliche Entstehung tritt und dieser zugleich zeitlich nachfolgen kann, stelle letztere *nicht* mehr den spätest möglichen Passivierungszeitpunkt dar.[422]

Der Zeitpunkt der erstmaligen Passivierung rechtlich entstandener Verpflichtungen ist damit der Stichtag jenes Geschäftsjahres, in dem erstmalig Erträge realisiert werden bzw. wurden. In den hierauf folgenden Geschäftsjahren muss die entsprechende Rückstellung dann rein ertragsproportional aufgestockt werden.

4.4.5 Vergleich des Verständnisses von „wirtschaftlicher Verursachung" gem. der Konzeption „verlustantizipierende Umsatzgewinnermittlung" mit jenem der Finanzrechtsprechung hinsichtlich der Auswirkungen auf Rückstellungen wegen bergbaubedingter Verpflichtungen

Bergbauliche Tätigkeit ist in erheblichem Umfang durch Eingriffe in die Oberfläche geprägt, die den Perioden der Ertragsrealisierung zeitlich (mehrjährig) vorgelagert sind.[423] Nach der Aufschlussphase erfolgen beständig weitere bergbauliche Eingriffe mit dem Ziel, über mehrere Perioden „Nutzen zu stiften", z.B. durch die weitere Errichtung von Einrichtungen i.S.d. § 2 Abs. 1 Nr. 3 BBergG.[424] Mit dem bergbaulichen Eingriff ist zugleich die Verpflichtung zur WNBM bergrechtlich entstanden, die Inanspruchnahme ist völlig sicher. Gem. der „Alimentationsthese" dürfen die die Erträge mehrerer Perioden „alimentierenden" Ausgaben für die Erfüllung bergbaubedingter Verpflichtungen allein während der Geschäftsjahre mit Ertragsrealisierung (d.h. während der Produktionsphase) als Aufwand verrechnet werden. Jedem € realisieren Ertrag wäre hiernach ein fester Aufwandsbetrag wegen Rückstellungsdotierung zuzurechnen, woraus sich, wie folgendes Beispiel zeigt, gleichermaßen Auswirkungen auf den Ansatz wie die Bewertung bergbaubedingter Rückstellungen ergeben:

Läuft ein am (z.B.) am 01.01.2010 in den Regelbetrieb gehender Tagebau (z.B.) am 01.12.2050 aus und ist der Bilanzstichtag des betroffenen Bergbauunternehmens im Jahre 2050 der 31.12.2050, so müsste nach der „Alimentationsthese" noch für (fast) das gesamte Jahr 2050 anteilig Aufwand für Rückstellungsdotierung verrechnet werden, da die Entfernungsausgaben noch bis zum 01.12.2050 Erträge „alimentieren".

Wird die am 01.12.2050 stillgelegte Einrichtung im Verlaufe des Jahres 2051 entfernt, so bedeutet dies, dass die entsprechende Rückstellung erst zum 31.12.2050 in voller Höhe des

---

[421] Zitat Herzig (1990), S. 1347; ders. (1991b), S. 212; ders. (1993b), S. 168; ders. (1994a), S. 77; ähnlich ders. (1994e), S. 234; Naumann (1993), S. 142.

[422] Herzig (1990), S. 1347; ders. (1991b), S. 212; ders. (1993b), S. 168; ders. (1994e), S. 234; Naumann (1991), S. 536; ders. (1993), S. 142.

[423] Vorproduktionsphase, vgl. unter 2.3.2.

[424] Vgl. zu den verschiedenen Maßnahmen unter 2.2.

Die „Wirtschaftliche Verursachung" bergbaubedingter Verpflichtungen als Kriterium ... 107

Erfüllungsbetrags dotiert in der Bilanz erscheint, d.h. erst *nach* Außerbetriebnahme der Einrichtung. Die Rückstellung wird damit, *nimmt man den bewerteten, bergrechtlich entstandenen, sachlichen Verpflichtungsumfang als Maßstab*, während der *gesamten* Nutzungszeit der Einrichtung *unter*dotiert ausgewiesen, d.h. der bewertete, bergrechtlich entstandene (sachliche) Verpflichtungsumfang erscheint zu keinem einzigen Bilanzstichtag während der Nutzungszeit in der Bilanz: Die Rückstellung ist zum 31.12.2049 erst zu 97,50% (für 39 von 40 Jahren, wobei das letzte Jahr hier trotz des fehlenden 12. Monats zwecks Vereinfachung als vollständig gelten soll) dotiert.

Erst zum 31.12.2050 ist die Rückstellung also zu 100% dotiert. Zu diesem Zeitpunkt ist die Einrichtung aber bereits stillgelegt, d.h. erst *nach* erfolgter Stillegung wird der bewertete bergrechtliche Verpflichtungsumfang voll ersichtlich.

Als Variation sei angenommen, dass die Einrichtung noch im Verlauf des Dezembers 2050 entfernt wird (umgehend nach Stillegung), d.h. noch vor dem Bilanzstichtag 31.12.2050. Auch in diesem Fall muss noch für das Jahr 2050 anteilig Aufwand für die Rückstellungsdotierung verrechnet werden gem. „Alimentationsthese". Wird die Einrichtung dann im Dezember entfernt, wird die Rückstellung aufgelöst wegen Erfüllung und gegen den Entfernungsaufwand verrechnet. Zum Stichtag 31.12.2050 erscheint damit keine Rückstellung mehr in der Bilanz.

In diesem Fall wird also in *keinem* der 40 Geschäftsjahre die Rückstellung in voller Höhe des Erfüllungsbetrags ausgewiesen: Zum 31.12.2049 ist die Rückstellung, wie in der vorherigen Konstellation, erst zu 97,50% dotiert, zum folgenden Stichtag ist die Rückstellung bereits aufgelöst, so dass die Verpflichtung zur Entfernung *zu keinem Zeitpunkt* in voller Höhe in der Bilanz ersichtlich wird. Das in ein „Alimentationsprinzip" umgedeutete Realisationsprinzip führt also, nimmt man den tatsächlichen oder modifizierten Stichtagserfüllungsumfang[425] als Maßstab, unter durchaus realen Annahmen zu einer *permanenten oder zumindest fast durchgängigen Unterdotierung* der Entfernungsrückstellung während der Nutzungszeit der Einrichtung (sowie aller übrigen Rückstellungen, die für die Erfüllung solcher Verpflichtungen gebildet werden, die über den aktuellen Bilanzstichtag hinaus Erträge „alimentieren").

Hinzu kommt, dass eine Rückstellung erstmalig in der Periode *angesetzt* wird, in der entsprechende Erträge fließen. Wird die Einrichtung also bereits vor oder zumindest im Verlaufe der Aufschlussphase montiert, so wird mit der erstmaligen Rückstellungsbildung erstmalig bei Ertragsrealisierung begonnen. In den vorhergehenden Perioden findet demzufolge überhaupt keine Rückstellungsbildung statt.

Beginnt, um bei dem verwendeten Beispiel zu bleiben, der Aufschluss des Tagebaus zum 01.01.2008 (also genau 2 Jahre vor Beginn des Regelbetriebes) und wird die hier betrachtete Einrichtung bereits für diese Aufschlussarbeiten benötigt, so muss ihre Montage bereits im

---

[425] Siehe zum Begriff unten unter 4.4.7.2.

108 Die Bildung von Rückstellungen wegen bergbaubedingter Verpflichtungen als ...

Verlaufe des Jahres 2007 erfolgen. Zum Bilanzstichtag 31.12.2007 ist damit schon die Verpflichtung zur späteren Entfernung der Einrichtung bergrechtlich entstanden. Gem. dem „Alimentationsprinzip" erfolgt die erstmalige Rückstellungsdotierung (zu 2,5% des Erfüllungsbetrages) aber erstmalig zum Stichtag 31.12.2010, also nach Ablauf des ersten Jahres des Regelbetriebes. Zu den drei davor liegenden Stichtagen erfolgt also keinerlei Rückstellungsdotierung, d.h. in den Bilanzen für die Geschäftsjahre 2007, 2008 und 2009 finden sich keinerlei Anhaltspunkte für die später zu erfüllende, bergrechtlich bereits entstandene Entfernungsverpflichtung.

Die aufgezeigten Auswirkungen sind Konsequenz des streng umsatzgebundenen Verursachungsverständnisses der Konzeption umsatzgebundener Gewinnermittlung, die „weder rechtliche noch technische Verursachungen", d.h. den aus bergbaulichen Eingriffen resultierenden, bergrechtlich entstandenen, sachlichen Verpflichtungsumfang als ansatz- und bewertungsbestimmend zulassen will.[426] Die hieraus resultierende „rückstellungsbegrenzende Wirkung des Realisationsprinzips" wird dabei durchaus gesehen.[427] Dabei könne aber weder dem Grunde noch der Höhe nach von einer Unvollständigkeit des Rückstellungsausweises gesprochen werden:[428] Da das Realisationsprinzip als vorrangiges Gewinnermittlungsprinzip überhaupt erst das „Ob" einer Verbindlichkeit determiniere, eine solche in wirtschaftlicher (nicht: bergrechtlicher) Hinsicht wegen zukünftiger, kompensierender Erträge (so wie in den aufgezeigten Fällen) aber nicht vorliege, könne das (dann nachrangige) Gebot der Vollständigkeit nicht als solches zur Ablehnung der „Alimentationsthese" herangezogen werden.[429] Im Übrigen seien auch die Aufwendungen in der GVR vollständig abzubilden,[430] eine Vollständigkeit nur der Bilanz reiche nicht.

Ein Verstoß gegen das Vorsichtsprinzip liege ebenfalls nicht vor, da das Realisationsprinzip ja Bestandteil bzw. Ausprägung des Vorsichtsprinzips sei, das hier aber keine darüber hinaus gehende Geltung beanspruchen könne:[431] Wenn „den künftigen Aufwendungen künfti-

---

[426] Moxter (1995a), S. 318; Naumann (1991), S. 533/534; inkonsequent insofern Klein, M. (1992), S. 1775: Dotierung „nach dem Verhältnis der Menge der abgebauten Bodenschätze zum Gesamtvorhaben", im Anschluss an Herzig (1990), S. 1348.

[427] Zitate Herzig (1993a), S. 209, 222; ebenso ders. (1990), S. 1347; ders. (1991b), S. 213; ders. (1994a), S. 78; ders. (1994e), S. 234; Tischbierek (1994), S. 65; Weber-Grellet (1996), S. 903; Hommel/ Wich (2004) S. 20.

[428] Mit dem Vorwurf der Unvollständigkeit: Bartels (1992d), S. 1314/1315; Günkel (1991), S. 108; Klein, M. (1992), S. 1744; Christiansen (1994), S. 35; ders. (1996b), S. 62; Mayer-Wegelin (1995b), S. 1243; Siegel (1993b), S. 151/152.

[429] Vgl. Moxter (1995a), S. 319, 320; ders. (2003b), S. 1589; Herzig (1990), S. 1347; ders. (1991b), S. 213; ders. (1993a), S. 221/222; ders. (1993b), S. 169; ders. (1994e), S. 234/235; Jäger (1996), S. 165; Naumann (1991), S. 534; Förschle/ Scheffels (1993), S. 1203; Böcking (1994), S. 210; Tischbierek (1994), S. 49; Thies (1996), S. 72; Weber-Grellet (1996), S. 904; Die Formulierung in § 246 Abs. 1 Satz 1 HGB: „[...] soweit gesetzlich nichts anderes bestimmt ist." erlaube eine Durchbrechung des Vollständigkeitsgebotes durch das (umgedeutete) Realisationsprinzip, so Herzig (1993b), S. 169/170.

[430] So Herzig (1993b), S. 169; ders. (1994a), S. 79, mit Bezug auf den § 246 Abs. 1 Satz 1 HGB.

[431] Herzig (1990), S. 1347; ders. (1991b), S. 213; ders. (1993a), S. 223; ders. (1993b), S. 169; ders. (1994a), S. 78; ders. (1994e), S. 234/235; Tischbierek (1994), S. 65, 95.

Die „Wirtschaftliche Verursachung" bergbaubedingter Verpflichtungen als Kriterium ... 109

ge Erträge greifbar zugeordnet werden können",[432] stelle sich die Situation nicht anders dar als bei der Aktivierung von Ausgaben für beschafftes und in der Folgezeit, bei gegenwärtig bloß erhoffter und daher ebenfalls noch unsicherer Ertragsrealisierung, abzuschreibendes Anlagevermögen.[433]

Im Vergleich zur „Alimentationsthese" führt die von der Finanzrechtsprechung vertretene Interpretation von „wirtschaftlicher Verursachung" zu einer gänzlich abweichenden Periodisierung der Ausgaben für bergbaubedingte Verpflichtungen i.e.s., dem Grunde wie der Höhe nach.[434]

Da die rechtliche Entstehung bergbaubedingter Verpflichtungen mit *erfolgtem bergbaulichen Eingriff* eindeutig gegeben ist und dieser Zeitpunkt gem. BFH den *spätest möglichen Passivierungszeitpunkt* darstellt, ist die Rückstellung entsprechend den eindeutig feststellbaren (messbaren) und durch WNBM zu heilenden Folgen bergbaulicher Eingriffe, d.h. entsprechend „einem bereits geschaffenen Zustand" zu bilden.[435] *Angesichts des unteilbaren Tatbestandes „bergbaulicher Eingriff in die Oberfläche" stehen hier keine „wirtschaftlich wesentlichen Tatbestandsmerkmale" aus, deren erst zukünftige Erfüllung einen ebenso erst zukünftigen Ansatz rechtfertigen würde, vielmehr ist der Tatbestand, an den das BBergG die Verpflichtung zur WNBM knüpft, mit erfolgtem bergbaulichen Eingriff voll verwirklicht.*[436] Rückstellungen wegen der Verpflichtung zur WNBM wären hiernach also erstmalig in der Periode des bergbaulichen Eingriffs und zudem in voller Höhe des bewerteten sachlichen Verpflichtungsumfangs zu bilden. So wie gem. dem „Alimentationsprinzip" das Vorliegen einer „wirtschaftlichen Last" ausschlaggebend für einen Rückstellungsansatz sein soll, fordert die Finanzrechtsprechung (allgemein für Verbindlichkeiten), dass zum Bilanzstichtag eine „wirtschaftliche Belastung" vorliegt.[437] Zu dieser Aussage gelangt sie trotz eines grundsätzlich abweichenden Verständnisses von „wirtschaftlicher Verursachung". Hieran zeigt sich eindeutig, dass die Ausfüllung rein theoretischer Begriffe eben immer zweckabhängig erfolgen muss und daher selbst (nahezu) identische Begriffe inhaltlich jeweils unterschiedlich interpretiert werden können.

---

[432] Zitat Moxter (1992), S. 432; ähnlich ders. (1995a), S. 320.
[433] Moxter (1995a), S. 320 bis 322; Jäger (1996), S. 160; Naumann (1991), S. 534/535.
[434] Für Entfernungsverpflichtungen hat die Finanzrechtsprechung gesonderte Periodisierungsgrundsätze entwickelt, vgl. hierzu unten unter 4.4.6.
[435] BFH, Urteil vom 19.02.1975 – I R 28/73, S. 482, für bergbaubedingte Verpflichtungen; vgl. hierzu die Besprechungen durch v. Wallis (1975), S. 270 sowie Döller (1976), S. 354; vgl. für bergbaubedingte Verpflichtungen weiterhin: BFH, Urteil vom 19.05.1983 – IV R 205/79, S. 672 mit Besprechung durch Döller (1984), S. 633; BFH, Urteil vom 12.12.1991 – IV R 28/91, S. 602; BMF, Schreiben vom 16.04.1981 – IV B 2 – S 2137 – 12/81, S. 965.
[436] Vgl. auch: Müller (1981), S. 139; Kessler (2001), S. 1907/1908.
[437] BFH, Urteil vom 04.02.1999 – IV R 54/97, S. 141; BFH-Urteil vom 06.04.2000 – IV R 31/99, S. 844; BFH, Urteil vom 05.06.2002 – I R 23/01, NV, S. 1181; BFH, Urteil vom 18.12.2002 – I R 17/02, S. 512; BFH, Urteil vom 19.11.2003 – I R 77/01, S. 320, siehe hierzu auch den Kommentar von Weber-Grellet (2004a), S. 279; ders. (2005), S. 37.

Dem wohl als bloße Umschreibung oder versuchte Konkretisierung der „wirtschaftlichen Verursachung" z.T. verwendeten Kriterium der „Abgeltung von Vergangenem" kommt dabei, da sich dieses nur auf rechtlich noch nicht entstandene Verpflichtungen bezieht, für bergbaubedingte Verbindlichkeiten keine unmittelbare Bedeutung zu, wobei der Vergangenheitsbezug und damit der Abgeltungsaspekt dann ohne Zweifel zu bejahen sind, wenn man diesen auf die Folgen bereits realisierter bergbaulicher Eingriffe und nicht auf erhoffte zukünftige Erträge bezieht.

4.4.6 Fehlende Eindeutigkeit und Konsistenz der Konzeption von „wirtschaftlicher Verursachung" gemäß Finanzrechtsprechung

Die Verursachungskonzeption des BFH ist trotz des für den Fall bergbaubedingter Verpflichtungen i.e.S. eindeutigen Ergebnisses in verschiedener Hinsicht kritikwürdig und daher auch nicht ohne weiteres anwendbar. Zunächst führt die Forderung, Verpflichtungen *spätestens* mit ihrer rechtlichen Entstehung, und d.h. *un*abhängig von einer ggf. noch nicht vorliegenden wirtschaftlichen Verursachung in der Vergangenheit zu passivieren, zu teilweise nicht akzeptablen Ergebnissen, wie an späterer Stelle der Arbeit hinsichtlich der Frage diskutiert wird, inwieweit Rückstellungen für zukünftig anfallende, aktivierungspflichtige Ausgaben gebildet werden dürfen.[438] Diese Problematik resultiert letztlich daraus, dass gem. BFH einerseits zwar der frühere Zeitpunkt von wirtschaftlicher Verursachung und rechtlicher Entstehung maßgeblich sein soll, zugleich aber die wirtschaftliche Verursachung lediglich eine Teilmenge der rechtlichen Entstehung darstellt, womit erstere der letztgenannten zwar zeitlich vorgelagert sein, ihr aber grundsätzlich nicht zeitlich nachfolgen kann.[439] Nur bei voneinander *un*abhängiger Definition von rechtlicher Entstehung und wirtschaftlicher Verursachung (so wie gem. der Konzeption umsatzgebundener Gewinnermittlung) können beide Kriterien überhaupt zu unterschiedlichen Passivierungszeitpunkten führen.

Unnötig erschwert wird das Verständnis von „wirtschaftlicher Verursachung" i.S.v. „Verwirklichung der wirtschaftlich wesentlichen Tatbestandsmerkmale" durch deren teilweise Gleichsetzung mit „wirtschaftlicher Entstehung",[440] die, in Abgrenzung zu einer kostenrechnerisch geprägten Aufwands-Ertrags-Zuordnung, stärker auf den Verpflichtungscharakter von Rückstellungen abstellt.[441] Es dürfte als wenig hilfreich zu bezeichnen sein, einen an sich

---

[438] Vgl. hierzu unten unter 4.5.

[439] Matschke/ Schellhorn (1998), S. 451; Schellhorn (2003), S. 309.

[440] So in BFH, Urteil vom 20.03.1980 – IV R 89/79, S. 298; BFH, Urteil vom 28.06.1989 – I R 86/85, S. 552; BFH, Urteil vom 19.08.2002 – VIII R 30/01, S. 43.

[441] Vgl. zur Formulierung auch Döllerer (1979a), S. 5, 6; Eibelshäuser (1981), S. 60, 62; Kammann (1988), S. 189 bis 191; Kessler (2001), S. 1904/1905; Kraus (1987), S. 42/43, 56; Schön (1994), S. 4; Woerner (1994b), S. 505; kritisch zur Formulierung Groh (1980), S. 136/137.

Die „Wirtschaftliche Verursachung" bergbaubedingter Verpflichtungen als Kriterium ...   111

schon schwer zu konkretisierenden Begriff durch einen zweiten, ebenfalls nicht definierten Ausdruck zu umschreiben bzw. zu ergänzen.[442]

Ebenso haben die teilweisen „Ausflüge in die Gedankenwelt *Moxters*"[443] bei der Umschreibung der „wirtschaftlichen Verursachung" in rückstellungsrelevanten BFH-Urteilen[444] gleichermaßen Hoffnung auf einen endgültigen Durchbruch der „Alimentationsthese" geweckt[445] wie diesbezüglich Befürchtungen hervorgerufen.[446] Nach einer kurzzeitigen Abkehr von den hinter der „Alimentationsthese" stehenden Gedankengängen[447] scheint sich neuerdings wieder eine Tendenz abzuzeichnen, zwischen der Aufwandsverrechnung für Rückstellungsdotierung und den infolge des Eingehens der Verpflichtung realisierten Erträgen eine die Rückstellungsbildung bestimmende Verbindung herstellen zu wollen.[448]

Solche „Stimmungswechsel" in der Finanzrechtsprechung dürften, unabhängig davon, ob diese im Einzelfall tatsächlich zu unterschiedlichen Periodisierungen führen,[449] jedenfalls nicht zu einer besseren Bestimmbarkeit von „wirtschaftlicher Verursachung" beitragen.

Das vom BFH verwendete, konkretisierungsbedürftige Verursachungskriterium verleitet gelegentlich dazu, Rückstellungen auch wegen solcher Verpflichtungen zu untersagen, bei denen „die künftigen Ereignisse, die zum unbedingten Entstehen der Verpflichtung führen" eigentlich ohne jeden Zweifel „wirtschaftlich dem abgelaufenen Wirtschaftsjahr zuzurechnen"[450] sein müssten: Hinzuweisen ist in diesem Zusammenhang auf die zwischenzeitlich verboten gewesene Rückstellung wegen rückständiger Arbeiten zwecks Erfüllung der öffentlichrechtlichen Verpflichtung zur Erstellung des Jahresabschlusses[451] sowie auf das Verbot,

---

[442]   Vgl. auch die Kritik bei Schneider (1983a), S. 145.

[443]   Zitat Gosch (2002), S. 979; Christiansen (1996b), S. 60.

[444]   BFH, Urteil vom 28.06.1989 – I R 86/85, S. 553: „Sind künftige Ausgaben wirtschaftlich mit bereits realisierten Erträgen verbunden, so sind sie in dem Jahr zu passivieren, in dem die Zugehörigkeit zu früheren Erträgen konkretisiert wird."; BFH, Urteil vom 25.08.1989 – III R 95/87, S. 895: „An der wirtschaftlichen Verursachung in der Vergangenheit fehlt es insbesondere, wenn eine ungewisse Verbindlichkeit wirtschaftlich eng mit den künftigen Gewinnchancen verbunden ist."; weiterhin in BFH, Urteil vom 25.03.1992 – I R 69/91, S. 1012; ebenso BGH, Urteil vom 28.01.1991 – II ZR 20/90, S. 508.

[445]   Jäger (1996), S. 162.

[446]   Kessler (1992), S. 106.

[447]   BFH, Urteil vom 27.06.2001 – I R 45/97, S. 220/221.

[448]   BFH, Urteil vom 29.11.2000 – I R 87/99, S. 564/565; BFH, Urteil vom 05.06.2002 – I R 96/00, S. 834, vgl. hierzu Buciek (2002), S. 834/835; BFH, Urteil vom 25.03.2004 – IV R 35/02, S. 652, vgl. zum diesbezüglichen „Gedanken der Nettorealisation" Weber-Grellet (2004b), S. 1016 sowie Fatouros (2004), S. 1018.

[449]   Dies für mehrere relevante Beispiele verneinend: Herzig (1993a), S. 216; ebenso Siegel (1994a), S. 5/6; vgl. zur Kritik an der fehlenden Konsistenz in der Finanzrechtsprechung Mayer-Wegelin (1995b), S. 1242/1243; unkritisch hingegen Döllerer (1991), S. 1276.

[450]   BFH, Urteil vom 20.01.1983 – IV R 168/81, S. 375/376.

[451]   BFH, Urteil vom 26.10.1977 – I R 148/75, S. 97 bis 99; BFH, Urteil vom 26.10.1977 – I R 124/76, S. 99 bis 100; vgl. zu den Urteilen und den Hintergründen: Beisse (1979), S. 190; ders. (1980a), S. 246; Döllerer (1979a), S. 6; kritisch: Clemm (1980), S. 183 bis 185; Mayer-Wegelin (1980), S. 266/267; erneute Zulassung der genannten Rückstellung durch BFH, Urteil vom 20.03.1980 – IV R 89/79, S. 298; vgl. zum Sinneswandel: Döllerer (1981), S. 553/554; Nissen (1981), S. 324 bis 327; Kraus (1987), S. 57 bis 60.

Rückstellungen wegen zukünftiger Ausgaben zur pflichtgemäßen Beseitigung von Schlamm zu bilden, der sich im Zeitablauf im Stauraum eines Flusswasserkraftwerkes ansammelte.[452]

Auch hinsichtlich Entfernungsverpflichtungen sowie weiterer bergbaubedingter Verpflichtungen ist auf Widersprüche hinzuweisen: So sollen Rückstellungen wegen Entfernungsverpflichtungen rein zeitabhängig-linear gebildet werden,[453] obwohl derartige Verpflichtungen „sogleich mit der Verlegung" [von Rohrleitungen, *der Verf.*] (rechtlich) entstehen[454] und damit auch wirtschaftlich verursacht sind.[455] Entscheidend für die Verteilung des Erfüllungsbetrags sei hier, dass „die langjährige Nutzung der verlegten Leitungen" und das Nutzungsende, „wirtschaftlich gesehen" „der Anlass für die Beseitigung" seien.[456] In den aufgezeigten Fällen tritt damit, ohne nähere Begründung, das sonst vorrangige Kriterium der rechtlichen Entstehung zugunsten einer nicht näher spezifizierten wirtschaftlichen Sichtweise zurück.[457]

Bezüglich bergbaubedingter Verpflichtungen i.e.S. bestehen ebenfalls Inkonsistenzen: Grundsätzlich sei bei bergbaubedingten Verpflichtungen „als Rückstellung der Betrag anzusetzen", der „nach den Verhältnissen am Bilanzstichtag" aufzuwenden wäre, „um den im laufenden Wirtschaftsjahr ausgebaggerten Teil der Gruben wieder aufzufüllen".[458] Nur hierdurch sei eine möglichst exakte und gesicherte Berechnung des Rückstellungsbetrags möglich.[459] An anderer Stelle wird hingegen von einer Dotierung der Rückstellung „nach Maßgabe der Fördermenge" gesprochen, ohne hierin einen Widerspruch insbesondere zum diesbezüglichen Urteil von 1970 zu sehen.[460] Die Formulierung „nach Maßgabe des Abbaus"[461] deutet demgegenüber wieder auf eine Orientierung an den Folgen bergbaulicher Eingriffe hin, die gleichzeitige Forderung, „kontinuierliche jährliche Rückstellungen" zu bilden,[462] dürfte sich damit eher auf die in diesem Zusammenhang genannten Abbruchverpflichtungen beziehen. Dass der Finanzrechtsprechung bzgl. bergbaubedingter Verpflichtungen i.w.S. eine einheitliche, auf

---

[452] BFH, Urteil vom 12.12.1991 – IV R 28/91, S. 602; das Urteil ablehnend: Kirchhoff (1994), S. 122; Strobl (1995), S. 90/91; Claussen/ Korth (1995), S. 124/125; hingegen dem Urteil zustimmend Roeder (1993), S. 1936.

[453] BFH, Urteil vom 19.02.1975 – I R 28/73, S. 482; ebenso BFH, Urteil vom 27.11.1968 – I 162/64, S. 249, bzgl. Rückstellungen für erst nach Jahrzehnten zu entfernende Anlagen der Elektrizitätsversorgung; vgl. zu den Urteilen auch Armbrust (1979), S. 2049; ebenso: BMF, Schreiben vom 20.05.1980 – IV B 2 – S 2170 – 50/80, S. 1295 bis 1296, bzgl. Verfüllung von Bohrlöchern in der Erdöl- und Erdgaswirtschaft; BMF, Schreiben vom 27.12.1995 IV B 2 – S 2137 – 87/95, S. 264, bzgl. Entfernung von Kernkraftwerken.

[454] BFH, Urteil vom 29.10.1974 – I R 103/73, S. 115.

[455] So explizit BMF, Schreiben vom 20.05.1980 – IV B 2 – S 2170 – 50/80, S. 1296.

[456] BFH, Urteil vom 29.10.1974 – I R 103/73, S. 115.

[457] Den Urteilen gleichwohl unkritisch zustimmend: Günkel (1991), S. 116; ablehnend hingegen u.a. Pickhardt-Poremba (2001), S. 183.

[458] BFH, Urteil vom 16.09.1970 – I R 184/67, S. 87; ebenso: BFH, Urteil vom 19.02.1975 – I R 28/73, S. 482; nahezu wortgleich FG Nürnberg, Urteil vom 22.10.1976 – III 56/76, S. 157.

[459] BFH, Urteil vom 19.02.1975 – I R 28/73, S. 482.

[460] BFH, Urteil vom 05.02.1987 – IV R 81/84, S. 847.

[461] BFH, Urteil vom 03.12.1991 – VIII R 88/87, S. 92; ähnlich in BFH, Urteil vom 12.12.1991 – IV R 28/91, S. 602: „...Umfang der jeweiligen Abbaumaßnahmen, ...".

[462] BFH, Urteil vom 03.12.1991 – VIII R 88/87, S. 92.

Die „Wirtschaftliche Verursachung" bergbaubedingter Verpflichtungen als Kriterium ...   113

dem „Alimentationsprinzip" beruhende Betrachtungsweise zugrunde liegt, kann nach den bisherigen Ausführungen jedenfalls nicht behauptet werden.[463]

4.4.7 Eigene Überlegungen zum Kriterium der „wirtschaftlichen Verursachung"

4.4.7.1 Vorbemerkung

Nach Darstellung der beiden die wissenschaftliche Diskussion beherrschenden, sich diametral gegenüberstehenden Dotierungsweisen soll die Thematik im Folgenden grundlegend strukturiert werden. Der den Meinungsstreit in der Literatur beherrschenden Besprechung der „richtigen" Bezugsgröße für die Rückstellungsdotierung vorangestellt wird hier die Diskussion des relevanten *Zeitpunktes, für den der Erfüllungsbetrag bemessen wird*, genau: Es muss entschieden werden, *für welchen Zeitpunkt der sachliche Verpflichtungsumfang (Erfüllungsumfang), der seinerseits eine Komponente des Erfüllungsbetrags darstellt, berechnet wird.*

Erst im Anschluss erscheint es sinnvoll, die Frage zu diskutieren, auf welche Art und Weise (mittels welcher Bezugsgrößen) dieser für einen bestimmten Zeitpunkt bemessene Erfüllungsbetrag periodisch als Rückstellung zugeordnet wird mit der Folge einer entsprechenden Aufwandsverrechnung. Neben den Erträgen („Alimentationsprinzip") sowie dem sachlichen Verpflichtungsumfang (BFH für bergbaubedingte Verpflichtungen i.e.S.) sollen als weitere denkbare Bezugsgrößen[464] der Rückstellungsdotierung betrachtet werden die Zeit (rein zeitabhängig-lineare Verteilung des Erfüllungsbetrags über die Laufzeit der Verpflichtung), die Fördermenge (in t über die Laufzeit, dabei Verrechnung eines spezifischen Aufwandsbetrags je geförderter t) und die Absatzmenge.

Es ist also zunächst zu entscheiden, *welcher* sachliche Verpflichtungsumfang überhaupt einzeln erfasst und bewertet wird zwecks Bemessung des Erfüllungsbetrags. Damit wird zugleich der Umfang einer „Einzelmaßnahme der WNBM" abgegrenzt bzw. wird eine „Einzelmaßnahme der WNBM" überhaupt erst inhaltlich und sachlich definiert.[465] Erst im Anschluss hieran ist zu diskutieren, inwieweit zum jeweiligen Bilanzstichtag eine einzeln zu erfassende „wirtschaftliche Last" vorliegt, die als Einzelrückstellung in den Rechnungsinhalt „Gesamtrückstellung" des Rechnungsinstrumentes „Vermögensvergleich" eingeht. Der Grundsatz der Einzelerfassung und –bewertung muss auf diesen beiden Ebenen eindeutig ausgefüllt werden, um die Erstellung eines einzelwertbasierten Vermögensvergleichs in nachprüfbarer Weise gewährleisten und Rechenschaft über die verwendeten Rechnungsinhalte geben zu können. Anknüpfend an die Ausführungen zum Verhältnis von Erfüllungsbetrag und

---

[463] So aber Friedemann (1996), S. 57.
[464] Vgl. zu möglichen Bezugsgrößen: Schellhorn (1995), S. 557; Matschke/ Schellhorn (1998), S. 456.
[465] Vgl. zum Begriff der Einzelmaßnahme bereits oben unter 2.2.3.

Rückstellung(shöhe/dotierung/aufwand)[466] ist festzuhalten, dass „sachlicher Verpflichtungsumfang" zwei Funktionen innehat: Einerseits stellt dieser, neben spezifischen Kostensätzen, eine *in jedem Fall*, d.h. bei Verwendung *jeder* Bezugsgröße, zu verwendende Bewertungskomponente des Erfüllungsbetrags dar; andererseits dient er unmittelbar selbst als *eine mögliche Bezugsgröße der Periodisierung des Erfüllungsbetrags* einer Einzelmaßnahme der WNBM.

Nicht betrachtet zu werden brauchen im Folgenden solche Einzelmaßnahmen, die *ausschließlich* durch im abgelaufenen Geschäftsjahr realisierte bergbauliche Eingriffe (bergrechtlich) entstanden sind und die im folgenden Geschäftsjahr vollständig realisiert werden. Nur wenn der Einzelmaßnahme weitere bergbauliche Eingriffe in dem/den folgenden Geschäftsjahr/en zuzuordnen sind, kann überhaupt Diskussionsbedarf über den zugrunde zu legenden Zeitpunkt der Bemessung des Erfüllungsumfangs und -betrags entstehen. Und nur dann, wenn die Einzelmaßnahme erst nach Ablauf des *folgenden* Bilanzstichtags (vollständig) realisiert wird, kann sich auch die Frage stellen, nach welcher Bezugsgröße der Erfüllungsbetrag (über zumindest 2 Perioden hinweg) periodisiert wird.

Umgekehrt gilt: Entsteht (bergrechtlich) eine Einzelmaßnahme durch im abgelaufenen Geschäftsjahr realisierte bergbauliche Eingriffe abschließend, ist zwangsläufig allein der aktuelle Bilanzstichtag der relevante Zeitpunkt für die Bemessung von Erfüllungsumfang und -betrag. Wird zugleich die Maßnahme im nächsten Geschäftsjahr voll erfüllt, besteht keinerlei Erfordernis und auch keine Möglichkeit, den Erfüllungsbetrag mehrperiodig zuzuordnen, d.h. die Rückstellung wird in diesem Fall zum gegenwärtigen Bilanzstichtag einmalig in voller Höhe des Stichtagserfüllungsbetrags gebildet.

Als Musterbeispiel für die somit eingegrenzten, hier zu betrachtenden Einzelmaßnahmen soll in den folgenden Ausführungen auf die Einzelmaßnahme „Restlochgestaltung" abgestellt werden, da dieser kontinuierlich fortgesetzte bergbauliche Eingriffe zuzuordnen sind und die Erfüllung erst in fernerer Zukunft erfolgen soll.

4.4.7.2 Diskussion des Zeitpunktes, für den der Erfüllungsbetrag bemessen wird

Zum einen (Fall 1) kann der der Rückstellungsdotierung zugrunde liegende Erfüllungsbetrag bemessen werden, indem auf den Zustand des Restloches abgestellt wird, in dem sich dieses *zum jeweiligen, aktuellen Bilanzstichtag* befindet. Maßgebend sind danach die Ausgaben, die erforderlich wären, um jenen sachlichen Verpflichtungsumfang in der Art und in dem Umfang zu realisieren, wie er sich infolge in der Vergangenheit getätigter bergbaulicher Eingriffe zum aktuellen Bilanzstichtag darstellt (Bemessung des *Stichtagserfüllungsbetrags* unter Verwendung des *tatsächlichen sachlichen Verpflichtungsumfangs des jeweils aktuellen Bilanzstichtages*, d.h. des *tatsächlichen Stichtagserfüllungsumfangs*).

---

[466] Vgl. oben unter 4.2.

Damit muss der sachliche Verpflichtungsumfang zu *jedem* Bilanzstichtag grundsätzlich neu berechnet und der Erfüllungsbetrag ebenso grundsätzlich neu bemessen werden unter Berücksichtigung sämtlicher, monetär zu bewertender Folgen getätigter bergbaulicher Eingriffe. Somit wird auch die Rückstellungsdotierung, unabhängig von der erst noch auszuwählenden Periodisierungsgröße, zu jedem Stichtag neu berechnet, da der als Grundlage ersterer dienende Erfüllungsbetrag in jedem Fall auf die Rückstellungshöhe einwirken muss.

Alternativ hierzu (Fall 2) kann der Bemessung des Erfüllungsbetrags jener sachliche Verpflichtungsumfang zugrunde gelegt werden, der bei planmäßiger, regulärer Erfüllung nach planmäßig abgeschlossenem Regelbetrieb zukünftig voraussichtlich zu realisieren sein wird (*planmäßiger sachlicher Verpflichtungsumfang* bzw. *planmäßiger Erfüllungsumfang* als Grundlage der Bemessung des *planmäßigen Erfüllungsbetrags*).

„Einzelmaßnahme der WNBM" würde also je nach zugrunde gelegtem Zeitpunkt einen unterschiedlichen sachlichen Verpflichtungsumfang aufweisen, d.h. sachlich-inhaltlich abweichend strukturiert sein und damit letztlich auch einen abweichenden Erfolg (konkrete Ausgestaltung der Oberfläche nach realisierter WNBM) anstreben.

Ein Abstellen auf den tatsächlichen Stichtagserfüllungsumfang böte im Gegensatz zu Fall 2 die Möglichkeit, die i.R.d. jährlich vorzunehmenden Inventur ebenfalls durchzuführende *Verpflichtungsinventur* für das Massengerüst einer Einzelmaßnahme als eine tatsächlich *körperliche* Bestandsaufnahme[467] auszugestalten (das Mengen- und Leistungsgerüst ergeben sich in jedem Fall ausschließlich aus entsprechenden, vom Massengerüst abhängigen Planungen). Das Abstellen auf den tatsächlichen Stichtagserfüllungsumfang würde insofern in besonderem Maße der Forderung nach einzelner Erfassung und Bewertung der in die Rechnungsinhalte eingehenden Werte zumindest für das Massengerüst entsprechen: Nur das aus realisierten bergbaulichen Eingriffen resultierende, je Einzelmaßnahme erfasste Massengerüst (*Einzelerfassung*)[468] kann, in einer Anzahl m^2, ha, t oder m^3 ausgedrückt, als für Bewertungszwecke unmittelbar beobachtbar gelten und kann dann durch Einzel*bewertung* in einen *wertmäßigen Verpflichtungsumfang* (= Erfüllungsbetrag der jeweiligen Einzelmaßnahme der WNBM) transformiert werden und damit für die Empfänger von Rechnungslegung als *wertmäßig beobachtbar* gelten.[469]

Nur das aus realisierten bergbaulichen Eingriffen resultierende Massengerüst ist zum jeweiligen Stichtag für den bilanzierenden Kaufmann als retrospektiv ermittelbare Größe eindeutig bestimmbar und damit dem planmäßigen Massengerüst, das zum Eingang eines rein fiktiven Wertes in den Rechnungsinhalt „Rückstellung" führen würde, überlegen: Der erst zukünftig herrschende Zustand des Restloches bei planmäßiger Erfüllung der bergrechtlichen

---

[467] Moxter (1976), S. 34; vgl. zu Einzelheiten der Verpflichtungsinventur unter 5.3.

[468] Eine solche einzelne Erfassung muss, bevor an eine monetäre Bewertung überhaupt zu denken ist, durch die zuständige Abteilung des Bergbauunternehmens oder durch qualifizierte Gutachter vorgenommen werden, was hier vorausgesetzt werden muss.

[469] Vgl. zum Ansatz erneut Schneider (1983a), S. 149.

Verpflichtung (Fall 2) kann nämlich nicht durch eine körperliche Messung in einer Anzahl m^2, ha, t oder m^3 ausgedrückt und damit für den Zweck der Bemessung des Erfüllungsbetrags in unmittelbar beobachtbare monetäre Größen transformiert werden, sondern ergibt sich allein aus innerbetrieblichen Planungen sowie den Wünschen der Ersteller der Braunkohlenpläne in dem Maße, wie sich diese in letzteren niedergeschlagen haben.

Würde ein Erfüllungsbetrag für eine solchermaßen definierte Einzelmaßnahme berechnet, so würde regelmäßig eine Rückstellung für die Gestaltung eines Restloches gebildet, das sich in dieser Ausprägung erst Jahrzehnte später sowie mehrere Kilometer entfernt vom Standort des jetzigen Tagebauraumes befinden würde, nämlich genau an jener Stelle, an die der aktuelle, offene Tagebau als zukünftiges, bis zum Erfüllungszeitpunkt i.d.R. erheblich vergrößertes Restloch infolge weiteren Abbaus „hinwandern" wird. Damit würde ein Abstellen auf den planmäßigen Erfüllungsumfang in jedem Fall und eindeutig gegen die Unterscheidung in *wertaufhellende Informationen* und *wertbegründende Ereignisse* als Ausfluss des Stichtagsprinzips verstoßen:[470] In Abgrenzung zu den wertaufhellenden Informationen, also solchen dem Kaufmann erst zwischen Bilanzstichtag und dem Tag der Bilanzaufstellung zugehenden Informationen über zum Bilanzstichtag bereits herrschende Verhältnisse bzw. eingetretene Umstände (nachträglich bessere Erkenntnis), betreffen *wertbegründende Ereignisse* solche Umstände, deren Ursachen im *neuen* Geschäftsjahr, also *nach* dem Abschlussstichtag liegen. Die Folgen wert*begründender* Ereignisse müssen im Jahresabschluss des Geschäftsjahres berücksichtigt werden, in dem sie eintreten, also im *neuen* Geschäftsjahr.[471]

Mit Blick auf den zu wählenden Zeitpunkt, für den der Erfüllungsumfang als Grundlage des Erfüllungs- und damit Rückstellungsbetrags berechnet wird gilt dabei, dass durch das Abstellen auf den *planmäßigen* Erfüllungsumfang ganz offensichtlich *die Grenze zwischen wertaufhellenden Informationen und wertbegründenden Ereignissen überschritten wird*. Neue, zusätzliche bergbauliche Eingriffe, die überhaupt erst zu diesem zukünftigen sachlichen Verpflichtungsumfang führen, finden in jedem Fall *nach* dem gegenwärtigen Bilanzstichtag und auch nach dem Tag der Bilanzaufstellung statt. Sie begründen *völlig neue Umstände*, die *auf die Vermögenssituation zum gegenwärtigen Bilanzstichtag ohne jede Auswirkung sind*:[472]

Die Umstände, die zum Restloch im Jahre 2050 führen, sind geprägt durch erst zukünftig (voraussichtlich) zu realisierende bergbauliche Eingriffe. Bei Orientierung der Bemessung des Erfüllungsbetrags am planmäßigen Erfüllungsumfang würde in den Rechnungsinhalt „Rückstellung" damit *eine* Komponente (neben der Bewertung mit spezifischen Kostensätzen),

---

[470] Vgl. zur Unterscheidung: Baetge/ Kirsch (1995), Tz. 306; Hense/ Geißler (2003), § 252, Tz. 27w28, 38; Selchert (1995), § 252, Tz. 58, 59; Niemann (1975), S. 272 bis 277; vgl. zuletzt auch: Assmann (2005), v.a. S. 1 und 2; Strahl (2005), v.a. S. 361 bis 363, beide mit zahlreichen Nachweisen aus der Rechtsprechung.

[471] Baetge/ Kirsch (1995), Tz. 306; Selchert (1995), § 252, Tz. 58, 77; Leffson (1987), S. 229, 233: Abbrand eines Vermögensgegenstandes unmittelbar nach dem Abschlussstichtag; ausführlich zur Thematik: Kammann (1988), S. 93 bis 110, mit zahlreichen Nachweisen.

[472] Vgl. zur Nicht-Berücksichtigungsfähigkeit der Folgen zukünftiger bergbaulicher Eingriffe auch FG Nürnberg, Urteil vom 22.10.1976 – III 56/76, S. 157; ebenso: Bäcker (1989), S. 2077; Sauer (1977), S. 209.

Die „Wirtschaftliche Verursachung" bergbaubedingter Verpflichtungen als Kriterium ... 117

nämlich der sachliche Verpflichtungsumfang, auf einer Grundlage eingehen, der jeglicher Bezug zum abgelaufenen Geschäftsjahr fehlt. Rückstellungsprägend würde der sachliche Verpflichtungsumfang eines Restloches, das in dieser Ausprägung erst in Jahrzehnten existieren wird. Dies führt aber keinesfalls dazu, die Vermögenssituation, wie sich zum gegenwärtigen Bilanzstichtag darstellt, nachträglich durch neue Erkenntnisse zu erhellen, d.h. in ihrer Höhe eindeutig zu klären. *Die Vermögenssituation zum gegenwärtigen Bilanzstichtag ist eindeutig und ausschließlich durch die Folgen jener bergbaulichen Eingriffe gekennzeichnet, die im/in den abgelaufenen Geschäftsjahr/en erfolgt sind.*

Für das Abstellen auf den planmäßigen Erfüllungszeitpunkt (Fall 2) spricht hingegen die Möglichkeit, der Bemessung des Erfüllungsbetrags unmittelbar die Folgenutzungskonzeptionen aus den Braunkohlenplänen,[473] die auf diese abgestimmten Betriebspläne sowie diesbezügliche innerbetriebliche Planungen und damit auch die bergrechtlich abgegrenzte, einen definierten Erfolg schuldende „Einzelmaßnahme der WNBM" zugrunde zu legen.[474] Liegen solche Vorgaben (noch) nicht vor, insbesondere weil konkrete Anforderungen an die WNBM erst in eigens aufzustellenden Abschlussbetriebsplänen formuliert werden können, müssen demnach eigene betriebliche Planungen erfolgen (Beispiel: Behandlung der Einrichtungen i.S.d. § 2 Abs. 1 Nr. 3 BBergG i.R.d. WNBM).

Das Abstellen auf die Braunkohlenpläne wird auch, hier entscheidend, vom *GoB der Unternehmensfortführung* (§ 252 Abs. 1 Nr. 2 HGB) gefordert. Dieser darf, entgegen seiner Einordnung als Nr. 2 in den § 252 Abs. 1 HGB, nicht als reiner Bewertungsgrundsatz, sondern muss vielmehr als *Prämisse* verstanden werden, unter der die meisten übrigen Bewertungsvorschriften anzuwenden sind (z.B. planmäßige Abschreibung von Anschaffungskosten über die Nutzungsdauer).[475] Darüber hinaus berührt die going-concern-Prämisse aber auch die Ansatzebene: Solange von einem auch zukünftig werbenden Unternehmen auszugehen ist, dürfen keine zerschlagungsspezifischen Positionen (v.a. Verpflichtungen) angesetzt werden.[476] Gegen die going-concern-Prämisse würde ein Abstellen auf den tatsächlichen Stichtagserfüllungsumfang aber gerade verstoßen infolge der implizierten *fiktiven Zerschlagung* des Unternehmens zum aktuellen Bilanzstichtag. So würde in den Erfüllungsbetrag z.B. der Einzelmaßnahme „Restlochgestaltung" ein *zerschlagungsspezifischer sachlicher Verpflichtungsumfang* eingehen, d.h. die Bemessung des Erfüllungsumfangs würde zu jedem Bilanzstichtag zwangsläufig unter der *Fiktion* erfolgen, *genau diesen und keinen anderen* sachlichen Verpflichtungsumfang zu realisieren.[477] *Dieser* Umfang müsste nämlich *allein* bei augenblicklicher *Einstellung* des Betriebs realisiert werden, nicht hingegen bei dessen planmäßiger Fort-

---

[473] Diese Konzeptionen sind im Zeitablauf allerdings u.U. revisionsbedürftig, vgl. hierzu unter 5.3.3.
[474] Siehe zur Definition einer Einzelmaßnahme der WNBM bereits unter 2.2.3.
[475] Lutter (1986), S. 185/186; Selchert (1995), § 252, Tz. 34; ebenso Hense/ Geißler (2003), § 252, Tz. 9.
[476] Moxter (1979a), S. 437/438; Semler/ Goldschmidt (2005), S. 4; siehe auch Lutter (1986), S. 186.
[477] Vgl. zu den Folgen der Aufgabe des Fortführungsgrundsatzes: Sarx (1989), S. 142; Gross (1995), S. 262; Hense/ Geißler (2003), § 252, Tz. 18 bis 21; speziell zu Rückstellungen: Berger (2005), S. 383, 385.

führung. *Die gleichzeitige Beachtung der going-concern-Prämisse einerseits und, andererseits, des Stichtagsprinzips schließen sich* (*unabhängig von der noch ausstehenden Auswahl einer Bezugsgröße*) *bei Zugrundelegung des tatsächlichen Stichtagserfüllungsumfangs gegenseitig aus*, da in jedem Fall *eine* Komponente des Erfüllungsbetrags, eben der sachliche Verpflichtungsumfang, in einem nur bei sofortiger Einstellung der betrieblichen Tätigkeit maßgebendem Umfang unmittelbar Eingang in seine Bemessung und mittelbar dann auch in die Rückstellungshöhe finden würde. Schließlich müssten zahlreiche Einzelmaßnahmen der WNBM zu jedem Bilanzstichtag durch eine entsprechende Abgrenzung eines sich ständig verändernden sachlichen Verpflichtungsumfangs jeweils völlig neu bestimmt werden.

Neben dieser Zerschlagungsfiktion würde bei Abstellen auf den tatsächlichen Stichtagserfüllungsumfang zusätzlich angenommen, dass die Stillegung des Tagebaus, dem eine Einzelmaßnahme zuzuordnen ist, *ohne* vorhergehende Auslaufphase erfolgt, in der die Ausgestaltung des zukünftigen Böschungssystems vorgenommen bzw. vorbereitet werden kann (*strenge Zerschlagungsfiktion*). Ist die Verkippung der Aufschlussmassen eines Folgetagebaus in das (zukünftige) Restloch anstelle einer wohl aufwendigeren Böschungsgestaltung vorgesehen, so müsste auch hiervon abgesehen werden. Wollte man letztere Implikationen vermeiden, so müsste zu jedem Bilanzstichtag nicht nur eine tatsächlich nicht vorgesehene unmittelbare Folgenutzung, sondern auch die vorhergehende Einhaltung einer tatsächlich überhaupt nicht umgesetzten, den Auslauf des Betriebs berücksichtigenden Betriebsweise fingiert werden (*gemilderte Zerschlagungsfiktion*), wobei dann noch zu entscheiden wäre, über welchen vorhergehenden Zeitraum eine solche Auslaufphase angenommen werden soll. Eine unmittelbare Orientierung der Abgrenzung von „Einzelmaßnahme der WNBM" und der Bemessung ihres Erfüllungsbetrags an den Braunkohlenplänen und den hiermit abgestimmten Betriebsplänen ist somit bei einem Abstellen auf den tatsächlichen Stichtagserfüllungsumfang ausgeschlossen.

4.4.7.3 Auswahl des Zeitpunktes, für den der Erfüllungsbetrag bemessen wird

Aus den zuvor genannten Gründen wird in der vorliegenden Arbeit der Bemessung des Erfüllungsbetrags einer einen definierten bergrechtlichen Erfolg schuldenden Einzelmaßnahme der WNBM der *planmäßige Erfüllungsumfang zum planmäßigen Erfüllungszeitpunkt* zugrunde gelegt, dies zumindest solange, wie die Rechnung, in die die auf dieser Grundlage gebildete Einzelrückstellung eingeht, auf der going-concern-Prämisse beruht (handelsrechtlicher Einzel- und Konzernabschluss sowie Steuerbilanz).

Auf der Ebene der Bemessung des Erfüllungsbetrags wird damit einzeln erfasst und bewertet jener sachliche Verpflichtungsumfang, der sich aus innerbetrieblichen Planungen sowie unter Berücksichtigung der Anforderungen aus den Braunkohlenplänen im planmäßigen Erfüllungszeitpunkt (voraussichtlich) ergeben wird. Diese Erfassung kann auch für das Mas-

Die „Wirtschaftliche Verursachung" bergbaubedingter Verpflichtungen als Kriterium ...   119

sengerüst nicht körperlich erfolgen, sondern muss sich auf reine Planungsgrundlagen stützen. Hiernach ist, auf der Ebene der Rückstellungsbildung, darüber zu entscheiden, mittels welcher Bezugsgröße dieser Erfüllungsbetrag periodisch zugerechnet wird, d.h. welcher Anteil des so definierten Erfüllungsbetrags als „wirtschaftliche Last" als einzeln erfasste und einzeln bewertete Position in den Bilanzposten „Gesamtrückstellung" eingeht.

„Rechtliche Entstehung" als vollständige Verwirklichung der Tatbestandsmerkmale, an die das BBergG die Pflicht zur WNBM knüpft, ist zwangsläufig vergangenheitsorientiert und muss zu jedem Bilanzstichtag retrospektiv geprüft werden.

Hiervon zu unterscheiden ist die (planmäßige!) Inanspruchnahme durch die Bergbehörde, die erst nach planmäßiger Fortführung und Einstellung der bergbaulichen Tätigkeit erfolgt und die Realisierung eines vom tatsächlichen Stichtagserfüllungsumfangs abweichenden, eben des planmäßigen Erfüllungsumfangs erzwingt. Ein Abstellen auf den auch aus Sicht der Bergbehörde letztlich nicht relevanten tatsächlichen Stichtagserfüllungsumfang als dem rechtlich entstandenen Verpflichtungsumfang scheidet somit aus.

An dieser Stelle zeigt sich nicht nur, dass die Erfüllung des Ansatzkriteriums „rechtliche Entstehung" infolge realisierter bergbaulicher Eingriffe alleine *nicht* genügt, einen Rückstellungsansatz zu legitimieren,[478] sondern dass auch die Verknüpfung dieses Kriteriums mit jenem der „wirtschaftlicher Verursachung" gem. Verständnis der Finanzrechtsprechung[479] problematisch ist: „Wirtschaftliche Verursachung", verstanden als „Verwirklichung der wirtschaftlich wesentlichen Tatbestandsmerkmale", kann mit Blick auf die Fortführungsprämisse nämlich keinesfalls als bloße Teilmenge von „rechtlicher Entstehung" aufgefasst werden, wenn letzteres Kriterium zwangsläufig auf den tatsächlichen Stichtagserfüllungsumfang und damit den Stichtagserfüllungsbetrag, d.h. auf die monetären Folgen realisierter bergbaulicher Eingriffe zum jeweiligen Bilanzstichtag abstellen muss, während die going-concern-Prämisse das Abstellen auf den planmäßigen Erfüllungszeitpunkt und den dann gültigen Erfüllungsumfang und –betrag erzwingt.

Wenn also der BFH (sowie weite Teile der Literatur)[480] eine Rückstellungsdotierung gem. „sachlichem Verpflichtungsumfang" fordert, so wird dabei nicht nur die Tatsache übersehen, dass „sachlicher Verpflichtungsumfang" sowohl eine Bewertungskomponente des Erfüllungsbetrags wie eine mögliche Bezugsgröße für dessen Periodisierung darstellt, sondern es wird weiterhin die erforderliche Unterscheidung in planmäßigen Erfüllungsumfang und tatsächlichen Stichtagserfüllungsumfang missachtet. Mit der vom BFH geforderten Orientierung an „einem bereits geschaffenen Zustand"[481] könnten der Bemessung des Erfüllungsbetrags und damit der Rückstellungsdotierung überhaupt keine geeigneten Pläne i.S.v. „herzustellen-

---

[478] Siehe erneut unter 4.3.2.
[479] Siehe erneut unter 4.4.3.
[480] Vgl. die Nachweise unten unter 4.4.7.6.
[481] BFH, Urteil vom 19.02.1975 – I R 28/73, S. 482.

der Erfolg" zugrunde gelegt werden, da solche eben für einen völlig anderen Zweck als den der Rückstellungsdotierung zu einem einzelnen Bilanzstichtag erstellt werden. Unter Aspekten der Nachprüfbarkeit erscheint somit das Abstellen auf den planmäßigen Erfüllungszeitpunkt vorteilhaft, da für diesen zumeist intersubjektiv überprüfbare Planungsgrundlagen vorliegen dürften.

Von diesen müsste bei Abstellen auf den tatsächlichen Stichtagserfüllungsumfang in u.U. erheblicher Weise abgewichen werden, was einen entsprechenden, zusätzlichen Planungsaufwand auf Seiten des Bergbauunternehmens nach sich ziehen würde. Auch wenn der GoB der „Wirtschaftlichkeit"[482] sich einer eindeutigen Ausfüllung und Konkretisierbarkeit weitgehend entziehen dürfte, so wird man gleichwohl behaupten dürfen, dass eine letztlich allein für einen möglichen augenblicklichen Zerschlagungsfall konzipierte und daher jährlich völlig neu vorzunehmende WNBM-Planung hinsichtlich ihrer Aufwand-Nutzen-Relation in jedem Fall *un*wirtschaftlich ist.

4.4.7.4 Demonstration denkbarer Periodisierungsgrößen anhand eines vereinfachenden Beispiels

Im folgenden werden die Auswirkungen verschiedener Periodisierungsgrößen auf die Rückstellungsdotierung anhand eines zwangsläufig stark vereinfachenden Rechenbeispiels (Restlochgestaltung) erläutert. Der Vollständigkeit halber werden dabei nicht nur der planmäßige Erfüllungszeitpunkt als Regelfall, sondern auch der jeweils aktuelle Bilanzstichtag als möglicher Zeitpunkt betrachtet, für den der Erfüllungsbetrag einer Einzelmaßnahme bemessen werden kann, zunächst unabhängig von dem Rechnungszweck, der mit der Wahl sowohl von Zeitpunkt wie Periodisierungsgröße verfolgt werden kann.

In der folgenden **Tabelle 1** sind die Auswirkungen der Wahl verschiedener Bezugsgrößen auf die Periodisierung des planmäßigen Erfüllungsbetrags nach Ablauf des 10-periodigen Betriebs (erste Periode Aufschlussphase, 8 Perioden Regelbetrieb, eine Periode Auslaufbetrieb) in i=10 (von Veränderungen dieses Betrages im Zeitablauf aufgrund anderer Einflussgrößen, z.B. geänderte Preisverhältnisse, wird hier abgesehen) auf die periodische (Zeilen 1a bis 1e) sowie die kumulierte Rückstellungsdotierung (Zeilen 2a bis 2e) aufgeführt.

---

[482] Baetge/ Kirsch (1995), Tz. 307; siehe zu diesem GoB ausführlich unten unter 5.3.4.

Die „Wirtschaftliche Verursachung" bergbaubedingter Verpflichtungen als Kriterium ... 121

Daten:

100 t Förderung und Absatz sowie 100 € Erlöse in Summe über alle Perioden i bis n=10
sowie Erfüllungsbetrag von 100 € in i=10

Periode i		1	2	3	4	5	6	7	8	9	10	SUMME
1	Periodische Rückstellungs-dotierung											
a	zeitabhängig-linear	10	10	10	10	10	10	10	10	10	10	100
b	nach Fördermenge	8	11	11	11	10	10	10	9	11	9	100
c	nach Absatzmenge	8	10	10	10	10	10	10	12	11	9	100
d	nach Erlösen	8	10	11	12	11	11	12	10	8	7	100
e	nach planmäßigem Erfül-lungsumfang	100	0	0	0	0	0	0	0	0	0	100
2	Kumulierte Rückstellungs-dotierung											
a	zeitabhängig-linear	10	20	30	40	50	60	70	80	90	100	
b	nach Fördermenge	8	19	30	41	51	61	71	80	91	100	
c	nach Absatzmenge	8	18	28	38	48	58	68	80	91	100	
d	nach Erlösen	8	18	29	41	52	63	75	85	93	100	
e	nach planmäßigem Erfül-lungsumfang	100	100	100	100	100	100	100	100	100	100	
3	Kumulierte Dotierung nach tatsächl. Stichtags-erfüllungsumfang zum jeweiligen Periodenende	65	73	80	86	95	103	113	108	102	100	
4	Umfang Über-(+) bzw. Unter(-) dotierung der Rückstellung											
a	zeitabhängig-linear	-55	-53	-50	-46	-45	-43	-43	-28	-12	0	
b	nach Fördermenge	-57	-54	-50	-45	-44	-42	-42	-28	-11	0	
c	nach Absatzmenge	-57	-55	-52	-48	-47	-45	-45	-28	-11	0	
d	nach Erlösen	-57	-55	-51	-45	-43	-40	-38	-23	-9	0	
e	nach planmäßigem Erfül-lungsumfang	35	27	20	14	5	-3	-13	-8	-2	0	
5	Dotierung nach Bezugsgrö-ße "modifizierter Stichtags-erfüllungsumfang", Varianten 1 und 2											
a	Kumul. Dotierung nach Variante 1	65	73	80	86	95	100	100	100	100	100	
b	Unterdotierung im Vergleich zu 3	0	0	0	0	0	-3	-13	-8	-2	0	
c	Sockelbetrag + zeitproportionale Verteilung des Differenzbetrages (Variante 2)	65	72	79	86	93	100	100	100	100	100	
d	Unterdotierung im Vergleich zu 3	0	-1	-1	0	-2	-3	-13	-8	-2	0	

Tab. 1: **Verlauf der Rückstellungsdotierung in Abhängigkeit vom angenommenen Erfüllungszeitpunkt und bei Verwendung verschiedener Bezugsgrößen**

Aufgrund des Abstellens auf den planmäßigen Erfüllungszeitpunkt erfolgt durch die Bezugsgröße „planmäßiger Erfüllungsumfang" eine einmalige, vollständige Aufwandsverrechnung in der Periode 1 (Zeile 1e).

Die zunächst ansteigende, schließlich wieder (bis auf 100 €) absinkende Dotierung gem. *tatsächlichem Stichtagserfüllungsumfang* (Fall 1, Zeile 3) erklärt sich wie folgt:

Die Ausweitung des tatsächlichen Stichtagserfüllungsumfangs bis zum Ende der Periode 7 resultiert daraus, dass eine auf die Folgenutzung abgestellte Ausgestaltung des (späteren) Böschungssystems in frühen Perioden noch nicht erfolgt. Dies geschieht vielmehr erst gegen Ende des Regelbetriebs (Perioden 8 und 9) sowie in der Auslaufphase (Periode 10), d.h.: Trotz weiterer bergbaulicher Inanspruchnahme der Oberfläche in den Perioden 8 bis 10 zwecks zusätzlicher Förderung, die auch zu einer Vergrößerung des zukünftig wieder nutzbar zu machenden Restloches führen, sinkt der tatsächliche sachliche (und schließlich auch der wertmäßige) Verpflichtungsumfang ab der Periode 8 dadurch, dass bei Inanspruchnahme in den Perioden 8 bis 10 bereits der planmäßig herzustellende Zustand des (zukünftigen) Restloches antizipiert wird.[483] Müsste umgekehrt das Restloch in der Form, wie es sich zu den Bilanzstichtagen der Perioden 6 oder 7 darstellt, einer WNBM zugeführt werden, so müsste ein größerer Erfüllungsumfang als zum planmäßigen Ende des Tagebaus realisiert werden, weil eine auf den planmäßigen Auslauf des Tagebaus zielende und daher aufwandsmindernde WNBM-Planung für diese frühen Perioden fehlt bzw. noch nicht umgesetzt wird.[484] Neben dem Hinweis, dass „sachlicher Verpflichtungsumfang" in jedem Fall eine Bewertungskomponente des Erfüllungsbetrags darstellt und zugleich eine mögliche Bezugsgröße dessen periodischer Zuordnung darstellt, ist die *Unterscheidung zwischen planmäßigem (zum planmäßigen Erfüllungszeitpunkt) und tatsächlichem Stichtagserfüllungsumfang (zum jeweiligen Bilanzstichtag)* zu betonen, wobei letzterer in einzelnen Perioden, trotz hiernach folgender weiterer bergbaulicher Eingriffe, ersteren übersteigen kann.

Im Ergebnis zeigt sich, dass bei der Bezugsgröße „planmäßiger Erfüllungsumfang" der Rückstellungsbetrag und der planmäßige Erfüllungsbetrag ab Periode 1 durchgängig übereinstimmen (Zeile 2e). Bei allen übrigen der auf den planmäßigen Erfüllungszeitpunkt abstellenden Bezugsgrößen steigt der Rückstellungsbetrag im Zeitablauf an, um sich schließlich mit dem planmäßigen Erfüllungsbetrag zu decken (Zeilen 2a bis 2d). Die im Zeitablauf nicht synchron verlaufenden Dotierungen gem. Fördermenge, Absatzmenge sowie Erlösen (Zeilen 1b bis 1d bzw. 2b bis 2d) sollen hier angenommene, leichte Abweichungen zwischen geförderter und abgesetzter Menge einerseits (Bunkerung oder Aufhaldung der geförderten Kohle) sowie zwischen Periodenerlösen und Absatzmenge der jeweiligen Periode infolge leicht schwankender spezifischer Absatzpreise andererseits wiedergeben.

---

[483] Vgl. auch das Praxisbeispiel unten unter 4.4.7.8.
[484] Vgl. zu entsprechenden Maßnahmen während der Auslaufphase oben unter 2.3.3.3.

Die „Wirtschaftliche Verursachung" bergbaubedingter Verpflichtungen als Kriterium ... 123

Nimmt man den tatsächlichen Stichtagserfüllungsumfang zum jeweiligen Bilanzstichtag (Fall 1, Zeile 3) als Maßstab, d.h. den Umfang, der bei augenblicklicher Stillegung und WNBM des Tagebaus zu realisieren wäre (Zerschlagungsfall), *ohne* dass eine entsprechende Auslaufphase vorherginge, so entstünde in der hier gewählten Beispielrechnung in dem Umfang eine *Unterdotierung der Rückstellung* (bei den vier ersten Bezugsgrößen durchgängig bis Periode 9, bei der Bezugsgröße „planmäßiger Erfüllungsumfang" nur in den Perioden 6 bis 9) bzw. eine *Überdotierung der Rückstellung* (nur bei der Bezugsgröße „planmäßiger Erfüllungsumfang" in den Perioden 1 bis 5), wie die jeweilige kumulierte Rückstellungsdotierung von jener abweicht, die erforderlich wäre, um den Tagebau zum jeweiligen Bilanzstichtag wieder nutzbar zu machen (Zeilen 4a bis 4e).

Für den Fall 1 (Bemessung des Erfüllungsbetrags unter Abstellen auf jeweiligen Bilanzstichtag) ist in den folgenden **Tabellen 2 bis 4** die Periodisierung des Stichtagserfüllungsbetrags (= Rückstellungsbildung) für die verschiedenen denkbaren Bezugsgrößen dargestellt.

Bei Dotierung gem. der Bezugsgröße „tatsächlicher Stichtagserfüllungsumfang" ergeben sich die in der **Tabelle 2** dargestellten Auswirkungen: Zu jedem Bilanzstichtag wird der Erfüllungsumfang infolge der im abgelaufenen Geschäftsjahr realisierten bergbaulichen Eingriffe ermittelt und monetär bewertet, wodurch sich in Periode 1 eine sehr hohe und anschließend vglw. moderate Dotierung (bis Periode 7) ergibt. Aufgrund der unter Fall 1 getroffenen Annahmen muss in den Perioden 8 bis 10 eine teilweise Auflösung der Rückstellung wegen Entfall des Grundes erfolgen, da sich der tatsächliche Stichtagserfüllungsumfang vermindert. Zum Ende der Periode 10 decken sich schließlich planmäßiger Erfüllungs- und Rückstellungsbetrag.

Für die übrigen Bezugsgrößen würde sich die Notwendigkeit ergeben, nicht nur die jeweilige Periodendotierung zu berechnen, sondern auch die bisherige kumulierte Dotierung zum jeweiligen Bilanzstichtag an den geänderten tatsächlichen Stichtagserfüllungsumfang anzupassen.

Eine solche Anpassung ist in der **Tabelle 3** exemplarisch für den Fall der rein zeitabhängiglinearen Rückstellungsdotierung dargestellt. Die Dotierungslücke (Zeile 5), die zum jeweiligen Bilanzstichtag aus der bisherigen, noch ohne Berücksichtigung nachträglicher Rückstellungsanpassungen infolge veränderten tatsächlichen Stichtagserfüllungsumfangs vorgenommenen, daher ex post zu niedrigen und somit nur vorläufigen kumulierten Dotierung (Zeile 3) resultiert, wird im Zeitablauf geschlossen durch Verrechnung jenes Betrages als Teil des Periodenaufwandes, der sich bei Verteilung der Dotierungslücke über sämtliche noch ausstehenden Perioden ergeben würde (Zeile 6). Die endgültige Dotierung der Periode (Zeile 7) setzt sich damit zusammen aus diesem zu verteilenden Differenzbetrag je Periode und der regulären Dotierung der Rückstellung in der betrachteten Periode auf Grundlage der Erkenntnisse zum aktuellen Stichtag (Zeile 2). Zum Ende des Verteilungszeitraumes decken sich dann der Stichtagserfüllungsbetrag (Zeile 1) und der in toto verrechnete Rückstellungsaufwand (Zeile 8: Rückstellungsbetrag = planmäßiger Erfüllungsbetrag).

Zeile	Periode i	1	2	3	4	5	6	7	8	9	10
1	Stichtags-Erfüllungsbetrag	65	73	80	86	95	103	113	108	102	100
2	Periodische Dotierung	65	8	7	6	9	8	10	-5	-6	-2
3	Kumulierte Dotierung = Rückstellungsbetrag	65	73	80	86	95	103	113	108	102	100

Tab. 2: Rückstellungsdotierung gem. tatsächlichem Stichtags-Erfüllungsumfang bei Abstellen auf jeweiligen Bilanzstichtag (Fall 1) (Werte in €)

Zeile	Periode i	1	2	3	4	5	6	7	8	9	10
1	Stichtags-Erfüllungsbetrag	65,000	73,000	80,000	86,000	95,000	103,000	113,000	108,000	102,000	100,000
2	vorläufige periodische Dotierung in i (=1/n)	6,500	7,300	8,000	8,600	9,500	10,300	11,300	10,800	10,200	10,000
3	Kumulierte vorläufige Dotierung	6,500	13,800	21,800	30,400	39,900	50,200	61,500	72,300	82,500	92,500
4	wie 3, aber bei ex ante Kenntnis von 1 in i=1	6,500	14,600	24,000	34,400	47,500	61,800	79,100	86,400	91,800	100,000
5	Dotierungslücke (4 - 3)	0,000	0,800	2,200	4,000	7,600	11,600	17,600	14,100	9,300	7,500
6	Verteilung der Lücke über verbleibende i	0,000	0,089	0,275	0,571	1,267	2,320	4,400	4,700	4,650	7,500
7	endgültige period. Dotierung in i (= Summe aus 2 und 6)	6,500	7,389	8,275	9,171	10,767	12,620	15,700	15,500	14,850	17,500
8	Kumulierte endgültige Dotierung	10,000	13,889	22,075	30,971	41,167	52,520	65,900	77,000	87,150	100,000

Tab. 3: Zeitabhängig-lineare Rückstellungsdotierung mit nachträglichen Anpassungen und Verteilung Dotierungslücke bei Abstellen auf jeweiligen Bilanzstichtag (Fall 1) (Werte in €)

Zeile	Periode i	1	2	3	4	5	6	7	8	9	10
1	Stichtags-Erfüllungsbetrag	65,000	73,000	80,000	86,000	95,000	103,000	113,000	108,000	102,000	100,000
2	vorläufige periodische Dotierung in i (=1/n)	6,500	7,300	8,000	8,600	9,500	10,300	11,300	10,800	10,200	10,000
3	Kumulierte vorläufige Dotierung	6,500	13,800	21,800	30,400	39,900	50,200	61,500	72,300	82,500	92,500
4	wie 3, aber bei ex ante Kenntnis von 1 in i=1	6,500	14,600	24,000	34,400	47,500	61,800	79,100	86,400	91,800	100,000
5	Dotierungslücke (4 - 3)	0,000	0,800	2,200	4,000	7,600	11,600	17,600	14,100	9,300	7,500
6	Dotierung wegen sofortiger Schließung der Lücke	0,000	0,800	2,200	4,000	7,600	11,600	17,600	14,100	9,300	7,500
7	endgültige period. Dotierung in i (= Summe aus 2 und 6)	6,500	8,100	10,200	12,600	17,100	21,900	28,900	24,900	19,500	17,500
8	Kumulierte endgültige Dotierung (= Summe aus 3 und 6) = Rückstellungsbetrag	6,500	14,600	24,000	34,400	47,500	61,800	79,100	86,400	91,800	100,000

Tab. 4: Zeitabhängig-lineare Rückstellungsdotierung mit nachträglichen Anpassungen und sofortiger Schließung der Dotierungslücke bei Abstellen auf jeweiligen Bilanzstichtag (Fall 1) (Werte in €)

Im Gegensatz zur Bezugsgröße „tatsächlicher Stichtagserfüllungsumfang" (**Tabelle 2**) muss die Rückstellung zu keinem Zeitpunkt teil-aufgelöst werden, da der Rückstellungsbetrag (Zeile 8) den planmäßigen Erfüllungsbetrag in keiner Periode überschreitet.

Die **Tabelle 4** schließlich entspricht vom Grundsatz her der **Tabelle 3**, außer dass die Schließung der Dotierungslücke sofort in voller Höhe erfolgt, wodurch sich ein rascherer Anstieg der Rückstellungshöhe ergibt.

Im Ergebnis kann die als zeitabhängig-linear konzipierte Rückstellungsdotierung eine *konstante* Aufwandsverrechnung *nicht* gewährleisten: Legt man nämlich nicht den planmäßigen Erfüllungsumfang, sondern den tatsächlichen Stichtagserfüllungsumfang der Bemessung des Erfüllungsbetrags zugrunde, ist man zwangsläufig zu ex-post-Anpassungen der früheren, „falschen" Rückstellungshöhen gezwungen. Im Zeitablauf ergeben sich bei Anstieg der tatsächlichen Stichtagserfüllungsumfänge also steigende periodische Aufwandshöhen wegen Rückstellungsdotierung. Vom Grundsatz her gilt dieses Ergebnis auch für die Bezugsgrößen Fördermenge, Absatzmenge sowie Erträge. Eine völlig gleichmäßige, je Periode, je t oder je € Ertrag konstante Aufwandsverrechnung über die gesamte Laufzeit der Einzelrückstellung ist hiernach grundsätzlich nur möglich bei Orientierung am planmäßigen Erfüllungsumfang (Fall 2).

Zur Diskussion der verschiedenen Bezugsgrößen: „Planmäßiger Erfüllungsumfang" kommt als Bezugsgröße bereits aufgrund der erheblichen Bildung stiller Reserven (Tabelle 1, Zeile 4e) nicht in Frage. Es ist in keinem Fall gerechtfertigt, Restbetragsansprüche in einem Ausmaß zu mindern, das ganz überwiegend durch erst zukünftig zu realisierende bergbauliche Eingriffe geprägt ist.

Die Bezugsgröße „tatsächlicher Stichtagserfüllungsumfang", die mit Blick auf den planmäßigen Erfüllungszeitpunkt vom Grundsatz her systemwidrig ist, könnte aber u.U. in modifizierter Form Anwendung finden. Anstelle einer bereits gemilderten Zerschlagungsfiktion mit fingiertem Auslaufbetrieb könnte der planmäßige Erfüllungsbetrag wie folgt periodisiert werden: *Die einer definierten Einzelmaßnahme zugeordnete Rückstellung wird so lange in Relation zu dem zum jeweiligen Bilanzstichtag tatsächlich herrschenden Stichtagserfüllungsumfang dotiert, bis die Rückstellung der Höhe nach genau dem planmäßigen Erfüllungsbetrag entspricht.* Die Rückstellung würde also durch letzteren nach oben „gedeckelt", zugleich würde eine entsprechende Dotierung eine frühere bzw. in frühen Perioden eine höhere Aufwandsverrechnung wegen Rückstellungsdotierung bewirken als bei Periodisierung des planmäßigen Erfüllungsbetrags anhand der Bezugsgrößen Förder- oder Absatzmenge, Zeit oder Erträge (Tabelle 1, Zeilen 1a bis 1d und 2a bis 2d). Die Rückstellungshöhe würde damit zu keinem Zeitpunkt einen zerschlagungsspezifischen Wert annehmen (die Rückstellungshöhe würde niemals einen höheren Betrag annehmen als den planmäßigen Erfüllungsbetrag). Es würde sich aber zu jedem Bilanzstichtag bis zu der Periode, in der die Rückstellung in voller

Höhe des planmäßigen Erfüllungsbetrags dotiert ist, die Aufgabe stellen, den tatsächlichen Stichtagserfüllungsumfang und den zugehörigen Stichtagserfüllungsbetrag im Rahmen einer Kontroll- oder Planungsrechnung zu ermitteln, um hiernach den planmäßigen Erfüllungsbetrag zuordnen zu können. Der planmäßige Erfüllungsbetrag würde damit, in Abgrenzung zur Periodisierungsgröße *tatsächlicher Stichtagserfüllungsumfang*, anhand der Periodisierungsgröße *modifizierter Stichtagserfüllungsumfang* verteilt und die zugehörige Rückstellung entsprechend dotiert. Es würden also *in keinem Fall zerschlagungsspezifische* Werte in Bilanz und GVR einfliessen.

In der Zeile 5a der **Tabelle 1** ist die hiernach bemessene kumulierte Rückstellungsdotierung abgebildet. Über den *planmäßigen* Erfüllungsbetrag *hinausgehende* Beträge (in Perioden 6 bis 9 in Tabelle 1, Zeile 3) bleiben *un*berücksichtigt.

Eine denkbare Abwandlung der Bezugsgröße „modifizierter Stichtagserfüllungsumfang" bestünde darin, nach Ende der Vorproduktionsphase ebenfalls einen zuvor berechneten Anteil des planmäßigen Erfüllungsbetrags als „Sockelbetrag" der Rückstellung zuzuführen, der dann den der Aufschlussfigur zurechenbaren Anteil am planmäßigen Erfüllungsbetrag abbilden würde. Der zum höheren planmäßigen Erfüllungsbetrag verbleibende Unterschiedsbetrag könnte dann rein zeitabhängig-linear über sämtliche Perioden verteilt werden, die zwischen der Periode der erstmaligen Rückstellungsdotierung und jenem Geschäftsjahr liegen, in dem der Stichtags- den planmäßigen Erfüllungsbetrag infolge fortgesetzter bergbaulicher Eingriffe erstmalig überschreitet (in Tabelle 1, Zeile 5c: Periode 6). Erstreckt sich die Vorproduktionsphase über mehrere Bilanzstichtage, kann auch der Sockelbetrag über die entsprechende Anzahl Perioden verteilt werden, da hierdurch die monetären Folgen bergbaulicher Eingriffe zumindest grob abgebildet werden. Ggü. einer Dotierung gem. Fördermenge oder Erträgen besteht der Vorteil der zeitproportionalen Verteilung des Differenzbetrags darin, auch in solchen Perioden mit bergbaulichen Eingriffen Rückstellungen zu bilden, in denen keine Förderung bzw. kein Absatz, wohl aber bergbauliche Eingriffe realisiert werden (Beispiel: vorübergehende Stillegung des Tagebaus wegen umfangreicher Wartungsarbeiten, aber fortgesetzte Flächenüberbaggerung im Vorfeld). In Abgrenzung zur erstgenannten Variante des modifizierten Stichtagserfüllungsumfangs (Variante 1) wird die zuletzt genannte Variante im weiteren Verlauf der Arbeit als „modifizierter Stichtagserfüllungsumfang, Variante 2" bezeichnet.

Die Zeilen 5b und 5d der Tabelle 1 bilden die Unterdotierung der Rückstellung ab, die bei Realisierung der Einzelmaßnahme zum jeweiligen Bilanzstichtag (Zerschlagungsfall) auftreten würde. Wie erläutert, müssen bei beiden Varianten Erfüllungsumfang und –betrag im Rahmen einer Kontroll- bzw. Planungsrechnung in zerrschlagungsspezifischer Höhe bemessen werden, um den planmäßigen Erfüllungsbetrag entsprechend der Bezugsgröße „modifizierter Stichtagserfüllungsumfang" zuordnen zu können: Bei Variante 1 müsste im Rahmen einer alljährlichen Kontrollrechnung (alternativ: einmalig durch eine längerfristige Planungsrechnung) in sämtlichen Perioden, die zwischen der erstmaligen Rückstellungsdotierung und jener Periode liegen, in der der tatsächliche Stichtags- den planmäßigen Erfüllungsumfang erstmalig überschreitet, die periodische Rückstellungsdotierung ermittelt werden. Bei Variante 2 würde i.H.d. Sockelbetrags einmalig eine Rückstellung gebildet. Die Differenz zum höheren planmäßigen Erfüllungsbetrag müsste auf Grundlage einer entsprechenden Planungsrechnung des Unternehmens über jene Periode zeitabhängig-linear verteilt werden, die zwischen dem aktuellen Bilanzstichtag und dem Jahr des Erreichens des planmäßigen Erfüllungsbetrags liegen.

Bezüglich der übrigen denkbaren Bezugsgrößen (Zeit, Erträge, Fördermenge, Absatzmenge) gilt in grundsätzlicher Hinsicht: Die Orientierung der Rückstellungsdotierung an der geförderten Menge Kohle führt hinsichtlich des zeitlichen Verlaufs nur dann zum selben Ergebnis wie die Orientierung an der abgesetzten Menge, wenn keine Lagerhaltung (Aufhaldung, Bunkerung) auftritt. In beiden Fällen würde eine Rückstellungsbildung erst mit Beginn des Regelbetriebs einsetzen (Ausnahme: schon während der Aufschlussphase wird Kohle gefördert bzw. abgesetzt). Bei einer rein zeitabhängig-linearen Rückstellungsbildung könnte mit dieser dagegen bereits während der Aufschlussphase begonnen werden. Diese Dotierungsweise führt dabei nur dann zu mit den beiden erstgenannten Größen identischen periodischen Rückstellungsdotierungen, wenn im Zeitablauf keinerlei Schwankungen der periodisch geförderten bzw. abgesetzten Mengen auftreten. Analog gilt für eine ertragsgebundene Rückstellungsdotierung: Schwanken die Absatzmengen und/oder die spezifischen Absatzpreise (je t Kohle) im Zeitablauf, sind also die Periodenerträge nicht konstant, verläuft auch die Rückstellungsbildung abweichend zur zeitabhängig-linearen Dotierung. Abweichungen zur Dotierung gem. geförderter oder abgesetzter Menge ergeben sich bei Schwankungen des spezifischen Absatzpreises. Mit einer ertragsgebundenen Rückstellungsdotierung wird erstmalig in der ersten Periode des Regelbetriebs begonnen (Ausnahme: schon während der Aufschlussphase wird Kohle gefördert und auch abgesetzt). Je nach Verwendung einer bestimmten Bezugsgröße kann nicht nur die Rückstellungszuführung u.U. früher beginnen (Beispiel: noch keine Förderung während Aufschlussphase, aber zeitproportionale Rückstellungsdotierung), sondern sich auch länger in die Zukunft erstrecken: So könnte eine zeitproportionale Rückstellungsdotierung auch in jenen Perioden erfolgen, in denen keine Kohle mehr gefördert und erlöswirksam abgesetzt wird, d.h. in den auf die Auslaufphase folgenden Perioden. *Damit kann auch der Dotierungszeitraum der Rückstellung je nach Bezugsgröße u.U. spürbar differieren.* Hiervon abzugrenzen ist zum einen die *Laufzeit der bergrechtlichen Verpflichtung*, die in jedem Fall mit der bergbaulichen Inanspruchnahme der Oberfläche beginnt und erst mit der Erfüllung der Verpflichtung endet. Zu unterscheiden ist weiterhin die *Laufzeit der Rückstellung*, die zwar auf jeden Fall mit dem Dotierungszeitraum beginnt, über diesen aber im Regelfall hinaus geht, nämlich immer dann, wenn keinerlei Veranlassung für weitere Dotierung besteht (keine weiteren bergbaulichen Eingriffe, keine weitere Förderung, keine weiteren Erträge), die Einzelmaßnahme aber noch nicht realisiert ist. Die Laufzeit der Rückstellung endet mit der Laufzeit der bergrechtlichen Verpflichtung, d.h. bei deren Erfüllung durch Auflösung.

Unabhängig von Unterschieden im Detail führen die Bezugsgrößen Zeit, Förder- und Absatzmenge sowie Erträge zum jeweiligen Bilanzstichtag zu erheblichen Abweichungen der Rückstellungshöhe von jener Höhe, die sich bei Verwendung der Periodisierungsgröße „modifizierter Stichtagserfüllungsumfang" ergibt, da insbesondere der nach letzterer Bezugsgröße noch vor Regelbetrieb einzustellende Sockelbetrag bei Verwendung der erstgenannten Bezugsgrößen über den Dotierungszeitraum der Rückstellung verteilt wird.

Letztlich sind sämtliche der hier diskutierten Bezugsgrößen (modifizierter Stichtagserfüllungsumfang, Zeit, Erträge, Fördermenge, Absatzmenge) mit z.T. erheblichen *Objektivierungsproblemen* verbunden. Dies gilt gleichermaßen für die Bezugsgröße „geförderte Menge" wie für die mit dieser eng verbundene Größe „abgesetzte Menge": Bei beiden ist eine Schätzung der totalen Förder- und Absatzmenge nötig, um eine tonnen-bezogene Aufwandszurechnung wegen Rückstellungsdotierung vornehmen zu können. Bei der ertragsgebundenen Rückstellungsdotierung kommt erschwerend die unumgängliche Schätzung der spezifischen Absatzpreise (je t Kohle) hinzu, soll jedem € Totalertrag ein spezifischer Aufwandsbetrag zwecks periodischer Rückstellungsdotierung zugerechnet werden. Es dürfte als ausgeschlossen zu bezeichnen sein, über *Jahrzehnte* im voraus irgendwelche „greifbar zuordenbaren Erträge"[485] dem Grunde wie der Höhe nach, inkl. Veränderungen der spezifischen Erlöse im Zeitablauf, objektiviert bestimmen zu können, zumal, neben der erforderlichen Ertragsschätzung als solcher, die erforderliche Intensität der Bindung zukünftiger Ausgaben an bereits realisierte (oder eben zukünftige) Erträge präzisiert bzw. die hierzu erforderlichen Merkmale bestimmt werden müssten, bevor eine Passivierung erfolgen könnte.[486] Auch eine zeitabhängiglineare Verteilung des planmäßigen Erfüllungsbetrags erscheint angesichts der erforderlichen Schätzung des Dotierungszeitraums nicht unproblematisch.

Hingewiesen sei an dieser Stelle auf die in der Literatur z.T. anzutreffende, fragwürdige Analogie zur Verteilung von Anschaffungskosten als planmäßige Abschreibungen über die bei abnutzbarem Anlagevermögen ebenfalls erst noch zu bestimmende Nutzungsdauer:[487] Zum einen besteht handelsrechtlich eine explizite Pflicht zur Verteilung der Anschaffungskosten,

---

[485] Nach Moxter (1992), S. 432.

[486] Clemm (1994), S. 190; Crezelius (1993), S. 35; Kessler (1992), S. 110/111; Matschke/ Schellhorn (1998), S. 461/462; Schön (1994), S. 7; Schneider (1997), S. 331; Siegel (1995), S. 1142; auch *Moxter* selbst scheint diesbezüglich z.T. gewisse Zweifel zu hegen, vgl. Moxter (1988a), S. 450; ders. (2004), S. 1098/1099, die ihn indes an anderer Stelle nicht weiter beschäftigen, ders. (1984c), S. 398; ders. (1992), S. 434; zweifelnd auch Thies (1996), S. 70 sowie Tischbierek (1994), S. 151 bis 154, 158, der sich daher schlussendlich für eine Ansammlung pro rata temporis ausspricht.

[487] Moxter (1989b), S. 235; ders. (1995), S. 317/318; Jäger (1996), S. 157; Naumann (1993), S. 271; ders. (1994), S. 59; Tischbierek (1994), S. 152; Hommel/ Wich (2004), S. 20; weiterhin Clemm (1994), S. 183/184, 188, 191.

Die „Wirtschaftliche Verursachung" bergbaubedingter Verpflichtungen als Kriterium ... 129

nicht hingegen zur Verteilung des Erfüllungsbetrags ungewisser Sachleistungsverpflichtungen. Im Gegensatz zur Aufwandsverrechnung wegen Rückstellungsbildung greift diese Pflicht auch nur *bedingt* ein, hängt also vom Eintreten weiterer Umstände ab, eben der Nutzung des abschreibungspflichtigen Vermögensgegenstandes auch in zukünftigen Perioden. Die Pflicht zur WNBM ist demgegenüber eine *unbedingte* Verpflichtung, hängt also *nicht* vom Eintritt weiterer Voraussetzungen ab und deswegen besteht auch keine zwangsläufige Veranlassung, die Aufwandsverrechnung in die Zukunft „zu verschieben".[488] Die erst Jahre oder Jahrzehnte später erforderliche Tätigung von Ausgaben liegt allein in einer planmäßig späten Inanspruchnahme, d.h. in einer sehr späten (genau: spät möglichen) Erfüllung begründet. Der Blick auf den wegen der going-concern-Prämisse eigentlich nicht maßgebenden Insolvenzfall zeigt den grundlegenden Unterschied auf: Bei Zerschlagung des Unternehmens können wenn auch nicht alle, so doch zumindest eine beträchtliche Anzahl der Vermögensgegenstände veräußert werden. In Höhe des realisierten Restwerterlöses können weitere (außerplanmäßige) Abschreibungen unterbleiben. Genau diese Möglichkeit besteht bei bergbaubedingten Verpflichtungen gerade nicht, insbesondere erscheint deren ertragswirksame „Veräußerung" im Zerschlagungsfall ausgeschlossen.

Ansonsten ist aber festzustellen, dass sich die Problematik der Schätzung des Dotierungszeitraums analog bei abschreibungspflichtigen Aktiva hinsichtlich des Abschreibungszeitraums bzw. der Nutzungsdauer stellt.

Darüber hinaus sei der Vollständigkeit halber darauf hingewiesen, dass Objektivierungsaspekte *nicht* für eine rein zeitabhängig-lineare anstelle einer förder- oder absatzmengenabhängigen Aufwandsverrechnung sprechen,[489] da bei Lagerstätten die Nutzungsdauer von der jährlichen Betriebsgröße (= jährliche Fördermenge) sowie dem Lagerstättenvorrat abhängt[490] und damit die Veränderung nur einer dieser beiden Größen automatisch auch zur Veränderung der Nutzungsdauer führt.

Zudem greifen die Gründe, die für einen eigenständigen Periodisierungsgrundsatz, d.h. für eine rein zeitabhängig-lineare Aufwandsverrechnung speziell bei Anschaffungskosten (generell: bei Ausgaben, die ein mehrperiodig nutzbares Potenzial schaffen) sprechen, nämlich die regelmäßige Nichtidentifizierbarkeit und Nichtquantifizierbarkeit einzelner Abschreibungsursachen,[491] bei bergbaubedingten Verpflichtungen gerade *nicht*, da hier eine Dotierung gem. „modifiziertem Stichtagserfüllungsumfang, Variante 1" (der „Ursachen" der Aufwandsverrechnung) möglich sein sollte. Eine zeitabhängig-lineare Verteilung bietet sich hingegen aus reinen Vereinfachungsgründen an nach Einstellung eines hohen Sockelbetrags (Dotierung

---

[488] Vgl. zur Unterscheidung bedingter und unbedingter Verpflichtungen Köster (1994), S. 151 bis 153.
[489] So aber Tischbierek (1994), S. 153.
[490] Slaby (1999), S. 127.
[491] „Prinzip vom mangelnden Grunde", vgl. Schneider (1971b), S. 380/381; ders. (1974a), S. 367/368, 375/376; ders. (1974b), S. 402, 404; ders. (1978a), S. 65 bis 68; ders. (1997), S. 135, 174, 332.

gem. Variante 2 des modifizierten Stichtagserfüllungsumfangs, siehe „Restloch-Beispiel")
v.a. in solchen Fällen, in denen bergbauliche Eingriffe über mehrere Perioden hinweg kontinuierlich zur Entstehung des planmäßigen Erfüllungsumfangs führen und daher eine Dotierung gem. modifiziertem Stichtagserfüllungsumfang zu keiner wesentlich genaueren Information führen würde (z.B. in der Vorproduktionsphase).

Das Abstellen auf den planmäßigen Erfüllungszeitpunkt und –umfang bedingt unaus-
weichlich die *Verteilung des planmäßigen Erfüllungsbetrags als Aufwand mittels Rückstellungsbildung* auf die Perioden vor Erfüllung, und zwar bei *jeder* der hier betrachteten Bezugsgrößen.

Letztere sorgen zugleich, umgekehrt betrachtet, für eine *Ansammlung des für die planmäßige Erfüllung benötigten Rückstellungsbetrags im Zeitablauf durch fortschreitende Dotierung einer Einzelrückstellung.* Die neben einer solchen *Ansammlungsrückstellung* in der Literatur z.T. anzutreffenden Begriffe der „Verteilungsrückstellung" oder „Anwachsungsrückstel-
lung"[492] erscheinen insofern überflüssig, resultieren letztlich aber aus der nicht vorgenommenen Unterscheidung von Erfüllungsbetrag und Rückstellung einerseits sowie planmäßigem
Erfüllungsumfang und tatsächlichem Stichtagserfüllungsumfang andererseits. Will man die
Rückstellungsdotierung gem. letzterem vornehmen, kann nicht zugleich die „Verteilung" oder
„Ansammlung" des Stichtagserfüllungsbetrags gefordert werden.[493] Da in diesem Fall der jeweils maßgebende Erfüllungsbetrag zu jedem Bilanzstichtag auf Grundlage des dann ausge-
messenen tatsächlichen Stichtagserfüllungsumfangs neu berechnet wird und in genau dieser
Höhe einmalig eine Einzelrückstellung gebildet wird und da diese Berechnungen zu *jedem*
folgenden Stichtag *vollständig neu* vorzunehmen sind, kann in diesem Fall von „Ansatzrück-
stellung" oder „Vollrückstellung" oder „Einmalrückstellung"[494] gesprochen werden.

4.4.7.5 Auswirkungen der verschiedenen Bezugsgrößen auf das Werturteil „Gläubigerschutz", auf die gesellschaftsrechtliche Bemessung von Restbetragsansprüchen sowie auf das „Vorsichtsprinzip"

Angesichts der Mängel und Probleme, die den verschiedenen Bezugsgrößen anhaften, sollen
diese mit Blick auf ihre Auswirkungen auf das Werturteil „Gläubigerschutz" betrachtet
werden. Zentrales Problem ist dabei die bisher noch nicht gelungene Überprüfung der hinter

---

[492] Vgl. zu den verschiedenen Begriffen z.B. Armbrust (1979), S. 2046; Bordewin (1992b), S. 1535; Hug/ Roß/ Seidler (2002), S. 1016; Naumann (1993), S. 268; Institut Finanzen und Steuern (2000), S. 28; Siegel (1993a), S. 333; vgl. auch Pfleger (1981), S. 1689/1690.

[493] Widersprüchlich insoweit: Pfleger (1981), S. 1690; Siegel (1993a), S. 333/334; ders. (1993b), S. 149; Schellhorn (1995), S. 556; Bach (1996), S. 305; Klein, B. (1998), S. 166; Rupp (1991), S. 100.

[494] Vgl. zu den verschiedenen Begriffen z.B. Armbrust (1979), S. 2046; Bordewin (1992b), S. 1535; Hug/ Roß/ Seidler (2002), S. 1016; Naumann (1993), S. 268; Institut Finanzen und Steuern (2000), S. 28; Siegel (1993a), S. 333; vgl. auch Pfleger (1981), S. 1689/1690.

Die „Wirtschaftliche Verursachung" bergbaubedingter Verpflichtungen als Kriterium ...   131

diesem Werturteil stehenden Finanzierungshypothese und damit auch die Legitimation der hiernach ergehenden Handlungsanweisung. Letztlich ist aber davon auszugehen, dass „Gläubigerschutz" durch eine tendenziell hohe bzw. frühzeitige Aufwandsverrechnung besser gewahrt wird.[495]

Für sämtliche hier zu diskutierenden Bezugsgrößen (Fördermenge, Absatzmenge, Erträge, Zeit, modifizierter Stichtagserfüllungsumfang) ist grundsätzlich festzustellen, dass diese von einem je eigenen Verständnis von „ungewisser Sachleistungsverbindlichkeit" ausgehen. Als „wirtschaftliche Last" = „Rückstellung" wird über diese Bezugsgrößen ein je unterschiedlicher Betrag ausgewiesen, der sich speziell bei den Bezugsgrößen Fördermenge, Absatzmenge, Erträge und Zeit erst sehr spät dem planmäßigen Erfüllungsbetrag annähert. Lediglich die auf den jeweiligen Bilanzstichtag abstellende und den für diesen bemessenen Stichtagserfüllungsbetrag einperiodig zuordnende Bezugsgröße „tatsächlicher Stichtagserfüllungsumfang" gewährleistet eine jederzeitige Übereinstimmung des monetär bewerteten tatsächlichen sachlichen Verpflichtungsumfangs mit der Rückstellungshöhe; der Verwendung dieser Bezugsgröße würde also wiederum eine eigene Vorstellung von „wirtschaftlicher Last" zurunde liegen. Bei der Prüfung, ob der Jahresabschluss „vollständig" ist, d.h. „sämtliche" einzeln erfassten und bewerteten Verbindlichkeiten enthält, muss man sich diese Zusammenhänge erneut vergegenwärtigen. Das Verständnis von „einzeln erfasster und einzeln bewerteter Verpflichtung = wirtschaftliche Last" bestimmt den Rechnungsinhalt (hier: Einzel- und Gesamtrückstellung) eines auf einer Einzelerfassung und –bewertung beruhenden Rechnungsinstrumentes.

Betrachtet man stellvertretend für die Bezugsgrößen Fördermenge, Absatzmenge und Zeit die Erträge („Alimentationsprinzip") als Periodisierungsmaß für den planmäßigen Erfüllungsbetrag, so ist festzustellen, dass letztgenannte Größe als „wirtschaftliche Last" = „Rückstellung" einen tendenziell niedrigen Betrag ausweist, anhand dessen die „Vollständigkeit" des Jahresabschlusses zu prüfen ist[496] bzw. der über die Grundsätze der Einzelerfassung und Vollständigkeit den Umfang des zu erhaltenden Periodenanfangsreinvermögens mitbestimmt. Da anhand der somit definierten „wirtschaftlichen Last" die Vollständigkeit des Jahresabschlusses zu prüfen und im Ergebnis zu bestätigen ist, gewährleistet die „Alimentationsthese", für sich betrachtet, zumindest auf den ersten Blick die Einhaltung des Werturteils „Gläubigerschutz" so gut oder schlecht wie alle anderen Bezugsgrößen auch. Als Behauptung kann man aber gleichwohl aufstellen: Durch die vglw. geringfügige Minderung gewinnabhängiger Ausgaben (Restbetragsansprüche) in frühen Perioden bergbaulicher Tätigkeit beachtet die „Alimentationsthese" das Werturteil „Gläubigerschutz" in jedem Fall *weniger* als insbesondere

---

[495] Vgl. hierzu unter 3.4.2.
[496] Vgl. zu dieser „Wegdefinition": Schellhorn (1995), S. 557/558 mit Fn. 68; ders. (2003), S. 312/313; Matschke/ Schellhorn (1998), S. 460.

die Bezugsgröße „modifizierter Stichtagserfüllungsumfang" mit einer tendenziell höheren Aufwandsverrechnung in frühen Perioden.[497]

Es erscheint indes in jedem Fall *unvorsichtig* und mit Blick auf die an den handelsrechtlichen Erfolg anknüpfende gesellschaftsrechtliche Begründung von Restbetragsansprüchen nicht vertretbar, einen infolge unwiderruflich getätigter bergbaulicher Eingriffe zukünftig unbedingt zu realisierenden sachlichen Verpflichtungsumfang in seinen monetären Folgen jahrelang überhaupt nicht und anschließend über Jahrzehnte hinweg selbst den (bei zahlreichen Einzelmaßnahmen ggü. dem jeweiligen Stichtagserfüllungsbetrag bereits deutlich niedrigeren) planmäßigen Erfüllungsbetrag nur zu einem Bruchteil auszuweisen, weswegen das auf diese Weise in ein „Alimentationsprinzip" umgedeutete Realisationsprinzip klassischer Prägung auch nicht mehr als Ausfluss des Vorsichtsprinzips gelten kann.

Die Abqualifikation des „Alimentationsprinzips" als ein gegen Vorsichtsüberlegungen massiv verstoßendes „Optimismusprinzip"[498] ist dabei unvermeidliche Konsequenz aus dem Umstand, dass *Moxter* die von *Leffson* entwickelten, *keinen* Ausfluss des Vorsichtsprinzips oder des Realisationsprinzips klassischer Prägung darstellenden, eigenständigen und allein der Ausgabenperiodisierung dienenden Grundsätze der „sachlichen und zeitlichen Abgrenzung"[499] in „sein" Realisationsprinzip integriert hat,[500] dieses aber nach wie vor als Ausprägung des Vorsichtsprinzips bezeichnet.[501] Derselbe Vorwurf trifft letztlich auch auf die Bezugsgrößen Förder- und Absatzmenge sowie Zeit zu. Das „Alimentationsprinzip", das man in Bezug auf Rückstellungen am ehesten als ein Musterbeispiel für *Döllerers* „Grundsatz der Nichtpassivierung erdrückender Verbindlichkeiten"[502] als einem „Grundsatz ordnungswidriger Bilanzierung" wird bezeichnen dürfen, begünstigt damit genau jene Tendenz „verbotenen Sich-reich-Rechnens",[503] die es vorgibt, verhindern zu wollen. Umgekehrt darf in der Tat nicht verkannt werden, dass genau diese Tendenz auch besteht bei der Aktivierung und mehrjährigen Abschreibung von Vermögensgegenständen. Auch hier wird, durch die erforderliche

---

[497] Vgl. in diesem Zusammenhang auch: Siegel (1995a), S. 1142/1143; ders. (1997), S. 127/128, 135, weiterhin Bartke (1978), S. 10/11; siehe erneut 3.4.2; vgl. auch Moxter, der sich in (1995b), S. 1144, gegen eine „exzessive[.] Gewichtung des Gläubigerschutzes" wendet, dies allerdings mit dem für die handelsrechtliche Rechnungslegung unbeachtlichen Hinweis auf das Maßgeblichkeitsprinzip begründet; gegen einen übermäßigen Schutz der Gläubiger zu Lasten u.a. der Anteilseigner bzw. gegen eine Überbetonung des Vorsichtsprinzips auch ders. (1995d), S. 502; ders. (1997b), S. 681; ders. (2002), S. 246.

[498] Siegel (1997), S. 130; vgl. auch ders. (1993b), S. 151/152; mit selbem Ergebnis: Bartels (1992d), S. 1314; Kupsch (1992a), S. 2324/2325.

[499] Leffson (1987), S. 299 ff.; Baetge/ Kirsch (1995), Übersicht 3 auf Seite 152 sowie Tz. 321/322; Eifler (1976), S. 13 bis 15.

[500] Herzig (1994a), S. 55; Thies (1996), S. 60/61.

[501] So explizit Moxter (2004), S. 1099, siehe auch erneut die Nachweise unter 3.4.4.2 sowie unter 4.4.2; siehe hierzu auch: Ballwieser (1992b), S. 139; Claussen/ Korth (1995), S. 112; Korth (1997), S. 648; Mössner (1995), S. 92; Wangemann (1997), S. 58 bis 61; eine solche Umdeutung bzw. Erweiterung u.a. vor dem Hintergrund der historischen Entwicklung des Realisationsprinzips ablehnend: Siegel (1992), S. 596, 603/604; ders. (1993a), S. 334; ders. (1993b), S. 150/151; ders. (1994a), S. 6/7; Christiansen (1994), S. 33/34; ders. (1996b), S. 61; Strobl (1995), S. 81; Woerner (1993), S. 204, Fn. 56; ders. (1994b), S. 489/490.

[502] Döllerer (1982), S. 779/780.

[503] Moxter (1995a), S. 317.

Die „Wirtschaftliche Verursachung" bergbaubedingter Verpflichtungen als Kriterium ... 133

Schätzung der Nutzungsdauer, ganz entscheidend auf die (bloße) Aussicht einer zukünftigen Nutzung abgestellt,[504] weswegen insofern berechtigterweise von der häufigen Aktivierung bloßer „Hoffnungswerte" gesprochen werden kann.[505] Dies gilt, wie angedeutet, in ganz besonderem Maße für nicht einzeln veräußerbare Vermögensgegenstände. Bei konsequenter Beachtung des Werturteils „Gläubigerschutz" dürften als „Vermögensgegenstand" nämlich nur *einzeln veräußerbare bzw. einzeln verwertbare* Sachen, Rechte und wirtschaftliche Vorteile aktiviert werden.[506] Bei stringenter Befolgung von Gläubigerinteressen dürften Ausgaben für „Tagebauaufschlüsse" oder „Vorabraum" dann, mangels Einzelveräußerbarkeit, nicht aktiviert werden.[507] Da es sich bei der angesprochenen Problematik um eine eigenständige Thematik handelt, soll hierauf nicht weiter eingegangen werden. Es sei diesbezüglich aber noch darauf hingewiesen, dass die tendenziell umfassendere Ausgabenaktivierung, die aus dem ggü. „Vermögensgegenstand" weiter gefassten steuerlichen Begriff des „Wirtschaftsgutes" folgt,[508] auch als Pendant zur Position „Rückstellungen" aufgefasst werden muss: Wird durch letztgenannte dem Steuerpflichtigen eine ggü. dem Ausgabenanfall mehrjährig vorgelagerte Aufwandsverrechnung zugestanden,[509] so muss dieser, umgekehrt, in größerem Umfang Ausgaben aktivieren bzw. darf nur vglw. weniger Ausgaben sofort abziehen. Somit verbleibt die Bezugsgröße „modifizierter Stichtagserfüllungsumfang" als einzige Periodisierungsgröße, die eine zerschlagungsspezifische Bilanzierung vermeidet und zugleich eine übermäßige und damit gläubigerschädigende Begründung von Restbetragsansprüchen in frühen Perioden verhindert. Mit welchen ergänzenden bzw. alternativen Instrumenten dem Problem der bei dieser Bezugsgröße bewirkten, u.U. massiven Eigenkapitalaufzehrung zu Beginn bergbaulicher Tätigkeit begegnet werden kann, wird im Anschluss diskutiert.[510]

Nach dem Gesagten hängt die Frage nach dem „richtigen" Kriterium für die Periodisierung des *planmäßigen* Erfüllungsbetrags bzw. nach dem „richtigen" Verständnis von „wirtschaftlicher Verursachung" und „wirtschaftlicher Last" = „Rückstellung" nicht nur vom verfolgten Rechnungszweck ab, sondern auch entscheidend von den gesellschaftsrechtlichen Implikationen der handelsrechtlichen Rechnungslegung wie auch von der Auswahl des letzterer zugrunde liegenden Werturteils, der hinter diesem stehenden Finanzierungshypothese so-

---

[504] Vgl. zur allerdings nur teilweise richtigen Analogie zwischen der Bestimmung der Nutzungsdauer abschreibungspflichtiger Vermögensgegenstände und dem Dotierungszeitraum von Rückstellungen oben unter 4.4.7.4.

[505] Zitat Moxter (1995a), S. 320/321.

[506] Lutz (1995), S. 82; Siegel (1997), S. 125 bis 127; mit diesem Ergebnis bereits zuvor: Schneider (1970), S. 1699 bis 1701; ders. (1971b), S. 375 bis 378; ders. (1972), S. 182 bis 184; ders. (1978a), S. 122/123; ders. (1978b), S. 1577/1578; ders. (1997), S. 100/101, unter Hinweis auf das sonst nicht zu verwirklichende Realisationsprinzip.

[507] Vgl. aber MIBRAG (2003), S. 26, 35: Die genannten Positionen haben einen Anteil von zusammen immerhin 16,2% an der Bilanzsumme.

[508] Lutz (1995), S. 84 bis 88; Schneider (1970), S. 1699 bis 1701; ders. (1972), S. 182 bis 184; ders. (1978a), S. 122/123; ders. (1978), S. 1577/1578; ders. (1997), S. 100/101.

[509] Vgl. aber zur teilweisen steuerlichen Abzinsungspflicht auch für Sachleistungsverpflichtungen unter 5.7.3.

[510] Unter 4.4.7.1.

134   Die Bildung von Rückstellungen wegen bergbaubedingter Verpflichtungen als ...

wie dem Gewicht, das man dem Werturteil und damit der Frage zumisst, in welchem Umfang die Begründung gewinnabhängiger Ausgaben v.a. in frühen Perioden betrieblicher Tätigkeit akzeptabel erscheint.

Die Bezugsgrößen Fördermenge, Absatzmenge, Zeit und Erträge dürften sich nach den bisherigen Ausführungen damit am ehesten eignen für den Rechnungszweck der Ermittlung prognosefähiger Erfolge,[511] da man infolge der verstetigten periodischen Dotierung der Rückstellung dem ausgewiesenen Periodenerfolg eine deutlich bessere Extrapolierbarkeit wird zusprechen dürfen als dem anhand der Bezugsgröße „modifizierter Stichtagserfüllungsumfang" ermittelten Erfolg. Die zuerst genannten Bezugsgrößen können somit, da auf die Ermittlung eines prognosefähigen Erfolges abzielend, als *dynamische Bezugsgrößen*, die Bezugsgröße „modifizierter Stichtagserfüllungsumfang" dagegen als *statische Bezugsgröße* bezeichnet werden.[512] Welcher der dynamischen Bezugsgrößen man im Einzelfall dann konkret auswählt, hängt, da diese sich in ihrer grundsätzlichen Konzeption und ihren Anwendungsvoraussetzungen letztlich nicht unterscheiden, vom subjektiven Ermessen des Erstellers der Rechnung ab. Bei dieser Auswahl bietet sich als Kriterium die analoge Anwendung des *GoB der Stetigkeit*, speziell der materiellen Stetigkeit (Grundsatzstetigkeit) an,[513] der eigentlich die Behandlung identischer Tatbestände in aufeinander folgenden Jahresabschlüssen regelt: Ein und dieselbe Bilanzposition sollte hiernach aktivisch (Abschreibung) wie passivisch (Rückstellungszuführung) identisch behandelt werden. Bei zu entfernenden und zu entsorgenden Einrichtungen würde also insbesondere eine zeitabhängig-lineare Aufwandsverrechnung und für die Einzelmaßnahme „Restlochgestaltung" eine u.U. tonnenbezogene (nach Fördermenge) Rückstellungsdotierung, analog zu einer Tonnenabschreibung des Aktivums „Tagebauaufschluss", zur Anwendung gelangen. Fehlt ein korrespondierendes Aktivum, sollte gem. dem „Prinzip vom mangelnden Grunde"[514] eine rein zeitabhängig-lineare Verteilung des planmäßigen Erfüllungsbetrags erfolgen.

Wie mehrfach erläutert, kommt der *Stichtagserfüllungsbetrag* als Grundlage der Rückstellungsbildung weder für den Einzel- und Konzernabschluss noch für die Steuerbilanz in Frage. Der jeweilige Bilanzstichtag könnte aber dem Erfüllungsbetrag des Rechnungsinhaltes „Rückstellung" in einer Rechnung zugrunde gelegt werden, deren Zweck „Messung des Gläubigerzugriffsnettovermögens bei fiktiver Unternehmenszerschlagung zum Bilanzstichtag" und deren Rechnungsziel „Nettozerschlagungsvermögen in €" lautet. Für eine solche Rechnung wäre noch die Frage der periodischen Zuordnung des so bemessenen Stichtagserfüllungsbetrags zu klären. Da die Ermittlung prognosefähiger, d.h. (weitgehend) konstanter periodischer (= dynamischer) Erfolge bei Periodisierung des Stichtagserfüllungsbetrags nicht

---

[511] Vgl. die entsprechenden Ausführungen zur einkommensapproximativen Bilanzierung unter 3.4.3.
[512] Vgl. zur Unterscheidung in statische und dynamische Erfolge unter 3.4.3.
[513] Vgl. zu diesem GoB: Leffson (1987), S. 433.
[514] Siehe die Nachweise unter 4.4.7.4.

möglich erscheint (Vgl. Tabellen 3 und 4), bietet sich dessen *ein*periodige Zuordnung als Rückstellung an (Tabelle 2). Durch einen somit abgegrenzten Rechnungsinhalt würde dem genannten Rechnungszweck voll entsprochen. Zu unterscheiden wäre allerdings noch, ob der in jedem Fall einperiodig zuzuordnende Stichtagserfüllungsbetrag zwangsläufig unter der strengen Zerschlagungsfiktion ermittelt werden sollte oder ob nicht die gemilderte Zerschlagungsfiktion (Antizipation der Zerschlagung des Unternehmens während des Geschäftsjahres und folglich eine hierauf abgestellte Betriebsweise) greifen sollte.

In der Gesamtbetrachtung zeigt sich, dass durch die Festlegung des relevanten Zeitpunktes für die Bemessung des Erfüllungsbetrags sowie schließlich je nach befürworteter Periodisierungsgröße bereits der elementare GoB der Einzelerfassung und –bewertung je unterschiedlich ausgelegt wird (jeweils abweichendes Verständnis von einzeln zu erfassender und zu bewertender wirtschaftlicher Last). Dessen Ausfüllung hängt entscheidend vom verfolgten Rechnungszweck ab. Dies gilt entsprechend auch für die Auslegung der Periodisierungsanweisung des § 252 Abs. 1 Nr. 5 HGB, die jedenfalls nicht allein dahingehend interpretiert werden darf, Ausgaben grundsätzlich mit den erwarteten Erträgen zu verknüpfen.[515] Demnach kann die Konzeption „verlustantizipierende Umsatzgewinnermittlung" auch keinen Alleinvertretungsanspruch auf eine „wirtschaftliche Betrachtungsweise" im Allgemeinen wie auf eine nur hiernach zutreffende Interpretation von „wirtschaftlicher Last" beanspruchen: Die ggü. einer „formalrechtlichen Betrachtungsweise"[516] abzugrenzende „wirtschaftliche Betrachtungsweise" als Ausprägung der allgemeinen teleologischen Methode der Rechtsfindung steht und fällt mit der Existenz eines vernünftigen Gesetzesplanes,[517] aus dem der Sinn und Zweck des handelsrechtlichen Jahresabschlusses abgeleitet werden kann. Rein theoretische Begriffe wie „Vermögen" oder „Rückstellungen" können nur zweckabhängig definiert werden: Wenn in der vorliegenden Arbeit für den handelsrechtlichen Einzelabschluss speziell mit Blick auf das Werturteil „Gläubigerschutz" gefordert wird, den wegen der going-concern-Prämisse maßgebenden planmäßigen Erfüllungsbetrag anhand der Bezugsgröße „modifizierter Stichtagserfüllungsumfang" periodisch zuzuordnen, so wird damit keineswegs auf „formalrechtliche Kriterien"[518] zurückgegriffen. Da „Rückstellung" als rein theoretischer Begriff nach seinem „wirtschaftlichen Sinn", seiner „auf die „wirtschaftliche Wirklichkeit" gerichteten Bedeutung zu verstehen""[519] ist, muss zunächst entschieden werden, zu welchem Zweck welche „Wirklichkeit" (die des aktuellen oder jene eines zukünftigen Zeitpunktes) in Zahlen abzubilden ist. Dass mit einer Rückstellungsbildung gem. modifiziertem Stichtagserfüllungsumfang

---

[515] Christiansen (1996b), S. 61.
[516] Moxter (1989b), S. 238.
[517] Beisse (1978a), S. 84; ders. (1978b), S. 2, 3; ders. (1980a), S. 250/251; ders. (1980b), S. 643; ders. (1981a), S. 1 bis 3; ders. (1984a), S. 11/12; Döllerer (1980), S. 201/202; Moxter (1989b), S. 232.
[518] Moxter (1995a), S. 319; ähnlich ders. (2002), S. 246.
[519] Beide letzte Zitate Beisse (1978b), S. 1; ders. (1981a), S. 1.

handels- und steuerrechtlich unbeachtliche „bloße Formalgestaltungen"[520] abgebildet würden, wird man wohl nicht ernsthaft behaupten können.

4.4.7.6 Allgemeine Ausfüllung des Kriteriums der „wirtschaftlichen Verursachung"

Als Ergebnis der bisherigen Ausführungen bleibt festzuhalten, dass allein der planmäßige Erfüllungszeitpunkt geeignet erscheint, unter Beachtung der going-concern-Prämisse der WNBM-Planung längerfristig geeignete, durch die Braunkohlenpläne und die Bergbehörde bestätigte Daten zugrunde zu legen.

Die Periodisierung des auf dieser Grundlage zu berechnenden planmäßigen Erfüllungsbetrags erfolgt bei solchen Rechnungen, an deren Ergebnis die Bemessung von Restbetragsansprüchen für einen Eigentümerkreis anknüpft, für den infolge Haftungsbeschränkung keine Zubußepflicht im Verlustfall besteht (= handelsrechtlicher Einzelabschluss), gem. der Bezugsgröße modifizierter Stichtagserfüllungsumfang. Trotz Unterschieden im Detail können beide Varianten dieser Bezugsgröße als letztlich gleichwertig betrachtet werden, da solange eine weitgehende Annäherung an die monetär bewerteten Folgen bergbaulicher Eingriffe vorgenommen wird, bis der planmäßige Erfüllungsbetrag einer Einzelmaßnahme vollständig periodisiert ist.

Durch die Periodisierung des planmäßigen Erfüllungsbetrags gem. dieser Bezugsgröße lassen sich, zumindest bei angenommener Fortführung des Unternehmens, Gläubigerinteressen am umfassendsten schützen. Sämtliche relevanten GoB, v.a. die Grundsätze der Einzelerfassung und –bewertung, der Vollständigkeit wie auch die Periodisierungsanweisung des § 252 Abs. 1 Nr. 5 HGB, sind auf die somit definierte „wirtschaftliche Last" zu beziehen.

Die Forderung nach Rückstellungsdotierung gem. modifiziertem Stichtagserfüllungsumfang als zumindest näherungsweise „technisches Kriterium"[521] ergibt sich damit primär aufgrund der gesellschaftsrechtlichen Implikationen des handelsrechtlichen Einzelabschlusses. Die bergbaulichen Eingriffe stellen jene „Ereignisse oder Handlungen des Bilanzierenden"[522] dar, durch die die bergrechtliche Grundlage für eine zukünftig planmäßig zu realisierende, unbedingte, d.h. vom Bilanzierenden durch eigenes Zutun nicht mehr abwendbare (= zwingend

---

[520] Zitat Beisse (1978b), S. 3; ähnlich ders. (1980b), S. 643.
[521] Siehe zur Kritik hieran Moxter (1995a), S. 318; ders. (1997b), S. 681; Tischbierek (1994), S. 149.
[522] Kessler (1992), S. 115.

zu erfüllende) Leistungspflicht gelegt ist[523] und die daher bestmöglich, zugleich aber ohne fingierte Unternehmenszerschlagung, durch eine entsprechende Rückstellungsdotierung abgebildet werden sollte. Entsprechend wird hier speziell mit Blick auf das Werturteil „Gläubigerschutz" für Entfernungsverpflichtungen sowie mit diesen verbundene Verpflichtungen (Entsorgung, WNBM der Aufstandsflächen) eine *einperiodige* Zuordnung des Erfüllungsbetrags als Rückstellung (d.h. in voller Höhe des planmäßigen Erfüllungsbetrags) gefordert, da der planmäßige Erfüllungsbetrag durch die Errichtung der Einrichtung (abgesehen von erst zukünftig u.U. zu realisierenden und daher bilanziell noch nicht zu beachtenden An- oder Umbaumaßnahmen an der betreffenden Einrichtung) vollständig determiniert ist.

Der somit ausgefüllte Begriff der „wirtschaftlichen Verursachung" soll, trotz der Mehrdeutigkeiten, die dem „Verursachungsbegriff" als solchem anhaften,[524] hier beibehalten werden. Wenn durch die so bestimmte „wirtschaftliche Verursachung" eine „kasuistische Auffächerung des Passivierungszeitpunkts"[525] bewirkt wird, so muss hierin eine Konsequenz der Vielfalt häufig keinerlei Ertragsbezug aufweisender verpflichtungsbegründender Entscheidungen, Handlungen oder Ereignisse im betrieblichen Alltag gesehen werden, deren rückstellungsrelevante Auswirkungen sich, wie aufgezeigt, auch durch die „Alimentationsthese" nicht in einer einzigen, allgemein gültigen Periodisierungsanweisung erfassen lassen und somit einzelfallabhängig zu bestimmen sind.[526] Insofern kann und muss die Periodisierung des planmäßigen Erfüllungsbetrags gem. der Bezugsgröße „modifizierter Stichtagserfüllungsumfang" im handelsrechtlichen Einzelabschluss als bloße Konvention betrachtet werden, den planmäßigen Erfüllungsbetrag möglichst frühzeitig als Aufwand zu verrechnen, ohne zerschlagungsspezifische Aspekte einfließen zu lassen.

---

[523] Vgl. Kessler (1992), S. 117, 120; Bach (1996), S. 304 bis 308; Institut Finanzen und Steuern (1990), S. 13, 17; mit selbem Ergebnis: Kammann (1988), S. 194 bis 197; Bartels (1992a), S. 198/199; ders. (1992d), S. 1318; Siegel (1993a), S. 333; ders. (1993b), S. 152; ders. (1994a), S. 17; ders. (1997), S. 127; Achatz (1993), S. 195; Woerner (1993), S. 205; ders. (1994b), S. 500/501, 505; Marx/ Köhlmann (2005), S. 698; Mayer-Wegelin (1995b), S. 1245; Bartke (1978), S. 7 bis 9; Emmerich (1978), S. 2136/2137; Jonas (1986), S. 343; Klein, B. (1998), S. 169/170, 172; Gotthardt (1995), S. 126/127, 252, 257; Köster (1994), S. 151/152, 337; Kupsch (1992a), S. 2327; Loose (1994), S. 139/140; Sauer (1977), S. 209; mit selbem Ergebnis bzgl. der Pflicht zur Wiederaufforstung nach waldrechtlichen Vorschriften: Schindler (1985), S. 242; ders. (1988), S. 206, 207; Ballwieser (1991b), S. 143; die aufgeführten Autoren differenzieren indes nicht zwischen planmäßigem und tatsächlichem Erfüllungsumfang und -betrag; der Verf. gibt hiermit seine eigene, undifferenzierte ältere Auffassung auf, vgl. der Verf. (2004), S. 86.

[524] Vgl. die Nachweise unter 4.4.1.

[525] Moxter (1992), S. 431.

[526] Vgl. erneut BFH, Urteil vom 24.06.1969 – I R 15/68, S. 582; ebenso: Grubert (1978), S. 282; Döllerer (1987a), S. 67; Christiansen (1994), S. 28, 38; ders. (1996b), S. 57; Mayer-Wegelin (1995b), S. 1245; Rupp (1991), S. 88; vgl. auch Clemm (1994), S. 176/177.

138 Die Bildung von Rückstellungen wegen bergbaubedingter Verpflichtungen als ...

4.4.7.7 Das Problem der bilanziellen Überschuldung sowie die Frage der liquiditätsmäßigen Sicherstellung der Wiedernutzbarmachung

4.4.7.7.1 Das Problem der bilanziellen Überschuldung

Eine konsequente Beachtung des Werturteils „Gläubigerschutz" würde nach den bisherigen Ausführungen für den handelsrechtlichen Einzelabschluss die Verwendung der Bezugsgröße „modifizierter Stichtagserfüllungsumfang" erfordern mit der Folge einer zumeist hohen Aufwandsverrechnung in frühen Geschäftsjahren. Noch vor oder spätestens zu Beginn des Regelbetriebs käme es wegen sehr hoher Aufwandsverrechnung zwecks Rückstellungsbildung v.a. für Einzelmaßnahmen der Gewerke „Entfernungsmaßnahmen" und „Entsorgung" (voller Erfüllungsbetrag) sowie für die Einzelmaßnahme „Restlochgestaltung" bzw. auf diesen Erfolg zielende Einzelmaßnahmen (Böschungsgestaltung, Zwischenbegrünung, Restlochflutung, Wassermonitoring, Gestaltung der Flächen im Uferbereich u.a., dadurch hoher anteiliger Erfüllungsbetrag) zu einer erheblichen Eigenkapitalaufzehrung zugunsten einer Zunahme an ungewissen Verbindlichkeiten mit der Folge einer entsprechenden, mehrjährigen Minderung von Restbetragsansprüchen. Beide Effekte würden das Aufbringen von Kapital für Investitionen in Bergbauprojekte prohibitiv erschweren.[527]

Fraglich ist auch, ob durch eine dermaßen hohe Aufwandsverrechnung in frühen Perioden „Gläubigerschutz" als Werturteil nicht eher verletzt wird; eine bilanzielle Überschuldung des Bergbauunternehmens infolge einer massiven Eigenkapitalaufzehrung mit der Folge einer Insolvenz würde den Interessen der Gläubiger gerade schaden. Ohne eine solche Aufzehrung und hierauf folgende Insolvenz könnten die Ansprüche letzterer dagegen im Zeitablauf planmäßig befriedigt werden. Schließlich erfolgt die Bereitstellung auch von Fremdkapital im Bergbau gerade in dem Wissen, dieses eher lang- als kurzfristig verzinst und getilgt zurück zu erhalten. Aus dieser Langfristigkeit resultierende Risiken werden sich die Gläubiger angemessen vergüten lassen.

Zur Milderung bzw. Vermeidung der geschilderten Konsequenzen werden in der Literatur z.T. Bilanzierungshilfen diskutiert,[528] die handelsrechtlich gegenwärtig nur bei Kapitalgesellschaften für Aufwendungen für die Ingangsetzung und Erweiterung des Geschäftsbetriebs (§ 269 HGB) sowie für aktive latente Steuern (§ 274 Abs. 2 HGB) aktiviert werden dürfen

---

[527] Schneider (1997), S. 135, der deswegen für eine zeitabhängig-lineare Rückstellungsdotierung plädiert; siehe hierzu auch FG Nürnberg, Urteil vom 22.10.1976 – III 56/76, S. 157/158, das vor diesem Hintergrund eine Begrenzung von bergbaubedingten Rückstellungen fordert.

[528] Wohl erstmals Maul (1975), S. 46, mit Blick auf die ähnlich gelagerte Problematik bei Kernkraftwerken; ebenso Bartels (1992d), S. 1317/1318; Klein, B. (1998), S. 166; Loose (1993), S. 145; Siegel (1993a), S. 336; ders. (1993b), S. 151, 153/154; Naumann (1993), S. 271, der letztlich aber eine „Ansammlungsrückstellung" präferiert; Schülen (1983), S. 664, mit dem Hinweis auf die denkbare Alternative, die Ausgaben für WNBM als Herstellungskosten zu aktivieren und abzuschreiben; eine solche Vorgehensweise mangels Vorliegen von Herstellungskosten ablehnend Naumann (1991), S. 535; ders. (1993), S. 271; vgl. aber zur Aktivierung des Erfüllungsbetrags in den *costs* eines *asset* nach IAS 16 unten unter 6.5.

Die „Wirtschaftliche Verursachung" bergbaubedingter Verpflichtungen als Kriterium ... 139

sowie gesondert auszuweisen und zu erläutern sind, verbunden mit der Pflicht zur alsbaldigen Auflösung (§ 282 HGB: für Aufwendungen nach § 269 HGB über 4 Jahre).[529] Mangels Vorliegen eines Vermögensgegenstandes und damit Wirtschaftsgutes finden die genannten Ansatzwahlrechte in der steuerlichen Erfolgsmessung keine Berücksichtigung.[530] Durch die Aktivierung einer solchen Bilanzierungshilfe wird die Aufzehrung von Eigenkapital vermieden, eine zusätzliche Gewinnausschüttung wird aber verhindert durch die mit den genannten Bilanzierungshilfen verbundenen Ausschüttungssperren. In den Folgejahren erfolgt dann die entsprechende Aufwandsverrechnung durch Auflösung der Bilanzierungshilfe. Die Ausgabenperiodisierung erfolgt also ggü. einer einmaligen Aufwandsverrechnung zeitlich gestreckt. Für den hier interessierenden Zusammenhang wäre die Zulässigkeit einer solchen, explizit zu kodifizierenden Bilanzierungshilfe überaus wünschenswert:[531] Eine massive Eigenkapitalaufzehrung zu Beginn bergbaulicher Tätigkeit würde verhindert bzw. es könnte die Bilanzierungshilfe bis in die ersten Perioden des Regelbetriebs hinein bestehen bleiben und erst dann über z.B. 4 Jahre aufgelöst werden, wenn durch Umsatztätigkeit eine Aufstockung eigenfinanzierter Aktiva ermöglicht wird. Die Erfolgswirkungen wären weniger drastisch als bei einer sofortigen Rückstellungsbildung, die Entstehung gewinnabhängiger Ausgaben würde infolge der Ausschüttungssperre trotzdem verhindert und nach endgültiger Auflösung der Bilanzierungshilfe würde sich die Situation nicht anders darstellen als bei sofortiger Rückstellungsbildung gem. modifiziertem Stichtagserfüllungsbetrag.

4.4.7.7.2 Die liquiditätsmäßige Sicherstellung der Wiedernutzbarmachung

Soweit bilanzierende Bergbauunternehmen in der Praxis einerseits u.U. de facto gezwungen sind, die Verteilung des planmäßigen Erfüllungsbetrags mangels Zulässigkeit einer Bilanzierungshilfe gem. der Förder- oder Absatzmenge, der Zeit oder der Erträge vorzunehmen, andererseits aber „Gläubigerschutz" als das zentrale Werturteil hinter der handelsrechtlichen Rechnungslegung steht, muss der Schutz der Gläubiger vor übermäßiger Minderung der im Unternehmen vorhandenen Haftungsmasse infolge niedriger Aufwandsverrechnung für Rückstellungsdotierung bei Verwendung einer der genannten Bezugsgrößen anderweitig sichergestellt werden.

Hierbei darf nicht übersehen werden, dass auch die Bergbehörde einen bedeutsamen, für die vorliegende Arbeit sogar den primär interessierenden Gläubiger insofern darstellt, als ihr die Aufgabe zukommt, die Erfüllung der bergrechtlichen Verpflichtung zur WNBM vom Bergbauunternehmen einzufordern. Kann dieses nicht erfüllen, müsste die Bergbehörde für die Durchführung der WNBM sorgen. Die dabei anfallenden Ausgaben würden dem Steuer-

---

[529] Vgl. zu Bilanzierungshilfen ausführlich Busse von Colbe (1986), S. 86 bis 94.
[530] Groh (1985), S. 1850; Schneider (1997), S. 148, 151; differenzierend Crezelius (1987), S. 7/8.
[531] Vgl. auch Bartels (1992a), S. 198; ders. (1992d), S. 1318.

zahler zur Last fallen. Insofern vertritt die Bergbehörde letztgenannten hinsichtlich seines Anspruchs auf eine Realisierung der WNBM durch das Bergbauunternehmen bzw. es fordert die Bergbehörde für den Steuerzahler (bzw. die Allgemeinheit) seinen (ihren) Anspruch auf WNBM beim Bergbauunternehmen ein.

So wie insbesondere Kreditinstitute wird man auch die Bergbehörde in ihrer Stellvertreterfunktion zu den *freiwilligen* Gläubigern zählen dürfen. Diesen wird, im Gegensatz zu Klein- und Deliktgläubigern als *unfreiwilligen* Gläubigern, die Fähigkeit unterstellt, das ihnen zuwachsende Risiko der Nichtgeltendmachung ihrer Festbetragsansprüche infolge der Haftungsbeschränkung bei Kapitalgesellschaften abschätzen zu können und sich dieses in einer entsprechenden Risikoprämie vergüten zu lassen.[532] Die klassischen Formen der vom Gläubiger zur Minderung seiner Risiken eingeforderten Kreditsicherheiten werden dabei zunehmend verdrängt bzw. ergänzt durch Vertragsnebenabreden bzw. Sicherungsklauseln, die, aus den USA stammend, als *covenants* bekannt sind und die in der Praxis in vielfältigen, da einzelfallabhängig ausgestalteten Ausprägungen anzutreffen sind.[533] Inhaltlich beziehen sich *covenants* sowohl auf die Aktiv- wie Passivseite der Bilanz, d.h. auf die Mittelverwendung und – beschaffung, weiterhin auf die Gewinnverwendung sowie auch auf die Ebene der Gewinnermittlung durch Abänderung der sonst gültigen Bilanzierungsgrundsätze. Gemeinsam ist *covenants* aber die Zielstellung, im Falle ihrer Nichteinhaltung die frühzeitige Auslösung des Übergangs der Verfügungsbefugnis über das im Unternehmen gebundene Vermögen auf die Gläubiger zu erreichen, um substanzvermindernde Maßnahmen des Managements zu vermeiden.[534]

Interessant sind *covenants* für den vorliegenden Zusammenhang deswegen, weil für die Bergbehörde, analog zu allen übrigen Gläubigern, ebenfalls das Risiko der Nichtrealisierbarkeit ihrer „Festbetragsansprüche", d.h. die Sicherstellung der WNBM, latent besteht und sich damit die Frage stellt, mit welchen Instrumenten diesem Risiko zu begegnen ist. Speziell im Fall der Insolvenz des Bergbauunternehmens muss nämlich die Bergbehörde (auf Rechnung des Steuerzahlers) für die Durchführung der WNBM sorgen. Da es sich bei Rückstellungen aber, unabhängig davon, in welcher Höhe diese zu einem beliebigen Zeitpunkt dotiert sind, um „bloße Bilanzrechnungsposten" handelt, die keineswegs gewährleisten, dass „das Kapital im Bedarfsfall der Höhe und dem Zeitpunkt nach auch wirklich vorhanden ist.",[535] besteht ein besonderes öffentlichen Interesse an der Durchsetzbarkeit der bergrechtlichen Pflicht zur WNBM.

---

[532] Vgl. zum Vorstehenden Kübler (1991), S. 407 bis 409 und S. 415 bis 417.

[533] Ausführlich: Kübler (1995), S. 369; Alberth (1997), S. 745 bis 747; ders. (1998), S. 805; Thießen (1996a), S. 21/22; ders. (1996b), S. 144 bis 146.

[534] Thießen (1996a), S. 21/22, 29 bis 31; ders. (1996b), S. 144 bis 146, 154 bis 156; Alberth (1997), S. 745 bis 747; ders. (1998), S. 806 bis 813.

[535] Lukes/ Salje/ Feldmann (1978), S. 683; ebenso: Institut Finanzen und Steuern (2000), S. 7/8, 39/40; Hermes (1999), S. 167.

Grundsätzlich bestehen verschiedene Möglichkeiten der Absicherung der Ansprüche der Bergbehörde: Um die tatsächliche Durchführung der WNBM sicher zu stellen, kann die Bergbehörde entweder Sicherheiten als Voraussetzung für die Zulassung eines Betriebsplanes nach eigenem Ermessen einfordern und wieder freigeben, alternativ hierzu den Nachweis einer Versicherung verlangen, sofern nur hierdurch die Erfüllung u.a. der Anforderungen nach § 55 Abs. 1 Satz 1 Nr. 7 und Abs. 2 Satz 1 Nr. 2 BBergG sichergestellt erscheint (§ 56 Abs. 2 BBergG), d.h. v.a. bei Zweifeln an der Wirtschaftskraft des Unternehmers sowie nach „allgemeinen Erfahrungen",[536] also negativen Erfahrungen in ähnlich gelagerten Fällen in der Vergangenheit. Angesichts der Probleme, die mit der Stellung von Sachsicherheiten verbunden sind[537] sowie mit Blick auf den Umstand, dass Versicherungen, ihrer Funktion entsprechend, nur im Schadensfall (hier: Insolvenz), nicht aber bei planmäßiger Fortführung und beabsichtigter Erfüllung durch das Bergbauunternehmen greifen, auch in diesem Fall aber die liquiditätsmäßige Bewältigung der WNBM durch Rückstellungen gerade nicht gewährleistet ist, sind geeignete Instrumente zu diskutieren, wie die WNBM liquiditätsmäßig bewältigt werden kann.

Zunächst kann die Bergbehörde natürlich anstelle Sachsicherheiten auch die Hinterlegung eines Geldbetrages auf einem Konto fordern, auf das nur sie selbst Zugriff hat.

Hinzuweisen ist in diesem Zusammenhang auf die, allerdings bereits im Jahr 1982 aufgelöste, „Gemeinschaftskasse zur Sicherung der Rekultivierung im Rheinischen Braunkohlengebiet", in die Bergbautreibende im Rheinischen Braunkohlengebiet mindestens 1 Pfennig je geförderter Tonne Rohbraunkohle einzahlen mussten.[538] Eine solche öffentliche Kasse könnte eine Alternative darstellen zur Abführung liquider Mittel an ein von der Bergbehörde geführtes Konto.

Eine Alternative zur Überlassung liquider Mittel an Dritte bildet die Kapitalsammlung durch das Bergbauunternehmen selbst. So muss die ROMONTA GmbH ein aktives Sonderkonto („Rekultivierungsfonds") unterhalten, auf dem bis zum 30.09.2020 24,4 Mio. € „angespart" werden sollen entsprechend einer Vereinbarung mit der Bundesanstalt für vereinigungsbedingte Sonderaufgaben. Hiervon waren zum 31.12.2003 1,427 Mio. € angespart bei einer Rückstellung von 27,739 Mio. € „für bergbaubedingte Verpflichtungen".[539] Die liquiditätsmäßige Sicherstellung der WNBM durch Ansparung eines definierten Betrages kann ergänzt werden durch die Bildung einer entsprechenden, zweckgebundenen Kapitalrücklage („Rekultivierungsrücklage"), die mit zunehmender Speisung des „Rekultivierungsfonds" um-

---

[536] BT-Drucks. 8/1315, S. 112; Boldt/ Weller (1984), § 56, Tz. 20; Piens/ Schulte/ Graf Vitzthum (1983), § 56, Tz. 111 bis 114.

[537] Thießen (1996a), S. 20/21; ders. (1996b), S. 144.

[538] Gründung mit Gesetz vom 25. April 1950, GVBl. NW 1950, S. 73; zur Einzahlung siehe § 5 Abs. 1 Satz 1 Gesetz über die Errichtung einer Gemeinschaftskasse im Rheinischen Braunkohlengebiet, GVBl. NW 1950, S. 73; zur Auflösung der Kasse vgl. GVBl. NW 1982, S. 74.

[539] ROMONTA GmbH (2003), S. 22, 25, 26.

142   Die Bildung von Rückstellungen wegen bergbaubedingter Verpflichtungen als ...

geschichtet wird in die „sonstigen Kapitalrücklagen"[540] und die, ihrer Funktion entsprechend, die Haftungsmasse des Unternehmens erhöht.[541] Analog zu den Rückstellungen gilt allerdings auch hier, dass die Sperrung von Eigenkapital für Ausschüttungszwecke keineswegs gewährleistet, dass im Zerschlagungsfall tatsächlich der Rücklage entsprechende liquide Mittel zumindest teilweise vorhanden sind.

Der Vorteil einer Kapitalansammlung *außer*halb des Unternehmens liegt insbesondere in der (teilweisen) Sicherstellung der WNBM auch im Insolvenzfall, sofern den übrigen Gläubigern ein Zugriff auf die entsprechenden Mittel verwehrt ist.[542] Die Frage, inwieweit sich die Ansammlung entsprechender liquider Mittel auf die Bemessung des Erfüllungsbetrags auswirkt, wird an späterer Stelle der Arbeit erörtert.[543]

Fraglich ist in diesem Zusammenhang, in welchem Umfang eine solche Kapitalansammlung sinnvoll und geboten ist. Die jederzeitige Verfügbarkeit eines auch im Insolvenzfall die WNBM sicherstellenden Kapitalbetrags dürfte zu einer wohl nicht mehr zu vertretenden Belastung des Bergbauunternehmens führen. Schon vor erstmaliger Ertragsrealisierung müssten außerordentlich umfangreiche liquide Mittel abgezweigt werden. Die auch bei Verwendung der Bezugsgröße „modifizierter Stichtagserfüllungsumfang" auf Basis des planmäßigen Erfüllungsumfangs eintretende Erschwerung bergbaulicher Projekte infolge der mehrjährigen Verhinderung des Entstehens von Restbetragsansprüchen würde verstärkt durch das Erfordernis, Kapital zwecks Reservierung flüssiger Mittel aufzubringen und dies ausgerechnet in den Perioden, in denen (noch) besonders viel Kapital im Anlagevermögen des Bergbauunternehmens gebunden ist. Von daher bietet sich eine nur ratierliche (förder- oder absatzmengenabhängige, ertrags- oder zeitabhängige) Ansammlung flüssiger Mittel an, die dann, unter Berücksichtigung von Zinseffekten, den planmäßigen Erfüllungsbetrag zum planmäßigen Erfüllungszeitpunkt decken muss. Diese Kapitalansammlung könnte damit so ausgestaltet werden, dass sie der abnehmenden Bindung von Kapital im Anlagevermögen genau entgegenläuft, so dass eine aktivische Vermögensumschichtung bis zur endgültigen WNBM des Tagebaus erfolgt.

Mit Blick auf die vorstehenden Erörterungen ist auf folgende grundsätzliche Problembereiche aufmerksam zu machen:

Handels- und steuerrechtlich fehlen, so wie auch schon zur Thematik „Bilanzierungshilfen" ausgeführt, der Problematik adäquate Vorschriften, hier hinsichtlich der liquiditätsmäßigen Sicherstellung der Begleichung ungewisser (Sach-)Verpflichtungen. Die bzgl. der ROMONTA GmbH geschilderte Situation stellt eine absolute Ausnahme dar und resultiert allein aus privatisierungsbedingten Auflagen. Zu kritisieren ist auch die bergrechtliche Regelung hinsichtlich der möglichen Einforderung von Sicherheiten. Der als „Kann-Vorschrift"

---

[540]   ROMONTA GmbH (2003), S. 26.
[541]   Coenenberg (2003), S. 274.
[542]   Lukes/ Salje/ Feldmann (1978), S. 682.
[543]   Unter 5.5.7.

Die „Wirtschaftliche Verursachung" bergbaubedingter Verpflichtungen als Kriterium ...   143

ausgestaltete § 56 Abs. 2 BBergG erschwert einerseits der Bergbehörde die Entscheidung ü-
ber die Erforderlichkeit einer Sicherheitsleistung. Für das eine Betriebsplanzulassung begeh-
rende Bergbauunternehmen andererseits dürfte sich eine Einschätzung über die Pflicht zur
Leistung von Sicherheiten dem Grunde wie der Höhe nach schwierig bis unmöglich gestalten.
Um Rechtsunsicherheit und evtl. gerichtliche Auseinandersetzungen zu vermeiden, sollte eine
klar formulierte Regelung hinsichtlich zu leistender Sicherheiten entweder kodifiziert oder eine entsprechende Verordnung, nach Möglichkeit auf Bundesebene, erlassen werden.

Alternativ wäre über die (Wieder-)Einrichtung einer öffentlich-rechtlichen Kasse zu diskutieren. In jedem Fall erscheint es überlegenswert, der Bergbehörde geeignete, präzise definierte, u.U. auch erweiterte Möglichkeiten bzw. Instrumente einzuräumen, die Realisierung
der von ihr einzufordernden „Festbetragsansprüche" auch tatsächlich zu ermöglichen. Sinnvollerweise sollte dies, so wie jetzt schon im § 56 Abs. 2 BBergG, i.R.d. Regelung der Voraussetzungen für die Zulassung (und den Widerruf!) einer Betriebsplanzulassung geschehen.
Die in *covenants* üblicherweise dem Gläubiger eingeräumten Rechte und die dem Schuldner
auferlegten Pflichten[544] bieten, trotz eines natürlich nicht identischen Kontextes, zumindest
grobe Orientierungspunkte für die konkrete Ausgestaltung entsprechender Regelungen.

In der Gesamtbetrachtung besteht erheblicher Diskussionsbedarf in der Wissenschaft sowie Handlungsbedarf seitens des Gesetzgebers hinsichtlich der liquiditätsmäßigen Sicherstellung der WNBM sowie der „Verzahnung" zwischen Handels- und Steuerrecht, Gesellschaftsrecht und Bergrecht (sowie ggf. weiteren „umweltrelevanten" Fachgesetzen). Unabhängig davon steht es natürlich jedem Bergbauunternehmen frei, freiwillig Liquidität zweckgebunden
und geschützt vor Zugriffen anzusammeln und ergänzend Rücklagen zu bilden.

4.4.7.8 Zusammenfassung und Demonstration der gewonnenen Erkenntnisse anhand eines praxisnahen Beispiels

Die nachstehende **Tabelle 5** enthält Daten, die *dem Verf.* durch MIBRAG mbH freundlicherweise zur Verfügung gestellt wurden, ergänzt um eigene Berechnungen. In der Zeile 1 ist abgebildet die Entwicklung des Stichtagserfüllungsbetrags (in €) für die WNBM eines Tagebaurestloches bzw. für die Realisierung sämtlicher hiermit verbundener Einzelmaßnahmen.[545]

---

[544] Siehe die entsprechenden, vorstehenden Nachweise.
[545] Diese umfassen Maßnahmen der Böschungsgestaltung, Entfernung und Entsorgung sämtlicher Einrichtungen, Bau von Flutungsanlagen, Flutung sowie der Begrünung im Uferbereich. Eine genauere Unterscheidung nach Einzelmaßnahmen lag dem Verf. leider nicht vor, wäre aber für eine differenzierte Periodisierung
der verschiedenen Erfüllungsbeträge nötig.

Zeile	Periode i	Vorproduktionsphase 1	2	3	4	Produktionsphase ... 5	6	7	8	9	10	11	12
1	Stichtags-Erfüllungsbetrag	5	10	30	50	70	90	110	130	150	170	190	210
2a	modifizierter Stichtags-Erfüllungsumfang (Variante 1)	5	10	30	50	70	90	110	130	150	150	150	150
2b	Über(+) bzw. Unter(-)-Dotierung im Vergleich zu 1	0	0	0	0	0	0	0	0	0	-20	-40	-60
3a	modifizierter Stichtags-Erfüllungsumfang (Variante 2)	16,67	33,34	50,01	66,68	83,35	100,02	116,69	133,36	150	150	150	150
3b	Über(+) bzw. Unter(-)-Dotierung im Vergleich zu 1	12	23	20	17	13	10	7	3	0	-20	-40	-60
4a	Dotierung über Vorproduktions- und Prod.perioden	2,78	5,56	8,34	11,12	13,9	16,68	19,46	22,24	25,02	27,8	30,58	33,36
4b	Über(+) bzw. Unter(-)-Dotierung im Vergleich zu 1	-2,22	-4,44	-21,66	-38,88	-56,10	-73,32	-90,54	-107,76	-124,98	-142,20	-159,42	-176,64
5a	Dotierung über Produktionsperioden	0	0	0	0	3	6	9	12	15	18	21	24
5b	Über(+) bzw. Unter(-)-Dotierung im Vergleich zu 1	-5	-10	-30	-50	-67	-84	-101	-118	-135	-152	-169	-186
6a	Dotierung nach Förder-/Absatzmenge, Erträgen	0	0	0	0	3	6	9	12	15	18	21	24
6b	Über(+) bzw. Unter(-)-Dotierung im Vergleich zu 1	-5	-10	-30	-50	-67	-84	-101	-118	-135	-152	-169	-186
7	Entwicklung des Buchwertes des Anlagevermögens	75	175	275	355	430	480	485	490	495	500	505	510
8	Zeitproportionale Ansammlung liquider Mittel über gesamte Vorproduktions- u. Produktionsphase	2,78	5,56	8,34	11,12	13,90	16,68	19,46	22,24	25,02	27,80	30,58	33,36
9	Zeitproportionale Ansammlung liquider Mittel ab Periode 17	0	0	0	0	0	0	0	0	0	0	0	0
10	Zeitproportionale Ansammlung liquider Mittel ab Periode 40	0	0	0	0	0	0	0	0	0	0	0	0

Tab. 5: Mögliche Verläufe der Rückstellungsdotierung anhand eines Praxisbeispiels (Restlochgestaltung)

Die „Wirtschaftliche Verursachung" bergbaubedingter Verpflichtungen als Kriterium …

… Produktionsphase …

13	14	15	16	17	18	19	20	21	22	23	24	25	26	27	28	29	30
230	250	270	290	310	330	350	370	390	410	402	394	386	378	370	362	354	346
150	150	150	150	150	150	150	150	150	150	150	150	150	150	150	150	150	150
-80	-100	-120	-140	-160	-180	-200	-220	-240	-260	-252	-244	-236	-228	-220	-212	-204	-196
150	150	150	150	150	150	150	150	150	150	150	150	150	150	150	150	150	150
-80	-100	-120	-140	-160	-180	-200	-220	-240	-260	-252	-244	-236	-228	-220	-212	-204	-196
36,14	38,92	41,7	44,48	47,26	50,04	52,82	55,6	58,38	61,16	63,94	66,72	69,50	72,28	75,06	77,84	80,62	83,40
-193,86	-211,08	-228,30	-245,52	-262,74	-279,96	-297,18	-314,40	-331,62	-348,84	-338,06	-327,28	-316,50	-305,72	-294,94	-284,16	-273,38	-262,60
27	30	33	36	39	42	45	48	51	54	57	60	63	66	69	72	75	78
-203	-220	-237	-254	-271	-288	-305	-322	-339	-356	-345	-334	-323	-312	-301	-290	-279	-268
27	30	33	36	39	42	45	48	51	54	57	60	63	66	69	72	75	78
-203	-220	-237	-254	-271	-288	-305	-322	-339	-356	-345	-334	-323	-312	-301	-290	-279	-268
515	520	525	530	520	510	500	490	480	460	440	420	400	380	360	340	320	300
36,14	38,92	41,70	44,48	47,26	50,04	52,82	55,60	58,38	61,16	63,94	66,72	69,50	72,28	75,06	77,84	80,62	83,40
0	0	0	0	3,95	7,90	11,85	15,80	19,75	23,70	27,65	31,60	35,55	39,50	43,45	47,40	51,35	55,30
0	0	0	0	0	0	0	0	0	0	0	0	0	0	0	0	0	0
0	0	0	0	0	0	0	0	0	0	0	0	0	0	0	0	0	0

... Produktionsphase ...

31	32	33	34	35	36	37	38	39	40	41	42	43	44	45	46	47	48
338	330	322	314	306	298	290	282	274	266	258	250	242	234	226	218	210	202
150	150	150	150	150	150	150	150	150	150	150	150	150	150	150	150	150	150
-188	-180	-172	-164	-156	-148	-140	-132	-124	-116	-108	-100	-92	-84	-76	-68	-60	-52
150	150	150	150	150	150	150	150	150	150	150	150	150	150	150	150	150	150
-188	-180	-172	-164	-156	-148	-140	-132	-124	-116	-108	-100	-92	-84	-76	-68	-60	-52
86,18	88,96	91,74	94,52	97,30	100,08	102,86	105,64	108,42	111,20	113,98	116,76	119,54	122,32	125,10	127,88	130,66	133,44
-251,82	-241,04	-230,26	-219,48	-208,70	-197,92	-187,14	-176,36	-165,58	-154,80	-144,02	-133,24	-122,46	-111,68	-100,90	-90,12	-79,34	-68,56
81	84	87	90	93	96	99	102	105	108	111	114	117	120	123	126	129	132
-257	-246	-235	-224	-213	-202	-191	-180	-169	-158	-147	-136	-125	-114	-103	-92	-81	-70
81	84	87	90	93	96	99	102	105	108	111	114	117	120	123	126	129	132
-257	-246	-235	-224	-213	-202	-191	-180	-169	-158	-147	-136	-125	-114	-103	-92	-81	-70
280	260	240	220	200	180	170	160	150	140	130	120	110	100	90	80	70	60
86,18	88,96	91,74	94,52	97,30	100,08	102,86	105,64	108,42	111,20	113,98	116,76	119,54	122,32	125,10	127,88	130,66	133,44
59,25	63,20	67,15	71,10	75,05	79,00	82,95	86,90	90,85	94,80	98,75	102,70	106,65	110,60	114,55	118,50	122,45	126,40
0	0	0	0	0	0	0	0	0	10	20	30	40	50	60	70	80	90

Die „Wirtschaftliche Verursachung" bergbaubedingter Verpflichtungen als Kriterium …   147

Produktionsphase						Nachproduktionsphase										
49	50	51	52	53	54	55	56	57	58	59	60	61	62	63	64	65
						120	90	65	50	40	30	20	15	10	5	0
194	186	178	170	162	150											
150	150	150	150	150	150											
-44	-36	-28	-20	-12	0											
150	150	150	150	150	150											
-44	-36	-28	-20	-12	0											
136,22	139,00	141,78	144,56	147,34	150											
-57,78	-47,00	-36,22	-25,44	-14,66	0,00											
135	138	141	144	147	150											
-59	-48	-37	-26	-15	0											
135	138	141	144	147	150											
-59	-48	-37	-26	-15	0											
50	40	30	20	10	0											
136,22	139,00	141,78	144,56	147,34	150											
130,35	134,30	138,25	142,20	146,15	150											
100	110	120	130	140	150											

Die Werte wurden berechnet in Anlehnung an reale Größen für den Fall der WNBM eines Tagebaurestloches zum Ende der jeweiligen Periode. Aus Gründen der Vertraulichkeit wurden diese Werte für die vorliegende Arbeit aber um einen bestimmten Prozentsatz einheitlich verändert. Die Vorproduktionsphase umfasst 4, die Produktionsphase 51 und die Nachproduktionsphase 10 Perioden. Besonders eindrucksvoll ist der prognostizierte Anstieg des Stichtagserfüllungsbetrags (Zeile 1) bis zur Periode 22 und dessen anschließendes Absinken bis auf einen Wert von 150 € in der letzten Periode der Produktionsphase (Periode 54, zugleich Phase mit letztmaliger Rückstellungsdotierung gem. Daten der MIBRAG mbH). Grund für diesen Verlauf ist eine auf die abschließende WNBM bzw. Folgenutzung abgestellte Betriebsweise in späteren Perioden des Regelbetriebs, speziell hinsichtlich der mit Blick auf die Folgenutzungskonzeption nur eingeschränkten Notwendigkeit der Ausgestaltung des zukünftigen Böschungssystems: Da für den fraglichen Tagebau in späteren Perioden eine Verkippung von Abraummassen aus Folgetagebauen bzw. Folgefeldern vorgesehen ist, ist insbesondere die Gestaltung des zukünftigen Böschungssystems deutlich einfacher als dies bei einer sofortigen Stillegung zum Ende der jeweiligen Periode der Fall wäre (bzw. entfällt eine solche Gestaltung nahezu vollständig). Im Fall einer sofortigen Stillegung käme nämlich ausschließlich eine Flutung des verbleibenden Restloches in Frage. Die für die Flutung selbst sowie die für die vorherige Ausgestaltung des Böschungssystems anfallenden Ausgaben würden aber erheblich über den Ausgaben liegen, die bei planmäßiger Fortführung des fraglichen Tagebaus und dessen Verfüllung mit Abraummassen anderer Tagebaue bzw. Felder anfallen werden. Da dieser aufwandsmindernde Effekt in frühen Perioden eben nicht berücksichtigt werden kann (bei völliger Einstellung der betrieblichen Tätigkeit werden auch keine Folgefelder mehr erschlossen), steigt der Stichtagserfüllungsbetrag infolge fortschreitender Inanspruchnahme der Oberfläche zunächst stark an und fällt dann, unter späterer Berücksichtigung und Umsetzung dieser Folgenutzungskonzeption, wieder ab.

Eine Rückstellungsdotierung entsprechend dem tatsächlichen Stichtagserfüllungsumfang würde, als streng zerschlagungsspezifische Bilanzierung, eine jederzeitige Identität von Rückstellungshöhe und den bei Erfüllung anfallenden Ausgaben gewährleisten.

Von einem erlöswirksamen Absatz geförderter Kohle wird zwischen den Perioden 5 und 54 ausgegangen. Vereinfachend wird hier von zwischenperiodischen Abweichungen zwischen geförderter und abgesetzter Menge abgesehen. Da zugleich konstante spezifische Erlöse unterstellt werden, verläuft die Dotierung nach jeder dieser drei Bezugsgrößen identisch (Zeile 6a). Demgegenüber führt die zeitproportionale Verteilung des planmäßigen Erfüllungsbetrags über sämtliche Perioden, d.h. inkl. der Vorproduktionsperioden, zu einer zwar geringeren, dafür aber früher einsetzenden jährlichen Dotierung (Zeile 4a). Bei Verteilung nur über die Produktionsperioden (Zeile 5a) stimmt das Ergebnis zwangsläufig mit Zeile 6a überein. In Zeile 2a erfolgt die Dotierung gem. „modifiziertem Stichtagserfüllungsumfang" unter der Annahme, dass solange zu jedem Bilanzstichtag der Stichtagserfüllungsbetrag angesetzt wird, bis der planmäßige Erfüllungsbetrag erreicht ist (in der Periode 9). Um die Heranziehung höherer, zerschlagungsspezifischer Werte für die Rückstellungsdotierung zu vermeiden, erfolgt die Deckelung des Erfüllungs- und zugleich Rückstellungsbetrags in den Perioden 10 bis inkl. 53. Dadurch erfolgt eine im Vergleich zu allen übrigen Bezugsgrößen deutlich raschere Dotierung i.H.d. vollen planmäßigen Erfüllungsbetrags. Eine Dotierung gem. „modifiziertem Stichtagserfüllungsumfang, Variante 2" wird in der Zeile 3a der Tabelle 5 dergestalt vorgenommen, dass der planmäßige Erfüllungsbetrag über sämtliche Geschäftsjahre rein zeitabhängig verteilt wird („Prinzip vom mangelnden Grunde"), die zwischen den Perioden 1 und 9 als der Periode liegen, in der der planmäßige Erfüllungsbetrag infolge bergbaulicher Eingriffe erstmalig erreicht wird. Im Ergebnis werden somit zu keinem Zeitpunkt der Erfüllungsumfang und – betrag in zerschlagungsspezifischer Höhe der Rückstellungsdotierung zugrunde gelegt, noch wird die Rückstellung selbst in zerschlagungsspezifischer Höhe ausgewiesen. Im Vergleich zur Variante 1 bewirkt die Variante 2 zudem eine erhebliche Arbeitserleichterung dadurch, dass nicht zu jedem Bilanzstichtag der Perioden 1 bis 9 der jeweilige tatsächliche Stichtagserfüllungsumfang und der Stichtagserfüllungsbetrag ermittelt werden müssen.

Die jeweiligen „b-Zeilen" geben die Über- bzw. Unterdotierung an, die sich ergeben würde, müsste der Tagebau zum jeweiligen Bilanzstichtag wieder nutzbar gemacht werden (Zerschlagungsfall). Wie sich zeigt, ergibt sich bei sämtlichen Bezugsgrößen spätestens ab der Periode 10 (Zeile 2b und 3b) eine z.T. massive Unterdotierung der Rückstellung, die letztere häufig um ein Vielfaches übersteigt.

Zeile 7 stellt die Entwicklung des Buchwertes des Anlagevermögens dar. Dieses steigt in den ersten Perioden stark an und beginnt erst ab der Periode 17 zu sinken, trotz auch zwischenzeitlich vorgenommener Abschreibungen. In den Zeilen 8 bis 10 ist dargestellt, wie die Zuführung liquider Mittel zu einem Fonds oder einer Kasse ausgestaltet werden könnte, sofern der planmäßige Erfüllungsbetrag bis zum Ende der Periode 54 angesammelt sein soll. Zinseffekte, die, je nach Zinssatz und Dauer der Ansammlung, zu einer Verminderung der jährlichen Zuführung führen würden, werden hier zwecks Vereinfachung vernachlässigt. In der Zeile 8 erfolgt die liquide Ansammlung des planmäßigen Erfüllungsbetrags über sämtliche 54 Perioden (150 €/54 a = 2,78 €/a). Zeile 9 hingegen beschränkt die Ansammlung auf jene Perioden, in denen die Kapitalbindung im Anlagevermögen anfängt abzusinken (ab Periode 17: 150 €/38 a = 3,95 €/a). Hierdurch würde dem Bergbauunternehmen eine Erleichterung insofern gewährt, als auf die Abzweigung weiteren Kapitals in jenen Perioden verzichtet wird, in denen wegen fortgesetzter Anschaffung und Herstellung aktivierungspflichtiger Vermögensgegenstände ohnehin eine beständige Zunahme der Kapitalbindung erfolgt.

In Zeile 10 setzt die Ansammlung in der Periode ein, in der die verbleibende Kapitalbindung im Anlagevermögen den planmäßigen Erfüllungsbetrag erstmals unterschreitet: Die An-

150 Die Bildung von Rückstellungen wegen bergbaubedingter Verpflichtungen als ...

sammlung erfolgt somit in den letzten 15 Perioden der Produktionsphase genau umgekehrt proportional zur absinkenden Kapitalbindung im Anlagevermögen (150 €/15 a = 10 €/a).

Eine planmäßige Fortsetzung und Beendigung bergbaulicher Tätigkeit unterstellt, kann die Bergbehörde bei allen drei Konstellationen (Zeilen 8 bis 10) durch Einforderung liquider Mittel ihre Ansprüche im planmäßigen Erfüllungszeitpunkt befriedigen, nicht hingegen bei vorheriger, nicht planbarer Stillegung des Unternehmens.

4.4.7.9 Exkurs: Rückstellungsbildung und Kostenrechnung

Hinsichtlich der Periodisierung der zukünftigen Ausgaben für die Erfüllung ungewisser Sachleistungsverpflichtungen findet sich in der Literatur gelegentlich die Forderung, diese Ausgaben deswegen nicht einmalig bzw. geballt als Periodenaufwand zuzurechnen, weil hieraus „eine Verunstetigung in der Entwicklung des Periodengewinns, die einen entsprechenden Niederschlag in der Strompreiskalkulation finden" würde, zu resultieren drohe und eine solche „der betriebswirtschaftlichen Maxime der Vergleichbarkeit [...] entgegenstünde".[546] Angesprochen ist damit das Verhältnis von Aufwandsverrechnung in der GVR als Teil des externen Rechnungswesens und der Kostenrechnung als Teil des internen Rechnungswesens,[547] hier speziell in der Kostenträgerstückrechnung. Letztere hat u.a. die Aufgabe, über die Ermittlung der Selbstkosten die Preisuntergrenze der betrieblichen Leistungen und nach weiteren Zuschlägen den Angebotspreis zu bestimmen.[548]

Die Kostenträgerstückrechnung verfolgt damit einen *gänzlich anderen Zweck* als der handelsrechtliche Jahresabschluss und die Steuerbilanz.[549] Aus diesem unterschiedlichen Zweck resultieren entsprechend abweichende Rechnungsziele (Selbstkosten versus Periodenerfolg), Rechnungsinhalte (Kosten versus Aufwand) sowie abweichende Konzeptionen rechnungsmäßiger Unternehmenserhaltung (reale Kapital- oder Substanzerhaltung versus nominale Kapitalerhaltung). Natürlich wird i.R.d. Kostenträgerstückrechnung immer versucht werden, den in der GVR angefallenen Aufwand möglichst gleichmäßig über die Perioden der Erlösrealisierung, d.h. des Regelbetriebes, als Kostenbestandteil des Angebotspreises zu verteilen. *Daraus resultiert aber keine Dominanz der Art und Weise der Kostenverrechnung über die Zurechnung von Ausgaben als Aufwand in der GVR und damit über den Verlauf der Rückstellungsdotierung.* Die in der vorliegenden Arbeit für den handelsrechtlichen Einzelabschluss

---

[546] Reinhard (1982a), S. 659 mit Blick auf Rückstellungen in der Kernenergiewirtschaft; relativierend ders. (1982b), S. 750 sowie Reinhard/ Schmidt (1984), S. 125; mit einer tendenziellen Gleichsetzung bzw. Verknüpfung von Kosten und Aufwand erneut Reinhard (1988), S. 335; ders. (1989), S. 353, 357; ähnlich: Haun/ Strnad (1999), S. 2079; Curtius-Hartung (1972), S. 382; Sauer (1977), S. 210; Ludewig (1988), S. 769; Tischbierek (1994), S. 161; Hommel/ Wich (2004), S. 20.

[547] Vgl. zur Unterteilung des Rechnungswesens nach Empfängerkreisen Schneider (1997), S. 29/30.

[548] Hummel/ Männel (1990), S. 27; Haberstock (1997), S. 144/145; Schneider (1997), S. 431.

[549] Prägnant BFH, Urteil vom 17.07.1974 – I R 195/72, S. 686: „Die Bilanz im Rechtssinne ist keine Kostenrechnung.", ebenso BFH, Urteil vom 26.06.1979 – VIII R 145/78, S. 626, ähnlich bereits zuvor BFH, Urteil vom 19.01.1972 – I 114/85, S. 396; Döllerer (1975), S. 292.

Die „Wirtschaftliche Verursachung" bergbaubedingter Verpflichtungen als Kriterium ...   151

befürwortete Rückstellungsbildung gem. modifiziertem Stichtagserfüllungsumfang (Variante 1 oder 2) geschieht ja gerade unabhängig von der Realisierung irgendwelcher Erlöse. Eine Rückstellungsbildung gem. den realisierten Erlösen (genau: gem. der in diesen enthaltenen Kostenart „Rückstellungskosten") scheidet zudem grundsätzlich aus bei Rückstellungen wegen der Pflicht zur Wiederherstellung. Ebenso gilt umgekehrt: Die Tatsache, dass der Kaufmann z.B. selbsterstelltes immaterielles Anlagevermögen nicht aktivieren darf (§ 248 Abs. 2 HGB) führt keineswegs dazu, dass er hierfür anfallende Ausgaben nicht als Kostenart in seine Selbstkosten einrechnen darf, was er allein schon deswegen tun wird, um einen schleichenden Substanzverzehr zu vermeiden. Der Grundsatz der Zweckabhängigkeit jeglicher Rechnung gilt damit auch für das Verhältnis von Kostenrechnung und Jahresabschluss und wird regelmäßig zu durchaus abweichenden Rechnungszielen, Rechnungsinhalten oder auch Konzeptionen rechnungsmäßiger Unternehmenserhaltung führen.[550] Aspekte der Kostenrechnung müssen damit für die vorliegende Arbeit als irrelevant bezeichnet werden.

4.4.8 Für die steuerliche Erfolgsmessung vorrangige Spezialregelung bzgl. der Periodisierung des Erfüllungsbetrags

Mit dem StEntlG 1999/2000/2002 wurde mit der Nr. 3a Satz 1 Buchst. d in den § 6 Abs. 1 EStG eine ggü. der handelsrechtlichen Rückstellungsdotierung (unabhängig davon, welche Dotierungsweise man handelsrechtlich als zweckmäßig erachtet) vorrangige steuerliche Sonderregel eingeführt: „Rückstellungen für Verpflichtungen, für deren Entstehen im wirtschaftlichen Sinne der laufende Betrieb ursächlich ist, sind zeitanteilig in gleichen Raten anzusammeln.".

Die Neuregelung soll dazu dienen, „die bislang nur auf Rechtsprechung beruhende Ansammlungsrückstellung gesetzlich" abzusichern.[551] Insbesondere für Entfernungsverpflichtungen ist hiernach, so wie auch schon bisher in der steuerlichen Erfolgsmessung,[552] eine rein zeitabhängig-lineare Ansammlungsrückstellung zu bilden,[553] womit sich ggü. der früheren Vorgehensweise i.R.d. steuerlichen Erfolgsmessung *keine* Änderungen ergeben.[554] Eine Neuregelung für solche Verpflichtungen, „bei denen der Rückstellungsbetrag nicht nur im wirtschaftlichen Sinne, sondern tatsächlich in jedem Wirtschaftsjahr steigt, weil in diesen Fällen die Verpflichtung selbst von Jahr zu Jahr nicht nur im wirtschaftlichen Sinne, sondern tatsäch-

---

[550]   Vgl. Schneider (1974a), S. 375/376; ders. (1997), S. 33, 44 bis 46, 239 bis 243, 429, 440 bis 442; so auch im Ergebnis schließlich Reinhard/ Schmidt (1984), S. 131.

[551]   BT-Drucks. 14/23, S. 170; vgl. auch BT-Drucks. 14/265, S. 171; BT-Drucks. 14/443, S. 18: „[...] der Betrag, der letztlich zur Erfüllung der Verpflichtung aufgewendet werden müsse, [soll] nicht sofort in vollem Umfang, sondern verteilt über die Zeitspanne von der Begründung der Verpflichtung bis zu deren Erfüllung verteilt „angesammelt"" werden.

[552]   Vgl. die diesbezüglichen Nachweise aus der Finanzrechtsprechung oben unter 4.4.6.

[553]   In BT-Drucks. 14/443, S. 23 wird ausdrücklich auf die Verpflichtung zum Abbruch von Gebäuden sowie das diesbezügliche BFH-Urteil vom 19.02.1975 verwiesen; ebenso: Fischer (2004), § 6, Tz. 157; Glanegger (2002), § 6, Tz. 407.

lich zunimmt", insbesondere also für die Einzelmaßnahme „Restlochgestaltung", ist mit der Neuregelung *nicht* beabsichtigt.[555] Für die Verpflichtung zur „Rekultivierung" einer mehrjährig bergbaulich zu nutzenden Fläche soll, da die Verpflichtung „tatsächlich in jedem Wirtschaftsjahr steigt", die Rückstellung „in vollem Umfang" entsprechend „des bisher abgebauten Grundstückteils" gebildet werden, ebenso zum folgenden Bilanzstichtag.[556]

Es ergeben sich damit für bergbaubedingte Verpflichtungen i.e.S. bei der steuerlichen Erfolgsmessung auch *keine* Abweichungen zu der in der vorliegenden Arbeit handelsrechtlich als allein zweckgerecht erachteten Dotierung gem. modifizierten Stichtagserfüllungsumfang, wohl aber existiert eine Abweichung bei Rückstellungen wegen Entfernungsverpflichtungen[557] und damit auch für hieran anknüpfende Einzelmaßnahmen der Gewerke Entsorgung und Oberflächengestaltung. Die „Alimentationsthese" entfaltet folglich auch steuerlich *keine* Wirkung.[558] Auch steuerlich kann die erstmalige Dotierung einer Rückstellung wegen einer Entfernungsverpflichtung in der Periode der rechtlichen Entstehung vorgenommen werden, nicht erst zu einem späteren Bilanzstichtag (Fall, dass sich die Errichtung über einen Bilanzstichtag hinaus erstreckt bzw. dass zwischen Fertigstellung und Inbetriebnahme ein Bilanzstichtag liegt).[559] Darauf, dass die steuerliche Spezialregelung nicht die Ansatzebene betrifft, die Periode des erstmaligen Rückstellungsansatzes also vom Grundsatz her unstrittig ist, deutet auch die Überschrift des § 6 EStG („Bewertung") hin.

4.4.9 Ergebnisse zu 4.4

Die Frage nach der „wirtschaftlichen Verursachung" ungewisser Verpflichtungen, zu verstehen als Identifikation der Periode, in der eine „wirtschaftliche Last" vorliegt, stellt als Problem der zweckentsprechenden Periodisierung des Erfüllungsbetrags das umstrittenste Ansatzkriterium dar. Die wissenschaftliche Diskussion wird beherrscht vom Widerstreit des „Alimentationsprinzips" als zentralem Periodisierungsgrundsatz der Konzeption „verlustantizipierende Umsatzgewinnermittlung" einerseits und dem Verständnis von „wirtschaftlicher Verursachung" als „Verwirklichung der wirtschaftlich wesentlichen Tatbestandsmerkmale" gem.

---

[554] Günkel/ Fenzl (1999), S. 655.

[555] BT-Drucks. 14/443, S. 23; Fischer (2004), § 6, Tz. 157; vgl. zur Kritik an den zusätzlichen, letztlich überflüssigen sprachlichen Neuschöpfungen der Entstehung „im wirtschaftlichen Sinne" sowie im „tatsächlichen" Sinne: Stobbe/ Loose (1999), S. 418.

[556] BT-Drucks. 14/443, S. 23/24 unter Hinweis auf die in diesen Fällen nach „allgemeinen Grundsätzen" vorzunehmende Bewertung, die einer „gesetzlichen Verankerung" nicht bedürfe.

[557] Vgl. auch: Fatouros (2005), S. 121; Küting/ Kessler (1998), S. 1941; mit der Annahme einer auch in der handelsrechtlichen Praxis üblichen ratierlichen Bildung hingegen Günkel/ Fenzl (1999), S. 655.

[558] Unklar daher die Bezugnahme auf das Realisationsprinzip bei Stobbe/ Loose (1999), S. 418; Weber-Grellet (2000), S. 168/169, sieht mit der Neuregelung das bilanzsteuerrechtliche „Prinzip der wirtschaftlichen Verursachung" als Ausprägung des Realisationsprinzips i.S.d. „Alimentationsthese" bestätigt, obwohl erstgenannte allein Bezug nimmt auf den sachlichen Verpflichtungsumfang sowie auf den Zeitablauf, nicht hingegen auf Erträge.

[559] Vgl. erneut BT-Drucks. 14/443, S. 18: „[...] über die Zeitspanne *von der Begründung der Verpflichtung* bis zu deren Erfüllung verteilt „angesammelt" [...]"; Hervorhebung durch Verf.

Finanzrechtsprechung andererseits. Trotz Betonung des Erfordernisses einer „wirtschaftlichen Belastung" aus einer (berg)rechtlichen Verpflichtung kommen beide Konzeptionen zu je unterschiedlichen Periodisierungsanweisungen, da ein jeweils eigenes Verständnis von „einzeln zu erfassender und zu bewertender Verpflichtung" herrscht.

Der Diskussion in der Literatur wird in dieser Arbeit ein eigener, differenzierter Ansatz zugrunde gelegt: Wie sich anhand des Musterbeispiels „Restlochgestaltung" besonders anschaulich verdeutlichen lässt, resultiert der Meinungsstreit nicht zuletzt aus der fehlenden Differenzierung nach dem sachlichen Verpflichtungsumfang des aktuellen Bilanzstichtages und jenem des planmäßigen Erfüllungszeitpunktes. Stellt man, um die Ermittlung zerschlagungsspezifischer Erfüllungsumfänge und -beträge zu vermeiden und vorhandene Braunkohlen- und Betriebspläne unmodifiziert verwenden zu können, konsequent auf letzteren ab, so kann die Frage nach der Art und Weise der Periodisierung (Verteilung) des planmäßigen Erfüllungsbetrags differenzierter diskutiert werden, als dies in der Literatur gemeinhin geschieht.

Da sich die dynamischen Bezugsgrößen Fördermenge, Absatzmenge, Erträge und Zeit konzeptionell letztlich nicht unterscheiden, reduziert sich die Diskussion auf die Frage, ob der planmäßige Erfüllungsbetrag nach einer dynamischen oder der statischen Bezugsgröße „modifizierter Stichtagserfüllungsumfang", deren beide Varianten im Endeffekt gleichwertig sind, periodisiert wird. Da beide Varianten eine tendenziell höhere bzw. frühere Aufwandsverrechnung ermöglichen, die monetär bewerteten Folgen realisierter bergbaulicher Eingriffe also besser abbilden als alle übrigen Bezugsgrößen, sollte „modifizierter Erfüllungsumfang" zumindest im Einzelabschluss der Periodisierung zugrunde gelegt werden. Zwar deckt sich die hiernach gebildete Rückstellung nicht in jedem (Zerschlagungs-)Fall mit dem dann benötigten Stichtagserfüllungsbetrag. Eine entsprechende Dotierung erscheint aber als akzeptabler Kompromiss zwischen dem zentralen Werturteil „Gläubigerschutz" einerseits und, andererseits, dem Interesse der Unternehmenseigner an einer adäquaten Bemessung von Restbeträgen als Grundlage für deren realisierbares Einkommen sowie dem gesellschaftlichen Interesse an der Ermöglichung von Bergbauvorhaben. Zudem kann insbesondere die Bergbehörde die Geltendmachung der von ihr einzufordernden Ansprüche anderweitig sicherstellen. Dynamische Bezugsgrößen sollten nur für solche Rechnungen verwendet werden, die der Ermittlung prognosefähiger Erfolge dienen. Dem Problem der Eigenkapitalaufzehrung bei Verwendung der Bezugsgröße „modifizierter Stichtagserfüllungsumfang" sollte durch eine, allerdings erst noch zu kodifizierende, Bilanzierungshilfe begegnet werden. Die Bergbehörde kann den von ihr durchzusetzenden Anspruch auf WNBM der in Anspruch genommenen Oberfläche letztlich nur sicherstellen durch Einforderung von Sicherheiten, speziell von liquiden Mittel. Hierzu wurden mögliche Instrumente wie auch denkbare Verläufe der Reservierung flüssiger Mittel vorgestellt, wobei zu den genannten Punkten noch erheblicher Diskussionsbedarf besteht, der allerdings auf entsprechende Regelungen in *covenants* aufbauen kann. Kostenrechnerischen Aspekten kommt keine Bedeutung für die Periodisierung des planmäßigen Erfüllungsbetrags zu. Die steuerliche Spezialregelung zur Periodisierung des planmäßigen Erfüllungsbetrags bezieht sich allein auf Entfernungs- und hiermit verbundene Verpflichtungen, nicht hingegen auf bergbaubedingte Verpflichtungen i.e.S.

4.5 Zur Rückstellungsrelevanz aktivierungspflichtiger Ausgaben

4.5.1 Vorbemerkung

Die Frage, inwieweit Ausgaben, die für zukünftig zu realisierende Einzelmaßnahmen voraussichtlich anfallen werden und für die Aktivierungspflicht besteht, zugleich Rückstellungsrelevanz aufweisen können bzw. dürfen, ist deswegen besonders diskussionswürdig und umstritten, weil durch Rückstellungen zukünftig anfallende Ausgaben bereits zu einem früheren Zeitpunkt als Aufwand verrechnet werden, während bereits getätigte, aktivierungspflichtige Ausgaben für angeschaffte Vermögensgegenstände erst über ihre jeweilige Nutzungsdauer verteilt als Abschreibungsaufwand verrechnet werden dürfen.[560]

Unter „Anschaffung" wird dabei der Erwerb schon bestehender Vermögensgegenstände verstanden, während „Herstellung" die Schaffung bisher in dieser Form nicht vorhandener Vermögensgegenstände bezeichnet.[561] Ausgaben für AK werden, da es sich beim Anschaffungsvorgang um eine erfolgsneutrale Vermögensumschichtung handelt, die für sich keinerlei Erfolgswirksamkeit aufweisen darf, zunächst aktiviert.[562] Zwar soll auch die Aktivierung eigenerstellter Vermögensgegenstände grundsätzlich erfolgsneutral erfolgen, sofort aufwandswirksam werden aber nicht in die Herstellungskosten einbezogene Ausgaben.[563] Problematisch ist hiernach der unterschiedliche zeitliche Bezug, der der Aufwandsverrechnung für Rückstellungsdotierung und Abschreibung eigen ist und der eine Rückstellungsbildung für aktivierungspflichtige Ausgaben fraglich erscheinen lässt.

4.5.2 Relevanz und Anwendungsfälle aktivierungspflichtiger Ausgaben i.R.d. Wiedernutzbarmachung

I.R.d. Realisierung einer Einzelmaßnahme der WNBM anfallende, „aktivierungspflichtige Ausgaben" lassen sich wie folgt strukturieren:

---

[560] Berger/ Ring (2003), § 253, Tz. 221, 238; Coenenberg (2003), S. 167; Döring (1995), § 253, Tz. 107, 112; Anm. des Verf.: Es werden hier nur solche zukünftigen Ausgaben betrachtet, die bei Anfall zu aktivierungspflichtigen Vermögensgegenständen führen und für die wegen Abnutzbarkeit Abschreibungspflicht besteht.

[561] Adler/ Düring/ Schmaltz, § 255, Tz. 127; Knop/ Küting (1995), § 255, Tz. 13.

[562] Adler/ Düring/ Schmaltz, § 255, Tz. 5; Knop/ Küting (1995), § 255, Tz. 13.

[563] Vgl. Adler/ Düring/ Schmaltz, § 255, Tz. 117; Knop/ Küting (1995), § 255, Tz. 141.

Zur Rückstellungsrelevanz aktivierungspflichtiger Ausgaben

1. Zur Realisierung einer (oder mehrerer) Einzelmaßnahmen der WNBM ist die Anschaffung eines über die Realisierungszeit der Einzelmaßnahme voll oder teilweise abzuschreibenden Vermögensgegenstandes vorgesehen (AK), z.B. Erdbautechnik.

2. Die Realisierung einer Einzelmaßnahme der WNBM mündet in der Herstellung eines aktivierungs- und abschreibungspflichtigen Vermögensgegenstandes (HK), z.B. Straßen- und Wegebau oder Herstellung von Entwässerungsgräben.

3. Zwecks Realisierung einer Einzelmaßnahme ist der Einsatz bereits vorhandener abschreibungspflichtiger Technik vorgesehen. Hier wäre zu entscheiden, ob die Einzelrückstellung inkl. anteiligem Abschreibungsaufwand dotiert werden darf.

4. Dasselbe gilt für den Fall, dass Miet- oder Leasingtechnik eingesetzt werden soll.

5. Der Einsatz von Vermögensgegenständen erfolgt durch Dritte, die eine Einzelmaßnahme realisieren sollen, z.B. Erdbaumaßnahmen durch eine Spezialfirma.

Dass und warum in Konstellation 5 Einzelkosten der Einzelmaßnahme vorliegen, wird an späterer Stelle der Arbeit erläutert.[564] An dieser Stelle werden zunächst die Konstellationen 1 und 2 behandelt. Mit dem hierbei gefundenen Ergebnis können dann auch die Fälle 3 und 4 entschieden werden.

4.5.3 Meinungsspektrum in der Literatur und Finanzrechtsprechung

Eine erste Meinung unterscheidet hinsichtlich der Rückstellungsfähigkeit von Anschaffungs- bzw. Herstellungskosten (AHK) nach dem zeitlichen Anfall der Erträge, denen die Abschreibungen zuzurechnen sein sollen: Sofern die Berücksichtigung zukünftiger AHK bei der Rückstellungsbildung abgelehnt wird, geschieht dies hiernach mit Blick auf die zukünftig infolge der Anschaffung der Anlage zu realisierenden Erträge, denen dann die Abschreibungen als Aufwand zuzurechnen seien bzw. generell mit Blick auf den Zukunftsbezug entsprechender Ausgaben.[565] Abgestellt wird damit auf die fehlende wirtschaftliche Verursachung im abgelaufenen Geschäftsjahr.[566] Umgekehrt gilt dann aber: Sind aus der Anschaffung des jeweiligen Vermögensgegenstandes *keine* zukünftigen Erträge zu erwarten, muss eine Rückstellung zugelassen werden, da die wirtschaftliche Verursachung der Verbindlichkeit *vor* dem Bilanzstichtag liegt.[567]

Als Standardbeispiel für eine fehlende wirtschaftliche Verursachung im abgelaufenen Geschäftsjahr gelten die sog. „Anpassungsverpflichtungen". Hierbei handelt es sich um Verpflichtungen zur Einhaltung bestimmter, gesetzlich oder durch Verordnung neu eingeführter

---

[564] Vgl. unter 5.4.4.2.
[565] Ellrott/ Schmidt-Wendt (2003), § 255, Tz. 26; Gotthardt (1995), S. 210; Köster (1994), S. 200; Weber-Grellet (1998c), S. 1825; Zerhusen (1993), S. 89.
[566] Bordewin (1992b), S. 1534; Günkel (1991), S. 110; Zerhusen (1993), S. 89; Leuschner (1994), S. 115.
[567] Gotthardt (1995), S. 213/214; Köster (1994), S. 201; Thies (1996), S. 217; zweifelnd, aber tendenziell ebenso Herzig (1994a), S. 89.

bzw. veränderter Grenzwerte bezüglich Schadstoffausstoß für bereits bestehende industrielle Anlagen u.ä., die ab einem bestimmten zukünftigen Zeitpunkt zwecks Vermeidung zukünftiger, die neuen Grenzwerte übersteigender Emissionen greifen.[568] Dabei wird sich häufig die Anpassung bestehender Anlagen an die zukünftigen Grenzwerte als erforderlich erweisen, soll die Anlage auch zukünftig weiter betrieben werden. Unter Hinweis auf den Zukunftsbezug von Ausgaben für die Erfüllung der Anpassungsverpflichtung wird eine Rückstellungsbildung abgelehnt, da die Ausgaben für die Anpassungsmaßnahmen der zukünftigen Produktion bzw. den hieraus resultierenden Erträgen zuzurechnen seien.[569] Auf die grundsätzliche Problematik des angenommenen Ertragsbezugs der Ausgaben soll hier nicht erneut eingegangen werden, wichtig ist aber folgender Zusammenhang: Wenn für bestimmte Ausgaben unter definierten Voraussetzungen ihre Aktivierungs- und Abschreibungspflicht angenommen wird, wenn man also die handels- und steuerrechtlichen (aktivischen!) Vorschriften bzgl. AK und HK als explizite Ausnahmen vom ansonsten gültigen Sofortabzugsgebot von Ausgaben betrachtet und in AHK somit schlicht die Bemessungsgrundlage von Abschreibungen erblickt, besteht keinerlei Rechtfertigung, Rückstellungen (Passiva!) für zukünftige AHK pauschal abzulehnen.[570]

Irrelevant ist weiterhin der in der Literatur z.T. anzutreffende Aspekt, ob ein „zu erwartender Gegenwert" bzw. ein „künftiger Nutzen"[571] aus zu tätigenden Ausgaben vorliegt, der eine Rückstellung dann ausschließen würde.

Dass zwecks Realisierung einer Einzelmaßnahme der WNBM z.B. anzuschaffende Erdbautechnik bzw. die dafür anfallenen Ausgaben einen „Gegenwert" darstellen bzw. einen eindeutig bestimmbaren „Nutzen" stiften, kann wohl nicht bestritten werden. Über derartige „Kriterien" kann eine Ausgabenperiodisierung nicht gelingen.

Der Vergleich mit den für die vorliegende Arbeit nicht weiter relevanten Anpassungsverpflichtungen verdeutlicht indes den grundlegenden Unterschied zu bergbaubedingten Verpflichtungen: Während es sich bei letzteren um unzweifelhaft rechtlich entstandene und, auch bei Verwendung dynamischer Bezugsgrößen, wirtschaftlich verursachte Verpflichtungen handelt, fehlt es an einer solchen „wirtschaftlichen Verursachung" in der Vergangenheit bei Anpassungsverpflichtungen grundsätzlich.[572] Deswegen reicht, neben der Wahrscheinlichkeit der Inanspruchnahme, auch die erfolgte rechtliche Entstehung (das Bestehen) einer dann nur noch dem Betrage nach ungewissen Verbindlichkeit (bei Anpassungsverpflichtungen: Zur zu-

---

[568] Gail (1991), S. 69/70; Herzig (1990), S. 1344; ders. (1994a), S. 75; Bartels (1992d), S. 1311 ; ders. (1994), S. 11.

[569] Ballwieser (1992b), S. 149; Bordewin (1992a), S. 1100; Herzig (1990), S. 1351; ders. (1991b), S. 213; ders. (1994a), S. 79; Flies (1996), S. 116; Bäcker (1989), S. 2077; Günkel (1991), S. 110; Oser (1999), S. 150; Pfitzer/ Schaum (1996), S. 1377; im Ergebnis ebenso Siegel (1993a), S. 327.

[570] Wassermeyer (2002), S. 12/13; Gosch (2002), S. 980.

[571] Erstes Zitat von Siegel (2002b), S. 1195; zweites Zitat von Crezelius (2004), § 5, Tz. 147; ähnlich: Friedemann (1996), S. 75, Fn. 441; Thies (1996), S. 219.

[572] BMF, Schreiben vom 27.09.1988 – IV B 2 – S 2137 – 49/88, S. 2279; abw. Auffassung: Kirchhoff (1994), S. 124/125.

Zur Rückstellungsrelevanz aktivierungspflichtiger Ausgaben

künftigen Einhaltung bestimmter Grenzwerte) alleine *nicht* aus für eine Rückstellungsbildung.[573]

Rechtliche Entstehung und wirtschaftliche Verursachung in der Vergangenheit müssen vielmehr *kumulativ* vorliegen.[574]

Unmaßgeblich ist im Übrigen auch die von Teilen der Literatur vorgenommene Unterscheidung in aktivierungspflichtigen Herstellungsaufwand und sofort abzugsfähigen Erhaltungsaufwand, wobei nur für letzteren eine Rückstellungsfähigkeit gegeben sein soll.[575] Sowohl für Erhaltungs- wie Herstellungsaufwand ist nämlich ein eindeutiger *Zukunfts*bezug festzustellen,[576] d.h.: Die bilanzielle Behandlung *nach* erfolgter Ausgabe (Aktivierung oder Sofortabzug) gibt keinerlei Aufschluss über das (Nicht-)Vorliegen der wirtschaftlichen Verursachung in der Vergangenheit.[577]

Die angesprochene Problematik ist insofern vergleichbar mit der Diskussion über die grundsätzliche Berechtigung von Rückstellungen wegen unterlassener Maßnahmen der Instandhaltung (IH): Da Maßnahmen der IH in *wirtschaftlicher* Hinsicht letztlich der Schaffung eines *zukunfts*gerichteten Nutzenpotentials dienen[578] und auch in *technischer* Hinsicht zwar

---

[573]   So aber BFH, Urteil vom 27.06.2001 – I R 45/97, S. 217, 219/220; Crezelius (1992), S. 1359, 1361, 1363; ders. (1993), S. 27/28, 42; ders. (1994), S. 983; ebenso: Achatz (1993), S. 179; Leuschner (1994), S. 185; Loose (1993), S. 151; Roeder (1993), S. 1935; das Urteil vom 27.06.2001 deswegen ablehnend: Siegel (2002a), S. 708/709; ders. (2002b), S. 1192; ders. (2002c), S. 1637; ablehnend als Vertreter des „Alimentationsprinzips": Euler (2001), S. 1897; Weber-Grellet (2001b), S. 900/901; ders. (2002a), S. 38/39; ders. (2003c), S. 271; Mayr (2002), S. 2328/2329, dieser eine Rückstellung nur für die Steuerbilanz ablehnend, für die Handelsbilanz hingegen befürwortend unter Bezugnahme auf das in diesem Zusammenhang allerdings nicht anzuwendende Imparitätsprinzip, S. 2327; ders. (2003), S. 305; siehe auch BMF, Schreiben vom 21.01.2003 – IV A 6 – S 2137 – 2/03, S. 239; dem Urteil zustimmend hingegen: Christiansen (2001b), S. 960/961; ders. (2002a), S. 166 bis 169; ders. (2002b), S. 1196; ders. (2002c), S. 1638; Koths (2001b), S. 1850; ders. (2002), S. 709; Wassermeyer (2002), S. 12; unkritisch auch Schmidt/ Roth (2004), S. 553; mit selbem Ergebnis zuvor bereits Bartels (1992d), S. 1313, 1315/1316; dem Urteil vom 27.06.2001 folgend auch BFH, Urteil vom 05.06.2002 - I R 23/01, NV, S. 1181/1182 sowie BFH, Urteil vom 05.06.2002 - I R 96/00, S. 833; die eigene, gleichlautende ältere Auffassung gibt der Verf. auf, vgl. der Verf. (2004), S. 86.

[574]   Woerner (1994b), S. 486; ebenso: BFH, Urteil vom 08.11.2000 – I R 6/96, S. 400; BFH, Urteil vom 19.08.2002 – VIII R 30/01, S. 43; BFH, Urteil vom 25.03.2004 – IV R 35/02, S. 650, siehe hierzu auch: Weber-Grellet (2004b), S. 1016; ders. (2005), S. 37/38; FG Düsseldorf vom 25.02.2003 - 6 K 6967/99 K, BB, S. 923.

[575]   Bartels (1992b), S. 80; ders. (1992c), S. 1098/1099; ders. (1992d), S. 1312; ders. (1994), S. 12; Baum (1995), S. 161; Bordewin (1992b), S. 1534; Bach (1996), S. 164, 166; Kessler (2001), S. 1906; Leuschner (1994), S. 115; Moxter (2004), S. 1100/1101; Sarrazin (1993), S. 5; Zerhusen (1993), S. 86; mit dieser Unterscheidung für Rückstellungen nach § 249 Abs. 2 HGB bereits Siegel (1987), S. 307; Scheffler (1989), S. 176; vgl. auch Coenenberg (1986), S. 911; Kußmaul (1987), S. 679; die Unzulässigkeit von Rückstellungen nach § 249 Abs. 2 HGB für aktivierungspflichtige Ausgaben rechtfertigt sich allein durch die angesichts der hiernach vorzunehmenden planmäßigen Abschreibung ohnehin gewährleistete Egalisierung, siehe nur Wesner (1994), S. 446/447; vgl. zur schwierigen Differenzierung zwischen Erhaltungs- und Herstellungsaufwand auch Streim (1985), S. 1577/1578.

[576]   Förschle/ Scheffels (1993), S. 1198/1199; Siegel (1993b), S. 135/136; ders. (2002a), S. 709.

[577]   So auch Loose (1994), S. 142.

[578]   Siegel (1985a), S. 15; ders. (1985b), S. 417; ders. (1986), S. 842; Selchert (1985a), S. 1544, mit Blick auf „Großreparaturen" in Abgrenzung zu „laufenden" Maßnahmen der IH; ders. (1985b), S. 2315; für ein unterschiedsloses Rückstellungsverbot wegen des generellen Zukunftsbezugs entsprechender Maßnahmen: Siegel (1985c), S. 2314; hingegen für eine Rückstellungsbildung aufgrund des Bezugs der Ausgaben für IH zu bereits realisierten Erträgen bzw. Leistungen: Dziadkowski (1984), S. 1318; Dziadkowski/ Runge (1984), S.

158 Die Bildung von Rückstellungen wegen bergbaubedingter Verpflichtungen als ...

Folge der Benutzung bzw. des Verschleißes der Anlage in der Vergangenheit sind, Maßnahmen der IH aber auch technisch ein neues, zukunftsgerichtetes Nutzenpotential erzeugen,[579] sind entsprechende Rückstellungen, abgesehen von der zudem fehlenden Außenverpflichtung, bereits vom Grundsatz her äußerst fragwürdig.

4.5.4 Eigene Lösung

Zur Lösung der hier diskutierten Problematik gilt es zunächst festzustellen, dass eine strenge Unterscheidung der obigen Konstellationen 1, 3 und 4 in der Praxis kaum möglich sein dürfte: Ob eine in Jahren oder gar Jahrzehnten zu realisierende Einzelmaßnahme *zum Erfüllungszeitpunkt* mit neu anzuschaffender, bereits vorhandener, zu mietender oder zu leasender Technik realisiert wird, kann gegenwärtig nämlich überhaupt nicht zuverlässig prognostiziert werden. Wie an späterer Stelle der Arbeit noch darzulegen sein wird, kann eine Einzelmaßnahme der WNBM nur auf Basis des *gegenwärtigen* Informationsstandes kalkuliert werden, d.h. z.B. unter der Annahme, dass gegenwärtig vorhandene Erdbautechnik mit ihrem installierten (aktuellen) Leistungsvermögen und der gegenwärtigen Kostenstruktur auch i.R.d. WNBM eingesetzt wird. Von einer Neuanschaffung, einem Anmieten oder einem Leasing derartiger Technik über Jahrzehnte im voraus auszugehen, dürfte kaum als intersubjektiv nachprüfbar zu bezeichnen sein, zumal das zukünftig verfügbare Leistungsvermögen wie die dann herrschende Kostenstruktur unbekannt sind. Die Annahme einer Neuanschaffung, Anmietung oder Leasing kann allenfalls für solche Technik akzeptiert werden, die gegenwärtig im Bergbauunternehmen nicht vorhanden ist bzw. überhaupt nur für Aufgaben i.R.d. WNBM einsetzbar ist, z.B. Technik zur Verdichtung/Stabilisierung von Böschungssystemen. Deren Leistungsvermögen und Kosten müssen entsprechend den gegenwärtig verfügbaren Informationen angenommen werden. Weiterhin ist daran zu erinnern, dass die Planung von Einzelmaßnahmen der WNBM dem Unternehmer obliegt, der in den (v.a. Sonder- und Abschluss-)Betriebsplänen entsprechende Angaben zu machen hat. Eine explizite bergrechtliche Auflage durch die Bergbehörde, *bestimmte* Technik anzuschaffen oder anzumieten bzw. *bestimmte* Vermögensgegenstände herzustellen, kann damit ausgeschlossen werden.

Zwar wird der Unternehmer zu einer solchen Anschaffung oder Herstellung regelmäßig *faktisch* gezwungen sein (aus Kostengründen, z.B. Einsatz von Technik anstelle Personal oder weil die Einzelmaßnahme anderweitig nicht realisierbar ist, z.B. Wegebau), *aus bergrechtlicher Sicht ist aber allein entscheidend, dass der geschuldete Erfolg bewirkt wird* und hiernach von „gelungener Realisierung einer Einzelmaßnahme der WNBM" gesprochen werden kann.

551; ebenso: Dörner (1991), S. 227; Flies (1996), S. 116; Lauth (1993), S. 387 bzgl. Verbindlichkeitsrückstellungen; die Problematik aufgrund des mehrdeutigen zeitlichen Bezugs als „logisch nicht entscheidbar" bezeichnend Streim (1985), S. 1580/1581.

[579] Siegel (1985c), S. 2313; eine „technische Betrachtung" wegen des hiernach mehrdeutigen zeitlichen Bezugsrahmens kritisch beurteilend Selchert (1985b), S. 2314.

Zur Rückstellungsrelevanz aktivierungspflichtiger Ausgaben — 159

Damit zeigt sich zugleich, dass *es bei der Diskussion „Rückstellungen für AHK" überhaupt nicht um eine Ansatzfrage i.e.S. geht, sondern um die Frage der Bewertung einer dem Grunde nach unzweifelhaft bestehenden, wirtschaftlich verursachten und zwingend zu erfüllenden bergrechtlichen Verpflichtung zur planmäßigen Realisierung einer Einzelmaßnahme der WNBM in voller Höhe aller erforderlichen Ausgaben.*[580]

Die zukünftig als AHK zu aktivierenden Ausgaben sind genauso wie zu verrechnender Abschreibungsaufwand für vorhandene Technik oder Miet- und Leasingausgaben *eine Bewertungs*komponente des Einzelerfüllungsbetrags, sind genauso wie alle zukünftig i.R.d. Realisierung der Einzelmaßnahme anderweitig anfallenden Ausgaben „wirtschaftlich verursacht" durch bereits erfolgte bergbauliche Eingriffe. Von einer bloßen, erfolgsneutralen Vermögensumschichtung bei Anfall entsprechender Ausgaben kann somit nicht ohne weiteres gesprochen werden.[581]

4.5.5 Für die steuerliche Erfolgsmessung vorrangige Spezialregelung

Für die steuerliche Erfolgsmessung gilt nach § 5 Abs. 4b Satz 1 EStG: „Rückstellungen für Aufwendungen [gemeint: Ausgaben, *der Verf.*], die in künftigen Wirtschaftsjahren als Anschaffungs- oder Herstellungskosten eines Wirtschaftsguts zu aktivieren sind, dürfen nicht gebildet werden.".

Diese Vorschrift hat im Jahre 2001[582] die erst mit dem StEntlG 1999/2000/2002 erlassene Vorgängernorm ersetzt. Da die Vorgängernorm lediglich klarstellenden Charakter haben sollte[583] und sich an dieser Motivation offensichtlich auch durch die Neuregelung nichts geändert hat,[584] wird man für jene Fälle, in denen schon zuvor eine Rückstellung als zulässig erachtet wurde, also bei solchen in der Vergangenheit wirtschaftlich verursachten Verpflichtungen, bei deren Erfüllung aktivierungspflichtige Ausgaben anfallen, auch weiterhin die Zulässigkeit einer Rückstellung annehmen dürfen.[585] Insoweit würde indirekt nur die einschlägige ältere

---

[580] Vgl. auch Christiansen (1987), S. 197/198; ders. (1993), S. 33; inzwischen offenbar abw. Auffassung ders. (2002a), S. 169; so wie hier auch: Koths (2000), S. 253; Institut Finanzen und Steuern (2000), S. 15; ähnlich: Kühnberger/ Faatz (1993), S. 105; Siegel (1999), S. 857; Stoll (1987), S. 393; mit selbem Ergebnis auch Tischbierek (1994), S. 199; in vergleichbarem Zusammenhang bereits Pfleger (1982), S. 1083.

[581] Vgl. auch Bordewin (1994), S. 1688 sowie Stoll (1987), S. 392; für eine bloße Vermögensumschichtung hingegen: Bach (1996), S. 163; Christiansen (2004b), S. 214; Leuschner (1994), S. 114; Sarrazin (1993), S. 5; Kupsch (1992a), S. 2323.

[582] Gesetz zur Änderung steuerlicher Vorschriften vom 20. Dezember 2001 (Steueränderungsgesetz 2001 – StÄndG 2001), BGBl. 2001 I, S. 3794 bis 3821, hier S. 3795.

[583] BT-Drucks. 14/23, S. 170; BT-Drucks. 14/265, S. 171.

[584] Vgl. BT-Drucks. 14/6877, S. 25.

[585] Crezelius (2004), § 5, Tz. 147; mit anderer Begründung für eine Rückstellungsfähigkeit auch Siegel (1999a), S. 858; für eine unveränderte Rückstellungsfähigkeit wirtschaftlich verursachter Verpflichtungen weiterhin Stobbe/ Loose (1999), S. 412; ebenso wohl Günkel/ Fenzl (1999), S. 650; für ein grundsätzliches Verbot einer entsprechenden Rückstellung hingegen Weber-Grellet (2002c), § 5, Tz. 369, differenzierter noch ders. (1999b), S. 1289; ebenso Küting/ Kessler (1998), S. 1942; kritisch ggü. einem Rückstellungsverbot Hoffmann, W.-D. (1999), S. 381.

160 Die Bildung von Rückstellungen wegen bergbaubedingter Verpflichtungen als ...

BFH-Rechtsprechung bestätigt, wonach für aktivierungspflichtige Ausgaben, die i.R.d. Erfüllung von Verpflichtungen *ohne* wirtschaftliche Verursachung in der Vergangenheit anfallen, *keine* Rückstellungen gebildet werden dürfen.[586]

Der praktische Anwendungsbereich der hier besprochenen Vorschrift dürfte indes eher bescheiden ausfallen: So kann das Bergbauunternehmen durch die Annahme bzw. Behauptung, zukünftig keine Anschaffung, sondern lediglich eine Anmietung oder die Verwendung vorhandener Technik oder auch die Beauftragung einer Fremdfirma zwecks Realisierung einer Einzelmaßnahme vornehmen zu wollen, das steuerliche Rückstellungsverbot u.U. umgehen.[587]

4.5.6 Ergebnisse zu 4.5

Es bleibt festzuhalten, dass es sich bei den eingangs aufgeführten Konstellationen 1 bis 5 letztlich um Fragen der Bewertung einer in der Vergangenheit wirtschaftlich verursachten und rechtlich entstandenen Verpflichtung handelt. Auf welche Weise dabei die Fälle 3 und 4 i.R.d. Bewertung einer Einzelmaßnahme zu behandeln sind, wird an späterer Stelle der Arbeit vertieft.[588] Für die Fälle 1 und 2 gilt: Führen die zukünftig anfallenden Ausgaben bei Anfall zu einem aktivierungs- und abschreibungspflichtigen Vermögensgegenstand, so sind erstere zu dessen Zugangszeitpunkt erfolgsneutral einzubuchen, der Abschreibungsaufwand wird über die Nutzungsdauer verrechnet mit dem Ertrag aus der synchron vorzunehmenden Auflösung der Einzelrückstellung infolge Erfüllung.[589] Stellt sich die Anschaffung als Fehlmaßnahme heraus, erfolgt eine außerplanmäßige bzw. Teilwertabschreibung.[590] Ist eine solche Abschreibung absehbar, muss für diese in jedem Fall eine Rückstellung gebildet werden.[591] Damit wird die vollständige Verrechnung des Abschreibungsaufwands mit dem Ertrag aus der Rückstellungsauflösung gewährleistet.

---

[586] BFH, Urteil vom 01.04.1981 – I R 27/79; BFH, Urteil vom 30.01.1990 – VIII R 183/85; BFH, Urteil vom 23.03.1995 – IV R 66/94; BFH, Urteil vom 19.08.1998 – XI R 8/96; zustimmend zu letzterem Urteil: Groh (1999b), S. 824; Hoffmann, W.-D. (1999), S. 381; Oser (1999), S. 150/151; Siegel (1999a), S. 857; ders. (2002b), S. 1195; Weber-Grellet (1998c), S. 1825.

[587] Vgl. zu entsprechenden Hinweisen für die steuerliche Praxis Hoffmann, W.-D. (1999), S. 381.

[588] Vgl. unter 5.4.

[589] Vgl. Groh (1995a), S. 34/35.

[590] Gail (1991), S. 85; Kupsch (1992a), S. 2323; Biener (1994), S. 135, 141; vgl. zum Begriff der Fehlmaßnahme Gail (1991), S. 78/79.

[591] Achatz (1993), S. 184; Gail (1991), S. 85; vgl. in diesem Zusammenhang den in den § 17 D-Markbilanzgesetz eingefügten Abs. 2a, siehe hierzu auch: Biener (1994), S. 141 bis 143; Ludewig (1995), v.a. S. 327 sowie Pfitzer/ Schaum (1996), S. 1377.

Erhöhte Konkretisierungsanforderungen an öffentlichrechtliche Verpflichtungen ...

4.6 Erhöhte Konkretisierungsanforderungen an öffentlichrechtliche Verpflichtungen als Grundlage des Ansatzes von Verbindlichkeitsrückstellungen gem. Finanzrechtsprechung

4.6.1 Vorbemerkung

An früherer Stelle dieser Arbeit wurde dargelegt, dass auch öffentlichrechtliche Sachleistungsverpflichtungen Grundlage einer Rückstellung sein können, auch steuerrechtlich.[592] Über die allgemeinen Rückstellungskriterien hinaus (Außenverpflichtung; rechtliches Be- oder Entstehen; Wahrscheinlichkeit der Inanspruchnahme; wirtschaftliche Verursachung in der Vergangenheit) hat der BFH erhöhte Konkretisierungsanforderungen an öffentlichrechtliche Verpflichtungen entwickelt, die zu einer Beschränkung öffentlichrechtlich begründeter Rückstellungen zumindest in der Steuerbilanz führen könnten.

4.6.2 Kriterien für den Ansatz von Rückstellungen wegen öffentlichrechtlicher Verpflichtungen gem. Finanzrechtsprechung

Als weitere Kriterien für die Zulässigkeit des Ansatzes von Rückstellungen wegen öffentlichrechtlicher Verpflichtungen nennt der BFH die inhaltliche und nach ihrem Entstehungszeitpunkt sowie dessen Nähe zum betreffenden Wirtschaftsjahr hinreichende Konkretisierung der Verpflichtung,[593] die dann anzunehmen sei, „wenn die Verpflichtung auf dem Gesetz oder einem besonderen Verwaltungsakt beruht".[594] Liegt eine Verfügung oder Auflage der zuständigen Behörde nicht vor, muss das relevante Gesetz „ein inhaltlich genau bestimmtes Handeln innerhalb eines bestimmten Zeitraums" vorschreiben, zudem müssen an die Verletzung der öffentlichrechtlichen Verpflichtung Sanktionen geknüpft sein, so dass sich der Steuerpflichtige der Erfüllung der Verpflichtung nicht entziehen kann.[595] Erst mit Beginn dieses Zeitraumes entstehe dann eine hinreichend konkretisierte Verpflichtung.[596] Allgemeine öffentlichrechtliche Leitsätze rechtfertigten eine Rückstellung hingegen nicht.[597] Die somit bereits seit längerer Zeit umschriebenen Kriterien hat der BFH vor dem Hintergrund des Vorliegens einer (industriellen) „Altlast", insofern aber allgemein gültig für öffentlichrechtliche Verpflichtungen,

---

[592] Vgl. die Nachweise oben unter 4.3.1.
[593] BFH, Urteil vom 19.05.1987 – VIII R 327/83, S. 849; BFH, Urteil vom 12.12.1991 – IV R 28/91, S. 603.
[594] BFH, Urteil vom 20.03.1980 – IV R 89/79, S. 298; BFH, Urteil vom 19.05.1983 – IV R 205/79, S. 671; BFH, Urteil vom 19.10.1993 – VIII R 14/92, S. 892.
[595] BFH, Urteil vom 26.10.1977 – I R 148/75, S. 99; BFH, Urteil vom 20.03.1980 – IV R 89/79, S. 298; BFH, Urteil vom 23.07.1980 – I R 28/77, S. 63; BFH, Urteil vom 03.05.1983 – VIII R 100/81, S. 575; BFH, Urteil vom 24.11.1983 – IV R 22/81, S. 303; BFH, Urteil vom 25.11.1983 – III/R 25/82, S. 52; BFH, Urteil vom 12.12.1991 – IV R 28/91, S. 603.
[596] BFH, Urteil vom 26.10.1977 – I R 148/75, S. 99.
[597] BFH, Urteil vom 26.05.1976 – I R 80/74, S. 623.

in seinem ersten[598] Urteil zur Thematik „Altlasten" wie folgt zusammengefasst:[599] Eine öffentlichrechtliche Verpflichtung sei erst dann „hinreichend konkretisiert", wenn durch eine ein bestimmtes Handeln vorschreibende behördliche Verfügung[600] oder unmittelbar durch Gesetz

- in sachlicher Hinsicht ein inhaltlich genau bestimmtes Handeln vorgeschrieben ist[601];
- dieses Handeln in zeitlicher Hinsicht innerhalb eines bestimmten Zeitraums erfolgen muss;[602]
- das Handlungsgebot sanktionsbewehrt ist, so dass sich der Steuerpflichtige der Erfüllung nicht entziehen kann.

Erst bei Kenntnis bzw. unmittelbar bevorstehender Kenntnis der zuständigen Behörde als der Gläubigerin des Anspruchs auf die Beseitigung der Altlast sei eine Inanspruchnahme, so wie bei privatrechtlich begründeten Verbindlichkeiten, überhaupt wahrscheinlich, die öffentlichrechtliche Verpflichtung damit hinreichend konkretisiert und Grundlage einer Verbindlichkeitsrückstellung.[603]

4.6.3 Kritik an den erhöhten Konkretisierungsanforderungen gem. Finanzrechtsprechung

Die aufgezeigten, über die allgemeinen Kriterien für den Ansatz von Verbindlichkeitsrückstellungen hinausgehenden Anforderungen an den diesen zugrunde liegenden öffentlichrechtlichen Verpflichtungen haben im Schrifttum, insbesondere mit Blick auf die Pflicht zur Beseitigung von „Altlasten" bzw. (generell) Umweltbeeinträchtigungen, erhebliche Kritik erfahren. Grundsätzlich kann zwar bei Erfüllung der vom BFH geforderten Voraussetzungen vom Vorliegen einer passivierungspflichtigen Verbindlichkeit ausgegangen werden.[604]

---

[598] Oser/ Pfitzer (1994), S. 845; Bäcker (1995), S. 503.

[599] BFH, Urteil vom 19.10.1993 – VIII R 14/92, S. 892; vgl. hierzu die kritischen Besprechungen durch: Herzig (1994c), S. 20; Crezelius (1994), v.a. S. 982; Eilers (1994), S. 121 bis 124; Korn (1994), S. 9835/9836; Paus (1994), S. 247/248; zustimmend hingegen Luig (1993), v.a. S. 2053; differenzierend: Gosch (1994), S. 97/98; Baum (1995), S. 162; Elschen (1993), S. 1097/1098; das Urteil vom 19.10.1993 bestätigend: BFH, Urteil vom 08.11.2000 – I R 6/96, S. 400; BFH, Urteil vom 27.06.2001 – I R 45/97, S. 218; BFH, Urteil vom 19.08.2002 – VIII R 30/01, S. 43.

[600] Neuerdings soll auch die bloße Kenntnisnahme der Behörde genügen, da dann die Wahrscheinlichkeit der Inanspruchnahme hinreichend hoch sei, so BFH, Urteil vom 19.11.2003 – I R 77/01, S. 321, siehe hierzu Christiansen (2004b), S. 213.

[601] Dieses Kriterium gilt neuerdings auch bei solchen öffentlichrechtlichen Vorschriften als erfüllt, die nur einen allgemeinen Ordnungsrahmen hinsichtlich der Verpflichtungserfüllung vorgeben, vgl. BFH, Urteil vom 25.03.2004 – IV R 35/02, S. 651 sowie die Besprechungen durch Fatouros (2004), S. 1017; ders. (2005), S. 118.

[602] Dieses Kriterium wird neuerdings nicht mehr als eigenständiges Kriterium betrachtet, sondern nur noch als „ein Indiz unter mehreren" für die Wahrscheinlichkeit der Inanspruchnahme gewertet, so BFH, Urteil vom 25.03.2004 – IV R 35/02, S. 652, siehe hierzu Fatouros (2004), S. 1017; ders. (2005), S. 118; Zühlsdorf/ Geißler (2005), S. 1103.

[603] BFH, Urteil vom 19.10.1993 – VIII R 14/92, S. 893/894.

[604] Herzig (1991a), S. 612; ders. (1993b), S. 164.

Kritisiert wird aber zum einen das Erfordernis des Vorliegens einer behördlichen Verfügung, während ansonsten die Geltendmachung des Anspruchs durch den Gläubiger keine Voraussetzung für eine Rückstellungsbildung darstelle, ja nicht einmal dessen Kenntnis oder überhaupt irgendein Rechtsanspruch erforderlich sei. Insofern würden die allgemein gültigen Ansatzkriterien erweitert.[605] Generell dürfe, wie auch sonst bei Verbindlichkeitsrückstellungen, nicht auf die Kenntnis des Gläubigers abgestellt werden, vielmehr reiche die Kenntnis des betroffenen Unternehmens von der Verschmutzung aus, da dann zukünftig mit einer Inanspruchnahme zu rechnen sei, unabhängig davon, zu welchem Zeitpunkt diese im Einzelfall erfolge.[606] Die Unsicherheit der Inanspruchnahme stelle gerade ein für Verbindlichkeitsrückstellungen typisches Merkmal dar und dürfe nicht de facto beseitigt werden.[607] Die „wirtschaftliche Verursachung" sei bei festgestellten Altlasten in jedem Fall gegeben. Bei „Abwarten" auf die behördliche Inanspruchnahme würde zudem der Zweck des § 249 Abs. 1 HGB, Vorsorge für zukünftige Ausgaben zu treffen, vereitelt.[608] Problematisch sei weiterhin die Forderung nach einem „inhaltlich genau bestimmten Handeln": Dieses habe keinerlei Auswirkungen auf das Bestehen der Verpflichtung und damit die Ansatzpflicht für eine Rückstellung, sondern betreffe ausschließlich die Höhe des Erfüllungsbetrags (Bewertung).[609] Ebenso würden eine zeitnahe Inanspruchnahme wie auch eine Sanktionsbewehrung keine generelle Kriterien für einen Rückstellungsansatz darstellen.[610]

Grundsätzlich sei die Angabe eines inhaltlich und zeitlich bestimmten Handelns insbesondere in solchen Gesetzen, die den Schutz von Umweltgütern zum Ziel haben, weder sinnvoll noch praktikabel, vielmehr müsse das Gesetz zwangsweise allgemeine Formulierungen wählen bzw. könne das „inhaltlich genau bestimmte Handeln" z.B. i.S.v. „Handeln nach dem Stand von Wissenschaft und Technik" verstanden werden.[611] In zeitlicher Hinsicht müsse die Erfüllung in einer dem jeweiligen Sachverhalt (Einzelfall) angemessenen, objektiv schätzbaren Frist genügen, zumal der Bezug zum abgelaufenen Wirtschaftsjahr durch die ohnehin er-

---

[605] Bäcker (1989), S. 2073, 2075; ders. (1990), S. 2227; ders. (1995), S. 509; Herzig (1990), S. 1345; Klein, M. (1992), S. 1742; Oser/ Pfitzer (1994), S. 847; abw. Auffassung hingegen Luig (1992), S. 2182, 2183: für Ansatz einer Verbindlichkeitsrückstellung muss die Behörde Kenntnis haben; mit selbem Ergebnis: Thull/ Toft (1993), S. 475; Gschwendter (1994), S. 259/260; Groh (1995a), S. 28/29.

[606] Bäcker (1989), S. 2075/2076; ders. (1990), S. 2230; ders. (1991), S. 35; Bartels (1992b), S. 75; ders. (1992c), S. 1101; Crezelius (1992), S. 1359; Gail/ Düll/ Schubert/ Heß-Emmerich (1993), S. 691; Herzig (1994c), S. 20; Nieland (1992), S. 272; Oser/ Pfitzer (1994), S. 848/849; abw. Auffassung: Gschwendter (1994), S. 263/264; Loose (1994), S. 141/142; ders. (1995), S. 395.

[607] Gail/ Düll/ Schubert/ Heß-Emmerich (1993), S. 691; Oser/ Pfitzer (1994), S. 848.

[608] Bäcker (1989), S. 2076; ders. (1990), S. 2230; ders. (1991), S. 35.

[609] Bäcker (1989), S. 2073; FG Düsseldorf, Urteil vom 25.02.2003 – 6K 6967/99 K, BB, S. 924.

[610] Bäcker (1990), S. 2227.

[611] Vgl. Bäcker (1991), S. 34; ders. (1995), S. 506/507; Bartels (1992c), S. 1098; Günkel (1991), S. 111; Herzig (1990), S. 1345; ders. (1993b), S. 165; vgl. die entsprechenden Formulierungen z.B. in §§ 4 Abs. 2 Nr. 3, 5 Abs. 1 Satz 2; 6 Abs. 2 Nr. 2; 7 Abs. 2 Nr. 3; 9 Abs. 2 Nr. 3 AtG; vgl. hierzu FG Thüringen, Urteil vom 04.06.2003 – III 933/00, S. 1527 sowie Brosche/ Eßmann (1981), S. 784, 786.

forderliche „wirtschaftliche Verursachung" gegeben sei.[612] Alles in allem drohe die „Gefahr einer Überobjektivierung",[613] die aufgrund des Ausschlusses wesentlicher, einen Rückstellungsansatz rechtfertigender bzw. konstituierender Unsicherheitselemente letztlich zum Verbot von Rückstellungen wegen öffentlichrechtlicher Verpflichtungen führen könne.[614]

Der § 249 Abs. 1 HGB biete keinerlei Anhaltspunkte für erhöhte, zu einer „Überobjektivierung"[615] führende Anforderungen an öffentlichrechtliche Verpflichtungen bzw., generell, für eine Differenzierung zwischen privat- und öffentlichrechtlichen Verpflichtungen und damit für die „Schaffung eines Sonderrechts für öffentlichrechtliche Verpflichtungen",[616] zumal eine solche Differenzierung elementare GoB und damit den Kern des Maßgeblichkeitsprinzip berühren würde.

Die Steuerbilanz würde sich bei konsequenter Befolgung der erhöhten BFH-Anforderungen infolge des Verstoßes gegen grundlegende GoB tendenziell von der Handelsbilanz entfernen (für die nach wie vor geringere Konkretisierungsanforderungen gelten), verbunden mit einer einseitigen Bevorzugung fiskalischer Interessen im Verhältnis zu jenen der Unternehmenseigner.[617]

4.6.4 Mögliche Auswirkungen auf Rückstellungen wegen der bergrechtlichen Verpflichtung zur Wiedernutzbarmachung bei Befolgung der Kriterien gem. Finanzrechtsprechung

Bei strenger Orientierung an den aufgezeigten BFH-Kriterien würde eine Rückstellung wegen der bergrechtlichen Verpflichtung zur WNBM *nicht* in Frage kommen, auch wenn sowohl deren rechtliche Entstehung wie ihre wirtschaftliche Verursachung, je nach Periodisierungsgröße, zu bejahen sind:

– Zum einen gibt das BBergG kein „inhaltlich genau bestimmtes Handeln" vor. Die im BBergG verwendete Definition von WNBM („ordnungsgemäße Gestaltung der Oberfläche unter Beachtung des öffentlichen Interesses") dürfte das genannte Kriterium kaum erfüllen, da hierdurch lediglich ein grober Orientierungsrahmen für die Durch-

---

[612] Herzig (1990), S. 1346; ders. (1993b), S. 165/166; Bartels (1992c), S. 1098; Bordewin (1992a), S. 1097/1098.

[613] Herzig (1993b), S. 164; Bartels (1992c), S. 1097; Crezelius (1992), S. 1359.

[614] Herzig (1990), S. 1345; ders. (1993b), S. 164; Klein, M. (1992), S. 1740.

[615] Herzig (1993b), S. 164; ebenso Oser/ Pfitzer (1994), S. 846.

[616] Eilers (1994), S. 123; Herzig (1990), S. 1345/1346; ders. (1993b), S. 164; Bartels (1992c), S. 1097; Crezelius (1992), S. 1362; Oser/ Pfitzer (1994), S. 846/847; Günkel (1991), S. 113; ders. (2003), S. 302; Bäcker (1991), S. 33/34; abw. Auffassung: Groh (1993), S. 1835/1836; ders. (1995a), S. 25 bis 28.

[617] Bäcker (1995), S. 507; Herzig (1994c), S. 20; Crezelius (1992), S. 1362; ders. (1994), S. 983/984; Oser/ Pfitzer (1994), S. 846; Strobl (1995), S. 90.

Erhöhte Konkretisierungsanforderungen an öffentlichrechtliche Verpflichtungen ... 165

führung der WNBM vorgegeben wird.[618] Konkretere Vorgaben finden sich lediglich in den Braunkohlenplänen und in den auf diese abgestimmten Betriebsplänen.

– Weiterhin schreibt das BBergG keinen „bestimmten Zeitraum" vor, in dem der Verpflichtung zur WNBM nachzukommen ist, so dass auch dieses Kriterium nicht erfüllt ist.[619] Angaben zur zeitlichen Erstreckung eines bergbaulichen Vorhabens finden sich lediglich in den jeweiligen Betriebsplänen.

– Die erforderliche Sanktionsbewehrung ist hingegen auch nach BBergG gegeben:[620] Zuwiderhandlungen gegen eine mit der Betriebsplanzulassung verbundene Auflage stellen eine Ordnungswidrigkeit dar (§ 145 Abs. 1 Nr. 8 BBergG). Bei Verwirklichung des Tatbestandes einer Straftat nach § 146 Abs. 1 und 2 BBergG sind zudem Geld- und Freiheitsstrafen möglich.

– Ebenso kann die Inanspruchnahme durch die Bergbehörde als absolut sicher gelten.[621]

4.6.5 Unmaßgeblichkeit der erhöhten Konkretisierungsanforderungen für die bergrechtliche Verpflichtung zur Wiedernutzbarmachung

Die vom BFH für öffentlichrechtliche Verpflichtungen aufgestellten *zusätzlichen* Kriterien greifen für die bergrechtliche Verpflichtung zur WNBM aus verschiedenen Gründen aber *nicht*:

– Die erhöhten Konkretisierungsanforderungen an öffentlichrechtliche Verpflichtungen sind zum einen am Spezialfall der öffentlichrechtlichen Verpflichtung zur Aufstellung des Jahresabschlusses sowie zur Nachholung unterlassener Buchführungsarbeiten entwickelt worden, für die die hier interessierenden Kriterien (inhaltliche und zeitliche Bestimmtheit, Sanktionsbewehrung) keine Probleme aufwerfen. Eine Übernahme dieser Kriterien auf andersartige öffentlichrechtliche Verpflichtungen erscheint vor diesem Hintergrund äußerst fragwürdig.[622] Bergrechtlich sind insbesondere die Kriterien der „Behördenkenntnis" sowie der „Wahrscheinlichkeit der Inanspruchnahme" erfüllt, so dass diesbezüglich keine Probleme zu erwarten sind.[623]

---

[618] Ein solcher Rahmen soll, wie bereits erwähnt, allerdings neuerdings ausreichen, vgl. BFH, Urteil vom 25.03.2004 – IV R 35/02, S. 651 sowie die Besprechungen hierzu durch Fatouros (2004), S. 1017; ders. (2005), S. 118.

[619] Vgl. zum Verbot von Rückstellungen wegen der Verpflichtung zu Abbruch, Verfüllung und Rekultivierung von Erdgasspeichern wegen Erfüllung der zeitlichen Bestimmbarkeit erst bei Vorlage und Genehmigung des Abschlussbetriebsplanes: OFD Hannover, Verfügung vom 02.11.1998 – S 2137 – 95 – St H 222/S2137-86 – StO 221; zur Relativierung dieses Kriteriums siehe erneut BFH, Urteil vom 25.03.2004 – IV R 35/02, S. 651 sowie die Besprechungen durch Fatouros (2004), S. 1017; ders. (2005), S. 118; ebenso FG Rheinland-Pfalz, Urteil vom 13.01.2005, 6 K 1075/01, S. 370.

[620] Siehe auch FG Düsseldorf, Urteil vom 25.02.2003 – 6K 6967/99 K, BB, S. 925.

[621] FG Düsseldorf, Urteil vom 25.02.2003 – 6K 6967/99 K, BB, S. 925.

[622] Bäcker (1990), S. 2228; Herzig (1990), S. 1345; ders. (1993b), S. 166; Nieland (1992), S. 272.

[623] Schellhorn (1995), S. 554.

– Zudem, und hier besonders bedeutsam, hat der BFH Rückstellungen wegen bergbaubedingter Verpflichtungen, insbesondere wegen der gesetzlichen Pflicht zur „Oberflächengestaltung und Wiedernutzbarmachung des in Anspruch genommenen Geländes während und nach Abschluß der Abgrabung (Herrichtung)" (§ 1 Abs. 1 Nr. 2 AbgrG NW 1972; § 1 Abs. 1 Nr. 2 AbgrG NW 1979), in der Vergangenheit mehrfach zugelassen,[624] obwohl die Legaldefinition von „Herrichtung" *kein* inhaltlich *genau* bestimmtes Handeln enthält und auch keinen „bestimmten Zeitraum" angibt, die Verpflichtung hierzu zeitlich allerdings insofern relativ konkretisiert ist, als die Herrichtung „unverzüglich" nach dem Abbau der Bodenschätze zu erfolgen hat (§ 2 Abs. 1 AbgrG NW 1972; § 2 Abs. 1 AbgrG NW 1979). Auch nach der wiederholten Aufstellung erhöhter Anforderungen an öffentlichrechtliche Verpflichtungen, insbesondere bei Vorliegen von Umweltbeeinträchtigungen, hat der BFH in mehreren diesbezüglichen Entscheidungen bergbaubedingte Verpflichtungen angesprochen und die Zulässigkeit entsprechender Rückstellungen, z.T. in ausdrücklicher Abgrenzung zu anderen, ebenfalls „umweltbezogenen" Verpflichtungen, bestätigt.[625]

Eine zeitliche und v.a. inhaltliche Konkretisierung der bergrechtlichen Pflicht zur WNBM unmittelbar aus dem BBergG erscheint grundsätzlich unmöglich. Wie an früherer Stelle der Arbeit angedeutet wurde,[626] beruht die bergrechtliche Möglichkeit des Erlasses von Bergverordnungen hinsichtlich Art und Anforderungen an Vorsorge- und Durchführungsmaßnahmen der WNBM (§ 66 Satz 1 Nr. 8 BBergG) gerade auf der Erkenntnis, dass eine allgemein gültige inhaltliche Umschreibung „der" WBNM nicht möglich ist, da es „die" WNBM eben *nicht geben kann*. Würde die Forderung nach einer dermaßen starken Verpflichtungskonkretisierung gleichwohl unmittelbar auf das BBergG bezogen und die Zulässigkeit eines Rückstellungsansatzes vor diesem Hintergrund verneint, würde das Instrument der Bergverordnungen die WNBM betreffend schlicht ausgehebelt. Umgekehrt gilt damit: Selbst wenn man eine ausreichende Konkretisierung der Pflicht zur WNBM unmittelbar aus dem BBergG heraus verneinen würde, müsste diese spätestens bei Heranziehung der einschlägigen Bergverordnungen bejaht werden.[627] Einem Rückstellungsansatz stehen dann keine Bedenken mehr entgegen.

---

[624] Vgl. die Nachweise oben unter 4.4.5; siehe hierzu auch: Bäcker (1990), S. 2228, 2229; Baum (1995), S. 162; Eilers (1991), S. 102 mit Fn. 11; Eilers/ von Rosenberg (1996), S. 1115/1116; Fatouros (2005), S. 118; Köster (1994), S. 320/321; vgl. bereits von Wallis (1984), S. 347.

[625] BFH, Urteil vom 20.03.2003 – IV R 27/01, S. 260; BFH, Urteil vom 08.11.2000 – I R 6/96, S. 400; BFH, Urteil vom 27.06.2001 – I R 45/97, S. 218, wonach das AbgrG NW einen „konkreten Gesetzesbefehl" enthalte; siehe auch FG Münster, Urteil vom 15.03.2002 – 1 K 5275/00 F, S. 65; vgl. zur Zulässigkeit einer Rückstellung für die Verfüllung unterirdischer Erdgasspeicher sowie für die Wiedernutzbarmachung der Oberfläche FG Düsseldorf, Urteil vom 25.02.2003 – 6K 6967/99 K, BB, S. 923 bis 925.

[626] Siehe oben unter 1.2.4.3.5.

[627] So auch Bartke (1978), S. 8; Emmerich (1978), S. 2136/2137.

4.6.6 Ergebnisse zu 4.6

Die erhöhten Konkretisierungsanforderungen, die die Finanzrechtsprechung an öffentlich-rechtliche Verpflichtungen stellt, würden zu einem Ausschluss der bergrechtlich fundierten Rückstellung wegen der Pflicht zur WNBM aus der Steuerbilanz führen. Im Endeffekt sind diese erhöhten Anforderungen aber für den hier interessierenden Zusammenhang nicht maßgebend, hindern eine Rückstellungsbildung also nicht.

4.7 Ergebnisse des Kapitels 4

Entscheidend für die Ausfüllung des rein theoretischen Begriffs der „Rückstellung" ist, deren Bildung als Periodisierung des zuvor zu ermittelnden Erfüllungsbetrags zu betrachten. Der Grundsatz der Einzelerfassung und –bewertung muss auf zwei Ebenen zur Anwendung kommen, nämlich zunächst auf jener des einzeln zu erfassenden und hiernach monetär zu bewertenden sachlichen Verpflichtungsumfangs, anschließend auf Ebene des als Rückstellung periodisch zugeordneten Anteils des Erfüllungsbetrags.

Die Ansatzkriterien, die sich aus dem Schuldcharakter bergbaubedingter Verpflichtungen ergeben (Außenverpflichtung, rechtliche Entstehung, Wahrscheinlichkeit der Inanspruchnahme) lassen sich vglw. einfach überprüfen und sind mit erfolgtem bergbaulichen Eingriff erfüllt. Als Bezugsobjekt der Zurechnung von Ausgaben für WNBM (und damit auch für Erträge bei Rückstellungsauflösung) konnte die inventarisierungsfähige, bergrechtlich geprägte „Einzelmaßnahme der WNBM" bestimmt werden, für die der planmäßige Erfüllungsumfang und –betrag zu berechnen sind. Letzterer wird im handelsrechtlichen Einzelabschluss über die Periodisierungsgröße „modifizierter Stichtagserfüllungsumfang" periodisch als „wirtschaftliche Last" zugeordnet, da durch diese Bezugsgröße das Werturteil „Gläubigerschutz" am umfassendsten beachtet wird. Letzteres ist ausschlaggebender Grund, Rückstellungen wegen Entfernungsverpflichtungen einmalig und nicht zeitabhängig-linear zu bilden. Dynamische Bezugsgrößen eignen sich durch die verstetigte Aufwandsverrechnung hingegen für die Ermittlung prognosefähiger Erfolge.

Die steuerliche Spezialregelung zur Ausgabenperiodisierung bezieht sich nur auf Entfernungsverpflichtungen, nicht hingegen auf bergbaubedingte Verpflichtungen i.e.S.

Der infolge der Bezugsgröße „modifizierter Stichtagserfüllungsumfang" zu befürchtenden massiven Eigenkapitalaufzehrung in frühen Perioden sollte durch die Möglichkeit einer noch zu kodifizierenden Bilanzierungshilfe begegnet werden. Diskussions- und Handlungsbedarf besteht auch hinsichtlich der liquiditätsmäßigen Sicherstellung der WNBM. Angesichts diesbezüglich unzureichender Regelungen im HGB und BBergG erscheint es überlegenswert, der Bergbehörde die Möglichkeit einzuräumen, die Betriebsplanzulassung mit in Anlehnung an *covenants* ausgestalteten Auflagen zu verknüpfen.

Als für Fragen der Rückstellungsbildung sachfremde Erwägungen können insbesondere Aspekte der Kostenrechnung gelten.

In die Bemessung des Erfüllungsbetrags einer Einzelmaßnahme sind sämtliche zur Erfüllung erforderlichen Ausgaben einzubeziehen, auch solche, die zu irgendeinem Zeitpunkt zu aktivieren und abzuschreiben sind. Entscheidend ist allein, dass bzw. in welchem Umfang Ausgaben zur Erfüllung einer wirtschaftlich verursachten, zwingend zu erfüllenden Einzelmaßnahme dieser zurechenbar sind.

Aus den erhöhten Konkretisierungsanforderungen, die die Finanzrechtsprechung an öffentlichrechtliche Verpflichtungen stellt, ergeben sich keinerlei Auswirkungen auf den Ansatz von Rückstellungen wegen ungewisser bergbaubedingter Sachleistungsverpflichtungen.

5 Die Bemessung des Erfüllungsbetrags auf Grundlage der Ergebnisse der Verpflichtungsinventur

5.1 Vorbemerkung

Nachdem im Kapitel 4 u.a. die Periodisierung des planmäßigen Erfüllungsbetrags als Problem der „wirtschaftlichen Verursachung" ungewisser Sachleistungsverpflichtungen diskutiert wurde, sollen im Kapitel 5 dieser Arbeit Einzelfragen der Bemessung des Erfüllungsbetrags erörtert werden. Der Erfüllungsbetrag muss *in jedem Fall* ermittelt werden, d.h. sowohl bei Abstellen auf den planmäßigen Erfüllungszeitpunkt wie auf den jeweiligen Bilanzstichtag (Zerschlagungsfiktion) und *un*abhängig von der Wahl der Bezugsgröße als einer sich hieran anschließenden, reinen Periodisierungsfrage.

Ausgangspunkt der Ausführungen stellt eine allgemeine Umschreibung des „Erfüllungsbetrags" dar. Hieran schließen sich Erörterungen zur „Verpflichtungsinventur" an, in deren Rahmen der Erfüllungsumfang als unabdingbare Grundlage der Bemessung des Erfüllungsbetrags ermittelt wird. In diesem Zusammenhang werden auch Fragen der Auflösung von Rückstellungen infolge Entfall des Grundes sowie infolge Erfüllung diskutiert. Anschließend werden Einzelaspekte der monetären Bewertung des Erfüllungsumfangs besprochen, um den „Erfüllungsbetrag" als allgemeinen Wertmaßstab stärker zu konkretisieren: Kostensätze, mit denen der Erfüllungsumfang zwecks Ermittlung des Erfüllungsbetrags multipliziert wird (Erfüllungsbetrag I); Fragen der Berücksichtigung aufwandsmindernder (gegenläufiger) Bewertungskomponenten (Saldierung) (Erfüllungsbetrag II); die zugrunde zu legenden Preisverhältnisse (Erfüllungsbetrag III); weiterhin Fragen der Abzinsung (Erfüllungsbetrag IV).

5.2 Der „Erfüllungsbetrag" als zentraler Wertbegriff für ungewisse Sachleistungsverbindlichkeiten

5.2.1 Bewertungsrahmen für Verbindlichkeiten nach § 253 HGB

Die Bewertung von Rückstellungen ist im § 253 Abs. 1 Satz 2 HGB geregelt. Hiernach sind Rückstellungen „nur in Höhe des Betrags anzusetzen, der nach vernünftiger kaufmännischer Beurteilung notwendig ist". Mit Blick auf den § 253 Abs. 1 Satz 2 HGB sei an dieser Stelle erneut daran erinnert, dass, gem. dem in der vorliegenden Arbeit entwickelten Verständnis, die spezifische Bewertung eines definierten sachlichen Verpflichtungsumfangs zwecks Bemessung des Erfüllungsbetrags einer abgegrenzten Einzelmaßnahme der WNBM tatsächlich ein der Rückstellungsbildung *vorgelagerter* Prozess ist.[628]

Die Forderung nach Bewertung gem. „vernünftiger kaufmännischer Beurteilung" berücksichtigt die nicht zuletzt bei Einzelverpflichtungen zur WNBM bestehende Unmöglichkeit, im Rahmen eines in jedem Fall individuell (durch den jeweiligen Kaufmann) vorzunehmenden Bewertungsvorganges den „richtigen" Erfüllungsbetrag Jahre und Jahrzehnte im voraus zuverlässig schätzen zu können.

Der § 253 Abs. 1 Satz 2 HGB normiert daher lediglich einen allgemeinen Schätzungs- bzw. Beurteilungsrahmen. Dieser ist für den bilanzierenden Kaufmann allerdings insoweit maßgeblich, als bewusste Unter- wie Überdotierungen zu unterlassen sind.[629] Die vom Bilanzierungspflichtigen in die Bemessung des Erfüllungsbetrages einfließenden Daten müssen durch einen Sachverständigen Dritten (intersubjektiv) nachprüfbar sein, dürfen also nicht allein subjektive, einseitig optimistische oder pessimistische Einschätzungen bzw. Vermutungen des Bilanzierenden wiedergeben. Der § 253 Abs. 1 Satz 2 HGB dient damit einer anzustrebenden möglichst umfangreichen Objektivierung der in den Erfüllungsbetrag eingehenden Daten unter Berücksichtigung aller zur Verfügung stehenden Informationen.

Die vorzunehmende Beurteilung muss in sich schlüssig sein und sich aus den objektiven Verhältnissen des Einzelfalls ergeben.[630] Als Ergebnis der Beurteilung wird sich regelmäßig kein eindeutig fixierter Wert ergeben, vielmehr wird nur eine Bandbreite möglicher Wertansätze zu bestimmen sein, die die „vernünftige kaufmännische Beurteilung" eingrenzen und innerhalb derer der konkret gewählte Erfüllungsbetrag liegen muss, z.B. dann, wenn Unklarheit über den sachlichen Verpflichtungsumfang besteht oder verschiedene Kostensätze in Frage kommen. Dem bilanzierenden Kaufmann verbleibt somit ein gewisser Ermessensspielraum sowohl hinsichtlich der Bestimmung der Bandbreite möglicher Werte wie auch durch die letztlich erforderliche Auswahl nur eines bestimmten Wertes (Punktwertes) für die Bemessung des Erfüllungsbetrags. Bei dieser Bemessung hat der bilanzierende Kaufmann die allgemeinen Grundsätze (GoB) des § 252 Abs. 1 HGB zu beachten, die sich, entgegen der Überschrift des § 252 HGB, z.T. auch auf Ansatzfragen beziehen.[631] Der elementare *Grundsatz der Einzelerfassung und –bewertung* wurde bereits erläutert.[632] Weiterhin muss die Bewertung *allein nach den Verhältnissen des jeweiligen Bilanzstichtags* erfolgen (§ 252 Abs. 1 Nr. 3

---

[628] Vgl. die entsprechenden Ausführungen und Nachweise unter 4.2.

[629] Westermann (1986), S. 356; Adler/ Düring/ Schmaltz, § 253, Tz. 175, 177; Kessler (1995), § 249, Tz. 259, 260.

[630] Berger/ Ring (2003), § 253, Tz. 154; Kessler (1995), § 249 HGB, Tz. 259 und 269; Adler/ Düring/ Schmaltz, § 253, Tz. 189.

[631] Adler/ Düring/ Schmaltz, § 253 Tz. 177, 190; Berger/ Ring (2003), § 253, Tz. 154; Kessler (1995), § 249, Tz. 269, 270, 294; Adler/ Düring/ Schmaltz, § 252, Tz. 8, 94; Selchert (1995), § 252, Tz. 7.

[632] Unter 4.2.

Der „Erfüllungsbetrag" als zentraler Wertbegriff für ungewisse Sachleistungsverbindlichkeiten 171

HGB), womit der Unterscheidung in wertbegründende Ereignisse und wertaufhellende Informationen besondere Bedeutung zukommt.[633]

Vor diesem Hintergrund wird in dieser Arbeit unterstellt, dass der planmäßige Erfüllungsumfang, der eigentlich erst zu einem zukünftigen Zeitpunkt zu realisieren ist, mit *heute* vorhandenen Technologien und Techniken unter Berücksichtigung *heutiger* Kostenstrukturen und *heutiger* Vorstellungen von „Folgenutzung" realisiert wird bzw. würde. Es werden also keine Spekulationen über zum planmäßigen Erfüllungszeitpunkt möglicherweise herrschende Kostenstrukturen oder verfügbare Technologien angestellt. Der Konflikt zwischen Stichtagsprinzip (jährliche Verpflichtungsinventur) und going-concern-Prämisse (Abstellen auf den planmäßigen Erfüllungsumfang) wird dahin gehend gelöst, den planmäßigen Erfüllungsumfang *ausschließlich unter Verwendung heute vorhandener, insofern gesicherter und nachprüfbarer Daten* zu bewerten. Veränderungen dieser Daten im Zeitablauf werden allein durch die zukünftigen, regelmäßigen Verpflichtungsinventuren berücksichtigt.[634]

Bei der Lösung von Ansatz- und Bewertungsfragen ist grundsätzlich vom Regelfall der *Fortführung der Unternehmenstätigkeit* auszugehen (§ 252 Abs. 1 Nr. 2 HGB), sofern dem nicht tatsächliche oder rechtliche Gegebenheiten entgegenstehen (going-concern-Prämisse).[635]

Da der Erfüllungsbetrag in nur „notwendiger" Höhe zu bemessen ist, muss und darf nicht grundsätzlich der höchste, d.h. der aus der pessimistischsten Beurteilung resultierende Betrag gewählt werden,[636] umgekehrt soll aber das *Vorsichtsprinzip* (§ 252 Abs. 1 Nr. 4 HGB) die Wahl des niedrigsten (optimistischsten) Wertes verhindern.[637] Dem Erfüllungsbetrag soll daher „stets eine etwas pessimistischere als die wahrscheinlichste Alternative" zugrunde gelegt werden.[638] Diese allgemeinen Grundsätze werden in der vorliegenden Arbeit indes aus Gründen der Nachprüfbarkeit, des Verbotes der Legung stiller Reserven und damit der Verhinderung von Spielräumen für eine evtl. „Bilanzpolitik"[639] in folgender Hinsicht beschränkt bzw. modifiziert:

1. Für die vom Bergbauunternehmen durchzuführende WNBM-Planung muss v.a. hinsichtlich der Bestimmung der Leistungseinheiten (bei gegebenem Massen- und Mengengerüst) deren kostenminimale Kombination gefordert werden. Ansonsten bestünde über die Behauptung, eine nichtkostenminimale Kombination realisieren zu wollen, in erheblichem Umfang die Möglichkeit der Bildung stiller Reserven.

---

[633] Vgl. hierzu unter 4.4.7.2.

[634] Vgl. zu diesen unter 5.3.

[635] Vgl. hierzu bereits ausführlich unter 4.4.7.2.

[636] Vgl. Moxter (1989a), S. 947: keine gezielte Legung stiller Reserven durch bewusste Überbewertung, ebenso: Adler/ Düring/ Schmaltz, § 252, Tz. 71; Hense/ Geißler (2003), § 252, Tz. 32.

[637] Adler/ Düring/ Schmaltz, § 253 Tz. 191/192; Kessler (1995), § 249, Tz. 291.

[638] Zitat Adler/ Düring/ Schmaltz, § 252, Tz. 68 sowie § 253, Tz. 192; Hense/ Geißler (2003), § 252, Tz. 33.

[639] Vgl. zum Begriff der „Bilanzpolitik" sowie zu bilanzpolitischen Spielräumen allgemein wie speziell durch bewusste Dotierung von Rückstellungen: Baetge/ Ballwieser (1978), v.a. S. 512, 513/514, 522; Wöhe (1988), v.a. S. 50, 52, 57 bis 59.

172 Die Bemessung des Erfüllungsbetrags auf Grundlage der Ergebnisse der Verpflichtungsinventur

2. Hat das Bergbauunternehmen die Wahl zwischen Fremd- und Eigenvornahme, so darf nur die günstigere Beschaffungsform zugrunde gelegt werden.[640] Da hier ein „Punktwert"[641] eindeutig bestimmbar ist, besteht keinerlei Rechtfertigung, aus angeblichen Vorsichtsüberlegungen einen höheren Wert zu verwenden.

3. Liegen im Fall Fremdvornahme mehrere Angebote vor, so genügt es, aus diesen das preiswerteste Angebote dem Erfüllungsbetrag zugrunde zu legen: Da das Bergbauunternehmen wohl niemals einen teureren Anbieter auswählen dürfte als unbedingt erforderlich, besteht, wie auch bei 2., keinerlei Rechtfertigung, Aufwand in einer Höhe zu verrechnen, in der tatsächlich niemals Ausgaben anfallen werden.

4. In die Kalkulation von Kostensätzen für Technikeinsatz bei vorgesehener Eigenvornahme fließen als Durchschnittswerte berechnete Werte ein unter Normierung sowohl der Faktorverbräuche (z.B. Energie) wie von Beschaffungspreisen (z.B. spezifische Energiepreise), ermittelt anhand betrieblicher Erfahrungswerte für die einzusetzende Technik sowie ggf. unter Hinzuziehung von Miet- und Leasingsätzen für Miet- und Leasingtechnik, sofern solche auch i.R.d. WNBM eingesetzt würde. Im Gegensatz zu 2. geht es hier nicht darum, die Legung stiller Reserven zu verhindern. Bezweckt wird vielmehr, für eine Normierung im Zeitablauf schwankender innerbetrieblicher Werte sowie für die Ausschaltung von Zufälligkeiten (z.B. Verwendung eigener oder Miettechnik) zu sorgen und damit subjektives Ermessen auszuschließen.

5. Ebenso wird nicht von der Vornahme umfangreicherer (teurerer) Maßnahmen ausgegangen als dies mit Blick auf die an die „WNBM" gestellten Anforderungen unbedingt erforderlich erscheint.[642]

Abschließend ist auf den *Grundsatz der Stetigkeit* hinzuweisen (§ 252 Abs. 1 Nr. 6 HGB): Auch bei Schulden sollen zur Wahrung einer mehrperiodigen Vergleichbarkeit der Jahresabschlüsse die im vorhergehenden Geschäftsjahr angewendeten Bewertungsmethoden beibehalten, d.h. auch auf neu zugehende Verbindlichkeiten angewendet werden. Bei sachlicher Rechtfertigung darf hingegen eine Anpassung der Bewertungsmethodik erfolgen.[643]

Innerhalb des durch den somit abgegrenzten Rahmens der „vernünftigen kaufmännischen Beurteilung" stellt, wie bereits erläutert, der *Erfüllungsbetrag* den eigentlichen, für Sachleis-

---

[640] Gegen eine solche „Angemessenheitsprüfung": Hartung, W. (1984), S. 510/511; Rudolph (1983), S. 943; Winkler/ Hackmann (1985), S. 1108; Döllerer (1985), S. 391; ders. (1987a), S. 71; ders. (1987c), S. 447; Bachem (1993), S. 2340; Adler/ Düring/ Schmaltz, § 253, Tz. 233; wie hier dagegen: BFH, Urteil vom 24.11.1983 – IV R 22/81, S. 303; Euler (1996), S. 122; Hommel (2003), S. 750; vgl. auch Eifler (1976), S. 91.

[641] Kessler (1992), S. 411/412.

[642] Vgl. auch Flies (1996), S. 113; großzügiger hingegen Frenz (1997), S. 40, 45; siehe zum Ausschluss faktischer Verpflichtungen unter 4.3.1.

[643] Adler/ Düring/ Schmaltz, § 252, Tz. 103, 107, 112/113; Hense/ Geißler (2003), § 252, Tz. 55, 58 bis 61; Selchert (1995), § 252, Tz. 99, 117.

Der „Erfüllungsbetrag" als zentraler Wertbegriff für ungewisse Sachleistungsverbindlichkeiten 173

tungsverpflichtungen zentralen Wertbegriff dar.[644] Der Erfüllungsbetrag konkretisiert sich bei Sachleistungsverpflichtungen, um die es sich bei der Verpflichtung zur WNBM handelt, im *Geldwert aller zur Erfüllung der geschuldeten Sachleistungsverpflichtung erforderlichen Aufwendungen.* Darunter wird derjenige Betrag verstanden, der erforderlich ist, um die geschuldete Leistung zu bewirken. Der für Verbindlichkeiten im § 253 Abs. 1 Satz 2 HGB normierte „Rückzahlungsbetrag" ist als solcher, bei rein wörtlicher Auslegung, zu eng, da er eine grundsätzliche Erfüllung der Verbindlichkeit in Geld impliziert, die aber für die in der vorliegenden Arbeit interessierenden *Sach*leistungsverbindlichkeiten *nicht* relevant ist.[645]

Ist dem Erfüllungsbetrag zum Bilanzstichtag ein höherer Wert beizumessen, *muss* dieser und damit auch die Rückstellung gem. des für Verbindlichkeiten zu beachtenden *Höchstwertprinzips*[646] aufgestockt werden.

5.2.2 Bewertungsrahmen für Verbindlichkeiten nach § 6 EStG

Da Rückstellungen als ungewisse Verbindlichkeiten unter Verbindlichkeiten als Oberbegriff fallen, greift auch für erstere die Nr. 3 Satz 1 des § 6 Abs. 1 EStG,[647] wonach diese „unter sinngemäßer Anwendung der Vorschriften der Nr. 2 anzusetzen" sind. Der relevante Bewertungsmaßstab wären damit die „Anschaffungs- oder Herstellungskosten" bzw. der höhere Teilwert.[648] Da einseitig zugehende Verbindlichkeiten aber nicht wie aktive Wirtschaftsgüter „angeschafft" oder „hergestellt" werden können, wird stattdessen auch von den „Wegschaffungskosten" der Verbindlichkeit gesprochen.[649] Steigt in den Folgejahren der Verpflichtungsumfang wertmäßig, wäre entsprechend der höhere Teilwert anzusetzen, also der Wert, den ein Erwerber des gesamten Betriebes in seiner Eröffnungsbilanz ansetzen würde[650] infolge „voraussichtlich dauernder Werterhöhung".[651] Will der Steuerpflichtige in den Folgejahren den höheren Teilwert der Rückstellung beibehalten, muss er die Gründe hierfür darlegen, an-

---

[644] Döllerer, (1975a), S. 294; ders. (1987b), S. 11; Adler/ Düring/ Schmaltz, § 253, Tz. 72; Hense/ Geißler (2003), § 253, Tz. 151; Moxter (1989a), S. 945; Strobl (1984), S. 202; Kessler (1992), S. 397; ders. (1995), § 249, Tz. 260.

[645] Kessler (1992), S. 397/398, 438; ders. (1995), § 249, Tz. 260, 308; Hense/ Geißler (2003), § 253, Tz. 151, 158; Adler/ Düring/ Schmaltz, § 253, Tz. 72; Bordewin (1992b), S. 1536; Christiansen (1987), S. 197; Döllerer (1975), S. 294; ders. (1987b), S. 10; Strobl (1984), S. 202; dies. (1988), S. 616.

[646] Moxter (1989a), S. 945, in Anlehnung an das Niederstwertprinzip bei Aktiva; ders. (2003), S. 216; ebenso: Ballwieser (1992a), S. 58/59, 61: Es besteht grundsätzlich ein *Zwang* zur Aufwertung; ebenso Kessler (1992), S. 418/419 und Bach (1996), S. 253.

[647] Knobbe-Keuk (1993), S. 235; Federmann (2000), S. 407/408; Fischer (2004), § 6, Tz. 153; Glanegger (2002), § 6, Tz. 386.

[648] Knobbe-Keuk (1993), S. 231; Fischer (2004), § 6, Tz. 153; BFH, Urteil vom 19.11.2003 – I R 77/01, S. 322.

[649] Knobbe-Keuk (1993), S. 231; Federmann (2000), S. 408; Schön (1994), S. 13.

[650] Jacobs (1988), S. 239; Knobbe-Keuk (1993), S. 234.

[651] Vgl. Federmann (2000), S. 408; Glanegger (2002), § 6, Tz. 400/401 sowie Cattelaens (1999), S. 1187: die Forderung nach einer voraussichtlichen *Dauerhaftigkeit* der Werterhöhung der Verpflichtung ergibt sich in analoger Anwendung der insofern eingeschränkten Zulässigkeit einer Teilwertabschreibung auf aktive Wirtschaftsgüter nach § 6 Abs. 1 Nr. 1 Satz 2 EStG.

174 Die Bemessung des Erfüllungsbetrags auf Grundlage der Ergebnisse der Verpflichtungsinventur

sonsten die Rückstellung (teil-)auflösen.[652] Hinsichtlich der steuerlichen Auflösungspflicht dürften sich somit keine Unterschiede zur handelsrechtlichen Auflösungspflicht („Wegfall der Gründe") ergeben (in beiden Fällen: keine gezielte Legung stiller Reserven). Der höhere Teilwert ist dem handelsrechtlichen Erfüllungsbetrag und damit dem Geldwert der Aufwendungen, die zur Bewirkung der Leistung erforderlich sind, gleichzusetzen,[653] so dass im weiteren Verlauf der Arbeit „Erfüllungsbetrag" auch im steuerrechtlichen Sinne gebraucht wird. Dieser ist dann allerdings innerhalb des durch die über § 5 Abs. 1 Satz 1 EStG auch steuerrechtlich gebotene „vernünftige kaufmännische Beurteilung" vorgezeichneten Rahmens und unter Berücksichtigung der speziellen steuerlichen Bewertungsregeln für ungewisse Sachleistungsverpflichtungen nach § 6 Abs. 1 Nr. 3a EStG zu bemessen.[654]

5.2.3 Das für die Bemessung des Erfüllungsbetrags relevante Instrument

Der somit nur recht allgemein umschriebene Erfüllungsbetrag muss inhaltlich ausgefüllt werden, insbesondere stellt die Bestimmung des Umfangs der für die Bemessung des Erfüllungsbetrags „erforderlichen" Aufwendungen ein zentrales Problem dar.[655] Wie dieser Umfang zu bemessen ist, welche Kostenarten also dem Grunde wie der Höhe nach berücksichtigt werden dürfen, hängt dabei von dem als für die inhaltliche Ausfüllung als geeignet identifizierten Instrument ab.

Wesentlich für diese Identifizierung ist das Verständnis der Eigenschaft bzw. Charakteristik des Gesamtprozesses der WNBM: Durch den Gesamtprozess der WNBM sowie durch jede diesen Prozess konstituierende Einzelmaßnahme wird eine bestimmte Zielstellung verfolgt, es wird ein bestimmter Zustand der bergbaulich in Anspruch genommenen Oberfläche angestrebt und schließlich auch realisiert. Insofern kann hier berechtigterweise von einem *Herstellungsvorgang* gesprochen werden[656] in Anlehnung an den Herstellungsbegriff des § 255 Abs. 2 HGB. Bei dieser Art Herstellungsvorgang handelt es sich zwar nicht um die Herstellung von Unfertig- oder Fertigerzeugnissen oder selbsterstellten Bauten, die zum Bilanzstichtag zu bewerten und in der Bilanz anzusetzen sind, also nicht um einen aktiven, zur Schaffung eines Vermögensgegenstands führenden Vorgang. Vielmehr handelt es sich um einen *passiven Herstellungsvorgang*: Es wird ein auf einer Verpflichtung beruhender, ausschließlich aufgrund dieser bestehenden Verpflichtung zwangsweise zu realisierender Zustand

---

[652] Vgl. Glanegger (2002), § 6, Tz. 400 sowie Cattelaens (1999), S. 1187: analoge Anwendung des Wertaufholungsgebotes des § 6 Abs. 1 Nr. 1 Satz 4 EStG für aktive Wirtschaftsgüter.

[653] von Wallis (1985), S. 370; Jacobs (1988), S. 239; BFH-Urteil vom 19.11.2003 – I R 77/01, S. 322.

[654] BFH, Urteil vom 06.04.2000 – IV R 31/99, S. 847; Fischer (2004), § 6, Tz. 153; Federmann (2000), S. 408.

[655] Kessler (1995), § 249, Tz. 308.

[656] Bordewin (1992b), S. 1536; Kessler (1995), § 249, Tz. 308; Küting/ Kessler (1989a), S. 694.

Der „Erfüllungsbetrag" als zentraler Wertbegriff für ungewisse Sachleistungsverbindlichkeiten 175

hergestellt bzw. Erfolg bewirkt (Realisierung einer Einzelmaßnahme der WNBM). Von daher bietet es sich an, für die Bemessung von Sachleistungsverpflichtungen auf den für selbsterstellte (aktive) Vermögensgegenstände gültigen und maßgebenden Begriff der *Herstellungskosten* sowie auf dessen Definition im § 255 Abs. 2 und 3 HGB zwecks Ausfüllung des aus § 253 Abs. 1 Satz 2 HGB abgeleiteten „Erfüllungsbetrags" zurückzugreifen.[657] *Die somit als relevantes Bewertungsinstrument bestimmten passiven Herstellungskosten dienen damit der Bewertung eines zwecks passiver Bestandsermittlung vorzunehmenden passiven Herstellungsvorgangs.*

5.2.4 Der Umfang der in die passiven Herstellungskosten einzubeziehenden Kostenarten

Der handelsrechtliche (aktive) Herstellungskostenbegriff des § 255 Abs. 2 HGB beruht auf der Unterscheidung in kausal, d.h. bezugsgrößenmengenabhängig zurechenbare Einzelkosten sowie nur final zurechenbare Kosten, also solche Kosten, die lediglich in einer Mittel-Zweck-Relation zur erbrachten Leistung stehen, den Gemeinkosten.[658] Eine Bewertung von Sachleistungsverpflichtungen nur i.H.d. Einzelkosten würde somit einen kausalen Herstellungskostenbegriff implizieren.[659]

Eine Einzelmaßnahme der WNBM ist damit in jedem Fall (verpflichtend) i.H.d. zurechenbaren Einzelkosten zu bewerten, so wie auch bei selbsterstellten Aktiva. Fraglich ist indes, inwieweit die Wahlrechte hinsichtlich der Einbeziehung der Gemeinkosten in die aktiven Herstellungskosten für Zwecke der Verpflichtungsbewertung zu behandeln sind. Unabhängig davon, ob man die Nichtaktivierung von Gemeinkosten mit dem Realisationsprinzip oder damit begründet, eine Unterbewertung sei aus Vereinfachungsgründen aufgrund des Nichtverstoßes gegen Vorsichtsüberlegungen zulässig,[660] gilt dann umgekehrt für die Passivseite: Da eine Einbeziehung von Gemeinkosten in die passiven Herstellungskosten weder gegen das Realisationsprinzip noch gegen Vorsichtsüberlegungen verstößt, vielmehr ihre Nichteinbeziehung einen nur unvollständigen, eine spätere (bei Erfüllung) Aufwandsnachverrechnung bewirkenden Verpflichtungsausweis bedingen würde, können die Gemeinkostenwahlrechte für die aktive Bestandsbewertung *nicht* auf die Passivseite übertragen werden: M.a.W.: Das Einbeziehungswahlrecht wandelt sich zu einer Einbeziehungs*pflicht.*[661]

---

[657] Bach (1996), S. 263; Berger/ Ring (2003), § 253, Tz. 158; Kessler (1995), § 249, Tz. 308; Küting/ Kessler (1989), S. 694; Moxter (2003a), S. 190.

[658] Knop/ Küting (1995), § 255, Tz. 156 bis 162; Hummel/ Männel (1990), S. 55/56, 386.

[659] Moxter (1988b), S. 938; Küting/ Kessler (1989a), S. 695.

[660] Moxter (1988b), S. 938; ders. (1995c), S. 452; Küting/ Kessler (1989a), S. 696, m.w.N.

[661] Grundlegend: Küting/ Kessler (1989a), S. 696; mit selbem Ergebnis: Christiansen (1993), S. 52; Berger/ Ring (2003), § 253, Tz. 158; Naumann (1993), S. 261/262; hingegen mit der Annahme des Wahlrechtes des § 255 Abs. 2 Satz 3 HGB auch auf der Passivseite: Döllerer (1987c), S. 447; Bordewin (1992b), S. 1536; Kupsch (1989), S. 60; Leuschner (1994), S. 81.

176   Die Bemessung des Erfüllungsbetrags auf Grundlage der Ergebnisse der Verpflichtungsinventur

Sachleistungsverpflichtungen, damit auch jene zur WNBM, sind damit zu ihren *Voll*kosten zu bewerten.[662]

Dieses Ergebnis stellt allerdings nur ein vorläufiges dar. Was die Bewertung zu „Vollkosten" *konkret* bedeutet, wird im weiteren Verlauf dieses Kapitels detailliert diskutiert.

5.2.5 Ergebnisse zu 5.2

Der für die in der vorliegenden Arbeit allein betrachteten ungewissen Sachleistungsverpflichtungen relevante Wertmaßstab, der Erfüllungsbetrag, wird sowohl handels- wie steuerrechtlich konkretisiert durch analoge Anwendung des aktiven Herstellungskostenbegriffs („passive Bestandsbewertung"). Zu erörtern bleibt im weiteren Verlauf dieses Kapitels, auf welche Art und Weise genau eine Bewertung einer Einzelmaßnahme zu „Vollkosten" gelingen kann.

5.3   Ausgestaltung der Verpflichtungsinventur und Auflösung von Rückstellungen

5.3.1 Vorbemerkung

Grundsätzlich stellt sich zu *jedem* Bilanzstichtag die Aufgabe, ein *Verpflichtungsinventar* als Bestandteil des Inventars nach § 240 HGB zu erstellen (Durchführung einer *Verpflichtungsinventur*). Wie im bisherigen Verlauf dieser Arbeit mehrfach erläutert, hängt das Verständnis von „Verpflichtung" als „wirtschaftliche Last" (= „Rückstellung") entscheidend von der rechnungszweckentsprechend auszuwählenden Periodisierungsgröße ab. Als „Verpflichtung" ist somit, je nach Periodisierungsgröße, zum jeweiligen Bilanzstichtag ein jeweils unterschiedlicher Betrag zu erfassen. Ebenso wurde ausführlich dargelegt, dass, zumindest solange von der planmäßigen Fortführung der Unternehmenstätigkeit auszugehen ist, der sachliche Verpflichtungsumfang einer planmäßig zu erfüllenden Einzelmaßnahme der WNBM (= planmäßiger Erfüllungsumfang) sowie, nach spezifischer monetärer Bewertung dessen Massen-, Mengen- und Leistungsgerüstes, der planmäßige Erfüllungsbetrag der Einzelmaßnahme bei Verwendung *sämtlicher* Periodisierungsgrößen und damit grundsätzlich vorrangig zu ermitteln sind.

Die alljährlich durchzuführende Verpflichtungsinventur muss daher diese beiden Ebenen trennen: Während planmäßiger Erfüllungsumfang und –betrag bzw. die in diese beiden Grö-

---

[662] Ebenso: Achatz (1993), S. 187; Bach (1996), S. 266; Bachem (1993), S. 2338/2339; Christiansen (1987), S. 197; ders. (1990), S. 134; ders. (1993), S. 52; Eifler (1976), S. 69/70; Gotthardt (1995), S. 103, 252, 258; Hartung, W. (1985), S. 32/33; Jacobs (1988), S. 242/243; Kaul (1983), S. 363; Kessler (1992), S. 448; Klein, M. (1992), S. 1777; Köster (1994), S. 186/187; Korn (1982), S. 4862; Moxter (2003a), S. 190/191; Naumann (1993), S. 261/262; Paus (1984), S. 451; Rudolph (1983), S. 944; Schön (1994), S. 13; entgegen eigener, älterer Auffassung auch Kupsch (1992a), S. 2327; für eine Bewertung zu höheren „Selbstkosten" hingegen Clemm (1980), S. 191; abw. Auffassung Siegel (1995b), S. 672; ders. (1999b), S. 199: die „vernünftige kaufmännische Beurteilung" gebiete eine Bewertung nur zu Einzelkosten, § 255 Abs. 2 HGB sei insoweit nicht relevant.

Ausgestaltung der Verpflichtungsinventur und Auflösung von Rückstellungen 177

ßen eingehenden Werte als u.U. dauerhaft unveränderliche, auf einer ersten Stufe zu erfassende *Basisinformationen* gelten können, stellt die eine einzelne „wirtschaftliche Last" abbildende Einzelrückstellung jenes Objekt dar, das, nach Erfassung auf einer zweiten Stufe, in das Rechnungsinstrument „Vermögensvergleich" aufgenommen wird.

Nicht betrachtet zu werden brauchen hier solche Verpflichtungen, die im abgelaufenen Geschäftsjahr infolge realisierter bergbaulicher Eingriffe voll zugegangen sind (gegebene wirtschaftliche Verursachung) und die bereits vor dem Bilanzstichtag voll erfüllt wurden, da in diesem Fall keinerlei Veranlassung für eine Rückstellungsbildung besteht.

5.3.2 Aufnahme von Erfüllungsumfang und Erfüllungsbetrag in das Verpflichtungsinventar sowie Bildung von Rückstellungen

Im Rahmen der alljährlichen Verpflichtungsinventur ist zunächst zu überprüfen, ob im abgelaufenen Geschäftsjahr bergbauliche Eingriffe realisiert wurden, die zum vollständigen oder partiellen Zugang eines zukünftig zu realisierenden, planmäßigen Erfüllungsumfangs und damit einer bergrechtlichen Verpflichtung geführt haben. Ist dies zu bejahen, wird eine Einzelmaßnahme der WNBM definiert, d.h. es wird der herzustellende Erfolg verbal beschrieben, es wird der Einzelmaßnahme eine Inventarnummer zugeordnet und v.a. wird durch die zuständige Fachabteilung des Bergbauunternehmens oder durch beauftragte Dritte der zwecks planmäßiger Erfüllung zu realisierende planmäßige Erfüllungsumfang ermittelt und in das Verpflichtungsinventar aufgenommen. Zu diesem Umfang zählen die Anzahl der planmäßig zu realisierenden Abrechnungseinheiten des zugehörigen Massen-, Mengen- und Leistungsgerüstes sowie die Anzahl der zu realisierenden Abrechnungseinheiten der Einzelmaßnahme, wobei bei geplanter Realisierung der Einzelmaßnahme durch einen Dritten (Fremdfirma) v.a. das Mengen- und Leistungsgerüst nicht unbedingt ermittelt werden müssen. Zu den Basisinformationen zählen neben den genannten Größen auch der Erfüllungszeitpunkt, der Anspruchsberechtigte sowie schließlich die Information, ob die Einzelmaßnahme durch das Bergbauunternehmen selbst oder durch eine Fremdfirma realisiert werden soll. Im folgenden Schritt werden die Abrechnungseinheiten einer spezifischen monetären Bewertung unterzogen. Hierbei werden in dieser Arbeit zwei Ansätze der Zurechnung spezifischer Kosten unterschieden, nämlich zum einen eine Zurechnung zu den jeweiligen Abrechnungseinheiten des Massen-, Mengen- und Leistungsgerüstes, andererseits zu den jeweiligen Abrechnungseinheiten der Einzelmaßnahme.[663]

Der hiernach ermittelte Erfüllungsbetrag I wird anschließend ergänzt um die für die Bemessung der Erfüllungsbeträge II bis IV benötigten Informationen. Die Aufnahme dieser Basisinformationen in das Verpflichtungsinventar kann, muss aber nicht in dem Geschäftsjahr erfolgen, in dem die bergbaulichen Eingriffe realisiert wurden: Da das Vorliegen einer „wirt-

---

[663] Vgl. unten unter 5.4.

schaftlichen Last" von der verwendeten Periodisierungsgröße abhängt, die Rückstellungsbildung für eine definierte Einzelmaßnahme also u.U. erst mehrere Perioden nach Realisierung der bergbaulichen Eingriffe einsetzen kann, genügt es im Fall der Verwendung dynamischer Periodisierungsgrößen, auch die Basisinformationen erst in dem entsprechenden, späteren Geschäftsjahr aufzunehmen. Da die Basisinformationen aber eben in jedem Fall zu erheben sind, können diese natürlich auch in einer der erstmaligen Rückstellungsbildung vorgelagerten Periode aufgenommen werden. Erstrecken sich die bergbaulichen Eingriffe über den aktuellen Bilanzstichtag hinweg (beständige Vergrößerung des zukünftig planmäßig zu gestaltenden Restloches, fortgesetzte Errichtung bereits im Bau befindlicher Tagesanlagen usw.), so müssen der planmäßige Erfüllungsumfang und –betrag ebenfalls ermittelt und die zugehörige Rückstellung ggf. (teil-)dotiert werden. Es ergibt sich hier grundsätzlich keine abweichende Vorgehensweise ggü. dem Fall, dass die im abgelaufenen Geschäftsjahr realisierten bergbaulichen Eingriffe abschließend zu einem definierten Erfüllungsumfang geführt haben. Um den planmäßigen Erfüllungsbetrag periodisieren zu können, müssen die Basisinformationen ergänzt werden um die verwendete Periodisierungsgröße: Es müssten die erwarteten absoluten Erträge, Förder- oder Absatzmengen oder der Dotierungszeitraum der jeweiligen Rückstellung bestimmt werden, ehe die Periodisierung einsetzen kann. Bei Verwendung der beiden Varianten der Periodisierungsgröße „modifizierter Stichtagserfüllungsumfang" müssten zudem in bzw. für jene(n) Perioden, in denen die kumulierte Rückstellungsdotierung den planmäßigen Erfüllungsbetrag noch nicht erreicht hat, der jeweilige tatsächliche Stichtagserfüllungsumfang sowie der Stichtagserfüllungsbetrag im Rahmen einer Kontroll- bzw. Planungsrechnung ermittelt werden, um die Periodisierung des planmäßigen Erfüllungsbetrags vornehmen zu können (Variante 1). Bei Variante 2 der Bezugsgröße „modifizierter Stichtagserfüllungsumfang" müsste eine entsprechende Rechnung bereits ex ante auf Grundlage von Planungsdaten durchgeführt werden, um die Anzahl Perioden, über die der planmäßige Erfüllungsbetrag zeitabhängig-linear zu verteilen ist, bestimmen zu können.

Als „Aufwand für Rückstellungsdotierung" wird in den Folgeperioden dann jener Betrag erfolgswirksam erfasst, um den die bisherige, einer Einzelmaßnahme zugeordnete Rückstellung aufgestockt wird. Als weitere/zusätzliche/neue „Verpflichtung" wird einer in das Verpflichtungsinventar bereits aufgenommenen Rückstellung also zum jeweiligen Bilanzstichtag jener Betrag zugeschrieben, der gem. der gewählten Periodisierungsgröße dem abgelaufenen Geschäftsjahr zuzurechnen (durch dieses „wirtschaftlich verursacht") ist, was natürlich die periodische Erfassung der Bezugsgröße (z.B. realisierte Fördermenge oder Erträge der Periode) voraussetzt. Neben der erstmaligen Aufnahme der Basisinformationen für eine definierte Einzelmaßnahme in das Verpflichtungsinventar, der zugehörigen Bildung einer Rückstellung in Höhe einer neu zugegangenen „wirtschaftlichen Last" sowie der Aufstockung einer bereits gebildeten Rückstellung gem. der zugrunde liegenden Periodisierungsgröße kann sich i.R.d. Verpflichtungsinventur aber auch die Anpassung von planmäßigem Erfüllungsumfang

Ausgestaltung der Verpflichtungsinventur und Auflösung von Rückstellungen 179

und/oder Erfüllungsbetrag als erforderlich erweisen (letzterer muss bei Veränderung von ersterem in jedem Fall angepasst werden).

5.3.3 Gründe für Anpassungen von Erfüllungsumfang und Erfüllungsbetrag bereits aufgenommener Einzelmaßnahmen

Anpassungen der Rückstellungshöhe i.R.d. alljährlichen Verpflichtungsinventur ergeben sich, je nach verwendeter Bezugsgröße, für die meisten Einzelrückstellungen zu jedem Bilanzstichtag automatisch aufgrund der jeweils verfolgten Periodisierungskonzeption, die an fortschreitende bergbauliche Eingriffe, den Zeitablauf, zusätzlich geförderte oder abgesetzte Kohle oder weitere Erträge anknüpft. Die (je nach verfolgter Periodisierungskonzeption unterschiedlich ausgestaltete) periodische Dotierung einer Einzelrückstellung führt daher in jedem Fall zur Verrechnung weiterer sonstiger betrieblicher Aufwandes wegen fortgesetzter Rückstellungsdotierung (Buchungssatz: Sonstiger betrieblicher Aufwand aus Dotierung von Einzelrückstellungen wegen der Verpflichtung zur WNBM an Einzelrückstellung wegen der Verpflichtung zur WNBM Nr. XY).

Änderungen der Rückstellungshöhe können sich aber auch mittelbar durch *Anpassungen des Erfüllungsbetrags* von bereits in das Verpflichtungsinventar aufgenommenen Einzelmaßnahmen aufgrund neu zugegangener Informationen ergeben. Solche neuen Erkenntnisse können verschiedene Gründe haben:

1. Veränderte Folgenutzungskonzeptionen: Wurde die bei anfänglicher Aufnahme der Einzelmaßnahme in das Verpflichtungsinventar zugrunde gelegte Folgenutzungskonzeption zwischenzeitlich abgeändert, können sich hieraus Auswirkungen auf den Erfüllungsumfang ergeben: Zum einen kann sich das Massengerüst und damit das Mengengerüst (zu verwendendes Einsatzmaterial) infolge abweichender Vorstellungen von „Folgenutzung" für bestimmte, bereits überbaggerte Flächen (z.B. land- anstelle forstwirtschaftlicher Folgenutzung) u.U. erheblich geändert haben. Damit werden sich auch Art, Anzahl und Kombination der Leistungseinheiten ändern. Liegen zum gegenwärtigen Bilanzstichtag solch abweichende Planungen vor, muss der planmäßige Erfüllungsumfang der jeweiligen Einzelmaßnahme sowie natürlich der zugehörige planmäßige Erfüllungsbetrag entsprechend angepasst werden.

2. Eine Anpassung des Massengerüstes und damit auch des Erfüllungsbetrags kann für die Gewerke „Entfernungsmaßnahmen" sowie „Entsorgung" aus im abgelaufenen Geschäftsjahr erfolgten An- oder Umbaumaßnahmen an vorhandenen Einrichtungen resultieren.

3. Änderungen des Leistungsgerüstes: Diese werden sich dann als erforderlich erweisen, wenn bestimmte, in ihrem Massen- und Mengengerüst *un*veränderte Einzelmaßnahmen nunmehr in einer veränderten Anzahl bzw. Kombination oder auch Art von Leis-

180 Die Bemessung des Erfüllungsbetrags auf Grundlage der Ergebnisse der Verpflichtungsinventur

tungseinheiten erbracht werden sollen oder müssen. So könnte es sich z.b. im Fall einer kurzfristig nach dem Bilanzstichtag zu realisierenden Einzelmaßnahme wegen absehbarer Nichtverfügbarkeit der für die Realisierung planmäßig vorgesehenen Technik als erforderlich erweisen, den planmäßigen Erfüllungsumfang und -betrag unter Berücksichtigung der nunmehr anzuwendenden Technologie zu bemessen (also z.b. Einsatz von größerer Anzahl weniger leistungsfähiger Erdbautechnik bei geplanter Realisierung einer Einzelmaßnahme der Oberflächengestaltung).

4. Veränderte Kostenstrukturen: Diese können zum Wechsel von Eigen- zu Fremdvornahme oder von Fremd- zu Eigenvornahme führen. Im Fall nunmehr erfolgender Eigenvornahme müssten dann, zusätzlich zum Massen- und Mengengerüst, auch die Leistungseinheiten berechnet werden, im umgekehrten Fall brauchen diese nicht mehr ermittelt zu werden. Ebenso können veränderte Kostenstrukturen dazu führen, dass für die Realisierung eines gegebenen Massen- und Mengengerüstes allein der Einsatz einer ggü. der ursprünglichen Planung abweichenden Kombination Leistungseinheiten dazu führt, den planmäßigen Erfüllungsbetrag in nur „angemessener" bzw. „notwendiger" Höhe zu bemessen.

5. Preisverhältnisse: Diese können sich im Zeitablauf ändern bzw. es können sich entsprechende Schätzungen ex post als korrekturbedürftig erweisen.[664]

5.3.4 Praxisprobleme bei der Erstellung des Verpflichtungsinventars

Wie das „aktive" Inventar, so muss auch das Verpflichtungsinventar zu *jedem* Bilanzstichtag erstellt werden, d.h. es muss eine Verpflichtungsinventur durchgeführt werden. Während die Rückstellungsdotierung anhand der gewählten Bezugsgröße in jedem Fall zu jedem Bilanzstichtag zu erfolgen hat, stellt sich für die Ermittlung des planmäßigem Erfüllungsumfangs als Grundlage der Bemessung des planmäßigen Erfüllungsbetrags die Frage, ob tatsächlich zu jedem Bilanzstichtag eine erneute (von Grund auf neue), detaillierte WNBM-Planung für jede erfasste Einzelmaßnahme vorzunehmen ist, um die unter 5.3.3 benannten sowie weitere mögliche Änderungen zu erfassen. Die hierfür jährlich vorzunehmenden Neuberechnungen dürften nämlich zu einem erheblichen Rechen- bzw. Verwaltungsaufwand bzw. zu erheblichen Kosten für die Erstellung von Gutachten führen.

Damit fragt sich, inwieweit der GoB der „Wesentlichkeit" („Materiality")[665] bzw. der „Relevanz" sowie der GoB der „Wirtschaftlichkeit"[666] eine solche jährliche Neuermittlung erfordern. Für beide GoB (Wesentlichkeit und Wirtschaftlichkeit) besteht dabei das Problem ihrer schwierigen bzw. unmöglichen Konkretisierbarkeit bzw. Quantifizierbarkeit. Insbesondere

---

[664] Vgl. ausführlich zur Thematik „Preisverhältnisse" unten unter 5.6.
[665] Vgl. hierzu ausführlich: Leffson (1986), S. 434 bis 447; Ossadnik (1993), S. 617 bis 629 m.w.N.
[666] Baetge/ Kirsch (1995), Tz. 309, 307.

Ausgestaltung der Verpflichtungsinventur und Auflösung von Rückstellungen   181

kann der „Nutzen", der sich aus einer jährlichen, umfassenden Neuermittlung in Form einer (zusätzlichen, verbesserten) Informationsgewährung durch den Jahresabschlusses bzw. durch eine „exaktere" Erfolgsmessung ergibt, nicht eindeutig bestimmt werden, im Gegensatz zu dem Mehraufwand für die zusätzliche Informationsgewinnung, der noch eher einer Quantifizierung zugänglich ist. Selbst wenn ein solcher Nutzen feststellbar und messbar wäre, muss der Aufwand, der für die Generierung der „besseren" bzw. „genaueren" Information bzw. der „exakteren" Erfolgsmessung getrieben werden muss, nicht automatisch in einem angemessenen Verhältnis zu dieser stehen, wobei im Zweifel der zusätzliche Nutzen Vorrang genießen soll.[667] Ein unmittelbarer Vergleich ist, angesichts der kaum möglichen Quantifizierbarkeit des zusätzlichen Nutzens, auch bei bekanntem Mehraufwand letztlich ausgeschlossen. Ebenso erscheint die Festlegung normierter Werte, die nicht über- oder unterschritten werden dürfen, um von einer (noch) unwesentlichen Information sprechen zu dürfen und diese daher nicht berücksichtigen zu müssen, wenig praktikabel bzw. zu stark einzelfallabhängig (z.B. Einfluss auf das Jahresergebnis absolut, alternativ in %; Veränderung wichtiger Bilanzkennzahlen usw.).[668] Selbst wenn solche Werte normiert wären, würde die (notwendigerweise jährliche) Überprüfung ihrer Einhaltung gerade eine vollständige Verpflichtungsinventur in sachlicher wie wertmäßiger Hinsicht erfordern: Der angestrebte „Vereinfachungseffekt" würde genau nicht erreicht.

Vor diesem Hintergrund wie auch mit Blick auf die vorhergehenden Ausführungen besteht eine Möglichkeit darin, eine umfassende Inventur (d.h. inkl. Ermittlung von planmäßigem Erfüllungsumfang und –betrag) in nur mehrjährigen Abständen (z.B. alle 4 Jahre) durchzuführen. Hierbei würden dann abweichende Folgenutzungskonzeptionen, geänderte Preisverhältnisse, veränderte Kostenstrukturen oder an vorhandenen Einrichtungen vorgenommene Umbauarbeiten erfasst. Wird hingegen eine Einzelmaßnahme planmäßig vor Ablauf dieser 4-Jahres-Frist erfüllt, muss die Anpassung des Erfüllungsumfangs und –betrags spätestens nach Ablauf jenes Geschäftsjahres erfolgen, das dem der planmäßigen Erfüllung vorhergeht.

Eine wesentliche Einschränkung erfährt die Idee einer nur mehrjährigen Inventur allerdings dadurch, dass die Inventur *jährlich* (§ 240 Abs. 2 Satz 1 HGB) durchgeführt werden muss und, zweitens, die im Fall mehrjähriger Inventur implizierte Vereinfachung sowohl der Erfassung wie der Bewertung der relevanten Positionen zumindest nach geltendem Handelsrecht wohl kaum Anwendung wird finden können auf Einzelmaßnahmen der WNBM mangels Erfüllung der erforderlichen Voraussetzungen, insbesondere der Gleichartigkeit sowie der annähernden Gleichwertigkeit der verschiedenen Einzelmaßnahmen (§ 240 Abs. 4 HGB).[669] Da das Verpflichtungsinventar aber in jedem Fall zu jedem Bilanzstichtag um den auf das abgelaufene Geschäftsjahr entfallenden Anteil des planmäßigen Erfüllungsbetrags ergänzt wird

---

[667] Vgl. zum Vorstehenden: Baetge/ Kirsch (1995), Tz. 307 bis 309.
[668] Vgl. Leffson (1986), S. 443 bis 445; Ossadnik (1993), S. 618.
[669] Vgl. zu den entsprechenden Vereinfachungsverfahren Moxter (1986b), S. 9 bis 12, 45 bis 47.

182 Die Bemessung des Erfüllungsbetrags auf Grundlage der Ergebnisse der Verpflichtungsinventur

(Rückstellungsdotierung), die „Vollständigkeit" des Jahresabschlusses somit gesichert ist, dürfte es genügen, die Basisinformationen in nur mehrjährigen, dann aber regelmäßigen Abständen (z.B. 4 Jahre) neu zu erheben und aufzunehmen.

5.3.5 Auflösung von Rückstellungen sowie Löschung von Erfüllungsumfang und Erfüllungsbetrag aus dem Verpflichtungsinventar

Nach § 249 Abs. 3 Satz 2 HGB dürfen Rückstellungen „nur aufgelöst werden, soweit der Grund hierfür entfallen ist". Der § 249 Abs. 3 Satz 2 HGB normiert mit dieser Formulierung zugleich ein *Auflösungsgebot* für Rückstellungen. Eine solche *Auflösung wegen Entfall des Grundes*[670] dürfte im hier interessierenden Zusammenhang indes in nur vglw. wenigen Situationen eintreten: Insbesondere hinsichtlich Rückstellungen wegen Entfernungsverpflichtungen, für die in der vorliegenden Arbeit wegen der angenommenen de-facto-Pflicht zu ihrer Erfüllung[671] grundsätzlich von einer Passivierungspflicht ausgegangen wird, wäre ein Auflösung dann vorzunehmen, wenn sich gegen Ende der Nutzungsdauer der zu entfernenden Objekte entweder deren Verkauf oder Weiterverwendung (Umsetzung oder z.B. museale Folgenutzung) abzeichnet, wozu es allerdings entsprechend konkretisierter Angaben in den Braunkohlenplänen oder betrieblicher Planungen bedarf. Die Nichtinanspruchnahme muss hiernach „quasi sicher" sein, um die betroffene Einzelrückstellung auflösen zu dürfen.[672]

Von der Auflösung einer Rückstellung wegen Entfall ihres Grundes wird in der Literatur teilweise der „Verbrauch der Rückstellung" abgegrenzt,[673] der im Fall der Inanspruchnahme des Verpflichteten greifen soll. Da auch im Fall der Inanspruchnahme des Bergbauunternehmens die Rückstellung tatsächlich aber aufgelöst wird (werden muss), soll in der vorliegenden Arbeit von der *Auflösung der Rückstellung wegen Erfüllung der der Rückstellung zugrunde liegenden Verpflichtung nach erfolgter Inanspruchnahme*, hier speziell nach Inanspruchnahme des bergbautreibenden Kaufmanns durch die Bergbehörde bzw. den Folgenutzer, gesprochen werden. Auch die Inanspruchnahme führt letztlich dazu, dass der Grund für die Bildung bzw. Beibehaltung der Rückstellung entfallen ist. Dabei wird zunächst nur der Fall der *vollständigen Erfüllung* im abgelaufenen Geschäftsjahr diskutiert.

Während im Fall der Auflösung wegen Entfall des Grundes der Ertrag aus der Rückstellungsauflösung unmittelbar erfolgswirksam (genau: erfolgserhöhend) wirkt (Buchungssatz: Einzelrückstellung wegen der Verpflichtung zur WNBM Nr. XY an Sonstiger betrieblicher Ertrag aus vollständiger Auflösung von Einzelrückstellungen wegen der Verpflichtung zur WNBM), ist im Fall der Auflösung wegen vollständiger Erfüllung wie folgt zu differenzieren: Ist die Realisierung der Einzelmaßnahme durch einen vom in Anspruch genommenen Berg-

---

[670] Adler/ Düring/ Schmaltz, § 249, Tz. 253; Kessler (1995), § 249, Tz. 255.
[671] Vgl. oben unter 1.2.6.3
[672] Vgl. auch FG Düsseldorf, Urteil vom 25.02.2003 – 6K 6967/99 K, BB, S. 923 bis 925.
[673] Kessler (1995), § 249, Tz. 255.

Ausgestaltung der Verpflichtungsinventur und Auflösung von Rückstellungen 183

bauunternehmen beauftragten Dritten im abgelaufenen Geschäftsjahr erfolgt und hat dieser seinem Auftraggeber eine entsprechende Rechnung zugestellt, ist diese zum Bilanzstichtag aber noch nicht bezahlt, so wird die zuvor ungewisse Verbindlichkeit „Rückstellung" ausgebucht zugunsten einer (jetzt auch der Höhe nach sicheren) Verbindlichkeit (Buchungssatz: Einzelrückstellung wegen der Verpflichtung zur WNBM Nr. XY an Verbindlichkeiten aus Fremdrealisierung von Einzelmaßnahmen der WNBM). Ist die Rechnung noch im abgelaufenen Geschäftsjahr beglichen worden, so würde wie folgt gebucht: Einzelrückstellung wegen der Verpflichtung zur WNBM Nr. XY an Verbindlichkeiten aus Fremdrealisierung von Einzelmaßnahmen der WNBM, und anschließend: Verbindlichkeiten aus Fremdrealisierung von Einzelmaßnahmen der WNBM an Bank; alternativ hierzu unmittelbar: Einzelrückstellung wegen der Verpflichtung zur WNBM Nr. XY an Bank. In den beiden hier angesprochenen Fällen der Fremdvornahme würde die Rückstellung damit erfolgsneutral aufgelöst, wobei im zweiten Fall zum Bilanzstichtag keine die realisierte Einzelmaßnahme betreffende Verbindlichkeit mehr in der Bilanz erscheint.

Ist eine Einzelmaßnahme im abgelaufenen Geschäftsjahr hingegen nicht durch einen Dritten, sondern durch das Bergbauunternehmen selbst realisiert worden, gestaltet sich die Auflösung der zugehörigen Einzelrückstellung folgendermaßen: Die Realisierung durch das Bergbauunternehmen stellt eine selbst erbrachte Leistung dar, analog der Eigenerstellung von Anlage- oder Umlaufvermögen (Vorräten). Entsprechend muss die Einzelrückstellung zugunsten eines Ertragskontos aufgelöst werden (Buchungssatz: Einzelrückstellung wegen der Verpflichtung zur WNBM Nr. XY an Sonstiger betrieblicher Ertrag aus Eigenrealisierung einer Einzelmaßnahme der WNBM), so wie auch die Bestandserhöhung eigenerstellter Vorräte oder die Eigenerstellung von Anlagevermögen erfolgserhöhend wirkt.[674]

Von der vollständigen Erfüllung im abgelaufenen Geschäftsjahr zu unterscheiden ist der Fall der nur *teilweisen Realisierung* einer Einzelmaßnahme. Sind also nach dem Bilanzstichtag weitere Tätigkeiten erforderlich (Beispiel: noch ausstehende Bestockung einer ansonsten bereits hergerichteten Fläche; noch nicht vollendete Entfernung einer Einrichtung), so darf die Einzelrückstellung nur für jenen Teil aufgelöst werden, für den die „Wiederkehrvermutung" infolge Erfüllung endgültig entfallen ist (im Beispiel: für die Planierung, Kalkung und Düngung der Fläche; für den bisher entfernten und entsorgten Teil der Einrichtung). Für noch nicht abschließend realisierte Einzelmaßnahmen muss also der *Erfüllungsgrad* geschätzt werden. Kriterium hierzu wären z.B. Teilabrechnungen von Auftragnehmern, ansonsten grobe Schätzwerte wie z.B. der ungefähre Anteil der bisher entfernten und entsorgten Massen oder die bisher geleistete Anzahl Stunden Technik- und Personaleinsatz sowie das bisher verbrauchte Einsatzmaterial. Sind entsprechende Schätzungen nicht (zuverlässig) möglich oder

---

[674] Vgl. § 275 Abs. 2 Nr. 2 und 3 HGB; siehe zur Vorgehensweise in der Praxis bzgl. Ertragsrealisierung aus Auflösung von Rückstellungen wegen der Verpflichtung zur WNBM infolge Entfall des Grundes im Fall Eigen-Erfüllung: MIBRAG (2005), S. 40.

machen die bisher geleisteten Tätigkeiten nur einen kleinen Anteil am gesamten Erfüllungsumfang aus (z.B. weil erst kurz vor dem Bilanzstichtag mit der Realisierung begonnen wurde), sollte auf eine Teilauflösung zugunsten der vollständigen Auflösung im neuen Geschäftsjahr verzichtet werden.

Nach den bisherigen Ausführungen bedürfen die Erläuterungen unter 5.3.3 hinsichtlich vorzunehmender *Anpassungen des Erfüllungsbetrag* im Zeitablauf infolge neuer Erkenntnisse noch einiger Ergänzungen: So führen Erhöhungen des Erfüllungsbetrags aus den unter 5.3.3 genannten Gründen zur Verrechnung weiterer sonstigen betrieblichen Aufwands i.H.d. positiven Anpassungsbetrags (Buchungssatz: Sonstiger betrieblicher Aufwand aus Erhöhung des Erfüllungsbetrags von Einzelverpflichtungen zur WNBM an Einzelrückstellung wegen der Verpflichtung zur WNBM Nr. XY), während Verminderungen des Erfüllungsbetrags eine Ertragsrealisierung i.H.d. negativen Anpassungsbetrags bewirken (Buchungssatz: Einzelrückstellung wegen der Verpflichtung zur WNBM Nr. XY an Sonstiger betrieblicher Ertrag aus teilweiser Auflösung von Einzelrückstellungen wegen der Verpflichtung zur WNBM). Die Frage, auf welche Art und Weise ein positiver Anpassungsbetrag zeitlich als sonstiger betrieblicher Aufwand zugeordnet wird, ist dabei in Abhängigkeit von der verwendeten Periodisierungsgröße zu entscheiden: So dürfte die Anwendung dynamischer Periodisierungsgrößen zu einer Verteilung des positiven Anpassungsbetrags auf die zukünftigen Perioden mit Förderung, Absatz und Ertragsrealisierung führen, während bei Periodisierung des planmäßigen Erfüllungsbetrags anhand der Bezugsgröße „modifizierter Stichtagserfüllungsumfang" eine nur einperiodige Zuordnung des Anpassungsbetrags (einmalige Rückstellungsänderung) erfolgen würde.

In Abhängigkeit von Eigen- und Fremdvornahme sowie vom Erfüllungsgrad (vollständig oder teilweise) sind i.R.d. Rückstellungsauflösung (sowie auch im Rahmen der ggf. erforderlichen Aufstockung einer Rückstellung) somit jeweils verschiedene Konten angesprochen. Dasselbe gilt infolge der in der vorliegenden Arbeit herausgearbeiteten Unterscheidung in Rückstellungsbildung und Bemessung bzw. Anpassung des Erfüllungsbetrags.

Unabhängig davon, ob die Auflösung wegen Entfall des Grundes oder wegen erfolgter Erfüllung vollständig oder teilweise vorgenommen wird gilt, dass die für Verbindlichkeitsrückstellungen generell gültige „Wiederkehrvermutung" bzw. „Wiederkehrmöglichkeit"[675] eindeutig widerlegt sein muss, soll die Rückstellung (teil-) aufgelöst werden. Da steuerrechtlich für die hier relevanten Verbindlichkeitsrückstellungen keine spezielle Auflösungsvorschrift existiert, gilt der § 249 Abs. 3 Satz 2 HGB damit auch für die steuerliche Erfolgsmessung (Auflösungspflicht).[676] Maßgebend für die Entscheidung, ob eine Rückstellung aufzulö-

---

[675] Moxter (1989a), S. 947/948; ebenso Ballwieser (1992a), S. 60/61.
[676] BFH, Urteil vom 30.01.2002 – I R 68/00, S. 532.

Ausgestaltung der Verpflichtungsinventur und Auflösung von Rückstellungen 185

sen ist, ist der Erkenntnisstand zum Bilanzstichtag, wobei bis zur Bilanzaufstellung gewonnene wertaufhellende Erkenntnisse zu berücksichtigen sind.[677]

Eine endgültige und vollständige Auflösung einer Einzelrückstellung infolge Erfüllung erfolgt erst in dem Geschäftsjahr, in dem die bergrechtliche Verpflichtung zur WNBM bzw. zur Zwischenbewirtschaftung endgültig und vollständig erfüllt ist durch Realisierung des hinter der jeweiligen Einzelmaßnahme stehenden planmäßigen Erfüllungsumfangs, d.h. dann, wenn „der Rückstellungszweck realisiert"[678] und damit „das ursprüngliche Risiko der Inanspruchnahme entfallen ist".[679] Zu diesem Zeitpunkt wird natürlich nicht nur der Rückstellungsbetrag als solcher, sondern es wird die gesamte inventarisierte Einzelmaßnahme als solche, inkl. sämtlicher erfasster Basisinformationen, aus dem Verpflichtungsinventar gelöscht.

Für Einzelrückstellungen wegen der Pflicht zur WNBM kann die Auflösung wegen Erfüllung nach Entlassung der Flächen aus der Bergaufsicht erfolgen (Beginn der Folgenutzung) aufgrund widerlegter „Wiederkehrvermutung" dem Grunde wie der Höhe nach. Muss das Bergbauunternehmen die Flächen weiterhin (zwischen-)bewirtschaften, könnte u.U. eine bloße Umbuchung für ein und dieselbe Fläche (Inventarobjekt) innerhalb des Verpflichtungsinventars in Betracht kommen: Die realisierte Einzelmaßnahme der WNBM würde ausgebucht, zugleich würde eine Einzelmaßnahme „Zwischenbewirtschaftung" eingebucht. Der Klarheit halber sei darauf hingewiesen, dass in einem solchen Fall tatsächlich kein Grund für eine Umbuchung vorliegt, da es sich hier *nicht* um einen bloßen Wechsel ein und desselben Inventarobjektes unter eine andere Position handelt,[680] vielmehr unterscheidet sich der Erfüllungsumfang wie auch der Anspruchsberechtigte in grundsätzlicher Weise von der vorherigen Situation.

Von daher muss hier eine vollständige Löschung der unter „Einzelmaßnahmen der WNBM" erfassten Einzelmaßnahme aus dem Verpflichtungsinventar sowie eine völlige Neuaufnahme einer Einzelmaßnahme unter „Einzelmaßnahmen der Zwischenbewirtschaftung" erfolgen. Kann die Einzelmaßnahme der Zwischenbewirtschaftung eines Tages ebenfalls endgültig gelöscht werden (nach Realisierung des zugehörigen Erfüllungsumfangs), verbleiben hiernach auf Seiten des Bergbauunternehmens aber Zweifel, ob die privatrechtlichen Vereinbarungen hinsichtlich Bodenqualität usw. erfüllt sind, muss insoweit die Rückstellung teilweise fortgeführt werden bzw. es sollte, wiederum aus Gründen der Klarheit und Übersichtlichkeit, eine neue Einzelrückstellung („Rückstellung wegen voraussichtlich erforderlicher Nachbesserungen", „Rückstellung wegen evtl. Ausgleichszahlungen" o.ä.) gebildet werden. Bestehen hinsichtlich erforderlicher Nachbesserungsarbeiten Erfahrungswerte (z.B.: monetär bezif-

---

[677] Adler/ Düring/ Schmaltz, § 249, Tz. 254.

[678] Kessler (1995), § 249, Tz. 255.

[679] Vgl. BFH, Urteil vom 19.11.2003 – I R 77/01, S. 322; BFH, Urteil vom 20.01.2002 – I R 68/00, S. 532; BFH, Urteil vom 27.11.1997 – IV R 95/96, S. 162; BFH, Urteil vom 12.04.1989 – I R 41/85, S. 613; BFH, Urteil vom 24.10.1979 – VIII R 49/77, S. 186; BFH, Urteil vom 17.01.1973 – I R 204/70, S. 322.

[680] Vgl. Moxter (1976), S. 102.

ferbare, erfahrungsgemäße Abweichungen zwischen herzustellender und tatsächlicher Bodenqualität oder bezifferbare, erfahrungsgemäße Misserfolge hinsichtlich der Ansaat auf oder Bestockung von Flächen), so können hierfür entsprechende Rückstellungen gebildet werden gem. den für „Pauschalrückstellungen" bzw. für Bewertungskollektive allgemein gültigen Grundsätzen, d.h. es obliegt dem Kaufmann selbst, anhand betriebsindividueller, nachprüfbarer und nicht einseitig pessimistischer Erfahrungswerte einen entsprechenden Erfüllungsbetrag zu bemessen, dabei aber zugleich von den Erfahrungswerten ggf. abweichende, absehbare zukünftige Entwicklungstendenzen zu berücksichtigen.[681]

Mit Blick auf die für die Überarbeitung der Basisinformationen nur mehrjährig als ausreichend zu erachtende Verpflichtungsinventur sei der Vollständigkeit halber darauf hingewiesen, dass die Auflösung einer Einzelrückstellung für eine definierte Einzelmaßnahme sowohl wegen Entfall des Grundes wie wegen Erfüllung zu *jedem* Bilanzstichtag erfolgen kann und auch muss, speziell dann, wenn der mit der Einzelverpflichtung korrespondierende Vermögensgegenstand auch aktivisch nicht mehr erfasst wird: Werden z.B. entfernte Einrichtungen oder wieder nutzbar gemachte und anschließend veräußerte Flächen aktivisch nicht mehr erfasst, besteht kein Grund, passivisch hiervon abweichend zu verfahren.

5.3.6 Ergebnisse zu 5.3

In der Periode, in der einer zukünftig zu erfüllenden Einzelmaßnahme der WNBM zurechenbare bergbauliche Eingriffe erstmalig realisiert werden, sollten sämtliche für die Bemessung des Erfüllungsbetrags der Einzelmaßnahme benötigten Daten in das Verpflichtungsinventar aufgenommen werden. Dies gilt allerdings nicht zwangsläufig bei Verwendung dynamischer Bezugsgrößen, da hier die Rückstellungsbildung u.U. erst später einsetzt. Auch der gem. der gewählten Bezugsgröße periodisch zugeordnete Teil des Erfüllungsbetrags wird i.R.d. Verpflichtungsinventur erfasst, da dieser als Einzelrückstellung für die Bilanzerstellung letztlich relevant ist. Im Zeitablauf können zahlreiche Gründe zur Anpassung des Erfüllungsbetrags bereits aufgenommener Einzelmaßnahmen führen. Während das Verpflichtungsinventar zu jedem Stichtag mit Blick auf die vorzunehmende Rückstellungsdotierung anzupassen ist, genügt für die zugrunde liegenden Basisinformationen eine nur mehrjährige, detaillierte Neuberechnung. Eine Auflösung einer Einzelrückstellung darf nur nach entkräfteter Wiederkehrvermutung erfolgen wegen Entfall des Grundes oder wegen Erfüllung, in letzterem Fall vollständig bei endgültiger Erfüllung, ansonsten nur anteilig gem. dem zu schätzenden Erfül-

---

[681] Vgl. BFH, Urteil vom 19.09.1951 – IV 360/50 U, S. 194/195; BFH, Urteil vom 12.03.1954 – I 135/53 S, S. 150; BFH, Urteil vom 26.01.1956 – IV 566/54 U, S. 114; BFH, Urteil vom 01.04.1958 – I 60/57 U, S. 292; BFH, Urteil vom 15.05.1963 – I 69/62 U, S. 504; BFH, Urteil vom 27.04.1965 – I 324/62 S, 410; BFH, Urteil vom 19.01.1967 – IV 117/65, S. 337; BFH, Urteil vom 20.08.2003 – I R 49/02, S. 10; vgl. zu letzterem Urteil auch die Anmerkung von Christiansen (2004a), S. 11; Roß/ Seidler (1999), S. 1263/1264; vgl. zur Berücksichtigung von Erfahrungswerten i.R.d. steuerlichen Erfolgsmessung explizit § 6 Abs. 1 Nr. 3a 1 Satz 1 Buchst. a EStG.

Spezifische monetäre Bewertung des sachlichen Umfangs von ... 187

lungsgrad. Für sich hieran ggf. anschließende Verpflichtungen muss eine vollständige Neudefinition einer Einzelmaßnahme und damit auch eine Neubemessung des zugehörigen Erfüllungsbetrags vorgenommen werden.

5.4 Spezifische monetäre Bewertung des sachlichen Umfangs von Einzelmaßnahmen der Wiedernutzbarmachung

5.4.1 Vorbemerkung

Wie erläutert, wird der Erfüllungsbetrag für Sachleistungsverpflichtungen konkretisiert durch analoge Anwendung des Begriffs der (aktiven) Herstellungskosten gem. § 255 Abs. 2 HGB („passive Herstellungskosten").[682] Zu untersuchen ist daher die Art und Weise der Zurechnung von Einzel- und Gemeinkosten zum planmäßigen sachlichen Verpflichtungsumfang, der die Grundlage der Bemessung des Erfüllungsbetrags I bildet. Unabhängig davon, ob die für die Bemessung des Erfüllungsbetrags erforderlichen Basisinformationen jährlich i.R.d. Verpflichtungsinventur vollkommen neu ermittelt werden oder dies aus Wirtschaftlichkeitsgründen in nur mehrjährigen Abständen geschieht, können und müssen der spezifischen Bewertung des sachlichen Verpflichtungsumfangs entweder Marktpreise, verstanden als unmittelbar beobachtbare und daher besonders objektivierte Werte, oder innerbetriebliche Kostensätze zugrunde gelegt werden. Mit der in der vorliegenden Arbeit geforderten Verwendung von Marktpreisen oder normalisierten innerbetrieblichen Kostensätzen auf Basis gegenwärtig vorhandener, nachprüfbarer Erkenntnisse und Daten kann der bei der Bemessung des Erfüllungsbetrags besonders gravierenden Schätz- bzw. Objektivierungsproblematik[683] in geeigneter Weise begegnet werden.

5.4.2 Bezugsobjekt von „Einzel- und Gemeinkosten"

Ausschlaggebend für die Unterscheidung in Einzel- und Gemeinkosten ist die Möglichkeit, einem vorab definierten Bezugsobjekt einerseits bestimmte Kosten *einzeln* zuzurechnen, d.h. solche Kosten, die einen unmittelbaren, eindeutigen, quantifizierbaren Bezug zum jeweils betrachteten Objekt aufweisen, also *Einzelkosten*.[684] Die Zuordnung von Einzelkosten setzt die Bestimmung eines einzelnen, i.R.d. bilanziellen Bestandsbewertung zu erfassenden Objektes voraus und ist damit abhängig vom Bewertungsanlass bzw. von der konkreten Auswahl eines

---

[682] Die im Abs. 3 des § 255 HGB angesprochenen Fremdkapitalzinsen sollen zumindest vorläufig ebenfalls unter den Begriff der „passiven Herstellungskosten" gefasst werden.

[683] Vgl. für viele Hommel (2003), S. 748.

[684] Adler/ Düring/ Schmaltz, § 255, Tz. 138; Ellrott/ Schmidt-Wendt (2003), § 255, Tz. 346; Knop/ Küting (1995), § 255, Tz. 163.

bestimmten, eben des zu bewertenden Objektes.[685] Da auch Verpflichtungen in diesem Sinne zum „Bestand" gehören und zudem ebenfalls einzeln zu bewerten sind, so wie aktive Bestände, muss sich die Zurechnung der Einzelkosten damit auf eine einzeln identifizierbare und abgrenzbare, zukünftig planmäßig zu erfüllende Verpflichtung beziehen. *Gemeinkosten* sind dem Bezugsobjekt dagegen nur über Schlüsselungen bzw. Umlagen zurechenbar, für deren konkrete Ermittlung auf entsprechende Erkenntnisse der Kostenrechnung zurückgegriffen werden kann.[686]

In der vorliegenden Arbeit stellt die jeweilige *Einzelmaßnahme* der WNBM bzw. der hinter dieser stehende *planmäßige sachliche Verpflichtungsumfang* das allein relevante Bezugsobjekt dar: Die Einzelmaßnahme kann als unmittelbares Ergebnis des „Herstellungsprozesses" der WNBM aufgefasst werden, so wie der einzelne Vermögensgegenstand Ergebnis eines industriellen Herstellungsprozesses und damit Gegenstand der aktiven Einzelbewertung ist. Die Unterscheidung von Einzel- und Gemeinkosten muss daher mit Blick auf das Bezugsobjekt „Einzelmaßnahme" erfolgen. Auch dann, wenn eine Einzelmaßnahme aus mehreren Teilleistungen besteht und daher zunächst diese einzeln bewertet werden müssen, ändert dies am Bezugsobjekt „Einzelmaßnahme" nichts, da deren Erfüllungsbetrag letztendlich auf der Summe sämtlicher einzeln bewerteter Teilleistungen beruht.

5.4.3 Eignung und Übertragbarkeit des Katalogs der Einzel- und Gemeinkosten nach § 255 Abs. 2 HGB für und auf die „passive Bestandsbewertung"

Nachdem die grundsätzliche Eignung einer analogen Anwendung des § 255 Abs. 2 HGB auf die „passive Bestandsbewertung" hinsichtlich der Unterscheidung in Einzel- und Gemeinkosten durch Identifizierung eines geeigneten Bezugsobjektes bestätigt werden konnte, stellt sich bei genauerer Betrachtung die Frage, inwieweit die dort aufgeführten, nach Einzel- und Gemeinkosten differenzierten Kostenarten überhaupt geeignet bzw. relevant sind für eine Übertragung auf die „passive Bestandsbewertung", speziell für die Bewertung einer Einzelmaßnahme der WNBM. Fraglich ist z.B., was genau man sich i.R.d. Realisierung einer Einzelmaßnahme der WNBM unter den „Sonderkosten der Fertigung", unter denen gemeinhin (d.h. für Aktiva) Kosten für „Modelle", „Schablonen" oder „Sonderwerkzeuge" verstanden werden, vorzustellen hat.

Als weiterer Problembereich sind in diesem Zusammenhang die „Materialgemeinkosten", d.h. die „mit der Lagerung und Wartung des Materials im Zusammenhang stehenden Kos-

---

[685] Vgl. Adler/ Düring/ Schmaltz, § 255, Tz. 138; Knop/ Küting (1995), § 255, Tz. 168.

[686] Adler/ Düring/ Schmaltz, § 255, Tz. 139, 140; Ellrott/ Schmidt-Wendt (2003), § 255, Tz. 346; Knop/ Küting (1995), § 255, Tz. 166.

Spezifische monetäre Bewertung des sachlichen Umfangs von ...   189

ten",[687] genauer die „Kosten der Einkaufsabteilung, Warenannahme, Material- und Rechnungsprüfung, Lagerhaltung" usw.[688] zu nennen.

Es zeigt sich, dass die Umschreibung der Herstellungskosten nach § 255 Abs. 2 HGB mit ihrer auf die Konzeption der Zuschlagskalkulation zurück gehenden Unterscheidung in Einzel- und Gemeinkosten[689] ganz eindeutig mit Blick auf die Bedingungen und Verhältnisse in Betrieben der industriellen Fertigung zugeschnitten und damit einer unmittelbaren, unmodifizierten Anwendung auf die Verhältnisse im (Braunkohlen-)Bergbau und damit auch auf die Bewertung von Einzelmaßnahmen der WNBM im Besonderen *nicht* zugänglich ist. Die somit erforderliche Anpassung des (aktiven) Herstellungskostenbegriffs soll die Unterscheidung in Einzel- und Gemeinkosten, bezogen auf die jeweilige Einzelmaßnahme, weiterhin beachten, diese aber genauso wie die Bestimmung und Bezeichnung der verschiedenen Kostenarten mit Blick auf den hier allein relevanten Bewertungszweck vornehmen. Dabei wird grundsätzlich von einer Pflicht der Bewertung zu Vollkosten ausgegangen.[690]

5.4.4 Allgemeine Grundsätze für die spezifische monetäre Bewertung des planmäßigen Erfüllungsumfangs

5.4.4.1 Vorbemerkung

Während, wie sogleich gezeigt werden wird, sich bei Durchführung einer Einzelmaßnahme/Teilleistung durch eine Fremdfirma die „Einzelkosten" anhand unmittelbar beobachtbarer Marktpreise (eingeholte Angebote) vglw. problemlos zuordnen lassen, bestehen erhebliche Probleme dann, wenn eine Einzelmaßnahme in Eigenregie durchgeführt werden soll. In diesem Fall müssen in den Erfüllungsbetrag I nämlich auf Grundlage innerbetrieblicher Daten gebildete Kostensätze einfließen. Sofern entsprechende Kostensätze aus anderen Gründen (innerbetriebliche Kosten- und Leistungsrechnung) bereits vorhanden sind, müssen diese ggf. angepasst werden. Es gilt daher, allgemeine Aspekte und Grundsätze der Ermittlung spezifischer Kostensätze aufzuzeigen, wobei zunächst das Begriffspaar der Einzel- und Gemeinkosten genauer differenziert und zweckentsprechend interpretiert werden muss.

5.4.4.2 Kosten bei Fremdvornahme

Es wurde an früherer Stelle der Arbeit bereits erläutert, dass das Bergbauunternehmen aus verschiedenen Gründen u.U. die Fremdvergabe einer Einzelmaßnahme anstelle der Eigenvor-

---

[687] Adler/ Düring/ Schmaltz, § 255, Tz. 149; Ellrott/ Schmidt-Wendt (2003), § 255, Tz. 422, 424.
[688] Adler/ Düring/ Schmaltz, § 255, Tz. 172.
[689] Moxter (1988b), S. 940.
[690] Vgl. zur Begründung oben unter 5.2.4.

190 Die Bemessung des Erfüllungsbetrags auf Grundlage der Ergebnisse der Verpflichtungsinventur

nahme bevorzugen wird bzw. hierzu aus verschiedenen Gründen gezwungen sein kann.[691] Im Fall Fremdvornahme gilt dann, dass *sämtliche Kosten, die die zu einem Angebot aufgeforderte Fremdfirma für die Realisierung einer Einzelmaßnahme oder einer eine Einzelmaßnahme konstituierenden Teilleistung dem Bergbauunternehmen in Rechnung stellen würde, als Einzelkosten dieser Einzelmaßnahme aufzufassen* sind.[692]

Die hier vorliegende Fremdherstellung impliziert bereits die unmittelbare, einzelne Zurechenbarkeit sämtlicher anfallender Kosten. Der Begriff der aktiven Herstellungskosten wird für Zwecke der passiven Bestandsbewertung hiermit dahingehend modifiziert, dass *im Fall Fremdvergabe eine eigenständige Einzelkostenart namens „Fremdleistung" geschaffen wird.* Die für eine definierte Einzelmaßnahme auf diesem Wege ermittelten Kosten finden dann Aufnahme in das Verpflichtungsinventar und ergänzen dessen, bisher nur im sachlichen Umfang der Einzelmaßnahme vorhandenen Inhalt um die zweite, die Bewertungskomponente.

Die Kostenart „Fremdleistung" muss damit in jedem Fall als einbeziehungspflichtig in die passiven Herstellungskosten gelten, d.h. auch dann, wenn man eine Bewertung von Sachleistungsverpflichtungen nur zu Einzelkosten fordert.

Sofern i.R.d. Durchführung von Fremdleistungen für das Bergbauunternehmen weitere, eigene Aufwendungen entstehen (Planung, Ausschreibung, Überwachung, Abnahme), muss dieser Umstand durch Gemeinkostenzuschläge auf die Einzelkostenart „Fremdleistung" berücksichtigt werden.[693]

5.4.4.3 Kosten bei Eigenvornahme

5.4.4.3.1 „Einzelkosten" für Personal und Technik und das Bezugsobjekt „Einzelmaßnahme"

Bei strenger Auslegung des Begriffs der „Einzelkosten" sowie bei gleichzeitiger, uneingeschränkter Beibehaltung des Bezugsobjektes „Einzelmaßnahme" dürften der Einzelmaßnahme nur solche Kostenarten zugerechnet werden, die in einem unmittelbaren, messbaren Zusammenhang mit ihrer Realisierung stehen. Dies würde für den Personaleinsatz bedeuten, dass nur die Kosten für rein stundenweise beschäftigtes Personal (analog zur „Akkordarbeit") auch einzeln zurechenbar wären. Beim Einsatz von Personal, das über längere Zeiträume beschäftigt wird/werden muss (Kündigungsfristen) und daher v.a. monatsweise bezahlt wird, was im Bergbau so wie auch in den meisten übrigen Branchen der absolute Regelfall sein dürfte, wäre

---

[691] Vgl. unter 2.2.3.

[692] Das Vorliegen von Einzelkosten bei Durchführung durch eine Fremdfirma wird in der Literatur nur z.T. erkannt, so z.B. bei Ellrott/ Schmidt-Wendt (2003), § 255, Tz. 334; Stobbe/ Loose (1999), S. 416, Fn. 50; Glanegger (2002), § 6, Tz. 405; Pfleger (1981), S. 1688; ansatzweise auch bei Dörner (1991), S. 268; Institut Finanzen und Steuern (2000), S. 18/19; Leuschner (1994), S. 176; Rürup (1992), S. 543.

[693] Pfleger (1981), S. 1688; Bach (1996), S. 310; vgl. hierzu die weiteren Ausführungen dieses Abschnittes.

Spezifische monetäre Bewertung des sachlichen Umfangs von ...   191

diese Zurechnung somit nicht möglich, da eine Verrechnung solcher Personalkosten auf die Einzelmaßnahme eine vorherige Schlüsselung der (monatsweise anfallenden) Personalkosten impliziert, was den Begriff der Einzelkosten gerade ausschließt.[694] Bei diesem Verständnis von „Einzelkosten" würde sich für den Einsatz von Personal i.R.d. Realisierung einer Einzelmaßnahme der WNBM zumeist eine Bewertung der Maßnahme von (nahe) „0" ergeben.[695]

Analog würde für den Einsatz von Technik gelten, dass die Einzelmaßnahme nur in Höhe solcher Kostenarten bewertet werden dürfte, die der Realisierung der Einzelmaßnahme unmittelbar zurechenbar sind. Dies trifft allenfalls auf rein nutzungsabhängige Kosten der Technik zu, also v.a. auf Energiekosten und auf solche IH-Kosten, die rein nutzungsabhängig anfallen. Liegen die Voraussetzungen einer nutzungsabhängigen Abschreibung vor,[696] gilt dies auch für die Kostenart „Abschreibung". Können hingegen IH-Kosten und Abschreibungen nicht nutzungsabhängig gemessen werden, könnte eine Bewertung der Einzelmaßnahme allenfalls in Höhe des Energieverbrauchs der Technik erfolgen, wobei schon für diesen fraglich ist, ob der Zusammenhang zur Realisierung der Einzelmaßnahme tatsächlich „eindeutig quantifizierbar"[697] ist (d.h. ein kalkulierbares, in jedem Fall unveränderliches Verhältnis aufweist).

Nach den bisherigen Ausführungen muss die Frage gestellt werden, ob die Unterscheidung von Einzel- und Gemeinkosten einer Einzelmaßnahme der WNBM und der Versuch der Zurechnung von Kosten für den Einsatz von Personal und Technik als Einzelkosten in dieser Form überhaupt sinnvoll ist, d.h. ob die Verrechnung von Einzelkosten überhaupt zu einer Bewertung größer „0" führen *kann* oder ob stattdessen sämtliche in diesem Zusammenhang anfallenden Kosten als Gemeinkosten zu bezeichnen und der Einzelmaßnahme allein über Schlüsselungen und Umlagen zuzurechnen sind. Vielmehr erscheint überlegenswert, eine dem Bewertungszweck entsprechende Interpretation von „Einzel- und Gemeinkosten" vorzunehmen.

5.4.4.3.2 Anpassung des Begriffspaars der Einzel- und Gemeinkosten

Die hiernach zwingend erscheinende Anpassung von „Einzel- und Gemeinkosten" kann und sollte für Personal und Technik so erfolgen, dass als *Einzelkosten* sämtliche Kosten aufzufassen sind, die sich:

- für Personal aus dessen regulärer, d.h. planmäßiger Beschäftigung über einen „üblichen" Zeitraum (Monat, Jahr) ergeben, d.h. sämtliche Kosten, die *dem einzelnen Beschäftigungsverhältnis einzeln zurechenbar* sind;

---

[694] Hummel/ Männel (1990), S. 160/161; ebenso Knop/ Küting (1995), § 255, Tz. 192/193; für die Verrechnung von auch nicht für ein einzelnes Bezugsobjekt unmittelbar anfallenden Lohnkosten als Einzelkosten hingegen Adler/ Düring/ Schmaltz, § 255, Tz. 147 sowie Ellrott/ Schmidt-Wendt (2003), § 255, Tz. 346.

[695] Vgl. auch Winkler/ Hackmann (1985), S. 1107.

[696] Vgl. zu diesen Bechtel (1975), S. 653.

[697] Vgl. Ellrott/ Schmidt-Wendt (2003), § 255, Tz. 346.

- für Technik aus der Anschaffung sowie dem planmäßigen Betrieb einer einzelnen Einheit Technik (je Monat oder Jahr) ergeben, sich somit *der einzelnen Einheit Technik einzeln zurechnen* lassen.

Der Begriff der „Einzelkosten" muss damit auf *zwei* Ebenen definiert werden: Zum einen auf der Ebene des einzelnen Beschäftigungsverhältnisses sowie der einzelnen Einheit Technik. Eine unmittelbare Bewertung einer Einzelmaßnahme der WNBM ist aber erst dann möglich, wenn, auf einer zweiten Ebene, *die somit zugerechneten Kosten über noch zu bestimmende Abrechnungseinheiten der Einzelmaßnahme angelastet* werden. Der ansonsten zwingend zu beachtende Grundsatz der Einzelerfassung und –bewertung muss dann speziell bei einzusetzender Technik zugunsten der sog. „Nutzenbündeltheorie" aufgegeben bzw. an diese angepasst werden: Einzeln bewertet wird danach die einzelne, vom Vermögensgegenstand abgegebene Einheit Leistung in Stunden o.ä.[698] *Einzeln als Einzelkosten zugerechnet werden der Einzelmaßnahme dann die über noch zu bestimmende Abrechnungseinheiten berechneten Kosten (Kostensätze) für den Einsatz von Personal und Technik.*[699] Gemeinkosten sind hiernach sämtliche Kosten, die *nicht* einem einzelnen Beschäftigungsverhältnis bzw. die *nicht* einer einzelnen Einheit Technik unmittelbar zuzurechnen sind.

5.4.4.3.3 Wahl der Abrechnungseinheiten

Die für die Zurechnung von Kosten als Einzelkosten auf die jeweilige Einzelmaßnahme der WNBM erforderliche Bestimmung von Abrechnungseinheiten erscheint über *zwei* Wege realisierbar:

Ansatz 1: Zum einen kann an die im Kapitel 2 vorgenommene Strukturierung des Gesamtprozesses der WNBM in sachlicher Hinsicht angeknüpft werden, d.h. an die Unterscheidung in *Massen-, Mengen- und Leistungsgerüst* sowie die jeweils zugeordneten Abrechnungseinheiten. Hierzu ist indes eine äußerst detaillierte WNBM-Planung je Einzelmaßnahme erforderlich, über die die Grundlage für eine differenzierte Kostenzurechnung geschaffen wird: Es müssten je Einzelmaßnahme sämtliche zu bewegenden, zu hebenden, zu entfernenden und zu entsorgenden Massen, die dazu zu realisierenden Leistungseinheiten Personal und Technik sowie die zu verwendenden Mengeneinheiten an Einsatzmaterial berechnet werden, jeweils differenziert nach ggf. abweichenden Abrechnungseinheiten. Insbesondere für die Berechnung der Anzahl Leistungseinheiten wäre hierzu die vorherige Festlegung der Art einzusetzender Technik unter Berücksichtigung der Produktivität der jeweiligen Einheit Technik wie im Übrigen auch des einzusetzenden Personals (speziell für manuelle Tätigkeiten) erfor-

---

[698] Kritisch zu dieser Konzeption Schneider (1970), S. 1702/1703; ders. (1971b), S. 380/381; ders. (1971c), S. 336; ders. (1974a), S. 369/370; ders. (1978a), S. 67.

[699] Vgl. auch Knop/ Küting (1995), § 255, Tz. 221/222: Die aus der erforderlichen Auswahl eines Bezugsobjektes resultierende „Relativität der Einzelkosten" kann auch zur Bewertung einer einzelnen Leistungseinheit als „Kostenträger" führen.

Spezifische monetäre Bewertung des sachlichen Umfangs von ...

derlich. Als Vorteil ist der vglw. hohe Genauigkeitsgrad des somit bemessenen Erfüllungsbetrags I zu nennen, als Nachteil hingegen ein entsprechend hoher Ermittlungsaufwand.

Ansatz 2: Alternativ kann der Erfüllungsbetrag I ermittelt werden, indem die Kostenzurechnung nicht an die Abrechnungseinheiten des sachlichen Verpflichtungsumfangs anknüpft, sondern *an die der Einzelmaßnahme zugeordneten Abrechnungseinheiten*, z.B. „1 m3" (oder eine 10er-Potenz hiervon) bei einer Einzelmaßnahme der Gewerke „Massenbewegung" und „Wasserwirtschaftliche Maßnahmen" oder „m^2/ha" (oder einer 10er-Potenz hiervon) bei einer Einzelmaßnahme des Gewerkes „Oberflächengestaltung". Es würde hier damit genügen, je Einzelmaßnahme nur die Anzahl ihrer Abrechnungseinheiten zu bestimmen (also z.B.: „Schieben von 20.000 m^3 Erdreich" oder „Gestaltung 3 ha forstwirtschaftliche Oberfläche"). Auf eine für jede Einzelmaßnahme jeweils eigenständige, detaillierte Ermittlung v.a. des Mengen- und Leistungsgerüstes könnte verzichtet werden, sofern *Erfahrungswerte* für entsprechende Einzelmaßnahmen vorliegen. Solche Erfahrungswerte können sich beziehen auf die *typischerweise* je Abrechnungseinheit der Einzelmaßnahme benötigte *Anzahl Mengeneinheiten* (z.B. kg/t Kalk, Dünger, Setzlinge je ha zu gestaltende forstwirtschaftliche Fläche) und *Anzahl Leistungseinheiten* (z.B. Anzahl Einsatzstunden Technik und Personal je ha zu gestaltende forstwirtschaftliche Fläche). Erfahrungswerte werden auch benötigt für die typischerweise erzielte *Produktivität* sowohl der Leistungseinheiten Technik (z.B. Schiebeleistung einer Planierraupe Typ X in m^3 Erdreich je Stunde) wie der Leistungseinheiten Personal (z.B. Anzahl eingepflanzter Setzlinge je h).

Muss eine bestimmte Einzelmaßnahme bewertet werden, wird die Anzahl zu realisierender Abrechnungseinheiten der Einzelmaßnahme multipliziert mit den spezifischen Kosten einer einzelnen Abrechnungseinheit. Im Endeffekt müssen also auch hier spezifische Kostensätze kalkuliert werden, allerdings bezogen auf eine einzelne Abrechnungseinheit der Einzelmaßnahme. Diese werden aber *nur einmalig aggregiert* zu einem auf eine einzelne Abrechnungseinheit der Einzelmaßnahme bezogenen Kostensatz (also z.B. Kosten in €/m^3 zu bewegendes Erdreich oder in €/ha forstwirtschaftlich zu gestaltende Oberfläche). Damit entfällt eine jeweils neue, detaillierte Planung der verschiedenen Einzelmaßnahmen eines Gewerkes bzw. Untergewerkes wie bei Ansatz 1, was zu erheblichen Erleichterungen i.R.d. Verpflichtungsinventur führen würde. Als Nachteil muss auf die geringere Exaktheit der Bemessung des Erfüllungsbetrags I hingewiesen werden, da entsprechende Kostensätze stärker pauschalierend (als *Durchschnitts- oder Richtsätze*) berechnet werden müssen und daher die konkreten Bedingungen bei Realisierung der jeweiligen Einzelmaßnahme nicht exakt widerspiegeln können.

Nach den bisherigen Ausführungen stellen sich für *beide* Ansätze die selben grundsätzlichen Problemkreise:

1. Es ist zu entscheiden, welche (häufig rein zeitraumbezogenen) Kosten dem Grunde nach auf Ebene des einzelnen Beschäftigungsverhältnisses sowie der einzelnen Einheit Technik zu erfassen sind.

2. Dasselbe gilt für die Kostenerfassung der Höhe nach.

3. Die rein zeitraumbezogenen Kosten für Personal und Technik müssen, um die Kosten je Stunde (*stundenbezogene Kostensätze*) berechnen zu können, über eine bestimmte (welche?) Anzahl Stunden verteilt (geschlüsselt) werden. Bei Ansatz 2 werden über die stundenbezogenen Kostensätze und die Normalproduktivität je Stunde Personal und Technik *Richtsätze* kalkuliert, d.h. Durchschnittswerte für die Realisierung einer einzelnen Abrechnungseinheit der Einzelmaßnahme auf Grundlage innerbetrieblicher Erfahrungswerte.

In den folgenden Ausführungen gilt es, den Inhalt von „Einzel- und Gemeinkosten" der Einzelmaßnahme in Abhängigkeit vom verwendeten Ansatz weiter zu konkretisieren. Wie aufgezeigt, kann dabei für beide Ansätze von der Notwendigkeit einer zunächst stundenbezogenen Erfassung von Kosten für Personal und Technik sowie einer stückbezogenen Erfassung von Materialkosten (primäre Abrechnungseinheit der Kosten) ausgegangen werden.

Beim Ansatz 2 ist anschließend eine weitere Zurechnung der so erfassten Kosten auf die Abrechnungseinheit der Einzelmaßnahme erforderlich (sekundäre Abrechnungseinheit der Kosten). Unter 5.4.5 soll zunächst die Bemessung stundenbezogener Kostensätze dargestellt werden, da diesen zentrale Bedeutung für die Ermittlung des Erfüllungsbetrags I zukommt.

5.4.5 Die Bemessung stundenbezogener Kostensätze

5.4.5.1 In stundenbezogene Kostensätze einzubeziehende Kostenarten dem Grunde nach

5.4.5.1.1 In Kostensätze für Einsatz von Personal einzubeziehende Kostenarten

Auf Ebene des einzelnen Beschäftigungsverhältnisses je Zeiteinheit erfassbar sowie schließlich in den Kostensatz einzubeziehen sind der Bruttolohn, die gesetzlichen Sozialabgaben, Zuschläge für Schichtarbeit, Überstunden und Feiertage sowie Kosten wegen gesetzlicher und tariflicher Ausfallzeiten (Urlaubstage usw.), Sozialaufwendungen (Weihnachtsgeld usw.) und Prämien.

Dasselbe gilt für die ansonsten nur einbeziehungsfähigen Aufwendungen für freiwillige soziale Leistungen und für betriebliche Altersversorgung.[700] Für den vorliegenden Zusam-

---

[700] Vgl. mit weiteren Beispielen und Differenzierungen von Lohnnebenkosten: Adler/ Düring/ Schmaltz, § 255, Tz. 147; Ellrott/ Schmidt-Wendt (2003), § 255, Tz. 351, 434/435; Knop/ Küting (1995), § 255, Tz. 195/196, 284 bis 289.

Spezifische monetäre Bewertung des sachlichen Umfangs von ...

menhang ist schließlich auf Kosten für Arbeitsschutzbekleidung sowie ggf. weitere, mit dem Personaleinsatz unmittelbar anfallende Kosten hinzuweisen, die ebenfalls in den Stundensatz einfließen müssen.

5.4.5.1.2 In Kostensätze für Einsatz von Technik einzubeziehende Kostenarten

Die Zulässigkeit und Notwendigkeit der Verwendung von auf den Einsatz von Technik bezogenen Kostensätzen für Zwecke der bilanziellen Bestandsbewertung von Aktiva ist dem Grunde nach unbestritten[701] und, wie aufgezeigt, für die Bewertung von Einzelmaßnahmen der WNBM absolut unerlässlich. Nach Bestimmung der primären Abrechnungseinheit „1 Stunde" gilt es auch hier, die in den Kostensatz einzubeziehenden Kostenarten zu bestimmen.[702] Eine Einschränkung der in den Kostensatz einzubeziehenden Kostenarten dem Grunde (sowie z.T. auch der Höhe) nach erfolgt durch den *Grundsatz der Pagatorik*, der für die aktive wie passive Bestandsbewertung gilt. Nach diesem muss sich jegliche Aufwandsverrechnung auf Zahlungen an Dritte zurückführen lassen.[703] Damit ist für die bilanzielle Bestandsbewertung vom pagatorischen, d.h. aufwandsgleichen, nicht vom kostenrechnerischen Kostenbegriff auszugehen.[704] Für Zwecke der innerbetrieblichen Kosten- und Leistungsrechnung geeignete, rein kalkulatorische Kostenarten wie kalkulatorische Zinsen oder Abschreibungen auf Basis Wiederbeschaffungspreise[705] (d.h. Zusatz- und Anderskosten) müssen daher für die bilanzielle Bestandsbewertung, auch für Passiva, gestrichen bzw. auf ihren aufwandsgleichen Kern zurückgeführt werden.[706] Dasselbe gilt für Gewinnzuschläge,[707] denen, sofern sie nicht als Bestandteil innerbetrieblicher Kostensätze explizit ausgewiesen sind, materiell kalkulatorische Zinsen auf das eingesetzte *Eigen*kapital entsprechen, die wiederum einen zu keinem Zeitpunkt zu Aufwand führenden bloßen Nutzenentgang widerspiegeln.[708]

Keinen Bestandteil der Herstellungskosten bilden weiterhin die Vertriebskosten (§ 255 Abs. 2 Satz 6 HGB), d.h. sämtliche Personal- und Sachkosten der Vertriebs-, Werbe- und Marketingabteilung sowie des Fertigwarenlagers, weiterhin Kosten für Meeseauftritte sowie Marktforschung,[709] da diese Kosten weder einen zeitlichen noch sachlichen Bezug zum Her-

---

[701] Ellrott/ Schmidt-Wendt (2003), § 255, Tz. 348; Knop/ Küting (1995), § 255, Tz. 192.

[702] Vgl. zur Zweistufigkeit der Vorgehensweise bei der Kalkulation von Maschinenstundensätzen, letztlich aber darüber hinaus auch für den Einsatz von Personal und insofern allgemein gültig: Slaby (2000), S. 2.

[703] Baetge/ Kirsch (1995), Tz. 313; Baetge/ Uhlig (1985), S. 275.

[704] Baetge/ Kirsch (1995), Tz. 313; Baetge/ Uhlig (1985), S. 277; Ellrott/ Schmidt-Wendt (2003), § 255, Tz. 509; Knop/ Küting (1995), § 255, Tz. 154, 328; Lück (2000), S. 111; Frank (1967), S. 177.

[705] Vgl. hierzu Slaby (2000), S. 2 bis 3, 7 bis 8; Slaby/ Krasselt (1998), S. 87 bis 89.

[706] Vgl. Baetge/ Uhlig (1985), S. 277/278; Freidank (1985), S. 110; speziell für Rückstellungen: Köster (1994), S. 187/188; Achatz (1993), S. 186; Klein, M. (1992), S. 1777; Gotthardt (1995), S. 104; Bach (1996), S. 264; Herzig (1990), S. 1353; Jacobs (1988), S. 241/242; Küting/ Kessler (1989a), S. 694/695.

[707] BFH, Urteil vom 19.07.1983 – VIII R 160/79, S. 59; Köster (1994), S. 87/188; Achatz (1993), S. 186; Klein, M. (1992), S. 1777; Gotthardt (1995), S. 104; Herzig (1990), S. 1353; Küting/ Kessler (1989a), S. 694/695.

[708] Vgl. Haberstock (1997), S. 95.

[709] Vgl. ausführlich Adler/ Düring/ Schmaltz, § 255, Tz. 216; Ellrott/ Schmidt-Wendt (2003), § 255, Tz. 443; Knop/ Küting (1995), § 255, Tz. 303.

stellungsvorgang aufweisen, vielmehr erst nach dessen Ende bzw. unabhängig von diesem anfallen, eine Einbeziehung somit nicht in Frage kommt.[710] Da mit Blick auf die Realisierung einer Einzelmaßnahme der WNBM jegliche Notwendigkeit irgendwelcher Vertriebs- oder Marketingaktivitäten bestritten werden muss, scheidet eine Einbeziehung derartiger Kosten in einen der Verpflichtungsbewertung dienenden Kostensatz aus.

Die Entscheidung, welche Kostenarten in den Stundensatz einzubeziehen sind, hängt bereits dem Grunde nach von der gewählten *Zeitbezugsgröße* ab.[711] Unterschieden werden *Vorhaltekosten*, d.h. Kosten, die unabhängig von einer tatsächlichen Nutzung allein durch das Vorhalten der Technik während der Präsenzzeit (PZ) entstehen, und *Betriebskosten*, d.h. Kosten, die allein bei tatsächlichem Betrieb der Technik, also ausschließlich während der Betriebszeit (BZ) anfallen. Bei einer detaillierten WNBM-Planung (Ansatz 1) können die nach BZ und PZ unterschiedenen Kostensätze unmittelbar auf die entsprechend differenzierten Leistungseinheiten zugerechnet werden. Beim Ansatz 2 könnte eine differenzierte Berechnung dadurch erfolgen, dass den Kosten je Stunde BZ ein prozentualer, auf betriebliche Erfahrungen aus vergleichbaren Maßnahmen in der Vergangenheit gestützter Betrag (absolut oder in Prozent) für betriebsunabhängige Kosten zugeschlagen wird.

Der einzelnen Einheit Technik einzeln zurechenbar sind zunächst die Anschaffungskosten und folglich auch die *Abschreibungen*. Weiterhin können Kosten für *Instandhaltung* der einzelnen Einheit Technik zugerechnet werden, ebenso Kosten für *Energie, Versicherung, Steuern* u.a. *Fremdkapitalzinsen* bedürfen hingegen aufgrund ihrer „Sonderstellung" einer genaueren Betrachtung. Diese Kostenarten bilden damit in Summe die Einzelkosten der Leistungseinheit Technik. Kosten für Abschreibung, Steuern, Versicherung sowie nutzungsunabhängige IH fallen dabei in jedem Fall an (fixer Charakter der Kosten) und müssen damit je Stunde PZ verrechnet werden, während Kosten für Energie sowie nutzungsabhängige IH lediglich je Stunde BZ anfallen (variabler Charakter) und auch entsprechend verrechnet werden sollten.[712] Liegen die Voraussetzungen einer leistungsabhängigen Abschreibung vor,[713] kann auch die Abschreibungsverrechnung je Stunde BZ erfolgen.

---

[710] Knop/ Küting (1995), § 255, Tz. 192; für eine Einbeziehung in die passiven Herstellungskosten hingegen: Christiansen (1990), S. 134; ders. (1993), S. 52; Kessler (1995), § 249, Tz. 309; Küting/ Kessler (1989a), S. 696; Schroeder (1990), S. 26.

[711] Vgl. ausführlich hierzu Slaby (2000), S. 2 bis 3, 6 bis 7.

[712] Slaby (2000), S. 20.

[713] Vgl. zu diesen Bechtel (1975), S. 653.

5.4.5.2 In stundenbezogene Kostensätze einzubeziehende Kostenarten der Höhe nach

5.4.5.2.1 Vorbemerkung

Wie ausgeführt, muss bei beiden Ansätzen ein stundenbezogener Kostensatz berechnet werden. Die Bestimmung der Höhe der in den stundenbezogenen Kostensatz einzubeziehenden Kostenarten verdient deswegen besondere Beachtung, weil hier die Gefahr besteht, durch unreflektierten Rückgriff auf Kostensätze aus dem System der innerbetrieblichen Kosten- und Leistungsrechnung auch dann noch für die passive Bestandsbewertung ungeeignete bzw. unzulässige Werte zu verwenden, wenn kalkulatorische Kostenarten bereits gestrichen bzw. angepasst wurden. Da die für die Bemessung des Erfüllungsbetrags verwendeten Kostensätze aber ohne eine ausgebaute Kostenrechnung nicht bestimmt werden können, müssen beide Ebenen zusammen betrachtet werden. Für die erforderliche Begrenzung der Kostenhöhe nach oben soll, so wird hier vorgeschlagen, die analoge Anwendung der entsprechenden Bestimmungen für Gemeinkosten i.R.d. aktiven Bestandsbewertung sorgen. Angesichts der Tatsache, dass die soeben besprochenen Kostenarten dem Grunde nach zwar Einzelkosten des einzelnen Beschäftigungsverhältnisses bzw. der einzelnen Einheit Technik sind, schließlich aber, in Summe, als eigenständige Kostenart „Personaleinsatz" und „Technikeinsatz" (Ansatz 1) bzw. als summarischer, auf die einzelne Abrechnungseinheit der Einzelmaßnahme bezogener Kostensatz (Ansatz 2) der Bewertung einer Einzelmaßnahme der WNBM dienen, muss ihre Beschränkung bereits zuvor, auf der Ebene der Ermittlung des Kostensatzes erfolgen.

5.4.5.2.2 Beschränkung der Gemeinkosten der Höhe nach im § 255 Abs. 2 HGB

Nach § 255 Abs. 2 Satz 3 HGB dürfen von den dort genannten Gemeinkostenarten nur „angemessene Teile" in die Herstellungskosten einbezogen werden. Hierdurch soll eine überzogene, auf willkürlichen Schlüsselungen beruhende und damit tendenziell zu Überbewertungen führende Einbeziehung von Gemeinkostenteilen in die aktiven Herstellungskosten verhindert werden:[714] Die Angemessenheit ist nicht gegeben bei neutralem (betriebsfremdem, periodenfremdem, außerordentlichem) Aufwand.[715] Es ist vielmehr von *normalen* Beschäftigungsverhältnissen auszugehen, d.h. die Herstellungskosten sind auf kostengleichen Aufwand zu beschränken.[716] Das Kriterium der Angemessenheit ist dabei ein allgemeiner, d.h. auch für die Gemeinkostenarten des Satz 4 gültiger Grundsatz, da für diese der Herstellungsbezug nicht

---

[714] Adler/ Düring/ Schmaltz, § 255, Tz. 157, 158.
[715] Ellrott/ Schmidt-Wendt (2003), § 255, Tz. 436 bis 439; Adler/ Düring/ Schmaltz, § 255, Tz. 158, 162; Kaul (1983), S. 364.
[716] Knop/ Küting (1995), § 255, Tz. 256.

lockerer sein darf als für die Gemeinkostenarten des Satz 3.[717] Die Gemeinkostenarten des Satz 3 dürfen zudem nur in ihrem „notwendigen" Umfang Bestandteil der Herstellungskosten sein, womit primär auf die Notwendigkeit dem Grunde bzw. der Art nach abgestellt wird (v.a. keine Berücksichtigung von Leerkosten infolge Unterbeschäftigung).[718] Letztlich wird damit aber im § 255 Abs. 2 HGB die selbe Frage doppelt geregelt: Inhaltlich bzw. materiell besteht kein Unterschied zwischen „Angemessenheit" und „Notwendigkeit"; die in die Herstellungskosten einzubeziehenden Gemeinkosen müssen in jedem Fall „angemessen" sein.[719] Vom Grundsatz her dasselbe gilt für den „durch die Fertigung veranlassten" Wertverzehr des Anlagevermögens: Die Fertigung muss auslösendes Moment des Wertverzehrs sein. Außerplanmäßige sowie steuerlich motivierte Abschreibungen dürfen daher die Herstellungskosten nicht (erhöhend) beeinflussen.[720] Nach Satz 5 des § 255 Abs. 2 HGB müssen weiterhin die Aufwendungen der Sätze 3 und 4 „auf den Zeitraum der Herstellung entfallen", soll ihre Einbeziehung in die Herstellungskosten erfolgen. Unter dem „Zeitraum der Herstellung" wird die Zeitspanne zwischen dem Anfang des technischen Herstellungsprozesses und dessen Ende, nämlich dem Zeitpunkt der Absatzreife des produzierten Gutes verstanden. Alle nach diesem Zeitpunkt anfallenden Aufwendungen gehören dann zum Vertriebsbereich und dürfen nicht aktiviert werden, ebenso Kosten, die dem Zeitraum vor Fertigungsbeginn eindeutig zugerechnet werden können.[721]

5.4.5.2.3 Analoge Anwendung der Beschränkungen des § 255 Abs. 2 HGB auf die passive Bestandsbewertung

(1) Kostensätze für den Einsatz von Technik und Personal

Die dem Grunde nach als *Einzelkosten der einzelnen Einheit Technik* identifizierten Kostenarten müssen ihrer Höhe nach „angemessen" sein, dürfen damit nur in solcher Höhe in den Kostensatz einfließen, wie sie zur Realisierung der Einzelmaßnahme (deren „Herstellung") „notwendig" sind. Was diese Anforderungen konkret bedeuten, kann nur für jede Kostenart einzeln entschieden werden. Grundsätzlich wird in der vorliegenden Arbeit davon ausgegangen und auch gefordert, dass, legt man den für die Bemessung des Erfüllungsbetrags verwendeten Kostensätzen solche aus der eigenen Kostenrechnung zugrunde, diese als *Normalkosten* auf Grundlage der *Normalbeschäftigung* berechnet werden, bestehend aus einer *normalisierten*

---

[717] Adler/ Düring/ Schmaltz, § 255, Tz. 156; abw. Auff.: Knop/ Küting (1995), § 255, Tz. 252; siehe auch Moxter (1988b), S. 944/945; ders. (1995c), S. 453; Döllerer (1989), S. 291/292, die für Verwaltungsgemeinkosten jegliche Möglichkeit einer Angemessenheitsprüfung verneinen.

[718] Adler/ Düring/ Schmaltz, § 255, Tz. 161; Ellrott/ Schmidt-Wendt (2003), § 255, Tz. 438; Moxter (1988b), S. 945.

[719] Adler/ Düring/ Schmaltz, § 255, Tz. 160; Ellrott/ Schmidt-Wendt (2003), § 255, Tz. 438; Knop/ Küting (1995), § 255, Tz. 256.

[720] Knop/ Küting (1995), § 255, Tz. 276, 277; Schildbach (1997), S. 234.

[721] Knop/ Küting (1990), § 255, Tz. 259 bis 262; Schildbach (1997), S. 236.

Spezifische monetäre Bewertung des sachlichen Umfangs von ... 199

Mengenkomponente und einer *normalisierten Wertkomponente.*[722] Bei Zugrundelegung von Plankosten würden dem Kaufmann ganz erhebliche Ermessensspielräume eröffnet (Objektivierungsproblem) durch Festlegung der Höhe der (spezifischen) Plankosten sowie der Planbeschäftigung bzw. des Planverbrauchs. Bei Verwendung von Ist-Werten wiederum könnten zufällige bzw. einmalige Beschäftigungs- oder Beschaffungspreisschwankungen zu ebensolchen Abweichungen der Höhe der verschiedenen Kostenarten und schließlich der Kostensätze führen. Da die Planung einer Einzelmaßnahme der WNBM zu jedem Bilanzstichtag und damit mehrere Jahre oder Jahrzehnte vor der tatsächlichen Erfüllung vorgenommen wird, die Kostensatzkalkulation also nicht auf Basis einer eindeutig feststehenden Beschäftigungssituation und von bekannten Einsatzbedingungen erfolgen kann, bietet es sich an, mittels langfristiger, vergangenheitsbasierter Durchschnittsbetrachtung quasi eine „Normierung" der Kostenhöhe zu erreichen und damit insbesondere Aspekten der Nachprüfbarkeit zu genügen. Dem Problem der Nichtkenntnis der Kostenhöhe bei planmäßiger Erfüllung wird durch Normierung begegnet. Hinzu kommt: Geht man von einer tendenziell niedrigeren Beschäftigung speziell bei nach Ende des Regelbetriebs zu realisierenden Einzelmaßnahmen aus (z.B. nur noch 1-Schicht-Regime), so würden sich bei Zugrundelegung dieser niedrigeren Beschäftigungssituation vglw. hohe Stundensätze infolge der Schlüsselung rein zeitabhängiger Kosten ergeben. Solche höheren Kosten sind aber in jedem Fall unangemessen, da es allein im Entscheidungsbereich des Bergbauunternehmens liegt, durch zügige Realisierung der Einzelmaßnahme den Zeitraum des Anfalls rein zeitabhängiger Kosten zu verkürzen.

Zu *Abschreibungen*: Die auf eine einzelne Einheit Technik bezogene, rein zeitabhängige Abschreibung muss über die planmäßige (handelsrechtlich) bzw. betriebsgewöhnliche (steuerrechtlich) Nutzungsdauer erfolgen, insbesondere nicht über eine ggf. kürzere Nutzungsdauer nach AfA-Tabellen. Ebenso muss von einer linearen, u.U. auch leistungsabhängigen, keinesfalls der degressiven Abschreibungsmethode ausgegangen werden, Sonderabschreibungen sind auch passivisch nicht zu berücksichtigen. Rein steuerrechtlich motivierte, schon für die Bewertung der Aktiva in der Handelsbilanz bedenkliche Nutzungsdauern und Methoden würden ansonsten, neben der Verzerrung auf der Aktivseite (Unterbewertung), zusätzlich noch zu einer Verzerrung der Verbindlichkeiten (Überbewertung) führen, die aktivisch ohnehin schon gebildeten stillen Reserven würden in ihrem Umfang mit entsprechenden Auswirkungen auf die Erfolgs- und Vermögenslage weiter ausgebaut.[723] Solchermaßen überhöhte Abschreibungen sind keinesfalls „angemessen" oder „notwendig".[724] Wenn eine Einheit Technik i.R.d. Realisierung einer Einzelmaßnahme der WNBM eingesetzt wird, kann dies nur während ihrer

---

[722] Vgl. hierzu Hummel/ Männel (1990), S. 112/113.

[723] Vgl. zur grundsätzlichen Problematik der unkritischen Übernahme steuerlicher Abschreibungs- und Buchwerte in die Handelsbilanz und deren aus der Umkehrmaßgeblichkeit folgender Deformation sowie den hieraus resultierenden Konflikten: Merkert (1988), v.a. S. 142 und 143; Merkert/ Koths (1985), v.a. S. 1765; dies. (1987), S. 508 bis 511.

[724] Vgl. Kühnberger (1997), S. 830/831.

wirtschaftlichen, d.h. planmäßigen/betriebsgewöhnlichen Nutzungsdauer geschehen, während der, solange keine gegenteiligen Anhaltpunkte bestehen, jedes Jahr mit dem gleichen Abschreibungsbetrag zu belasten ist. Der solchermaßen berechnete jährliche Abschreibungsbetrag wird dann auf Grundlage der Normalbeschäftigung pro Stunde PZ berechnet, während eine Verrechnung je Stunde BZ nur bei leistungsabhängiger Abschreibung erfolgen kann.

Zu *Instandhaltungskosten*: Eine differenzierte Bezugnahme der IH-Kosten nach PZ und BZ rechtfertigt sich vor dem Hintergrund, dass es insbesondere bei solchen Einzelmaßnahmen, bei deren Realisierung die BZ nur einen kleinen Teil der PZ ausmacht, nicht „notwendig" ist, für jede einzelne Stunde PZ IH-Kosten in einer Höhe in den Kostensatz einzubeziehen, wie sie tatsächlich nur bei Betrieb der Einheit Technik anfallen würden (größerer IH-Bedarf bei Betrieb anstelle bloßer Vorhaltung). Rein nutzungsabhängige IH-Kosten werden also je Stunde BZ berechnet, die rein zeitraumabhängigen nutzungs*un*abhängigen IH-Kosten dagegen auf Grundlage Normalbeschäftigung verteilt und damit je Stunde PZ verrechnet, was allerdings eine entsprechende Trennung der gesamten IH-Kosten voraussetzt. Durch die Verwendung normalisierter Faktorverbräuche (IH-Volumen in Stunden je Einheit Technik) wie normalisierter spezifischer IH-Kosten (normalisiert auch durch Einbezug ggf. abweichender spezifischer Kosten für Fremd- und Eigenvornahme der IH) werden Verzerrungen, die in den Ist-Kosten v.a. aufgrund schwankenden IH-Bedarfs auftreten, egalisiert. Bezüglich der IH-Kosten ist für die vorliegende Arbeit aber noch ein weiterer Umstand bedeutsam: Angesichts der hier angenommenen de-facto-Pflicht, sämtliche Einheiten Technik i.R.d. WNBM zu entfernen, besteht für solche Einheiten, die nach Ende des Regelbetriebs noch der Realisierung von Einzelmaßnahmen dienen, bereits gegen Ende des Regelbetriebs in nur noch sehr eingeschränktem Umfang die Notwendigkeit, IH überhaupt zu betreiben („Fahren auf Verschleiß"). M.a.W.: Bei der Bemessung des Kostensatzes für eine i.R.d. WNBM zwar noch einzusetzende, anschließend aber zu entfernende Einheit Technik IH-Kosten in einer solchen Höhe einzubeziehen, wie sie tatsächlich nur bei auch weiterhin vorgesehener Nutzung anfallen würden, erschiene in jedem Fall „unangemessen". Dies gilt auch dann, wenn die Technik nach realisierter WNBM ausnahmsweise in einem anderen Tagebau weiterverwendet (umgesetzt) oder veräußert werden soll. In diesen Fällen tritt der Zukunftsbezug kurzfristig nicht zwingend erforderlicher IH-Maßnahmen besonders deutlich hervor.[725] Da die Höhe entsprechender Abschläge von den spezifischen IH-Kosten einzelfall- und situationsabhängig zu ermitteln ist, kann an dieser Stelle nur dieser allgemeine, aber bedeutsame Hinweis gegeben werden.

Zu *Energiekosten*: Diese sind ebenfalls für jede einzelne Einheit Technik zu ermitteln, deren Einsatz i.R.d. Realisierung einer Einzelmaßnahme der WNBM vorgesehen ist. Auch

---

[725] Vgl. zum Zukunftsbezug entsprechender Ausgaben: Siegel (1985a), S. 15; ders. (1985b), S. 417; ders. (1985c), S. 2313; ders. (1986), S. 842; ders. (2002a), S. 709; Selchert (1985a), S. 1544; ders. (1985b), S. 2314; für einen Vergangenheitsbezug hingegen: Dziadkowski (1984), S. 1318; Dziadkowski/ Runge (1984), S. 551; Dörner (1991), S. 227; unentschieden: Streim (1985), S. 1580/1581.

hier kann durch die Verwendung von Normalverbräuchen (Egalisierung von Verbrauchsschwankungen wegen abweichender Einsatzbedingungen) sowie Normalbeschaffungspreisen (Egalisierung im Zeitablauf schwankender Beschaffungspreise) und damit schließlich Normalkosten je Stunde BZ (nicht: PZ) eine Normierung des Kostensatzes ermöglicht werden.

Bzgl. der Kosten für *Steuern, Versicherung* u.ä. als rein zeitabhängige Kosten gilt schließlich, dass diese auf Grundlage der Normalbeschäftigung je Stunde PZ zu verrechnen sind und in entsprechender Höhe in den Kostensatz einfließen.

Zu *Fremdkapitalzinsen*: Als reine Finanzierungskosten gelten Fremdkapitalzinsen *nicht* als Anschaffungskosten eines Vermögensgegenstandes, hier einer einzelnen Einheit Technik, da Finanzierung und Anschaffung zwei getrennte Vorgänge sind und der Wert des angeschafften Vermögensgegenstandes nicht von der Art der Finanzierung beeinflusst wird.[726] Fremdkapitalzinsen sind damit nicht Bestandteil der Abschreibungsbemessung, fließen somit zumindest nicht über diesen Weg in den Kostensatz Technikeinsatz ein. Statt einer Einbeziehung in die Abschreibungsbemessung kommt aber ggf. eine unmittelbare Einbeziehung in den Kostensatz Technikeinsatz in Frage, was, nach der hier verfolgten Systematik, ihre Eigenschaft als Einzelkosten der Technik voraussetzt. Bzgl. der aktiven Herstellungskosten gilt dabei, dass ein enger, unmittelbarer Bezug von Zinsaufwendungen durch Vorliegen einer eindeutigen Kreditverwendung nicht erforderlich ist, um eine Einbeziehung in die Herstellungskosten vornehmen zu dürfen. Ohne eindeutige Kreditverwendung kann unterstellt werden, jeder Vermögensgegenstand sei anteilig in gleicher Höhe wie das Gesamtunternehmen mit Eigen- und Fremdkapital finanziert.[727] Ebenso ist dann der Fremdkapitalzinssatz als Durchschnittsgröße zu betrachten und zu berechnen.[728] Neben dem somit in sachlicher Hinsicht hergestellten Bezug zur Herstellung (§ 255 Abs. 3 Satz 2 HGB: „Zinsen für Fremdkapital, das zur Finanzierung der Herstellung eines Vermögensgegenstandes verwendet wird") ist weiterhin ein zeitlicher Bezug in der Hinsicht erforderlich, dass die Zinsaufwendungen auf den Zeitraum der Herstellung entfallen (§ 255 Abs. 3 Satz 2 HGB: „soweit sie auf den Zeitraum der Herstellung entfallen;..."),[729] woraus sich für den hier interessierenden Zusammenhang aber keine Auswirkungen ergeben (die Technik wird schließlich gerade eingesetzt, um eine „Herstellung" durchzuführen). Die ansonsten nicht zu den Herstellungskosten gehörenden Fremdkapitalzinsen (§ 255 Abs. 3 Satz 1 HGB) „gelten"[730] damit als Bestandteil der Herstellungskosten (§ 255 Abs. 3 Satz 2 2. Hs HGB). Die für eine bestimmte Einheit Technik quotal (entsprechend dem Fremdkapitalanteil) zurechenbaren, mit einem Durchschnittszinssatz pro Jahr

---

[726] Ellrott/ Schmidt-Wendt (2003), § 255, Tz. 500; Knop/ Küting (1995), § 255, Tz. 40.
[727] Adler/ Düring/ Schmaltz, § 255, Tz. 204; Ellrott/ Schmidt-Wendt (2003), § 255, Tz. 505; Knop/ Küting (1995), § 255, Tz. 338; Selchert (1985c), S. 2415/2416.
[728] Vgl. zu Einzelheiten Knop/ Küting (1995), § 255, Tz. 340 bis 344; Selchert (1985c), S. 2417/2418.
[729] Vgl. zu diesen Kriterien: Adler/ Düring/ Schmaltz, § 255, Tz. 202 bis 205; Ellrott/ Schmidt-Wendt (2003), § 255, Tz. 504.
[730] Vgl. zur Formulierung Adler/ Düring/ Schmaltz, § 255, Tz. 209.

202 Die Bemessung des Erfüllungsbetrags auf Grundlage der Ergebnisse der Verpflichtungsinventur

berechneten Zinsaufwendungen können somit als rein zeitabhängige Aufwendungen über die Normalbeschäftigung verteilt und der sich somit pro Stunde ergebende Betrag in den Kostensatz der Einheit Technik je Stunde PZ als separate Kostenart eingerechnet werden.

Die in den *Kostensatz für Personaleinsatz* einzubeziehenden Kostenarten wurden dem Grunde nach bereits aufgeführt.[731] Hinsichtlich der Einbeziehung der Höhe nach gelten die Ausführungen bzgl. Technikeinsatz analog: Die rein zeitraumabhängigen Lohnkosten (Ist-Kosten des einzelnen Beschäftigungsverhältnisses im abgelaufenen Geschäftsjahr) werden auf Basis Normalbeschäftigung je Stunde umgelegt, wobei eine Unterscheidung je Einzelmaßnahme in PZ und BZ so nicht erforderlich ist, da Personal in jedem Fall präsent sein muss, unabhängig davon, ob es unmittelbar tätig ist oder i.r.d. Einsatzes von Technik lediglich während dessen PZ anwesend sein muss.

(2) Zurechnung der Gemeinkosten des § 255 Abs. 2 Satz 3 und 4 HGB

Bei Bezugnahme auf die Objekte „1 Einheit Technik" sowie „1 Beschäftigungsverhältnis" sind Gemeinkosten solche Kosten, die auf diese nur durch Schlüsselungen oder Umlagen verrechnet werden können. Damit sind die Gemeinkostenarten der Sätze 3 und 4 des § 255 Abs. 2 HGB angesprochen, sofern diese nicht bereits als Einzelkosten zurechenbar sind.

Im Vergleich zu insbesondere den Fertigungsgemeinkosten weisen die Kosten der allgemeinen Verwaltung (allgemein: der Gemeinkostenarten des § 255 Abs. 2 Satz 4 HGB) einen loseren Bezug zu den Herstellungsprozessen und damit eine nur finale Zurechenbarkeit auf, weswegen dem Einrechnungswahlrecht für Verwaltungsgemeinkosten z.T. lediglich der Charakter einer Bewertungshilfe zugesprochen wird.[732] Letztlich liegt aber jeglicher Verrechnung von Gemeinkosten, auch von Verwaltungsgemeinkosten, die selbe zentrale Problematik, nämlich die Bestimmung geeigneter Schlüssel zugrunde.[733] Objektivierungsaspekte rechtfertigen daher gerade *keine* generelle Sonderbehandlung von Verwaltungsgemeinkosten bei passiven Herstellungskosten.[734] Vielmehr erscheint eine differenzierte Einteilung der Verwaltungsgemeinkosten in „verpflichtungsnahe" und „verpflichtungsferne" Gemeinkosten[735] angezeigt, die hier auch für die Fertigungs- und Materialgemeinkosten und damit für sämtliche Gemeinkostenblöcke gefordert wird. Zu den *verpflichtungsnahen Gemeinkosten* wird man insbesondere zählen dürfen Kosten, die:

1. in den mit der Planung, Überwachung und Kontrolle der WNBM betrauten Fachabteilungen entstehen;

2. anteilig im Beschaffungsbereich für die Beauftragung Dritter und die Beschaffung von Einsatzmaterial zwecks Realisierung von Einzelmaßnahmen der WNBM entstehen;

---

[731] Unter 5.4.5.1.1.
[732] Moxter (1988b), S. 944/945; ders. (1995c), S. 452/453; Weber-Grellet (1994c), S. 2407.
[733] Moxter (2003a), S. 84, 137/138; Hummel/ Männel (1990), S. 98 und 286.
[734] So aber Küting/ Kessler (1998), S. 1944.
[735] Moxter (2003a), S. 192.

Spezifische monetäre Bewertung des sachlichen Umfangs von ...

3. anteilig in den Bereichen Beschaffung, Lagerhaltung und Instandhaltung dadurch entstehen, dass Technik (auch) für Zwecke der WNBM eingesetzt wird;

4. anteilig in den Bereichen Ausbildung und Personalwesen dadurch entstehen, dass Personal (auch) für Zwecke der WNBM ausgebildet und eingesetzt wird;

5. anteilig im Bereich Rechnungswesen dadurch entstehen, dass die Einzelmaßnahmen der WNBM in bilanzieller Hinsicht behandelt werden müssen.

Durch diese Beschränkung der Gemeinkosten gelingt eine (u.U. deutliche) Reduzierung auf die „angemessenen" bzw. „notwendigen" Gemeinkosten, d.h. tatsächlich muss auch für Verwaltungsgemeinkosten eine „Angemessenheitsprüfung" vorgenommen werden,[736] was speziell bei den unter 2. bis 5. genannten Kosten in der Praxis gewisse Probleme bereiten dürfte. Diese unterscheiden sich vom Grundsatz her aber nicht von der analogen, seit jeher bestehenden Problematik bei der Bemessung der nur „notwendigen" und „angemessenen" Gemeinkosten i.R.d. Bemessung der Herstellungskosten für Aktiva. Die nur angemessenen Gemeinkosten werden dann, als rein zeitbezogene Kosten, auf Grundlage der *Normalbeschäftigung* umgelegt, so dass schließlich sämtlichen der i.r.d. Gesamtprozesses der WNBM zu realisierenden Leistungseinheiten Technik und Personal (so wie auch sonst allen übrigen betrieblich realisierten Leistungseinheiten) anteilig Gemeinkosten zugerechnet werden können.

Bei solchen Einzelmaßnahmen, die erst nach Ende des Regelbetriebs realisiert werden, wird man zusätzlich davon ausgehen dürfen, dass typische „gemeinkostenrelevante" betriebliche Tätigkeiten vollständig entfallen oder zumindest reduziert werden, analog zur Reduzierung des IH-Niveaus bei Betriebstechnik. So dürfte bei/ab Ende des Regelbetriebs z.B. infolge des verminderten IH-Niveaus ein ebenso verminderter Bedarf an Beschaffung und Lagerhaltung von IH-Material bestehen (Reduzierung der Materialgemeinkosten). Für die Einrechnung von Kosten des Bereichs „Ausbildung" in innerbetriebliche, der monetären Bewertung von nach Ende des Regelbetriebs zu realisierenden Einzelmaßnahmen dienende Kostensätze dürfte die Rechtfertigungsgrundlage vollständig entfallen.

In welchem Umfang entsprechende Abschläge von dem auf Grundlage Normalbeschäftigung während des Regelbetriebs ermittelten Gemeinkostenanteil in den Kostensätzen vorzunehmen sind, kann weder in der vorliegenden Arbeit noch allgemein entschieden werden. Insofern muss das bilanzierende Bergbauunternehmen im Einzelfall Überlegungen anstellen, welche Abschläge dazu führen, dass nur noch „angemessene" Gemeinkosten, die auch tatsächlich „auf den Zeitraum der Herstellung entfallen", Eingang in den Kostensatz finden. Die zuletzt gemachten Ausführungen gelten im Übrigen auch dann, wenn eine Fortsetzung, keine völlige Einstellung der betrieblichen Tätigkeit geplant ist, z.B. wegen des vorgesehenen Betriebs eines Anschlusstagebaus, und daher eine Reduzierung betrieblicher (Verwaltungs-) Bereiche überhaupt nicht geplant ist: Da es in diesem Teil der vorliegenden Arbeit darum

---

[736] Unzutreffend insofern: Moxter (1988b), S. 944/945; ders. (1995c), S. 453; Döllerer (1989), S. 291/292.

204 Die Bemessung des Erfüllungsbetrags auf Grundlage der Ergebnisse der Verpflichtungsinventur

geht, die spezifischen Kosten für die Realisierung einer definierten Einzelmaßnahme zu bestimmen und diese nur in einem bestimmten Tagebau realisiert wird, sind nur solche Gemeinkosten anteilig „notwendig", die diesem einzelnen, speziellen „Herstellungsprozesses" anteilig zugerechnet werden können, d.h. nicht solche, die anteilig für völlig andere Herstellungsvorgänge anfallen.

5.4.6 Ergänzende Bemerkungen zur spezifischen monetären Bewertung des sachlichen Umfangs von Einzelmaßnahmen der Wiedernutzbarmachung

5.4.6.1 Überleitung von stundenbezogenen Kostensätzen auf Richtsätze

Wie ausgeführt, knüpft auch die Bemessung von auf eine Abrechnungseinheit der Einzelmaßnahme bezogenen Kostensätzen zumindest für Personal und Technik an stundenweise erfasste Kostensätze an. Die unter 5.4.5 gewonnenen Erkenntnisse sind insofern allgemein gültig, können aber nur bei einer differenzierten WNBM-Planung (Ansatz 1) der unmittelbaren Bewertung des Erfüllungsumfangs dienen. Beim Ansatz 2 gilt es daher, die zuvor je Stunde erfassten, pagatorischen, nur „angemessenen" bzw. „notwendigen", normalisierten Kosten über die *Produktivität des einzelnen Beschäftigten wie der einzelnen Einheit Technik als Normalkosten je Abrechnungseinheit der Einzelmaßnahme zu berechnen.*

Zur Bestimmung dieser Produktivität bietet sich auch hier der Rückgriff auf die *Normalproduktivität* an, d.h. es wird jene Produktivität zugrunde gelegt, die der einzelne Beschäftigte bzw. die einzelne Einheit Technik normalerweise (im langjährigen Durchschnitt unter normalen Bedingungen) erbringt. Insbesondere für Technik ist somit nicht das installierte Leistungsvermögen oder dessen im abgelaufenen Geschäftsjahr realisierte oder für die Zukunft geplante Inanspruchnahme, sondern eben nur die erfahrungsgemäße, durchschnittliche Produktivität maßgebend.

Sofern Richtsätze nicht als Punktwerte, sondern nur in einer Bandbreite ermittelt werden (können), die die unterschiedliche Kostenstruktur verschiedener Arten von Technik widerspiegeln, stellt sich die Frage, wie der benötigte Punktwert bestimmt wird.[737] Da das Bergbauunternehmen die zukünftig (bei Erfüllung) tatsächlich einzusetzende Technik zumindest teilweise selbst bestimmen kann, die bei Erfüllung anfallenden Kosten in ihrer Höhe damit keinen Zufälligkeitscharakter aufweisen, erscheint das Rechnen mit statistischen oder subjektiven Wahrscheinlichkeiten (ggf. unter Berücksichtigung von Vorsichtsaspekten), das sonst zur Ermittlung eines Punktwertes angezeigt ist, nur bedingt anwendbar. Um auch hier eine gewisse Normierung zu erreichen, bietet es sich an, den *Mittelwert* der die Bandbreite prägenden (als je gleich wahrscheinlich zu erachtenden) Werte als den je Abrechnungseinheit der

---

[737] Vgl. hierzu sowie zu den folgenden Ausführungen Leffson (1987), S. 470 bis 480.

Einzelmaßnahme maßgebenden Kostensatz zu wählen. Damit würde zugleich Vorsichtsaspekten Rechnung getragen, ohne andererseits gezielt stille Reserven zu bilden.

Die Verwendung von normierten Richtsätzen stellt aufgrund der zu unterstellenden Arbeitserleichterung bei Durchführung der Verpflichtungsinventur im Übrigen eine mögliche Alternative dar zu einer nur mehrjährigen Neuberechnung der Basisinformationen, mit der dem erheblichen Aufwand begegnet werden kann, der bei jährlicher, umfassender Verpflichtungsinventur entstehen würde.[738]

5.4.6.2 Kosten für Einsatzmaterial sowie weitere Einzelkosten

Wie bereits mehrfach erläutert, ist für die Realisierung zahlreicher Einzelmaßnahmen die Beschaffung und Verwendung von Einsatzmaterial erforderlich. Unabhängig davon, ob das Bergbauunternehmen eine definierte Einzelmaßnahme selbst durchführt oder diese an eine Fremdfirma vergibt und dabei der Fremdfirma das Material zur Verfügung stellt, gilt, dass es sich *bei den Kosten für das Einsatzmaterial um Einzelkosten der jeweiligen Einzelmaßnahme handelt*, sofern eine detaillierte WNBM-Planung vorliegt (Ansatz 1). Beschafft die Fremdfirma das zu verwendende Einsatzmaterial hingegen auf eigene Rechnung, dürften die Kosten hierfür i.d.R. Bestandteil des Gesamtrechnungsbetrages sein und somit in der Kostenart „Fremdleistung" aufgehen. In den beiden zuerst genannten Fällen hingegen muss eine weitere Einzelkostenart namens „Einsatzmaterial" geschaffen und das Verpflichtungsinventar um diese dem Grunde wie der Höhe nach entsprechend ergänzt werden. Diese Kostenart würde damit ihrem Wesen nach jener der „Materialkosten" nach § 255 Abs. 2 HGB entsprechen.

Beim Ansatz 2 hingegen stellen die Kosten für Einsatzmaterial zwar lediglich einen Bestandteil des auf eine Abrechnungseinheit der Einzelmaßnahme bezogenen Kostensatzes dar, sind insofern aber ebenfalls Einzelkosten. Hierzu muss zunächst über betriebliche Erfahrungswerte ermittelt werden, wie viele (nach Art differenzierte) Abrechnungseinheiten Einsatzmaterial *normalerweise* benötigt werden, um z.B. einen m^2 bzw. einen ha landwirtschaftlich folgegenutzte Oberfläche zu kalken, zu düngen, auf diesem Ansaat aufzubringen usw. Über die je Mengeneinheit zuzuordnenden Beschaffungspreise für Einsatzmaterial können anschließend normalisierte Kosten für Einsatzmaterial je Abrechnungseinheit der Einzelmaßnahme berechnet werden.

Einzelkosten liegen weiterhin vor, wenn für die Realisierung einer definierten Einzelmaßnahme sonstige Leistungen erforderlich werden, z.B. Gutachten über die Art und Weise der Durchführung dieser Einzelmaßnahme oder Sicherheitsnachweise (Ermittlung der Standsicherheit des geplanten, i.R.d. WNBM herzustellenden Böschungssystems u.ä.). Auch solche Kosten lassen sich der jeweiligen Einzelmaßnahme einzeln zuordnen. Mangels diesbezüglicher Massen- oder Mengenangaben im Verpflichtungsinventar (hinter der Pflicht zur Erstellung entsprechender Gutachten verbirgt sich kein Massen- oder Mengengerüst) können die Angaben bzgl. der betroffenen Einzelmaßnahme („Erstellung Gutachten für Zweck X") dort nur ergänzt werden um die anfallenden Kosten (Kostenart „Einholung Gutachten" o.ä.). Da es sich insoweit ebenfalls um Kosten für fremdbezogene Leistungen handelt, sind Kosten für Gutachten u.ä. sowohl beim Ansatz 1 wie 2 als Einzelkosten der Einzelmaßnahme dieser unmittelbar zurechenbar. In Anlehnung an den aktiven Herstellungskostenbegriff könnte man hier von „Sonderkosten der Fertigung" sprechen.

Schließlich stellen auch die Kosten für die Entsorgung von Massen (Bauschutt, Sonderabfälle), die bei Realisierung einer Einzelmaßnahme der WNBM anfallen, Einzelkosten dieser Einzelmaßnahme dar, da Beträge, die an (fremde) Entsorger für Abholung und/oder Entgegennahme der Massen gezahlt werden, sich eindeutig bestimmen und den Massen einer im Verpflichtungsinventar definierten Einzelmaßnahme unmittelbar zurechnen lassen. Auch hier ergeben sich zwischen den Ansätzen 1 und 2 keine Unterschiede, da zwangsläufig Preise für Fremdleistungen eingeholt werden müssen und die fraglichen Massen in jedem Fall ermittelt werden müssen.

5.4.7 Für die steuerliche Erfolgsmessung vorrangige Spezialregelung

Für die steuerliche Erfolgsmessung bestimmt der mit dem StEntlG 1999/2000/2002 eingefügte § 6 Abs. 1 Nr. 3a Satz 1 Buchst. b EStG: „Rückstellungen für Sachleistungskosten sind mit den Einzelkosten und den angemessenen Teilen der notwendigen Gemeinkosten zu bewerten". Da, nach Abkehr von der zunächst vorgesehenen Unterscheidung in variable und fixe Kosten,[739] von der kostentheoretischen Unterscheidung in Einzel- und Gemeinkosten her Übereinstimmung mit der handelsrechtlichen Terminologie herrscht, dürften sich hinsichtlich der Einzelkosten keine Unterschiede zur handelsrechtlichen Erfolgsmessung ergeben. Selbst wenn den stundenbezogenen und/oder auf eine Abrechnungseinheit der Einzelmaßnahme bezogenen Kostensätzen für Personal und Technik die Anerkennung als Einzelkosten dem Grunde nach versagt würde, werden durch die oben erfolgte Reduzierung der in die stundenbezogenen Kostensätze als Einzelkosten einzubeziehenden Kostenarten ebenso wie der auf die Kostensätze umgelegten Gemeinkosten auf ihren der Höhe nach „angemessenen" und dem Grunde bzw. der Art nach „notwendigen" Kern genau die Anforderungen erfüllt, die steuerlich gestellt werden. Auch hinsichtlich der Nichtberücksichtigung kalkulatorischer Kosten (H

---

[738] Vgl. unter 5.3.4.

[739] BT-Drucks. 14/23, S. 6; BT-Drucks. 14/265, S. 7: Bewertung nur zu den „variablen Kosten"; diese verstanden als „Einzelkosten und variable Gemeinkosten", keine Berücksichtigung von zeitraumbezogenen Fixkosten wegen fehlender Auswirkung auf die gegenwärtige steuerliche Leistungsfähigkeit infolge ihres fehlenden kausalen Zusammenhangs mit der Verpflichtungserfüllung, siehe BT-Drucks. 14/23, S. 172; BT-Drucks. 14/265, S. 173; kritisch zu den schließlich nicht umgesetzten Entwürfen: Glade (1999), S. 404; Küting/ Kessler (1998), S. 1944; siehe ferner Weber-Grellet (1998d), S. 2436.

Spezifische monetäre Bewertung des sachlichen Umfangs von ... 207

33 EStR),[740] von Kosten der Unterbeschäftigung (R 33 Abs. 6 EStR sowie H 33 EStR) sowie von Vertriebskosten herrscht Übereinstimmung zwischen Handels- und Steuerbilanz. In diesem Zusammenhang ist daran zu erinnern, dass i.R.d. steuerlichen Erfolgsmessung in die aktiven Herstellungskosten „auch angemessene Teile der notwendigen Materialgemeinkosten und Fertigungsgemeinkosten sowie der Wertverzehr von Anlagevermögen, soweit er durch die Herstellung des Wirtschaftsgutes veranlasst ist", verpflichtend einzubeziehen sind (R 33 Abs. 1 EStR). Das handelsrechtliche Wahlrecht für die Gemeinkostenarten des § 255 Abs. 2 Satz 4 HGB sowie für Fremdkapitalzinsen gilt für die Steuerbilanz allerdings nur bei entsprechender Ausübung in der Handelsbilanz (R 33 Abs. 4 Satz 1 EStR).

Hier schimmert wieder der steuerliche Grundsatz durch, steuerrechtlich gewährte Wahlrechte nur in dem Maße anzuerkennen, wie diese auch handelsrechtlich ausgeübt werden (§ 5 Abs. 1 Satz 2 EStG). *Wenn aber i.R.d. steuerlichen Erfolgsmessung für Aktiva eine Orientierung an dem über die steuerliche Untergrenze nach R 33 Abs. 1 EStR hinausgehenden Umfang der handelsrechtlich tatsächlich gebildeten Herstellungskosten zwingend geboten ist (d.h. dann auch steuerlich Bewertung zu Vollkosten), kann für Passiva nichts anderes gelten.* M.a.W.: Entscheidet sich der Kaufmann in der Handelsbilanz für eine relativ hohe Verpflichtungsbewertung, darf diesem (als Steuerpflichtigem) eine solche Bewertung i.R.d. steuerlichen Erfolgsmessung nicht vorenthalten werden.[741]

Dieser hier vertretenen Auffassung steht teilweise die ältere, noch vor Einfügung der jetzigen steuerlichen Spezialregelung ergangene Finanzrechtsprechung entgegen, die zwar, ohne genauere inhaltliche Umschreibung, eine Verpflichtungsbewertung zu „Vollkosten" zulässt,[742] dabei aber Verwaltungsgemeinkosten nicht einbezogen sehen möchte.[743] Da die nunmehr vorhandene, in jedem Fall vorrangige steuerliche Spezialregelung aber keinen Ausschluss von bzw. eine Beschränkung auf bestimmte Gemeinkostenarten kennt, kann eine generelle Nichteinbeziehung von Verwaltungsgemeinkosten nicht mehr auf R 33 EStR gestützt werden.[744] Weiterhin kann nicht argumentiert werden, zeitraumbezogene „Fixkosten" (gemeint: nicht einzeln zurechenbare Kosten = Gemeinkosten) stünden „mit der zu bewertenden Verpflichtung in keinem Zusammenhang" und minderten daher „zum gegenwärtigen Zeitpunkt nicht die steuerliche Leistungsfähigkeit".[745] Mit dem selben Argument (fehlender Zusammenhang, dadurch keine Beeinflussung steuerlicher Leistungsfähigkeit) müsste dann umgekehrt jegliche

---

[740] Weber-Grellet (1999b), S. 1291; vgl. auch Fischer (2004), § 6, Tz. 155.
[741] Vgl. auch Schneider (1999), S. 107.
[742] BFH, Urteil vom 25.02.1986 – VIII R 134/80, S. 790; BFH, Urteil vom 08.10.1987 – IV R 18/86, S. 59/60: „Vollkosten (Einzel- und Gemeinkosten)".
[743] BFH, Urteil vom 08.07.1992 – XI R 50/89, S. 911: allgemeine Verwaltungskosten als „betriebsinterner Aufwand" nicht in Rückstellungen zu berücksichtigen; ebenso BFH, Urteil vom 19.01.1972 – I 114/65, S. 395, entgegen BFH, Urteil vom 10.07.1963 – IV 470/60, S. 1273, dieses dem RFH, Urteil vom 01.04.1936 – VI A 197/36, S. 447 folgend: Berücksichtigung angemessener Teile der „Generalunkosten" analog zur aktiven Bewertung.
[744] So noch BFH, Urteil vom 19.01.1972 – I 114/65, S. 395.
[745] So Fischer (2004), § 6, Tz. 155.

Gemeinkostenschlüsselung im Rahmen der steuerlichen Bemessung der Herstellungskosten auch bei Aktiva verneint werden, die aber für immerhin drei Gemeinkostenarten gerade verpflichtend vorgeschrieben ist.[746]

Folgt man der in der vorliegenden Arbeit entwickelten Systematik der Unterscheidung von Einzel- und Gemeinkosten sowie der Begrenzung von in die Kostensätze einzubeziehenden Kosten der Höhe nach, ergibt sich keine Abweichung zwischen handels- und steuerrechtlicher Bewertung des sachlichen Verpflichtungsumfangs von Einzelmaßnahmen der WNBM[747] und damit auch keine Veränderung ggü. der Situation vor Schaffung der steuerlichen Spezialregelung,[748] da eine „unangemessene" Bewertung durch Einbeziehung „nicht notwendiger" (Gemein-)Kostenarten (d.h. eine unbeschränkte Bewertung zu „Vollkosten") auch zuvor nicht in Frage kam.[749]

5.4.8 Ergebnisse zu 5.4

Die Abgrenzung einer Einzelmaßnahme der WNBM, d.h. die Abgrenzung eines bestimmten sachlichen Verpflichtungsumfangs, dient nicht nur der bergrechtlichen und sachlichen Strukturierung des gesamten Maßnahmeumfanges, sondern bestimmt auch das Bezugsobjekt für die unmittelbare Zurechnung von Einzelkosten sowie für die Umlage von Gemeinkosten. Die Verwendung dieses Begriffspaares resultiert aus der Erkenntnis, dass die Realisierung einer Einzelmaßnahme den Charakter eines Herstellungsvorgangs aufweist, womit der § 255 HGB hinsichtlich der Bestimmung der (aktiven) Herstellungskosten für die Bemessung des Erfüllungsbetrags („passive Bestandsbewertung") analog anzuwenden ist. Unmittelbar einzeln zurechenbar sind einer Einzelmaßnahme lediglich Kosten für Fremdleistungen, inkl. Ausgaben für Gutachten und Entsorgungsmaßnahmen. Für diese können ebenso wie für Einsatzmaterial (beim Ansatz 1) zum Bilanzstichtag aktuelle Marktpreise verwendet werden. Bei in Eigenregie zu erbringenden Leistungen muss das Begriffspaar der Einzel- und Gemeinkosen angepasst werden. Einzeln zurechenbar sind einer Einzelmaßnahme sämtliche zu realisierenden Leistungseinheiten wie auch die Anzahl Abrechnungseinheiten Einsatzmaterial dann, wenn eine detaillierte WNBM-Planung (Ansatz 1) vorliegt, in deren Rahmen auch eine Unterscheidung von Kosten für Technikeinsatz in nutzungsabhängige und –unabhängige Kosten möglich

---

[746] Weber-Grellet (1995), S. 121.

[747] Vgl. auch Weber-Grellet, (1999b), S. 1291; ders. (2002d), S. 195; Hoffmann, W.-D. (1999), S. 387; für eine mögliche Übereinstimmung mit der nach h.M. handelsrechtlich gebotenen Vorgehensweise auch Kemper/ Beyschlag (1999), S. 739; hingegen für eine analoge Anwendung von R 33 Abs. 1 EStR: Günkel/ Fenzl (1999), S. 654; diesen folgend Glanegger (2002), Tz. 405 und 173 sowie Kußmaul/ Klein (2001), S. 547; ebenso Stobbe/ Loose (1999), S. 416, Fn. 49; von einer Abweichung zwischen Handels- und Steuerbilanz gehen, ohne nähere Begründung, auch aus Berger/ Ring (2003), § 253, Tz. 158.

[748] Vgl. zu dieser Döllerer (1975), S. 294; ders. (1985), S. 391; ders. (1987a), S. 68, 71; ders. (1987b), S. 14: Bewertung zu Vollkosten.

[749] Dieser Auffassung sind aber offenbar Glanegger (2002), § 6, Tz. 405 sowie Günkel/ Fenzl (1999), 654; widersprüchlich insoweit Berger/ Ring (2003), § 253, Tz. 158.

erscheint. Ansonsten (Ansatz 2) kann die Einzelmaßnahme über eine je Abrechnungseinheit der Einzelmaßnahme bezogene Kostenzurechnung bewertet werden. In die in jedem Fall zunächst stundenbezogen zu ermittelnden Kostensätze dürfen dem Grunde wie der Höhe nach nur pagatorische Kosten einbezogen werden, die zudem auf ihren „angemessenen" Kern zu beschränken und nur in normalisierter Höhe einzuberechnen sind. Beim Ansatz 2 erfolgt die anschließende Berechnung von auf eine Abrechnungseinheit der Einzelmaßnahme bezogenen Sätzen über die Normalproduktivität von Personal und Technik je Stunde. Zwischen handels- und steuerrechtlicher Bemessung des Erfüllungsbetrags I bestehen im Endeffekt keine Unterschiede.

5.5 Berücksichtigung aufwandsmindernder (gegenläufiger) Bewertungsfaktoren bei der Bemessung des Erfüllungsbetrags

5.5.1 Vorbemerkung

Im Rahmen der Durchführung von Maßnahmen der WNBM kann in zahlreichen Fällen mit der Erzielung von Erträgen gerechnet werden, die sich unmittelbar oder zumindest mittelbar aus dem sachlich wie zeitlich vielschichtigen und gestaffelten Prozess der WNBM ergeben. Aspekte einer solchen möglichen Ertragsrealisierung sollen im Folgenden unter dem Stichwort *Saldierung* betrachtet werden, um deren möglichen kompensatorischen Effekt auf die i.R.d. Bemessung des Erfüllungsbetrags I verrechneten Aufwendungen bei der Berechnung des Erfüllungsbetrags II zu betonen.

Damit geht es um die Frage nach der Zulässigkeit bzw. den Kriterien für die Zulässigkeit der Bildung von *Bewertungseinheiten*. Hierunter wird in der vorliegenden Arbeit verstanden der über eine einzelne Bilanzposition bzw. über einen einzelnen Geschäftsvorfall hinausgehende, d.h. objektübergreifende Wert- bzw. Risikoausgleich durch Berücksichtigung objektbezogener Risiken (Aufwendungen bzw. abgrenzbare Verluste) wie Chancen (Erträge oder sonstige abgrenzbare Vorteile) bei Vorliegen eines Kausalzusammenhanges zwischen den gegenläufigen Einflussgrößen mit dem Ziel, bei der Bewertung einer einzelnen Position den Ausweis von Aufwendungen bzw. Verlusten, die real nicht entstehen können (d.h. keine wirtschaftliche Belastung darstellen), zu verhindern.[750] In diesem Zusammenhang sind mehrere Unterpunkte von Bedeutung: Zunächst gilt es darzustellen, welche möglichen „Ertragspotentiale" durch Maßnahmen der WNBM überhaupt und grundsätzlich erschlossen werden können. Dabei wird in der vorliegenden Arbeit unterschieden zwischen:

---

[750] In Anlehnung an Tönnies/ Schiersmann (1997), S. 715 sowie Siegel (2005), S. 359/360.

1. Erträgen aus dem Abgang von Vermögensgegenständen des Bergbauunternehmens im Rahmen bzw. infolge von Maßnahmen der WNBM (Erzielung von Erlösen als erfüllungsinduzierte Erträge).

2. Erträgen aus der Annahme von Stoffen von Dritten zwecks Verkippung im Rahmen von Maßnahmen der WNBM. Hierbei kann wie folgt differenziert werden:

   a) In zeitlicher Hinsicht:

   a1) Ertragsrealisierung während des Regelbetriebes.

   a2) Ertragsrealisierung nach Ende des Regelbetriebes.

   b) Hinsichtlich der Auswirkungen auf die Ertragssituation:

   b1) Eine direkte Ertragswirksamkeit durch die Annahme als solche (Erzielung von Erlösen als erfüllungsinduzierte Erträge).

   b2) Eine indirekte Ertragswirksamkeit durch die Annahme von Stoffen z.B. dadurch, dass eine Verbesserung der Bodenqualität wieder nutzbar zu machender Flächen durch Verwendung von Grünabfällen erreicht werden kann oder dadurch, dass ansonsten eigens anzuschaffende oder zumindest teurere Meliorationsmittel nicht angeschafft werden müssen (erfüllungsimmanente Erträge). Den erfüllungsimmanenten Erträgen stehen aber häufig erfüllungsimmanente Aufwendungen gegenüber, so wenn z.B. zwecks Stoffverkippung ein Deponiekörper hergestellt werden muss (eine etwaige Aktivierungspflicht für derartige Ausgaben wird hier nicht diskutiert).

   c) Hinsichtlich der Sicherheit bzw. Planbarkeit der Annahmemöglichkeiten:

   c1) Annahme in Abhängigkeit von aktuellem Angebot von Stoffen mit u.U. wechselnden (nicht dauerhaft gebundenen) Lieferanten (z.B. sporadische Annahme von Erdaushub von Baufirmen der Region).

   c2) Feste Ab- bzw. Annahmeverträge mit einzelnen Lieferanten (z.B. regelmäßige Annahme von Aschen aus benachbartem Kraftwerk).

3. Liquiden Mitteln, die zweckgebunden innerhalb oder außerhalb des Unternehmens gebunden sind (angesammelt werden) oder durch eine abgeschlossene Versicherung bei „Schadenseintritt" ausgezahlt werden.[751]

Neben der Darstellung der grundsätzlich möglichen Ertragspotentiale ist für die vorliegende Arbeit letztlich natürlich von vordergründigem Interesse, *ob überhaupt und, falls ja, nach welchen Kriterien eine Saldierung i.R.d. Bemessung des Erfüllungsbetrags zulässig erscheint.*

Fragen der „Saldierung" i.R.d. Durchführung von Maßnahmen der WNBM werden in der Literatur zumeist im Zusammenhang mit den „Kippgebühren-Urteilen" des BFH[752] behandelt, deren Ergebnis zumeist unkritisch und undifferenziert übernommen wird; eine tiefergehende

---

[751] Vgl. zu dieser Thematik bereits unter 4.4.7.7.2.
[752] Vgl. zu diesen unten unter 5.5.3.4.

Auseinandersetzung findet weder inhaltlich noch mit Blick auf die Bemessung des Erfüllungsbetrags statt. Vor diesem Hintergrund erscheint die Auseinandersetzung mit der Thematik „Saldierung" trotz bereits vorhandener umfangreicher Literatur und Rechtsprechung äußerst lohnend. Auf die Frage einer evtl. den Erfüllungsbetrag mindernden Berücksichtigung liquider Mittel oder Versicherungen wird gegen Ende dieses Abschnitts, nach Erörterung der unter 1. und 2. genannten Ertragspotentiale, eingegangen.

5.5.2 Ertragspotentiale infolge des Ausscheidens von beim Bergbauunternehmen aktivierten Vermögensgegenständen

5.5.2.1 Vorbemerkung

Wie in Kapitel 1 dargelegt, wird in der vorliegenden Arbeit von einer de-facto-Pflicht zur Entfernung sämtlicher Einrichtungen i.R.d. WNBM ausgegangen.[753] Da „WNBM" ein kontinuierlicher Prozess ist und sich die Notwendigkeit einer Entfernung bereits während des Regelbetriebes stellen kann, kann sowohl während wie nach Abschluss des Regelbetriebs u.U. mit der Realisierung von Erlösen infolge der Entfernung von Einrichtungen gerechnet werden. In diesem Zusammenhang ist die Realisierung von Erträgen vorstellbar, die *über* dem Restbuchwert bei Ausscheiden dieser Vermögensgegenstände liegen und die mit dem Erfüllungsbetrag I verrechnet werden könnten. In der vorliegenden Arbeit unterschieden werden dabei die Begriffe „Schrottwert" sowie „Restwert", wobei letzterer auf eine weitere wirtschaftliche Verwendung der beim Bergbauunternehmen (genau: im wieder nutzbar zu machenden Tagebau) nicht mehr benötigten Einrichtung bei diesem selbst oder einem Dritten abstellt, wovon hier aber (zumindest als Regelfall) nicht ausgegangen wird.

5.5.2.2 Berücksichtigung des Schrottwertes bei der Bemessung der Abschreibungen oder des Erfüllungsbetrags?

Wird ein Schrottwert dem Grunde nach erwartet und bejaht man daraufhin dessen Berücksichtigung schon bei der Bemessung der Abschreibungen auf den Vermögensgegenstand (Abschreibungsbasis = Anschaffungskosten abzüglich Restwert, d.h. Abschreibung auf den Restwert), so bestünde keine Möglichkeit einer nochmaligen Berücksichtigung bei der Bemessung des Erfüllungsbetrags. Schließlich würden ansonsten sowohl der Vermögensgegenstand höher bewertet als auch die Rückstellung niedriger dotiert. Parallel dazu würde sowohl weniger Abschreibungsaufwand wie auch weniger Aufwand für die Rückstellungsdotierung verrechnet. Der nur einmalig realisierbare Schrottwert würde somit doppelt erfolgswirksam.

---

[753] Vgl. unter 1.2.6.3.

In Literatur wie Rechtsprechung besteht weitgehend Einigkeit, Schrottwerte bzw. Restwerte aufwandsmindernd (und damit den Wert der betroffenen Bilanzposition bis zum Ausscheiden des Vermögensgegenstandes erhöhend) zu berücksichtigen: Allerdings nicht bei der Bemessung des Erfüllungsbetrags, sondern bei der Berechnung der Abschreibungsbasis als Grundlage für die hierauf vorzunehmende, dann entsprechend verminderte Abschreibungsverrechnung.[754] In der vorliegenden Arbeit soll gleichwohl von einer Berücksichtigung des Schrottwertes i.R.d. Bemessung des Erfüllungsbetrags ausgegangen werden, da eine grundsätzliche Pflicht zur Entfernung der Betriebstechnik und Tagesanlagen unterstellt wird, somit zwangsläufig auch mit der Realisierung von Schrotterlösen gerechnet werden kann und muss (Erlöse aus Schrottverkauf als erfüllungsinduzierte Erträge). Zudem kann i.R.d. Bemessung des Erfüllungsbetrags eine unmittelbare Gegenüberstellung von Ausgaben für die Entfernung und den Abtransport des Schrottes einerseits sowie den durch die Abgabe des Schrottes anfallenden Erlösen erfolgen. Der Zusammenhang zwischen beiden Komponenten erscheint deutlich enger als zwischen der Abschreibungsbemessung und der Schrotterlösrealisierung.

Auch mit Blick auf die kaufmännische Praxis erscheint diese Betrachtung gerechtfertigt: Diese berücksichtigt nämlich einen Restwert i.R.d. Abschreibungsbemessung im Regelfall *nicht*.[755] Um die bewusste Legung stiller Reserven durch zu hohe Abschreibungsbemessung bzw. überhöhte Rückstellungsdotierung infolge Nichtberücksichtigung von Schrottwerten zu verhindern, sollen Schrottwerte in der vorliegenden Arbeit daher *ausschließlich* zusammen mit den zukünftig ohnehin anfallenden Ausgaben für die Verpflichtungserfüllung i.R.d. Bemessung des Erfüllungsbetrags betrachtet werden. Aufgrund der nahezu identischen Problematik werden zunächst die Argumente pro und contra der Schrottwertberücksichtigung i.R.d. Abschreibungsbemessung abgewogen, um hieraus Erkenntnisse für den weiteren Verlauf der Arbeit zu gewinnen.

---

[754] Vgl. die Nachweise unter 5.5.2.4.
[755] Döring (1995), § 253, Tz. 114 m.w.N.

5.5.2.3 Bedeutung von Schrottwerten bei der Verschrottung von im Braunkohlenbergbau typischerweise genutzter Technik

Art der zu entfernenden Technik	
Bahnanlagen	17,7 %
Bandanlagen	16,1 %
Großgeräte	15,6 %
Hilfsgeräte	12,7 %
Wasserhaltung	4,8 %
Rohrleitungen	3,7 %

Tab. 6: Anteil der Schrotterlöse an den gesamtem Entfernungskosten (vor Abzug der Schrotterlöse) nach Art der zu entfernenden Technik

(Daten aus CUI mbH (2002))

Für die hier ausgewählten, nach Technikarten unterteilten Entfernungsmaßnahmen zeigt sich, dass die auf Basis eines spezifischen Schrottwertes von 51,13 €/t ermittelten Werte je nach Art der zu entfernenden Betriebstechnik einen z.T. zwar unterschiedlich hohen relativen Anteil an den Gesamtkosten (vor Abzug der Schrotterlöse) aufweisen, dieser Anteil zumindest für die vier erstgenannten Arten aber nicht zu vernachlässigen ist.

Betrachtet man zudem die Tonnagen einzelner Einheiten Betriebstechnik, so weisen auch die hiernach berechenbaren absoluten Werte eine nennenswerte Höhe auf:[756] Schaufelradbagger SRs 2400 mit VR: 4.100 t = 209.633 € Erlös; Absetzer A_2RsB 1000.150: 3.500 t = 178.955 € Erlös; E-Lok: 73 t = 3.732 € Erlös; Kohlewagen: 36,5 t = 1.841 € Erlös.

5.5.2.4 Meinungsstand in Literatur und Finanzrechtsprechung

Eine die Abschreibungsbasis mindernde Berücksichtigung von Rest- bzw. Schrottwerten soll immer dann zulässig und geboten sein, wenn „mit sachlicher Berechtigung" mit der Erzielung eines „eventuellen" Restwertes „so gut wie sicher gerechnet werden darf" und dieser „ins Gewicht fällt".[757] Dabei darf nur der Nettorestwert angesetzt werden, d.h. jener Restwert, der sich nach Abzug von Entfernungskosten (Abbruch, Verschrottung, Abtransport usw.) ergibt. Die (sonst abschreibungsmindernde) Nichtberücksichtigung von Restwerten liegt in der prob-

---

[756] Tonnagen aus CUI mbH (2002); absolute Erlöse auf Basis 51,13 €/t spezifischer Erlös.
[757] Zitate: Vogt (1962), S. 116; Leffson (1987), S. 11; Breidert (1994), S. 14; Moxter (2003a), S. 206; grundsätzlich gegen eine abschreibungsmindernde Berücksichtigung hingegen Dauber (2003), S. 196/197.

214 Die Bemessung des Erfüllungsbetrags auf Grundlage der Ergebnisse der Verpflichtungsinventur

lematischen Schätzung deren Höhe sowie der zuvor abzuziehenden Entfernungskosten einerseits und in deren häufiger gegenseitiger Kompensation andererseits[758] begründet.

Die Finanzrechtsprechung fordert zwingend die aufwandsmindernde Berücksichtigung eines Restwertes immer dann, wenn dieser „im Vergleich zu den Anschaffungs- oder Herstellungskosten erheblich ins Gewicht fällt".[759] Entscheidend ist, dass das Wirtschaftsgut keiner vollständigen Abnutzung unterliegt, also nicht vollständig „verbraucht" wird,[760] wenn ein erheblicher Restwert zu erwarten ist, womit auch die Notwendigkeit einer AfA in voller Höhe der Anschaffungs- bzw. Herstellungskosten entfällt.

Von einem solchen zu berücksichtigenden Schrottwert kann nur „bei schweren Gegenständen und bei Gegenständen aus wertvollem Material" ausgegangen werden, ansonsten soll eine Abschreibung auf den Erinnerungswert (1 €) erfolgen.[761] Damit soll die Bildung stiller Reserven im Rahmen der AfA-Verrechnung verhindert werden.[762]

Wann ein solcher Restwert als „erheblich", „wesentlich" oder „beträchtlich"[763] anzusehen ist, muss sowohl mit Blick auf seine absolute wie relative Höhe als auch unter Berücksichtigung der betriebsgewöhnlichen Nutzungsdauer und der während dieser Nutzungsdauer erbrachten Leistung des Wirtschaftsgutes entschieden werden. Die Berücksichtigung eines Restwertes ist damit nicht in jedem Fall erforderlich.[764]

Eindeutige, allgemein gültige und als evtl. Richtschnur dienende Angaben über die absolute (in €/t und € absolut) und relative Höhe von Schrott- bzw. Restwerten sowie dabei bestehende gegenseitige Abhängigkeiten werden aber weder durch die Finanzrechtsrechung noch durch die Finanzverwaltung vorgegeben, von der diesbezügliche Angaben zumeist branchenspezifisch (Schiffahrt) erfolgen.[765]

Die Frage, ob die Berücksichtigung von Rest- oder Schrottwerten überhaupt zulässig ist, wird in der Literatur überaus kritisch diskutiert, häufig aber verneint: Zum einen fordere der eindeutige Wortlaut des § 7 Abs. 1 Satz 1 EStG die Absetzung von den *gesamten* „Anschaf-

---

[758] Federmann (2000), S. 364; Moxter (2003a), S. 206; DIHT-Gutachten in RFH, Urteil vom 01.07.1931 – VI A 2226/30, S. 880; RFH, Urteil vom 19.05.1932 – VI A 1866 bis 1869/31, S. 221.

[759] BFH, Beschluß vom 07.12.1967 – Gr.S. 1/67, S. 270; abweichend allerdings FG Karlsruhe, Urteil vom 26.03.1963 – I 189/62, S. 300: Einräumung eines Wahlrechtes für den Steuerpflichtigen.

[760] BFH, Urteil vom 04.06.1992 – IV R 101/90, S. 278; BFH, Urteil vom 01.10.1992 – IV R 54/91, S. 286; BFH, Beschluß vom 07.12.1967 – Gr.S. 1/67, S. 270.

[761] Zitat BFH, Beschluß vom 07.12.1967 – Gr.S. 1/67, S. 270; siehe auch DIHT-Gutachten in RFH, Urteil vom 01.07.1931 – VI A 2226/30, S. 880; BFH, Beschluß vom 07.12.1967 – Gr.S. 1/67, S. 270; BFH, Urteil vom 07.02.1975 – VI R 133/72, S. 479.

[762] BFH, Urteil vom 01.10.1992 – IV R 54/91, S. 286.

[763] Erstes Zitat BFH, Urteil vom 07.02.1975 – VI R 133/72, S. 479; BFH, Urteil vom 04.06.1992 – IV R 101/90, S. 278; zweites Zitat BFH, Urteil vom 04.06.1992 – IV R 101/90, S. 278 sowie BFH, Urteil vom 01.10.1992 – IV R 54/91, S. 286; drittes Zitat BFH, Urteil vom 01.10.1992 – IV R 54/91, S. 286.

[764] BFH, Urteil vom 07.02.1975 – VI R 133/72, S. 479/480; RFH, Urteil vom 30.9.1930 – I A 781/29, S. 763/764.

[765] Vgl. die erheblich abweichenden Werte in BFH, Urteil vom 22.07.1971 – IV R 74/66, S. 802; BFH, Urteil vom 04.06.1992 – IV R 101/90, S. 278; BFH, Urteil vom 06.08.1998 – IV R 67/97, S. 1785; FG Hamburg, Urteil vom 26.10.1999 – VIII 303/98, S. 788; OFD Hamburg, 29.04.2002 – S 2190 – 9/02 – St 32.

fungs- oder Herstellungskosten", nicht von einer um einen Rest- oder Schrottwert gekürzten Abschreibungsbasis, und dies sowohl steuerrechtlich über die betriebsgewöhnliche wie handelsrechtlich über die planmäßige Nutzungsdauer (vgl. § 253 Abs. 2 Satz 2, 3 HGB), die mit dem Zeitpunkt der Schrottreife ende, da das Wirtschaftsgut bzw. der Vermögensgegenstand zu diesem Zeitpunkt keinen betrieblichen, zweck- und funktionsbezogenen Nutzen mehr erbringe.[766] Evtl. vorhandene stille Reserven würden dann zwangsläufig erst bei Ausscheiden des Gutes aus dem Unternehmen realisiert. Für den vorliegenden Zusammenhang sind die zentralen Kritikpunkte zum einen, dass die Verschrottung der Einrichtung bzw. die Veräußerung des Schrottes ein selbständiger, für sich zu beurteilender, *eigenständiger Geschäftsvorfall* ist. Unter Berücksichtigung der Grundsätze der Einzelerfassung und –bewertung und des Realisationsprinzips erscheint es daher fraglich, inwieweit die heute bereits aufwandsmindernde, letztlich aber antizipierende Vereinnahmung eines solchen, noch nicht durch einen Umsatzakt bestätigten Rest- bzw. Schrottwertes zulässig erscheint.

Als zweiter Einwand sind die erheblichen *Objektivierungsprobleme* zu nennen, die mit der Antizipation eines solchen, speziell im Braunkohlenbergbau sich häufig erst nach Jahrzehnten realisierenden Rest- bzw. Schrottwertes als einer dem Grunde wie der Höhe nach unsicheren, im Zeitablauf veränderlichen Größe verbunden sind.[767] Diskussionswürdig erscheint insbesondere die Frage, *auf welcher Grundlage* ein solcher Wert zu ermitteln ist.

Bevor auf die hier aufgeworfenen Fragen vertieft eingegangen wird, sollen zunächst Aspekte der möglichen Ertragsrealisierung aufgrund der Annahme von Stoffen Unternehmensfremder im Rahmen des Prozesses der WNBM betrachtet werden. Da Fragen des Ansatzes und der Bewertung sowie der an diese anzulegenden Kriterien grundsätzliche Gemeinsamkeiten mit den soeben behandelten Aspekten der Berücksichtigung von Rest- bzw. Schrottwerten haben, soll für diese beiden denkbaren Ertragspotentiale diesbezüglich im Anschluss eine gemeinsame Analyse erfolgen.

5.5.3 Ertragspotentiale infolge der Annahme von Stoffen Dritter

5.5.3.1 Vorbemerkung

Im Folgenden sollen verschiedene Möglichkeiten für Unternehmen des Braunkohlenbergbaus vorgestellt werden, Stoffe Unternehmensfremder anzunehmen und i.R.d. WNBM einzusetzen. Diese Darstellung muss zunächst unabhängig davon geschehen, ob diese Annahme für das bergbautreibende Unternehmen in jedem konkreten Einzelfall in der Praxis ertragswirksam, ertrags- bzw. aufwandslos oder aufwandswirksam ist. Zum einen können der einschlägigen

---

[766] Vgl. zum Vorstehenden: Henninger (1968), S. 370/371; ohne Verf. (1968), S. 219/220; Gübbels (1961), S. 44, 45; ders. (1969), S. 1305/1308; Sauer (1972), S. 394.

[767] Vgl. zum Vorstehenden: Gübbels (1961), S. 46; Henninger (1968), S. 371; Sauer (1972), S. 395.

Literatur Aussagen hinsichtlich realisierbarer oder zu zahlender Entgelte praktisch nicht entnommen werden. Zum anderen dürften durch qualitative stoffliche Unterschiede, durch Angebots- und Nachfrageschwankungen sowie durch Veränderungen in der Umwelt- bzw. Abfallgesetzgebung regional wie im Zeitablauf Preisunterschiede bzw. Preisschwankungen zu verzeichnen sein, so dass auch insofern das Treffen genereller Aussagen nicht möglich ist.

Aus grundsätzlicher Sicht ist festzustellen, dass für eine die Bemessung des Erfüllungsbetrags beeinflussende Berücksichtigung erhaltener oder zu zahlender Entgelte zwei Fälle zu unterscheiden sind: Sollen Maßnahmen der WNBM durch eine *Fremdfirma* durchgeführt werden, so dürfte im Regelfall auch eine ertragswirksame Annahme entsprechender Stoffe durch diese Fremdfirma erfolgen, da diese über entsprechendes Know-How hinsichtlich Beschaffenheit, Qualität, Verwendungsweise usw. verfügen dürfte. Die Fremdfirma legt dem Bergbauunternehmen ein Angebot in Höhe sämtlicher von ihr zu erbringender Leistungen vor, wobei sich erzielte Erträge aus der Stoffannahme entsprechend mindernd auf das Leistungsangebot und damit auf den Erfüllungsbetrag der Einzelmaßnahme niederschlagen dürften. Es erfolgt hier also eine „indirekte" Saldierung, deren Existenz und Höhe vom Bergbauunternehmen nicht identifiziert werden kann und auch nicht identifiziert werden muss, da an die Fremdfirma ein nach Teilleistungen bestimmter Gesamtbetrag gezahlt wird, dessen genaue Zusammensetzung sich der Kenntnis des Bergbauunternehmens im Regelfall entziehen dürfte.[768] Eine „Saldierung" im hier interessierenden Sinne kann also nur dann erfolgen, wenn das Bergbauunternehmen *auf eigene Rechnung* Stoffe annimmt, diese im Rahmen der Eigenvornahme von Maßnahmen der WNBM selbst verwendet oder an eine diese Maßnahmen durchführende Fremdfirma zwecks Verarbeitung zur Verfügung stellt.

Grundvoraussetzung für eine Saldierung mit zukünftigen Erlösen ist dabei, dass ein einer Einzelrückstellung zugrunde zu legender Einzelerfüllungsbetrag für eine definierte Einzelmaßnahme der WNBM dem Grunde nach bemessen werden muss bzw., wenn eine Verkippung erst nachträglich geplant wird, bereits bemessen worden ist. M.a.W.: Es geht *nicht* darum, irgendwelche (gar sämtliche) zukünftig voraussichtlich anfallenden Erlöse der Aufwandsverrechnung als Ertrag pauschal (in toto) gegenzurechnen, was letztlich auf eine bilanziell unzulässige Ertragswertrechnung hinausliefe. Eine Gegenrechnung ist natürlich nur zulässig i.R.d. Bemessung des Erfüllungsbetrags für *eindeutig* definierte Einzelmaßnahmen der WNBM, für die ein Einsatz von Stoffen überhaupt möglich und auch vorgesehen ist (Einzelerträge analog zu Einzelkosten). So müssten für eindeutig bestimmte, erst noch einer WNBM zuzuführende Flächen bereits konkrete Planungen vorhanden sein, auf diesen Stoffe zu verkippen bzw. einzubringen.

---

[768] Einzelkosten der von der Fremdfirma zu realisierenden Einzelmaßnahme, vgl. hierzu unter 5.4.4.2.

5.5.3.2 Anwendungsfälle der Verwendung von Stoffen Dritter im Rahmen der Wiedernutzbarmachung

Eine *Bodenmelioration* durch Einbringen von Kraftwerksaschen[769] ist z.T. bei sauren Kippenrohböden erforderlich, um v.a. deren Säuregehalt, Nährstoffgehalt, Vegetationseignung und Wasseraufnahmefähigkeit mit der geplanten Art der Folgenutzung abzustimmen.

Zur *Verhinderung von Staubemissionen und der Bodenerosion von offenliegenden Tagebauflächen sowie zur Bedeckung von zur Selbstentzündung neigenden Flächen* erfolgt in der Praxis der Braunkohleunternehmen teilweise ein Aufbringen von *Kompost*, bestehend aus einer teilverrotteten Mischung aus Bioabfällen, Grünabfällen (gehäckseltes Baum- und Strauchmaterial) sowie Produktionsabfällen z.B. aus der Holz- oder Möbelindustrie. Teilweise werden für die genannten Zwecke auch *Bauschutt* und *Bodenaushub* verwendet.

Auch im Rahmen von *Bepflanzungs- und Wiederaufforstungsmaßnahmen* kommen z.T. *Grünabfälle* zum Einsatz. Diese dienen der Verbesserung der Bodenqualität, um die spätere Begrünung oder Wiederaufforstung vorzubereiten bzw. deren Erfolgsaussichten zu verbessern.[770]

Deponierung von Stoffen aus Kraftwerken: Im Rahmen der Verstromung von Braunkohle fallen erhebliche Mengen an Stoffen an, wobei in der vorliegenden Arbeit insbesondere Aschen[771] sowie REA-Gips und REA-Wasser als relevant angesehen werden dürfen.[772] Die Stoffe können in den offenen Tagebau in den Bereich der Abraumkippe zurückgeführt und dort verkippt werden.[773] Das durch den Braunkohlenabbau auftretende Massendefizit wird durch die Stoffdeponierung vermindert, was sich positiv auf den Umfang der wieder nutzbar gemachten Flächen auswirkt und dadurch auch langfristig sichtbare Eingriffe in das Landschaftsbild reduziert. Durch die Deponierung innerhalb der bereits betriebenen Innenkippe kann zudem eine einheitliche Planung der WNBM auch für die Bereiche der Deponierung erfolgen.[774]

5.5.3.3 Erfüllungsimmanente Erträge und Aufwendungen auf Seiten des Bergbauunternehmens infolge der Annahme und Verkippung von Stoffen

Wie eingangs aufgezeigt, ist die Annahme von Stoffen nicht nur direkt ertragswirksam (Realisierung direkter Erlöse), sondern es können *erfüllungsimmanente Erträge wie Aufwendungen*

---

[769] Strzodka/ Sajkiewicz/ Dunikowski (1980), S. 407 bis 409; Starke (1991b), S. 921.

[770] Siehe zum Vorstehenden: Oster/ Kulik (2000), S. 176; Viertel (2002), S. 141; Matthies/ Hofenauer (2001), S. 586/587.

[771] Flugasche bzw. Filterasche, die durch die in den Kraftwerken installierten Elektrofilter abgeschieden wird sowie Nass- bzw. Kesselasche, die am Boden der Kohlekessel aus Wasserwannen abgezogen wird, vgl. Oster/ Eyll-Vetter (2001), S. 167; Eyll-Vetter (2002), S. 10; Starke (1991b), S. 916.

[772] Vgl. zur Thematik auch Zenker (1988a), S. 69; ders. (1988b), S. 393.

[773] Siehe zu dazu erforderlichen, durch das Bergbauunternehmen zu schaffenden Voraussetzungen unter 5.5.3.3.

[774] Starke (1991b), S. 920.

218 Die Bemessung des Erfüllungsbetrags auf Grundlage der Ergebnisse der Verpflichtungsinventur

anfallen, so dass zu entscheiden ist, ob bzw. inwieweit diese i.R.d. Bemessung des Erfüllungsbetrags zu berücksichtigen sind.

Die *indirekte Ertragswirksamkeit* kann auf verschiedene Art und Weise erfolgen:

So kann durch das Einbringen von Asche als Meliorationsmittel die Beschaffung eines die geforderte Qualität der WNBM sicherstellenden Meliorationsmittels am Markt gegen Entgelt (was den betreffenden Erfüllungsbetrag erhöhen würde) entfallen. Dasselbe gilt für die Annahme von Stoffen zwecks Vermeidung von Staubemissionen sowie zur Unterstützung des Bewuchses auf wieder nutzbar gemachten Flächen. Ebenfalls ist vorstellbar, dass bestimmte Flächenabschnitte überhaupt nur deswegen als land- oder forstwirtschaftliche Flächen vermarktet werden können, weil die angenommenen Stoffe ein ansonsten auftretendes Massendefizit beseitigen oder zumindest reduzieren (*erfüllungsimmanente Erträge*)[775] und damit eine ansonsten notwendige Schaffung eines (i.d.R. ertragslosen) Gewässers verhindern.

Den ertragswirksamen bzw. aufwandsmindernden Wirkungen der Annahme und Verkippung von Stoffen stehen beim Bergbauunternehmen *regelmäßig erfüllungsimmanente Aufwendungen* für die Annahme und Verkippung gegenüber, die, da die Stoffverkippung als integraler Bestandteil der WNBM aufzufassen ist,[776] auch die Höhe des betreffenden Erfüllungsbetrags beeinflussen. Erfüllungsimmanente Aufwendungen fallen bereits mit der Herstellung eines geeigneten, gegen Grundwasserwiederanstieg geschützten Kippenkörpers (Mulden) an. Neben der Einrichtung des Deponiekörpers verursachen auch die Annahme und Verfüllung als solche erfüllungsimmanente Aufwendungen, da geeignete Transportmöglichkeiten (Bandanlagen u.a.) sowie Verkippungsgeräte (Absetzer) angeschafft bzw. bereitgehalten und betrieben werden müssen (Anfall zusätzlicher Aufwendungen für Personal, Energie, Instandhaltung). Nach erfolgter Verfüllung des Deponiekörpers mit den Kraftwerksrückständen muss dieser durch Herstellung eines mehrschichtigen Systems abgedichtet werden.[777]

Erst hiernach können Anpflanzungs- oder Wiederaufforstungsarbeiten erfolgen. Schließt die aufgefüllte Deponie nicht mit der Rasensohle ab, sondern übersteigt diese, ist die wieder nutzbar zu machende Fläche u.U. sogar größer als dies ohne erfolgte Deponierung der Fall wäre. Nimmt die Deponie sogar den Charakter einer Halde an, muss diese weiterhin ggf. durch Wege erschlossen werden und es muss für eine angemessene Ableitung von Oberflächenwasser gesorgt werden.

Hieraus resultieren entsprechende erfüllungsimmanente Aufwendungen für das Bergbauunternehmen, die bei Herstellung einer planen Fläche nicht anfallen würden. Aufgrund der

---

[775] Vgl. Regionaler Planungsverband Westsachsen: Braunkohlenplan – Tagebau Vereinigtes Schleenhain (1998), S.77: Durch Lieferung von Stoffen des Kraftwerkes Lippendorf in das benachbarte Abbaufeld Peres soll eine zusätzliche Landoberfläche von 95 ha geschaffen und das gesamte Massendefizit infolge Braunkohlenge- winnung in diesem Abbaufeld um 10% reduziert werden.

[776] Vgl. unter 1.2.6.3.

[777] Vgl. zum Vorstehenden: Starke (1991b), S. 917 bis 919; Zenker (1988a), S. 72; ders. (1988b), S. 397/398; Eyll-Vetter (2002), S. 14 bis 17.

Berücksichtigung aufwandsmindernder (gegenläufiger) Bewertungsfaktoren bei ...   219

geschilderten Umstände kann davon ausgegangen werden, dass sich das Bergbauunternehmen die Annahme und Deponierung der Reststoffe angemessen vergüten lässt, vermutlich zu einem eine bloße Kostendeckung übersteigenden Betrag.

5.5.3.4 Differenzierung in direkte Erlöse, erfüllungsimmanente Erträge und erfüllungsimmanente Aufwendungen

Die Problematik der Berücksichtigung direkter Erlöse bei der Bemessung des Erfüllungsbetrages liegt in der Unsicherheit hinsichtlich ihres Anfalls, dem Grunde wie der Höhe nach (Aspekt der Nachprüfbarkeit). Die Realisierung derartiger Erlöse stellt einen eigenständigen, sich (voraussichtlich) erst zukünftig realisierenden Geschäftsvorfall dar und darf wegen des Realisationsprinzips zu keiner unbedachten Vereinnahmung in einer Vorperiode und damit zu einer vorzeitigen Verrechnung führen. Insbesondere liegt, zumindest soweit keine Lieferverträge geschlossen wurden, kein aktivierungsfähiger Anspruch vor, der zu einer (teilweisen) Minderung des Erfüllungsbetrags führen könnte.[778]

Anderseits darf nicht übersehen werden, dass die sich an den Braunkohlenplänen und an den mit diesen abgestimmten Betriebsplänen orientierende *WNBM der Oberfläche nicht getrennt von der Stoffverkippung betrachtet werden kann*, die Erfüllung der Vorgaben aus den Braunkohlenplänen vielmehr häufig erst durch eine Verkippung möglich wird: Die *Stoffverkippung ist daher solange als integraler Bestandteil der WNBM aufzufassen, wie Verkippung und Oberflächengestaltung in den Braunkohlen- wie Betriebsplänen einheitlich geplant werden.*[779] „Ordnungsgemäß" und das „öffentliche Interesse" beachtend ist die Gestaltung der Oberfläche erst dann, wenn die Vorgaben der Braunkohlenpläne betrieblich umgesetzt sind. M.a.W.: Wenn „WNBM" *keine* von der Stoffverkippung zu trennende Verpflichtung darstellt, es also *keine* Stoffverkippung *neben* der WNBM gibt, dann muss auch der Erfüllungsbetrag für die betroffene Flächeneinheit dieser Maßgabe entsprechend bemessen werden. Wollte man eine Stoffverkippung auf dieser Ebene verneinen, müsste eine zweifache Tagebauplanung er-

---

[778] Vgl. grundlegend zum Vorstehenden: BFH, Urteil vom 16.09.1970 – I R 184/67; ebenso, zumindest für Verbindlichkeitsrückstellungen: BFH, Urteil vom 16.12.1992 – XI R 42/89; kritisch hierzu wegen der Forderung des BFH nach Einbeziehung von Kippgebühren im Fall Drohverlustrückstellungen: Christiansen (1995), S. 395/396; ders. (1996a), S. 140/141; vgl. zum unterschiedlichen Saldierungsbereich von Drohverlust- und Verbindlichkeitsrückstellungen bzgl. „Kippgebühren": Groh (1988a), S. 29; ders. (1995b), S. 632; Moxter (1993d), S. 2482; Euler (1996), S. 174/175; Siegel (1994b), S. 2239; Weber-Grellet (1997b), S. 2233; ders. (1998a), S. 278, 288/289; für eine Gleichbehandlung beider Rückstellungsarten hingegen: Thies (1996), S. 109/110; Thiel, J. (1998), S. 321/322, mit dem Hinweis auf eine mögliche zukünftige Ausdehnung des Saldierungsbereichs bei Verbindlichkeitsrückstellungen analog zu Drohverlustrückstellungen; die weit überwiegende Meinung in der Literatur folgt hinsichtlich Verbindlichkeitsrückstellungen dem BFH: ohne Verf. (1971), S. 119; Christiansen (1995), S. 394; ders. (1996a), S. 139/140; Herzig (1994d), S. 1430; Hoffmann, F. (1971), S. 385; Institut Finanzen und Steuern (1990), S. 19/20; Groh (1988a), S. 29; Korth (1997), S. 655; Moxter (1997b), S. 679; Naumann (1993), S. 226; Pößl (1984), S. 433; Scheidle/ Scheidle (1980), S. 721; Kupsch (1992b), S. 355; ders. (1989), S. 59; gegen eine Pflicht zur Saldierung mit Kippgebühren bereits zuvor: Hoffmann, F. (1965), S. 945; differenzierend hingegen Littmann (1971).

220 Die Bemessung des Erfüllungsbetrags auf Grundlage der Ergebnisse der Verpflichtungsinventur

folgen, eine mit und eine ohne Stoffverkippung, wobei sich die Bemessung des Erfüllungsbetrags allein an letzterer zu orientieren hätte. Die insofern „natürliche" Bewertungseinheit aus „eigentlicher" WNBM und Stoffverkippung würde aufgelöst, in die hiernach zu bildende Rückstellung würde dann ein *zerschlagungsspezifischer* Erfüllungsbetrag eingehen, womit in jedem Fall gegen den Grundsatz der Unternehmensfortführung (§ 252 Abs. 1 Nr. 2 HGB) verstoßen würde; ein Abstellen auf den *planmäßigen* Erfüllungsumfang, so wie in der vorliegenden Arbeit befürwortet,[780] wäre ausgeschlossen. Speziell für die erfüllungs*immanenten* Aufwendungen und Erträge gilt damit, dass diese zumindest solange *automatisch Eingang in die Bemessung des Erfüllungsbetrags* finden, wie diese auf den mit den Braunkohlenplänen abgestimmten Betriebsplänen beruht, d.h. wie von der planmäßigen Fortsetzung der unternehmerischen Tätigkeit ausgegangen wird.

Insofern greift insbesondere der Grundsatz der Einzelbewertung bzw. das Saldierungsverbot hier gerade *nicht*: Da die Stoffverkippung *kein* von der Erfüllung der Pflicht zur WNBM trennbarer Geschäftsvorfall ist, wird die Inanspruchnahme durch die Bergbehörde *wertmäßig* von vornherein beeinflusst durch sämtliche zugehörigen bewertungsrelevanten Faktoren. Die simultane Berücksichtigung unmittelbar verknüpfter und sich daher gegenseitig neutralisierender negativer wie positiver Erfolgsfaktoren verhindert gerade den Ausweis überhöhter Aufwendungen für Rückstellungsdotierung; eine allein den Einzelbewertungsgrundsatz streng beachtende, einseitig imparitätische Betrachtung erscheint hier ungeeignet.[781]

In der vorliegenden Arbeit soll daher grundsätzlich davon ausgegangen werden, dass i.R.d. Bemessung des Erfüllungsbetrags der „natürlichen" Bewertungseinheit „Einzelmaßnahme der WNBM mit integrierter Stoffverkippung" erfüllungsimmanente Erträge und Aufwendungen in jedem Fall Eingang in die Bemessung des Erfüllungsbetrags einer definierten Einzelmaßnahme finden, unabhängig davon, ob feste Lieferverträge vorliegen oder nicht. Eine getrennte Betrachtung würde insbesondere eine von den Braunkohlenplänen und den hierauf abgestimmten Betriebsplänen abweichende Planung der WNBM der Oberfläche (ohne Berücksichtigung verkippter Stoffe) und damit eine zerschlagungsspezifische Bemessung des Erfüllungsbetrags erzwingen, was gegen den Grundsatz der Unternehmensfortführung (§ 252 Abs. 1 Nr. 2 HGB) verstoßen würde. Die Diskussion reduziert sich damit auf die Frage, ob

---

[779] Siehe unter 1.2.6.3; vgl. auch Regionaler Planungsverband Westsachsen (1998): Braunkohlenplan – Tagebau Vereinigtes Schleenhain, S. 77; Starke (1991b), S. 920.

[780] Siehe erneut unter 4.4.7.3.

[781] Siehe auch in vergleichbarem Zusammenhang gegen ein zu enges, formalrechtliches Verständnis u.a. des Einzelbewertungsgrundsatzes: Benne (1991), S. 2604; ders. (1992a), S. 252; ders. (1992b), S. 1172, 1176; Finne (1991), S. 1297 bis 1299; Groh (1986), S. 873; Hahne (2003), S. 1945; Lührmann (1998), S. 388/389; Sprissler (1996), S. 373; Prahl/ Naumann (1991), S. 734; dies. (1992), S. 715; Tubbesing (1981), S. 816/817; vgl. auch BFH, Urteil vom 25.02.2004 – I R 54/02, S. 894, in dem allerdings Abweichungen vom Einzelbewertungsgrundsatz auf den Fall einer sonst eintretenden Verletzung des § 264 Abs. 2 HGB beschränkt werden, siehe hierzu auch Christiansen (2004c), S. 742.

*bzw. nach welchen Kriterien die **direkten** Erlöse zu berücksichtigen sind, ohne v.a. das Realisationsprinzip zu verletzen.*

Im Übrigen besteht ein offensichtlicher Widerspruch zwischen der geschilderten h.M. in der Literatur sowie der Rechtsprechung zu „Kippgebühren" einerseits und „Schrotterlösen" andererseits: Einerseits wird die abschreibungsmindernde Berücksichtigung von zukünftig realisierbaren Schrotterlösen gefordert, obwohl auch deren Realisierung ein von der Anschaffung (und Abschreibung) der Vermögensgegenstände isoliertes Geschäft darstellt und auch hier der Anfall zukünftiger Erträge dem Grunde wie der Höhe nach ungewiss ist. Insofern wird auch in diesem Fall u.a. gegen das Realisationsprinzip verstoßen. Gleichzeitig werden aber keine konkreten, geeigneten Kriterien genannt, die als Orientierung dafür dienen könnten, unter welchen Umständen entsprechende Erlöse zu berücksichtigen sind.

Schließlich besteht die Notwendigkeit, geeignete Kriterien für die Antizipation zukünftiger Erlöse zu entwickeln, spätestens seit dem „StEntlG 1999/2000/2002": Die in den § 6 Abs. 1 EStG neu eingefügte Nr. 3a Satz 1 Buchst. c bestimmt: „künftige Vorteile, die mit der Erfüllung der Verpflichtung voraussichtlich verbunden sein werden, sind, soweit sie nicht als Forderung zu aktivieren sind, bei ihrer Bewertung wertmindernd zu berücksichtigen". Eine aufwandsmindernde Berücksichtigung zukünftiger Erlöse und damit die Bestimmung geeigneter Kriterien ist also zumindest *für die steuerliche Erfolgsmessung unumgänglich.*

5.5.4 Literaturmeinungen und Finanzrechtsprechung zur Thematik „Saldierung"

Fragen der Saldierung sind in der Literatur ausführlich behandelt worden, sowohl hinsichtlich „klassischer" Fälle der Bewertung von Forderungen und Verbindlichkeiten bei vorhandener Sicherung gegen Ausfall wie bei mangelnder Verzinslichkeit, aber Vorliegen anderweitiger Vorteile.[782] Als weitere Schwerpunkte hinsichtlich Rückstellungen sind zu nennen die evtl. Verrechnung von Verpflichtungen mit kompensierenden Versicherungsansprüchen im Fall von Produkthaftungs- und Gewährleistungsverpflichtungen[783] sowie bei Verstößen gegen das UmwHG und das WHG.[784]

Angesichts der Unklarheiten und Widersprüchlichkeiten, die in der Literatur bezüglich der Kriterien einer evtl. Saldierung von Verpflichtungen und gegenläufigen Ansprüchen festzustellen sind,[785] erscheinen die vom BFH in den letzten Jahren entwickelten Voraussetzun-

---

[782] Vgl. Christiansen (1995), S. 390/391 m.w.N.; Kupsch (1992b), S. 350, 352/353; ders. (1995), S. 137/138, 140/141, 146/147.

[783] Vgl. hierzu Benne (1991), S. 2603; Bordewin (1979b), S. 414; Christiansen (1980), S. 155; ders. (1995), S. 393; ders. (1996a), S. 138; Herzig/ Hötzel (1991), S. 104; Korn (1982), S. 4866; Küffner (1978), S. 543/544; Kupsch (1989), S. 59; ders. (1995), S. 149; Liedmeier (1989), S. 2135/2136; Oswald (1978), S. 61/62; Popp (1976), S. 458; Söffing/ Jebens (1979), S. 1448; Strobl (1984), S. 199; Vollmer/ Nick (1985), S. 58; FG Nürnberg, Urteil vom 01.07.1981 – V 160/77.

[784] Vgl. zum UmwHG: Herzig/ Köster (1991), S. 53 bis 57; siehe zum WHG: Schmidt-Salzer (1986), S. 606; ders. (1988), S. 426; ders. (1990), S. 14; Kamphausen/ Kolvenbach/ Wassermann (1987), S. 11/12, 18.

[785] Vgl. die genannten Nachweise.

222 Die Bemessung des Erfüllungsbetrags auf Grundlage der Ergebnisse der Verpflichtungsinventur

gen einer Saldierung von rechtlich und wirtschaftlich noch nicht entstandenen und daher nicht eigenständig aktivierbaren[786] Ansprüchen ggü. Dritten mit unzweifelhaft bestehenden Verpflichtungen einer näheren Betrachtung wert zu sein. Eine Kompensation mit zum Bilanzstichtag weder rechtlich noch wirtschaftlich entstandenen Ansprüchen ist danach nur möglich, wenn:[787]

1. Die Ansprüche in unmittelbarem Zusammenhang mit der drohenden Inanspruchnahme stehen,

2. sie der Entstehung oder Erfüllung der Verbindlichkeit zwangsläufig und spiegelbildlich in rechtlich verbindlicher Weise nachfolgen,

3. diese Ansprüche vollwertig sind, d.h. vom Rückgriffsschuldner, der von zweifelsfreier Bonität sein muss, nicht bestritten werden.

Die vom BFH entwickelten Kriterien scheinen in besonderer Weise geeignet, eine zu enge, formaljuristische Abgrenzung von Bewertungseinheiten (v.a. eine Überbetonung des Einzelbewertungsgrundsatzes bzw. des Saldierungsverbots) zu verhindern und dabei zugleich die undifferenzierte Vereinnahmung von für die Zukunft lediglich erwarteten Erträgen auszuschließen zwecks Einhaltung elementarer GoB.[788] Die genannten Kriterien sollen daher Grundlage der weiteren Betrachtungen sein.

5.5.5 Auswirkungen der Annahme und Verkippung von Kraftwerksrückständen auf die Bemessung des Erfüllungsbetrags

Hinsichtlich der Kausalität und Spiegelbildlichkeit der Ertragsrealisierung zum Entstehen oder zur Erfüllung der Verpflichtung ist festzustellen, dass zwar der Anfall von Kraftwerksrückständen ohne den Abbau (und natürlich Verstromung) von Braunkohle und damit ohne das Entstehen der bergrechtlichen Verpflichtung zur WNBM nicht möglich ist. Umgekehrt gilt aber, dass dem Abbau der Kohle, und damit dem Entstehen der bergrechtlichen Verpflich-

---

[786] Döllerer (1994), S. 592; BFH, Urteil vom 25.02.2004 – I R 54/02, S. 892.

[787] BFH, Urteil vom 08.11.2000 – I R 10/98; BFH, Urteil vom 04.02.1999 – IV R 77/96; BFH, Urteil vom 08.02.1995 – I R 72/94; BFH, Urteil vom 03.08.1993 – VIII R 37/92; BFH, Urteil vom 17.02.1993 – X R 60/89; vgl. hierzu Groh (1995b), S. 632 sowie Döllerer (1994), S. 593/594; vgl. auch: BFH, Urteil vom 26.04.1989 – I R 147/84; BFH, Urteil vom 27.05.1964 – IV 352/62 U.

[788] Dem BFH folgend: Christiansen (1995), S. 394; ders. (1996a), S. 138/139; ders. (1998), S. 321; Korth (1997), S. 654; Moxter (1997b), S. 679; Pfitzer/ Schaum (1996), S. 1379; Strobl (1995), S. 92; Roß/ Seidler (1999), S. 1264; Weber-Grellet (1997b), S. 2235/2236; ablehnend hingegen: Fürst/ Angerer (1993), S. 425 bis 428; kritisch auch: Mössner (1995), S. 99 bis 101; Schön (1994), S. 14; mit vergleichbar engen Kriterien bereits zuvor: Pößl (1984), S. 433/434; Naumann (1993), S. 224 bis 226; diesen folgend: Karrenbrock (1994b), S. 100; Kupsch (1992b), S. 347/348; Fey (1992), S. 2357; Tischbierek (1994), S. 117; vgl. auch die bzgl. „Hedging" vorgeschlagenen bzw. zwecks Einhaltung elementarer GoB geforderten Kriterien bei: Anstett/ Husmann (1998), S. 1526 bis 1530; Benne (1979), S. 1656; Groh (1986), S. 874/875; Herzig/ Mauritz (1997), S. 145/146; Gmelin (1987), S. 600; Zielke (1994), S. 515 bis 522; Prahl/ Naumann (1991), S. 735; Tönnies/ Schiersmann (1997), S. 717; Tubbesing (1981), S. 819 bis 826; mit diesbezüglich grundsätzlichen Bedenken Diehl (1977), S. 291; mit einem aktuellen Überblick über die Thematik: Hahne (2003), S.

Berücksichtigung aufwandsmindernder (gegenläufiger) Bewertungsfaktoren bei ... 223

tung, die Erzielung von Erträgen aus der Annahme von Stoffen *nicht* kausal nachfolgt, m.a.W.: Das Entstehen wie die Erfüllung der bergrechtlichen Verpflichtung zieht *keine* spiegelbildliche Ertragsrealisierung kausal nach sich. Die aufwandsmindernde Berücksichtigung entsprechender Erträge würde damit bereits am ersten Kriterium scheitern. Die Kausalität und Spiegelbildlichkeit, mit der Erträge aus der Stoffannahme dem Entstehen der bergrechtlichen Verpflichtung nachfolgen, könnte sich aber aus dem Vorhandensein entsprechender Verträge zwischen dem Kraftwerksbetreiber und dem Bergbauunternehmen ergeben.

Wie unter 5.5.3.3 dargelegt, muss das Bergbauunternehmen erhebliche Ausgaben tätigen, um die Annahme und Verkippung von Stoffen überhaupt vornehmen zu können. Hierzu wird es sich nur auf der Grundlage langlaufender Lieferverträge mit dem Kraftwerksbetreiber bereit erklären, die über die Spezifizierung von Mengen wie des zeitlichen Verlaufs der Belieferung dem Bergbauunternehmen eine Amortisation seiner Investition erlauben. Bestehen solche langlaufenden Verträge, kann auch von einem der Entstehung der (bergrechtlichen) Verpflichtung kausal nachfolgenden Anfall der Erträge insofern gesprochen werden, als *die Lieferung von Braunkohle Voraussetzung des Anfalls von Kraftwerksrückständen und deren vertraglich abgesicherte Rücklieferung an das Bergbauunternehmen wiederum überhaupt erst die Erfüllung der Verpflichtung zur WNBM in dem Maße ermöglicht, wie diese in den Braunkohlenplänen sowie in den hierauf abgestimmten Betriebsplänen vorgesehen ist und zu der eben auch die Verkippung von Stoffen als integraler Bestandteil gehört.* Mit einer vertraglichen Grundlage wäre auch die zweite Voraussetzung, die rechtliche Durchsetzbarkeit (Erzwingbarkeit) des Lieferanspruchs gegeben. Sofern weiterhin keine Zweifel an der Lieferfähigkeit des Kraftwerkes (Bonität) bestehen, dürfen damit *nicht nur die i.R.d. Tagebauplanung ohnehin antizipierten erfüllungsimmanenten Erträge und Aufwendungen, sondern auch die unmittelbar realisierbaren Erträge* aus einer erst im nächsten/in einem der nächsten Geschäftsjahr/e erfolgenden Stofflieferung bereits gegenwärtig beim Bergbauunternehmen *den Erfüllungsbetrag mindernd berücksichtigt werden.* M.a.W.: Die „natürliche" Bewertungseinheit aus WNBM und Stoffverkippung, in deren Bemessung bereits erfüllungsimmanente Erträge und Aufwendungen eingeflossen sind, wird in ihrer Höhe *reduziert durch die Verrechnung mit den direkten Erlösen.* Diese Minderung darf sich dabei aber nur auf den Zeitraum der Laufzeit des Liefervertrages erstrecken und nur entsprechend den vertraglich vereinbarten Mengen und Entgelten vorgenommen werden.

1943 bis 1947; ders. (2005), S. 843 bis 845; Günkel (2003), S. 276 bis 280 und Christiansen (2003), S. 264 bis 268.

5.5.6 Unterschiede zwischen der Annahme von Stoffen Dritter und der Realisierung von Schrotterlösen hinsichtlich der Auswirkungen auf die Bemessung des Erfüllungsbetrags

5.5.6.1 Vergleich beider Ertragspotentiale

Es wurden bereits Möglichkeiten aufgezeigt,[789] inwieweit sich Ertragspotentiale durch die Annahme von Stoffen Dritter, mit denen *keine* festen Abnahmeverträge bestehen (fehlende Planbarkeit und Verlässlichkeit der Annahme), realisieren lassen (v. a. Grünabfälle und Bauschutt). Geht man von einer fehlenden Motivation zum Abschluss von Lieferverträgen v.a. auf Seiten der Stoffanbieter aus (mangelnde Planbarkeit des Massenanfalls), stellt sich die Frage, ob eine aufwandsmindernde Berücksichtigung zukünftiger direkter Erlöse überhaupt zulässig ist, da es an einer vertraglich abgesicherten, Mengen und Entgelte (Erträge) festlegenden Bezugsmöglichkeit gerade fehlt.

Zur Lösung dieser Problematik sei daran erinnert, dass von Literatur wie Finanzrechtsprechung die abschreibungsmindernde Berücksichtigung von Schrotterlösen regelmäßig zugelassen bzw. gefordert wird, im Gegensatz zur Saldierung mit „Kippgebühren".[790] Bei *beiden* fehlt es aber an einer vertraglichen Absicherung über Mengen und Preise. Es dürfte praktisch auszuschließen sein, dass Jahre, bei Tagebaugroßgeräten sogar Jahrzehnte im voraus eine zu definierten Konditionen mit einem bestimmten Vertragspartner vertraglich abgesicherte Veräußerung des Schrottes geregelt wird. Damit stellt sich die *Frage, worin der grundsätzliche, eine evtl. unterschiedliche bilanzielle Behandlung rechtfertigende Unterschied beider Konstellationen besteht.*

5.5.6.2 Charakteristik des Schrottmarktes

Hinsichtlich der zu realisierenden Schrottpreise ist der Schrottmarkt durch eine vglw. hohe Transparenz gekennzeichnet. Schrottpreise werden von der Wirtschafsvereinigung Stahl monatlich erfasst und, auf Anfrage, unentgeltlich mitgeteilt. Hierbei handelt es sich um Preise in €/t frei Werk. Als Orientierung dient die „Richtsorte 2: Stahlneuschrott". Für andere Sorten werden hiervon z.T. Abschläge angegeben,[791] so z.B. für die Richtsorte 3 (schwerer Stahlaltschrott: mind. 6 mm Stärke; Höchstabmessungen: 1,5 x 0,5 x 0,5 m) von 10 DM/t (= 5 €/t).

Grundsätzlich dürfte weiterhin davon auszugehen sein, dass der Schrottmarkt für jedermann zugänglich ist, d.h. prinzipiell kann jedermann als Anbieter auftreten. Die Nachfragesei-

---

[789] Unter 5.5.1.
[790] Vgl. unter 5.5.2.4.
[791] Vgl. Wirtschaftsvereinigung Stahl: Stahlschrottsortenliste vom 01.09.1993.

te ist durch eine Vielzahl von Nachfragern[792] geprägt, die z.T. flächendeckend im gesamten Bundesgebiet tätig sind.[793] Die Besonderheiten des Schrottmarktes bestehen damit darin, dass:

1. das Bergbauunternehmen als Anbieter von in seinem Eigentum stehenden Mengen an Schrott auftritt, insoweit also nicht von Dritten abhängig ist;

2. sich Schrottpreise jederzeit problemlos und intersubjektiv nachprüfbar anhand der von der Wirtschaftsvereinigung Stahl erfassten und publizierten Daten ermitteln lassen;

3. es einen für jedermann zu jedem Zeitpunkt und an jedem Ort zugänglichen, anonymen Markt gibt, dessen Preisbildung durch einen einzelnen Schrottanbieter (hier: Bergbauunternehmen) aufgrund der Größe dieses Marktes de facto nicht beeinflussbar ist;[794] es liegt insofern ein börsenähnlicher Markt vor: Objektivierungsprobleme, die ansonsten gegen die Verwendung von Markt- bzw. Zeitwerten sprechen,[795] existieren hier ebenso wenig wie die Gefahr, unrealisierte Erträge vor dem Umsatzakt zu vereinnahmen, da an der jederzeitigen Durchführbarkeit eines Umsatzaktes keinerlei Zweifel bestehen.[796]

Damit kann davon ausgegangen werden, dass an praktisch jedem Ort im Bundesgebiet und zu jedem Zeitpunkt die Realisierung von Schrotterlösen zu einem allgemein bekannten, durch das zusätzliche Angebot nicht veränderbaren Preis möglich ist. Damit sind auch die zuvor erläuterten Kriterien für eine kompensierende Berücksichtigung von Erträgen i.R.d. Bemessung des Erfüllungsbetrags erfüllt:

1. die Ertragsrealisierung (infolge Anlagenverschrottung) folgt der Verpflichtungserfüllung (die gerade auch in der Verschrottung besteht) spiegelbildlich und unmittelbar nach;

2. die Ertragsrealisierung ist zwar nicht i.e.S. rechtlich durchsetzbar, „erzwingbar" ist sie aber insofern, als das Bergbauunternehmen jederzeit und praktisch unbeschränkt als Schrottanbieter auftreten kann, ohne abhängig von einem bestimmten Nachfrager zu sein, m.a.W.: die Ertragsrealisierung entzieht sich jeglicher Einflussnahme durch einen Dritten;

3. Zweifel an der Realisierung des Ertrages bestehen angesichts der hohen Preistransparenz sowie der beschriebenen Marktstruktur nicht, so dass auch dieses Kriterium erfüllt ist.

---

[792] In der „Bundesvereinigung Deutscher Stahlrecycling- und Entsorgungsunternehmen e.V." sind ca. 700 Mitglieder vereint, siehe unter www.bdsv.de.

[793] So verfügen z.B. die Firmen Jakob Becker GmbH&Co. KG, Mehlingen, sowie Scholz AG, Essingen, jeweils über zahlreiche Niederlassungen bzw. Beteiligungen in mehreren Bundesländern, siehe unter www.jakob-becker.de sowie www.scholz-ag.de.

[794] Der Stahlschrottverbrauch in Deutschland betrug in den Jahren 2000 bis 2002 jeweils über 19 Mio. t, Daten nach Bundesvereinigung Deutscher Stahlrecycling- und Entsorgungsunternehmen e.V.

[795] v. Strombeck (1882), S. 475; Siegel (1998), S. 598.

226   Die Bemessung des Erfüllungsbetrags auf Grundlage der Ergebnisse der Verpflichtungsinventur

Mit Blick auf die gewonnenen Erkenntnisse dürften keinerlei Bedenken bestehen, Schrotterlöse i.r.d. Bemessung des Erfüllungsbetrags *dem Grunde nach* aufwandsmindernd zu berücksichtigen. Die aufgezeigten Merkmale des Schrottmarktes rechtfertigen damit im Übrigen zumindest indirekt die von der h.M. geforderte abschreibungsmindernde Berücksichtigung von Schrottwerten.

5.5.6.3 Anpassung der Schrottpreise „frei Werk" i.R.d. Bemessung des Erfüllungsbetrags

Das zuvor bzgl. der Saldierung mit Schrotterlösen gefundene Ergebnis bedarf indes noch einer näheren Betrachtung bzw. Klarstellung hinsichtlich der Berücksichtigung *der Höhe nach*.

Die für die vorliegende Arbeit herangezogenen Schrottpreise der „Richtsorte 2" weisen im Zeitablauf erhebliche Schwankungen auf. Hierzu folgende Übersicht:

Jahr	1991	1992	1993	1994	1995	1996	1997	1998	1999	2000	2001	2002	2003	2004
Preis €/t	84,49	72,99	95,61	104,90	109,37	95,19	110,18	98,25	72,57	97,48	101,35	110,00	130,04	213,30

Tab. 7:   **Entwicklung der Schrotterlöse der „Richtsorte 2" zwischen 1991 und 2004**

Auffallend an den dargestellten Werten ist einerseits der massive Anstieg des Schrottpreises seit 2002, andererseits dessen nicht unerhebliche Schwankung in den Vorjahren. Mit Blick auf die Bemessung des Erfüllungsbetrags besteht damit insbesondere die Gefahr, dass *allein aufgrund zufälliger Marktschwankungen hohe* Schrottpreise Eingang in die Bewertung finden und damit zu einer Unterdotierung der Rückstellung sowie entsprechend zu niedriger Aufwandsverrechnung führen mit der weiteren Folge einer zukünftigen, bereits absehbaren Aufstockung von Erfüllungsbetrag und Rückstellung. Betrachtet man die Monate Dezember als die für den Bilanzstichtag zumeist relevanten Monate, so weist der Schrottpreis ein Minimum in 1992 i.H.v. 65,96 €/t und ein Maximum in 2004 mit 253,40 €/t auf.[797] Wäre also ein bestimmter, zukünftig zu verschrottender Vermögensgegenstand in 2004 angeschafft worden, so würde der für dessen Entfernung zu bemessende Erfüllungsbetrag mehr als doppelt so stark gemindert wie im Fall einer Anschaffung in 1992, ohne dass eine Sicherheit besteht, diesen hohen Preis zu irgendeinem zukünftigen Zeitpunkt tatsächlich realisieren zu können. Es bestehen daher *ganz erhebliche Bedenken, den jeweiligen, letztlich rein zufälligen, eine spätere tatsächliche Realisierung keineswegs sicherstellenden Stichtagsschrottpreis unreflektiert mit den Verschrottungsausgaben zu saldieren.* Schrotterlöse dürfen damit nur in einer Höhe kom-

---

[796]   Vgl. Dauber (2003), S. 149 bis 153; Ordelheide (1999), S. 519: beide mit Blick auf den ähnlich gelagerten Fall börsengehandelter Finanzinstrumente; die von Moxter (1976), S. 444, gegen die Objektivierbarkeit von Schrottwerten erhobenen Bedenken werden hier nicht geteilt.

[797]   Werte von Wirtschaftsvereinigung Stahl.

Berücksichtigung aufwandsmindernder (gegenläufiger) Bewertungsfaktoren bei ... 227

pensierend verrechnet werden, die unter Beachtung der langjährigen Preisentwicklung in der Vergangenheit eine quasi jederzeitige Realisierung, auch zukünftig, erwarten lässt. Die Schrotterlöse müssen auch der Höhe nach „quasi-sicher"[798] sein. Es erscheint daher geboten, vom mehrjährigen Minimum (zumindest 10 Jahre) einen pauschalen prozentualen Abschlag vorzunehmen und nur den somit berechneten Wert kompensierend zu berücksichtigen. Legt man einen Abschlag von (z.B.) 20% zugrunde um einerseits Vorsichtsaspekten zu genügen, andererseits keinen die Bildung stiller Reserven begünstigenden, überzogenen Pessimismus zu betreiben, so gelangt man zu einem dauerhaften Minimum von (gerundet) 53 €/t (80% von Wert Dezember 1992 von 65,96 €/t), dessen Realisierung auch zukünftig als „quasi-sicher" gelten darf.

Entgegen den vom BFH gezogenen absoluten wie relativen Grenzen sollte die Berücksichtigung von Schrotterlösen i.R.d. Bemessung des Erfüllungsbetrags grundsätzlich erfolgen, was angesichts

1. der in der Anlagenbuchhaltung vorhandenen sowie für Zwecke der Entfernung ohnehin benötigten Tonnagen der einzelnen Einheiten zu verschrottender Technik sowie

2. der problemlos ermittelbaren und mit 53 €/t auch nicht vernachlässigbaren Erlöse

geboten und zumutbar erscheint. Nur dann, wenn der Einfluss von Schrotterlösen auf den Erfüllungsbetrag als „verschwindend gering" bzw. „vernachlässigbar" bezeichnet werden kann, erscheint auch ein Verzicht auf seine Berücksichtigung vertretbar. Hiervon dürfte indes bei den im Braunkohlenbergbau in Rede stehenden Schrottmengen je Entfernungsobjekt nicht auszugehen sein.[799]

5.5.6.4 Ergebnis bzgl. der Annahme von Stoffen anderweitiger Dritter und Auswirkungen auf die Bemessung des Erfüllungsbetrags

Mit Blick auf die Ergebnisse der Betrachtung der Situation bzgl. Schrotterlösen gilt hinsichtlich *ohne* vertragliche Bindung am Markt zu beschaffender Stoffe damit: *Nur dann, wenn für „Kippmaterialien" ein dem Schrottmarkt hinsichtlich Offenheit und Preistransparenz vergleichbarer, seit Jahren (besser: Jahrzehnten) existierender homogener Markt vorliegen würde, auf dem das Bergbauunternehmen in jedem Fall mit der Realisierung von Erlösen rechnen könnte (so wie als Schrottanbieter), wäre auch eine den Erfüllungsbetrag mindernde Berücksichtigung von direkten Erlösen angezeigt, ohne das Realisationsprinzip oder Objektivierungsaspekte zu verletzen.* Erfüllungsimmanente Erträge und Aufwendungen sollten dagegen, wie auch im Fall vertraglich abgesicherter Stoffbelieferung, Eingang in die Bemessung des Erfüllungsbetrags finden (Beibehaltung der „natürlichen" Bewertungseinheit, dadurch keine Bewertung in zerschlagungsspezifischer Höhe). Das Realisationsprinzip wie Objektivierungs-

---

[798] Begriff nach Euler (1996), S. 112/113, 121/122.
[799] Vgl. die Daten unter 5.5.2.3.

aspekte bleiben im Fall fehlender Annahmeverträge hinsichtlich der direkten Erlöse dadurch gewahrt, dass letztere *nicht* berücksichtigt werden. Im Vergleich zum Fall der vertraglich abgesicherten Stoffbelieferung reduziert sich der Unterschied in der Bemessung des Erfüllungsbetrags damit auf die *Nichtberücksichtigung der direkten Erlöse.*

5.5.7 Mögliche Auswirkungen der Reservierung bzw. Bereitstellung liquider Mittel auf die Bemessung des Erfüllungsbetrags

Im Zusammenhang mit der Erörterung, inwieweit die Bergbehörde dem Fall der Nichterfüllung der von ihr einzufordernden Pflicht zur WNBM durch das Bergbauunternehmen wegen fehlender Liquidität vorbeugen kann, wurden an früherer Stelle dieser Arbeit verschiedene Möglichkeiten dargestellt, liquide Mittel im Zeitablauf anzusammeln.[800] Damit stellt sich die Frage, inwieweit durch eine solche Ansammlung die Bemessung des Erfüllungsbetrags berührt wird. Dabei wird hier wie folgt differenziert:

Werden liquide Mittel einmalig oder kontinuierlich an die Bergbehörde abgeführt oder auf einem Sperr- oder Treuhänderkonto angesammelt, so liegt ein bloßer, erfolgs*un*wirksamer Aktivtausch vor, der allein die liquiditätsmäßige Bewältigung der WNBM sicherstellt. Auswirkungen auf den Erfüllungsbetrag ergeben sich somit *nicht*, ebenso wenig auf die bereits gegenwärtige, erfolgsmindernde Rückstellungsbildung.

Existiert (angenommen) hingegen eine öffentlich-rechtliche Kasse, an die einmalig oder regelmäßig Zahlungen abzuführen sind *und geht zugleich die bergrechtliche Verpflichtung in ihrem wertmäßigen Umfang anteilig auf die Kasse über*, müssen die an letztere zu zahlenden Beiträge als laufender Aufwand zwecks partieller Abstoßung der Verpflichtung aufgefasst und verbucht werden. Die Rückstellungszuführung fällt entsprechend niedriger aus bzw. es werden bestehende Rückstellungen anteilig aufgelöst infolge Entfall des Grundes. In diesem Fall liegt dann aber keine Kompensation im bisher entwickelten Verständnis vor, vielmehr entledigt sich das Bergbauunternehmen einzeln abgegrenzter Verpflichtungen wertmäßig voll oder zumindest anteilig. Müssen die zuvor abgestoßenen (sowie ggf. die verbliebenen) Verpflichtungen schließlich erfüllt werden, kann die Kasse das Bergbauunternehmen mit der Erfüllung der ihr zuvor übertragenen Verpflichtungen beauftragen; dem dem Bergbauunternehmen dabei entstehenden Aufwand steht der Ertrag aus der „Auftragsannahme" gegenüber. In jedem Fall hat das Bergbauunternehmen im Zeitablauf Aufwand für Rückstellungsdotierung bzw. laufenden Aufwand in voller Höhe des Erfüllungsbetrags verrechnet.

Als dritte und letzte Variante sei der Abschluss einer Versicherung auf Anordnung der Bergbehörde angenommen. Diese versichert das Risiko der Nichtrealisierung der WNBM infolge Insolvenz des Bergbautreibenden, greift also bei planmäßiger Fortführung des und Erfüllung durch das Unternehmen *nicht*. Die Versicherungsprämie wäre auch hier laufender

---

[800] Unter 4.4.7.8.

Aufwand, würde aber, im Gegensatz zum „Kassen-Beispiel", den Erfüllungsbetrag *nicht* mindern: Da nämlich die Versicherung ausschließlich im Insolvenzfall als unplanmäßigem Ausnahmefall greift, muss das Bergbauunternehmen bei planmäßiger Fortsetzung seiner Tätigkeit seine Verpflichtungen wertmäßig voll erfüllen. Nur im Insolvenzfall (generell: im Versicherungsfall) kommt daher eine Saldierung des Versicherungsanspruchs mit dem Erfüllungsbetrag I nach den unter 5.5.4. bereits erläuterten allgemeinen Kriterien in Betracht.

5.5.8 Für die steuerliche Erfolgsmessung vorrangige Spezialregelung

Die Bestimmung des jetzigen § 6 Abs. 1 Nr. 3a Satz 1 Buchst. c EStG bezüglich der den Erfüllungsbetrag mindernden Berücksichtigung zukünftiger „Vorteile, die mit der Erfüllung der Verpflichtung voraussichtlich verbunden sein werden", findet sich mit ähnlicher Formulierung („zukünftige Einnahmen") bereits im erstmaligen Entwurf des „StEntlG 1999/2000/2002".[801] Eine Begründung hierzu fehlte zunächst,[802] wurde aber später nachgereicht: Hiernach soll die Neuregelung eine „realitätsnähere Bewertung von Rückstellungen" sicherstellen. Da die „künftigen Einnahmen die später zu erfüllende Verbindlichkeit in ihrer Belastungswirkung mindern" und insofern die „steuerliche Leistungsfähigkeit [...] nicht herabgesetzt" werde und auch ein Erwerber des Betriebs die „von dritter Seite zu zahlenden Kippentgelte" berücksichtigen würde, sollen diese „beim Ausweis einer Rekultivierungsverpflichtung" berücksichtigt werden.[803] Die schließlich Gesetz gewordene Formulierung[804] stellt hinsichtlich des Einschubes die Forderungsaktivierung betreffend lediglich eine Klarstellung ggü. den ersten Entwürfen dar.[805]

Wichtig ist für die vorliegende Arbeit insbesondere, dass die „bloße Möglichkeit" der Realisierung zukünftiger Vorteile nunmehr *nicht* ausreichen soll. Der Steuerpflichtige müsse „am Bilanzstichtag im Hinblick auf die Rekultivierungsverpflichtung mit Dritten Verträge über das Abkippen von Verfüllmaterial abgeschlossen" haben, andernfalls von ihm eine „Gegenrechnung" nicht verlangt werden könne.[806]

Angesichts des eindeutigen Hinweises auf die nur eingeschränkte Pflicht zur Saldierung mit „Kippgebühren" kann davon ausgegangen werden, dass *für die steuerliche Erfolgsmessung keine anderen Kriterien heranzuziehen sind als nach den handelsrechtlichen GoB. Insbesondere werden die in der vorliegenden Arbeit verwendeten Kriterien hinsichtlich ihrer Objektivierungsfunktion für die steuerliche Erfolgsmessung bestätigt.* Von einer erweiterten Sal-

---

[801] BT-Drucks. 14/23, S. 6; BT-Drucks. 14/265, S. 7.
[802] BT-Drucks. 14/23, S. 170.
[803] Zitate aus BT-Drucks. 14/265, S. 173.
[804] Siehe BT-Drucks. 14/442, S. 10.
[805] BT-Drucks. 14/443, S. 23.
[806] Zitate BT-Drucks. 14/443, S. 23.

dierungspflicht und damit einer Abweichung zwischen handels- und steuerrechtlicher Erfolgsmessung kann hiernach, entgegen teilweiser Auffassung,[807] *keine* Rede sein.[808]

5.5.9 Ergebnisse zu 5.5

Ausgangspunkt der Überlegungen ist die Erkenntnis, dass zwischen WNBM und Stoffverkippung kein Widerspruch besteht, letztere vielmehr als integraler Bestandteil ersterer aufzufassen ist und daher eine simultane Bemessung des planmäßigen Erfüllungsbetrags unter Berücksichtigung erfüllungsimmanenter Erträge und Aufwendungen bereits auf der vorgelagerten Ebene I erfolgen muss, soll der Grundsatz der Unternehmensfortführung nicht aufgegeben werden. Dies gilt unabhängig davon, ob feste Lieferverträge vorliegen oder nicht. Unterschiede ergeben sich aber hinsichtlich der Verrechnung mit den direkten Erlösen: Wegen des Realisationsprinzips erscheint deren Saldierung nur bei festen Lieferverträgen zulässig. Hinsichtlich der Schrotterlöse wurde ermittelt, dass ihre aufwandsmindernde Berücksichtigung angesichts der Struktur des Schrottmarktes und eines dauerhaft hohen Erlösniveaus mit Blick auf das Realisationsprinzip wie unter Objektivierungsgesichtspunkten keinen Bedenken begegnet. Nur in den beiden letztgenannten Fällen erfolgt damit eine eigentliche Saldierung, d.h. nur hier wird der Erfüllungsbetrag I i.R.d. Bemessung des Erfüllungsbetrags II um gegenläufige Komponenten gekürzt. Im Ergebnis bestehen nach der hier entwickelten Systematik keine Unterschiede zwischen handels- und steuerrechtlicher Erfolgsmessung. Insgesamt zeigt sich, wie komplex sich die Beschaffung von den Erfüllungsbetrag I (teilweise) mindernden Erträgen auf Basis von Markt- bzw. Zeitwerten darstellt. Vor der leichtfertigen Übernahme „frei kursierender" Marktwerte muss daher gewarnt werden. Die Reservierung liquider Mittel mindert den Erfüllungsbetrag einer Einzelmaßnahme nur dann, wenn die Pflicht zu ihrer Realisierung mit Abführung der Mittel an deren Empfänger anteilig übergeht.

---

[807] So offenbar Günkel/ Fenzl (1999), S. 655 sowie Kemper/ Beyschlag (1999), S. 739; zur Kritik am Entwurf in BT-Drucks. 14/23 siehe Küting/ Kessler (1998), S. 1943/1944.

[808] Weber-Grellet (1999b), S. 1291; ders. (2002d), S. 196; ders. (2003b), S. 40; Berger/ Ring (2003), § 253, Tz. 157, dabei auf den unklaren Begriff der „Vorteile" hinweisend; den bereits getätigten Abschluss von Verträgen als Saldierungsvoraussetzung betonend auch Fischer (2004), § 6, Tz. 156 sowie Institut Finanzen und Steuern (2000), S. 25; für eine enge Auslegung der Vorschrift auch: Glanegger (2002), § 6, Tz. 406; Kroschel/ Löbl/ Wellisch (1998), S. 2390; Roß/ Seidler (1999), S. 1264; wegen des unklaren Begriffs der „Vorteile" an einer engen Auslegung der Vorschrift zweifelnd hingegen Hoffmann, W.-D. (1999), S. 388; ebenfalls eine Ausweitung der Saldierungsbereichs befürchtend Koths (2000), S. 257.

5.6 Preisverhältnisse

5.6.1 Vorbemerkung

Nach Ermittlung des auf eine Einzelmaßnahme der WNBM bezogenen sachlichen und wertmäßigen Verpflichtungsumfangs sowie dessen evtl. Saldierung mit direkten Erlösen (Erfüllungsbetrag II) muss die Frage beantwortet werden, auf Grundlage welcher *Preisverhältnisse* die Einzelmaßnahme bewertet werden soll (Erfüllungsbetrag III). Dabei können als Preisverhältnisse jene zum jeweils aktuellen Bilanzstichtag (Stichtagspreisverhältnisse) und jene zum Erfüllungszeitpunkt unterschieden werden (Erfüllungspreisverhältnisse), alternativ die Preisverhältnisse eines zwischenliegenden Zeitpunktes. Der Begriff der Preisverhältnisse weist damit einen *zeitlichen* Bezug auf. Über die Laufzeit einer Rückstellung können sich gleichermaßen positive wie negative Änderungen der Preisverhältnisse einstellen, wobei Preissteigerungen den Regelfall darstellen werden. Die Auswirkungen auf die Höhe des Erfüllungsbetrags sind, in Abhängigkeit von der Laufzeit der Rückstellung und der angenommenen Veränderungsrate, ganz erheblich:

Laufzeit in Jahren	20		40	
Preisentwicklung	+ 2%	+ 3,5%	+ 2%	+ 3,5%
Basiswert = 100	148,6	199	220,8	395,9

Tab. 8: Auswirkungen steigender Preise auf die Höhe des Erfüllungsbetrags

Generell kann jegliche Preisentwicklung (unabhängig davon, auf welche Art und Weise eine solche zu ermitteln wäre) für die Bewertung einer Einzelmaßnahme der WNBM nur dann unmittelbar herangezogen werden, wenn die Einzelmaßnahme/Teilleistung durch eine Fremdfirma realisiert wird, also Marktpreise vorliegen. So könnten die Preise für Abbruch- oder Entsorgungsleistungen oder auch für Einsatzmaterial über einen längeren Zeitraum beobachtet und der Bewertung, sofern eine Fortschreibung der vergangenen Entwicklung in die Zukunft plausibel erscheint, zugrunde gelegt werden. Diese unmittelbare Beobachtung ist hingegen nicht möglich bei Eigenleistung: Jegliche Preisindexierung muss hier an den einzelnen Produktionsfaktoren (und damit an den deren Verbrauch bzw. Inanspruchnahme anzeigenden Kostenarten) anknüpfen, die in die Kostensätze einfließen, also z.B. Kapital (Abschreibung), Arbeitsleistung (Lohnkosten) und Energie. Erst auf diesem Weg wäre eine differenzierte Indexierung der der Bewertung einer Einzelmaßnahme zugrunde zu legenden Kostensätze möglich.

5.6.2 Mögliche, der Bemessung des Erfüllungsbetrags zugrunde zu legende Preisverhältnisse

5.6.2.1 Erfüllungspreisverhältnisse

Bei Abstellen auf die Erfüllungspreisverhältnisse müssten für jede Art von Fremdleistung sowie von fremdbeschafftem Einsatzmaterial, ebenso, bei Eigenleistung, für jeden einzelnen Produktionsfaktor Prognosen eingeholt bzw. angestellt werden über deren zukünftige Preisentwicklung. Solche äußerst differenzierten Prognosen müssten dabei in starkem Maße intersubjektiv nachprüfbar sein (Aspekt der Objektivierung). Dass dies aber gerade nicht möglich ist, da eine Prognose, d.h. das „Vorherwisssen" oder „im Voraus erkennen",[809] eben immer nur subjektiv erfolgen kann, ergibt sich bereits aus der Wortbedeutung von „Prognose". Ein „Vorherwissen" der zukünftigen Entwicklung darf als grundsätzlich ausgeschlossen gelten. Insbesondere neue technische oder technologische Entwicklung sowie sich kurzfristig verändernde Kostenstrukturen können grundsätzlich niemals antizipiert werden. So berichten z.B. *Fritz/Benthaus* über eine Kosten*reduzierung* um über 50% (!) zwischen 1995 und 2000 für Verfahren der Verdichtung von Böschungssystemen im Braunkohlenbergbau.[810]

Dieses (sicherlich extreme) Beispiel zeigt, dass sich Preise bzw. Kosten weder stetig verändern noch immer nur steigen müssen, v.a. verdeutlicht es aber die Unmöglichkeit, zukünftige Entwicklungen (auch über „überschaubare" Zeiträume) zuverlässig prognostizieren zu können.[811] Neben Objektivierungsaspekten wäre ein evtl. Abstellen auf die Erfüllungspreisverhältnisse letztlich auch mit Blick auf das Realisationsprinzip bzw. dessen „umgekehrter Anwendung" auf die Aufwands- bzw. Passivseite abzulehnen: Wenn vom Kaufmann bzw. Steuerpflichtigen nicht verlangt wird, erst zukünftig voraussichtlich zu realisierende Erträge bereits heute erfolgserhöhend auszuweisen, kann diesem nicht umgekehrt gestattet werden, sich gleichermaßen durch heutige Berücksichtigung sich erst zukünftig „realisierender" Aufwandssteigerungen „arm zu rechnen".

Letztlich finden Preissteigerungen ihre Ursache in stichtags*nach*gelagerten Ereignissen (Tarifvereinbarungen, Anstieg der Energiepreise usw.) und stellen damit wert*begründende* Umstände dar, die zum gegenwärtigen Bilanzstichtag nicht berücksichtigt werden dürfen.[812]

---

[809] Wissenschaftlicher Rat der Dudenredaktion (2003), S. 1245.

[810] Fritz/ Benthaus (2000), S. 264.

[811] Zur Objektivierungsproblematik ausführlich Groh (1988a), S. 30; weiterhin Kessler (1992), S. 490 bis 493 sowie Bach (1996), S. 287/288, 310, die zugleich aber einen Prognosezeitraum von 5 Jahren vorschlagen, über den eine Preis- bzw. Kostenindexierung zu erfolgen habe; für eine Berücksichtigung solcher Preis- und Kostensteigerungen, die „am Abschlussstichtag üblicherweise zu erwarten sind" auch Adler/ Düring/ Schmaltz, § 253, Tz. 196; ähnlich: Berger/ Ring (2003), § 253, Tz. 160; Bordewin (1992b), S. 1535; Dörner (1991), S. 269; Köster (1994), S. 186; Kupsch (1992a), S. 2327/2328.

[812] Vgl. zum Stichtagsprinzip sowie wertaufhellenden und wertbeeinflussenden Umständen ausführlich unter 4.4.7.2; für ein Abstellen auf die Preisverhältnisse bei Erfüllung hingegen Gotthardt (1995), S. 115/116, 126, 258, unter pauschaler Gleichsetzung von Inflationsrate und Steigerung des Preisniveaus für zu erbrin-

Preisverhältnisse

Dagegen können, entgegen weit verbreiteter Auffassung, gegen eine Berücksichtigung zukünftiger Preissteigerungen *nicht* herangezogen werden das Nominalwertprinzip[813] wie auch der Grundsatz der nominellen Kapitalerhaltung.[814] Das *Nominalwertprinzip* greift hier deswegen nicht, weil bei *Sach*leistungsverpflichtungen schon dem Grunde nach keine *Geld*nennbeträge existieren, die an evtl. veränderte Kaufkraftverhältnisse angepasst werden könnten (was gerade unzulässig ist).[815] Der *Grundsatz der nominellen Kapitalerhaltung* als eine mögliche Konzeption von rechnungsmäßiger Unternehmenserhaltung kommt hier seinerseits deswegen nicht zur Anwendung, weil bei Einbuchung der Rückstellung keine auf Zahlungen beruhenden Anschaffungs- bzw. Herstellungskosten vorliegen, die nur in diesem und keinem davon abweichenden Umfang als Aufwand im Zeitablauf verrechnet werden dürften.

Genau hier liegt der Unterschied zu bilanziell verbotenen Abschreibungen auf Basis höherer Wiederbeschaffungspreise: Während letztere *nachträglich abweichend* vom *eindeutig feststehenden* Einbuchungsbetrag verrechnet werden, geht es bei Rückstellungen darum, sich dem endgültigen, noch unbekannten Erfüllungsbetrag im Zeitablauf „anzunähern": Nominelle Kapitalerhaltung ist hier dann gegeben, wenn nach Auflösung der Rückstellung festgestellt wird, dass während deren Laufzeit sowie ggf. auch danach (bei Erfüllung) Aufwand in einer Höhe verrechnet wurde, wie er zur schlussendlichen Verpflichtungserfüllung erforderlich ist. Der während der „Totalperiode" (der Laufzeit der Rückstellung) verrechnete Aufwand („Totalaufwand") muss sich in Summe, nicht in jeder einzelnen Periode, mit den zukünftigen tatsächlichen Erfüllungsausgaben decken, wobei falsch geschätzte Preisentwicklungen lediglich zu einer Verschiebung, keiner endgültigen Änderung des „Totalaufwands" führen würden.[816] Ein Abstellen auf die Erfüllungspreisverhältnisse bereits bei Bildung der Rückstellung stünde damit einer nominellen Kapitalerhaltung nicht entgegen. Im Übrigen erscheint die Verwendung der (höheren) Erfüllungs-Preisverhältnisse auch mit Blick auf das Werturteil „Gläubigerschutz" unangemessen: Es besteht keinerlei Notwendigkeit, bereits gegenwärtig Restbetragsansprüche in einem Ausmaß zu beschneiden, das sich allein durch erst in (ferner) Zukunft (voraussichtlich) realisierende Ereignisse begründen lässt.

5.6.2.2 Stichtagspreisverhältnisse

Hauptsächlich aus Objektivierungsgründen wie auch mit Blick auf den Einfluss, den Aufwand für Rückstellungsdotierung auf die Begründung von Restbetragsansprüchen ausübt, soll in der

---

gende Leistungen; Clemm (1980), S. 192/193; ders. (1984), S. 132/133; ders. (1991), S. 2117; Hirte (1971), S. 1315; ders. (1975), S. 523; ders. (1988), S. 247; Pfleger (1981), S. 1688; Tautorus (1977), S. 321/322; im Ergebnis auch Strobl (1984), S. 214, 218.

[813] So aber Herzig (1990), S. 1353; Jacobs, (1988), S. 246; Köster, (1994), S.188/189; Naumann (1993), S. 277, 300; Christiansen (1998), S. 318.

[814] Zur Abgrenzung beider Grundsätze anschaulich Schneider (1982), S. 189/190.

[815] Vgl. Beisse (1975), S. 474/475; grundlegend hierzu Stützel (1979), S. 27 bis 33, v.a. 30/31.

[816] Vgl. zum Vorstehenden: Kessler (1992), S. 482 bis 484; Bach (1996), S. 284/285; Schneider (1997), S. 36.

234 Die Bemessung des Erfüllungsbetrags auf Grundlage der Ergebnisse der Verpflichtungsinventur

vorliegenden Arbeit grundsätzlich von der Maßgeblichkeit der Stichtagspreisverhältnisse ausgegangen werden.[817] Deren Beachtung geschieht für im Geschäftsjahr i.R.d. Verpflichtungsinventur erstmalig erfasste Einzelmaßnahmen automatisch und für fortgeführte Einzelmaßnahmen ebenfalls als unvermeidliche Folge der Aktualisierung der Preise für Fremdleistungen
und Einsatzmaterial (aktuelle Marktpreise) sowie der Kostensätze für Eigenleistungen (normalisierte Kosten für Personal- und Technikeinsatz) zum Zeitpunkt der Verpflichtungsinventur. Der Erfüllungsbetrag III ist also zwangsläufig mit dem Erfüllungsbetrag II identisch. Ggü.
dem Erfüllungsbetrag des vorhergehenden Bilanzstichtages auftretende Differenzbeträge infolge geänderter Preisverhältnisse werden dem aktuellen Erfüllungsbetrag sofort und vollständig hinzugerechnet bzw. von diesem abgezogen. Dies gilt bei Verwendung der Bezugsgröße „modifizierter Stichtagserfüllungsumfang" auch für die Rückstellungshöhe,[818] um un-
nötige Abweichungen zum planmäßigem Erfüllungsbetrag zu vermeiden. Bei Verwendung
dynamischer Periodisierungsgrößen hingegen können auftretende Differenzbeträge nach verschiedenen Methoden den Folgeperioden zugeordnet werden.[819] Ist die Rückstellung nach
Ende ihres Dotierungszeitraumes voll dotiert, steht die Erfüllung aber noch aus (fortgesetzte
Laufzeit der bergrechtlichen Verpflichtung), so müssen der Erfüllungsbetrag und die diesem
dann in jedem Fall entsprechende Rückstellung weiterhin regelmäßig, d.h. während ihrer gesamten Laufzeit, an die jeweils aktuellen Preisverhältnisse angepasst werden. Das gefundene
Ergebnis gilt im Übrigen auch für die steuerliche Erfolgsmessung, für die keine steuerbilanzielle Sonderregelung existiert, d.h. auch dort sind die Stichtagspreisverhältnisse maßgebend.[820]

5.7 Abzinsung

5.7.1 Vorbemerkung

Angesichts der langen Zeiträume, die zwischen der Aufnahme von Rückstellungen in das und
deren Löschung aus dem Verpflichtungsinventar gerade im Braunkohlenbergbau liegen,

---

[817] Ebenso: Armbrust (1979), S. 2097; Bartels (1992a), S. 202; Burger (1981), S. 29; Groh (1988a), S. 29/30; Kammann (1988), S. 353; Knobbe-Keuk (1993), S. 235/236; Herzig (1990), S. 1353; Günkel (1991), S.119; Klein, M. (1992), S. 1777; Sauer (1977), S. 209; Schindler (1985), S. 242; gegen die Berücksichtigung solcher Preiserhöhungen, die durch Ereignisse nach dem Bilanzstichtag hervorgerufen werden auch Bordewin (1992b), S. 1535 und Kupsch (1992a), S. 2327/2328.

[818] Vgl. auch Uelner (1989), S. 101.

[819] Vgl. in diesem Zusammenhang ausführlich: Jacobs (1988), S. 243 bis 245; siehe auch Moxter (1997b), S. 683, m.w.N.

[820] Döllerer (1984), S. 632; Fischer (2004), § 6, Tz. 152; Groh (1997), S. 525; BFH, Urteil vom 08.07.1992 – XI R 50/89, S. 912; BFH, Urteil vom 08.02.1989 – II R 42/86, S. 317; vgl. auch: BFH, Urteil vom 19.05.1983 – IV R 205/79, S. 670/671 zum AbgrG NW; BMF, Schreiben vom 16.04.1981 – IV B 2 – S 2137 – 12/81, S. 965.

Abzinsung 235

kommt der Frage einer evtl. Abzinsung des Erfüllungsbetrags III zwecks Bestimmung des Erfüllungsbetrags IV besondere Bedeutung zu.

5.7.2 Fehlender Zinsanteil bei ungewissen Sachleistungsverbindlichkeiten

Einer Abzinsung würde letztlich die Annahme zugrunde liegen, dass in Form des Rückstellungsbetrags dem Unternehmen „Kapital zur Verfügung steht" und dieses bis zur Erfüllung anderweitig zinsbringend angelegt werden kann. Unter Berücksichtigung dieser Zinsen wäre dann als Erfüllungsbetrag ein nur niedrigerer Betrag zu berechnen und als Rückstellung anteilig zu periodisieren. Tatsächlich ist aber die Bildung einer Rückstellung eine zahlungs*un*wirksame, bloße Aufwandsverrechnung, ebenso ist ihre Auflösung ein zahlungs*un*wirksamer Vorgang einer nur buchmäßigen Ertragsvereinnahmung.[821] Es ist zu keinem Zeitpunkt irgendwelches flüssige Kapital vorhanden, das „zinsbringend angelegt" werden könnte. Bei Rückstellungen handelt es sich vielmehr um „bloße Bilanzrechnungsposten", die keineswegs gewährleisten, dass „das Kapital im Bedarfsfall der Höhe und dem Zeitpunkt nach auch wirklich vorhanden ist."[822] *Schulden, erst recht nur buchmäßig ausgewiesene Schuldbeträge, können aber keine Zinsen erwirtschaften.* Die Annahme eines Mittelzuflusses könnte allerdings mit Blick auf die Absatzerlöse angestellt werden, als deren Bestandteil auch eine Kostenart „Rückstellungen" erscheinen wird.[823] Ein solcher zukünftiger Mittelzufluss, und damit auch mit dessen Hilfe ggf. erwirtschaftete Zinsen, ist aber weder dem Grunde noch der Höhe nach sicher. Selbst bei angenommener Sicherheit, z.B. aufgrund langlaufender Absatzverträge, stünden dann ggf. erwirtschaftete Zinsen in keinem unmittelbaren Zusammenhang mit der Entstehung oder Erfüllung der Verpflichtung.

Hier liegt der zentrale Unterschied zur Saldierung mit direkten Erlösen, die i.R.d. WNBM anfallen:[824] Letztere werden realisiert anlässlich der Erfüllung der Verpflichtung, mit der sie in unmittelbarem, kausalem, spiegelbildlichen Zusammenhang stehen und mit der sie, unter engen Voraussetzungen, daher eine Bewertungseinheit bilden.[825] Eine solche Bewertungseinheit ist aber weder mit der Entstehung noch der Erfüllung der bergrechtlichen Verpflichtung herstellbar, da beide völlig unabhängig von einer Zinserwirtschaftung sind bzw. eine angenommene Zinserwirtschaftung mit den Umsatzerlösen, nicht aber mit der Entstehung oder Erfüllung der Verpflichtung sowie den bei letzterer anfallenden Ausgaben in einem unmittelbaren Zusammenhang steht. Eine Abzinsung würde durch die Unterstellung zukünftiger Zinser-

---

[821] Küting/ Kessler (1989a), S. 695; Coenenberg (2003), S. 351/352; fehlerhaft insofern: Blankenburg (1967), S. 40; Gotthardt (1995), S. 209; zur Differenzierung der Ertragswirksamkeit einer Auflösung siehe oben 5.3.5.

[822] Lukes/ Salje/ Feldmann (1978), S. 683; ebenso: Institut Finanzen und Steuern (2000), S. 7/8, 39/40; Hermes (1999), S. 167.

[823] Vgl. Schroeder (1990), S. 10, 154.

[824] Vgl. hierzu ausführlich unter 5.5.

236 Die Bemessung des Erfüllungsbetrags auf Grundlage der Ergebnisse der Verpflichtungsinventur

träge einen Verstoß gegen das Realisationsprinzip bewirken, da ein rein fiktiv ermittelter Zinsanteil aufwandsmindernd in die Erfolgsmessung einfließt und somit Restbetragsansprüche und damit Zahlungsverpflichtungen des Bilanzierenden begründen würde, denen tatsächlich überhaupt keine Erträge gegenüber stehen.

Die unzweifelhaft bestehende und zwingend zu erfüllende Verbindlichkeit würde damit nur unvollständig ausgewiesen. Gleichzeitig würde in den Folgeperioden die Notwendigkeit einer Aufstockung des Erfüllungsbetrags und der Rückstellung entstehen, d.h. tatsächlich würden zukünftig keine Erträge vereinnahmt, sondern es müsste weiterer Aufwand (nach-)verrechnet werden. Zudem ist fraglich, inwieweit in Geschäftsjahren, in denen das Unternehmen einen (Perioden-)Verlust erleidet, bei rein innerbetrieblich eingesetztem Kapital (Umsatzgegenwerte) überhaupt von einem „Zinsertrag" gesprochen werden kann. Weiterhin ist auf den rein kalkulatorischen Charakter (alternativer Zinsertrag) hinzuweisen, der sich hinter dem Gedanken der Abzinsung verbirgt wie auch auf die realitätsferne, aus der Investitionstheorie heranzuziehende Wiederanlageprämisse.[826]

Schließlich muss auf die erheblichen Objektivierungsprobleme hingewiesen werden, die sich, analog zu jenen bei Abstellen auf die Erfüllungspreisverhältnisse,[827] durch die Bestimmung des Zinssatzes und in Abhängigkeit vom Dotierungszeitraum der Rückstellung ergeben würden.

Eine Abzinsung des Erfüllungsbetrags inkl. einer damit verbundenen zeitlichen Abgrenzung der Zinsaufwendungen kommt überhaupt nur dann in Betracht, wenn sich der Erfüllungsbetrag in einen Zins- und einen Kapitalanteil aufspalten lässt, was in jedem Fall die vorherige Überlassung entweder von Kapital (Kreditgewährung) oder eines Sachwertes (z.B. Kauf einer Maschine auf Ziel) voraussetzt, dessen bzw. deren Rück- bzw. Bezahlung gestundet wird (Gewährung eines Kredits).[828]

Der Zinsanteil kann dabei offen oder versteckt vorhanden sein und muss auch nicht in Geld bestehen.[829] Entsprechend dürfen Rückstellungen (genau: Erfüllungsbeträge) nur dann abgezinst werden, „soweit die ihnen zugrundeliegenden Verbindlichkeiten einen Zinsanteil

---

[825] Vgl. zur gedanklichen Saldierung im Fall einer Abzinsung: Moxter (1993d), S. 2483; Siegel (1994b), S. 2242.

[826] Vgl. zum Vorstehenden: Hartung, W. (1989), S. 741, 743; Schroeder (1990), S. 82/83, 93, 155/156; Gotthardt (1995), S. 110; Kessler (1992), S. 500; Adler/ Düring/ Schmaltz, § 253, Tz. 200; Ernsting (1999), S. 461, 462; Clemm (1993), S. 690; Jacobs (1988), S. 245/246.

[827] Vgl. hierzu unter 5.6.2.1.

[828] Karrenbrock (1994a), S. 1942; ders. (1994b), S. 101; Küting/ Kessler (1989b), S. 723; Strobl (1988), S. 619; Kessler (1992), S. 497/498, 522; Groh (1975), S. 344/345, 348; ders. (1988a), S. 30/31; ders. (1988b), S. 1920; Strobl (1988), S. 625; Hartung, W. (1990), S. 317; Canaris (1978), S. 1892: Zins als Vergütung für die Überlassung von Kapital.

[829] Naumann (1993), S. 282, 284; Groh (1975), S. 346; Geib/ Wiedman (1994), S. 371 bis 373; Weber-Grellet (1993b), S. 162/163; Canaris (1978), S. 1892; vgl. zur Problematik der offenen und verdeckten Verzinsung sowie zu Beispielen für anderweitige „Vorteile" als Ersatz für Geld als Zins auch: BFH, Urteil vom 17.03.1959 – I 207/58 U, S. 321; BFH, Urteil vom 18.07.1961 – I 322/60 U, S. 406; BFH, Urteil vom

Abzinsung 237

enthalten" (§ 253 Abs. 1 Satz 2 2. Hs. HGB). Im Fall bergbaubedingter Verpflichtungen findet eine Überlassung von Kapital aber *nicht* statt, insbesondere stellt die Bergbehörde dem Bergbautreibenden kein Kapital zur Verfügung, das dieser im Zeitablauf zuzüglich Zinsen zurückzahlen müsste (Unteilbarkeit der bergrechtlichen Verpflichtung).[830] Eine Abzinsung des Erfüllungsbetrags von Sachleistungsverpflichtungen als tatsächlich *unverzinslichen* Verbindlichkeiten im Allgemeinen wie von bergbaubedingten Sachverpflichtungen im Besonderen kommt nach den bisherigen Ausführungen damit *nicht* in Frage.[831]

Damit wird auch ein Zusammenhang mit dem in der vorliegenden Arbeit geforderten Abstellen auf die Stichtagspreisverhältnisse[832] insofern hergestellt, als aus Vereinfachungs- sowie Objektivierungsgründen beide (i.d.R.) gegenläufigen Effekte als sich zumindest z.T. kompensierend unterstellt werden.[833] Vorstellbar wäre eine Abzinsung nur, wenn der Kaufmann den Erfüllungszeitpunkt eigenständig wählen kann und zugleich eine frühere Erfüllung zu einer entsprechenden Verminderung des wertmäßigen Verpflichtungsumfangs führt.[834] Diese Option dürfte für ein Unternehmen des Braunkohlenbergbaus aus technologischen Gründen sowie wegen der zeitlichen Restriktionen, die sich aus dem planmäßigen Ablauf der Hauptprozesse ergeben wie auch aufgrund der Tatsache, dass ohnehin schon während des Regelbetriebs laufend Einzelmaßnahmen der WNBM realisiert werden (aufgrund vertraglicher Vereinbarungen mit Folgenutzern sowie entsprechender Forderungen der Bergbehörden) nicht realistisch sein. Im Gegensatz zu insbesondere Pensionsverpflichtungen kann sich das Bergbauunternehmen nicht durch Zahlung eines Einmalbetrages von seiner Pflicht zur WNBM befreien; für Pensionslasten besteht daher auch eine Abzinsungspflicht (§ 253 Abs. 1 Satz 2 HGB).[835]

26.02.1975 – I R 72/73, S. 14; BFH, Urteil vom 23.04.1975 – I R 236/72, S. 877; BFH, Urteil vom 09.07.1981 – IV R 35/78, S. 734.

[830] Clemm (1993), S. 690; Ernsting (1999), S. 461; Kessler (1992), S. 522.

[831] Ebenso: Adler/ Düring/ Schmaltz, § 253, Tz. 199; Berger/ Ring (2003), § 253, Tz. 161; Clemm (1984), S. 236; ders. (1988), S. 77/78; ders. (1991), S. 2117; ders. (1993), S. 689/690; Christiansen (1990), S. 138; Gail/ Düll/ Schubert/ Heß-Emmerich (1993), S. 691; Geib/ Wiedman (1994), S. 375; Groh (1975), S. 348/349; ders. (1988a), S. 32; Hartung, W. (1990), S. 317; Herzig (1990), S. 1353; Gotthardt (1995), S. 111, 258; Institut Finanzen und Steuern (1990), S. 19; Jacobs (1988), S. 246; Karrenbrock (1994a), S. 1942; Kessler (1992), S. 521/522; Knobbe-Keuk (1993), S. 236; Koths (2001a), S. 276; Kupsch (1989), S. 61; Rogall/ Spengel (2000), S. 1238; Roß/ Seidler (1999), S. 1265; Rürup (1992), S. 544; Schön (1994), S. 15; Strobl (1984), S. 206; dies. (1988), S. 629/630; im Ergebnis ebenso Naumann (1993), S. 285; für eine generelle Abzinsungspflicht längerfristig laufender Rückstellungen hingegen: Paus (1984), S. 452; ders. (1987), S. 570/571; ebenso Ross (1995), S. 181 für Sachleistungsverpflichtungen sowie Wassermann/ Teufel (1983), S. 2005/2006, unter Teilwert-Gesichtspunkten.

[832] Vgl. hierzu 5.6.2.2.

[833] Kammann (1988), S. 352; Merkert/ Koths (1998), S. 1938, Fn. 8.

[834] Geib/ Wiedman (1994), S. 375; Gotthardt (1995), S. 109/110; Groh (1988a), S. 32; Kupsch (1989), S. 61; ders. (1992a), S. 2328; Paus (1987), S. 571; Roß/ Seidler (1999), S. 1263; vgl. auch Groh (1995a), S. 33/34.

[835] Groh (1988a), S. 30/31; ders. (1988b), S. 1921; Küting/ Kessler (1989b), S. 725; dies. (1998), S. 1943; Moxter (1984c), S. 403; Geib/ Wiedman (1994), S. 373; unklar insofern die Kritik durch Clemm (1984), S. 234, 241/242.

238 Die Bemessung des Erfüllungsbetrags auf Grundlage der Ergebnisse der Verpflichtungsinventur

Für die von *Gerhardt/Slaby*, *Slaby/Drebenstedt* sowie *Slaby/Drebenstedt/Sablotny*[836] entwickelte Konzeption zur Bestimmung eines einmaligen Ablösebetrags für infolge bergbaulicher Tätigkeit *dauerhaft* zu erbringende Leistungen (v.a. Wasserhaltung) könnte sich für Rückstellungszwecke ein Anwendungsbereich u.U. für Pflichten gem. WHG ergeben, was aber Gegenstand einer eigenständigen Untersuchung sein müsste, da zunächst grundlegende Ansatzfragen zu klären wären. Zinseffekte treten aber natürlich dann auf, wenn tatsächlich liquide Mittel zweckgebunden reserviert werden, um zukünftig die WNBM sicherzustellen, z.b. mittels Ansammlung in öffentlichen Kassen oder auf einem zweckgebundenen Firmenkonto.

Eine solche Kapitalansammlung steht aber in keinem direkten Zusammenhang mit Fragen der Rückstellungsbildung, sondern liegt allein im Ermessen der Bergbehörde.[837]

Im Ergebnis bleibt festzuhalten, dass aufgrund der Nichtabzinsung des Erfüllungsbetrags bergbaubedingter Verpflichtungen sich der Erfüllungsbetrag IV mit III deckt.

Der Vollständigkeit halber sei darauf hingewiesen, dass Fragen der Abzinsung in keinerlei Zusammenhang stehen mit der Frage nach der Art und Weise der Periodisierung der Ausgaben für WNBM im Zeitablauf. Insbesondere kann von der vom BFH in der Vergangenheit geforderten Verteilung der bei Erfüllung von Entfernungsverpflichtungen anfallenden Ausgaben nicht automatisch auf die Nichtnotwendigkeit einer Abzinsung geschlossen werden,[838] vielmehr sind beide Fragen getrennt zu entscheiden.

5.7.3 Für die steuerliche Erfolgsmessung vorrangige Spezialregelung

Gemäß der mit dem StEntlG 1999/2000/2002 in den § 6 Abs. 1 EStG neu eingefügten Nr. 3a Satz 3 Buchst. e sind „Rückstellungen für Verpflichtungen [...] mit einem Zinssatz von 5,5 vom Hundert abzuzinsen".[839] Als Abzinsungszeitraum von Rückstellungen für Sachleistungsverpflichtungen ist der Zeitraum bis zum Beginn der Erfüllung maßgebend (§ 6 Abs. 1 Nr. 3a Buchst. e Satz 2 EStG). Eine Anwendung dieser Abzinsungspflicht wird für bergbaubedingte Verpflichtungen durch das BMF-Schreiben IV C 2 – S 2175 – 30/99 vom 17. November 1999 für den Braunkohlenbergbau allerdings erheblich eingeschränkt: Da sich die „zur Wiedernutzbarmachung notwendigen Maßnahmen" „in die Komponenten Auffüllung, Rekultivierung und „Restraum'" gliederten und es im „Zuge des fortschreitenden Tagebaus [...] zu einer kontinuierlichen Verfüllung mit dem eigenen wie auch aus anderen Tagebauen laufend anfal-

---

[836] Gerhardt/ Slaby (1994), S. 437 bis 441; Slaby/ Drebenstedt (2003), S. 33 bis 46; Slaby/ Drebenstedt/ Sablotny (2003), S. 583 bis 594.

[837] Vgl. zu entsprechenden Konstruktionen die Ausführungen unter 4.4.7.8 sowie unter 5.5.7.

[838] So aber BFH, Urteil vom 19.02.1975 – I R 28/73, S. 482; diesem zustimmend: Offerhaus (1975), S.169; Günkel (1987), S. 215 sowie zuletzt FG Rheinland-Pfalz, Urteil vom 13.01.2005 – 6 K 1075/01, S. 371; unkritisch auch: Armbrust (1979), S. 2097; Tautorus (1977), S. 323; Versin (2000), S. 1209; Sarrrazin (1993), S. 7; so wie hier dagegen Döllerer (1975), S. 295.

Abzinsung 239

lenden Abbaumaterial[s] (Auffüllung)" komme, diese Komponenten „als Einheit zu sehen" seien und unmittelbar nach „Beginn des Tagebaus" mit der Verpflichtungserfüllung begonnen werde, seien Rückstellungen für *keine* dieser Komponenten abzuzinsen, auch nicht für die Komponente „Restraum".[840]

Zunächst gilt es festzustellen, dass die Gründe, die handelsrechtlich gegen eine Abzinsung des Erfüllungsbetrags von Sachleistungsverpflichtungen sprechen, steuerrechtlich genauso gelten, insbesondere der Verstoß gegen das Realisationsprinzip,[841] das ganz offensichtlich ausschlaggebend war für das Abzinsungsverbot für verzinsliche Verbindlichkeiten sowie für empfangene An- oder Vorauszahlungen nach § 6 Abs. 1 Nr. 3 Satz 2 EStG[842] und das, würde es auf die Abzinsungsvorschrift für Sachleistungsverpflichtungen tatsächlich „entsprechend" angewendet (so § 6 Abs. 1 Nr. 3a Satz 3 Buchst. e EStG), auch dort zu einem Abzinsungsverbot führen müsste.[843] Zum BMF-Schreiben selbst ist, abgesehen von der teilweise verunglückten Terminologie, Folgendes zu sagen:

Wie in der vorliegenden Arbeit dargelegt, ist eine Aufteilung des Gesamtprozesses der WNBM in Einzelmaßnahmen bergrechtlich sinnvoll wie auch, zwecks monetärer Bewertung, zwingend erforderlich. Es besteht daher keineswegs eine „Einheit" aus verschiedenen „Komponenten", die eine Abzinsung einzelner, abgegrenzter Maßnahmen ausschlösse. Dies gilt auch für die Einzelmaßnahme bzw. die Zielstellung „Restraumgestaltung", die sich letztlich aus einer Vielzahl einzelner Einzelmaßnahmen konstituiert. Für Verpflichtungen für den „Abbruch von Anlagen" (Entfernungsverpflichtungen) bestimmt das BMF-Schreiben hingegen explizit, in Übereinstimmung mit dem Satz 2 des § 6 Abs. 1 Nr. 3a Buchst. e EStG, dass der „Beginn der Erfüllung der Verpflichtung [...] der Zeitraum [ist], in dem mit dem Abbruch begonnen wird.".[844] Der einer Rückstellung wegen einer Entfernungsverpflichtung zugrunde liegende Erfüllungsbetrag muss demnach abgezinst werden über sämtliche Geschäftsjahre, die zwischen der Errichtung der Einrichtung (genau: dem Geschäftsjahr, in dem mit der Errichtung begonnen wird) und dem Geschäftsjahr liegen, in dem die Einrichtung letztmalig vollständig in das Verpflichtungsinventar aufzunehmen ist, d.h. in dem der Periode (des Beginns)

---

[839] Auf den Umstand, dass tatsächlich nicht die Rückstellung, sondern der Erfüllungsbetrag abgezinst werden muss, wurde in dieser Arbeit in anderem Zusammenhang bereits mehrfach hingewiesen.

[840] Einfügungen durch Verf.; dem BMF-Schreiben im Ergebnis zustimmend Roser/ Tesch/ Seemann (1999), S. 1349; mit selbem Ergebnis für Rückstellungen wegen solcher Sachverpflichtungen, mit deren Erfüllung nach Entstehung der Verpflichtung begonnen wird: BMF, Schreiben vom 26.05.2005 – IV B 2 – S 2175 – 7/05, S. 1329 sowie OFD Münster, Kurzinformation Einkommensteuer vom 21.05.2005 – Nr. 5/2005.

[841] Günkel/ Fenzl (1999), S. 656; Institut Finanzen und Steuern (2000), S. 35; Kemper/ Beyschlag (1999), S. 739; Küting/ Kessler (1998), S. 1943; Rogall/ Spengel (2000), S. 1239; Schneider (1999), S. 107; ders. (2000), S. 1244.

[842] Vgl. BT-Drucks. 14/443, S. 23.

[843] Vgl. zur Kritik an dieser Inkonsistenz nur Koths (2000), S. 261 bis 262; ders. (2001a), S. 269 bis 272.

[844] Ebenso: BT-Drucks. 14/443, S. 24 sowie Institut Finanzen und Steuern (2000), S. 44/45; Einfügungen durch Verf.

240 Die Bemessung des Erfüllungsbetrags auf Grundlage der Ergebnisse der Verpflichtungsinventur

der Entfernung vorausgehenden Geschäftjahr, unabhängig davon, wann die Bezahlung der Maßnahme (bei Fremdleistung) erfolgt.[845]

In den abzuzinsenden Erfüllungsbetrag müssen im Übrigen auch die Ausgaben für die Entsorgung der zu entfernenden Massen sowie für die WNBM der Aufstandsflächen der zu entfernenden Einrichtungen einbezogen werden.[846] Als Zinssatz für die Abzinsung ist auf jenen normierten, typisierten Satz zurück zu greifen, der einkommensteuergesetzlich ohnehin vorgeschrieben ist, d.h. 5,5% p.a.[847]

Nach erfolgter Abzinsung des Erfüllungsbetrags muss die Rückstellung in den Folgejahren durch erneute Aufzinsung aufgestockt und entsprechend Aufwand verrechnet werden. Abweichungen ggü. der handelsbilanziellen Vorgehensweise hinsichtlich der (Nicht-) Abzinsung des Erfüllungsbetrags und damit eine Durchbrechung des Maßgeblichkeitsprinzips[848] ergeben sich i.R.d. steuerlichen Erfolgsmessung damit allein bei Rückstellungen wegen Entfernungsverpflichtungen.

Problematisch ist die steuerliche Abzinsungspflicht nicht zuletzt mit Blick auf die Tatsache, dass auch i.R.d. steuerlichen Erfolgsmessung grundsätzlich von den *Stichtags*preisverhältnissen ausgegangen wird.[849] Wenn nun der Erfüllungsbetrag von Entfernungsverpflichtungen abgezinst werden muss, dann müsste der abzuzinsende Erfüllungsbetrag zuvor auf Basis der Erfüllungspreisverhältnisse ermittelt (indexiert) werden,[850] was schließlich, geht man vom Regelfall höherer Erfüllungs- als Stichtagspreisverhältnisse aus, zu einer (teilweisen) Kompensation von Indexierung und Abzinsung führen wird.[851] Angesichts der Probleme der Bestimmung solcher Preissteigerungsraten (Objektivierungsaspekt)[852] verbleibt als pauschalierende Lösung, d.h. unter Außerachtlassung der Tatsache, dass Inflationsrate und die Preissteigerungsrate von i.R.d. WNBM eingesetzten Produktionsfaktoren keineswegs parallel verlaufen müssen, die Inflationsrate der Vergangenheit als Indikator auch für die zukünftige

---

[845] Ernsting (1999), S. 458; Rückstellungen wegen der Verpflichtung zur Stillegung eines Kernkraftwerkes sollen hingegen explizit nur über dessen Nutzungszeit abgezinst werden, vgl. § 6 Abs. 1 Nr. 3a Buchst. e Satz 3 EStG.

[846] Vgl. zur gemeinsamen Betrachtung dieser Komponenten nach IAS/ IFRS unter 6.5.

[847] Glanegger (2002), § 6, Tz. 408; kritisch zu einer pauschalen Übernahme dieses Zinssatzes: Ernsting (1999), S. 462; Fischer (2004), § 6, Tz. 158.

[848] Ernsting (1999), S. 462; Hoffmann, W.-D. (1999), S. 388; Kußmaul/ Klein (2001), S. 547; Rogall/ Spengel (2000), S. 1239; Stobbe/ Loose (1999), S. 414/415; Fraktionen CDU/ CSU und F.D.P. in BT-Drucks. 14/443, S. 18.

[849] Vgl. die Nachweise oben unter 5.6.2.2.

[850] Roser/ Tesch/ Seemann (1999), S. 1346 und 1350 sowie Ernsting (1999), S. 460, beide unter Hinweis auf eine entsprechende Kopplung beider Problembereiche u.a. nach IAS 37; mit selbem Ergebnis: Institut Finanzen und Steuern (2000), S. 38/39; Nieland (1992), S. 276; für eine Indexierung auch Stobbe/ Loose (1999), S. 415; vgl. zur Koppelung beider Bewertungsgrößen auch Ernst (2003), S. 239; zögernd Günkel/ Fenzl (1999), S. 656; für ein Festhalten an den Stichtags-Preisverhältnissen hingegen Glanegger (2002), § 6, Tz. 408.

[851] So im Ergebnis auch Nieland (1992), S. 276.

[852] Vgl. hierzu oben unter 5.6.2.1.

Abzinsung

241

Entwicklung zu verwenden, womit der zugrunde gelegte Nominalzinssatz de facto auf einen Realzinssatz reduziert würde.[853]

Da steuerlich (nur) Rückstellungen wegen Entfernungsverpflichtungen einerseits rein zeitabhängig-linear anzusammeln sind,[854] (nur) deren Erfülungsbeträge zugleich aber auch abzuzinsen sind, stellt sich die Frage nach der Berechnung des Rückstellungsverlaufs im Zeitablauf. Zu beachten ist also primär, dass der Rückstellung einerseits ein konstanter jährlicher Betrag zuzuführen ist, dieser andererseits aber um einen jährlichen Zinsanteil ergänzt wird. Die Vorgehensweise soll an folgendem Rechenbeispiel veranschaulicht werden.[855]

Folgende Bezeichnungen werden verwendet:

n: Laufzeit in Jahren

m: $0,1,2,...,n$: Periode (Jahr)

p: Preissteigerung (wird vereinfacht der Inflationsrate von 2,5% p.a. gleich gesetzt)

d: Diskontierungssatz (5,5% p.a. laut § 6 Abs. 1 Nr. 3a Buchst. e EStG)

E_0: planmäßiger Erfüllungsbetrag (vor Diskontierung) einer nach n Jahren zu erfüllenden Verpflichtung auf Basis gegenwärtiger Preisverhältnisse (781.000 €)

E_m: planmäßiger Erfüllungsbetrag der Verpflichtung nach Ablauf der Periode m

E_n: planmäßiger Erfüllungsbetrag (Endwert der Verpflichtung bei Erfüllung) (1 Mio. €)

B_0: Barwert (abgezinst mit 5,5% p.a.) von E_n (585.431 €)

Die gesuchten Größen sind:

R_m: Rückstellung nach Ablauf der Periode m

r_m: jährliche Rückstellungskomponente *ohne* Zinsanteil

z_m: Zinskomponente der jährlichen Rückstellungszuführung

$g_m = r_m + z_m$: gesamte jährliche Rückstellungszuführung

Die Bedingungen sind:

$E_m = E_0 * (1+p)^m$ mit $E_n = E_m * (1+p)^{n-m}$

$R_n = E_n$

$R_m = R_{m-1} + g_m$ mit $R_0 = 0$

---

[853] Roser/ Tesch/ Seemann (1999), S. 1347 gehen dabei von 2,5% p.a. aus; vgl. zur Kompensation beider Effekte auch Stobbe/ Loose (1999), S. 415.

[854] Siehe erneut unter 4.4.8.

[855] Zahlen entnommen aus Roser/ Tesch/ Seemann (1999), S. 1349; vgl. zur steuerlich zulässigen Abzinsungsvereinfachung durch „Verfielfältiger": BMF, Schreiben vom 26.05.2005 – IV B 2 – S 2175 – 7/05, siehe hierzu auch Happe (2005), S. 618 bis 625.

242 Die Bemessung des Erfüllungsbetrags auf Grundlage der Ergebnisse der Verpflichtungsinventur

	0	1	2	3	4	5	6	7	8	9	10
E(0)	781.000										
E(m)		800.525	820.538	841.052	862.078	883.630	905.721	928.364	951.573	975.362	999.746
E(m-1)		781.000	800.525	820.538	841.052	862.078	883.630	905.721	928.364	951.573	975.362
B(0)	585.431										
r(m)		77.668	77.668	77.668	77.668	77.668	77.668	77.668	77.668	77.668	77.668
R(m)		77.668	159.607	246.054	337.254	433.471	534.980	642.072	755.053	874.249	1.000.000
z(m)		0	4.272	8.778	13.533	18.549	23.841	29.424	35.314	41.528	48.084
g(m)		77.668	81.940	86.446	91.201	96.217	101.509	107.092	112.982	119.196	125.751

Tab. 9: **Steuerliche Rückstellungsdotierung bei Entfernungsverpflichtungen**

Der über die Laufzeit konstante Betrag r_m (77.668 €) ist als Annuität zu verstehen, die sich durch Multiplikation von B_0 mit dem Kapitalwiedergewinnungsfaktor (KWF: 10a; 5,5%/a = 0,132667768) ergibt. z_m ergibt sich durch Multiplikation von 5,5% mit R_{m-1}. g_m stellt die Summe aus r_m und z_m dar. R_m ist die Summe aus R_{m-1} und g_m.

5.7.4 Zum „Steuerstundungsvorteil" infolge der Rückstellungsbildung

Mit Blick auf die Auswirkungen der Rückstellungsbildung i.R.d. steuerlichen Erfolgsmessung wird in der Literatur z.T. der „Finanzierungsvorteil" kritisiert, der sich infolge „Steuerstundungseffekte" ergebe. Angespielt wird damit auf die Tatsache, dass die Rückstellungsbildung bereits ihrem Wesen nach ein zeitliches Auseinanderfallen von erfolgs- und damit steuerzahlungsmindernder Aufwandsverrechnung (gegenwärtig) und Auszahlungszeitpunkt (bei Erfüllung) bedingt. Mit dem hierdurch gewährten „zinsfreien Staatskredit" könnten dann anderweitige unternehmerische Aktivitäten finanziert werden. Hierdurch finde eine Ungleichbehandlung ggü. jenen Steuerpflichtigen statt, die ihr Einkommen durch Überschussrechnung ermitteln, wodurch gegen das Gleichbehandlungsgebot wie auch das Leistungsfähigkeitsprinzip verstoßen werde.[856]

Hierzu ist Folgendes anzumerken: Durch das zeitliche Auseinanderfallen von Zeitpunkt der Aufwandsverrechnung und jenem des Zahlungsmittelabflusses findet in der Tat eine bereits gegenwärtige Reduzierung der periodischen (nur bei Progressionseffekten: auch der absoluten) Steuerzahllast statt.

Die gegenwärtig vermiedenen Steuerzahlungen stehen dann durchaus für eine anderweitige Verwendung zur Verfügung.[857] Bei diesem Effekt handelt es sich aber um einen solchen,

---

[856] Zitate Doralt (1998a), S. 1357; siehe auch ders. (1998b), S. 1939; ähnlich: Thiel, J. (1998), S. 325/326 sowie Wassermann/ Teufel (1983), S. 2006/2007; vgl. auch Wagner (1997), S. 518/519 sowie BT-Drucks. 14/23, S. 172; BT-Drucks. 14/265, S. 173; BT-Drucks. 14/443, S. 17.

[857] Elschen (1993), S. 1098; Groh (1994b), S. 93; Hermes (1999), S. 158, 167 bis 169; vgl. auch Korn (1994), S. 9833.

Abzinsung   243

der der Systematik eines jeglichen Betriebsvermögensvergleichs immanent ist, d.h. es liegt
hier keine Besonderheit der Position „Rückstellungen" vor: So müssen aufgrund des Realisationsprinzips z.b. Erträge aus Forderungen bereits *vor* Zahlungseingang erfolgserhöhend verbucht werden.[858] Reparaturmaterial, das im abgelaufenen Geschäftsjahr beschafft, aufgrund
Fehldisposition aber erst einige Perioden später verbraucht wird, kann analog erst bei
Verbrauch, nicht schon in der Periode der Bezahlung erfolgsmindernd verrechnet werden und
dann auch nur in Höhe der historischen Anschaffungskosten, nicht in Höhe zwischenzeitlich
ggf. gestiegener Wiederbeschaffungspreise.

In den beschriebenen Fällen liegen damit *systemimmanente zeitliche Diskrepanzen zwischen den Zeitpunkten von Zahlungsmittelab- bzw. –zufluss sowie den Zeitpunkten ihrer erfolgswirksamen und damit steuerzahlungsrelevanten Erfassung* vor. Solche Diskrepanzen lie-
ßen sich nur vermeiden durch konsequente Einführung einer stärker oder vollständig zah-
lungsbasierten Erfolgsmessung[859] für *sämtliche* Steuerpflichtigen (Gebot der Gleichbehandlung). Solange steuerliche Leistungsfähigkeit mit verschiedenen Instrumenten gemessen wird
(Dualismus der Einkünfteermittlung: Betriebsvermögensvergleich auf der einen, Überschussrechnung auf der anderen Seite) muss es abgelehnt werden, *punktuelle* Übertragungen von
Bewertungs- oder auch Ansatzbestimmungen für *einzelne* Bilanzpositionen (hier: Rückstellungen) von einer Erfolgsmessungsmethode auf die andere vornehmen zu wollen.[860]

Auch angesichts im Einzelfall u.U. nennenswerter „Steuerstundungseffekte" wird in der
vorliegenden Arbeit vor dem geschilderten Hintergrund vom Grundsatz her *keine* Abzinsung
von Erfüllungsbeträgen ungewisser Sachleistungsverbindlichkeiten in der Steuerbilanz befürwortet.

5.7.5 Ergebnisse zu 5.6 und 5.7

Allein aus Gründen der Nachprüfbarkeit wird in der vorliegenden Arbeit ein konsequentes
Abstellen auf die Stichtagspreisverhältnisse zwecks Bemessung des Erfüllungsbetrags III gefordert; dieses Abstellen erfolgt durch die regelmäßig vorzunehmende Verpflichtungsinventur
automatisch.

Da eine Abzinsung des Erfüllungsbetrags ungewisser Verbindlichkeiten nur bei Vorhandensein eines Zinsanteils vorgenommen werden darf, ein solcher bei ungewissen *Sach*leistungsverpflichtungen im Allgemeinen und bergbaubedingten Sachleistungsverpflichtungen im

---

[858] Vgl. Beisse (1981b), S. 21; Glade (1999), S. 402; Pannen (2000), S. 204/205, 234.

[859] Vgl. zu Vorschlägen alternativer steuerlicher Erfolgsmessungskonzeptionen die Nachweise unter 3.5.1.

[860] Drüen (2001), S. 998/999; Merkert/ Koths (1998), S. 1938; Ernsting (1999), S. 462; Glade (1999), S. 402;
Sigloch (2000), S. 173/174; Söffing (1995), S. 664; Versin (2000), S. 1208/1209; vgl. auch Koths (2000), S.
260; ders. (2001a), S. 274; ders. (2002), S. 709; ebenso Jacobs/ Spengel/ Wünsche (1999), S. 62; vgl. in diesem Zusammenhang auch: Groh (1999a), S. 979/980; Korn (1994), S. 9829; Schneider (1990), S. 408; unzutreffend insoweit die Kritik durch Hermes (1999), S. 158, 166 bis 169; zum Dualismus selbst vgl. die
Nachweise unter 3.5.1.

Besonderen aber nicht angenommen werden kann, kommt eine Abzinsung des Erfüllungsbetrags III zwecks Bemessung des Erfüllungsbetrags IV nicht in Frage, d.h. der Erfüllungsbetrag IV entspricht dem Erfüllungsbetrag III (Ausnahme: bei Rückstellungen wegen Entfernungsverpflichtungen i.R.d. steuerlichen Erfolgsmessung). Die Frage, welche monetären Effekte sich als rein systembedingte Vorteile infolge gestundeter Steuerzahlungen ergeben, ist, da entsprechende Erträge ins allgemeine Finanzmanagement einfließen und der Position „Rückstellung" damit nicht mehr willkürfrei zurechenbar sind, genauso wenig Gegenstand der vorliegenden Arbeit wie die durchaus gegebene Relevanz von Abzinsungsfragen bei der Bestimmung eines Ablösebetrages (in *Geld*) zwecks Übertragung langlaufender bergbaubedingter Verpflichtungen, z.B. nach WHG, an einen Dritten.

5.8 Ergebnisse des Kapitels 5

Der im vorhergehenden Kapitel bereits mehrfach angesprochene Erfüllungsbetrag wird konkretisiert durch analoge Anwendung des Begriffs der aktiven Herstellungskosten auf die passive Bestandbewertung i.H.d. einer Einzelmaßnahme der WNBM zurechenbaren Vollkosten. Im Rahmen der Verpflichtungsinventur sind je Einzelmaßnahme in jedem Fall zu erfassen die für die Bemessung von planmäßigem Erfüllungsumfang und –betrag erforderlichen Basisinformationen, die sich im Zeitablauf aus verschiedenen Gründen ändern können und für die eine nur mehrjährige Neuermittlung genügen sollte. Auf einer zweiten Stufe wird das Verpflichtungsinventar alljährlich ergänzt durch die weitere Dotierung einer Einzelrückstellung gem. der rechnungszweckentsprechend auszuwählenden Bezugsgröße. Die Auflösung von Rückstellungen sowie die Löschung der Einzelmaßnahme aus dem Verpflichtungsinventar erfolgt bei Entfall des Grundes der Rückstellung, ansonsten, bei Erfüllung, vollständig oder teilweise gem. dem u.U. nur überschlägig zu schätzenden Erfüllungsgrad einer Einzelmaßnahme der WNBM nach widerlegter „Wiederkehrvermutung" der Verpflichtung dem Grunde wie der Höhe nach. Die monetäre Bewertung des durch die Verpflichtungsinventur festgestellten Erfüllungsumfangs erfolgt bei vorgesehener Eigenvornahme über innerbetrieblich zu bemessende, spezifische Kostensätze, ansonsten, bei geplanter Fremdvornahme, über Fremdangebote (Marktpreise). Einzelkosten liegen daher entweder in Höhe eingeholter Angebotspreise vor oder müssen alternativ durch Umdeutung des Grundsatzes der Einzelerfassung und –bewertung dahin gehend verstanden werden, sämtliche einer einzelnen Einheit Technik oder einem einzelnen Beschäftigungsverhältnis einzeln zurechenbare Kosten als Einzelkosten in einen auf pagatorischer Basis ermittelten Kostensatz einzubeziehen. In diesen fließen auch verpflichtungsnahe Gemeinkosten ein, wobei sowohl Einzel- als auch Gemeinkosten nur in angemessener, normalisierter Höhe berücksichtigt werden dürfen.

Mit diesem Kostensatz werden entweder unmittelbar die für eine definierte Einzelmaßnahme zu erbringenden Leistungseinheiten bewertet (Ansatz 1). Alternativ wird die zuvor zu

Ergebnisse des Kapitels 5   245

ermittelnde Anzahl der zur Realisierung einer Abrechnungseinheit einer Einzelmaßnahme normalerweise zu erbringenden Abrechnungseinheiten Technik und Personal multipliziert mit deren jeweiligen, stundenbezogenen Kostensätzen (Ansatz 2), um auf diesem Wege die Einzelmaßnahme bewerten zu können. Stundenbezogene Kostensätze müssen also in jedem Fall nach den hier entwickelten Grundsätzen bestimmt werden. Unter weiterer Berücksichtigung von Kosten für Einsatzmaterial und für Fremdleistungen ergibt sich somit der Erfüllungsbetrag I der Einzelmaßnahme. Dieser wird in einem zweiten Schritt gekürzt um i.r.d. Erfüllung „quasi-sicher" realisierbare direkte Erlöse (Schrotterlöse, Erlöse aus langlaufenden Verträgen über die Annahme von Stoffen). Erfüllungsimmanente Erträge und Aufwendungen finden hingegen bereits automatisch Eingang in die Bemessung des Erfüllungsbetrags I. Der somit bestimmte Erfüllungsbetrag II wird grundsätzlich auf Basis der Stichtagspreisverhältnisse bemessen (= Erfüllungsbetrag III) unter Verwendung aktueller Marktpreise (Fremdleistungen, Einsatzmaterial) bzw. normalisierter Kosten (Kostensätze für Einsatz von Personal und Technik).

Mangels eines im Erfüllungsbetrag enthaltenen Zinsanteils findet dessen Abzinsung bei Vorliegen ungewisser *Sach*leistungsverpflichtungen v.a. aufgrund des Realisationsprinzips nicht statt (einzige, systemwidrige Ausnahme: Abzinsung des Erfüllungsbetrags von Entfernungs- und damit zusammenhängenden Verpflichtungen i.r.d. steuerlichen Erfolgsmessung). Der Erfüllungsbetrag IV deckt sich somit mit dem Erfüllungsbetrag III.

6 Rückstellungen nach den IFRS/IAS

6.1 Vorbemerkung

Mit dem „Gesetz zur Einführung internationaler Rechnungslegungsstandards und zur Sicherung der Qualität der Abschlussprüfung (Bilanzrechtsreformgesetz – BilReG)" vom 04.12.2004[861] ist die Anwendung der International Financial Reporting Standards (IFRS) (bis März 2001: International Accounting Standards, IAS) nunmehr für genau bezeichnete Abschlüsse bestimmter Gesellschaften vorgeschrieben: Der mit dem BilReG neu eingefügte § 315a HGB nimmt Bezug auf die „Verordnung (EG) Nr. 1606/2002 des Europäischen Parlaments und des Rates vom 19. Juli 2002 betreffend die Anwendung internationaler Rechnungslegungsstandards".[862]

Unter „internationalen Rechnungslegungsstandards" versteht die EU-IAS-VO allein die IAS bzw. IFRS sowie hierzu erlassene Auslegungen sowie deren zukünftige Änderungen, weiterhin künftige Standards und Auslegungen, die vom International Accounting Standards Board (IASB) herausgegeben oder angenommen wurden (Artikel 2 der EU-IAS-VO). Diese Standards (und Auslegungen) sind *verpflichtend* von allen Gesellschaften für am oder nach dem 01.01.2005 beginnende Geschäftsjahre anzuwenden, wenn die jeweilige Gesellschaft dem Recht eines EU-Mitgliedsstaates unterliegt. Die *Pflicht* zur IAS-Anwendung bezieht sich aber *nur* auf *konsolidierte Abschlüsse* (Konzernabschlüsse) und trifft *nur* solche Gesellschaften, deren *Wertpapiere in einem beliebigen Mitgliedstaat zum Handel in einem geregelten Markt* i.S.d. Art. 1 Abs. 13 der Richtlinie 93/22/EWG des Rates vom 10.05.1993 über Wertpapierdienstleistungen[863] *zugelassen sind* (Artikel 4 der EU-IAS-VO). Die Pflicht zur Aufstellung eines Konzernabschlusses ergibt sich somit unverändert aus den §§ 290 ff. HGB, wird also selbst von der EU-IAS-VO *nicht* berührt.[864] Im Art. 5 der EU-IAS-VO wird den EU-Mitgliedsstaaten ein Wahlrecht gewährt, den in Art. 4 angesprochenen Gesellschaften sowie weiterhin den dort nicht angesprochenen Gesellschaften die Aufstellung auch ihrer Einzelabschlüsse bzw. ihrer Konzern- und/ oder Einzelabschlüsse nach den IAS zu gestatten oder vorzuschreiben. Während die für bestimmte Gesellschaften in der EU-IAS-VO festgeschriebene Pflicht zur Aufstellung eines IAS-Konzernabschlusses in den einzelnen EU-Mitgliedsstaaten unmittelbar und verbindlich gilt, müssen die genannten Wahlrechte, sofern politisch ge-

---

[861] BGBl. 2004 I, S. 3166 bis 3182.
[862] Amtsblatt der Europäischen Gemeinschaften Nr. L 243/1 bis 4 vom 11.09.2002; im Folgenden kurz: EU-IAS- VO.
[863] Amtsblatt der Europäischen Gemeinschaften Nr. L 141/27 bis 46 vom 11.06.1993.
[864] Buchheim/ Gröner (2003), S. 953.

wünscht, durch den nationalen Gesetzgeber in nationales Recht umgesetzt werden,[865] was in Deutschland wie folgt geschehen ist: Nach § 315a Abs. 2 HGB *müssen* Mutterunternehmen, die nicht unter den Abs. 1 des § 315a HGB fallen, ihren Konzernabschluss nach IAS aufstellen, wenn für sie bis zum jeweiligen Bilanzstichtag die Zulassung eines Wertpapiers i.S.d. § 2 Abs. 1 Satz 1 des Wertpapierhandelsgesetzes (WpHG) zum Handel an einem organisierten Markt i.S.d. § 2 Abs. 5 WpHG im Inland beantragt worden ist. Für die Pflicht zur Aufstellung eines IAS-Konzernabschlusses genügt es also, wenn ein zur Aufstellung eines Konzernabschlusses verpflichtetes Mutterunternehmen eine Börsennotierung oder sogar nur die Begebung von z.B. Anleihen beantragt hat, d.h. selbst nicht börsennotiert ist und eine Börsennotierung auch nicht anstrebt. Schließlich besteht nach § 315a Abs. 3 HGB für nicht unter dessen Abs. 1 und 2 fallende Mutterunternehmen ein *Wahlrecht*, ihren Konzernabschluss nach IAS aufzustellen. Wird dieses ausgeübt, müssen die im Abs. 1 des § 315a HGB in Bezug genommenen Standards und Vorschriften vollständig befolgt werden.

In der Gesamtbetrachtung sind hinsichtlich der Umsetzung der EU-IAS-VO in Deutschland folgende, für die vorliegende Arbeit relevante Punkte festzuhalten:

- Es besteht keine Pflicht und auch kein gesetzliches Wahlrecht, den Einzelabschluss nach IAS aufzustellen. Diesbezüglich z.T. anzutreffende Befürchtungen[866] haben sich als unbegründet herausgestellt. Die in den Kapiteln 3 bis 5 dieser Arbeit gemachten Ausführungen behalten für den nach wie vor nach HGB aufzustellenden Einzelabschluss damit uneingeschränkte Gültigkeit. Zudem kann für die Bemessung des Erfüllungsbetrags nach IAS weitgehend auf die Ausführungen im Kapitel 5 zurück gegriffen werden.

- Dieselbe Aussage gilt im Grundsatz auch für die durch die handelsrechtlichen GoB geprägte Steuerbilanz. Da (besser: solange) die IAS keine Wirkung auf die Auslegung der handelsrechtlichen GoB entfalten, kann über das Maßgeblichkeitsprinzip auch keine Beeinflussung der steuerbilanziellen Rückstellungsbildung erfolgen. Zudem würden in jedem Fall die zahlreichen, expliziten steuerbilanziellen Ansatz- und Bewertungsvorschriften Vorrang behalten.

- Relevant sind die IAS damit allein für den Konzernabschluss solcher Mutterunternehmen, die unter § 315a Abs. 1 oder 2 HGB fallen oder freiwillig einen IAS-Konzernabschluss aufstellen. Betrachtet man die für die vorliegende Arbeit relevanten Gesellschaften (Unternehmen des Braunkohlenbergbaus), so sind damit in jedem Fall zur Aufstellung eines IAS-Konzernabschlusses verpflichtet die RWE AG, Essen, sowie u.U. auch die Vattenfall Europe AG, Berlin. Die RWE AG hat erstmalig mit Datum 30.06.1999 von der Möglichkeit eines befreienden IAS-Konzernabschlusses nach

---

[865] Ernst (2003), S. 230; Wiechers (2002), S. 1137.
[866] Schön (2002), S. 3.

Vorbemerkung

§ 292a HGB (der mit Art. 1 Nr. 11 BilReG außer Kraft gesetzt wurde) Gebrauch gemacht.[867]

- Die konsequente Beschränkung der Zulässigkeit von IAS-Abschlüssen auf Konzernabschlüsse entspricht deren Konzeption, „nur" der Information der Anleger zu dienen, d.h. insbesondere keine Grundlage für die Bemessung von Restbetragsansprüchen zu bieten. Insofern entspricht die Etablierung verschiedener Rechnungslegungssysteme dem Erfordernis, über dem jeweils unterschiedlichen Rechnungszweck entsprechende Ansatz- und Bewertungsvorschriften zu verfügen (Ermittlung eines als Grundlage für die Bemessung von Restbetragsansprüchen geeigneten Erfolges im Einzelabschluss unter Beachtung des Werturteils „Gläubigerschutz"; Ermittlung eines zukunftsgerichteten, prognosefähigen, für Anlageentscheidungen geeigneten Erfolges im nach IAS zu erstellenden Konzernabschluss).[868] Die für die IAS festzustellende Tendenz, Erfolge früher auszuweisen bzw. zukünftige Erfolge zu antizipieren, eine Bewertung über Anschaffungskosten zu erlauben und u.a. dadurch subjektivem Ermessen der Ersteller der Rechnung größere Bedeutung zukommen zu lassen,[869] bleibt damit ohne Auswirkungen auf die Begründung von Restbetragsansprüchen, die zu Mittelabflüssen aus dem Unternehmen führen.

- In der Literatur werden häufig Befürchtungen geäußert, die nach den IAS geltenden Ansatz- und Bewertungsgrundsätze sowie Einzelnormen könnten auf die Interpretation der handelsrechtlichen GoB und Einzelnormen und damit unmittelbar auf die Ermittlung des zur Begründung von Restbetragsansprüchen führenden handelsrechtlichen Erfolges sowie auf die Anwendung der auf das handelsrechtlich gemessene Vermögen verweisenden gesellschaftsrechtlichen Regeln zur Kapitalerhaltung einwirken und somit das Werturteil das „Gläubigerschutz" in Frage stellen. Als mittelbare Folge sei, über das Maßgeblichkeitsprinzip, bei veränderter GoB-Interpretation eine Ausstrahlung der IAS auch auf die steuerliche Erfolgsmessung zu befürchten. Damit würden Rechnungen bzw. Rechnungslegungslegungssysteme von den IAS berührt, die wegen grundsätzlich anderer Rechnungszwecke völlig anders konzipiert seien, weswegen die IAS hierfür ungeeignet seien.[870] Trotz grundsätzlicher Berechtigung entsprechender Bedenken soll auf diese Thematik im Folgenden nicht vertieft eingegangen werden.

---

[867] RWE (1999), S. 88/89.
[868] Vgl. auch Schön (1997), S. 158/159; ders. (2000), S. 713/714.
[869] Schildbach (1998), S. 587/588.
[870] Schön (1997), S. 157; Schildbach (2002), S. 274/275; Schulze-Osterloh (2000), S. 602; ders. (2003), S. 351; Wehrheim/ Lenz (2005), S. 455/456 m.w.N.

6.2 Schuldkategorien nach IAS 37

„Rückstellungen" stellen nach IAS 37, im Gegensatz zum HGB und auch EStG, keine eigene Schuldkategorie dar, sondern bilden als *provisions* eine Untergruppe von *liabilities*, d.h. von „Schulden" (IAS 37.10).[871] Eine *provision* ist dabei eine *liability*, für die entweder die Höhe/der Betrag (*amount*) oder der Zeitpunkt des Anfalls/der Erfüllung (*timing*) ungewiss ist (IAS 37.10 und .11). Damit unterscheiden sich die *provisions* insbesondere von den *trade payables* und den *accruals* (IAS 37.11) als „sichere" Verpflichtungen aus Lieferungen und Leistungen sowie aus sonstigen Sachverhalten.[872] Abzugrenzen von den *provisions* sind zum einen die *contingent liabilities* (Eventualverbindlichkeiten). Hierbei handelt es sich um Verpflichtungen, deren Existenz vom (Nicht-)Eintritt zukünftiger Ereignisse, deren Eintreten wiederum außerhalb des Einflussbereichs des Bilanzierenden liegt, abhängt (IAS 37.10). Da die Verpflichtung zur WNBM wie die zur Zwischenbewirtschaftung aber *un*bedingt zu erfüllen sind, sind *contingent liabilities* für diese Arbeit nicht relevant. Weiterhin brauchen Rückstellungen wegen *onerous contracts* (IAS 37.10), d.h. Rückstellungen für drohende Verluste aus schwebenden Geschäften,[873] nicht betrachtet zu werden.

Da *provisions* einen Unterfall von *liabilities* darstellen, müssen sie deren (allgemeine) Passivierungsvoraussetzungen erfüllen. Nach IAS 37.10 stellt eine *liability* eine

– gegenwärtige Verpflichtung (*present obligation*) dar, die
– aus vergangenen Ereignissen (*past events*) resultiert und zu deren Erfüllung
– der Abfluss von Ressourcen aus dem Unternehmen (*outflow from the enterprise of resources*), die einen wirtschaftlichen Wert verkörpern (*embodying economic benefits*), zu erwarten ist.

Das verpflichtende Ereignis (*obligating event*) muss eine rechtliche oder faktische Verpflichtung (*legal or constructive obligation*) entstehen lassen, deren Erfüllung sich der Bilanzierende nicht entziehen kann (*having no realistic alternative to settling that obligation*, IAS 37.10). Die für die vorliegende Arbeit allein relevanten rechtlichen Verpflichtungen können dabei eine gesetzliche (WNBM nach BBergG) oder vertragliche (Zwischenbewirtschaftung) oder andere rechtliche (Bergverordnungen) Grundlage aufweisen (IAS 37.10).

Zusätzlich zu den allgemeinen Kriterien für die Passivierung einer *liability* muss für *provisions* noch die Höhe der Verpflichtung zuverlässig schätzbar sein (Möglichkeit eines *reliable estimate*, IAS 37.14 (c)).

---

[871] Gantzkow/ Gröner (1998), S. 993/994.
[872] Vgl. mit Beispielen Förschle/ Kroner/ Heddäus (1999), S. 44; zur Kritik am Begriff der *accruals* siehe Moxter (1999), S. 522 sowie Hoffmann in Lüdenbach/ Hoffmann (2004), § 21, Tz. 22.
[873] Förschle/ Kroner/ Heddäus (1999), S. 42.

Passivierungsvoraussetzungen für provisions nach IAS 37 251

6.3 Passivierungsvoraussetzungen für *provisions* nach IAS 37

6.3.1 Vorbemerkung

Die nachfolgend besprochenen Passivierungs- bzw. Ansatzkriterien beruhen weitgehend auf den allgemeinen Anforderungen an *liabilities* (vgl. IAS 37.10), lediglich das dritte Kriterium (IAS 37.14 (c)) stellt ein spezielles Kriterium für *provisions* dar. Die Kriterien müssen kumulativ erfüllt sein, um eine *provision* bilden zu können (IAS 37.14).

6.3.2 Voraussetzung der gegenwärtigen Verpflichtung aufgrund eines vergangenen Ereignisses

IAS 37.14 (a) verlangt für den Ansatz einer *provision*, dass für den Bilanzierenden eine gegenwärtige (rechtliche oder faktische) Verpflichtung (*present obligation*) als Resultat eines vergangenen Ereignisses besteht.[874] Der zu der gegenwärtigen Verpflichtung führende *past event*, d.h. der *obligating event*, muss dazu führen, dass sich der Bilanzierende der Erfüllung der Verpflichtung nicht entziehen kann (IAS 37.17). Die zur Erfüllung erforderlichen Ausgaben (*costs*) dürfen keinen Bezug zum zukünftigen (Weiter-)Betrieb des Unternehmens aufweisen (IAS 37.18). Als Beispiel werden explizit Ausgaben zur Beseitigung von Umweltschäden genannt, in Abgrenzung zu zukunftsbezogenen und damit vermeidbaren Ausgaben für z.B. die Anpassung bestehender Anlagen zwecks Einhaltung neuer gesetzlicher Vorgaben (IAS 37.19). Auch nach IAS dürfen damit keine Rückstellungen wegen sog. „Anpassungsverpflichtungen" gebildet werden.[875] Das Erfordernis der „Gegenwärtigkeit" einer Verpflichtung muss daher als Abgrenzungskriterium zu solchen verpflichtungsinduzierten Maßnahmen interpretiert werden, die einen Zukunftsbezug aufweisen bzw. kann eine „gegenwärtige" Verpflichtung überhaupt und zwangsläufig nur aus vergangenen Ereignissen resultieren.[876] Mit der bergbaulichen Inanspruchnahme der Oberfläche als dem *past* bzw. *obligating event* ist damit, auch nach IAS, eine unentziehbar zu erfüllende, gegenwärtig bestehende Verpflichtung rechtlich entstanden. Dies gilt auch für Entfernungsverpflichtungen (Example 3: Offshore Oilfield im Appendix C von IAS 37): Der *obligating event* besteht hier in der Errichtung der Anlage, unabhängig von einer bereits realisierten Nutzung bzw. Inbetriebnahme. Dies gilt allerdings nicht für solche Verpflichtungen, die allein aus dem Betrieb der Anlage resultieren (z.B. neben der eigentlichen Entfernung der Anlage zu entfernende (Öl-)Anhaftungen).

---

[874] Kritisch hierzu: Moxter: (1999), S. 521/522; ders. (2004), S. 1059; Hommel/ Wich (2004), S. 24.

[875] Vgl. zu diesen bereits unter 4.5.

[876] Hoffmann in Lüdenbach/ Hoffmann (2004), § 21, Tz. 26, 50.

Hinsichtlich des unauflöslichen Konfliktes zwischen dem Stichtagsprinzip und der going-concern-Prämisse, der auch für die IAS festzustellen ist (*past event* versus going-concern-Prämisse), soll hier ebenfalls dahin gehend entschieden werden, dass auch nach IAS auf den planmäßigen Erfüllungsumfang zum planmäßigen Erfüllungszeitpunkt für die Bemessung des (planmäßigen) Erfüllungsbetrags abgestellt wird. Die aus dem *obligating event* resultierenden gegenwärtigen Verpflichtungen bestehen ggü. der Bergbehörde bzw. dem Folgenutzer als der anderen *party* (IAS 37.20). Aufgrund der engmaschigen Betriebsplansystematik sowie der umfassenden berg- und privatrechtlichen Pflichten erscheint die Möglichkeit, dass für die Beseitigung der Folgen realisierter bergbaulicher Eingriffe erst zukünftig rechtliche Pflichten kodifiziert werden (IAS 37.21 und .22), nicht relevant.

6.3.3 Voraussetzung des wahrscheinlichen Abflusses von Ressourcen, die einen wirtschaftlichen Wert verkörpern, zwecks Erfüllung der Verpflichtung

Der Abfluss von Ressourcen aus dem Unternehmen zwecks Verpflichtungserfüllung muss wahrscheinlicher sein als deren Nichtabfluss (*more likely than not*, IAS 37.23).[877]

Das Vorliegen einer *present obligation* (rechtliches Entstehen einer Verpflichtung) reicht demnach auch nach IAS nicht aus für eine Rückstellungsbildung. Da die Inanspruchnahme durch die Bergbehörde wie auch durch den Folgenutzer aber als völlig sicher gelten kann, kann die Wahrscheinlichkeit des Abflusses von Ressourcen für den hier interessierenden Zusammenhang uneingeschränkt bejaht werden.

Da neben dem Abfluss von Geld zur Erfüllung von Geldverpflichtungen auch die Erbringung von Sachleistungen zwecks Erfüllung von Sachleistungsverpflichtungen den Abfluss wirtschaftlicher Werte bewirkt, besteht insofern kein weiterer Diskussionsbedarf, trotz fehlender expliziter Regelung in IAS 37.

6.3.4 Voraussetzung der verlässlichen Schätzbarkeit des Erfüllungsbetrags

Nach IAS 37.14 (c) muss der Erfüllungsbetrag (*amount of the obligation*) zuverlässig schätzbar sein. Für die ihrer Natur nach besonders unsicherheitsbehafteten *provisions* wird als Regelfall von der Möglichkeit der Festlegung einer Bandbreite ausgegangen, innerhalb derer ein Wert mit hinreichender Verlässlichkeit bestimmt werden kann (IAS 37.25). Nur dann, wenn ausnahmsweise keinerlei verlässliche Schätzung möglich ist, soll auf den Ansatz einer *provision* zugunsten einer *contingent liability* verzichtet werden (IAS 37.26).

---

[877] Ausführlich hierzu Hoffmann in Lüdenbach/ Hoffmann (2004), § 21, Tz. 29 bis 40, 70; kritisch zur geforderten 50%-Eintrittswahrscheinlichkeit: Hommel (2003), S. 748.

Da auch nach IAS von der Fortführung der Unternehmenstätigkeit auszugehen ist (vgl. hierzu IAS 1.23 und .24 sowie IAS 10.14 und .15), muss der Erfüllungsumfang, so wie nach HGB und EStG, für den planmäßigen Erfüllungszeitpunkt berechnet werden. Insofern ergeben sich hinsichtlich der Anforderungen an die Ausgestaltung der WNBM-Planung keine Abweichungen von den bisherigen Ausführungen in dieser Arbeit. Dies gilt auch für die spezifische monetäre Bewertung des planmäßigen Erfüllungsumfangs: Da für diese Bewertung entweder von der Verwendung von Fremdangeboten (Marktpreise) oder von normalisierten innerbetrieblichen Werten ausgegangen wird,[878] die beide in besonderem Maße nachprüfbar sind, wird man an die Verlässlichkeit der Schätzung der verwendeten Werte für den IAS-Jahresabschluss keine höheren Anforderungen stellen müssen und auch nicht können als für den HGB-Abschluss und die Steuerbilanz.

6.4 Bemessung des Erfüllungsbetrags

6.4.1 Allgemeiner Rahmen

Der der *provision* zugrunde zu legende Erfüllungsbetrag soll der bestmögliche Schätzwert der Ausgaben sein, die zur Erfüllung der Verpflichtung zum Bilanzstichtag erforderlich sind (*should be the best estimate of the expenditure required to settle the present obligation at the balance sheet date*, IAS 37.36). Als *best estimate* wird dabei jener Betrag angesehen, den der Bilanzierende vernünftigerweise bezahlen würde, um *entweder* die Verpflichtung am Bilanzstichtag zu erfüllen (Erfüllungsbetrag) *oder* diese zum Bilanzstichtag an einen Dritten zu transferieren (fiktiver Marktpreis als *fair value*),[879] wobei die häufig fehlende Möglichkeit einer Erfüllung oder eines solchen Transfers durchaus gesehen wird (IAS 37.37).[880] In diesem Zusammenhang soll neben dem *judgement of the management* auch auf Erfahrungen mit ähnlichen Transaktionen in der Vergangenheit oder auf unabhängige Expertenschätzungen zurückgegriffen werden (IAS 37.38). Für die Berechnung des Erfüllungsbetrags soll entweder der wahrscheinlichste Wert, sonst, wenn die Mehrheit der übrigen Werte höher oder niedriger als der wahrscheinlichste Wert ist, ein höherer oder niedrigerer Betrag Verwendung finden (IAS 37.40).

Der Transfer bergbaubedingter Verpflichtungen an einen Dritten wurde im bisherigen Verlauf der Arbeit mangels Möglichkeit hierzu und damit mangels Relevanz ausgeschlossen.[881] Insofern verbleibt der Erfüllungsbetrag als hier allein zu betrachtende Ausprägung des

---

[878] Siehe erneut unter 5.4.
[879] Hoffmann in Lüdenbach/ Hoffmann (2004), § 21, Tz. 136.
[880] Mit grundsätzlicher Kritik an der *fair value*-Konzeption für singuläre, d.h. nicht an Märkten gehandelte Verpflichtungen: Hommel/ Wich (2004), S. 26/27.
[881] Siehe erneut unter 5.7.2.

best estimate. Hinsichtlich der Schätzung des *best estimate* sei erneut auf die die Bestimmung des planmäßigen Erfüllungsumfangs wie auf die die Verwendung externer sowie normalisierter interner Werte zwecks spezifischer Bewertung des sachlichen Umfangs behandelnden Ausführungen im bisherigen Verlauf der Arbeit verwiesen. Ebenso sei daran erinnert, dass bei Vorliegen mehrerer Fremdangebote von der Verwendung des niedrigsten Wertes ausgegangen wird.[882] Auch als *best estimate* kann kein höherer Betrag in Frage kommen als jener, den das Unternehmen unbedingt (mindestens, zugleich aber nicht höher) zur Erfüllung aufbringen muss. Insofern brauchen Aspekte der Berechnung des Erfüllungsbetrags als Erwartungswert (IAS 37.39) hier nicht diskutiert zu werden.

Zu jedem Bilanzstichtag hat eine Prüfung der Höhe der *provision* zu erfolgen. Ggf. ist diese anzupassen, um den jeweils aktuellen *best estimate* abzubilden (IAS 37.59).

6.4.2 Einzelfragen der Bemessung des Erfüllungsbetrags

Der *best estimate* soll einerseits *vorsichtig* ermittelt werden, um eine Unterbewertung der Verpflichtung bei einer Auswahl aus mehreren unsicheren Werten zu verhindern. Andererseits ist eine gezielte Überbewertung der Verpflichtung verboten (IAS 37.42 und .43).[883] Insbesondere letztere Anforderung kann durch die in dieser Arbeit befürwortete Art der Verwendung interner und externer Werte erfüllt werden. Ein Übermaß an (unbegründeter) Vorsicht wurde auch in den bisherigen Ausführungen als nicht erforderlich erachtet.

Erträge aus sonstiger Geschäftstätigkeit (*gains*),[884] die i.R.d. Entfernung von Vermögenswerten (*assets*) realisiert werden, dürfen auch dann den Erfüllungsbetrag *nicht* mindern, wenn die Entfernung eng mit dem rückstellungsbegründenden Ereignis verbunden ist (IAS 37.51 und .52).[885] Die mit Blick auf die Situation nach HGB und EStG befürwortete Minderung des Erfüllungsbetrags I um Schrotterlöse ist nach IAS damit *un*zulässig. Vielmehr muss der Restwert (*residual value*, IAS 16.6) von den Anschaffungskosten (*cost of an asset*, IAS 16.6) zwecks Ermittlung des abzuschreibenden Betrags (*depreciable amount*, IAS 16.6) des abschreibungspflichtigen Vermögenswertes abgezogen werden (IAS 16.53).

Kompensierende Ansprüche ggü. Dritten, d.h. Rückgriffsansprüche bzw. Erstattungen (*reimbursements*) sollen, sofern ihre Geltendmachung bei Erfüllung nahezu sicher (*virtually certain*) ist, als eigenständiges *asset* aktiviert werden (IAS 37.53). In der GVR darf der auszuweisende Aufwand wegen der Dotierung der *provision* allerdings netto ausgewiesen werden, d.h. nach Abzug der Erstattung (IAS 37.54). Als für die vorliegende Arbeit diesbezüglich einzig relevantem Anwendungsfall soll an die denkbare Konstellation erinnert werden, mit Abführung liquider Mittel an einen Dritten zugleich die jeweilige Verpflichtung (teilweise)

---

[882] Siehe erneut unter 5.2.1.
[883] Siehe auch Hayn (2004), Tz. 33.
[884] Coenenberg (2003), S. 430.
[885] Siehe auch Hayn (2004), Tz. 36.

Aktivierung von Ausgaben für die Verpflichtungserfüllung nach IAS 16 — 255

abzustoßen; dann liegt aber kein typischer Fall einer Saldierung vor.[886] Mit Blick auf die angesprochene Problematik hat das *International Financial Reporting Interpretations Committee* (IFRIC) die *interpretation 5* „Rights to Interests arising from Decommissioning, Restoration and Environmental Rehabilitation Funds" (kurz: IFRIC 5) veröffentlicht, die die bilanzielle Behandlung von Zahlungen an Fonds regelt, die für die liquiditätsmäßige Sicherstellung der Erfüllung „umweltrelevanter" Verpflichtungen sorgen sollen. Mangels praktischer Relevanz solcher Fonds für die hier interessierende Thematik soll hinsichtlich Einzelheiten zu IFRIC 5 auf die entsprechende Literatur verwiesen werden.[887] Da IAS 37 keine expliziten Aussagen zur spezifischen Bewertung des sachlichen Verpflichtungsumfangs enthält,[888] kann hierzu auf die in der vorliegenden Arbeit entwickelte Systematik (Einzelkosten bei Fremdvornahme zuzüglich eigener, aber nur angemessener bzw. notwendiger Zuschläge für verpflichtungsnahe Gemeinkosten; Beschränkung der Kosten bei Eigenvornahme auf angemessene bzw. notwendige Anteile verpflichtungsnaher Gemeinkosten und auch der Einzelkosten im Rahmen einer zweistufigen Vorgehensweise bei Berechnung von Kostensätzen in nur normalisierter Höhe) zurück gegriffen werden. Insbesondere durch die alternative Bewertung der Verpflichtung zum *fair value* impliziert auch IAS 37 eine Bewertung zu (angemessenen) Vollkosten, da ein fiktiver Erwerber natürlich nur bei einem Entgelt in dieser Höhe bereit wäre, die Verpflichtung zu übernehmen.[889]

Bevor weitere Einzelfragen zur Bemessung des Erfüllungsbetrags diskutiert werden (Abzinsung und Preisverhältnisse) ist auf die nach IAS bestehende Besonderheit (ggü. deutschem Handels- und Steuerbilanzrecht) einzugehen, die für die Erfüllung erforderlichen Ausgaben zu aktivieren und zusammen mit dem zugehörigen *asset* planmäßig abzuschreiben.

6.5 Aktivierung von Ausgaben für die Verpflichtungserfüllung nach IAS 16

Der bereits angesprochene IAS 16 regelt Ansatz und Bewertung von Sachanlagevermögen (*property, plant and equipment*).

Die Bewertung des Vermögens zum Zugangszeitpunkt (*measurement at recognition*) erfolgt zu dessen Anschaffungs- oder Herstellungskosten (IAS 16.15: *cost*). Hierzu zählen auch die Kosten für die Entfernung und Entsorgung des Gegenstandes (*item*) sowie für die WNBM der Aufstandsfläche des Gegenstandes (*the costs of dismantling the item and restoring the site on which it is located*, IAS 16.16 (c)). Die genannten Verpflichtungen müssen dabei aus der Anschaffung des Gegenstandes, alternativ aus der Nutzung des Gegenstandes resultieren, es

---

[886] Vgl. die Ausführungen unter 5.5.7.
[887] Zülch/ Willms (2005b), S. 1182 bis 1183.
[888] Moxter (1999), S. 524.
[889] Schmidbauer (2000), S. 1133; enger hingegen Hayn/ Pilhofer (1998), S. 1766, 1772 und Marx/ Köhlmann (2005), S. 659; mit der Annahme einer Abweichung zur Vorgehensweise nach HGB: Kleinmanns (2005), S. 209.

256 | Rückstellungen nach den IFRS/IAS

sei denn, diese Nutzung zielt allein auf eine Produktion auf Lager.[890] Da in der Errichtung der Anlagen der *past* bzw. *obligating event* zu sehen ist, der zum Entstehen einer *present obligation* führt,[891] die Ansatzkriterien für hieraus resultierende, nach IAS 37 anzusetzende *provisions* also erfüllt sind, liegt zugleich die in IAS 16.16 (c) geforderte *obligation* vor. Der Erfüllungsbetrag ist also als Teil der *costs* des *item* bzw. *asset* zu aktivieren und der sich insgesamt ergebende *depreciable amount* (IAS 16.6) ist über die erwartete Nutzungsdauer (*useful life*, IAS 16.6) planmäßig abzuschreiben (IAS 16.50). An dieser Stelle besteht ein zentraler Unterschied zum Verständnis des Anschaffungs- bzw. Herstellungskostenbegriffs nach deutschem Handels- und Steuerbilanzrecht: Eine Aktivierung des Erfüllungsbetrags kommt hiernach keinesfalls in Frage.[892]

Bevor auf weitere Einzelheiten eingegangen werden kann ist zunächst zu diskutieren, welche „Gegenstände" überhaupt als *assets* gelten, daher aktivierungs- und abschreibungspflichtig sind und in deren *depreciable amount* damit auch der Erfüllungsbetrag der Verpflichtung eingeht.

Für die Einrichtungen i.S.d. § 2 Abs. 1 Nr. 1 BBergG (v.a. Tagesanlagen und Betriebstechnik), für die in der vorliegenden Arbeit grundsätzlich von einer de-facto-Pflicht zur Entfernung ausgegangen wird, soll hier, ungeachtet eines evtl. vorhandenen Diskussionsbedarfs im Einzelfall, vom Vorliegen eines *item of property, plant and equipment* ausgegangen werden.

Property, plant *and equipment* als Sachanlagen (*tangible items*) zeichnen sich aus durch (IAS 16.6):

(a) ihr Halten zum Zweck der Herstellung oder der Lieferung von Gütern und Diensten, der Vermietung oder für Verwaltungszwecke, und durch

(b) die Erwartung einer mehr als einperiodigen Nutzung.

Die für einen solchen Gegenstand angefallenen Kosten dürfen nur dann als *asset* aktiviert werden, wenn (IAS 16.7):

(a) der Zufluss zukünftiger wirtschaftlicher Vorteile an das Unternehmen aus dem Gegenstand wahrscheinlich ist und

(b) eine zuverlässige Schätzung der *costs* für den Gegenstand möglich ist.

In IAS 16.37 werden sowohl *land, land and buildings* als auch *machinery* explizit als je eigenständige *classes* von *property, plant and equipment* aufgeführt (IAS 16.37).

Da die hier interessierenden Einrichtungen die genannten Kriterien wohl durchgängig erfüllen dürften, muss der für deren Entfernung und Entsorgung berechnete Erfüllungsbetrag

---

[890] In diesem Fall gehen die Kosten für die Verpflichtungserfüllung in die Herstellungskosten der produzierten Vorratsgüter ein, vgl. Kümpel (2004), S. 1227, Fn. 4.

[891] Siehe oben unter 6.3.2.

[892] Naumann (1993), S. 271.

Aktivierung von Ausgaben für die Verpflichtungserfüllung nach IAS 16   257

zusammen mit den übrigen *costs* des *asset* aktiviert und systematisch über die Nutzungsdauer abgeschrieben werden. Auf die *costs* für die WNBM der Aufstandsflächen der Einrichtungen wird sogleich eingegangen.

Problematischer als die Zuordnung der *costs* für Entfernung und Entsorgung der Einrichtungen ist allerdings die Zuordnung der *costs* für bergbaubedingte Verpflichtungen i.e.S., speziell für die Einzelmaßnahme „Restlochgestaltung". Stellt man, so wie in der vorliegenden Arbeit, auf den planmäßigen Erfüllungszeitpunkt ab, so ergibt sich folgende Problematik: Die Fläche (Land), das von dem Restloch in seiner zukünftigen Ausgestaltung beansprucht wird, wird sich infolge der dynamischen Betriebsweise des Bergbaus häufig überhaupt noch gar nicht im Besitz des Bergbauunternehmens befinden und kann daher auch nicht aktiviert werden. Einem nicht vorhandenen *asset* kann naturgemäß aber kein Erfüllungsbetrag zugeordnet werden. Befindet sich die Fläche dagegen bereits im Besitz des Bergbauunternehmens und wird daher aktiviert, so könnte der Erfüllungsbetrag zugeordnet und abgeschrieben werden. Dabei müssen die *costs* für das Land und der Erfüllungsbetrag separat betrachtet werden: Für Land geht IAS 16.58, mit bestimmten Ausnahmen, grundsätzlich von einer unbegrenzten Nutzungsdauer und daher einer fehlenden Abschreibungsmöglichkeit aus. Als eine Ausnahme werden aber explizit bergbaulich genutzte Flächen genannt. Daraus würde für die Einzelmaßnahme „Restlochgestaltung" folgen: Der Erfüllungsbetrag geht in die *costs* der Fläche ein und wird über die Gesamtlaufzeit des Tagebaus planmäßig abgeschrieben. Der auf das Land entfallende Anteil der *costs* wird dagegen erst dann abgeschrieben, wenn für ersteres die Möglichkeit und Pflicht zur Abschreibung besteht. Diese muss, analog der planmäßigen Abschreibung nach HGB, in systematischer Weise über die erwartete Nutzungsdauer (*useful life*) erfolgen (IAS 16.6), d.h. über sämtliche Perioden, in der das Land bergbaulich genutzt wird bzw. dem Unternehmen Nutzen aus der Inkaufnahme der Verpflichtung zufließt (IAS 16.59) (Anzahl der Perioden, in der die Fläche überbaggert wird). Abzuschreiben wäre die Fläche, sofern man von einem ggü. land- oder forstwirtschaftlicher Nutzung verminderten Wert der entstehenden Restseefläche ausgeht, auf den erwarteten Restwert (*residual value*) (IAS 16.6). Die gesamten *costs* wären also aufzuteilen in einen über die Gesamtlaufzeit des Tagebaus systematisch abzuschreibenden Erfüllungsbetrag und einen nur über die Nutzungsdauer der Fläche selbst systematisch abzuschreibenden Betrag (IAS 16.59), der dann aufgrund der Berücksichtigung eines *residual value* einen *depreciable amount* darstellen würde.

Die beschriebene Aufteilung ist so nicht erforderlich bei den für die WNBM der Aufstandsflächen bergbaulicher Einrichtungen erforderlichen Ausgaben: Sofern für die Aufstandsflächen auch nach Entfernung und Entsorgung der Einrichtungen sowie realisierter WNBM ein die *costs* unterschreitender *residual value* erwartet wird, muss für die sonst nicht abzuschreibende Fläche ein *depreciable amount* i.H.d. gesamten *costs* abzüglich Restwert ermittelt und über den Zeitraum der bergbaulichen Nutzung der Fläche hinweg systematisch abgeschrieben werden. Ist hingegen eine Abschreibung auf die Fläche selbst *nicht* erforderlich, da nach Entfernung und Entsorgung der Einrichtungen sowie nach WNBM der Fläche die ursprünglichen *costs* (voraussichtlich) nicht unterschritten werden (z.B. vorher wie nachher Nutzung als Gewerbefläche), so wird nur der auf den Erfüllungsbetrag für die Flächen-WNBM entfallende Teil der *costs* systematisch abgeschrieben.

Speziell für die Einzelmaßnahme „Restlochgestaltung" wäre indes noch eine zweite Vorgehensweise denkbar: Sofern nämlich die für den Aufschluss anfallenden *costs* ein eigenes *asset* schaffen und damit über die Gesamtlaufzeit des Tagebaus systematisch abgeschrieben werden, könnte der Erfüllungsbetrag als Bestandteil dieser *costs* aufgefasst werden, d.h. mitaktiviert und genauso systematisch abgeschrieben werden. Der Vorteil dieser Variante läge zum einen in der einheitlichen Vorgehensweise, d.h. in der systematischen Abschreibung sämtlicher *costs* des *asset*. Deren evtl. Aufspaltung in einen voll abzuschreibenden Teil (Erfüllungsbetrag) und einen nicht oder nur teilweise abzuschreibenden Teil (Fläche) würde entfallen. Damit würde zugleich die Problematik umgangen, die sich dann ergibt, wenn die zukünftige Restlochfläche, mangels Besitz, überhaupt noch nicht aktiviert werden kann. Mit Blick auf die Eigenschaften von *property, plant and equipment* wie auf die Kriterien, nach denen *costs* zu einem *asset* führen (IAS 16.6 und .7), kann man feststellen, dass:

- das Halten des Gutes „Grubenaufschluss" in der Tat produktiven Zwecken dient (Gewinnung, Förderung und Absatz von Braunkohle);

- die Nutzung dieses Gutes sich in der Tat über mehrere Perioden erstreckt;

- zukünftige wirtschaftliche Vorteile (Umsatzerlöse) dem Unternehmen aus diesem Gut wahrscheinlich zufließen werden;

- die Kosten des Gutes (Ausgaben für den Aufschluss) verlässlich bestimmt werden können.

Unverändert bliebe aber die Notwendigkeit, einen die *costs* bergbaulich genutzter Flächen u.U. unterschreitenden *residual value* zu schätzen und mit dessen Hilfe den *depreciable amount* der jeweiligen Fläche zu berechnen. Hierbei handelt es sich aber um ein generelles Problem, das hier nicht vertieft zu diskutieren ist. Nicht zu diskutieren ist an dieser Stelle weiterhin, welche Konsequenzen sich aus einer außerplanmäßigen Wertminderung, die anhand eines *impairment test* nach IAS 36 festzustellen wäre, für die Bewertung bergbaulich genutzter (speziell: überbaggerter) Flächen ergeben würden.

Hinzuweisen ist abschließend auf die u.U. gespaltene Vorgehensweise bei der Abschreibung der Einrichtungen einerseits (volle Abschreibung sowohl der Einrichtungen wie der anteiligen *costs* für deren Entfernung und Entsorgung über die Nutzungsdauer der Einrichtungen) und der Aufstandsflächen von Einrichtungen andererseits (volle Abschreibung der *costs* für die Flächen-WNBM über die Nutzungsdauer der Einrichtungen, evtl. überhaupt keine Abschreibung auf die Flächen selbst).

Fragen der Abzinsung, der maßgeblichen Preisverhältnisse sowie ... 259

In jedem Fall erfolgt die Ersterfassung bzw. –einbuchung der jeweiligen *provision* erfolgsneutral, führt also zunächst zu einer bloßen Bilanzverlängerung und erst über den Zeitraum bis zur Erfüllung zu einer aufwandswirksamen (erfolgsmindernden) Verrechnung des Erfüllungsbetrags als Bestandteil der systematischen Abschreibung auf das *asset*.[893]

6.6 Fragen der Abzinsung, der maßgeblichen Preisverhältnisse sowie der Berücksichtigung zukünftiger Ereignisse bei *provisions*

6.6.1 Regelungen nach IAS 37

In Ergänzung zu den bisherigen Ausführungen zum Erfüllungsbetrag nach IAS (*best estimate*) ist auf die Frage nach der Abzinsung und dem relevanten Preisniveau einzugehen. Da diesbezügliche Aspekte zusätzlich in einer eigenen Interpretation geregelt sind und hierbei der Frage der aktivischen Behandlung des zugehörigen *asset* eine entscheidende Rolle zukommt, rechtfertigt sich eine insofern separate Betrachtung.

Aus der Definition des *best estimate* (*should be the best estimate of the expenditure required to settle the present obligation at the balance sheet date*, IAS 37.36) sowie aus dessen weiterer Umschreibung (*The best estimate of the expenditure required to settle the present obligation is the amount that an enterprise would rationally pay to settle the obligation at the balance sheet date or to transfer it to a third party at that time*, IAS 36.37) wird in der Literatur teilweise auf die Maßgeblichkeit der Preisverhältnisse zum (planmäßigen) Erfüllungszeitpunkt bei Bemessung des *best estimate* geschlossen.[894] Dies erscheint indes nur eingeschränkt zutreffend: Wenn auf den Bilanzstichtag als maßgeblichen Erfüllungszeitpunkt abgestellt wird (*settle the obligation at the balance sheet date*), dann scheidet die Verwendung zukünftiger Preisverhältnisse zwangsläufig aus. Bei Übertragung der Verpflichtung an einen Dritten wäre wie folgt zu differenzieren: Da die Verpflichtung tatsächlich überhaupt nicht zum Bilanzstichtag erfüllt werden soll und auch nicht erfüllt werden kann, vielmehr erst eine planmäßige Erfüllung zum planmäßigen Erfüllungszeitpunkt erfolgen soll, wird sich ein möglicher Erwerber der Verpflichtung, unabhängig davon, dass nicht ein isolierter Transfer, sondern nur eine Übertragung der Verpflichtung zusammen mit sämtlichen Aktiva und Passiva des Unternehmens eine sinnvolle Annahme darstellt, die von ihm für den planmäßigen Erfüllungszeitpunkt erwarteten Ausgaben in einer Einmalzahlung vergüten lassen unter zusätzlicher Berücksichtigung (im Anschluss zu besprechender) Zinseffekte. Die in IAS 36.37 verwendete Formulierung ist durch das Abstellen auf den Bilanzstichtag zumindest so lange missverständlich, wie

---

[893] Kümpel (2004), S. 1227; Zülch/ Willms (2005a), S. 226.
[894] Hayn/ Pilhofer (1998), S. 1767, 1771; Schmidbauer (2000), S. 1133; Kümpel (2004), S. 1228; Zülch/ Willms (2005b), S. 1180; Kleinmanns (2005), S. 208.

auch nach IAS zugleich die going-concern-Prämisse zu beachten ist (vgl. hierzu IAS 1.23 und .24 sowie IAS 10.14 und .15).

Für eine Berücksichtigung der Preisverhältnisse bei Erfüllung sprechen die IAS 37.48 und .50, die die Berücksichtigung zukünftiger Ereignisse (*future events*) bei Bemessung des Erfüllungsbetrags behandeln: Nach IAS 37.48 sollen zukünftige Ereignisse, die den Erfüllungsbetrag beeinflussen können, dann berücksichtigt werden, wenn ihr Eintreten mit hinreichender Sicherheit zu erwarten ist (*where there is sufficient objective evidence that they will occur*), was durch qualifizierte, unabhängige Experten nachzuweisen ist (IAS 37.49). So sollen insbesondere erwartete Kostenreduzierungen aus der (verstärkten) Anwendung bereits vorhandener Technologien, nicht hingegen Effekte aus der Anwendung völlig neuer Technologien, antizipiert werden. Unabhängig von der Frage, ob bzw. wie bereits vorhandene von völlig neuen Technologien im konkreten Einzelfall abgegrenzt werden können und mit welcher Wahrscheinlichkeit/Sicherheit Kostenreduzierungen dem Grunde wie der Höhe nach antizipiert werden sollen, deuten IAS 37.48 und .49 wiederum auf die Maßgeblichkeit der Preisverhältnisse bei planmäßiger Erfüllung hin. Dies gilt auch für IAS 37.50, wonach die Folgen möglicher neuer Gesetzgebung (im hier interessierenden Zusammenhang: BBergG, aber auch Bergverordnungen und Braunkohlenpläne) dann berücksichtigt werden sollen, wenn hinreichend objektive Hinweise bestehen, dass die Umsetzung des gesetzgeberischen Vorhabens nahezu sicher ist. Dies wird für zahlreiche Fälle zwar erst mit dem tatsächlichen Gesetzgebungsakt angenommen (IAS 37.50), gleichwohl müssten bei verpflichtender Antizipation der genannten *future events* nach IAS 37.48 bis .50 dann auch die Folgen solcher zukünftigen Ereignisse Eingang in den Erfüllungsbetrag finden, die zu Kostensteigerungen führen. Entscheidender Kritikpunkt ist die Forderung nach hinreichender, durch unabhängige Sachverständige zu bestätigender Sicherheit des Eintretens zukünftiger Ereignisse, dem Grunde wie der Höhe nach. Im Ergebnis dürfte sich die Berücksichtigung zukünftiger Ereignisse auf solche Fälle reduzieren, in denen sich einzeln bestimmbare, bereits stark konkretisierte Sachverhalte mit spürbaren Auswirkungen auf den Erfüllungsbetrag nahezu sicher realisieren werden, insbesondere absehbare Änderungen der Folgenutzungskonzeptionen oder absehbare grundlegende Wechsel in der für die Realisierung von Einzelmaßnahmen der WNBM einzusetzenden Technologie, v.a. technologische Umstellungen im Tagebaubetrieb. Auf die Berücksichtigung diesbezüglich bestehender bloßer Überlegungen oder reiner Vermutungen hinsichtlich zukünftiger Preisverhältnisse sollte dagegen verzichtet werden.[895] Als Alternative bietet sich die Verwendung *realer* Zinssätze zur Diskontierung an, d.h. zukünftige Preissteigerungen bleiben unberücksichtigt.[896] In jedem Fall geht IAS 37 von einem ggü. deutschem Handels- und Steu-

---

[895] So auch Hayn/ Pilhofer (1998), S. 1767, 1771.
[896] Ernsting/ von Keitz (1998), S. 2481; Hayn (2004), Tz. 34.

Fragen der Abzinsung, der maßgeblichen Preisverhältnisse sowie ...

errecht erweiterten, weniger objektivierten Verständnis aus hinsichtlich der Berücksichtigung zukünftiger Ereignisse und Entwicklungen.[897]

Neben der (unklar bleibenden) Regelung der Preisverhältnisse finden sich in IAS 37 auch Aussagen zur Abzinsung: Eine Abzinsung des Erfüllungsbetrags, d.h. die Ermittlung eines den Rückstellungsbetrag ausmachenden Barwertes (*the amount of a provision should be the present value of the expenditure expected to be required to settle the obligation*, IAS 37.45), soll dann vorgenommen werden, wenn der Zinseffekt wesentlich (*material*) ist (IAS 37.45). Der verwendete Zinssatz soll als Vorsteuerzzinssatz (IAS 37.41) die aktuelle Zeitpräferenz für Geld am Markt (in Abhängigkeit von der Fristigkeit der Verpflichtung)[898] genauso widerspiegeln wie die der Verpflichtung inhärenten Risiken, es sei denn, diese haben bereits Eingang in die (den Erfüllungsbetrag konstituierenden) zukünftigen Cash-Flows gefunden (IAS 37.47).

Angesichts von Laufzeiten von mehreren Jahren oder gar Jahrzehnten bei bergbaubedingten Verpflichtungen wird man die „Wesentlichkeit" des Zinseffektes und damit eine Abzinsungspflicht durchgängig unterstellen dürfen. Der Erfüllungsbetrag bergbaubedingter Verpflichtungen ist damit, trotz eines fehlenden Zinsanteils (der wegen des Realisationsprinzips nach HGB eine Abzinsung verhindert), nach IAS abzuzinsen.[899]

Grund hiefür ist letztlich ein abweichendes Verständnis von „Vermögen", das sich an Stichtagsabstoßungs- bzw. Veräußerungswerten, nicht am Wert bei planmäßiger Fortführung orientiert.[900] Hinsichtlich der der Verpflichtung inhärenten Risiken ist festzustellen, dass solche zunächst natürlich spezifiziert werden müssen, unabhängig davon, ob ihre anschließende Berücksichtigung in den Cash-Flows oder in den Zinssätzen erfolgt. Aufgrund der häufigen Singularität von Maßnahmen der WNBM dürfte sich die Berücksichtigung von Risiken auf solche Fälle beschränken, in denen ein Rückgriff auf Erfahrungswerte möglich ist. Insbesondere für Einzelmaßnahmen des Gewerkes Oberflächengestaltung dürften, sofern das Bergbauunternehmen entsprechende Maßnahmen in der Vergangenheit regelmäßig und unter vergleichbaren Bedingungen durchgeführt hat, Erfahrungswerte hinsichtlich erforderlicher Nachbesserungen vorliegen (Ausgleich nachträglich eintretender Bodenunebenheiten, erneute Kalkung, Düngung und Ansaat u.ä.). Bei singulären Einzelmaßnahmen (v.a. Restlochgestaltung) ist bereits fraglich, ob überhaupt Erfahrungswerte hinsichtlich „Risiken" vorliegen und, falls ja, ob die Umstände, die zum Eintreten dieser Risiken geführt haben, nicht der damaligen, spezifischen Situation bei Erfüllung geschuldet waren. Weiterhin gilt, dass Risiken für an Fremdfirmen zu vergebende Einzelmaßnahmen an den Auftragnehmer überwälzt werden können. Der von dem Dritten vorgelegte und der Bemessung des Erfüllungsbetrags zugrunde gelegte Angebotspreis enthält dann sämtliche, vom Auftrag*nehmer* u.U. befürchtete Risiken.

---

[897] Förschle/ Kroner/ Heddäus (1999), S. 49; siehe auch Hommel/ Wich (2004), S. 28, mit Blick auf die Situation nach SFAS 143.

[898] Ernsting/ von Keitz (1998), S. 2481; Schmidbauer (2000), S. 1134.

[899] Siehe auch Hayn (2004), Tz. 88.

[900] Moxter (1999), S. 523.

Anstatt die Abzinsung des Erfüllungsbetrags durch partielle Risikoabschläge vom Zinssatz unnötig zu verkomplizieren, sollten Risiken, sofern überhaupt quantifizierbar, als prozentuale Zuschläge im Erfüllungsbetrag der Einzelmaßnahme berücksichtigt werden.[901] Der so je Einzelmaßnahme berechnete Erfüllungsbetrag muss über den Zeitraum zwischen Einbuchung und Erfüllung der jeweiligen Verpflichtung abgezinst werden. Die sich über die Laufzeit jährlich ergebenden Aufzinsungsbeträge werden als laufender Zinsaufwand in der GVR erfasst (IAS 37.60).

Im Gegensatz zur Steuerbilanz, für die ein normierter Zinssatz existiert, wird die Bestimmung eines Zinssatzes für die Abzinsung nach IAS 37 in der Praxis erhebliche Probleme bereiten. Da Rückstellungen auch nach IAS unter Schulden (*liabilities*) und damit Fremdkapital fallen, müssen diese mit dem vom Unternehmen für Fremdkapital zu zahlenden Zinssatz abgezinst werden. Im Endeffekt müsste dieser für jede Laufzeit separat berechnet werden, über die eine vom Unternehmen zu erfüllende Einzelmaßnahme eingebucht ist.

Hinzu kommt das ggf. erforderliche, hier aber als praktisch kaum relevant erachtete Erfordernis des Abschlags eines für die jeweilige Einzelmaßnahme spezifischen Risikofaktors vom Fremdkapitalzinssatz. Theoretisch könnte somit die Berechnung mehrerer Dutzend unterschiedlicher Fremdkapitalzinssätze vonnöten sein. In grundsätzlicher Hinsicht ist an der Abzinsungspflicht nach IAS zudem zu kritisieren, dass Unternehmen mit schlechter Bonität an den Kapitalmärkten auch höhere Fremdkapitalkosten aufweisen werden. Der Erfüllungsbetrag wird somit umso stärker abgezinst, die Rückstellung damit umso niedriger dotiert, je schlechter sich die wirtschaftliche Situation des Unternehmens darstellt, je geringer also die Wahrscheinlichkeit einer Verpflichtungserfüllung ist.[902]

Die hier nur angedeuteten Aspekte dürften ein erhebliches Konfliktpotenzial bergen, müssen aber aufgrund der Komplexität der Thematik einer eigenen Untersuchung vorbehalten bleiben. Bei RWE wurde der Abzinsung der bergbaubedingten Rückstellungen im Geschäftsjahr 2003 ein Zinssatz von 5,5% und im Geschäftsjahr 2002 von 6% zugrunde gelegt. Beide Sätze sind ganz offensichtlich Nominalzinssätze, wobei im Anhang nicht explizit ausgeführt wird, dass bzw. ob die Erfüllungsbeträge auf Basis der Preisverhältnisse bei planmäßiger Erfüllung berechnet wurden oder nicht. Die Sätze decken sich damit mit den Fremdkapitalkosten vor Steuern von 6% sowohl in 2003 wie in 2002 bzw. weichen hiervon nur geringfügig ab.[903] Unberücksichtigt bleiben hier demnach die jeweils unterschiedlich langen Laufzeiten der verschiedenen Einzelrückstellungen.

---

[901] Mit diesem Ergebnis auch Kümpel (2004), S. 1228.
[902] Hommel/ Wich (2004), S. 28.
[903] Siehe zum Vorstehenden: RWE (2003), S. 150, 179; RWE (2002), S. 140, 159.

Fragen der Abzinsung, der maßgeblichen Preisverhältnisse sowie ... 263

6.6.2 Folgebewertung von *liabilities* nach IFRIC 1

6.6.2.1 Anwendungsbereich und Gegenstand von IFRIC 1

Die *interpretation 1* des *International Financial Reporting Interpretations Committee* (kurz: IFRIC 1) regelt die Behandlung von Änderungen in der Bewertung vorhandener, nach IAS 37 ausgewiesener Verpflichtungen, deren Erfüllungsbetrag zugleich nach IAS 16 als Bestandteil der *costs* des betreffenden *asset* zu aktivieren ist (IFRIC 1.2). Behandelt werden in IFRIC 1 die Auswirkungen solcher die Bewertung einer vorhandenen *liability* beeinflussenden Ereignisse, die (IFRIC 1.3):

(a) aus einer Veränderung des geschätzten Abflusses von einen wirtschaftlich Wert verkörpernden Ressourcen zwecks Verpflichtungserfüllung;

(b) aus einer Veränderung des marktbasierten Diskontierungssatzes i.S.v. IAS 37.47, einschließlich verändertem Zeitwert wie veränderten Risiken; und

(c) aus einer Erhöhung infolge Zeitablauf [d.h. rein zeitablaufbedingte Aufzinsung, *der Verf.*]resultieren.

Eine Anpassung des Erfüllungsbetrags aus dem unter (c) genannten Grund ergibt sich zwangsläufig aus der periodischen Aufzinsung des Erfüllungsbetrags. Der Aufstockungsbetrag wird erfolgswirksam als Zinsaufwand in der Periode der Änderung erfasst (IFRIC 1.8). Unabhängig von der in der Praxis wohl äußerst problematischen Ermittlung eines geeigneten Diskontierungsfaktors, kann sich eine Anpassung des Erfüllungsbetrags auch aus veränderten Kapitalkosten ergeben (b). Hinsichtlich der erwarteten Höhe des Ressourcenabflusses (a) sind verschiedene mögliche Faktoren für eine Änderung zu nennen: Zum einen kann sich eine Veränderung, geht man auch nach IAS von den Preisverhältnissen des Stichtags aus, aus ggü. dem vorhergehenden Bilanzstichtag veränderten, v.a. gestiegenen Preisen ergeben. Ebenso können entsprechende Veränderungen in einem veränderten sachlichen Verpflichtungsumfang begründet sein, z.B. infolge geänderter Folgenutzungskonzeptionen und/oder einer überarbeiteten WNBM-Planung (z.B. veränderte Kombination der Leistungseinheiten, Eigen- anstelle Fremdvornahme usw.).

6.6.2.2 Abhängigkeit der Behandlung von Veränderungen des Erfüllungsbetrags von der Bewertung des *asset* nach IAS 16

IFRIC 1 knüpft hinsichtlich der Behandlung eines geänderten Erfüllungsbetrags, d.h. hinsichtlich der *Folge*bewertung von *liabilities*, an die Vorschriften zur Folgebewertung von *assets* nach IAS 16 an, speziell an die Unterscheidung in das Anschaffungskostenverfahren (*cost model*) und das Neubewertungsverfahren (*revaluation model*) (IFRIC 1.5 und .6).

Gemäß dem in der Praxis dominierenden *Anschaffungskostenverfahren*[904] erfolgt die Folgebewertung eines *asset* unter Abzug kumulierter Abschreibungsbeträge sowie außerplanmäßiger Wertminderungen (IAS 16.30).

Änderungen des in den *costs* des *asset* bei dessen Einbuchung mitaktivierten Erfüllungsbetrags werden in der betreffenden Periode hinzuaddiert oder abgezogen (IFRIC 1.5 (a)).

Sofern sich der Erfüllungsbetrag *vermindert* hat und folglich ein Abzug vom Buchwert des *asset* vorzunehmen ist, darf der Buchwert nicht negativ werden; ein evtl. überschießender Betrag wird in der GVR als Aufwand erfasst (IFRIC 1.5 (b)).

Ist hingegen der Erfüllungsbetrag infolge geänderter Bewertung der Verpflichtung *angestiegen* und der Buchwert des *asset* entsprechend zu erhöhen, so soll dies nach IFRIC 1.5 (c) zum Anlass genommen werden, die Werthaltigkeit des *asset* bzw. einen evtl. außerplanmäßigen Abwertungsbedarf zu prüfen (*impairment test* nach IAS 36).

Effekte aus Veränderungen gem. IFRIC 1.3 (a) und (b) werden, im Gegensatz zu IFRIC 1.3 (c), erfolgs*neutral* durch Aufstockung des korrespondierenden *asset* (Anstieg des erwarteten Ressourcenabflusses, niedrigerer Zinssatz) bzw. dessen Abstockung (Reduzierung des erwarteten Ressourcenabflusses, höherer Zinssatz) erfasst und führen somit erst über die verbleibende Nutzungsdauer zu verändertem (Abschreibungs-)Aufwand.[905]

Aufwendiger gestaltet sich hingegen die Anpassung des in den *costs* des *asset* bei dessen Einbuchung mitaktivierten Erfüllungsbetrags, wenn das *asset*, genauer, die gesamte Kategorie, der das *asset* zugeordnet ist (IAS 16.29 und .36, zu verschiedenen möglichen Kategorien von *assets* siehe IAS 16.37), nach seiner Einbuchung einer *wahlweise möglichen Neubewertung (revaluation model)* unterzogen wird.[906] Der Neubewertungsbetrag eines *asset* entspricht dessen beizulegendem Zeitwert (*fair value*) (sofern dieser zuverlässig bestimmt werden kann) zum Zeitpunkt der Neubewertung abzüglich anschließend vorzunehmender planmäßiger und außerplanmäßiger Abschreibungen (IAS 16.31). Entsprechende Neubewertungen sollen mit hinreichender Regelmäßigkeit durchgeführt werden, um wesentliche Abweichungen zwischen dem Buchwert (des neubewerteten *asset*) und einem am jeweiligen Bilanzstichtag gültigen *fair value* zu vermeiden (IAS 16.31). Nur bei wesentlichen Schwankungen des *fair value* muss die Neubewertung jährlich erfolgen, ansonsten in nur mehrjährigen Abständen (IAS 16.34). Für Gebäude und Grundstücke soll sich der *fair value* anhand von durch Sachverständige geschätzten Marktpreisen, bei technischen Anlagen anhand geschätzter Marktpreise ergeben (IAS 16.32). Bei fehlenden Marktwerten sollen der Ertragswert oder die fortgeführten Wiederbeschaffungskosten (*depreciated replacement cost*) verwendet werden (IAS 16.33).

---

[904] von Keitz (2003), S. 1805.
[905] Kümpel (2004), S. 1229/1230.
[906] Vgl. hierzu sowie zu den folgenden Ausführungen ausführlich: Hoffmann in Lüdenbach/ Hoffmann (2004), § 8, Tz. 70 bis 115; Hoffmann/ Lüdenbach (2003), S. 565 bis 570.

Bei erstmaliger Neubewertung führt ein ggü. den fortgeführten Anschaffungskosten *niedrigerer fair value* zu einer erfolgswirksamen außerplanmäßigen Abschreibung i.H.d. überschießenden Betrags (IAS 16.40). *Übersteigt* hingegen der *fair value* die fortgeführten Anschaffungskosten, so ist dem Buchwert des *asset* der überschießende Betrag zuzuschreiben. Die Erfolgsneutralität dieses Vorgangs wird erreicht durch gleichzeitige Passivierung einer *Neubewertungsrücklage (revaluation surplus)* unter dem Eigenkapital (IAS 16.39) sowie durch die Passivierung einer die Neubewertungsrücklage wieder reduzierenden *latenten Steuerschuld.*[907]

Letztere bildet die zukünftig anfallende Mehrbelastung mit Ertragsteuern ab, die aus der Besteuerung des ggü. dem IFRS-Erfolges zukünftig höheren Steuerbilanzerfolges, in den Abschreibungen nur auf Basis niedrigerer historischer Anschaffungskosten eingehen, resultiert bzw. berücksichtigt die passivierte Steuerlatenz eine zukünftige ertragsteuerliche Mehrbelastung, die auf dem (vermuteten) Mehrerlös lastet, der sich aus einer evtl. Veräußerung des *asset* zum (vermutlich) höheren, fortgeführten Neuwert ggü. dem niedrigeren fortgeführten steuerlichen Buchwert ergibt (der steuerbilanzielle Veräußerungserfolg übersteigt den Veräußerungserfolg nach IFRS). In der Folgeperiode wird die Abschreibung auf Basis des Neuwertes berechnet unter Berücksichtigung der verbleibenden (Rest-)Nutzungsdauer sowie des geschätzten Restwertes an deren Ende, fällt also ceteris paribus höher aus als vor der Neubewertung (es wird hier zeitabhängig-lineare Abschreibung unterstellt). Im Übrigen gilt: Wird durch die höhere Neubewertung eine in einer Vorperiode vorgenommene erfolgswirksame außerplanmäßige Abwertung infolge Neubewertung kompensiert, so wird die kompensierende Zuschreibung erfolgswirksam erfasst (IAS 16.39). Ebenso gilt: Eine in einer Vorperiode infolge Werterhöhung erfolgsneutral gebuchte Zuschreibung (Bildung einer Neubewertungsrücklage) wird bei nunmehr (in einer späteren Periode) vorhandenem Abwertungsbedarf erfolgsneutral reduziert (IAS 16.40). Fehlt eine solche, in einer Vorperiode gebildete Rücklage bzw. reicht diese nicht aus, wird der (überschießende) Abwertungsbedarf unmittelbar erfolgswirksam verrechnet.

Für das *revaluation model* gilt, so wie auch nach dem Anschaffungskostenverfahren, dass Änderungen des Erfüllungsbetrags einer Verpflichtung infolge der reinen Aufzinsung (IFRIC 1.3 (c)) unmittelbar erfolgswirksam verrechnet werden (IFRIC 1.8). Die übrigen Änderungen des Erfüllungsbetrags (IFRIC 1.3 (a) und (b)) werden wie folgt behandelt (IFRIC 1.6 (a)): Eine Erhöhung des Erfüllungsbetrags führt zu einer Reduzierung einer bereits vorhandenen Neubewertungsrücklage für das zugehörige *asset*. Ist eine solche Rücklage nicht oder nicht in ausreichender Höhe vorhanden, wird der (überschießende) Aufwand in der GVR erfasst. Eine Verminderung des Erfüllungsbetrags führt zu einer Zuschreibung zur Neubewertungsrücklage, es sei denn, durch die Reduzierung wird eine frühere, erfolgswirksame Wertminderung

---

[907] Hoffmann in Lüdenbach/ Hoffmann (2004), § 8, Tz. 105.

des *asset* kompensiert (IFRIC 1.6 (a)). Sofern der sich aus einer Reduzierung der Verpflichtung ergebende Reduktionsbetrag jenen fortgeführten Buchwert, der sich bei durchgängiger Anwendung des *cost model* ergeben würde, übersteigt, wird der überschießende Betrag unmittelbar erfolgswirksam (IFRIC 1.6 (b)). Auch nach dem *revaluation model* soll die Veränderung des Erfüllungsbetrags zum Anlass genommen werden, die Werthaltigkeit des *asset* zu überprüfen, um eine übermäßige Abweichung zwischen dem Buchwert und dem *fair value* zu vermeiden (IFRIC 1.6 (c)). Eine solche Überprüfung soll für die gesamte Kategorie durchgeführt werden, der das *asset* zugeordnet ist; sich ergebende Auf- oder Abwertungsbeträge sollen in der Bemessung der Neubewertungsrücklage berücksichtigt werden bzw., andernfalls, erfolgswirksam in der GVR erfasst werden (IFRIC 1.6 (c)).

Da sowohl beim *cost model* wie beim *revaluation model* der unter Berücksichtigung von im Zeitablauf vorgenommenen Anpassungen berechnete Abschreibungsbetrag über die gesamte Nutzungsdauer des *asset* verteilt werden soll, müssen, ist das Ende der Nutzungsdauer erreicht, alle hiernach folgenden Änderungen des Erfüllungsbetrags der Verpflichtung zwangsläufig direkt erfolgswirksam verrechnet werden (IFRIC 1.7).

Die Regelung ist für den hier interessierenden Zusammenhang nicht nur für den Fall relevant, dass die Nutzungsdauer an sich zu kurz geschätzt wurde, sondern auch dann, wenn die tatsächliche Erfüllung (Entfernung bzw. WNBM des *asset*) in der bzw. in einer der auf die Stillegung des *asset* folgenden Periode/n realisiert wird und sich zwischenzeitlich Änderungen der Bewertungsfaktoren ergeben.

6.7 Rechenbeispiel für die Aktivierung und Abschreibung des Erfüllungsbetrags sowie dessen Revision im Zeitablauf

Das nachfolgend abgebildete Rechenbeispiel stellt die Mitaktivierung des Erfüllungsbetrags in den Anschaffungskosten des *asset* dar, ebenso Änderungen des Erfüllungsbetrags im Zeitablauf. Dabei wird hier nur das in der Praxis dominierende *cost model* zugrunde gelegt.

In **Tabelle 10** wird der für das Ende der Periode 10 erwartete Erfüllungsbetrag von 1.000 € über die 9 Perioden der Nutzungsdauer mit 6 %/a abgezinst auf den Bilanzstichtag der Periode 1 (= 592 €) und fließt in die abzuschreibenden *costs* des *asset* ein, was zu entsprechend höheren Abschreibungen über die Nutzungsdauer führt (es wird ein Restwert von 0 € unterstellt). Die im Zeitablauf ansteigenden Aufzinsungsbeträge der Rückstellung werden als laufender Zinsaufwand erfasst.

Tabelle 11 stellt den Fall einer revidierten Schätzung des Erfüllungsbetrags im Verlauf der Periode 6 dar. Der Anstieg des Erfüllungsbetrag von 400 € wird über die verbleibenden 4 Perioden diskontiert mit 6 %/a (= 317 €) und dem Buchwert der Anlage zugeschrieben (Ende Periode 6: 1.996 − 399 + 317 = 1.913 €), wodurch wiederum die Abschreibungsbeträge während der verbleibenden Nutzungsdauer höher ausfallen. Die Rückstellung zum Ende der Periode 6 beträgt infolge der außerordentlichen Zuführung 1.109 € (= 747 + 45 + 317).

Zusätzlich zur Revision des Erfüllungsbetrags in Periode 6 wird in **Tabelle 12** von einer Reduktion des zugrunde zu legenden Zinssatzes von 6 auf 5 %/a im Verlauf der Periode 7 ausgegangen. Die sich aus dem verminderten Zinssatz ergebende, als Dotierungslücke zu verstehende Differenz von 33 € (= $1.400/1,05^3 - 1.400/1,06^3$) wird zum Ende der Periode 7 einerseits der Rückstellung außerordentlich zugeführt (so dass, trotz des niedrigeren Zinssatzes, zum Ende der Periode 10 die Rückstellung i.H.d. vollen Erfüllungsbetrags von 1.400 € dotiert ist) und zugleich dem Buchwert der Anlage zugeschrieben (1.913 - 478 + 33 = 1.468 €), was entsprechend die Abschreibungen in den verbleibenden Perioden erhöht.

Das hier in nur in vereinfachender Form dargestellte Rechenbeispiel lässt, angesichts der Vielzahl von Einzelmaßnahmen, einen erheblichen Rechen- und Buchungsaufwand in der Praxis erwarten. Nicht nur mit Blick auf den Grundsatz der Einzelerfassung und –bewertung (Verknüpfung von *asset* und Verpflichtung), sondern auch wegen Wirtschaftlichkeitsüberlegungen erscheint die nach IAS vorzunehmende Berechung und Buchung des Erfüllungsbetrags somit kritikwürdig.[908]

| Diskontierungssatz d: 6%/a |
| Erfüllungsbetrag nach n = 10: 1.000 € |
| Anschaffungskosten des asset in t(1) = 3.000 €; Nutzungsdauer: 9 a |

(alle Werte in €)											
Periode	**1**	**2**	**3**	**4**	**5**	**6**	**7**	**8**	**9**	**10**	**SUMME**
Anschaffungskosten	3.000										
Erfüllungsbetrag										1.000	
Rückstellung	592	628	665	705	747	792	840	890	944	1.000	
Aufzinsung/Zinsaufwand		36	38	40	42	45	48	50	53	57	409
Buchwert Sachanlage	3.592	3.193	2.794	2.395	1.996	1.597	1.197	798	399	0	
Abschreibung Sachanlage	0	399	399	399	399	399	399	399	399	399	3.591
											4.000

Tab. 10: **Rückstellungsbildung nach dem cost model ohne Schätzrevision**

---

[908] Hommel (2003), S. 752/753; siehe zu weiterer grundsätzlicher Kritik Hommel/ Wich (2004), S. 25/26, mit Blick auf die ähnlich gelagerte Situation nach SFAS 143.

268
Rückstellungen nach den IFRS/IAS

Diskontierungssatz d: 6%/a
Erfüllungsbetrag nach n = 10: 1.000 € nach Kenntnisstand bis Ende t(5)
Erfüllungsbetrag nach n = 10: 1.400 € nach Kenntnisstand ab t(6)
Anschaffungskosten des asset in t(1) = 3.000 €; Nutzungsdauer: 9 a

(alle Werte in €)

Periode	1	2	3	4	5	6	7	8	9	10
Anschaffungskosten	3.000									
Erfüllungsbetrag (bis t(5))										1.000
Erfüllungsbetrag (ab t(6))										1.400
Rückstellung	592	628	665	705	747	1.109	1.176	1.246	1.321	1.400
Aufzinsung/Zinsaufwand		36	38	40	42	45	67	71	75	79
a.o. Zuführung Rückstellung						317				
Buchwert Sachanlage	3.592	3.193	2.794	2.395	1.996	1.913	1.435	957	479	0
Zuschreibung Sachanlage						317				
Abschreibung Sachanlage	0	399	399	399	399	399	478	478	478	479

Tab. 11: Rückstellungsbildung nach dem cost model mit einfacher Schätzrevision (Änderung Erfüllungsbetrag)

Diskontierungssatz d: 6%/a bis Ende t(6)
Diskontierungssatz d: 5%/a ab t(7)
Erfüllungsbetrag nach n = 10: 1.000 € nach Kenntnisstand bis Ende t(5)
Erfüllungsbetrag nach n = 10: 1.400 € nach Kenntnisstand ab t(6)
Anschaffungskosten des asset in t(1) = 3.000 €; Nutzungsdauer: 9 a

(alle Werte in €)

Periode	1	2	3	4	5	6	7	8	9	10
Anschaffungskosten	3.000									
Erfüllungsbetrag (bis t(5))										1.000
Erfüllungsbetrag (ab t(6))										1.400
Rückstellung	592	628	665	705	747	1.109	1.209	1.269	1.333	1.400
Aufzinsung/Zinsaufwand		36	38	40	42	45	100	60	63	67
a.o. Zuführung Rückstellung						317	33			
Buchwert Sachanlage	3.592	3.193	2.794	2.395	1.996	1.913	1.468	979	490	0
Zuschreibung Sachanlage						317	33			
Abschreibung Sachanlage	0	399	399	399	399	399	478	489	489	490

Tab. 12: Rückstellungsbildung nach dem cost model mit zweifacher Schätzrevision (Änderung Erfüllungsbetrag)

6.8 Ausweis und Auflösung von *provisions* nach IAS 37

Nach IAS 37.84 und .85 werden recht umfassende Anforderungen an den *Ausweis* von *provisions* gestellt.

Zunächst sollen nach IAS 37.84 für jede Kategorie bzw. Klasse (*class*) von *provisions* ausgewiesen werden:

(a) der Buchwert zu Beginn und zum Ende der Periode;

(b) in der Periode zusätzlich gebildete *provisions* inkl. Erhöhungen bestehender *provisions*;

(c) in der Periode aufgelöste Beträge infolge Inanspruchnahme;

(d) nicht mehr benötigte und daher in der Periode aufgelöste Beträge; und

(e) die Erhöhung der *provision* in der Periode infolge Aufzinsung sowie wegen geänderter Zinssätze.

Weiterhin soll nach IAS 37.85 je Klasse von *provisions* ausgewiesen werden:

(a) eine kurze Beschreibung der Art der Verpflichtung sowie der erwarteten Erfüllungszeitpunkte;

(b) Angaben zu Unsicherheiten über Höhe und Zeitpunkt dieser Abflüsse. Wenn zur Gewährung angemessener Informationen erforderlich, sollen die wesentlichen Annahmen über zukünftige Ereignisse i.S.v. IAS 37.48 offengelegt werden; und

(c) die Höhe erwarteter, kompensierender Erstattungen unter Angabe der Höhe des für die erwartete Kompensation ausgewiesenen *asset*.

Die Abgrenzung einer *class of provisions* soll sich danach richten, inwieweit eine hinreichende Ähnlichkeit der erfassten Einzelsachverhalte gegeben ist, um die Anforderungen der IAS 37.85 (a) und (b) und 37.86 (a) und (b) zu erfüllen (IAS 37.87). Auf die Befolgung von IAS 37.84 bis .89 darf nur in extremen Ausnahmefällen verzichtet werden, nämlich dann, wenn ein regulärer Ausweis die Position des Unternehmens in einem den Gegenstand der *provision* betreffenden Rechtsstreit mit einer anderen Partei schwächen würde (IAS 37.92).

Da der zuletzt genannte Ausnahmefall für die in der vorliegenden Arbeit interessierenden Rückstellungen kaum relevant sein dürfte, brauchen die in einem solchen Fall greifenden Ausweisvorschriften nach IAS 37.92 hier nicht näher betrachtet zu werden.

Wichtig ist hingegen die Frage nach der *Abgrenzung einer einzelnen Kategorie*, v.a. die Frage nach dem *relevanten Abgrenzungskriterium*. Stellt man auf die Art der Verpflichtung ab, bietet sich eine Unterteilung gem. Gewerken oder auch Untergewerken an. Die Anzahl der jeweils separat auszuweisenden Kategorien würde also zumindest 5 betragen, ansonsten deutlich höher liegen. Stellt man hingegen auf den Zeitpunkt des Ressourcenabflusses ab, müssten die verschiedenen Einzelrückstellungen nach der Periode ihrer künftigen Erfüllung strukturiert werden, wobei die Bildung von Intervallen (z.B. 3 oder 4 Jahre) sinnvoll erscheint. Eine Unterteilung nach (Un-)Sicherheitsgrad der Höhe der Verpflichtung würde zunächst erfordern, entsprechende Unsicherheitsfaktoren jeweils zu benennen und zu quantifizieren, was sich praktisch wohl kaum realisieren lassen dürfte. Denkbar wäre allenfalls, nach Eigen- und Fremdvornahme zu unterscheiden, sofern man von Dritten eingeholten Angeboten als Marktpreisen einen höheren Grad an Zuverlässigkeit zumisst als den auf Grundlage normalisierter Werte berechneten internen Kostensätzen.

Im Ergebnis bietet sich an, die Kategorisierung grundsätzlich nach Gewerken vorzunehmen (Hauptklasse) und dabei jeweils ein Zeitintervall für die Erfüllung von maximal 4 Jahren anzugeben (Unterklasse, z.B.: voraussichtliche Erfüllung zwischen Anfang 2015 und Ende 2018). Für jede der Unterklassen sind dann die Angaben nach IAS 37.84 (a) bis (e) zu machen. Im Vergleich zu den äußerst rudimentären Ausweispflichten nach § 266 Abs. 3 B. HGB (für den Konzernabschluss siehe darüber hinaus den § 297 Abs. 2 HGB) stellt IAS 37 somit erheblich umfangreichere Anforderungen an den Ausweis von Rückstellungen.[909]

Eine *Auflösung* von *provisions* darf nur für die Erfüllung des der einzelnen *provision* (Einzelrückstellung) zugedachten Zwecks bzw. zur Verrechnung mit den zur Erfüllung dieser speziellen Verpflichtung erforderlichen Ausgaben erfolgen (IAS 37.61 und .62: *Inanspruchnahme* der Rückstellung). Eine (Teil-)Auflösung muss auch dann erfolgen, wenn die jährliche Überprüfung des *best estimate* zu dem Ergebnis führt, dass ein Abfluss von Ressourcen mit wirtschaftlichem Nutzen nicht mehr (bzw. nicht mehr in voller Höhe des Erfüllungsbetrags) wahrscheinlich ist (IAS 37.59: *Anpassung* der Rückstellung). Im Vergleich zum § 249 Abs. 3 Satz 2 HGB[910] ergeben sich nach IAS 37 somit keine abweichenden Anforderungen an die Auflösung von Rückstellungen[911].

6.9 Ergebnisse des Kapitels 6

Die Aufstellung eines Jahresabschlusses nach den IFRS/IAS ist in Deutschland nur genau bestimmten Mutterunternehmen für deren Konzernabschluss verpflichtend vorgeschrieben, ansonsten besteht für Mutterunternehmen ein diesbezügliches Wahlrecht. Der handelsrechtliche Einzelabschluss und damit auch die an diesen anknüpfende Steuerbilanz werden somit von den IAS nicht unmittelbar berührt. Damit bleiben die in den IAS ggü. dem HGB-Einzelabschluss bestehenden, abweichenden Vorschriften ohne Auswirkung auf die gesellschaftsrechtliche Bemessung von Restbetragsansprüchen, die ausschließlich an den Einzelabschluss anknüpft. Dadurch wirken sich weder die Mitaktivierung des Erfüllungsbetrags in den *costs* noch die mit Blick auf das Realisationsprinzip klassischen deutschen Verständnisses als

---

[909] Moxter (1999), S. 524.
[910] Siehe hierzu ausführlich und mit weiteren Differenzierungen unten unter 5.3.5.
[911] So auch Kleinmanns (2005), S. 210.

Ergebnisse des Kapitels 6

unvorsichtig zu bezeichnende, da einen im Erfüllungsbetrag ungewisser Sachleistungsverpflichtungen tatsächlich nicht vorhandenen Zinsanteil unterstellende Abzinsung des Erfüllungsbetrags von *provisions* auf die Bemessung des Jahreserfolges des Einzelabschlusses und damit auf die Bemessung von Restbetragsansprüchen aus. Dies gilt auch für die äußerst ermessensbehaftete, zu Bilanzpolitik einladende Schätzung zukünftiger Preisverhältnisse und erwarteter technologischer Entwicklungen. Als besonders problembehaftet erweist sich auch die Bestimmung eines „richtigen", risikoadäquaten Diskontierungssatzes für eine definierte Einzelmaßnahme; hier besteht weiterer, erheblicher Untersuchungsbedarf.

Die Zuordnung der Verpflichtung zu einem korrespondierenden *asset* und damit die Mitaktivierung des Erfüllungsbetrags als Bestandteil dessen *costs* ist letztlich unproblematisch. Bei Veränderungen des Erfüllungsbetrags im Zeitablauf ist zu unterscheiden, ob das zugehörige *asset* nach dem *cost model* oder dem *revaluation model* bewertet wird. Hinsichtlich des Ausweises bergbaubedingter *provisions* wurden den entsprechenden IAS-Vorschriften angemessene Vorschläge unterbreitet. Bezüglich der Auflösung von *provisions* bestehen keine Unterschiede zur Vorgehensweise nach HGB.

7 Ergebnisse der Arbeit sowie Ausblick

7.1 Ergebnisse der Arbeit

Die für Rückstellungen als ungewisse Verbindlichkeiten (Schulden) erforderliche Identifizierung der relevanten Verpflichtungsgrundlage wurde in Kapitel 1 vorgenommen. Ausgangspunkt der Überlegungen war der Begriff der „Wiedernutzbarmachung", der unter Anwendung der allgemeinen juristischen Auslegungsmethoden, speziell der historischen und systematischen Methode unter Beachtung des Telos des BBergG, ausgelegt werden muss. Dabei sind die zwei Komponenten des Begriffs der „Wiedernutzbarmachung" zu unterscheiden: Während die „Ordnungsmäßigkeit der Oberflächengestaltung" unter polizeilich-sicherheitlichen Aspekten zu interpretieren ist, sind unter den zu beachtenden „öffentlichen Interessen" jene Belange in dem Umfang zu verstehen, wie diese sich aus den Vorgaben der Braunkohlenpläne ergeben. Diese Erkenntnisse konnten insbesondere unter Rückgriff auf die Entstehungsgeschichte des BBergG (historische Methode) wie unter Beachtung der Systematik des BBergG gewonnen werden (systematische Methode). Durch das System der Bergaufsicht gelingt auch eine Abgrenzung zur „Folgenutzung" sowie zur Zuständigkeit anderer Fachbehörden bzw. der Polizei- und Ordnungsbehörden. Dem vielfach bemühten Begriff der „Rekultivierung" kommt zumindest bergrechtlich keinerlei Bedeutung zu. Von „Wiedernutzbarmachung" ist schließlich auch die „Wiederherstellung" abzugrenzen.

In der ersten Hälfte des Kapitels 2 konnte durch die sachliche Strukturierung des Gesamtprozesses der WNBM insbesondere die Grundlage für die spätere spezifische monetäre Bewertung eines einzeln erfassten Objektes gelegt werden. Ausgehend von der Strukturierung in Gewerke und Untergewerke konnte dieses Objekt bestimmt werden als „Einzelmaßnahme der WNBM", die aus ggf. mehreren Teilleistungen besteht und der ein bestimmter sachlicher Verpflichtungsumfang (Massen-, Mengen- und Leistungsgerüst) zugeordnet werden kann. Die zwecks späterer Berechnung des Erfüllungsbetrags der Einzelmaßnahme erforderliche Zurechnung spezifischer Kosten zum sachlichen Verpflichtungsumfang knüpft an die letzterem differenziert zuzuordnenden Abrechnungseinheiten an. Die zweite Hälfte des Kapitels 2 behandelt die zeitliche Strukturierung des Gesamtprozesses der WNBM und der Zwischenbewirtschaftung über die verschiedenen bergbaulichen Haupt- und Unterphasen. Diesen können jeweils Maßnamen der Erfüllung zugeordnet werden, ebenso die Zuständigkeit der Bergbehörde sowie ggf. einer anderen Behörde. Zentrale Erkenntnis ist die Kontinuität, mit der Maßnahmen der WNBM ggf. schon während der Vorproduktionsphase bis in die Nachproduktionsphase hinein realisiert werden, auch wenn während dieser in besonderes großem Umfang Maßnahmen der WNBM (abschließende WNBM) umzusetzen sind. Ebenso ist „Zwischenbewirtschaftung" als dauerhaft zu realisierender Prozess zu verstehen.

Eine allgemeine Umschreibung und Abgrenzung von „Rückstellungen" ggü. anderen Bilanzpositionen war Ausgangspunkt des Kapitels 3. Im Anschluss erfolgte die Eingrenzung auf die für die vorliegende Arbeit allein relevanten Rückstellungen wegen ungewisser Sachleistungsverpflichtungen. Hiernach war die Frage zu diskutieren, zu welchem Zweck die Bildung von Rückstellungen erfolgt. Ausgangspunkt der diesbezüglichen Erörterungen war die Einordnung der Pflicht zur Rückstellungsbildung in die Pflicht zur gesetzlichen, finanziellen Rechnungslegung. Da der Zweck letzterer, und damit auch die Ausfüllung des rein theoretischen Begriffs der „Rückstellung", äußerst umstritten ist, wurden zwei Rechnungen unterschieden, in die „Rückstellung" als ein Rechnungsinhalt eingehen kann: Zum einen solche Rechnungen, die auf die Ermittlung eines Erfolges abstellen, der als Grundlage für die gesellschaftsrechtliche Bemessung von Restbetragsansprüchen unter Beachtung des Werturteils „Gläubigerschutz" dienen kann (= Zweck des handelsrechtlichen Einzelabschluss). Zweitens solche Rechnungen, die der Kalkulation einkommensapproximativer, d.h. prognosefähiger und damit verstetigter Erfolge dienen. Dass beide Rechnungszwecke nicht immer sauber differenziert werden und welche grundsätzlichen Probleme sich beim Versuch einer Identifizierung des Zwecks des handelsrechtlichen Einzelabschlusses ergeben können, wurde beispielhaft an der die wissenschaftliche Diskussion beherrschenden Konzeption „verlustantizipierende Umsatzgewinnermittlung" verdeutlicht. Mit den diesbezüglichen Ausführungen konnte die Grundlage gelegt werden für die Diskussion im Kapitel 4, mittels welcher Bezugsgröße der Erfüllungsbetrag als Rückstellungsaufwand periodisch zuzuordnen ist. Abschließend wurde „Rückstellungen" als Rechnungsinhalt des Rechnungsinstrumentes „Steuerbilanz" diskutiert. Abgesehen von den vorrangigen steuerlichen Ansatz- und v.a. Bewertungsregeln konnte festgestellt werden, dass zwischen handels- und steuerrechtlicher Rückstellungsbildung keine grundlegenden Unterschiede bestehen.

Ausgangspunkt des Kapitels 4 ist die Frage, welches Objekt überhaupt Gegenstand eines auf einer Einzelerfassung und –bewertung beruhenden Rechnungsinstrumentes ist. Unterschieden wurde dabei der Erfüllungsbetrag als Produkt eines einzeln erfassten sachlichen Verpflichtungsumfangs mit spezifischen Kostensätzen und die letztlich für die Bilanz als einzelner Rechnungsinhalt relevante Rückstellung als periodisch zugeordneter Anteil des Erfüllungsbetrags.

Der „Schuldcharakter bergbaubedingter Verpflichtungen" als erstes Ansatzkriterium ist mit realisiertem bergbaulichen Eingriff gegeben: Es besteht infolge realisierter bergbaulicher Inanspruchnahme der Oberfläche eine rechtliche Verpflichtung ggü. einem Dritten (Bergbehörde, Folgenutzer), der das Bergbauunternehmen mit Sicherheit in Anspruch nehmen wird.

Deutlich problembehafteter ist die Frage, ob mit realisiertem bergbaulichen Eingriff zugleich das zweite Ansatzkriterium, die „wirtschaftliche Verursachung der Verpflichtung in

Ergebnisse der Arbeit 275

der Vergangenheit", gegeben ist. Anhand der Konzeption „verlustantizipierende Umsatzgewinnermittlung" konnte anschaulich gezeigt werden, dass die Frage, ob zum gegenwärtigen Bilanzstichtag eine „wirtschaftliche Last" vorliegt, nicht zwangsläufig mit realisiertem bergbaulichen Eingriff zu bejahen ist, sondern von der auf das zweckentsprechend definierte Rechnungsziel abgestellten Definition der Rechnungsinhalte abhängig ist. Insbesondere müssen auch elementare GoB dem Rechnungszweck entsprechend ausgelegt werden. Als der genannten Konzeption diametral entgegen stehende Auffassung von „wirtschaftlicher Verursachung" und „wirtschaftlicher Last" wurde die Position des BFH dargestellt und es wurden die Unterschiede zu ersterer Position aufgezeigt.

Die im Anschluss formulierten eigenen Überlegungen zur „wirtschaftlichen Verursachung" bestimmen zunächst den relevanten Zeitpunkt, für den der sachliche Verpflichtungsumfang zu berechnen und monetär zu bewerten ist, nämlich den planmäßigen Erfüllungszeitpunkt. Erst im Anschluss hieran ist zu diskutieren, mit welcher Periodisierungsgröße der planmäßige Erfüllungsbetrag zeitlich zugeordnet (verteilt) wird. Bei der Entscheidung über die „richtige" Periodisierungsgröße müssen die Verteilungsfolgen gesetzlicher finanzieller Rechnungslegung bedacht werden: Insbesondere die dynamischen Bezugsgrößen, die zu einer weitgehend konstanten und dadurch tendenziell späten Aufwandsverrechnung im Zeitablauf führen, beachten das Werturteil „Gläubigerschutz" in jedem Fall weniger als die Bezugsgröße „modifizierter Stichtagserfüllungsumfang". Lediglich eine zerschlagungsspezifische Erfassung und monetäre Bewertung des sachlichen Verpflichtungsumfangs als Grundlage der Rückstellungsbildung würde Gläubigerinteressen noch stärker berücksichtigen.

Anschließend wurden verschiedene Instrumente diskutiert, mit denen die Bergbehörde ggü. dem Bergbauunternehmen ihren Anspruch auf Realisierung der WNBM auch tatsächlich (liquiditätsmäßig) durchsetzen kann. Im Endeffekt erscheint dem Bergbauunternehmen aber nur ein ratierlicher Aufbau von Liquidität zumutbar.

Die Frage, wie Aufwand für Rückstellungsdotierung in der Kostenrechnung als Kosten verrechnet wird, ist ohne Belang für die Art der Verteilung des Erfüllungsbetrags im Zeitablauf.

Einer Einzelmaßnahme sind sämtliche einzeln zurechenbaren Ausgaben zuzurechnen, d.h. auch solche, die bei Anfall aktivierungspflichtig sind und nicht bloß laufenden bzw. Erhaltungsaufwand darstellen.

Die erhöhten Konkretisierungsanforderungen, die die Finanzrechtsprechung an öffentlich-rechtliche Verpflichtungen als Grundlage eines Ansatzes von Verbindlichkeitsrückstellungen i.R.d. steuerlichen Erfolgsmessung stellt, bleiben auf die hier fraglichen Verpflichtungen nach BBergG ohne Auswirkung.

Im Kapitel 5 wurde zunächst der „Erfüllungsbetrag" als der für die monetäre Bewertung ungewisser Sachleistungsverpflichtungen relevante Wertmaßstab erläutert, dessen inhaltliche Ausfüllung über den auch passivisch relevanten Begriff der Herstellungskosten gelingt. In diesem Zusammenhang wurden die bei der Bewertung zu beachtenden GoB erläutert, wobei speziell das „Vorsichtsprinzip", sofern erforderlich, eingeschränkt wurde. In Übereinstimmung mit der h.M. wird von einer Bewertung der Einzelmaßnahme zu Vollkosten ausgegangen. Im Anschluss wurde die Ausgestaltung der Verpflichtungsinventur erläutert, die sich je nach Verwendung statischer und dynamischer Periodisierungsgrößen unterschiedlich darstellen kann. Ein einmal in das Verpflichtungsinventar aufgenommener Erfüllungsbetrag kann im Zeitablauf aus verschiedenen Gründen, v.a. wegen sich ändernder Folgenutzungskonzeptionen, eine mittelbare Anpassung infolge der Veränderung des ihm zugrunde liegenden Erfüllungsumfangs erfahren. Zur Vermeidung einer alljährlich neuen, umfassenden WNBM-Planung erscheint eine in nur mehrjährigen Abständen erfolgende Neuberechnung der Basisinformationen einer Einzelmaßnahme sinnvoll und genügend. Die Auflösung von Rückstellungen erfolgt entweder bei Entfall des Grundes, ansonsten, bei Erfüllung, gem. dem Grad, zu dem der Erfüllungsumfang im abgelaufenen Geschäftsjahr realisiert wurde. Die Ertragswirksamkeit einer Auflösung muss differenziert diskutiert werden.

Die spezifische monetäre Bewertung des Erfüllungsumfangs einer Einzelmaßnahme muss unter Verwendung des den „Herstellungskosten" zugeordneten Begriffspaares „Einzel- und Gemeinkosten" erfolgen. Eine unmittelbare Bewertung einer Einzelmaßnahme oder Teilleistung ist nur bei Fremdvornahme möglich. In diesem Fall wird eine eigenständige, dem tradierten Herstellungskostenschema fremde Einzelkostenart „Fremdleistung" gebildet. Bei Eigenvornahme müssen v.a. für den Einsatz von Personal und Technik je eigene Kostensätze in € je Stunde berechnet werden, um über die in Stunden abgerechnete Dauer der Realisierung einer Einzelmaßnahme letztere bewerten zu können. Dabei ist, in Anlehnung an die Bemessung von Gemeinkosten i.R.d. aktiven Bestandsbewertung, nur von angemessenen und notwendigen sowie von normalisierten Kosten v.a. für Technikeinsatz auszugehen, um die nicht gerechtfertigte Legung stiller Reserven zu vermeiden. Der Einzelmaßnahme einzeln zugerechnet werden können auch Kosten für Einsatzmaterial, Gutachten und Entsorgung. Bei dem hiervon abweichenden Ansatz 2 werden die Kosten berechnet und als eigene Einzelkostenart der Einzelmaßnahme zugerechnet, die normalerweise (typischerweise) anfallen, um eine Einheit zu realisieren, in der die Einzelmaßnahme abgerechnet wird. Es werden somit stärker pauschalierende Kostensätze gebildet, die einerseits zwar von den spezifischen Bedingungen, unter denen die Einzelmaßnahme realisiert wird, abweichen, die andererseits aber eine erhebliche Arbeitserleichterung bei der Verpflichtungsinventur bewirken.

Der somit berechnete Erfüllungsbetrag I wird in einem zweiten Schritt zwecks Bemessung des Erfüllungsbetrags II gemindert um solche erfüllungsinduzierten Erträge, die in unmittelbarem Zusammenhang mit der Erfüllung stehen, d.h. der Erfüllung kausal nachfolgen und deren Realisierung zudem als „quasi-sicher" gelten kann (Schrotterlöse als jederzeit realisierbare Marktpreise und direkte Erlöse aus langlaufenden Verträgen über die Annahme und Verkippung von Stoffen). Um eine vom planmäßigen Erfüllungsumfang abweichende

WNBM-Planung zu vermeiden, sollten erfüllungsimmanente Erträge (sowie Aufwendungen) über die reguläre WNBM-Planung unmittelbar in den Erfüllungsbetrag I einfließen. Die steuerliche Spezialregelung zur Berücksichtigung von Vorteilen bewirkt kein hiervon abweichendes Ergebnis.

Der Erfüllungsbetrag einer Einzelmaßnahme wird bei erstmaliger Aufnahme der Einzelmaßnahme in das Verpflichtungsinventar auf Basis der dann gültigen Preisverhältnisse bemessen. Bereits aufgenommene Einzelmaßnahmen werden in der Folgezeit bei Neuerfassung ihrer Basisinformationen i.R.d. Verpflichtungsinventur automatisch an die jeweils herrschenden Preisverhältnisse angepasst, auch steuerbilanziell. Der Erfüllungsbetrag III entspricht damit in jedem Fall dem Erfüllungsbetrag II.

Eine Abzinsung des Erfüllungsbetrags ungewisser Sachleistungsverpflichtungen kommt, mangels Zinsanteil im Erfüllungsbetrag, zwecks Einhaltung des Realisationsprinzips nicht in Frage (Erfüllungsbetrag IV = Erfüllungsbetrag III). Steuerbilanziell muss nur der Erfüllungsbetrag von Verpflichtungen zur Entfernung und Entsorgung von Einrichtungen abgezinst werden mit einem normierten Zinssatz von 5,5%/a.

Die IFRS/IAS müssen verpflichtend nur bei der Aufstellung bestimmter Konzernabschlüsse beachtet werden. Hinsichtlich des Ansatzes von *provisions* bestehen keine grundlegenden Unterschiede zum HGB. Wohl aber muss ein *asset* identifiziert werden, dem die Verpflichtung zugeordnet und in dessen *cost* der Erfüllungsbetrag der Verpflichtung mitaktiviert und systematisch abgeschrieben werden kan. Zwischen der Höhe des *best estimate* und dem handels- und steuerbilanziellen Erfüllungsbetrag bestehen zunächst, bis auf Details, keine grundlegenden Unterschiede. Wohl aber sind dem *best estimate* die Preisverhältnisse bei planmäßiger Erfüllung zugrunde zu legen. Gleichzeitig muss der Erfüllungsbetrag mit einem Vorsteuerzinssatz abgezinst werden. Bei der Folgebewertung eingebuchter Verpflichtungen muss bei Änderungen des *best estimate* wie des Zinssatzes unterschieden werden, ob das zugehörige *asset* nach dem *cost model* oder dem *revaluation model* bewertet wird. Hinsichtlich der Auflösung von *provisions* bestehen keine Unterschiede zum § 249 Abs. 3 Satz 2 HGB, wohl aber werden umfangreichere Pflichten an den Ausweis von *provisions* gestellt.

7.2 Ausblick

Trotz der in dieser Arbeit gewonnen Erkenntnisse besteht zu einigen Punkten weiterer, z.T. erheblicher und auch dringender Diskussions- und Untersuchungsbedarf, wobei sich die folgenden Punkte nicht allein auf die Bedingungen und Verhältnisse im Braunkohlenbergbau beziehen:

Es erscheint erforderlich und äußerst lohnend, weitere bergbaubedingte Verpflichtungen zu identifizieren, die für eine Rückstellungsbildung relevant sein könnten. Zu nennen sind hier insbesondere Verpflichtungen nach Wasserhaushaltsgesetz. In diesem Zusammenhang müsste dann auch geklärt werden, inwieweit einmalige Zahlungen (Ablösebeträge als abgezinste planmäßige Erfüllungsbeträge) der Rückstellungsbildung zugrunde gelegt werden können, ohne gegen das Realisationsprinzip zu verstoßen. Dabei wäre auch eingehend zu diskutieren die Höhe des maßgebenden Zinssatzes.

Als weiterer, in diesem Zusammenhang besonders problematischer Punkt ist die Frage zu nennen, wie der Erfüllungsumfang zukünftig zu realisierender und daher naturgemäß noch ungewisser Maßnahmen auf zuverlässige Weise zu ermitteln und monetär zu bewerten ist. Im Gegensatz zu mehrjährig fortgeführten Rückstellungen besteht im Fall der Bemessung und Zahlung von Ablösebeträgen nachträglich nämlich u.U. nicht mehr die Möglichkeit der Nachbesserung, speziell dann, wenn kein Rechtsnachfolger des Bergbauunternehmens existiert.

Einer umfassenden Untersuchung vorzubehalten ist auch das Zusammenspiel von Bergrecht, Bilanzrecht und Insolvenzrecht hinsichtlich der liquiditätsmäßigen Bewältigung der WNBM. Die in dieser Arbeit nur angedeuteten Problemfelder dürften ein erhebliches Konfliktpotenzial bergen. Gerade an dieser Stelle wäre eine interdisziplinäre Diskussion wünschenswert.

Eine weitere Untersuchung sollte sich eingehend mit der Frage beschäftigen, auf welche Weise Kostensätze v.a. für den Einsatz von Technik zu berechnen bzw. interne Sätze anzupassen sind für Zwecke der bilanziellen (auch aktivischen) Bestandsbewertung. Zwar wurden in dieser Arbeit hierzu wichtige Aussagen getroffen, gleichwohl besteht zu Detailfragen weiterer Untersuchungsbedarf (z.B. hinsichtlich der Höhe vorzunehmender Abschläge zwecks Ermittlung nur angemessener bzw. notwendiger Kosten).

Hinsichtlich des Ansatzes und der Bildung von Rückstellungen sowie der Bemessung des Erfüllungsbetrags nach IFRS/IAS sind zwei zentrale Problembereiche zu nennen: Zum einen müsste eindeutig geklärt werden, auf welcher (nachprüfbaren) Grundlage in Jahren und Jahrzehnten herrschende Preisverhältnisse abgeschätzt werden können. Dasselbe gilt für eine sowohl laufzeitadäquate wie u.U. auch risikogerechte Berechnung von Diskontierungssätzen. Die in der Praxis bisher verwendeten Sätze scheinen diesbezüglich jedenfalls nicht fundiert zu sein.

Literaturverzeichnis

I. Monographien, Beiträge in Handbüchern und anderen Sammelwerken sowie Artikel in Periodika

Achatz, Markus (1993): Umweltrisiken in der Handels- und Steuerbilanz, in: Kirchhof, Paul (Hrsg.): Umweltschutz im Abgaben- und Steuerrecht (DStJG 15), Köln, 1993, S. 161 bis 196.

Adler; Düring; Schmaltz (1995): Rechnungslegung und Prüfung der Unternehmen, bearbeitet von Forster, Karl-Heinz u.a., 6. Auflage, Stuttgart, 1995/1998.

Alberth, Markus R. (1997): USA: Vertraglicher Gläubigerschutz und Ausschüttungsbemessung durch Covenants als Vorbild zur Änderung des deutschen Bilanzrechts?, in: Die WPg, Jg. 50 (1997), S. 744 bis 750.

Alberth, Markus R. (1998): US-amerikanische Gläubigerbilanzen durch Covenants in Verträge, der Versuch einer weltweiten Kategorisierung der Rechnungslegung und Folgen für die internationale Harmonisierungsdiskussion, in: zfb, Jg. 68 (1998), S. 803 bis 823.

Anstett, Christof Werner; Husmann, Rainer (1998): Die Bildung von Bewertungseinheiten bei Derivatgeschäften, in: BB, Jg. 53 (1998), S. 1523 bis 1530.

Anz, Henning (1982): Das Grundabtretungsverfahren im Bundesberggesetz, in: Braunkohle, Jg. 34 (1982), S. 49 bis 52.

Armbrust, Hans (1979): Rückstellungen für Erneuerungs-, Entfernungs- und Heimfallverpflichtungen, in: DB, Jg. 32 (1979), Teil I: S. 2045 bis 2049, Teil II: S. 2096 bis 2101.

Assmann, Eberhard (2005): Stichtagsprinzip und Wertaufhellung im Blickpunkt der Außenprüfung, in: StBp, Jg. 45 (2005), S. 1 bis 7.

Bach, Alexander (1996): Umweltrisiken im handelsrechtlichen Jahresabschluß und in der Steuerbilanz, Stuttgart, 1996.

Bachem, Rolf Georg (1993): Bewertung von Rückstellungen für Buchführungsarbeiten, in: BB, Jg. 48 (1993), S. 2337 bis 2341.

Bäcker, Roland (1989): Rückstellungen für die Beseitigung von Altlasten und sonstigen Umweltschäden in: BB, Jg. 44 (1989), S. 2071 bis 2078.

Bäcker, Roland (1990): Altlastenrückstellungen in der Steuerbilanz, in: BB, Jg. 45 (1990), S.2225 bis 2232.

Bäcker, Roland (1991): Kontamination des Betriebsgrundstücks im Steuer- und Bilanzrecht, in: DStZ, Jg. 79 (1991), S. 31 bis 35.

Bäcker, Roland (1995): Rückstellungen für die Altlastensanierung, in: BB, Jg. 50 (1995), S. 503 bis 513.

Baetge, Jörg (1992): Zur Frage der Reichweite des Passivierungsgrundsatzes, in: Moxter, Adolf; Müller, Hans-Peter; Windmöller, Rolf; von Wysocki, Klaus (Hrsg.): Entwicklungen bei der Bilanzierung und Prüfung von Kapitalgesellschaften: Festschrift für Karl-Heinz Forster, Düsseldorf 1992, S. 27 bis 44.

Baetge, Jörg; Ballwieser, Wolfgang (1978): Probleme einer rationalen Bilanzpolitik, in: BFuP, Jg. 30 (1978), S. 511 bis 530.

Baetge, Jörg; Kirsch, Hans-Jürgen (1995): Artikel 4: Grundsätze ordnungsmäßiger Buchführung, in: Küting, Karlheinz; Weber, Claus, Peter (Hrsg.): Handbuch der Rechnungslegung, Bd. Ia, 4. Auflage, Stuttgart, 1995.

Ballwieser, Wolfgang (1990): Ist das Maßgeblichkeitsprinzip überholt?, in: BFuP, Jg. 42 (1990), S. 477 bis 498.

Ballwieser, Wolfgang (1992a): Das Anschaffungs- und Höchstwertprinzip für Schulden, in: Moxter, Adolf; Müller, Hans-Peter; Windmöller, Rolf; von Wysocki, Klaus (Hrsg.): Entwicklungen bei der Bilanzierung und Prüfung von Kapitalgesellschaften: Festschrift für Karl-Heinz Forster, Düsseldorf 1992, S. 45 bis 62.

Ballwieser, Wolfgang (1992b): Zur Passivierung von Verpflichtungen zum Schutz und zur Wiederherstellung der Umwelt, in: Institut der Wirtschaftsprüfer in Deutschland e.V. (Hrsg.): Das vereinigte Deutschland im europäischen Markt: Bericht über die Fachtagung 1991 des IDW, Düsseldorf, 1992, S. 131 bis 151.

Ballwieser, Wolfgang (1997): Grenzen des Vergleichs von Rechnungslegungssystemen – dargestellt anhand von HGB, US-GAAP und IAS, in: Forster, Karl-Heinz; Grunewald, Barbara; Lutter, Marcus; Semler, Johannes (Hrsg.): Aktien- und Bilanzrecht: Festschrift für Bruno Kropff, Düsseldorf, 1997, S. 371 bis 391.

Bartels, Peter (1991): Öffentlich-rechtliche Umweltschutzverpflichtungen, in: BB, Jg. 46 (1991), S. 2044 bis 2050.

Bartels, Peter (1992a) Umweltrisiken und Jahresabschluss, Frankfurt a.M. u.a., 1992.

Bartels, Peter (1992b): Bilanzielle Berücksichtigung von Altlastenfällen – Anmerkungen zu dem Beitrag von Herzig, in: Die WPg, Jg. 45 (1992), S. 74 bis 83.

Bartels, Peter (1992c): Rückstellungen für öffentlich-rechtliche Umweltschutzverpflichtungen bei Altlastenfällen, in: BB, Jg. 47 (1992), S. 1095 bis 1102.

Bartels,Peter (1992d): Rückstellungen für öffentlich-rechtliche Umweltschutzverpflichtungen bei Neulastenfallen, in: BB, Jg. 47 (1992), S. 1311 bis 1319.

Bartels, Peter (1994): Jahresabschlußrelevante Umweltrisiken, in: Baetge, Jörg (Hrsg.): Umweltrisiken im Jahresabschluß, Düsseldorf, 1994, S. 1 bis 23.

Bartke, Günther (1978): Rückstellungen für Bergschäden, Gruben- und Schachtversatz nach aktienrechtlichen und steuerlichen Grundsätzen, in: DB, Jg. 31 (1978), Beilage Nr. 4 zu Heft Nr. 8.

Bauer, Gerta (1998): Naturschutz- und Landschaftsschutzgebiete, in: Pflug, Wolfram (Hrsg.): Braunkohlentagebau und Rekultivierung, Berlin, Heidelberg, New York, 1998, S. 426 bis 431.

Baum, Heinz-Georg (1995): Umweltrechtliche und steuerrechtliche Behandlung kontaminierter Grundstücke, in: DB, Jg. 48 (1995), S. 153 bis 162.

Bechtel, Wilfried (1975b): Die Messung der ertragsproportionalen Abschreibung mit Hilfe von Abschreibungsverfahren, in: Die WPg, Jg. 28 (1975), S. 651 bis 656.

Beckmann, Martin (1989): Anmerkung zum BVerwG-Urteil vom 16.03.1989 – 4 C 36.85, in: DVBl., Jg. 104 (1989), S. 669 bis 672.

Beisse, Heinrich (1975): Über Wesen und Tragweite des Nominalwertprinzips, in: FR, Jg. 30 (57), S. 472 bis 477.

Beisse, Heinrich (1978a): Steuerliche Entwicklungstendenzen im Bilanzrecht, in: Bericht über die Fachtagung 1978 des IDW, Düsseldorf, 1979, S. 75 bis 86.

Beisse, Heinrich (1978b): Die wirtschaftliche Betrachtungsweise im Steuerrecht, in: Neues Steuerrecht (NSt) von A bis Z, Band 5, Nr. 21/1978.

Beisse, Heinrich (1979): Zur Bilanzauffassung des Bundesfinanzhofs, in: JbFAfStR 1978/79, S. 186 bis 196.

Beisse, Heinrich (1980a): Tendenzen in der Rechtsprechung des Bundesfinanzhofs zum Bilanzrecht, in: DStR, Jg. 18 (1980), S. 243 bis 252.

Beisse, Heinrich (1980b): Handelsbilanzrecht in der Rechtsprechung des Bundesfinanzhofs, in: BB, Jg. 35 (1980), S. 637 bis 646.

Literaturverzeichnis

281

Beisse, Heinrich (1981a): Die wirtschaftliche Betrachtungsweise bei der Auslegung der Steuergesetze in der neueren deutschen Rechtsprechung, in: StuW, Jg. 58 (11) (1981), S. 1 bis 14.

Beisse, Heinrich (1981b): Gewinnrealisierung – Ein systematischer Überblick über Rechtsgrundlagen, Grundtatbestände und grundsätzliche Streitfragen, in: Ruppe, Georg (Hrsg.): Gewinnrealisierung im Steuerrecht (DStJG 4), Köln, 1981, S. 13 bis 43.

Beisse, Heinrich (1981c): Auslegung, in: Strickrodt, Georg u.a. (Hrsg.): Handwörterbuch des Steuerrechts und der Steuerwissenschaften (HwStR), 2. Auflage, Erster Band, München, Bonn, 1981, S. 134 bis 142.

Beisse, Heinrich (1984a): Zum Verhältnis von Bilanzrecht und Betriebswirtschaftslehre, in: StuW, Jg. 61 (14) (1984), S. 1 bis 14.

Beisse, Heinrich (1984b): Maßgeblichkeit der Handelsbilanz für die Steuerbilanz, in: Jahrbuch für Betriebswirte 1984, S. 245 bis 251.

Beisse, Heinrich (1988): Die Generalnorm des neuen Bilanzrechts, in: Knobbe-Keuk, Brigitte; Klein, Franz; Moxter, Adolf (Hrsg.): Handelsrecht und Steuerrecht: Festschrift für Georg Döllerer, Düsseldorf, 1988, S. 25 bis 44.

Beisse, Heinrich (1989): Die steuerrechtliche Bedeutung der neuen deutschen Bilanzgesetzgebung, in: StVj, Jg. 1 (1989), S. 295 bis 310.

Beisse, Heinrich (1990a): Rechtsfragen der Gewinnung von GoB, in: BFuP, Jg. 42 (1990), S. 499 bis 514.

Beisse, Heinrich (1990b): Grundsatzfragen der Auslegung des neuen Bilanzrechts, in: BB, Jg. 45 (1990), S. 2007 bis 2012.

Beisse, Heinrich (1993): Gläubigerschutz – Grundprinzip des deutschen Bilanzrechts, in: Beisse, Heinrich; Lutter, Marcus; Närger, Heribald (Hrsg.): Festschrift für Karl Beusch, Berlin, New York, 1993, S. 77 bis 97.

Beisse, Heinrich (1994): Zum neuen Bild des Bilanzrechtssystems, in: Ballwieser, Wolfgang; Böcking, Hans-Joachim; Drukarczyk, Jochen; Schmidt, Reinhard H. (Hrsg.): Bilanzrecht und Kapitalmarkt: Festschrift für Adolf Moxter, Düsseldorf, 1994, S. 3 bis 31.

Beisse, Heinrich (1996): Zehn Jahre „True and fair view", in: Ballwieser, Wolfgang; Moxter, Adolf; Nonnenmacher, Rolf (Hrsg.): Rechnungslegung – warum und wie: Festschrift für Hermann Clemm, München, 1996, S. 27 bis 58.

Beisse, Heinrich (1997): Wandlungen der Grundsätze ordnungsmäßiger Bilanzierung, in: Schön, Wolfgang (Hrsg.) in Zusammenwirken mit Flume, Werner; Jakobs, Horst Heinrich; Picker, Eduard; Wilhelm, Jan: Gedächtnisschrift für Brigitte Knobbe-Keuk, Köln, 1997, S. 385 bis 409.

Beisse, Heinrich (1998): „True and fair view" in der Steuerbilanz?, in: DStZ, Jg. 86 (1998), S. 310 bis 317.

Beisse, Heinrich (1999): Normqualität und Normstruktur von Bilanzvorschriften und Standards, in: BB, Jg. 54 (1999), S. 2180 bis 2186.

Beisse, Heinrich (2001): Die paradigmatischen GoB, in: Hommelhoff, Peter (Hrsg.): Gesellschaftsrecht, Rechnungslegung, Steuerrecht: Festschrift für Welf Müller, München, 2001, S. 731 bis 753.

Benne, Jürgen (1979): Die Bedeutung von Gewinnerwartungen aus schwebenden Geschäften für die Bewertung der Aktiva und Passiva, in: BB, Jg. 34 (1979), S. 1653 bis 1656.

Benne, Jürgen (1991): Einzelbewertung und Bewertungseinheit, in: DB, Jg. 44 (1991), S. 2601 bis 2610.

Benne, Jürgen (1992a): Einzelbewertung bei wechselseitigen Leistungsbeziehungen, in: Die WPg, Jg. 45 (1992), S. 245 bis 252.

Benne, Jürgen (1992b): Bewertung bei geschlossenen Positionen, in: BB, Jg. 47 (1992), S. 1172 bis 1177.

Berger, Ralf (2005): Auswirkungen einer Abkehr von der Going Concern-Prämisse auf den handelsrechtlichen Jahresabschluss, in: StuB 2005, S. 381 bis 387.

Berger, Axel; Ring, Maximilian (2003): Kommentierung zu § 249 HGB, in: Beck'scher Bilanz-Kommentar, 5., völlig neubearbeitete Auflage, München, 2003.

Berger, Axel; Ring, Maximilian (2003): Kommentierung zu § 253 HGB, in: Beck'scher Bilanz-Kommentar, 5., völlig neubearbeitete Auflage, München, 2003.

Bergs, Stefan (2004): Berücksichtigung des zeitlichen Aspektes bei der Bildung bergbaubedingter Rückstellungen, in: Slaby, Dieter; Drebenstedt, Carsten (Hrsg.): Grundlagen und Erfahrungen der wirtschaftlichen Bewertung von Bergbaufolgen: Freiberger Forschungsforum – 54. Berg- und Hüttenmännischer Tag 2003, Freiberg, 2004, S. 77 bis 88.

Biener, Herbert (1994): Rückstellungen wegen der Anschaffung nicht werthaltiger Vermögensgegenstände, in: Ballwieser, Wolfgang; Böcking, Hans-Joachim; Drukarczyk, Jochen; Schmidt, Reinhard H. (Hrsg.): Bilanzrecht und Kapitalmarkt: Festschrift für Adolf Moxter, Düsseldorf, 1994, S. 127 bis 143.

Birk, Dieter (2001): Steuerrecht, 4. Auflage, Heidelberg, 2001.

Blankenburg, Karl-Heinz (1967): Rücklagen und Rückstellungen in Buchführung und Bilanz, in: Zeitschrift für das gesamte Rechnungswesen, Jg. 13 (1967), S. 36 bis 40.

Böcking, Hans-Joachim (1988): Bilanzrechtstheorie und Verzinslichkeit, Wiesbaden, 1988.

Böcking, Hans-Joachim (1994): Verbindlichkeitsbilanzierung, Wiesbaden, 1994.

Boldt, Gerhard; Weller, Herbert (1984): Bundesberggesetz, Berlin, New York, 1984.

Boldt, Gerhard; Weller, Herbert (1992): Bundesberggesetz-Ergänzungsband, Berlin, New York, 1992.

Bordewin, Arno (1979a): Rückstellungen für Grubenversatz und Schachtversatz?, in: BB, Jg. 34 (1979), S. 156 bis 157.

Bordewin, Arno (1979b): Rückstellungen für Produzentenhaftung, in: BB, Jg. 34 (1979), S. 413 bis 414.

Bordewin, Arno (1986a): Bilanz- und Gewinn- und Verlustrechnung nach neuem Recht, in: DStZ, Jg. 74 (1986), S. 79 bis 91.

Bordewin, Arno (1992a): Umweltschutzrückstellungen – Einzelfragen zur Konkretisierung und wirtschaftlichen Verursachung bei Sanierungs- und Anpassungsverpflichtungen, in: DB, Jg. 45 (1992), S. 1097 bis 1101.

Bordewin, Arno (1992b): Einzelfragen der Bewertung von Rückstellungen, in: DB, Jg. 45 (1992), S. 1533 bis 1537.

Bordewin, Arno (1994): Umweltschutzbedingte Aufwendungen in der Bilanz, in: DB, Jg. 47 (1994), S. 1685 bis 1688.

Breidert, Ulrike (1994): Grundsätze ordnungsmäßiger Abschreibungen auf abnutzbare Anlagegegenstände, Düsseldorf, 1994.

Brosche, Dieter; Eßmann, Jürgen (1981): Untersuchungen zur Stillegung von Kernkraftwerken als Vorsorgemaßnahme der Elektrizitätsversorgungsunternehmen, in: ET, Jg. 31 (1981), S. 780 bis 786.

Buchheim, Regine; Gröner, Susanne (2003): Anwendungsbereich der IAS-Verordnung an der Schnittstelle zu deutschem und zu EU-Bilanzrecht, in: BB, Jg. 58 (2003), S. 953 bis 955.

Buciek, Klaus (2002): Anmerkung zum BFH-Urteil vom 05.06.2002 – I R 96/00, in: DStZ, Jg. 90 (2002), S. 834 bis 835.

Literaturverzeichnis 283

Bundesvereinigung Deutscher Stahlrecycling- und Entsorgungsunternehmen e.V., Düsseldorf: Die in dieser Arbeit verwendeten Daten sind abrufbar unter www.bdsv.de.

Burger, Ludwig (1981): Zulässigkeit und Bemessung von Rekultivierungsrückstellungen, in: StBp, Jg. 21 (1981), S. 27 bis 30.

Busse von Colbe, Walther (1984): Bewertung als betriebswirtschaftliches Problem – Betriebswirtschaftliche Grundüberlegungen, in: Raupach, Arndt (Hrsg.): Werte und Wertermittlung im Steuerrecht (DStJG 7), Köln, 1984, S. 39 bis 53.

Busse von Colbe, Walther (1986): Bilanzierungshilfe, in: Leffson, Ulrich; Rückle, Dieter; Großfeld, Bernhard (Hrsg.): Handwörterbuch unbestimmter Rechtsbegriffe im Bilanzrecht des HGB, Köln, 1986, S. 86 bis 94.

Busse von Colbe, Walther (1993): Die Entwicklung des Jahresabschlusses als Informationsinstrument, in: Wagner, Franz W. (Hrsg.): Ökonomische Analyse des Bilanzrechts: Entwicklungen und Perspektiven, Sonderheft 32 der zfbf, Düsseldorf, 1993, S. 11 bis 29.

Canaris, Claus-Wilhelm (1978): Der Zinsbegriff und seine rechtliche Bedeutung, in: NJW, Jg. 31 (1978), S. 1891 bis 1898.

Caterpillar Inc. (1999): Caterpillar Performance Handbook, Peoria, Illinois, USA, 1999.

Cattelaens, Heiner (1999): Steuerentlastungsgesetz 1999/2000/2002: Teilwertabschreibung und Wertaufholung, in: DB, Jg. 52 (1999), S. 1185 bis 1187.

Christiansen, Alfred (1980): Die Rückstellung für Produzentenhaftpflicht unter dem besonderen Aspekt der Abgrenzung von der Rückstellung für Gewährleistungsverpflichtungen, in: StBp, Jg. 20 (1980), S. 151 bis 156.

Christiansen, Alfred (1987): Rückstellungen für öffentlich-rechtliche Verpflichtungen – Probleme und Überlegungen, in: StBp, Jg. 27 (1987), S. 193 bis 198.

Christiansen, Alfred (1990): Rückstellungen für drohende Verluste aus schwebenden Geschäften und Erfüllungsrückstände, in: StbJb 1989/90, S. 129 bis 153.

Christiansen, Alfred (1993): Steuerliche Rückstellungsbildung, Bielefeld, 1993.

Christiansen, Alfred (1994): Das Erfordernis der wirtschaftlichen Verursachung ungewisser Verbindlichkeiten vor dem Hintergrund der Rechtssprechung des Bundesfinanzhofs - Versuch einer kritischen Analyse, in: BFuP, Jg. 46 (1994), S. 25 bis 38.

Christiansen, Alfred (1995): Der Grundsatz der Einzelbewertung – Schwerpunkt des bilanziellen Ergebnisausweises, in: DStZ, Jg. 83 (1995), S. 385 bis 397.

Christiansen, Alfred (1996a): Einzelbewertung und passiver Risikoausgleich, in: JbFAfStR 1995/96, S. 133 bis 145.

Christiansen, Alfred (1996b): Verbindlichkeitsausweis und Realisationsprinzip, in: Crezelius, Georg u.a. (Hrsg.): Steuerrecht und Gesellschaftsrecht als Gestaltungsaufgabe: Freundesgabe für Franz Josef Haas, Herne, Berlin, 1996, S. 57 bis 66.

Christiansen, Alfred (1998): Nacheilende Kritik der „praktischen Vernunft" kaufmännischer Beurteilung – Erwägungen zum BFH-Beschluß vom 23. Juni 1997 GrS 2/93, in: DStZ, Jg. 86 (1998), S. 317 bis 322.

Christian, Alfred (2001a): Anmerkung zum BFH-Urteil vom 08.11.2000 – I R 6/96, in: HFR, Jg. 41 (2001), S. 426 bis 427.

Christiansen, Alfred (2001b): Anmerkung zum BFH-Urteil vom 27.06.2001 – I R 45/97, in: HFR, Jg. 41 (2001), S. 960 bis 961.

Christiansen, Alfred (2002a): Kurskorrekturen bei der Passivierung öffentlich-rechtlicher Verpflichtungen?, in: DStZ, Jg. 90 (2002), S. 163 bis 169.

Christiansen, Alfred (2002b): Ein Versuch zur „Entziehbarkeit" von Missverständnissen – Replik auf Siegel, in: DStR, Jg. 40 (2002), S. 1196.

284 Literaturverzeichnis

Christiansen, Alfred (2002c): Ergänzender Versuch zur Entziehbarkeit von Mißverständnissen – insbesondere zur Reichweite des Prinzips der Unternehmensfortführung, in: DStR, Jg. 40 (2002), S. 1637 bis 1638.

Christiansen, Alfred (2003): Zum Grundsatz der Einzelbewertung – insbesondere zur Bildung so genannter Bewertungseinheiten, in: DStR, Jg. 41 (2003), S. 264 bis 268.

Christiansen, Alfred (2004a): Anmerkung zum BFH-Urteil vom 20.08.2003 – I R 49/02, in: HFR, Jg. 44 (2004), S. 11.

Christiansen, Alfred (2004b): Anmerkung zum BFH-Urteil vom 19.11.2003 – I R 77/01, in: HFR, Jg. 44 (2004), S. 213 bis 214.

Christiansen, Alfred (2004c): Anmerkung zum BFH-Urteil vom 25.02.2004 – I R 54/02, in: HFR, Jg. 44 (2004), S. 741 bis 742.

Claussen, Carsten P.; Korth, H.-Michael (1995): Altlasten – Ein Umwelt- und Bilanzierungsproblem, in: Förschle, Gerhart; Kaiser, Klaus; Moxter, Adolf (Hrsg.): Rechenschaftslegung im Wandel: Festschrift für Wolfgang Dieter Budde, München, 1995, S. 105 bis 134.

Clemm, Hermann (1980): Grenzen der zivilrechtlichen Betrachtungsweise für das Bilanzrecht – Kritische Würdigung der neueren BFH-Rechtsprechung, in: JbFAfStR 1979/80, S. 173 bis 194.

Clemm, Hermann (1981): Grundprobleme der Gewinn- und Verlustrealisation bei langfristiger Auftragsfertigung und langfristiger Vermietung, in: Ruppe, Hans-Georg (Hrsg.): Gewinnrealisierung im Steuerrecht (DStJG 4), Köln, 1981, S. 117 bis 135.

Clemm, Hermann (1984): Der Einfluss der Verzinslichkeit auf die Bewertung der Aktiva und Passiva, in: Raupach, Arndt (Hrsg.): Werte und Wertermittlung im Steuerrecht, Köln 1984 (DStJG 7), S. 219 bis 243.

Clemm, Hermann (1988): Abzinsung von Passiva?, in: StbJb 1987/88, S. 67 bis 89.

Clemm, Hermann (1989): Die Scheingenauigkeit der steuerlichen Gewinnermittlung – Konsequenzen für Gesetzgebung, Verwaltung, Rechtsprechung und Steuerpflichtige, in: Mellwig, Winfried; Moxter, Adolf; Ordelheide, Dieter (Hrsg.): Handelsbilanz und Steuerbilanz, Beiträge zum neuen Bilanzrecht, Band 2, Wiesbaden, 1989, S. 57 bis 72.

Clemm, Hermann (1991): Keine Abzinsung unverzinslicher Verbindlichkeitsrückstellungen, in: BB, Jg. 46 (1991), S. 2115 bis 2117.

Clemm, Hermann (1993): Abzinsung von umweltschutzbezogenen Rückstellungen, in: BB, Jg. 48 (1993), S. 687 bis 692.

Clemm, Hermann (1994): Zur Nichtpassivierung entstandener Verbindlichkeiten wegen nachträglicher wirtschaftlicher Verursachung (Realisation) oder: Wie dynamisch ist die Bilanz im Rechtssinne?, in: Ballwieser, Wolfgang; Böcking, Hans-Joachim; Drukarczyk, Jochen; Schmidt, Reinhard H. (Hrsg.): Bilanzrecht und Kapitalmarkt: Festschrift für Adolf Moxter, Düsseldorf, 1994, S. 167 bis 193.

Coenenberg, Adolf Gerhard (1986): Aufwandsrückstellungen für Substanzerhaltung?, in: BB, Jg. 41 (1986), S. 910 bis 911.

Coenenberg, Adolf Gerhard (2003): Jahresabschluss und Jahresabschussanalyse, 19. Auflage, Stuttgart, 2003.

Crezelius, Georg (1987): Das Handelsbilanzrecht in der Rechtsprechung des Bundesfinanzhofs, in: ZGR, Jg. 16 (1987), S. 1 bis 45.

Crezelius, Georg (1992): Zur Bildung von Rückstellungen für Umweltschutzmaßnahmen, in: DB, Jg. 45 (1992), S. 1353 bis 1363.

Crezelius, Georg (1993): Rückstellungen bei Umweltschutzmaßnahmen, Stuttgart, 1993.

Crezelius, Georg (1994): Rückstellungen für Umweltschutz, in: NJW, Jg. 47 (1994), S. 981 bis 984.

Literaturverzeichnis 285

Crezelius, Georg (2004): Kommentierung zu § 4 EStG, in: Kirchhof, Paul (Hrsg.): EStG Kompaktkommentar, 4. Auflage, Heidelberg, 2004.

CUI mbH (Consultinggesellschaft für Umwelt und Infrastruktur mbH) (2002): „Gutachten:Neubewertung der für das Abbaufeld Domsen zu bildenden Rückstellungen", Halle/S.,2002 *(das Gutachten wurde dem Verf. durch MIBRAG mbH freundlicherweise zur Einsicht zur Verfügung gestellt).*

Curtius-Hartung, Rudolf (1972): Aktuelle Fragen zum Bilanzsteuerrecht, in: StbJb 1971/72, S. 361 bis 387.

Daub, Sebastian (2000): Rückstellungen nach HGB, US GAAP und IAS, Baden-Baden, 2000.

Dauber, Desiree (2003): Das Realisationsprinzip als Grundprinzip der steuerrechtlichen Gewinnermittlung, Frankfurt a.M., 2003.

DEBRIV (2001): Braunkohle: Ein Industriezweig stellt sich vor, Köln, 2001.

DEBRIV (2005): Jahresbericht 2005, Köln, 2005.

Diehl, Wolfram (1977): Die Bilanzierung von Devisengeschäften durch Kreditinstitute, in: BB, Jg. (1977), S. 290 bis 293.

Döllerer, Georg (1959): Grundsätze ordnungsmäßiger Bilanzierung, deren Entstehung und Ermittlung, in: BB, Jg. 14 (1959), S. 1217 bis 1221.

Döllerer, Georg (1971): Maßgeblichkeit der Handelsbilanz in Gefahr, in: BB, Jg. 26 (1971), S. 1333 bis 1335.

Döllerer, Georg (1974): Zur Bilanzierung des schwebenden Vertrags, in: BB, Jg. 29 (1974), S. 1541 bis 1548.

Döllerer, Georg (1975): Grundsätzliches zum Begriff der Rückstellungen, in: DStZ/A, Jg. 63 (1975), S. 291 bis 296.

Döllerer, Georg (1976): Die Rechtsprechung des Bundesfinanzhofs zum Steuerrecht der Unternehmen, in: ZGR, Jg. 5 (1976), S. 349 bis 372.

Döllerer, Georg (1979): Rückstellungen in der Steuerbilanz – Abkehr von der dynamischen Bilanzlehre, in: DStR, Jg. 17 (1979), S. 3 bis 7.

Döllerer, Georg (1980): Gedanken zur Bilanz im Rechtssinne", in: JbFAfStR 1979/80, S. 195 bis 205.

Döllerer, Georg (1981): Die Rechtsprechung des Bundesfinanzhofs zum Steuerrecht der Unternehmen, in: ZGR, Jg. 10 (1981), S. 551 bis 576.

Döllerer, Georg (1982): Grundsätze ordnungswidriger Bilanzierung, in: BB, Jg. 37 (1982), S. 777 bis 781.

Döllerer, Georg (1983): Handelsbilanz ist gleich Steuerbilanz, in: Baetge, Jörg (Hrsg.): Der Jahresabschluß im Widerstreit der Interessen, Düsseldorf, 1983, S. 157 bis 177.

Döllerer, Georg (1984): Die Rechtsprechung des Bundesfinanzhofs zum Steuerrecht der Unternehmen, in: ZGR, Jg. 13 (1984), S. 629 bis 654.

Döllerer, Georg (1985): Die Rechtsprechung des Bundesfinanzhofs zum Steuerrecht der Unternehmen, in: ZGR, Jg. 14 (1985), S. 386 bis 418.

Döllerer, Georg (1987a): Ansatz und Bewertung von Rückstellungen in der neueren Rechtsprechung des Bundesfinanzhofs, in: DStR, Jg. 25 (1987), S. 67 bis 72.

Döllerer, Georg (1987b): Handelsbilanz und Steuerbilanz, in: BB, Jg. 42 (1987), Beilage 12 zu Heft 16.

Döllerer, Georg (1987c) Die Rechtsprechung des Bundesfinanzhofs zum Steuerrecht der Unternehmen, in: ZGR, Jg. 16 (1987), S. 443 bis 474.

Döllerer, Georg (1988a) Die Rechtsprechung des Bundesfinanzhofs zum Steuerrecht der Unternehmen, in: ZGR, Jg. 17 (1988), S. 587 bis 613.

Döllerer, Georg (1988b): Steuerbilanz und Beutesymbol, in: BB, Jg. 43 (1988), S. 238 bis 241.

Döllerer, Georg (1989): Maßgeblichkeitsgrundsatz und Bewertung, in: Institut der Wirtschafprüfer in Deutschland e.V. (Hrsg.): Risiken erkennen, Risiken bewältigen: Bericht über die Fachtagung 1988 des IDW, Düsseldorf, 1989, S. 287 bis 293.

Döllerer, Georg (1991): Fragen der Unternehmensbesteuerung, in: DStR, Jg. 29 (1991), S. 1275 bis 1278.

Döllerer, Georg (1994): Saldierung von Forderungen und Verbindlichkeiten im Bilanzrecht, in: Letzgus, Klaus; Hill, Hermann; Klein, Hans Hugo; Kleinert, Detlef; Oschatz, Georg-Berndt; de With, Hans (Hrsg.): Für Recht und Staat: Festschrift für Herbert Helmrich, München, 1994, S. 585 bis 596.

Doralt, Werner (1998a): Sind Rückstellungen steuerpolitisch gerechtfertigt?, in: DB, Jg. 51 (1998), S. 1357 bis 1358.

Doralt, Werner (1998b): Replik [zum Beitrag von Merkert/Koths], in: DB, Jg. 51 (1998), S. 1939.

Döring, Ulrich; Karrenbauer, Michael (1995): Kommentierung zu § 253 HGB, in: Küting, Karlheinz; Weber, Claus-Peter (Hrsg.): Handbuch der Rechnungslegung, Bd. Ia, 4. Auflage, Stuttgart, 1995.

Dörner, Dietrich (1991): Aufwandsrückstellungen – Möglichkeiten und Grenzen der Bilanzpolitik, in: Die WPg, Jg. 43 (1991), Teil I: S. 225 bis 229; Teil II: S. 264 bis 271.

Dücker, Reinhard (2002): Aktuelle Entwicklungen des europäischen Bilanzrechts, in: StuB 2002, S. 70 bis 74.

Drebenstedt, Carsten (2003): Rekultivierung im Braunkohlenbergbau Mittel- und Osteuropas – eine vergleichende Betrachtung, in: Surface Mining, Jg. 55 (2003), S. 70 bis 89.

Drüen, Klaus-Dieter (2001): Der Maßgeblichkeitsgrundsatz im Wechselspiel zwischen Gesetzgeber und Rechtsprechung, in: FR, Jg. 83 (2001), S. 992 bis 999.

Dziadkowski, Dieter (1984): Das höchstrichterliche Passivierungsverbot für Rückstellungen wegen unterlassener Instandhaltung in der Steuerbilanz, in: DB, Jg. 37 (1984), S. 1315 bis 1318.

Dziadkowski, D.; Runge, C. (1984): Zur geplanten Normierung von „Aufwandsrückstellungen" in § 250 Abs. 1 Nr. 1 HGBE, in: Die WPg, Jg. 37 (1984), S. 544 bis 552.

Ehmcke, Torsten (1995): Bilanzierung von Forderungen und Verbindlichkeiten in Handels- und Steuerbilanz, in: DStZ, Jg. 83 (1995), S. 691 bis 695.

Ehrhardt-Rauch, Andrea (2001): Die Einnahmen-Überschuss-Rechnung als einheitliche Gewinnermittlungsart?, in: DStZ, Jg. 89 (2001), S. 423 bis 428.

Eibelshäuser, Manfred (1981): Der Bundesfinanzhof und die statische Bilanzauffassung, in: zfbf, Jg. 33 (1981), S. 56 bis 68.

Eibelshäuser, Manfred (1987): Rückstellungsbildung nach neuem Handelsrecht, in: BB, Jg. 42 (1987), S. 860 bis 866.

Eibelshäuser, Manfred (1997): Abschreibungen und Realisationsprinzip, in: Budde, Wolfgang Dieter; Moxter, Adolf; Offerhaus, Klaus (Hrsg.): Handelsbilanzen und Steuerbilanzen: Festschrift für Heinrich Beisse, Düsseldorf, 1997, S. 153 bis 169.

Eigenstetter, Hans (1993): Die Verknüpfung von Handels- und Steuerbilanz, in: Die WPg, Jg. 46 (1993), S. 575 bis 582.

Eifler, Günter (1976): Grundsätze ordnungsmäßiger Bilanzierung für Rückstellungen, Düsseldorf, 1976.

Eilers, Stephan (1991): Rückstellungen für Altlasten: Umwelthaftungsgesetz und neueste Rechtsentwicklung, in: DStR, Jg. 29 (1991), S. 101 bis 107.

Literaturverzeichnis 287

Eilers, Stephan (1994): Rückstellungen für Altlastensanierungsaufwand: „Konkretisierung" neu konkretisiert?, in: DStR, Jg. 32 (1994), S. 121 bis 124.

Eilers, Stephan; von Rosenberg, Oliver (1996): Rückstellungen für Altlasten: Bundes-Bodenschutzgesetz und neueste Rechtsentwicklung, in: DStR, Jg. 34 (1996), S. 1113 bis 1116.

Ellrott, Helmut; Schmidt-Wendt, Dietrich (2003): Kommentierung zu § 255 HGB, in: Beck'scher Bilanz-Kommentar, 5., völlig neubearbeitete Auflage, München, 2003.

Elschen, Rainer (1993): Rückstellungen bei Umweltschutzmaßnahmen als Maßnahmen gegen den Umweltschutz?, in: DB, Jg. 46 (1993), S. 1097 bis 1100.

Emmerich, Gerhard (1978): Zur Zulässigkeit der Bildung von Rückstellungen für Bergschäden, Gruben- und Schachtversatz, in: DB, Jg. 31 (1978), S. 2133 bis 2137.

Engisch, Karl (1989): Einführung in das juristische Denken, 8. Auflage, Stuttgart, Berlin, Köln, 1989.

Ernst, Christoph (2003): Die Zukunft des Einzelabschlusses und der Maßgeblichkeit im Licht der Internationalisierung der Rechnungslegung, in: StbJb 2002/03, S. 229 bis 240.

Ernsting, Ingo (1999): StEntlG: Zur Ausdehnung des Abzinsungsgebotes auf Rückstellungen für Sachleistungsverpflichtungen, in: StuB 1999, S. 457 bis 463.

Ernsting, Ingo; von Keitz, Isabel (1998): Bilanzierung von Rückstellungen nach IAS 37, in: DB, Jg. 51 (1998), S. 2477 bis 2484.

Euler, Roland (1989): Grundsätze ordnungsmäßiger Gewinnrealisierung, Düsseldorf, 1989.

Euler, Roland (1996): Das System der Grundsätze ordnungsmäßiger Bilanzierung, Stuttgart, 1996.

Euler, Roland (2001): Kommentar zum BFH-Urteil vom 27.06.2001 – I R 45/97, in: BB, Jg. 56 (2001), S. 1893 bis 1897.

Eyll-Vetter, Michael (2002): Deponietechnik und Deponiewirtschaft im Rheinischen Revier, in: Frenz, Walter; Martens, Per Nicolay (Hrsg.): Abfallentsorgung im Bergbau über Tage, Heft 93 der Schriftenreihe GDMB Gesellschaft für Bergbau, Metallurgie, Rohstoff- und Umwelttechnik, Clausthal-Zellerfeld, 2002, S. 9 bis 18.

Fatouros, N[ikos].: (2004): Anmerkung zum BFH-Urteil vom 25.03.2004 – IV R 35/02, in: FR, Jg. 86 (2004), S. 1016 bis 1018.

Fatouros, Nikos (2005): Rückstellungen für ungewisse Verbindlichkeiten – Beginn einer Kehrtwende in der Rechtsprechung?, in: DB, Jg. 58 (2005), S. 117 bis 124.

Federmann, Rudolf (2000): Bilanzierung nach Handelsrecht und Steuerrecht, 11., neu bearbeitete und erweiterte Auflage, Berlin, 2000.

Fey, Gerd (1992): Rückstellungen für ungewisse Verbindlichkeiten aufgrund der Verordnungen zur Abfallbewältigung, in: DB, Jg. 45 (1992), S. 2353 bis 2360.

Finne, Thomas (1991): Bilanzielle Berücksichtigung von Kurssicherungen, in: BB, Jg. 46 (1991), S. 1295 bis 1301.

Fischer, Peter (2004): Kommentierung zu § 6 EStG, in: Kirchhof, Paul (Hrsg.): EStG Kompaktkommentar, 4. Auflage, Heidelberg, 2004.

Flies, Rolf (1996): Rückstellungen aufgrund von Umweltbeeinträchtigungen, in: StBp, Jg. 36 (1996), S. 109 bis 116.

Förschle, Gerhart; Kroner, Matthias; Heddäus, Birgit (1999): Ungewisse Verpflichtungen nach IAS 37 im Vergleich zum HGB, in: Die WPg, Jg. 52 (1999), S. 41 bis 54.

Förschle, Gerhart; Scheffels, Rolf (1993): Die Bilanzierung von Umweltschutzmaßnahmen aus bilanztheoretischer Sicht, in: DB, Jg. 46 (1993), S. 1197 bis 1203.

Frank, Dieter (1967): Zur Ableitung der aktivierungspflichtigen „Herstellungskosten" aus der kalkulatorischen Buchhaltung, in: BB, Jg. 22 (1967), S. 177 bis 181.

Freidank, Carl-Christian (1985): Die Analyse des Herstellungskostenbegriffs aus betriebswirtschaftlicher Sicht, in: WiSt, Jg. 14 (1985), S. 105 bis 111.

Frenz, Walter (1997): Rückstellungen für öffentlich-rechtliche Umweltverbindlichkeiten, in: DStZ, Jg. 85 (1997), S. 37 bis 46.

Freytag, Klaus; Bens, Oliver (2004): Vorwort, in: Freytag, Klaus; Bens, Oliver (Hrsg.): Bergrecht – Wasserrecht, Cottbus, 2004, S. 1 bis 2.

Friedemann, Bärbel (1996): Umweltschutzrückstellungen im Bilanzrecht, Wiesbaden, 1996.

Friedrichs, Christina (2004): Bergrechtlicher Betriebsplan und wasserrechtliches Planfeststellungsverfahren, in: Freytag, Klaus; Bens, Oliver (Hrsg.): Bergrecht – Wasserrecht, Cottbus, 2004, S. 41 bis 52.

Fritz, W.; Benthaus, F.-C. (2000): Application of New Techniques to Create Post Mining Landscape Suitable for Future Generations, in: Braunkohle, Jg. 52 (2000), S. 261 bis 265.

Fürst, Walter; Angerer, Hans-Peter (1993): Die vernünftige kaufmännische Beurteilung in der neuesten Rechtsprechung des BFH bei der Rückstellungsbildung, in: Die WPg, Jg. 46 (1993), S. 425 bis 428.

Gail, Winfried (1991): Umweltschutz und Wirtschaftsgut, in: StbJb 1990/91, S. 67 bis 95.

Gail, Winfried; Düll, Alexander; Schubert, Cristiane; Heß-Emmerich, Ulrike (1993): Bilanzielle und steuerliche Überlegungen des GmbH-Geschäftsführers und seines Beraters zum Jahresende 1993, in: GmbHR, Jg. 84 (1993), S. 685 bis 710.

Gantzkow, Marcus; Gröner, Susanne (1998): Bilanzierung von Umweltlasten und –maßnahmen nach IAS, in: DB, Jg. 51 (1998), S. 993 bis 997.

Geib, Gerd; Wiedmann, Harald (1994): Zur Abzinsung von Rückstellungen in der Handels- und Steuerbilanz, in: Die WPg, Jg. 47 (1994), S. 369 bis 377.

Gerhardt, H.; Slaby, D. (1994): Bewertung von Maßnahmen zur Beseitigung von Bergbaufolgen aus technologischer und betriebswirtschaftlicher Sicht am Beispiel des Erzbergbaus, Berg- und Hüttenmännische Monatshefte (BHM), Jg. 139 (1994), S. 437 bis 441.

Glade, Anton (1999): Steuerentlastungsgesetz: Einschränkung handelsrechtlich ordnungsgemäßer Rückstellungen als Steuerschlupflöcher, in: DB, Jg. 52 (1999), S. 400 bis 405.

Glanegger, Peter (1993): Bewertungseinheit und einheitliches Wirtschaftsgut, in: Arndt Raupach, Arndt; Uelner, Adalbert (Hrsg.): Ertragsbesteuerung: Zurechnung, Ermittlung, Gestaltung: Festschrift für Ludwig Schmidt, München, 1993, S. 145 bis 160.

Glanegger, Peter: Kommentierung zu § 6 EStG, in: Schmidt, Ludwig (Hrsg.): Einkommensteuergesetz, 21., völlig neubearbeitete Auflage, München, 2002.

Gmelin, Jörg (1987): Währungsumrechnung im Einzel- und Konzernabschluß, in: Die WPg, Jg. 40 (1987), S. 597 bis 605.

Gosch, Dietmar (1994b): Anmerkung zum BFH-Urteil vom 19.10.1993 – VIII R 14/92, in: StBp, Jg. 34 (1994), S. 96 bis 98.

Gosch, Dietmar (2002): Einige Bemerkungen zur aktuellen bilanzsteuerrechtlichen Rechtsprechung des I. Senats des BFH, in: DStR, Jg. 40 (2002), S. 977 bis 984.

Gotthardt, Uwe (1995): Rückstellungen und Umweltschutz, Bergisch Gladbach, Köln, 1995.

Groh, Manfred (1975): Zum Bilanzsteuerrecht, in: StuW, Jg. 5 (52) (1975), S. 344 bis 350.

Groh, Manfred (1980): Zur Bilanztheorie des BFH, in: StbJb 1979/80, S. 121 bis 139.

Groh, Manfred (1985): Das werdende Bilanzrecht in steuerlicher Sicht, in: DB, Jg. 38 (1985), S. 1849 bis 1851.

Groh, Manfred (1986): Zur Bilanzierung von Fremdwährungsgeschäften, in: DB, Jg. 39 (1986), S. 869 bis 877.

Groh, Manfred (1988a): Verbindlichkeitsrückstellung und Verlustrückstellung: Gemeinsamkeiten und Unterschiede, in: BB, Jg. 43 (1988), S. 27 bis 33.

Literaturverzeichnis 289

Groh, Manfred (1988b): Abzinsung von Verbindlichkeitsrückstellungen?, in: BB, Jg. 43 (1988), S. 1919 bis 1921.

Groh, Manfred (1989): Die wirtschaftliche Betätigung im rechtlichen Sinne, in: StuW, Jg. 66 (19) (1989), S. 227 bis 231.

Groh, Manfred (1993): Altlastenrückstellungen: Trügerische Hoffnungen?, in: DB, Jg. 46 (1993), S. 1833 bis 1837.

Groh, Manfred (1994a): Die Rechtsprechung des Bundesfinanzhofs zum Steuerrecht der Unternehmen, in: ZGR, Jg. 23 (1994), S. 610 bis 627.

Groh, Manfred (1994b): Umweltrisiken in der Steuerbilanz, in: Baetge, Jörg (Hrsg.): Umweltrisiken im Jahresabschluß, Düsseldorf, 1994, S. 54 bis 55.

Groh, Manfred (1995a): Altlasten: Abweichungen von den Rückstellungsregeln?, in: StbJb 1994/95, S. 23 bis 40.

Groh, Manfred (1995b): Die Rechtsprechung des Bundesfinanzhofs zum Steuerrecht der Unternehmen, in: ZGR, Jg. 24 (1995), S. 626 bis 647.

Groh, Manfred (1997): Die Rechtsprechung des Bundesfinanzhofs zum Steuerrecht der Unternehmen, in: ZGR, Jg. 26 (1997), S. 522 bis 536.

Groh, Manfred (1999a): Steuerentlastungsgesetz 1999/2000/2002: Imparitätsprinzip und Teilwertabschreibung, in: DB, Jg. 52 (1999), S. 978 bis 984.

Groh, Manfred (1999b): Die Rechtsprechung des Bundesfinanzhofs zum Steuerrecht der Unternehmen, in: ZGR, Jg. 28 (1999), S. 820 bis 836.

Gross, Gerhard (1995): Die Unternehmensfortführungsannahme als Bewertungskriterium, in: Förschle, Gerhart; Kaiser, Klaus; Moxter, Adolf (Hrsg.): Rechenschaftslegung im Wandel: Festschrift für Wolfgang Dieter Budde, München, 1995, S. 243 bis 263.

Grubert, Thomas (1978): Rückstellungsbilanzierung in der Ertragsteuerbilanz, München, 1978.

Grune, Günter (1968): Bewertung von Warenforderungen bei Bestehen einer Warenkreditversicherung (Delkredereversicherung), in: FR, Jg. 23 (50) (1968), S. 85 bis 86.

Gschwendter, Hubert (1994): Rückstellungen für Altlasten – Zum BFH-Urteil vom 19. Oktober 1993 – VIII R 14/92, in: DStJ, Jg. 82 (1994), S. 257 bis 266.

Gübbels, Bernhard (1961): Der Altmaterial- bzw. Schrottwert im Rahmen der Absetzung für Abnutuzung gem. § 7 EStG, in: FR, Jg. 16 (43), S. 44 bis 46.

Gübbels, Bernhard (1969): Der Schrottwert im Rahmen der Absetzung für Abnutzung, in: BB, Jg. 24 (1969), S. 1304 bis 1309.

Günkel, Manfred (1987): Rückstellung für Jubiläumszuwendung, in: FR, Jg. 69 (1987), S. 213 bis 216.

Günkel, Manfred (1991): Rückstellungen für Umweltschutzverpflichtungen, in: StbJb 1990/91, S. 97 bis 121.

Günkel, Manfred (2003): Ausgewählte Fragen zum Bilanzsteuerrecht, in: StbJb 2002/03, S. 275 bis 303.

Günkel, Manfred; Fenzl, Barbara (1999): Ausgewählte Fragen zum Steuerentlastungsgesetz:Bilanzierung und Verlustverrechnung, in: DStR, Jg. 37 (1999), S. 649 bis 660.

Haberstock, Lothar (1997): Kostenrechnung I, 9. Auflage (bearbeitet von Breithecker, Volker), Hamburg, 1997.

Hahn, Hartmut (1994): Zur Abzinsung von Rückstellungen für Sachleistungsverbindlichkeiten, in: DStZ, Jg. 82 (1994), S. 321 bis 331.

Hahne, Klaus D. (2003): Kompensatorische Bewertung in der Steuerbilanz, in: BB, Jg. 58 (2003), S. 1943 bis 1947.

Hahne, Klaus D. (2005): Neue Entwicklungen bei der Bilanzierung von Bewertungseinheiten in der Steuerbilanz, in: DStR, Jg. 43 (2005), S. 843 bis 845.

Happe, Rüdiger (2005): Die Abzinsung von Verbindlichkeiten und Rückstellungen im Steuerrecht, in: StuB 2005, S. 618 bis 625.

Hartung, M. (1997): Wege zur Gestaltung der Bergbaufolgelandschaft im rheinischen Braunkohlenrevier, in: Braunkohle, Jg. 49 (1997), S. 379 bis 385.

Hartung, Werner (1984): Angemessenheitsprüfung bei der Bewertung von Rückstellungen?, in: BB, Jg. 39 (1984), S. 510 bis 511.

Hartung, Werner (1985): Berücksichtigung aufwandsgleicher Gemeinkosten bei der Bewertung von Rückstellungen, in: BB, Jg. 40 (1985), S. 32 bis 33.

Hartung, Werner (1989): Zur Bewertung von Jubiläumsrückstellungen, in: BB, Jg. 44 (1989), S. 736 bis 745.

Hartung, Werner (1990): Abzinsung von Verbindlichkeitsrückstellungen?, in: BB, Jg. 45 (1990), S. 313 bis 317.

Hassold, Gerhard (1983): Strukturen der Gesetzesauslegung, in: Canaris, Wilhelm; Diederichsen, Uwe (Hrsg.): Festschrift für Karl Larenz zum 80. Geburtstag, München, 1983, S. 211 bis 240.

Haun, Jürgen; Strnad, Oliver (1999): Steuerliche Rückstellungen wegen Rücknahme von Altautos, in: DB, Jg. 52 (1999), S. 2078 bis 2079.

Hauptverband der deutschen Bauindustrie e.V. (2001): BGL – Baugeräteliste 2001, Wiesbaden, Berlin, 2001.

Havermann, Hans (2000): Konzernrechnungslegung – quo vadis?, in: Die WPg, Jg. 53 (2000), S. 121 bis 127.

Hayn, Sven (2004): Abschnitt 12: Kurzfristige Schulden, Rückstellungen, Erfolgsunsicherheiten und Ereignisse nach dem Bilanzstichtag, in: Epstein/Mirza: WILEY-Kommentar zur internationalen Rechnungslegung nach IAS/IFRS, herausgegeben und überarbeitet von Ballwieser, Wolfgang u.a., Braunschweig, 2004.

Hayn, Sven; Pilhofer, Jochen (1998): Die neuen Rückstellungsregeln des IASC im Vergleich zu den korrespondierenden Regeln der US-GAAP, in: DStR, Jg. 36 (1998), Teil II: S. 1765 bis 1772.

Heinicke, Wolfgang (2002): Kommentierung zu § 4 EStG, in: Schmidt, Ludwig (Hrsg.): Einkommensteuergesetz, 21. Auflage, München, 2002.

Henninger, Fritz (1968): Anmerkung zum BFH-Beschluß GrS 1/67 vom 07.12.1967, in: FR, Jg. 23 (1968), S. 370 bis 371.

Hense, Burkhard; Geißler, Horst (2003): Kommentierung zu § 252 HGB, in: Beck'scher Bilanz-Kommentar, 5., völlig neubearbeitete Auflage, München, 2003.

Herrmann, Martin (2004): Ende der Bergaufsicht, in: Freytag, Klaus; Bens, Oliver (Hrsg.): Bergrecht – Wasserrecht, Cottbus, 2004, S. 73 bis 81.

Hermes, Georg (1999): Rückstellungen für die Entsorgung und Stillegung von Kernkraftwerken und EG-Beihilferecht, in: Zeitschrift für neues Energierecht (ZNER) 1999, S. 156 bis 170.

Herzig, Norbert (1990): Rückstellungen wegen öffentlich-rechtlicher Verpflichtungen, insbesondere Umweltschutz, in: DB, Jg. 43 (1990), S. 1341 bis 1354.

Herzig, Norbert (1991a): Konkurrenz von Rückstellungsbildung und Teilwertabschreibung bei Altlastenfällen, in: Die WPg, Jg. 44 (1991), S. 610 bis 619.

Herzig, Norbert (1991b): Rückstellungen als Instrument der Risikovorsorge in der Steuerbilanz, in: Doralt, Werner (Hrsg.): Probleme des Steuerbilanzrechts (DStJG 14), Köln, 1991, S. 199 bis 230.

Herzig, Norbert (1993a): Die rückstellungsbegrenzende Wirkung des Realisationsprinzips, in: Raupach, Arndt; Uelner, Adalbert (Hrsg.): Ertragsbesteuerung: Zurechnung, Ermittlung, Gestaltung: Festschrift für Ludwig Schmidt, München, 1993, S. 209 bis 226.

Literaturverzeichnis 291

Herzig, Norbert (1993b): Aktivische Abwertung versus Rückstellungsbildung bei Umweltschutzverpflichtungen, in: Wagner, Gerd Rainer (Hrsg.): Betriebswirtschaft und Umweltschutz, Stuttgart, 1993, S. 161 bis 176.

Herzig, Norbert (1994a): Umweltschutzrückstellungen und Bilanzierungsprinzipien, in: Baetge, Jörg (Hrsg.): Umweltrisiken im Jahresabschluß – Vorträge und Diskussionen aus umwelt-, handels- und steuerrechtlicher Sicht, Düsseldorf, 1994, S. 67 bis 89.

Herzig, Norbert (1994b): Diskussionsbeitrag, in: Baetge, Jörg (Hrsg.): Umweltrisiken im Jahresabschluß – Vorträge und Diskussionen aus umwelt-, handels- und steuerrechtlicher Sicht, Düsseldorf, 1994, S. 54 bis 55.

Herzig, Norbert (1994c): Anmerkung zum BFH-Urteil vom 19.10.1993 – VIII R 14/92, in: DB, Jg. 47 (1994), S. 20.

Herzig, Norbert (1994d): Drohverlustrückstellungen für wirtschaftlich ausgewogene Geschäfte?, in: DB, 47. Jg. (1994), S. 1429 bis 1432.

Herzig, Norbert (1994e): Das Magische Dreieck der Umweltschutzbilanzierung, in: Ballwieser, Wolfgang; Böcking, Hans-Joachim; Drukarczyk, Jochen; Schmidt, Reinhard H. (Hrsg.): Bilanzrecht und Kapitalmarkt: Festschrift für Adolf Moxter, Düsseldorf, 1994, S. 227 bis 255.

Herzig, Norbert; Hötzel, Oliver (1991): Rückstellungen wegen Produkthaftung, in: BB, Jg. 46 (1991), S. 99 bis 103.

Herzig, Norbert; Köster, Thomas (1991): Die Rückstellungsrelevanz des neuen Umwelthaftungsgesetzes, in: DB, Jg. 44 (1991), S. 53 bis 57.

Herzig, Norbert; Mauritz, Peter (1997): Micro-Hedges, Macro-Hedges und Portfolio-Hedges für derivative Finanzinstrumente: Kompatibel mit dem deutschen Bilanzrecht?, in: Die WPg, Jg. 50 (1997), S. 141 bis 155.

Herzig, Norbert; Mauritz, Peter (1998): Ökonomische Analyse von Konzepten zur Bildung von Bewertungseinheiten: Micro-Hedges, Macro-Hedges und Portfolio-Hedges – wünschenswert im deutschen Bilanzrecht?, in: zfbf, Jg. 50 (1998), S. 99 bis 128.

Hirte, Erich (1971): Die Bewertung langfristiger Rückstellungen, in: DB, Jg. 24 (1971), S. 1313 bis 1318.

Hirte, Erich (1975): Was bedeutet Stichtagsprinzip?, in: DB, Jg. 28 (1975), S. 522 bis 524.

Hirte, Erich (1988): Ausgewählte Bilanzierungsfragen im Braunkohlenbergbau nach neuem Handelsrecht, in: Braunkohle, Jg. 40 (1988), S. 239 bis 247 (*erneut abgedruckt in*: ZfBR, Bd. 130 (1989), S. 42 bis 56).

Hoffmann, Fritz (1965): Rückstellungen für die Verpflichtung zur Auffüllung ausgebeuteter Kiesgruben, in: BB, Jg. 20 (1965), S. 943 bis 945.

Hoffmann, Fritz (1971): Rückstellungen für Auffüllverpflichtungen auf Grund eines Kiesausbeutevertrages, in: BB, Jg. 26 (1971), S. 384 bis 385.

Hoffmann, Wolf-Dieter (1999): Die Auswirkungen des Steuerentlastungsgesetzes auf die Steuerbilanz, in: GmbHR, Jg. 90 (1999), S. 380 bis 390.

Hoffmann, Wolf-Dieter; Lüdenbach, Norbert (2003): Praxisprobleme der Neubewertung nach IAS, in: DStR, Jg. 41 (2003), S. 565 bis 570.

Hommel, Michael (2003): Rückstellungen für Abbruchkosten nach HGB, IAS/IFRS und US-GAAP, in: Der Konzern, Jg. 1 (2003), S. 746 bis 754.

Hommel, Michael; Wich, Stefan (2004): Die Bilanzierung von Entfernungsverpflichtungen gemäß HGB und SFAS 143 in der kritischen Betrachtung, in: KoR, Jg. 4 (2004), S. 16 bis 28.

Hug, Jürgen; Roß, Norbert; Seidler, Holger (2002): Bilanzielle Bewältigung der Rückstellungsproblematik durch das Altfahrzeug-Gesetz (AltfahrzeugG), in: DB, Jg. 55 (2002), S. 1013 bis 1016.

Hummel, Siegfried; Männel, Wolfgang (1990): Kostenrechnung 1 – Grundlagen, Aufbau und Anwendung, 4., völlig neu bearbeitet und erweiterte Auflage, Nachdruck, Wiesbaden, 1990.

Institut Finanzen und Steuern (1990): Schrift Nr. 294 (Bearbeiter: Niemann, Ursula): Rechtsprechung des BFH zur Bemessung von Rekultivierungsrückstellungen, Bonn, 1990.

Institut Finanzen und Steuern (2000): Schrift Nr. 380 (Bearbeiter: Niemann, Ursula): Rückstellungen – Rücklagen - Rechnungsabgrenzung, Bonn, 2000.

Jacobs, Otto H. (1988): Berechnung von Rückstellungen in der Steuerbilanz, in: DStR, Jg. 26 (1988), S. 238 bis 247.

Jacobs, Otto H.; Spengel, Christoph; Wünsche, Alexander (1999): Steuerreform 1999/2000/ 2002: Auswirkungen auf die Unternehmensbesteuerung im nationalen und internationalen Vergleich, in: DB, 52. Jg. (1999), S. 57 bis 63.

Jäger, Rainer (1996): Grundsätze ordnungsmäßiger Aufwandsperiodisierung, Wiesbaden, 1996.

Jebens, Carsten Thomas (1975): Der Einfluß der Debitorenversicherung auf den Bilanzansatz der versicherten Forderungen, in: DB, Jg. 28 (1975), S. 1043 bis 1045.

Jonas, Heinrich H. (1986): Die in der aktienrechtlichen Handelsbilanz zulässige Rückstellung für ungewisse Verbindlichkeiten, in: DB, Jg. 39 (1986), Teil I: S. 337 bis 346, Teil II und Schluß: S. 389 bis 393.

Kahle, Holger (2002): Bilanzieller Gläubigerschutz und internationale Rechnungslegung, in: zfb, Jg. 72 (2002), S. 695 bis 710.

Kahle, Holger (2003): Zur Zukunft der Rechnungslegung in Deutschland: IAS im Einzel- und Konzernabschluss?, in: Die WPg, Jg. 56 (2003), S. 262 bis 275.

Kammann, Evert (1988): Stichtagsprinzip und zukunftsorientierte Bilanzierung, Köln, 1988.

Kamphausen, Peter; Kolvenbach, Dirk W.; Wassermann, Bernd (1987): Die Beseitigung von Umweltschäden in Unternehmen, in: DB, Jg. 40 (1987), Beilage 3.

Karrenbrock, Holger (1994a): Zur Abzinsung von Rückstellungen nach der Neufassung von § 253 Abs. I Satz 2 HGB, in: DB, Jg. 47 (1994), S. 1941 bis 1944.

Karrenbrock, Holger (1994b): Zum Saldierungsbereich und zur Abzinsung von Drohverlustrückstellungen, in: Die WPg, Jg. 47 (1994), S. 97 bis 103.

Kaul, Wolfgang (1983): Rückstellung für die Verpflichtung zur Erstellung des Jahresabschlusses, in: DB, Jg. 36 (1983), S. 363 bis 365.

von Keitz, Isabel (2003): Praxis der IASB-Rechnungslegung: Derzeit (noch) uneinheitlich und HGB-orientiert, in: DB, Jg. 56 (2003), S. 1801 bis 1806.

Kemper, Nicolas; Beyschlag, Georg (1999): Abkehr von der Maßgeblichkeit – Änderungen des Bilanzsteuerrechts und ihre Auswirkungen auf die Personengesellschaft, in: DStR, Jg. 37 (1999), S. 737 bis 742.

Kempermann, Michael (2004): Anmerkung zum BFH-Urteil vom 25.03.2004 – IV R 35/02, in: HFR, Jg. 44 (2004), S. 858.

Kessler, Harald (1992): Rückstellungen und Dauerschuldverhältnisse, Stuttgart, 1992.

Kessler, Harald (1995): Kommentierung zu § 249 HGB, in: Küting, Karlheinz; Weber, Claus-Peter (Hrsg.): Handbuch der Rechnungslegung, Bd. Ia, 4. Auflage, Stuttgart, 1995.

Kessler, Harald (2001): Anpassungspflichten im Bilanzrecht: (Neue?) Grenzwerte für die wirtschaftliche Verursachung, in: DStR, Jg. 39 (2001), S. 1903 bis 1912.

Kiehne, Hans-Erich (1968): Das Verhältnis zwischen Handels- und Steuerbilanz, in: BB, Jg. 23 (1968), S. 553 bis 557.

Kinzius, Kurt-Jürgen (1988): Aufwandsrückstellungen im Handelsrecht, Hagen, 1988.

Kirchhof, Paul (1979): Rechtsmaßstäbe finanzstaatlichen Handelns, in: JZ, Jg. 34 (1979), S. 153 bis 159.

Literaturverzeichnis

293

Kirchhof, Paul (1984): Steuergleichheit, in: StuW, Jg. 61 (14) (1984), S. 297 bis 314.

Kirchhof, Paul (1985): Der verfassungsrechtlicher Auftrag zur Besteuerung nach der finanziellen Leistungsfähigkeit, in: StuW, Jg. 62 (15) (1985), S. 319 bis 329.

Kirchhof, Paul (1995a): Der Einfluss des Verfassungsrechts auf die Entwicklung des Steuerrechts, in: Deutsches Steuerberaterinstitut e.V. (Hrsg.): 17. Deutscher Steuerberatertag 1994 – Mut zur Neuordnung, Bonn, 1995, S. 67 bis 85.

Kirchhof, Paul (1995b): Grundlinien des Steuerverfassungsrechts in der Rechtsprechung des Bundesverfassungsgerichts, in: StbJb 1995/95, S. 5 bis 22.

Kirchhof, Paul (2002): Der Weg zur verfassungsgerechten Besteuerung – Bestand, Fortschritt, Zukunft, in: StuW, Jg. 79 (32) (2002), S. 185 bis 200.

Kirchhoff, Burkhard (1994): Umweltlasten in der Steuerbilanz, Wiesbaden, 1994.

Kirchner, Michael (1984): Der Begriff der Wiedernutzbarmachung nach dem Bundesberggesetz und nach dem Abgrabungsgesetz des Landes Nordrhein-Westfalen, in: ZfBR, Bd. 125 (1984), S. 333 bis 346.

Klein, Birte (1998): Umweltschutzverpflichtungen im Jahresabschluß, Wiesbaden, 1998.

Klein, Manfred (1992): Der Einfluß von Umweltschutzmaßnahmen auf die Bildung von Rückstellungen in der Steuerbilanz, in: DStR, Jg. 30 (1992), Teil I: S. 1737 bis 1744, Teil II: S. 1773 bis 1777.

Kleinmanns, Hermann (2005): Rückstellungsbildung gem. IAS 37 – Darstellung, Unterschiede zum HGB und künftige Entwicklungen, in: StuB 2005, S. 204 bis 212.

Knauff, Manfred: Braunkohlenplanung, in: Pflug, Wolfram (Hrsg.): Braunkohlentagebau und Rekultivierung, Berlin, Heidelberg, New York, 1998, S. 19 bis 41.

Knobbe-Keuk, Brigitte (1993): Bilanz- und Unternehmenssteuerrecht, 9. Auflage, Köln, 1993.

Knöchel, Harald (1996): Der Abschlußbetriebsplan – Dogmatische Strukturen und Problemfelder in der Praxis, in: ZfBR, Bd. 137 (1996), S. 44 bis 59.

Knop, Wolfgang; Küting, Karlheinz (1995): Kommentierung zu § 255 HGB, in: Küting, Karlheinz; Weber, Claus-Peter (Hrsg.): Handbuch der Rechnungslegung, Bd. Ia, 4. Auflage, Stuttgart, 1995.

Köster, Thomas (1994): Umweltschutzverpflichtungen im handelsrechtlichen Jahresabschluß und in der Steuerbilanz, Düsseldorf, 1994.

Kolonko, Britta (1995): Naturschutz und Bergrecht, in: ZUR 1995, S. 126 bis 134.

Korn, Klaus (1982): Rückstellungen in der Steuerbilanz, in: KÖSDI, Jg. 15 (1982), S. 4861 bis 4869.

Korn, Klaus (1994): Brennpunkte und Tendenzen im Bilanzsteuerrecht, in: KÖSDI, Jg. 27 (1994), S. 9828 bis 9842.

Kort, Michael (2001): Der Maßgeblichkeitsgrundsatz des § 5 Abs. 1 EStG – Plädoyer für dessen Aufgabe, in: FR, Jg. 83 (2001), S. 53 bis 62.

Korth, H.-Michael (1997): Zur Aufwands- und Ertragskompensation bei Rückstellungen, in: Martens, Klaus-Peter; Westermann, Harm Peter; Zöllner, Wolfgang (Hrsg.): Festschrift für Carsten Peter Claussen, Köln, Berlin, Bonn, München, 1997, S. 639 bis 658.

Koths, Daniel (2000): Ausgewählte Fragen zum neuen Rückstellungsrecht, in: StbJb 1999/2000, S. 249 bis 266.

Koths, Daniel (2001a): Abzinsung von Verbindlichkeiten und Rückstellungen, in: StbJb 2000/01, S. 267 bis 280.

Koths, Daniel (2001b): Recht so: Der I. BFH-Senat schafft Ordnung im ungewissen Rückstellungs-Terrain für öffentlich-rechtliche Anpassungsverpflichtungen, in: DB, Jg. 54 (2001), S. 1849 bis 1851.

Koths, Daniel (2002): Anpassungsrückstellungen aus der Sicht des I. Senats des BFH und aus der Sicht der GoB,, Theodor, in: DB, Jg. 55 (2002), S. 709.

Krämer, Günther (1987): Rückstellungen für Abraumbeseitigung und ihre Bedeutung für den Braunkohlenbergbau, in: BFuP, Jg. 39 (1987), S. 348 bis 360.

Kraus, Stefan (1987): Rückstellungen in der Handels- und Steuerbilanz, Bergisch Gladbach, Köln, 1987.

Kremer, Eduard (1989): Richterliche Rechtsfortbildung im Bergrecht – das „Moers-Kapellen-Urteil" des Bundesverwaltungsgerichts, in: Glückauf, Jg. 125 (1989), S. 1357 is 1358.

Kropff, Bruno (1997): Vorsichtsprinzip und Wahlrechte, in: Fischer, Thomas R.; Hömberg, Reinhold (Hrsg.): Jahresabschluß und Jahresabschlußprüfung: Festschrift für Jörg Baetge, Düsseldorf, 1997, S. 65 bis 95.

Kroschel, Jörg; Löbl, Jeannette; Wellisch, Dietmar (1998): Der Referentenentwurf zur Steuerreform der rot-grünen Bundesregierung: Abkehr von dem Ziel der Vereinfachung des Steuerrechts, in: DB, Jg. 51 (1998), S. 2387 bis 2396.

Kübler, Friedrich (1991): Haftungstrennung und Gläubigerschutz im Recht der Kapitalgesellschaften, in: Kübler, Friedrich; Mertens, Hans-Joachim; Werner, Winfried (Hrsg.): Festschrift für Theodor Heinsius, Berlin, New York, 1991, S. 397 bis 424.

Kübler, Friedrich (1995): Vorsichtsprinzip versus Kapitalmarktinformation, in: Förschle, Gerhart; Kaiser, Klaus; Moxter, Adolf (Hrsg.): Rechenschaftslegung im Wandel: Festschrift für Wolfgang Dieter Budde, München, 1995, S. 361 bis 375.

Küffner, Peter (1978): Produkthaftung als Unternehmens- und Bilanzproblem – zur Produkthaftung aus betriebswirtschaftlicher Sicht, in: DStR, Jg. 16 (1978), S. 539 bis 544.

Kühnberger, Manfred (1997): Planmäßige Abschreibungen als Bestandteil von Rückstellungen, in: BB, Jg. 52 (1997), S. 829 bis 831.

Kühnberger, Manfred; Faatz, Ulrich (1993): Zur Bilanzierung von Altlasten, in: BB, Jg. 48 (1993), S. 98 bis 106.

Kühne, Gunther (1980): Zulassung und Ausübung des Bergbaus bei Kollisionen mit anderen öffentlichen Interessen, in: ZfBR, Bd. 121 (1980), S. 58 bis 72.

Kühne, Gunther (1984): Die Bedeutung der Erfordernisse der Raumordnung und Landesplanung bei bergbaulichen Vorhaben, in: DVBl., Jg. 99 (1984), S. 709 bis 716.

Kühne, Gunther (2001): Abbruchverpflichtungen nach dem Bundesberggesetz unter Berücksichtigung steuerlicher Rückstellungskriterien, in: ZfBR, Bd. 142 (2001), S. 23 bis 39.

Kümpel, Thomas (2004): Bilanzielle Behandlung von Entsorgungs-, Rekultivierungs- und ähnlichen Verpflichtungen im IFRS-Regelwerk, in: DStR, Jg. 42 (2004), S. 1227 bis 1232.

Küting, Karlheinz; Kessler, Harald (1989a): Handels- und steuerbilanzielle Rückstellungsbildung: Rückstellungsbewertung und Kostenbegriff, in: DStR, Jg. 27 (1989), S. 693 bis 697.

Küting, Karlheinz; Kessler, Harald (1989b): Handels- und steuerbilanzielle Rückstellungsbildung: Fragen zur Abzinsung von Rückstellungen, in: DStR, Jg. 27 (1989), S. 723 bis 729.

Küting, Karlheinz; Kessler, Harald (1998): Zur geplanten Reform des bilanzsteuerlichen Rückstellungsrechts nach dem Entwurf eines Steuerentlastungsgesetzes 1999/2000/2002, in: DStR, Jg. 36 (1998), S. 1937 bis 1946.

Kulla, P. L. (1977): Rückstellungen für Bergbauwagnisse, in: DB, Jg. 30 (1977), S. 1281 bis 1285.

Kunde, Lutz (1990): Technische und organisatorische Maßnahmen bei der Herstellung der Flächen für landwirtschaftliche Rekultivierung, in: Braunkohle, Jg. 42 (1990), Heft 12, S. 18 bis 22.

Literaturverzeichnis 295

Kunde, Lutz; Müllensiefen, Klaus (1998): Herstellung von Flächen für die forstliche und landwirtschaftliche Wiedernutzbarmachung, in: Pflug, Wolfram (Hrsg.): Braunkohlentagebau und Rekultivierung, Berlin, Heidelberg, New York, 1998, S. 59 bis 67.

Kupsch, Peter (1989): Neuere Entwicklungen bei der Bilanzierung und Bewertung von Rückstellungen, in: DB, Jg. 42 (1989), S. 53 bis 62.

Kupsch, Peter (1992a): Bilanzierung von Umweltaltlasten in der Handelsbilanz, in: BB, Jg. 47 (1992), S. 2320 bis 2329.

Kupsch, Peter (1992b): Zum Verhältnis von Einzelbewertungsprinzip und Imparitätsprinzip in: Moxter, Adolf; Müller, Hans-Peter; Windmöller, Rolf; von Wysocki, Klaus (Hrsg.): Rechnungslegung: Festschrift für Karl-Heinz Forster, Düsseldorf, 1992, S. 340 bis 357.

Kupsch, Peter (1995): Abgrenzung der Bewertungseinheit in Handels- und Steuerbilanz, in: StbJb 1994/95, S. 131 bis 155.

Kußmaul, Heinz (1987): Berechtigung und Hauptanwendungsbereiche von Aufwandsrückstellungen, in: DStR, Jg. 25 (1987), S. 675 bis 684.

Kußmaul, Heinz; Klein, Nicole (2001): Überlegungen zum Maßgeblichkeitsprinzip im Kontext jüngerer nationaler sowie internationaler Entwicklungen, in: DStR, Jg. 39 (2001), S. 546 bis 550.

Lang, Joachim (1981): Gewinnrealisierung – Rechtsgrundlagen, Tatbestände und Prinzipien im Rahmen des Betriebsvermögensvergleichs nach § 4 Abs. 1 EStG, in: Ruppe, Georg (Hrsg.): Gewinnrealisierung im Steuerrecht (DStJG 4), Köln, 1981, S. 45 bis 96.

Lang, Joachim (1986a): Grundsätze ordnungsmäßiger Buchführung I – Begriff, Bedeutung, Rechtsnatur, in: Leffson, Ulrich; Rückle, Dieter; Großfeld, Bernhard (Hrsg.): Handwörterbuch unbestimmter Rechtsbegriffe im Bilanzrecht des HGB, Köln, 1986, S. 221 bis 240.

Lang, Joachim (1986b): Grundsätze ordnungsmäßiger Buchführung II – Überblick über die Hauptgrundsätze ordnungsmäßiger Buchführung: Auslegung unbestimmter Rechtsbegriffe, in: Leffson, Ulrich; Rückle, Dieter; Großfeld, Bernhard (Hrsg.): Handwörterbuch unbestimmter Rechtsbegriffe im Bilanzrecht des HGB, Köln, 1986, S. 240 bis 246.

Lang, Joachim (1990): Reform der Unternehmensbesteuerung auf dem Weg zum europäischen Binnenmarkt und zur deutschen Einheit, in: StuW, 67. (20.) Jg. (1990), S. 107 bis 129.

Lang, Joachim (1995): Die Ausfüllung von Lücken in Steuergesetzen, in: Cagianut, Francis; Vallender, Klaus A. (Hrsg.): Steuerrecht – Ausgewählte Probleme am Ende des 20. Jahrhunderts: Festschrift für Ernst Höhn, Bern, Stuttgart, Wien, 1995, S. 159 bis 188.

Lang, Joachim (2001): Prinzipien und Systeme der Besteuerung von Einkommen, in: Ebling, Iris (Hrsg.): Besteuerung von Einkommen (DStJG 24), Köln, 2001, S. 49 bis 133.

Lange, Siegfried; Stürmer, Axel (1998): Der Betriebsplan – Instrumentarium für die Wiedernutzbarmachung, in: Pflug, Wolfram (Hrsg.): Braunkohlentagebau und Rekultivierung, Berlin, Heidelberg, New York, 1998, S. 68 bis 77.

Larenz, Karl; Canaris, Claus-Wilhelm (1995): Methodenlehre der Rechtswissenschaft, 3. Auflage, Berlin u.a., 1995.

Lauth, Bernd (1992): Die steuerliche Denkweise als Ursache für fehlerhafte Handelsbilanzen, in: DStR, Jg. 30 (1992), Teil I: S. 1447 bis 1451, Teil II: S. 1483 bis 1488.

Lauth, Bernd (1993): Unterschiedliche Entwicklungstendenzen der Rückstellungsbildung in Handels- und Steuerbilanz, in: Steuerberaterkongress-Report 1993, S. 379 bis 415.

Lauth, Bernd (2000): Endgültiger Abschied von der Einheitsbilanz?, in: DStR, Jg. 38 (2000), S. 1365 bis 1372.

Lederle, Herbert (1991): Probleme und Möglichkeiten der Bildung von Aufwandsrückstellungen, in: Baetge, Jörg (Hrsg.): Rückstellungen in der Handels- und Steuerbilanz, Düsseldorf, 1991, S. 57 bis 74.

Leffson, Ulrich (1986): Wesentlich, in: Leffson, Ulrich; Rückle, Dieter; Großfeld, Bernhard (Hrsg.): Handwörterbuch unbestimmter Rechtsbegriffe im Bilanzrecht des HGB, Köln, 1986, S. 434 bis 447.

Leffson, Ulrich (1987): Die Grundsätze ordnungsmäßiger Buchführung, 7. Auflage, Düsseldorf, 1987.

Lemm, Wolfgang (1979): Der Einfluß von Debitorenversicherungen auf den Bilanzansatz risikobehafteter Forderungen, in: DStR, Jg. 17 (1979), S. 423 bis 425.

Leuschner, Carl-Friedrich (1994): Umweltschutzrückstellungen – Bilanzierung nach deutschem und österreichischem Steuerrecht, Wien, 1994.

Liedmeier, Norbert (1989): Rückstellungen wegen drohender Haftung bei bestehender Versicherungsdeckung, in: DB, Jg. 42 (1989), S. 2133 bis 2136.

Lieven, Wilhelm (1998): Landwirtschaft, in: Pflug, Wolfram (Hrsg.): Braunkohlentagebau und Rekultivierung, Berlin, Heidelberg, New York, 1998, S. 101 bis 109.

Lion, Max (1928): Die dynamische Bilanz und die Grundlagen der Bilanzlehre, in: zfb, Jg. 5 (1928), S. 481 bis 506.

Lippek, Volker (1998): Die Maßgeblichkeit der Handelsbilanz für die Steuerbilanz (und ihre Umkehrung) – Eine Einbahnstraße zum Nachteil der Steuerpflichtigen, in: DStZ, Jg. 86 (1998), S. 265 bis 267.

Littmann, Eberhard (1971): Anmerkung zum BFH-Urteil vom 16.09.1970 – I R 184/67, in: DStR, Jg. 9 (1971), S. 124.

LMBV (Lausitzer- und Mitteldeutsche Bergbauverwaltungsgesellschaft mbH) (2001): Hauptgewerkekatalog der Braunkohlensanierung, Stand 01.05.2001 (*Der Katalog wurde dem Verf. auf Anfrage zur Verfügung gestellt.*).

Loose, Matthias (1993): Rückstellungen für Umweltverbindlichkeiten, Köln, 1993.

Loose, Matthias (1994): Zur Bildung von Rückstellungen für Umweltverbindlichkeiten, in: FR, Jg. 76 (1994), S. 137 bis 143.

Loose, Matthias (1995): Steuerliche Berücksichtigung von Umweltlasten und Weitergabe von Erkenntnissen über Verstöße gegen Umweltschutzbestimmungen, in: FR, Jg. 77 (1995), S. 393 bis 399.

Ludewig, Rainer (1988): Der Rückstellungsbegriff des § 249 Abs. 1 Satz 1 HGB und seine steuerlichen Auswirkungen, in: DB, Jg. 41 (1988), S. 765 bis 769.

Ludewig, Rainer (1995): § 17 Abs. 2 a D-Markbilanzgesetz – Grundsatz ordnungsmäßiger Buchführung für Rückstellungen für behebungspflichtige (ökologische) Lasten?, in: Die WPg, Jg. 48 (1995), S. 325 bis 329.

Luckner, Ludwig (2004): Phasen des Gewässerausbaus aus technischer Sicht, in: Freytag, Klaus; Bens, Oliver (Hrsg.): Bergrecht – Wasserrecht, Cottbus, 2004, S. 27 bis 40.

Lück, Wolfgang (2000): Rechnungslegung nach Handels- und Steuerrecht, 9. Auflage, Bonn, 2000.

Lüdenbach, Norbert; Hoffmann, Wolf-Dieter (2004): Haufe IAS/IFRS-Kommentar, 2. Auflage, Freiburg, 2004.

Lührmann, Volker (1998): Umrechnung geschlossener Fremdwährungspositionen bei Banken und Nicht-Banken, in: DStR, Jg. 36 (1998), S. 387 bis 392.

Lütkes, Stefan (2003): Das neue Bundesnaturschutzgesetz, in: Bergbau und Naturschutz, Heft 96 der Schriftenreihe GDMB Gesellschaft für Bergbau, Metallurgie, Rohstoff- und Umwelttechnik, Clausthal-Zellerfeld, 2003, S. 9 bis 18.

Literaturverzeichnis 297

Luig, Heinrich (1992): Rückstellungen für Altlastensanierung, in: BB, Jg. 47 (1992), S. 2180 bis 2184.

Luig, Heinrich (1993): Ein Vorbescheid des Bundesfinanzhofs zu den Rückstellungen für Altlasten, in: BB, Jg. 48 (1993), S. 2051 bis 2056.

Luik, Hans (1985): Das Going-Concern-Prinzip im deutschen Bilanzrecht, in: Gross, Gerhard(Hrsg.): Der Wirtschaftsprüfer im Schnittpunkt nationaler und internationaler Entwicklungen: Festschrift für Klaus von Wysocki, Düsseldorf, 1985, S. 61 bis 72.

Lukes, Rudolf; Salje, Peter; Feldmann, Franz-Josef (1978): Finanzielle Vorsorge für die Stillegung und die Beseitigung kerntechnischer Anlagen, in: ET, Jg. 28 (1978), S. 680 bis 689.

Salje, Peter; Feldmann, Franz-Josef (1978): Finanzielle Vorsorge für die Stillegung und die Beseitigung kerntechnischer Anlagen, in: ET, Jg. 28 (1978), S. 680 bis 689.

Lutter, Marcus (1986): Fortführung der Unternehmenstätigkeit, in: Leffson, Ulrich; Rückle, Dieter; Großfeld, Bernhard (Hrsg.): Handwörterbuch unbestimmter Rechtsbegriffe im Bilanzrecht des HGB, Köln, 1986, S. 185 bis 191.

Lutz, Günter (1995): Der Vermögensgegenstand – ein Abbild der Gewinnerwartungen?, in: Institut der Wirtschaftsprüfer in Deutschland e.V. (Hrsg.): Neuorientierung der Rechenschaftslegung – Bericht über die Fachtagung 1994 des IDW, Düsseldorf, 1995, S. 81 bis 100.

von Mäßenhausen, Hans-Ulrich (2003): Bewertung des Naturschutzregimes aus Sicht des Bergbaus, in: Bergbau und Naturschutz, Heft 96 der Schriftenreihe GDMB Gesellschaft für Bergbau, Metallurgie, Rohstoff- und Umwelttechnik, Clausthal-Zellerfeld, 2003, S. 43 bis 52.

Marettek, Alexander (1971): Bemerkungen zum Sinn des Maßgeblichkeitsprinzips, in: StuW, Jg. 48 (1), (1971), S. 342 bis 348.

Marx, Franz Jürgen; Köhlmann, Sarah (2005): Bilanzierung von Entsorgungsverpflichtungen nach HGB und IFRS, in: StuB 2005, S. 653 bis 659 und S. 693 bis 702.

Matschke, Manfred Jürgen; Schellhorn, Mathias (1998): Gibt es einen neuen Verbindlichkeitsbegriff?, in: Matschke, Manfred Jürgen; Schildbach, Thomas (Hrsg.): Unternehmensberatung und Wirtschaftsprüfung: Festschrift für Günter Sieben, Stuttgart, 1998, S. 447 bis 471.

Matthies, Dietmar; Hofenauer, Andreas (2001): Das forstliche Rekultivierungsprojekt des Braunkohlentagebaus Oberdorf der GKB-Bergbau GmbH, in: Glückauf, Jg. 137 (2001), S. 586 bis 589.

Maul, K[arl].-H[einz]. (1975): Die bilanzielle Behandlung von Dekontaminationskosten für Kernkraftwerke, in: atomwirtschaft, Januar 1975, S. 43 bis 46.

Maul, Karl-Heinz (1986): Aufwandsrückstellungen im neuen Bilanzrecht, in: BB, Jg. 41 (1986), S. 631 bis 635.

Mayer-Wegelin, Eberhard (1980): Rückstellungen in der Handels- und Steuerbilanz, in: DStZ, Jg. 68 (1980), S. 265 bis 271.

Mayer-Wegelin, Eberhard (1995a): Kommentierung zu § 249 HGB, in: Küting, Karlheinz; Weber, Claus-Peter (Hrsg.): Handbuch der Rechnungslegung, Bd. Ia, 4. Auflage, Stuttgart, 1995.

Mayer-Wegelin, Eberhard (1995b): Die wirtschaftliche Verursachung von Verbindlichkeitsrückstellungen, in: DB, Jg. 48 (1995), S. 1241 bis 1245.

Mayr, Gunter (2002): Anpassungsverpflichtungen: Handels- und Steuerbilanz auf Distanz, in: BB, Jg. 57 (2002), S. 2323 bis 2329.

Mayr, Gunter (2003): Beantwortung vermeintlich offener Fragen – Replik, in: BB, Jg. 58 (2003), S. 305.

298 Literaturverzeichnis

Merkert, Hubert (1988): Die Maßgeblichkeit der Handels- für die Steuerbilanz, in: DStZ, Jg. 78 (1988), S. 142 bis 147.

Merkert, Hubert; Koths, Daniel (1985): Verfassungsrechtlich gebotene Entkoppelung von Handels- und Steuerbilanz, in: BB, Jg. 40 (1985), S. 1765 bis 1768.

Merkert, Hubert; Koths, Daniel (1987): Das Maßgeblichkeitsprinzip als Alibi des Fiskus für rechtswidrige bilanzielle Einflußnahmen, in: DStR, Jg. 25 (1987), S. 508 bis 511.

Merkert, Hubert; Koths, Daniel (1998): Rückstellungen – keine Spielwiese für „kreative Steuerpolitik", in: DB, Jg. 51 (1998), S. 1937 bis 1939.

MIBRAG (2003): Bericht der Geschäftsführung zur Bilanz 2002, ohne Ort [Theißen], ohne Jahr [2003].

MIBRAG (2005): Bericht der Geschäftsführung zur Bilanz 2004, ohne Ort [Theißen], ohne Jahr [2005].

Milatz, Jürgen E. (1983): Verrechnung von Verbindlichkeiten und Forderungen, in: DStR, Jg. 21 (1983), S. 571 bis 573.

Mössner, Jörg M. (1995): Neue Tendenzen bei Rückstellungen?, in: Deutsches Steuerberaterinstitut e.V. (Hrsg.): 17. Deutscher Steuerberatertag 1994 – Mut zur Neuordnung, Bonn, 1995, S. 87 bis 107.

Mössner, J[örg]. M. (1998): Ist die Maßgeblichkeit tot?, in: Die Steuerberatung, Jg. 41 (1998), S. 145 bis 150.

Moxter, Adolf (1976): Bilanzlehre, Wiesbaden, 1976.

Moxter, Adolf (1977): Bilanztheorien, in: Albers, Willi u.a. (Hrsg.): Handwörterbuch der Wirtschaftswissenschaft (HdWW), Erster Band, Stuttgart u.a., S. 670 bis 686.

Moxter, Adolf (1978): Über dynamische Abschreibungen, in: Die WPg, Jg. 31 (1978), S. 478 bis 482.

Moxter, Adolf (1979a): Rückstellungskriterien nach neuem Bilanzrecht, in: BB, Jg. 34 (1979), S. 433 bis 440.

Moxter, Adolf (1979b): Immaterielle Anlagewerte im neuen Bilanzrecht, in: BB, Jg. 34 (1979), S. 1102 bis 1109.

Moxter, Adolf (1979c): Die Jahresabschlußaufgaben nach der EG-Bilanzrichtlinie: Zur Auslegung von Art. 2 EG-Bilanzrichtlinie, in: Die AG, Jg. 24 (1979), S. 141 bis 146.

Moxter, Adolf (1979d): Statische oder dynamische Bilanzinterpretation?, in: WISU, Jg. 8 (1979), S. 432 bis 436.

Moxter, Adolf (1980a): Die handelsrechtlichen Grundsätze ordnungsmäßiger Buchführung und das neue Bilanzrecht, in: ZGR, Jg. 9 (1980), S. 254 bis 276.

Moxter, Adolf (1980b): Ist bei drohendem Unternehmenszusammenbruch das bilanzrechtliche Prinzip der Unternehmensfortführung aufzugeben?, in: Die WPg, Jg. 33 (1980), S. 345 bis 351.

Moxter, Adolf (1980c): Steuerliche Gewinn- und Vermögensermittlung, in: Neumark, Fritz (Hrsg.): Handbuch der Finanzwissenschaft, Band 2, 3. Auflage, Tübingen, 1980, S. 203 bis 237.

Moxter, Adolf (1982): Betriebswirtschaftliche Gewinnermittlung, Tübingen, 1982.

Moxter, Adolf (1983a): Wirtschaftliche Gewinnermittlung und Bilanzsteuerrecht, in: StuW, Jg. 60 (13) (1983), S. 300 bis 307.

Moxter, Adolf (1983b): Bedeutung und Methodik betriebswirtschaftlicher Gewinnermittlung, in: DB, Jg. 36 (1983), S. 133 bis 134.

Moxter, Adolf (1983c): Der Jahresabschluß im Widerstreit der Interessen – Ziele und Zielerreichung, in: Baetge, Jörg (Hrsg.): Der Jahresabschluß im Widerstreit der Interessen, Düsseldorf, 1983, S. 11 bis 20.

Literaturverzeichnis 299

Moxter, Adolf (1984a): Das Realisationsprinzip – 1884 und heute, in: BB, Jg. 39 (1984), S. 1780 bis 1786.

Moxter, Adolf (1984b): Grundsätze ordnungsmäßiger Unternehmensbewertung, in: Raupach, Arndt (Hrsg.): Werte und Wertermittlung im Steuerrecht (DStJG 7), Köln, 1984, S. 387 bis 398.

Moxter, Adolf (1984c): Fremdkapitalbewertung nach neuem Bilanzrecht, in: Die WPg, Jg. 37 (1984), S. 397 bis 408.

Moxter, Adolf (1984d): Bilanzlehre, Band I: Einführung in die Bilanztheorie, 3. Aufl., Wiesbaden, 1984.

Moxter, Adolf (1985): Das System der handelsrechtlichen Grundsätze ordnungsmäßiger Bilanzierung, in: Gross, Gerhard (Hrsg.): Der Wirtschaftsprüfer im Schnittpunkt nationaler und internationaler Entwicklungen: Festschrift für Klaus von Wysocki, Düsseldorf, 1985, S. 17 bis 28.

Moxter, Adolf (1986a): Bilanzlehre, Band II: Einführung in das neue Bilanzrecht, 3. Aufl., Wiesbaden, 1986.

Moxter, Adolf (1986b): Ulrich Leffson und die Bilanzrechtsprechung, in: Die WPg, Jg. 39 (1986), S. 173 bis 177.

Moxter, Adolf (1987): Zum Sinn und Zweck des handelsrechtlichen Jahresabschlusses nach neuem Recht, in: Havermann, Hans (Hrsg.): Bilanz- und Konzernrecht: Festschrift für Reinhard Goerdeler, Düsseldorf, 1987, S. 361 bis 374.

Moxter, Adolf (1988a): Periodengerechte Gewinnermittlung und Bilanz im Rechtssinne, in: Knobbe-Keuk, Brigitte; Klein, Franz; Moxter, Adolf (Hrsg.): Handelsrecht und Steuerrecht: Festschrift für Georg Döllerer, Düsseldorf, 1988, S. 447 bis 458.

Moxter, Adolf (1988b): Aktivierungspflichtige Herstellungskosten in Handels- und Steuerbilanz, in: BB, Jg. 43 (1988), S. 937 bis 945.

Moxter, Adolf (1989a): Rückstellungen für ungewisse Verbindlichkeiten und Höchstwertprinzip, in: BB, Jg. 44 (1989), S. 945 bis 949.

Moxter, Adolf (1989b): Zur wirtschaftlichen Betrachtungsweise im Bilanzrecht, in: StuW, Jg. 66 (19) (1989) S. 232 bis 241.

Moxter, Adolf (1991): Rückstellungen: Neuere höchstrichterliche Rechtsprechung, in: Baetge, Jörg (Hrsg.): Rückstellungen in der Handels- und Steuerbilanz, Düsseldorf, 1991, S. 1 bis 13.

Moxter, Adolf (1992): Zum Passivierungszeitpunkt von Umweltschutzrückstellungen, in: Moxter, Adolf; Müller, Hans-Peter; Windmöller, Rolf; von Wysocki, Klaus (Hrsg.): Entwicklungen bei der Bilanzierung und Prüfung von Kapitalgesellschaften: Festschrift für Karl-Heinz Forster, Düsseldorf, 1992, S. 428 bis 437.

Moxter, Adolf (1993a): Bilanzauffassungen, in: Wittmann, Waldemar u.a. (Hrsg.): Handwörterbuch der Betriebswirtschaft, 5., völlig neu gestaltete Auflage, Stuttgart, 1993, Sp. 500 bis 510.

Moxter, Adolf (1993b): Entwicklung der Theorie der handels- und steuerrechtlichen Gewinnermittlung, in: Wagner, Franz W. (Hrsg.): Ökonomische Analyse des Bilanzrechts: Entwicklungen und Perspektiven, Sonderheft 32 der zfbf, Düsseldorf, 1993, S. 61 bis 84.

Moxter, Adolf (1993c): Statische Bilanz, in: Chmielewicz, Klaus; Schweitzer, Marcell (Hrsg.): Handwörterbuch des Rechnungswesens, 3., völlig neu gestaltete und erg. Aufl., Stuttgart, 1993, Sp. 1852 bis 1859.

Moxter, Adolf (1993d): Saldierungs- und Abzinsungsprobleme bei Drohverlustrückstellungen, in: BB, Jg. 48 (1993), S. 2481 bis 2485.

Moxter, Adolf (1994a): Georg Döllerers bilanzrechtliches Vermächtnis, in: StuW, Jg. 71 (24) (1994), S. 97 bis 102.

Moxter, Adolf (1994b): Die Helmrich-Konzeption des Bilanzrichtlinien-Gesetzes – Bedeutung und Bedrohung, in: Letzgus, Klaus; Hill, Hermann; Klein, Hans Hugo; Kleinert, Detlef; Oschatz, Georg-Berndt; de With, Hans (Hrsg.): Für Recht und Staat: Festschrift für Herbert Helmrich, München, 1994, S. 709 bis 719.

Moxter, Adolf (1995a): Rückstellungskriterien im Streit, in: zfbf, Jg. 47 (1995), S. 311 bis 326.

Moxter, Adolf (1995b): Erwiderung zur Stellungnahme von Siegel, in: zfbf, Jg. 47 (1995), S. 1144.

Moxter, Adolf (1995c): Kosten der allgemeinen Verwaltung als Bestandteil der steuerrechtlich einrechnungspflichtigen Herstellungskosten?, in: Elschen, Rainer; Siegel, Theodor; Wagner, Franz W. (Hrsg.): Unternehmenstheorie und Besteuerung: Festschrift für Dieter Schneider, Wiesbaden, 1995, S. 445 bis 453.

Moxter, Adolf (1995d): Das „matching principle": Zur Integration eines internationalen Rechnungslegungs-Grundsatzes in das deutsche Recht, in: Lanfermann, Josef (Hrsg.): Internationale Wirtschaftsprüfung: Festschrift für Hans Havermann, Düsseldorf, 1995, S. 487 bis 504.

Moxter, Adolf (1997a): Zur Interpretation des True-and-fair-view-Gebots der Jahresabschlussrichtlinie, in: Fischer, Thomas R.; Hömberg, Reinhold (Hrsg.): Jahresabschluß und Jahresabschlußprüfung: Festschrift für Jörg Baetge, Düsseldorf, 1997, S. 97 bis 116.

Moxter, Adolf (1997b): Grenzen vorsichtiger Rückstellungsbewertung, in: Martens, Klaus-Peter; Westermann, Harm Peter; Zöllner, Wolfgang (Hrsg.): Festschrift für Carsten Peter Claussen, Köln, Berlin, Bonn, München, 1997, S. 677 bis 686.

Moxter, Adolf (1999): Rückstellungen nach IAS: Abweichungen vom geltenden deutschen Bilanzrecht, in: BB, Jg. 54 (1999), S. 519 bis 525.

Moxter, Adolf (2000a): Missverständnisse um das Maßgeblichkeitsprinzip, in: DStZ, Jg. 88 (2000), S. 157 bis 161.

Moxter, Adolf (2001b): Kommentar zum BFH-Urteil vom 08.11.2000 – I R 6/96, in: BB, Jg. 56 (2001), S. 569.

Moxter, Adolf (2002): Bilanzrechtlicher Aufbruch beim Bundesfinanzhof?, in: DStZ, Jg. 90 (2002), S. 243 bis 248.

Moxter, Adolf (2003a): Grundsätze ordnungsgemäßer Rechnungslegung, Düsseldorf, 2003.

Moxter, Adolf (2003b): Erosion von Georg Döllerers Bilanzrechtskonzeption beim BFH?, in: DStR, Jg. 41 (2003), S. 1586 bis 1590.

Moxter, Adolf (2004): Neue Ansatzkriterien für Verbindlichkeitsrückstellungen?, in: DStR, Jg. 42 (2004), Teil I: S. 1057 bis 1060; Teil II, S. 1098 bis 1102.

Müller, Welf (1981): Gedanken zum Rückstellungsbegriff in der Bilanz, in: ZGR, Jg. 10 (1981), S. 126 bis 144.

Müller, Welf (2001): Die Ausnahme und die Regel – Ein Lehrstück, dargestellt am so genannten Maßgeblichkeitsprinzip, in: DStR, Jg. 39 (2001), S. 1858 bis 1864.

Naumann, Klaus-Peter (1991): Rechtliches Entstehen und wirtschaftliche Verursachung als Voraussetzung der Rückstellungsbilanzierung, in: Die WPg, Jg. 44 (1991), S. 529 bis 536.

Naumann, Klaus-Peter (1993): Die Bewertung von Rückstellungen in der Einzelbilanz nach Handels- und Ertragsteuerrecht, 2., unveränderte Auflage, Düsseldorf, 1993.

Naumann, Klaus-Peter (1994): Diskussionsbeitrag, in: Baetge, Jörg (Hrsg.): Umweltrisiken im Jahresabschluß, Düsseldorf, 1994, S. 59.

Literaturverzeichnis

Nieland, Michael (1992): Bilanzielle Behandlung von Aufwendungen zur Sanierung von Altlasten, in: StBp, Jg. 32 (1992), S. 269 bis 277.

Niemann, Ursula (1975): Rückstellungen im Handels- und Steuerrecht nach gegenwärtigem Recht, in: StbJb 1974/75, S. 259 bis 319.

Niermann, Ralf Peter (1992): Betriebsplan und Planfeststellung im Bergrecht, Münster, 1992.

Nissen, Karl-Heinz (1981): Neue Grundsatzentscheidungen des Bundesfinanzhofs zum Bilanzsteuerrecht, in: Institut der Wirtschaftsprüfer in Deutschland e.V. (Hrsg.): 50 Jahre Wirtschaftsprüferberuf, Düsseldorf, 1981, S. 323 bis 341.

Novy, A.; Reichel, G.; Warmbold, U.; Vogt, A. (1999): Geotechnische Untersuchungen und Verfahren bei der Sicherung setzungsfließgefährdeter Tagebaukippen der Niederlausitz, in: Braunkohle, Jg. 51 (1999), S. 465 bis 478.

Oberbrinkmann, Frank (1990): Statische und dynamische Interpretation der Handelsbilanz, Düsseldorf, 1990.

Offerhaus, Klaus (1975): Anmerkung zum BFH-Urteil vom 19.02.1975 – I R 28/73, in: StBp, Jg. 15 (1975), S. 169.

ohne Verf. (1968): Anmerkung zum BFH-Beschluß vom 07.12.1967 – GrS 1/67, in: DStR, Jg. 6 (1968), S. 219 bis 220.

ohne Verf. (1971): Anmerkung zum BFH-Urteil vom 16.09.1970 – I R 184/67, in: DStZ, Jg. 59 (1971), S. 119.

ohne Verf. (1988): „Setzungsfließen", in: ABC Tagebau, VEB Deutscher Verlag für Grundstoffindustrie, Leipzig, 1988, S. 203 bis 204.

Ordelheide, Dieter (1996): Internationalisierung der Rechnungslegung deutscher Unternehmen, in: Die WPg, Jg. 49 (1996), S. 545 bis 552.

Ordelheide, Dieter (1999): Wertpotential und Objektivierung der IAS im Vergleich zu den Bilanzierungsvorschriften des dHGB und des öHGB, in: Altenburger, Otto H.; Janschek, Otto; Müller, Heinrich (Hrsg.): Fortschritte im Rechnungswesen: Festschrift für Gerhard Seicht, Wiesbaden, 1999, S. 507 bis 532.

Oser, Peter (1999): Anmerkungen zum BFH-Urteil vom 19.08.1998 – XI R 8/96, in: StuB 1999, S. 150 bis 151.

Oser, Peter; Pfitzer, Norbert (1994): Rückstellungspflicht für Umweltlasten, in: DB, Jg. 47 (1994), S. 845 bis 850.

Ossadnik, Wolfgang (1993): Grundsatz und Interpretation der „Materiality", in: Die WPg, Jg. 46 (1993), S. 617 bis 629.

Oster, A.; Eyll-Vetter, M. (2001): Deponietechnik und Deponiewirtschaft im Rheinischen Revier, in: Surface Mining – Braunkohle & Other Minerals, Jg. 53 (2001), S. 167 bis 176.

Oster, A.; Kulik, L. (2000): Komposteinsatz in den Tagebauen des Rheinischen Braunkohlenreviers, in: Braunkohle – Surface Mining, Jg. 52 (2000), S. 175 bis 180.

Oswald, Franz (1978): Rückstellungen für Garantie- und Haftpflichtleistungen bei der Produkthaftung und der Haftung aufgrund des neuen Gesetzes über die Allgemeinen Geschäftsbedingungen (AGB), in: DStZ/A, Jg. 66 (1978), S. 59 bis 67.

Pannen, Michael (2000): Meßtheoretische Grundprobleme des Maßgeblichkeitsprinzips, Köln, 2000.

Paulick, Heinz (1972): Kann auf den Grundsatz der Massgeblichkeit der Handelsbilanz für die Steuerbilanz für die Zukunft verzichtet werden?, in: Pleyer, Klemens u.a. (Hrsg.): Festschrift für Rudolf Reinhardt, Köln-Marienburg, 1972, S. 275 bis 290.

Paus, Bernhard (1984): Rückstellungen wegen drohender Verluste aus der Vermietung eines Wirtschaftsguts, in: DStZ, Jg. 72 (1984), S. 450 bis 452.

Paus, Bernhard (1986): Anmerkung zum BFH-Urteil vom 01.08.1984 – I R 68/00, in: DStZ, Jg. 74 (1986), S. 178 bis 180.

Paus, Bernhard (1987): Rückstellungen für Jubiläumszuwendungen, in: DStZ, Jg. 75 (1987), S. 568 bis 572.

Paus, Bernhard (1988): Probleme der Rückstellungsbildung, in: BB, Jg. 43 (1988), S. 1419 bis 1421.

Paus, Bernhard (1994): Anmerkung zum BFH-Urteil vom 19.10.1993 – VIII R 14/92, in: DStZ, Jg. 82 (1994), S. 247 bis 248.

Pezzer, Heinz-Jürgen (1991): Bilanzierungsprinzipien als sachgerechte Maßstäbe der Besteuerung, in: Doralt, Werner (Hrsg.): Probleme des Steuerbilanzrechts (DStJG 14), Köln, 1991, S. 3 bis 27.

Pfitzer, Norbert; Schaum, Wolfgang (1996): Rückstellungen im Lichte aktueller Rechtsentwicklungen, in: BB, Jg. 51 (1996), S. 1373 bis 1380.

Pfleger, Günter (1981): Bilanzierungsprobleme bei der Bildung von Rückstellungen für Rekultivierungsverpflichtungen, in: DB, Jg. 34 (1981), S. 1686 bis 1691.

Pfleger, Günter (1982): Zur Rückstellungspflicht für betriebsinterne Abschlußkosten, in: DB, Jg. 35 (1982), S. 1082 bis 1083.

Pflug, Wolfram (1998): Einführung, in: Pflug, Wolfram (Hrsg.): Braunkohlentagebau und Rekultivierung, Berlin, Heidelberg, New York, 1998, S. 1 bis 9.

Pflug, Wolfram; Stürmer, Axel (1998): Naturnahe Landschaftsteile und Landschaftsbestandteile im Zuge der Rekultivierung, in: Pflug, Wolfram (Hrsg.): Braunkohlentagebau und Rekultivierung, Berlin, Heidelberg, New York, 1998, S. 432 bis 451.

Pickhardt-Poremba, Natalie (2001): Die neue BFH-Rechtsprechung zum Ansatz von Rückstellungen für ungewisse Verbindlichkeiten, in: StuB 2001, S. 180 bis 184.

Piens, Reinhart (2004): Gewässerunterhaltung nach Ende der Bergaufsicht, in: Freytag, Klaus; Bens, Oliver (Hrsg.): Bergrecht – Wasserrecht, Cottbus, 2004, S. 83 bis 96.

Piens, Reinhart; Schulte, Hans-Wolfgang; Graf Vitzthum, Stephan (1983): Bundesberggesetz - Kommentar, Stuttgart, Berlin, Köln, Mainz, 1983.

Pößl, Wolfgang (1984): Die Zulässigkeit von Saldierungen bei der Bilanzierung von wirtschaftlich ineinandergreifenden Vorgängen, in: DStR, Jg. 22 (1984), S. 428 bis 435.

Popp, Michael (1976): Rückstellung des Herstellers schadensverursachender Erzeugnisse (Produkthaftung), in: DB, Jg. 29 (1976), S. 455 bis 458.

Prahl, Reinhard; Naumann, Thomas K. (1991): Zur Bilanzierung von portfolio-orientierten Handelsaktivitäten der Kreditinstitute, in: Die WPg, Jg. 44 (1991), S. 729 bis 739.

Prahl, Reinhard; Naumann, Thomas K. (1992): Moderne Finanzinstrumente im Spannungsfeld zu traditionellen Rechnungslegungsvorschriften: Barwertansatz, Hedge-Accounting und Portfolio-Approach, in: Die WPg, Jg. 45 (1992), S. 709 bis 719.

Preußner, Karl (1998): Forstwirtschaft, in: Pflug, Wolfram (Hrsg.): Braunkohlentagebau und Rekultivierung, Berlin, Heidelberg, New York, 1998, S. 517 bis 519.

Rasel, Klemens Maria (1994): Umweltrechtliche Implikationen im Bundesberggesetz, ohne Ort, 1994.

Raupach, Arndt (1990): Von der Maßgeblichkeit der Handelsbilanz für die steuerliche Gewinnermittlung zur Prädominanz des Steuerrechts in der Handelsbilanz, in: BFuP, Jg. 42 (1990), S. 515 bis 526.

Rausch, Jan-Dirk (1990): Umwelt- und Planungsrecht beim Bergbau, 1. Auflage, Baden-Baden, 1990.

Regionaler Planungsverband Westsachsen (1998): Braunkohlenplan – Tagebau Vereinigtes Schleenhain, 1998.

Reinhard, Herbert (1982a): Die Bildung von Rückstellungen für die Kosten der Stillegung und Beseitigung von Kernkraftwerken, in: ET, Jg. 32 (1982), S. 657 bis 661.

Literaturverzeichnis 303

Reinhard, Herbert (1982b): Bewertung und Bilanzierung von Kernbrennstoffen, in: ET, Jg. 32 (1982), S. 744 bis 752.

Reinhard, Herbert (1988): Die Beurteilung des Unternehmenserfolgs von Elektrizitätsversorgungsunternehmens vor dem Hintergrund branchenspezifischer Besonderheiten, in: Domsch, Michel; Eisenführ, Franz; Ordelheide, Dieter; Perlitz, Manfred (Hrsg.): Unternehmungserfolg: Planung – Ermittlung – Kontrolle: Festschrift für Walther Busse von Colbe, Wiesbaden, 1988, S. 329 bis 348.

Reinhard, Herbert (1989): Umweltrisiken im Jahresabschluß in: Institut der Wirtschafprüfer in Deutschland e.V. (Hrsg.): Risiken erkennen, Risiken bewältigen: Bericht über die Fachtagung 1988 des IDW, Düsseldorf, 1989, S. 351 bis 362.

Reinhard, Herbert; Schmidt, Dieter (1984): Betriebswirtschaftliche Aspekte der Entsorgung von Kernkraftwerken, in: BFuP, Jg. 36 (1984), S. 120 bis 131.

Riebel, Paul (1992): Einzelerlös-, Einzelkosten- und Deckungsbeitragsrechnung als Kern einer ganzheitlichen Führungsrechnung, in: Männel, Wolfgang (Hrsg.): Handbuch Kostenrechnung, Wiesbaden, 1992, S. 247 bis 299.

Rieger, Wilhelm (1936): Schmalenbachs dynamische Bilanz, Stuttgart, 1936.

Roeder, Günter (1993): Rückstellungen für Umweltschutzmaßnahmen aufgrund öffentlich-rechtlicher Anpassungsverpflichtungen, in: DB, Jg. 46 (1993), S. 1933 bis 1938.

Rogall, Matthias; Spengel, Christoph (2000): Abzinsung von Rückstellungen in der Steuerbilanz, in: BB, Jg. 55 (2000), S. 1234 bis 1241.

ROMONTA GmbH (2003): Jahresgeschäftsbericht 2003, Amsdorf, 2004.

Roser, Frank; Tesch, Beate; Seemann, Torsten (1999): Grundsätze der Abzinsung von Rückstellungen, in: FR, Jg. 81 (1999), S. 1345 bis 1350.

Ross, Hartmut (1995): Einkommensteuerliche Rückstellungsbewertung und Abzinsungsverbot nach § 253 Abs. 1 Satz 2 HGB n.F., in: DStZ, Jg. 83 (1995), S. 179 bis 181.

Roß, Norbert; Seidler, Holger (1999): Rückstellungen für Altautorücknahme und –entsorgung, in: BB, Jg. 54 (1999), S. 1258 bis 1265.

Rudolph, Karl (1983): Rückstellungen für innerbetriebliche Jahresabschlusskosten, in: BB, Jg. 38 (1983), S. 943 bis 944.

Rürup, Lebrecht (1992): Rückstellungen für Verpflichtungen aus Umwelthaftung, in: Moxter, Adolf; Müller, Hans-Peter; Windmöller, Rolf; von Wysocki, Klaus (Hrsg.): Entwicklungen bei der Bilanzierung und Prüfung von Kapitalgesellschaften: Festschrift für Karl-Heinz Forster, Düsseldorf 1992, S. 519 bis 545.

Rupp, Friedrich (1991): Der Gesetzestatbestand der Rückstellungen im Bilanzrecht, Frankfurt a.M. u.a., 1991.

RWE (1999): Geschäftsbericht 1998/1999.

RWE (2002): Geschäftsbericht 2002.

RWE (2003): Geschäftsbericht 2003.

Sächsisches Staatsministerium für Umwelt und Landesentwicklung: Genehmigung des Braunkohlenplanes für den Tagebau Vereinigtes Schleenhain, abgedruckt in: Regionaler Planungsverband Westsachsen: Braunkohlenplan – Tagebau Vereinigtes Schleenhain, 1998.

Saelzle, Rainer (1977): Steuerbilanzziele und Maßgeblichkeitsprinzip, in: Die AG, Jg. 22 (1977), S. 181 bis 189.

Sarrazin, Viktor (1987): Die Maßgeblichkeit der Handelsbilanz für die Steuerbilanz und ihre Umkehrung bei steuerlichen Bilanzierungs- und Bewertungswahlrechten, in: DB, Jg. 40 (1987), S. 1597 bis 1599.

Sarrazin, Viktor (1993): Zweifelsfragen zur Rückstellungsbildung, in: Die WPg, Jg. 46 (1993), S. 1 bis 8.

Sarx, Manfred (1989): Ausgewählte Einzelprobleme der Bilanzierung, in: Mellwig, Winfried; Moxter, Adolf; Ordelheide, Dieter (Hrsg.): Handelsbilanz und Steuerbilanz, Beiträge zum neuen Bilanzrecht, Band 2, Wiesbaden, 1989, S. 127 bis 144.

Sauer, O[tto]. (1972): Anmerkung zum BFH-Urteil vom 22.07.1971 – IV R 74/66, in: FR, Jg. 27 (54) (1972), S. 394 bis 395.

Sauer, Otto (1977): Zur steuerlichen Behandlung von Rekultivierungsverpflichtungen, in: StBp, Jg. 17 (1977), S. 208 bis 210.

Scheffler, Eberhard (1989): Aufwandsrückstellungen – Instrument der Risikovorsorge oder der Ergebnissteuerung?, in: Institut der Wirtschafprüfer in Deutschland e.V. (Hrsg.): Risiken erkennen, Risiken bewältigen: Bericht über die Fachtagung 1988 des IDW, Düsseldorf, 1989, S. 175 bis 184.

Scheidle, Helmut; Scheidle, Günther (1980): Zur bilanziellen Behandlung von Ausbildungsverträgen, in: BB, Jg. 35 (1980), S. 719 bis 722.

Schellhorn, Mathias (1995): Bergbaubedingte Rückstellungen – Zur Bildung von Umweltschutzrückstellungen, in: BuW, Jg. 49 (1995), S. 553 bis 559.

Schellhorn, Mathias (2003): Verbindlichkeiten nach dem Urteil des BFH vom 27. Juni 2001 im Kontext der Europäisierung und Internationalisierung der Rechnungslegung, in: BFuP, Jg. 55 (2003), S. 306 bis 328.

Schildbach, Thomas (1989): Überlegungen zur Zukunft des Verhältnisses von Handels- und Steuerbilanz, in: BFuP, Jg. 41 (1989), S. 123 bis 140.

Schildbach, Thomas (1997): Der handelsrechtliche Jahresabschluß, 5. Auflage, Herne/Berlin, 1997.

Schildbach, Thomas (1998): Zeitwertbilanzierung in USA und nach IAS, in: BFuP, Jg. 50 (1998), S. 580 bis 592.

Schildbach, Thomas (2002): IAS als Rechnungslegungsstandards für alle, in: BFuP, Jg. 54 (2002), S. 263 bis 278.

Schindler, Gerhart (1985): Bildung einer Rückstellung für Wiederaufforstungskosten, in: BB, Jg. 40 (1985), S. 239 bis 243.

Schindler, Gerhart (1988): Zulässigkeit und Bewertung einer Rückstellung für Wiederaufforstungsverpflichtung nach neuester Auffassung der Finanzverwaltung, in: StBp, Jg. 28 (1988), S. 205 bis 210.

Schmidbauer, Rainer (2000): Bilanzierung umweltschutzbedingter Aufwendungen im Handels- und Steuerrecht und nach IAS, in: BB, Jg. 55 (2000), S. 1130 bis 1137.

Schmidt, Richard; Roth, Barbara (2004): Bilanzielle Behandlung von Umweltschutzverpflichtungen, in: DB, Jg. 57 (2004), S. 553 bis 558.

Schmidt-Salzer, Joachim (1986): Umwelt-Altlast und Haftpflichtversicherung oder: Das übersehene Risiko, in: BB, Jg. 41 (1986), S. 605 bis 612.

Schmidt-Salzer, Joachim (1988): Umwelthaftpflicht und Umwelthaftpflichtversicherung (I), in: VersR, Jg. 39 (1988), S. 424 bis 432.

Schmidt-Salzer, Joachim (1990): Umwelthaftpflicht und Umwelthaftpflichtversicherung (II), in: VersR, Jg. 39 (1990), S. 12 bis 22.

Schnädter, Helmut (1984): Das Leistungsfähigkeitsprinzip – nur ein rechtsethisches Postulat?, in: BB, Jg. 39 (1984), S. 739 bis 740.

Schneider, Dieter (1961): Kostentheorie und verursachungsgemäße Kostenrechnung, in: zfhf, Jg. 13 (1961), S. 677 bis 707.

Schneider, Dieter (1963): Bilanzgewinn und ökonomische Theorie, in: zfhf, Jg. 15 (1963), S. 457 bis 474.

Schneider, Dieter (1970): Sieben Thesen zum Verhältnis von Handles- und Steuerbilanz, in: DB, Jg. 23 (1970), S. 1697 bis 1705.

Literaturverzeichnis 305

Schneider, Dieter (1971a): Aktienrechtlicher Gewinn und ausschüttungsfähiger Betrag, in: Die WPg, Jg. 24 (1971), S. 607 bis 617.

Schneider, Dieter (1971b): Gewinnermittlung und steuerliche Gerechtigkeit, in: zfbf, Jg. 23 (1971), S. 352 bis 394.

Schneider, Dieter (1971c): Eine Reform der steuerlichen Gewinnermittlung?, in: StuW, Jg. 48 (1) (1971), S. 326 bis 341.

Schneider, Dieter (1971d): Gewinnbesteuerung und Unternehmenserhaltung, in: zfbf, Jg. 23 (1971), S. 566 bis 578.

Schneider, Dieter (1972): „Aktienrechtlicher Gewinn und ausschüttungsfähiger Betrag" in der Diskussion, in: Die WPg, Jg. 25 (1972), S. 180 bis 188.

Schneider, Dieter (1973): Renaissance der Bilanztheorie?, in: zfbf, Jg. 25 (1973), S. 29 bis 58.

Schneider, Dieter (1974a): Abschreibungsverfahren und Grundsätze ordnungsmäßiger Buchführung, in: Die WPg, Jg. 27 (1974), S. 365 bis 376.

Schneider, Dieter (1974b): Das Problem der risikobedingten Anlagenabschreibung, in: Die WPg, Jg. 27 (1974), S. 402 bis 405.

Schneider, Dieter (1978a): Steuerbilanzen, Wiesbaden, 1978.

Schneider, Dieter (1978b): Maßgeblichkeit der Handelsbilanz für die Steuerbilanz und Besteuerung nach der Leistungsfähigkeit, in: BB, Jg. 33 (1978), S. 1577 bis 1581.

Schneider, Dieter (1979): Bezugsgrößen steuerlicher Leistungsfähigkeit und Vermögensbesteuerung, in: FA N.F., Bd. 37 (1979), S. 26 bis 49.

Schneider, Dieter (1980): Bilanzrechtsprechung und wirtschaftliche Betrachtungsweise, in: BB, Jg. 35 (1980), S. 1225 bis 1232.

Schneider, Dieter (1982): Kritische Anmerkungen zur Bilanzauffassung des Bundesfinanzhofs, in: StbJb 1981/82, S. 175 bis 194.

Schneider, Dieter (1983a): Rechtsfindung durch Deduktion von Grundsätzen ordnungsmäßiger Buchführung aus gesetzlichen Jahresabschlußzwecken?, in: StuW, Jg. 60 (13) (1983), S. 141 bis 160.

Schneider, Dieter (1983b): Betriebswirtschaftliche Gewinnermittlung oder ökonomische Analyse des Bilanzrechts?, in: zfbf, Jg. 35 (1983), S. 1040 bis 1065.

Schneider, Dieter (1983c): Steuerneutralität des Bilanzrichtlinie-Gesetzes und Bilanzrechtsprechung, in: BB, Jg. 38 (1983), S. 2089 bis 2094.

Schneider, Dieter (1983d): Wozu eine Reform des Jahresabschlusses? Oder: Jahresabschlusszwecke im Lichte der Temperaturmessung, in: Baetge, Jörg (Hrsg.): Der Jahresabschluß im Widerstreit der Interessen, Düsseldorf, 1983, S. 131 bis 155.

Schneider, Dieter (1984): Leistungsfähigkeitsprinzip und Abzug von der Bemessungsgrundlage, in: StuW, Jg. 61 (14) (1984), S. 356 bis 367.

Schneider, Dieter (1986): Vermögensgegenstände und Schulden, in: Leffson, Ulrich; Rückle, Dieter; Großfeld, Bernhard (Hrsg.): Handwörterbuch unbestimmter Rechtsbegriffe im Bilanzrecht des HGB, Köln, 1986, S. 335 bis 343.

Schneider, Dieter (1990): Subventionierung bei Pensionsrückstellungen?, in: DBW, Jg. 50 (1990), S. 406 bis 410.

Schneider, Dieter (1994): Bilanzen im Rechtssinne als Vorläufer dynamischer und „rein betriebwirtschaftlicher" Bilanzen, in: Ballwieser, Wolfgang; Böcking, Hans-Joachim; Drukarczyk, Jochen; Schmidt, Reinhard H. (Hrsg.): Bilanzrecht und Kapitalmarkt: Festschrift für Adolf Moxter, Düsseldorf, 1994, S. 1149 bis 1174.

Schneider, Dieter (1995a): Betriebswirtschaftslehre, Band 1: Grundlagen, 2., verb. und erg. Aufl., München, Wien, 1995.

Schneider, Dieter (1995b): Streitfragen der Rückstellungsbilanzierung als Problem der Risikokapitalbildung, in: DB, Jg. 48 (1995), S. 1421 bis 1426.

Schneider, Dieter (1996): Grundzüge der Unternehmensbesteuerung, 6., neu bearbeitete Auflage, Wiesbaden, 1994, Nachdruck 1996.

Schneider, Dieter (1997): Betriebswirtschaftslehre, Band 2: Rechnungswesen, 2., vollst. überarb. und erw. Aufl., München, Wien, 1997.

Schneider, Dieter (1999): Abbau von Steuervergünstigungen durch Skalpierung der Maßgeblichkeit und Verlustverrechnung als „Stärkung der Investitionskraft"?, in: DB, Jg. 52 (1999), S. 105 bis 110.

Schneider, Dieter (2000): Otto H. Jacobs' „Das Bilanzierungsproblem in der Ertragsteuerbilanz" und dessen Stellung in der Wissenschaftsgeschichte steuerlicher Gewinnermittlung, in: DB, Jg. 53 (2000), S. 1241 bis 1245.

Schneider, Dieter (2003): Konzernrechnungslegung nach IAS als Besteuerungsgrundlage?, in: BB, Jg. 58 (2003), S. 299 bis 304.

Schoch, Friedrich (2003): Polizei- und Ordnungsrecht, in: Schmidt-Aßmann, Eberhard (Hrsg.): Besonderes Verwaltungsrecht, 12. Auflage, Berlin, 2003, S. 111 ff.

Schölmerich, Uwe (1998): 70 Jahre forstliche Rekultivierung – Erfahrungen und Folgerungen, in: Pflug, Wolfram (Hrsg.): Braunkohlentagebau und Rekultivierung, Berlin, Heidelberg, New York, 1998, S. 142 bis 156.

Schön, Wolfgang (1994): Der Bundesfinanzhof und die Rückstellungen, in: BB, Jg. 49 (1994), Beilage 9 zu Heft 15.

Schön, Wolfgang (1997): Entwicklung und Perspektiven des Handelsbilanzrechts: vom ADHGB zum IASC, in: ZHR, Bd. 161 (1997), S. 133 bis 159.

Schön Wolfgang (2000): Gesellschafter-, Gläubiger und Anlegerschutz im Europäischen Bilanzrecht, in: ZGR, Jg. 29 (2000), S. 706 bis 742.

Schön, Wolfgang (2002): Wer schützt den Kapitalschutz?, in: ZHR, Bd. 166 (2002), S. 1 bis 5.

Schruff, Lothar (1993): Die internationale Vereinheitlichung der Rechnungslegung nach den Vorschriften des IASC – Gefahr oder Chance für die deutsche Rechnungslegung?, in: BFuP, Jg. 45 (1993), S. 400 bis 426.

Schülen, Werner (1983): Entwicklungstendenzen bei der Bildung von Rückstellungen, in: Die WPg, Jg. 36 (1983), S. 658 bis 665.

Schulte, Hans (1981): Das Bundesberggesetz, in: NJW, Jg. 34 (1981), S. 88 bis 95.

Schulte, Hans (1986): Die Tragweite der naturschutzrechtlichen Eingriffsregelung für das Grundeigentum, in: VerwArch, Bd. 77 (1986), S. 372 bis 408.

Schulze-Osterloh, Joachim (1992): Der Ausweis von Aufwendungen nach dem Realisations- und Imparitätsprinzip, in: Moxter, Adolf; Müller, Hans-Peter; Windmöller, Rolf; von Wysocki, Klaus (Hrsg.): Entwicklungen bei der Bilanzierung und Prüfung von Kapitalgesellschaften: Festschrift für Karl-Heinz Forster, Düsseldorf 1992, S. 654 bis 670.

Schulze-Osterloh, Joachim (1996): Harmonisierung der Rechnungslegung und Kapitalschutz, in: Schruff, Lothar (Hrsg.): Bilanzrecht unter dem Einfluß internationaler Reformzwänge, Düsseldorf, 1996, S. 121 bis 134.

Schulze-Osterloh, Joachim (2000): Handels- und Steuerbilanz, in: ZGR, Jg. 29 (2000), S. 595 bis 603.

Schulze-Osterloh, Joachim (2003): Rückzahlungsbetrag und Abzinsung von Rückstellungen und Verbindlichkeiten – Überlegungen zur Reform des HGB-Bilanzrechts, in: BB, Jg. 58 (2003), S. 351 bis 355.

Schuppert, Gunnar Folke (1987): Verfassungsrechtliche Prüfungsmaßstäbe bei der verfassungsrechtlichen Überprüfung von Steuergesetzen, in: Fürst, Walther; Herzog, Roman; Umbach, Dieter C. (Hrsg.): Festschrift für Wolfgang Zeidler, Band 1, Berlin, New York, 1987, S. 691 bis 715.

Literaturverzeichnis 307

Seibert, M.-J. (1986): Anmerkung zu BVerwG vom 04.07.1986 – 4 C 31.84, in: DVBl., Jg. 101 (1986), S. 1277 bis 1281.

Selchert, F[riedrich]. W[ilhem]. (1985a): Rückstellungen für Großreparaturen, in: DB, 38. Jg. (1985), S. 1541 bis 1546.

Selchert, F[riedrich]. W[ilhem].(1985b): Nochmals: Rückstellungen für Großreparaturen, in: DB, Jg. 38 (1985), S. 2314 bis 2315.

Selchert, F[riedrich]. W[ilhem]. (1985c): Fremdkapitalzinsen in der Kalkulation der bilanziellen Herstellungskosten, in: DB, Jg. 38 (1985), S. 2413 bis 2420.

Selchert, Friedrich Wilhelm (1995): Kommentierung zu § 252 HGB, in: Küting, Karlheinz; Weber, Claus-Peter (Hrsg.): Handbuch der Rechnungslegung, Bd. Ia, 4. Auflage, Stuttgart, 1995.

Semler, Johannes; Goldschmidt, Christof-Ulrich (2005): Zur Anwendung des Grundsatzes der Unternehmensfortführung bei Zweifeln an der Überlebensfähigkeit des Unternehmens, in: ZIP, Jg. 26 (2005), S. 3 bis 13.

Siegel, Theodor (1985a): Instandhaltungsrückstellungen als Anwendungsfall von „Grundsätze ordnungswidriger Bilanzierung", in: Die WPg, Jg. 38 (1985), S. 14 bis 16.

Siegel, Theodor (1985b): Das geplante Rückstellungswahlrecht für Großreparaturen, in: Die WPg, Jg. 38 (1985), S. 414 bis 418.

Siegel, Theodor (1985c): Der Zeitbezug von Instandsetzungsmaßnahmen und seine bilanziellen Konsequenzen, in: DB, Jg. 38 (1985), S. 2313 bis 2314.

Siegel, Theodor (1986): Echte Aufwandsrückstellungen und der Wandel des Gesellschafterschutzes im neuen Bilanzrecht, in: BB, Jg. 41 (1986), S. 841 bis 844.

Siegel, Theodor (1987): Rückstellungen für ihrer Eigenart nach genau umschriebene Aufwendungen, in: BFuP, Jg. 39 (1987), S. 301 bis 321.

Siegel, Theodor (1992): Metamorphosen des Realisationsprinzips?, in: Moxter, Adolf; Müller, Hans-Peter; Windmöller, Rolf; von Wysocki, Klaus (Hrsg.): Rechnungslegung: Festschrift für Karl-Heinz Forster, Düsseldorf 1992, S. 586 bis 605.

Siegel, Theodor (1993a): Umweltschutz im Jahresabschluss, in: BB, Jg. 48 (1993), S. 326 bis 336.

Siegel, Theodor (1993b): Umweltschutz im Jahresabschluß: Probleme und Lösungsansätze, in: Wagner, Gerd Rainer (Hrsg.): Betriebswirtschaft und Umweltschutz, Stuttgart, 1993, S. 129 bis 160.

Siegel, Theodor (1994a): Das Realisationsprinzip als allgemeines Periodisierungsprinzip?, in: BFuP, Jg. 46 (1994), S. 1 bis 24.

Siegel, Theodor (1994b): Saldierungsprobleme bei Rückstellungen und die Subventionswirkung des Maßgeblichkeitsprinzips, in: BB, Jg. 49 (1994), S. 2237 bis 2245.

Siegel, Theodor (1995a): Rückstellungen und die Risikoverteilungswirkung des Jahresabschlusses, in: zfbf, Jg. 47 (1995), S. 1141 bis 1143.

Siegel, Theodor (1995b): Herstellungskosten und Grundsätze ordnungsmäßiger Buchführung, in: Elschen, Rainer; Siegel, Theodor; Wagner, Franz W. (Hrsg.): Unternehmenstheorie und Besteuerung: Festschrift für Dieter Schneider, Wiesbaden, 1995, S. 635 bis 672d.

Siegel, Theodor (1997): Mangelnde Ernsthaftigkeit des Gläubigerschutzes als offene Flanke der deutschen Rechnungslegungsvorschriften, in: Fischer, Thomas R.; Hömberg, Reinhold (Hrsg.): Jahresabschluß und Jahresabschlußprüfung: Festschrift für Jörg Baetge, Düsseldorf, 1997, S. 117 bis 149.

Siegel, Theodor (1998): Zeitwertbilanzierung für das deutsche Bilanzrecht?, in: BFuP, Jg. 50 (1998), S. 593 bis 603.

Siegel, Theodor (1999a): Rückstellungen für Anschaffungs- oder Herstellungskosten in Ausnahmefällen?, in: DB, Jg. 52 (1999), S. 857 bis 858.

Siegel, Theodor (1999b): Rückstellungen, Teilwertabschreibungen und Maßgeblichkeitsprinzip, in: StuB 1999, S. 195 bis 201.

Siegel, Theodor (2002a): Anpassungsrückstellungen aus der Sicht des I. Senats des BFH und aus der Sicht der GoB, in: DB, Jg. 55 (2002), S. 707 bis 709.

Siegel, Theodor (2002b): Unentziehbarkeit als zentrales Kriterium für den Ansatz von Rückstellungen, in: DStR, Jg. 40 (2002), S. 1192 bis 1196.

Siegel, Theodor (2002c): Rückstellungsbildung nach dem Going-Concern-Prinzip – eine unzweckmäßige Innovation, in: DStR, Jg. 40 (2002), S. 1636 bis 1637.

Siegel, Theodor (2003): Anpassungsverpflichtungen: Offene Fragen bei Gunter Mayr, in: BB, Jg. 58 (2003), S. 304 bis 305.

Siegel, Theodor (2005): Rückkaufverpflichtungen und Einzelbewertungsprinzip, in: StuB 2005, S. 359 bis 360.

Sigloch, Jochen (2000): Ein Valet dem Maßgeblichkeitsprinzip?, in: BFuP, Jg. 52 (2000), S. 157 bis 182.

Sihorsch, Werner (1998): Landwirtschaftliche Rekultivierung und Landrückgabe, in: Pflug, Wolfram (Hrsg.): Braunkohlentagebau und Rekultivierung, Berlin, Heidelberg, New York, 1998, S. 121 bis 131.

Slaby, Dieter (1989): Leistungsplanung im Bergbau, Freiberger Forschungsheft D 193, Leipzig, 1989.

Slaby, Dieter (1999): Bewertung, Organisation, Planung und Rechnungswesen im Bergbau (Bergwirtschaft II), Freiberg, 1999.

Slaby, Dieter (2000): Kalkulation von Verrechnungspreisen und Betriebsmittelmieten für mobile Technik als Grundlage innerbetrieblicher Leistungs- und Kostenrechnung im Bergbau und in der Bauindustrie, Freiberger Arbeitspapiere # 26, Freiberg, 2000.

Slaby, Dieter (2002): Mineralische Rohstoff- und Lagerstättenwirtschaft (Bergwirtschaft I), Freiberg, 2002.

Slaby, Dieter; Drebenstedt, Carsten (2003): Konzepte und Fallbeispiele der wirtschaftlichen Bewertung von Sanierungsprojekten und langfristigen Bergbaufolgen, in: Slaby, Dieter; Drebenstedt, Carsten (Hrsg.): Grundlagen und Erfahrungen der wirtschaftlichen Bewertung von Bergbaufolgen: Freiberger Forschungsforum – 54. Berg- und Hüttenmännischer Tag 2003, Freiberg, 2004, S. 33 bis 46.

Slaby, Dieter; Drebenstedt, Carsten; Sablotny, Bernd (2003): Wirtschaftliche Bewertung von langfristigen Bergbaufolgen – Grundlagen und Konzepte, in: Erzmetall, Jg. 56 (2003), S. 583 bis 594.

Slaby, Dieter; Krasselt, René (1998): Industriebetriebslehre: Anlagenwirtschaft, München, Wien, 1998.

Söffing, Günter (1995): Für und Wider den Maßgeblichkeitsgrundsatz, in: Förschle, Gerhard; Kaiser, Klaus; Moxter, Adolf (Hrsg.): Rechenschaftslegung im Wandel: Festschrift für Wolfgang Dieter Budde, München, 1995, S. 635 bis 673.

Söffing, Günter; Jebens, Carsten Thomas (1979): Berücksichtigung von Gewinnchancen bei Teilwertabschreibungen und Rückstellungen, in: BB, Jg. 34 (1979), S. 1447 bis 1448.

Sondermann, Heinz (1981): Neues Bergrecht, in: ET, Jg. 31 (1981), S. 612 bis 615.

Spieth, Wolf Friedrich (2004): Gewässerausbau in Tagebaurestlöchern, in: Freytag, Klaus; Bens, Oliver (Hrsg.): Bergrecht – Wasserrecht, Cottbus, 2004, S. 53 bis 71.

Sprissler, Wolfgang (1996): Das Derivategeschäft und seine Bilanzierung bei deutschen Kreditinstituten, in: Wolfgang Ballwieser (Hrsg.): Rechnungslegung – warum und wie: Festschrift für Hermann Clemm, München, 1996, S. 365 bis 388.

Starke, Rolf (1991a): Grundsätze der Tagebau-Planung im Rheinischen Braunkohlenrevier, in: Braunkohle, Jg. 43 (1991), Heft 4, S. 4 bis 19.

Literaturverzeichnis 309

Starke, Rolf (1991b): Deponieren von Rückständen aus Braunkohlenkraftwerken in Tagebauen, in: Glückauf, Jg. 127 (1991), S. 916 bis 921.

Steinmetz; Piatkowiak; Slaby; Seidelmann; Golzcyk (1995a): Methodik zur effektiven Planung, Vorkalkulation und Kontrolle von Sanierungsleistungen im Bergbau in Einheit von Leistungsumfang und Kosten, Freiberg, 1995.

Steinmetz; Piatkowiak; Slaby; Seidelmann; Golzcyk (1995b): Methodik zur effektiven Planung, Vorkalkulation und Kontrolle von Sanierungsleistungen im Bergbau in Einheit von Leistungsumfang und Kosten: Anlagenband, Freiberg, 1995.

Stiens, Christoph (1995): Der bergrechtliche Betriebsplan, Münster, 1995.

Stobbe, Thomas; Loose, Matthias (1999): Steuerentlastungsgesetz 1999/2000/2002 – Auswirkungen auf die handels- und steuerrechtliche Gewinnermittlung, in: FR, Jg. 81 (1999), S. 405 bis 420.

Stoll, Gerold (1987): Rückstellungen für Aufwendungen zur Errichtung von Umweltschutzanlagen, in Loitlsberger, E.; Egger, A.; Lechner, E. (Hrsg.): Rechnungslegung und Gewinnermittlung: Gedenkschrift für Karl Lechner, Wien, 1987, S. 371 bis 405.

Strahl, Martin (2005): Bilanzsteuerrechtliche Relevanz des Stichtagsprinzips, in: FR, Jg. 87 (2005), S. 361 bis 365.

Streim, Hannes (1985): Rückstellungen für Großreparaturen, in: BB, Jg. 40 (1985), S. 1575 bis 1583.

Streim, Hannes (1990): Ein Plädoyer für die Einheitsbilanz, in: BFuP, Jg. 42 (1990), S. 527 bis 545.

Strobl, Elisabeth (1984): Die Bewertung von Rückstellungen, in: Raupach, Arndt (Hrsg.): Werte und Wertermittlung im Steuerrecht (DStJG 7), Köln, 1984, S. 195 bis 218.

Strobl, Elisabeth (1988): Zur Abzinsung von Verbindlichkeiten und Rückstellungen für ungewisse Verbindlichkeiten, in: Knobbe-Keuk, Brigitte; Klein, Franz; Moxter, Adolf (Hrsg.): Handelsrecht und Steuerrecht: Festschrift für Georg Döllerer, Düsseldorf, 1988, S. 615 bis 634.

Strobl, Elisabeth (1994): Matching Principle und deutsches Bilanzrecht, in: Ballwieser, Wolfgang; Böcking, Hans-Joachim; Drukarczyk, Jochen; Schmidt, Reinhard H. (Hrsg.): Bilanzrecht und Kapitalmarkt: Festschrift für Adolf Moxter, Düsseldorf, 1994, S. 407 bis 432.

Strobl, Elisabeth (1995): Plädoyer für das handelsrechtliche Vorsichtsprinzip in der Steuerbilanz, in: StbJb 1994/95, S. 77 bis 96.

Strobl, Elisabeth (1996): IASC-Rechnungslegung und Gläubigerschutzbestimmungen nach deutschem Recht, in: Ballwieser, Wolfgang; Moxter, Adolf; Nonnenmacher, Rolf (Hrsg.): Rechnungslegung – warum und wie: Festschrift für Hermann Clemm, München, 1996, S. 389 bis 412.

Strobl-Haarmann, Elisabeth (1999): Zur Notwendigkeit eines einheitlichen europäischen Bilanzrechts, in: Breuninger, Gottfried E.; Müller, Welf; Strobl-Haarmann, Elisabeth (Hrsg.): Steuerrecht und Europäische Integration: Festschrift für Albert J. Rädler, München, 1999, S. 607 bis 637.

v. Strombeck, J. (1882): Zur Bilanzaufstellung der Aktiengesellschaften, in: Zeitschrift für das Gesammte Handelsrecht, Bd. 28 (1882), S. 459 bis 508.

Strzodka, K; Sajkiewicz, J.; Dunikowski (Hrsg.) (1979): Tagebau-Technik, Band I, Leipzig, 1979.

Strzodka, K; Sajkiewicz, J.; Dunikowski (Hrsg.) (1980): Tagebau-Technik, Band II, Leipzig, 1980.

Stürmer, Axel (1990): Planung von Oberflächengestaltung und Rekultivierung im Rheinischen Braunkohlenrevier, in: Braunkohle, Jg. 42 (1990), Heft 12, S. 4 bis 11.

Stürmer, Axel; Lange, Siegfried (1993): Rekultivierung im Rheinischen Braunkohlenrevier, in: bergbau, Jg. 44 (1993), S. 297 bis 302.

Tautorus, Günther (1979): Zur Bemessung der Rückstellung für Rekultivierungsverpflichtungen, in: Die WPg, Jg. 30 (1977), S. 319 bis 323.

Thiel, Jochen (1998): Objektivierung der Gewinnermittlung - Wertaufholung und Einschränkung von Rückstellungen, in: StbJb 1997/98, S. 309 bis 329.

Thiel, Rudolf (1964): Gedanken zur Methode der steuerlichen Rechtsfindung, in: StbJb 1963/64, S. 161 bis 205.

Thiel, Rudolf (1965): Wirtschaftliche Betrachtungsweise – Ja oder Nein?, in: Thoma, Gerhard; Niemann, Ursula (Hrsg.): Die Auslegung der Steuergesetze in Wissenschaft und Praxis, Köln, 1965, S. 195 bis 206.

Thies, Angelika (1996): Rückstellungen als Problem der wirtschaftlichen Betrachtungsweise, Frankfurt a.M. u.a., 1996.

Thießen, Friedrich (1996a): Covenants in Kreditverträgen: Alternative oder Ergänzung zum Insolvenzrecht?, in: ZBB, Jg. 8 (1996), S. 19 bis 37.

Thießen, Friedrich (1996b): Covenants: Durchsetzungsprobleme und die Folgen, in: Sadowski, Dieter; Czap, Hans; Wächter, Hartmut (Hrsg.): Regulierung und Unternehmenspolitik, Wiesbaden, 1996, S. 143 bis 159.

Thole, Bernhard (1992): Das Rheinische Braunkohlenrevier, in: Braunkohle, Bd. 44 (1992), Heft 7, S. 47 bis 56.

Thomasius, Harald; Häfker, Uwe (1998): Forstwirtschaftliche Rekultivierung, in: Pflug, Wolfram (Hrsg.): Braunkohlentagebau und Rekultivierung, Berlin, Heidelberg, New York, 1998, S. 839 bis 872.

Thull, Rüdiger; Toft, Hans-Peter (1993): Die steuerliche Berücksichtigung von Altlastensanierungskosten aus umweltrechtlicher Sicht, in: DStZ, Jg. 81 (1993), S. 467 bis 478.

Tipke, Klaus (1971): Steuerrecht – Chaos, Konglomerat oder System?, in: StuW, Jg. 48 (1) (1971), S. 2 bis 17.

Tipke, Klaus (1972): Steuerrechtswissenschaft und Steuersystem, in: Vogel, Klaus; Tipke, Klaus (Hrsg.): Verfassung, Verwaltung, Finanzen: Festschrift für Gerhard Wacke, Köln-Marienburg, 1972, S. 211 bis 229.

Tipke, Klaus (1973): Die dualistische Einkünfteermittlung nach dem Einkommensteuergesetz – Entstehung, Motivation und Berechtigung, in: Kruse, Heinrich Wilhelm (Hrsg.): Festschrift für Heinz Paulick, Köln-Marienburg, 1973, S. 391 bis 401.

Tipke, Klaus (1975): Steuerrechtswissenschaft und Steuerrechtssprechung, in: DStZ, Jg. 63 (1975), S. 406 bis 409.

Tipke, Klaus (1985): Über teleologische Auslegung, Lückenfeststellung und Lückenausfüllung, in: Klein, Franz; Vogel, Klaus (Hrsg.): Der Bundesfinanzhof und seine Rechtsprechung: Grundfragen – Grundlagen: Festschrift für Hugo von Wallis, Bonn, 1985, S. 133 bis 150.

Tipke, Klaus (1986): Auslegung unbestimmter Rechtsbegriffe, in: Leffson, Ulrich; Rückle, Dieter; Großfeld, Bernhard (Hrsg.): Handwörterbuch unbestimmter Rechtsbegriffe im Bilanzrecht des HGB, Köln, 1986, S. 1 bis 11.

Tipke, Klaus (2001): Steuerliche Ungleichbelastung durch einkunfts- und vermögensartdifferente Bemessungsgrundlagenermittlung und Sachverhaltsdifferenzierung, in: Drenseck, Walter u.a. (Hrsg.): Festschrift für Heinrich Wilhelm Kruse, Köln, 2001, S. 215 bis 238.

Tipke, Klaus; Lang, Joachim (2002): Steuerrecht, 17., völlig überarbeitete Auflage, Köln, 2002.

Tischbierek, Armin (1994): Der wirtschaftliche Verursachungszeitpunkt von Verbindlichkeitsrückstellungen, Frankfurt a.M. u.a., 1994.

Literaturverzeichnis

311

Tönnies, Michael; Schiersmann, Bert (1997): Die Zulässigkeit von Bewertungseinheiten in der Handelsbilanz, in: DStR, Jg. 35 (1997), Teil I: S. 714 bis 720; Teil II: S. 756 bis 760.

Tubbesing, Günter (1981): Bilanzierungsprobleme bei Fremdwährungspositionen im Einzelabschluß, in: zfbf, Jg. 33 (1981), S. 804 bis 826.

Uelner, Adalbert (1989): Rückstellungen in Handels- und Steuerbilanz, in: Mellwig, Winfried; Moxter, Adolf; Ordelheide, Dieter (Hrsg.): Handelsbilanz und Steuerbilanz, Beiträge zum neuen Bilanzrecht, Band 2, Wiesbaden, 1989, S. 87 bis 103.

Versin, Volker (2000): Die Einschränkung der Rückstellungsbildung durch das sog. Steuerentlastungsgesetz und das Leistungsfähigkeitsprinzip, in: StuB 2000, S. 1207 bis 1210.

Viertel, Berthold (2002): Genehmigungsrechtliche Fragen der Abfallentsorgung im Bergbau über Tage, in: Frenz, Walter; Martens, Per Nicolay (Hrsg.): Abfallentsorgung im Bergbau über Tage, Heft 93 der Schriftenreihe GDMB Gesellschaft für Bergbau, Metallurgie, Rohstoff- und Umwelttechnik, Clausthal-Zellerfeld, 2002, S. 133 bis 142.

Vogel, Horst (1978): Zur Bildung von Rückstellungen im Steuerrecht, in: JbFAfStR 1977/78, S. 232 bis 267.

Vogt, Fritz Johs. (1962): Restwert und Abschreibung für Abnutzung, in: FR, Jg. 17 (44), S. 114 bis 116.

Vollmer, Lothar; Nick, Thomas (1985): Die Zulässigkeit von Pauschalrückstellungen für Produkthaftpflichtrisiken, in: DB, Jg. 38 (1985), S. 53 bis 59.

Wacker, Wilhelm H. (1998): Relative Maßgeblichkeit im Rahmen der bilanziellen und pagatorischen steuerlichen Gewinnermittlung, in: Meffert, Heribert; Krawitz, Norbert (Hrsg.): Unternehmensrechnung und –besteuerung: Grundfragen und Entwicklungen: Festschrift für Dietrich Börner, Wiesbaden, 1998, S. 231 bis 261.

Wahl, Albert (1988): Offene Fragen beim umgekehrten Maßgeblichkeitsgrundsatz, in: DStR, Jg. 26 (1988), S. 375 bis 380.

Wagner, Franz W. (1983): Kann es eine betriebswirtschaftliche Sicht der Steuerbilanz geben?, in: Fischer, Lutz (Hrsg.): Unternehmung und Steuer: Festschrift für Peter Scherpf, Wiesbaden, 1983, S. 39 bis 49.

Wagner, Franz W. (1989): Die zeitliche Erfassung steuerlicher Leistungsfähigkeit, in: Hax, Herbert; Kern, Werner; Schröder, Hans-Horst (Hrsg.): Zeitaspekte in betriebswirtschaftlicher Theorie und Praxis, Stuttgart, 1989, S. 261 bis 277.

Wagner, Franz W. (1990): Die umgekehrte Maßgeblichkeit der Handelsbilanz für die Steuerbilanz – Eine Analyse ihrer ökonomischen Wirkungen, in: StuW, Jg. 67 (20) (1990), S. 3 bis 14.

Wagner, Franz W. (1991): Perspektiven der Steuerberatung: Steuerrechtspflege oder Planung der Steuervermeidung?, in: DB, Jg. 44 (1991), S. 1 bis 7.

Wagner, Franz W. (1992): Neutralität und Gleichmäßigkeit als ökonomische und rechtliche Kriterien steuerlicher Normkritik, in: StuW, Jg. 69 (22) (1992), S. 2 bis 13.

Wagner, Franz W. (1994): Periodenabgrenzung als Prognoseverfahren – Konzeption und Anwendungsbereich der „einkommensapproximativen Bilanzierung", in: Ballwieser, Wolfgang; Böcking, Hans-Joachim; Drukarczyk, Jochen; Schmidt, Reinhard H. (Hrsg.): Bilanzrecht und Kapitalmarkt: Festschrift für Adolf Moxter, Düsseldorf, 1994, S. 1175 bis 1197.

Wagner, Franz W. (1997): Kann es eine Beseitigung aller steuerlichen Ausnahmen geben, wenn es keine Regel gibt?, in: DStR, Jg. 35 (1997), S. 517 bis 521.

Wagner, Franz W. (1998a): Aufgabe der Maßgeblichkeit bei einer Internationalisierung der Rechnungslegung?, in: DB, Jg. 51 (1998), S. 2073 bis 2077.

312 Literaturverzeichnis

Wagner, Franz W. (1998b): Kann die Reform von Rechnungslegung und Steuersystem leisten, was die Finanzmärkte fordern?, in: Becker, Manfred (Hrsg.): Unternehmen im Wandel und Umbruch, Stuttgart, 1998, S. 51 bis 73.

Wagner, Franz W. (2000): Welche Kriterien bestimmen die internationale Wettbewerbsfähigkeit der Methoden steuerlicher Gewinnermittlung?, in: BFuP, Jg. 52 (2000), S. 183 bis 203.

Wagner, Franz W. (2002): Welche Kriterien sollten die Neuordnung der steuerlichen Gewinnermittlung bestimmen?, in: BB, Jg. 57 (2002), S. 1885 bis 1892.

Wangemann, Birgit (1997): Rückstellungsbildung im Spannungsfeld zwischen rechtlicher Entstehung und wirtschaftlicher Verursachung, Göttingen, 1997.

v. Wallis, Hugo (1975): Anmerkung zum BFH-Urteil vom 19. Februar 1975 – I R 28/73, in: DStZ/A, Jg. 63 (1975), S. 270.

von Wallis, Hugo (1984): Der Bundesfinanzhof zum Bilanzsteuerrecht im Jahre 1983, in: DStZ, Jg. 72 (1984), S. 343 bis 352.

von Wallis, Hugo (1985): Der Bundesfinanzhof zum Bilanzsteuerrecht im Jahre 1984, in: DStZ, Jg. 73 (1985), S. 367 bis 374.

Warmbold, Ulrich; Vogt, Alfred (1994): Geotechnische Probleme und technische Möglichkeiten der Sanierung und Sicherung setzungsfließgefährdeter Kippen und Restlochböschungen in der Niederlausitz, in: Braunkohle, Jg. 46 (1994), Heft 7, S. 22 bis 28.

Wassermann, B.; Teufel, G. (1983): Zur steuerlichen Bewertung von Rekultivierungskosten, in: DB, Jg. 36 (1983), S. 2004 bis 2010.

Wassermeyer, Franz (2002): Aktuelle Rechtsprechung des I. Senats des BFH, in: Die WPg, Jg. 55 (2002), S. 10 bis 16.

Weber-Grellet, Heinrich (1993a): Die Bedeutung der Rechtsnatur des Steuerrechts für dessen Anwendung und Auslegung, in: StuW, Jg. 70 (23) (1993), S. 97 bis 104.

Weber-Grellet, Heinrich (1993b): Zeit und Zins im Bilanzsteuerrecht, in: Raupach, Arndt; Uelner, Adalbert (Hrsg.): Ertragsbesteuerung: Zurechnung, Ermittlung, Gestaltung: Festschrift für Ludwig Schmidt, München, 1993, S. 161 bis 176.

Weber-Grellet, Heinrich (1994a): Adolf Moxter und die Bilanzrechtsprechung, in: BB, Jg. 49 (1994), S. 30 bis 33.

Weber-Grellet, Heinrich (1994b): Maßgeblichkeitsschutz und eigenständige Zielsetzung der Steuerbilanz, in: DB, Jg. 47 (1994), S. 288 bis 291.

Weber-Grellet, Heinrich (1994c): Handelsrechtliche Bewertungswahlrechte in der Steuerbilanz, in: DB, Jg. 47 (1994), S. 2405 bis 2409.

Weber-Grellet, Heinrich (1995): Handelsrechtliche Bewertungswahlrechte in der Steuerbilanz – Reichweite des steuerrechtlichen Bewertungsvorbehalts, in: StbJb 1994/95, S. 97 bis 130.

Weber-Grellet, Heinrich (1996): Realisationsprinzip und Rückstellungen unter Berücksichtigung der neueren Rechtsprechung, in: DStR, Jg. 34 (1996), S. 896 bis 908.

Weber-Grellet, Heinrich (1997a): Maßgeblichkeitsgrundsatz in Gefahr?, in: DB, Jg. 50 (1997), S. 385 bis 391.

Weber-Grellet, Heinrich (1997b): Der Apotheker-Fall – Anmerkungen und Konsequenzen zum Beschluß des Großen Senats vom 23.6.1997 GrS 2/93, in: DB, Jg. 50 (1997), S. 2233 bis 2238.

Weber-Grellet, Heinrich (1998a): Der Apotheker-Fall – Neue Entwicklungen im Bilanzsteuerrecht, in: StbJb 1997/98, S. 275 bis 307.

Weber-Grellet, Heinrich (1998b): Bestand und Reform des Bilanzsteuerrechts, in: DStR, Jg. 36 (1998), S. 1343 bis 1349.

Literaturverzeichnis 313

W.-G. [*Weber-Grellet, Heinrich*] (1998c): Anmerkung zum BFH-Urteil XI R 8/96 vom 19.08.1998, in: DStR, Jg. 36 (1998), S. 1825.

Weber-Grellet, Heinrich (1998d): Das hässliche Bilanzsteuerrecht, in: DB, Jg. 51 (1998), S. 2435 bis 2438.

Weber-Grellet, Heinrich (1999a): Fairneß, Aufklärung und Transparenz – Wege zu einer leistungsgerechten Besteuerung, in: StuW, Jg. 76 (29) (1999), S. 311 bis 320.

Weber-Grellet, Heinrich (1999b): Die Steuerbilanz nach dem Steuerentlastungsgesetz 1999/2000/2002, in: StuB 1999, S. 1289 bis 1306.

Weber-Grellet, Heinrich (1999c): Der Maßgeblichkeitsgrundsatz im Lichte aktueller Entwicklungen, in: BB, Jg. 54 (1999), S. 2659 bis 2666.

Weber-Grellet, Heinrich (2000): Die Gewinnermittlungsvorschriften des Steuerentlastungsgesetzes 1999/2000/2002 – Ein Fortschritt?, in: DB, Jg. 53 (2000), S. 165 bis 169.

Weber-Grellet, Heinrich (2001a): Rechtsprechung des BFH zum Bilanzsteuerrecht im Jahr 2000, in: BB, Jg. 56 (2001), S. 35 bis 40.

Weber-Grellet, H[einrich] (2001b): Kommentar zum BFH-Urteil vom 27.06.2001 – I R 45/97, in: FR, Jg. 83 (2001), S. 900 bis 901.

Weber-Grellet, Heinrich (2002a): Rechtsprechung des BFH zum Bilanzsteuerrecht im Jahr 2001, in: BB, Jg. 57 (2002), S. 35 bis 42.

Weber-Grellet, Heinrich (2002b): Zur Abschaffung des Maßgeblichkeitsgrundsatzes, in: StuB 2002, S. 700 bis 706.

Weber-Grellet, Heinrich (2002c): Kommentierung zu § 5 EStG, in: Schmidt, Ludwig (Hrsg.): Einkommensteuergesetz, 21. Auflage, München, 2002.

Weber-Grellet, Heinrich (2002d): Bilanzsteuerrecht, 7. Auflage, Münster, Köln, 2002.

Weber-Grellet, Heinrich (2003a): Kommentar zum BFH-Urteil vom 19.08.2002 – VIII R 30/01, in: FR, Jg. 85 (2003), S. 21.

Weber-Grellet, Heinrich (2003b): Rechtsprechung des BFH zum Bilanzsteuerrecht im Jahr 2002, in: BB, Jg. 58 (2003), S. 37 bis 42.

Weber-Grellet, Heinrich (2003c): BFH-Rechtsprechung zu Rückstellungen auf dem Prüfstand, in: StbJb 2002/03, S. 241 bis 273.

Weber-Grellet, H[einrich]: (2004a): Anmerkung zum BFH-Urteil vom 19.11.2003 – I R 77/01, in: FR, Jg. 86 (2004), S. 279.

Weber-Grellet, H[einrich]: (2004b): Anmerkung zum BFH-Urteil vom 25.03.2004 – IV R 35/02, in: FR, Jg. 86 (2004), S. 1016.

Weber-Grellet, Heinrich: (2005): Rechtsprechung des BFH zum Bilanzsteuerrecht im Jahr 2004, in: BB, Jg. 60 (2005), S. 36 bis 42.

Werheim, Michael; Lenz, Thomas (2005): Einfluss der IAS/IFRS auf das Maßgeblichkeitsprinzip, in: StuB 2005, S. 455 bis 460.

Weller, Herbert (1984): Das Bundesberggesetz in der Bewährung – Zwei Jahre BBergG, in: ZfBR, Bd. 125 (1984), S. 161 bis 174.

Weilbach, Erich A. (1986): Wankt das Maßgeblichkeitsprinzip?, in: BB, Jg. 41 (1986), S. 1677 bis 1680.

Weilbach, Erich A. (1989): Das Gewicht der „materiellen" Maßgeblichkeit der Handelsbilanz, in: DB, Jg. 42 (1989), S. 1299 bis 1302.

Wellmer, Friedrich-Wilhelm; Henning, Walther (2003): Aspects for Formulating Mineral Resources Management Policies, in: Erzmetall, Jg. 56 (2003), S. 3 bis 10.

Wesner, Peter (1994): Altlast und Aufwandsrückstellung – ein Widerspruch?, in: Ballwieser, Wolfgang; Böcking, Hans-Joachim; Drukarczyk, Jochen; Schmidt, Reinhard H. (Hrsg.): Bilanzrecht und Kapitalmarkt: Festschrift für Adolf Moxter, Düsseldorf, 1994, S. 433 bis 451.

314   Literaturverzeichnis

Westermann, Harm Peter (1986): Vernünftige kaufmännische Beurteilung, in: Leffson, Ulrich; Rückle, Dieter; Großfeld, Bernhard (Hrsg.): Handwörterbuch unbestimmter Rechtsbegriffe im Bilanzrecht des HGB, Köln, 1986, S. 351 bis 365.

Wiechers, Klaus (2002): Anwendung internationaler Rechnungslegungsstandards, in: StuB 2002, S. 1137 bis 1140.

Wilde, Marion (1998): Verhältnis zwischen Bergrecht und Naturschutzrecht, in: DVBl., Jg. 113 (1998), S. 1321 bis 1329.

Winkler, Annette; Hackmann, Wilfried (1985): Die Bewertung der Rückstellung für die Verpflichtung zur Rechnungsstellung nach § 14 VOB/B, in: BB, Jg. 40 (1985), S. 1103 bis 1109.

Wirtschaftsvereinigung Stahl, Düsseldorf: *Die in dieser Arbeit verwendeten Schrottpreise wurden dem Verf. auf Anfrage unentgeltlich zur Verfügung gestellt.*

Wissenschaftlicher Rat der Dudenredaktion (2003): Duden: Deutsches Universalwörterbuch, 5., überarbeitete Auflage, Mannheim, Leipzig, Wien, Zürich, 2003.

Wittig, Hermann (1998): Braunkohlen- und Sanierungsplanung in Brandenburg, in: Pflug, Wolfram (Hrsg.): Braunkohlentagebau und Rekultivierung, Berlin, Heidelberg, New York, 1998, S. 475 bis 486.

Wöhe, Günter (1973): Handelsbilanz und Steuerbilanz, in: Steuerberaterkongressreport 1973, S. 291 bis 317.

Wöhe, Günter (1988): Bilanzpolitische Spielräume nach neuem Handelsrecht, in: BFuP, Jg. 40 (1988), S. 50 bis 64.

Woerner, Lothar (1976): Das Verhältnis von Handels- und Steuerbilanz bei Inanspruchnahme subventioneller Steuervergünstigungen, in: BB, Jg. 31 (1976), S. 1569 bis 1573.

Woerner, Lothar (1984): Grundsatzfragen zur Bilanzierung schwebender Geschäfte, in: FR, Jg. 39 (66) (1984), S. 489 bis 496.

Woerner, Lothar (1985): Passivierung schwebender Dauerschuldverhältnisse in der Bilanz des Unternehmens, in: StbJb 1984/85, S. 177 bis 200.

Woerner, Lothar (1988): Die Gewinnrealisierung bei schwebenden Geschäften, in: BB, Jg. 43 (1988), S. 769 bis 777.

Woerner, Lothar (1993): Zeitliche Zuordnung von Forderungen und Verbindlichkeiten in der Bilanz, in: StVj, Jg. 5 (1993), S. 193 bis 207.

Woerner, Lothar (1994a): Kriterien zur Bestimmung des Passivierungszeitpunkts bei Verbindlichkeitsrückstellungen, in: BB, Jg. 49 (1994), S. 246 bis 247.

Woerner, Lothar (1994b): Zeitpunkt der Passivierung von Schulden und Verbindlichkeitsrückstellungen – Problematik der „wirtschaftlichen Verursachung", in: Ballwieser, Wolfgang; Böcking, Hans-Joachim; Drukarczyk, Jochen; Schmidt, Reinhard H. (Hrsg.): Bilanzrecht und Kapitalmarkt: Festschrift für Adolf Moxter, Düsseldorf, 1994, S. 483 bis 506.

Wüstemann, Jens (2002): Kommentar zum BFH-Urteil vom 30.01.2002 – I R 71/00, in: BB, Jg. 57 (2002), S. 1688 bis 1689.

Wüstemann, Jens (2004): Kommentar zum BFH-Urteil vom 19.11.2003 – I R 77/01, in: BB, Jg. 59 (2004), S. 323 bis 324.

Zenker, Peter (1988a): Deponierung von Rückständen aus Braunkohlenkraftwerken in Tagebauen, in: Braunkohle, Jg. 40 (1988), S. 69 bis 73.

Zenker, Peter (1988b): Deponierung von Rückständen aus Braunkohlenkraftwerken mit Rauchgasschwefelungsanlagen (REA) in Tagebauen, in: Braunkohle, Jg. 40 (1988), S. 393 bis 398.

Zenker, Peter (1992): Landwirtschaftliche Wiedernutzbarmachung von Braunkohlentagebauen, in: Braunkohle, Jg. 44 (1992), Heft 5, S. 40 bis 44.

Literaturverzeichnis 315

Zerhusen, Jörg (1993): Rückstellungen in der Steuerbilanz für öffentlich-rechtliche Altlasten-sanierungsverpflichtungen, Rheinfelden, Berlin, 1993.

Zielke, Wolfgang (1994): Internationale Aspekte der Bilanzierung derivativer Geschäfte im Jahresabschluß von Industrieunternehmen, in: Ballwieser, Wolfgang; Böcking, Hans-Joachim; Drukarczyk, Jochen; Schmidt, Reinhard H. (Hrsg.): Bilanzrecht und Kapital-markt: Festschrift für Adolf Moxter, Düsseldorf, 1994, S. 507 bis 528.

Zippelius, Reinhold (2003): Juristische Methodenlehre, 8. Auflage, München, 2003.

Zschiedrich, Klaus (2004): Gewässerausbau im Sanierungsbergbau – Stand Lausitz, in: Frey-tag, Klaus; Bens, Oliver (Hrsg.): Bergrecht – Wasserrecht, Cottbus, 2004, S. 3 bis 25.

Zühlsdorff, Andreas; Geißler, Oliver (2005): Abfallrechtliche Rückstellungen im Fokus des BFH, in: BB, Jg. 60 (2005), S. 1099 bis 1104.

Zülch, Henning; Willms, Jesco (2005a): Rückstellungen für Entsorgungs-, Wiederherstel-lungs- und ähnliche Verpflichtungen: Umstellung von HGB auf IFRS, in: DB, Jg. 58 (2005), S. 1178 bis 1183.

Zülch, Henning; Willms, Jesco (2005b): IFRIC 1: Besondere Vorschriften zur Rückstellungs-bilanzierung, in: StuB 2005, S. 226 bis 227.

Züscher, Albert-Leo (1998): Die Wiedernutzbarmachung im Bergrecht und die Umsetzung im Betrieb, in: Pflug, Wolfram (Hrsg.): Braunkohlentagebau und Rekultivierung, Berlin, Heidelberg, New York, 1998, S. 42 bis 48.

Zur, Eberhard (1992): Kalkulation im öffentlichen Auftragswesen, in: Männel, Wolfgang (Hrsg.): Handbuch Kostenrechnung, Wiesbaden, 1992, S. 605 bis 617.

II. Urteile und Beschlüsse

1. Bundesverfassungsgericht

BVerfG, Beschluß vom 17.05.1960 – 2 BvL 11/59, 11/60, BVerfGE 11, S. 126 bis 136.
BVerfG, Beschluß vom 09.08.1978 – 2 BvR 831/76, BVerfGE 49, S. 148 bis 168.
BVerfG, Beschluß vom 26.09.1978 – 1 BvR 525/77, BVerfGE 49, S. 168 bis 188.
BVerfG, Beschluß vom 11.06.1980 – 1BvU 1/79, BVerfGE 54, S. 277 bis 300.
BVerfG, Beschluß vom 23.03.1982 – 2 BvL 13/79, BVerfGE 60, S. 135 bis 161.
BVerfG, Beschluß vom 09.01.1991 – 1 BvR 929/89, BVerfGE 83, S. 201 bis 216.
BVerfG, Beschluß vom 07.03.2002 – 1 BvR 1321/00, NVwZ, Jg. 21 (2002), S. 1365.

2. Bundesgerichtshof

BGH, Urteil vom 28.01.1991 – II ZR 20/90, BB, Jg. 46 (1991), S. 507 bis 509.

3. Bundesverwaltungsgericht

BVerwG, Urteil vom 04.07.1986 – 4 C 31.84, BVerwGE 74, S. 315 bis 327.
BVerwG, Urteil vom 16.03.1989 – 4 C 36.85, BVerwGE 81, S. 329 bis 347.
BVerwG, Urteil vom 14.12.1990 – 7 C 18.90, ZfBR, Bd. 132 (1991), S. 140 bis 144.
BVerwG, Urteil vom 02.11.1995 – 4 C 14.94, ZfBR, Bd. 136 (1995), S. 278 bis 289.

4. Reichsfinanzhof

RFH, Urteil vom 30.09.1930 – I A 781/29, RStBl. 1930, S. 763 bis 764.
RFH, Urteil vom 01.07.1931 – VI A 2226/30, RStBl. 1931, S. 877 bis 882.
RFH, Urteil vom 19.05.1932 – VI A 1866 bis 1869/31, RStBl. 1933, S. 219 bis 221.
RFH, Urteil vom 01.04.1936 – VI A 197/36, RStBl. 1936, S. 446 bis 447.

316   Literaturverzeichnis

5. Oberster Finanzhof
OFH, Urteil vom 22.06.1949 – I 174/43 S, StuW, Jg. 26 (1949), Nr. 51.

6. Bundesfinanzhof
BFH, Urteil vom 19.09.1951 – IV 360/50 U, BStBl. 1951 III, S. 194 bis 195.
BFH, Urteil vom 12.03.1954 – I 135/53 S, BStBl. 1954 III, S. 149 bis 150.
BFH, Urteil vom 26.01.1956 – IV 566/54 U, BStBl. 1956 III, S. 113 bis 114.
BFH, Urteil vom 29.05.1956 – I 224/55 U, BStBl. 1956 III, S. 212 bis 213.
BFH, Urteil vom 03.07.1956 – I 118/55 U, BStBl. 1956 III, S. 248 bis 250.
BFH, Urteil vom 01.04.1958 – I 60/57 U, BStBl. 1958 III, S. 291 bis 293.
BFH, Urteil vom 17.03.1959 – I 207/58 U, BStBl. 1959 III, S. 320 bis 322.
BFH, Urteil vom 18.07.1961 – I 322/60 U, BStBl. 1961 III, S. 405 bis 407.
BFH, Urteil vom 20.11.1962 – I 242/61 U, BStBl. 1963 III, S. 113 bis 114.
BFH, Urteil vom 15.05.1963 – I 69/62 U, BStBl. 1963 III, S. 503 bis 505.
BFH, Urteil vom 10.07.1963 – IV 470/60, DB, Jg. 16 (1963), S. 1273.
BFH, Urteil vom 27.05.1964 – IV 352/62 U, BStBl. 1964 III, S. 478 bis 480.
BFH, Urteil vom 06.04.1965 – I 23/63 U, BStBl. 1965 III, S. 383 bis 384.
BFH, Urteil vom 27.04.1965 – I 324/62 S, BStBl. 1965 III, S. 409 bis 410.
BFH, Urteil vom 02.11.1965 – I 51/61 S, BStBl. 1966 III, S. 61 bis 64.
BFH, Urteil vom 13.01.1966 – IV 51/62, BStBl. 1966 III, S. 189 bis 190.
BFH, Urteil vom 19.01.1967 – IV 117/65, BStBl. 1967 III, S. 336 bis 337.
BFH, Urteil vom 28.09.1967 – IV 291/65, BStBl. 1967 III, S. 763 bis 765.
BFH, Beschluß vom 07.12.1967 – Gr.S. 1/67, BStBl. 1968 II, S. 268 bis 270.
BFH, Urteil vom 14.03.1968 – IV 187/64, BStBl. 1968 II, S. 518 bis 520.
BFH, Urteil vom 24.04.1968 – I R 50/67, BStBl. 1968 II, S. 544 bis 545.
BFH, Urteil vom 25.09.1968 – I 52/64, BStBl. 1969 II, S. 18 bis 26.
BFH, Urteil vom 27.11.1968 – I 162/64, BStBl. 1969 II, S. 247 bis 249.
BFH, Urteil vom 03.02.1969 – Gr. S. 2/68, BStBl. 1969 II, S. 291 bis 294.
BFH, Urteil vom 24.06.1969 – I R 15/68, BStBl. 1969 II, S. 581 bis 584.
BFH, Urteil vom 09.07.1969 – I R 38/66, BStBl. 1969 II, S. 744 bis 747.
BFH, Urteil vom 23.09.1969 – I R 22/66, BStBl. 1970 II, S. 104 bis 107.
BFH, Urteil vom 16.09.1970 – I R 184/67, BStBl. 1971 II, S. 85 bis 87.
BFH, Urteil vom 29.10.1970 – IV R 141/67, BStBl. 1971 II, S. 92 bis 94.
BFH, Urteil vom 18.11.1970 – I 133/64, BStBl. 1971 II, S. 133 bis 136.
BFH, Urteil vom 17.02.1971 – I R 121/69, BStBl. 1971 II, S. 391 bis 394.
BFH, Urteil vom 28.04.1971 – I R 39, 40/70, BStBl. 1971 II, S. 601 bis 603.
BFH, Urteil vom 22.07.1971 – IV R 74/66, BStBl. 1971 II, S. 800 bis 802.
BFH, Urteil vom 24.08.1972 – VIII R 31/70, BStBl. 1972 II, S. 943 bis 944.
BFH, Urteil vom 19.01.1972 – I 114/65, BStBl. 1972 II, S. 392 bis 397.
BFH, Urteil vom 17.01.1973 – I R 204/70, BStBl. 1973 II, S. 320 bis 322.
BFH, Urteil vom 04.04.1973 – I R 130/71, BStBl. 1973 II, S. 485 bis 486.
BFH, Urteil vom 11.10.1973 – VIII R 1/69, BStBl. 1974 II, S. 90 bis 92.
BFH, Urteil vom 12.12.1973 – I R 163/69, BStBl. 1974 II, S. 188 bis 190.
BFH, Urteil vom 25.06.1974 – VIII R 163/71, BStBl. 1975 II, S. 431 bis 433.
BFH, Urteil vom 17.07.1974 – I R 195/72, BStBl. 1974 II, S. 684 bis 686.
BFH, Urteil vom 29.10.1974 – I R 103/73, BStBl. 1975 II, S. 114 bis 115.
BFH, Urteil vom 07.02.1975 – VI R 133/72, BStBl. 1975 II, S. 478 bis 480.
BFH, Urteil vom 19.02.1975 – I R 28/73, BStBl. 1975 II, S. 480 bis 482.
BFH, Urteil vom 26.02.1975 – I R 72/73, BStBl. 1976 II, S. 13 bis 16.

Literaturverzeichnis

BFH, Urteil vom 01.10.1975 – I R 207/73, BStBl. 1976 II, S. 202 bis 203.
BFH, Urteil vom 26.05.1976 – I R 80/74, BStBl. 1976 II, S. 622 bis 624.
BFH, Urteil vom 26.10.1977 – I R 148/75, BStBl. 1978 II, S. 97 bis 99.
BFH, Urteil vom 26.10.1977 – I R 124/76, BStBl. 1978 II, S. 99 bis 100.
BFH, Urteil vom 26.06.1979 – VIII R 145/78, BStBl. 1979 II, S. 625 bis 627.
BFH, Urteil vom 24.10.1979 – VIII R 49/77, BStBl. 1980 II, S. 186 bis 187.
BFH, Urteil vom 20.03.1980 – IV R 89/79, BStBl. 1980 II, S. 297 bis 299.
BFH, Urteil vom 17.07.1980 – IV R 10/76, BStBl. 1981 II, S. 669 bis 672.
BFH, Urteil vom 23.07.1980 – I R 28/77, BStBl. 1981 II, S. 62 bis 63.
BFH, Urteil vom 23.07.1980 – I R 30/78, BStBl. 1981 II, S. 63.
BFH, Urteil vom 21.10.1980 – VIII R 190/78, BStBl. 1981 II, S. 160 bis 161.
BFH, Urteil vom 01.04.1981 – I R 27/79, BStBl. 1981 II, S. 660 bis 663.
BFH, Urteil vom 09.07.1981 – IV R 35/78, BStBl. 1981 II, S. 734 bis 735.
BFH, Urteil vom 11.11.1981 – I R 157/79, BStBl. 1982 II, S. 748 bis 749.
BFH, Urteil vom 07.10.1982 – IV R 39/80, BStBl. 1983 II, S. 104 bis 106.
BFH, Urteil vom 20.01.1983 – IV R 168/81, BStBl. 1983 II, S. 375 bis 378.
BFH, Urteil vom 03.05.1983 – VIII R 100/81, BStBl. 1983 II, S. 572 bis 575.
BFH, Urteil vom 19.05.1983 – IV R 205/79, BStBl. 1983 II, S. 670 bis 672.
BFH, Urteil vom 19.07.1983 – VIII R 160/79, BStBl. 1984, S. 56 bis 59.
BFH, Urteil vom 24.11.1983 – IV R 22/81, BStBl. 1984 II, S. 301 bis 303.
BFH, Urteil vom 25.11.1983 – III R 25/82, BStBl. 1984 II, S. 51 bis 53.
BFH, Urteil vom 01.08.1984 – I R 88/80, BStBl. 1985 I, S. 44 bis 47.
BFH, Urteil vom 23.10.1985 – I R 227/81, BFH/NV, Jg. 3 (1987), S. 123.
BFH, Urteil vom 25.02.1986 – VIII R 134/80, BStBl. 1986 II, S. 788 bis 790.
BFH, Urteil vom 25.02.1986 – VIII R 180/85, BFH/NV 1986, S. 458 bis 460.
BFH, Urteil vom 05.02.1987 – IV R 81/84, BStBl. 1987 II, S. 845 bis 848.
BFH, Urteil vom 19.05.1987 – VIII R 327/83, BStBl. 1987 II, S. 848 bis 850.
BFH, Urteil vom 08.10.1987 – IV R 18/86, BStBl. 1988 II, S. 57 bis 62.
BFH, Urteil vom 22.11.1988 – VIII R 62/85, BStBl. 1989 II, S. 359 bis 363.
BFH, Urteil vom 08.02.1989 – II R 42/89, BStBl. 1989 II, S. 316 bis 317.
BFH, Urteil vom 12.04.1989 – I R 41/85, BStBl. 1989 II, S. 612 bis 614.
BFH, Urteil vom 26.04.1989 – I R 147/84, BStBl. 1991 II, S. 213 bis 216.
BFH, Urteil vom 28.06.1989 – I R 86/85, BStBl. 1990 II, S. 550 bis 553.
BFH, Urteil vom 25.08.1989 – III R 95/87, BStBl. 1989 II, S. 893 bis 896.
BFH, Beschluß vom 24.01.1990 – I B 112/88, BFH/NV, Jg. 7 (1991), S. 434 bis 435.
BFH, Urteil vom 30.01.1990 – VIII R 183/85, BFH/NV, Jg. 6 (1990), S. 504 bis 506.
BFH, Urteil vom 12.12.1990 – I R 153/86, BStBl. 1991 II, S. 479 bis 484.
BFH, Urteil vom 12.12.1990 – I R 18/89, BStBl. 1991 II, S. 485 bis 488.
BFH, Urteil vom 10.04.1991 – II R 118/86, BStBl. 1991 II, S. 620 bis 623.
BFH, Urteil vom 26.07.1991 – VI R 82/89, BStBl. 1992 II, S. 1000 bis 1005.
BFH, Urteil vom 03.12.1991 – VIII R 88/87, BStBl. 1993 II, S. 89 bis 93.
BFH, Urteil vom 12.12.1991 – IV R 28/91, BStBl. 1992 II, S. 600 bis 604.
BFH, Urteil vom 25.03.1992 – I R 69/91, BStBl. 1992 II, S. 1010 bis 1012.
BFH, Urteil vom 04.06.1992 – IV R 101/90, BStBl. 1993 II, S. 276 bis 278.
BFH, Urteil vom 08.07.1992 – XI R 50/89, BStBl. 1992 II, S. 910 bis 912.
BFH, Urteil vom 01.10.1992 – IV R 97/91, BStBl. 1993 II, S. 284 bis 286.
BFH, Urteil vom 02.10.1992 – III R 54/91, BStBl. 1993 II, S. 153 bis 155.
BFH, Urteil vom 10.12.1992 – XI R 34/91, BStBl. 1994 II, S. 158 bis 162.
BFH, Urteil vom 16.12.1992 – XI R 42/89, BFHE 170, S. 179 bis 183.

BFH, Urteil vom 20.01.1993 – I R 115/91, BStBl. 1993 II, S. 373 bis 376.
BFH, Urteil vom 17.02.1993 – X R 60/89, BStBl. 1993 II, S. 437 bis 441.
BFH, Urteil vom 06.04.1993 – VIII R 86/91, BStBl. 1993 II, S. 709 bis 710.
BFH, Urteil vom 15.04.1993 – IV R 75/91, BFHE 171, S. 435 bis 440.
BFH, Urteil vom 03.08.1993 – VIII R 37/92, BStBl. 1994 II; S. 444 bis 449.
BFH, Urteil vom 19.10.1993 – VIII R 14/92, BStBl. 1993 II, S. 891 bis 894.
BFH, Urteil vom 18.01.1995 – I R 44/94, BStBl. 1995 II, S. 742 bis 744.
BFH, Urteil vom 08.02.1995 – I R 72/94, BStBl. 1995 II, S. 412.
BFH, Urteil vom 23.03.1995 – IV R 66/94, BStBl. 1995 II, S. 772 bis 774.
BFH, Urteil vom 20.09.1995 – X R 225/93, BStBl. 1997 II, S. 320 bis 325.
BFH, Urteil vom 16.02.1996 – I R 73/95, BStBl. 1996 II, S. 592 bis 594.
BFH, Urteil vom 27.03.1996 – I R 3/95, BStBl. 1996 II, S. 470 bis 472.
BFH, Urteil vom 08.11.1996 – VI R 29/96, BFH/NV, Jg. 13 (1997), S. 288.
BFH, Urteil vom 28.05.1997 – VIII R 59/95, NV, DStRE, Jg. 2 (1998), S. 37 bis 38.
BFH, Urteil vom 27.11.1997 – IV R 95/96, BFHE 185, S. 160 bis 164.
BFH, Urteil vom 06.08.1998 – IV R 67/97, DStR, Jg. 36 (1998), S. 1783 bis 1786.
BFH, Urteil vom 19.08.1998 – XI R 8/96, BStBl. 1999 II, S. 18 bis 20.
BFH, Urteil vom 04.02.1999 – IV R 54/97, BStBl. 2000 II, S. 139 bis 143.
BFH, Urteil vom 28.03.2000 – VIII R 77/96, BFHE 191, 339 bis 347.
BFH, Urteil vom 06.04.2000 – IV R 31/99, DStRE, Jg. 4 (2000), S. 843 bis 848.
BFH, Beschluß vom 07.08.2000 – GrS 2/99, BStBl. 2000 II, S. 632 bis 638.
BFH, Urteil vom 08.11.2000 – I R 6/96, BFHE 193, S. 399 bis 406.
BFH, Urteil vom 08.11.2000 – I R 10/98, BFHE 193, S. 406 bis 416.
BFH, Urteil vom 29.11.2000 – I R 87/99, DStR, Jg. 39 (2001), S. 563 bis 566.
BFH, Urteil vom 27.06.2001 – I R 45/97, BFHE 196, S. 216 bis 224.
BFH, Urteil vom 30.01.2002 – I R 68/00, BFHE 197, S. 530 bis 535.
BFH, Urteil vom 05.06.2002 – I R 23/01, DStRE, Jg. 6 (2002), S. 1180 bis 1182.
BFH, Urteil vom 05.06.2002 – I R 96/00, DStZ, Jg. 90 (2002), S. 832 bis 834.
BFH, Urteil vom 19.08.2002 – VIII R 30/01, BB, Jg. 58 (2003), S. 43 bis 44.
BFH, Urteil vom 18.12.2002 – I R 17/02, FR, Jg. 85 (2003), S. 511 bis 514.
BFH, Urteil vom 20.03.2003 – IV R 27/01, BFHE 202, S. 256 bis 262.
BFH, Urteil vom 20.08.2003 – I R 49/02, HFR, Jg. 44 (2004), S. 9 bis 11.
BFH, Urteil vom 19.11.2003 – I R 77/01, BB, Jg. 59 (2004), S. 319 bis 323.
BFH, Urteil vom 25.02.2004 – I R 54/02, FR, Jg. 86 (2004), S. 891 bis 895.
BFH, Urteil vom 25.03.2004 – IV R 35/02, DStZ, Jg. 92 (2004), S. 650 bis 653.

7. Finanzgerichte

FG Karlsruhe, Urteil vom 26.03.1963 – I 189/62, EFG, Jg. 11 (1963), S. 300 bis 301.
FG Nürnberg, Urteil vom 22.10.1976 – III 56/76, EFG, Jg. 25 (1977), S. 156 bis 158.
FG Nürnberg, Urteil vom 01.07.1981 – V 160/77, EFG, Jg. 30 (1982), S. 15.
FG Hamburg, Urteil vom 26.10.1999 – VIII 303/98, DStRE, Jg. 4 (2000), S. 787 bis 790.
FG Münster, Urteil vom 15.03.2002 – 1 K 5275/00 F, DStRE, Jg. 7 (2003), S. 65 bis 66.
FG Düsseldorf, Urteil vom 25.02.2003 – 6 K 6967/99 K, BB, EFG, Jg. 51 (2003), S. 923 bis 925.
FG Thüringen, Urteil vom 04.06.2003 – III 933/00, EFG, Jg. 51 (2003), S. 1527 bis 1528.
FG Rheinland-Pfalz, Urteil vom 13.01.2005, 6 K 1057/01, DStRE, Jg. 9 (2005), S. 369 bis 372.

Literaturverzeichnis 319

8. Sonstige Gerichte
VG Leipzig, Urteil vom 19.01.1995 – 5 K 23/94, ZfBR, Bd. 136 (1995), S. 48 bis 59.
VG Potsdam, Beschluß vom 06.09.1996 – 1 L 2161/95, ZfBR, Bd. 138 (1997), S. 50 bis 55.

III. Sonstige Quellen

1. Gesetze
Allgemeines Berggesetz für die Preußischen Staaten. Vom 24. Juni 1865, abgedruckt in: ZfBR, Jg. 6 (1865), S. 235 bis 286.
Gesetz betreffend die Gesellschaften mit beschränkter Haftung vom 20. April 1892, RGBl. 1892, S. 477 in der Fassung der Bekanntmachung vom 20. Mai 1898, RGBl. 1898, S. 846, zuletzt geändert durch Art. 3 Abs. 3 des Gesetzes zur weiteren Reform des Aktien- und Bilanzrechts, zu Transparenz und Publizität vom 19. Juli 2002 (Transparenz- und Publizitätsgesetz), BGBl. 2002 I, S. 2681 bis 2687.
Handelsgesetzbuch vom 10.Mai 1897, RGBl. 1897, S. 219, zuletzt geändert durch Art. 1 des Gesetzes zur Kontrolle von Unternehmensabschlüssen (Bilanzkontrollgesetz – BilKoG) vom 15. Dezember 2004, BGBl. 2004 I, S. 3408 bis 3415.
Grundgesetz für die Bundesrepublik Deutschland vom 23. Mai 1949, BGBl. 1949, S. 1 bis 20, zuletzt geändert durch Gesetz zur Änderung des Grundgesetzes (Artikel 96) vom 26. Juli 2002, BGBl. 2002 I, S. 2863.
Gesetz über die Gesamtplanung im Rheinischen Braunkohlengebiet vom 25. April 1950, GVBl. NW vom 24.05.1950, Ausgabe A, S. 71 bis 73.
Gesetz über die Errichtung einer Gemeinschaftskasse im Rheinischen Braunkohlengebiet vom 25. April 1950, GVBl. NW 1950, Ausgabe A, S. 73.
Gesetz zur Änderung berggesetzlicher Vorschriften im Lande Nordrhein-Westfalen vom 25. April 1950, GVBl. NW 1950, Ausgabe A, S. 73 bis 74.
Begründung zum Gesetz zur Änderung berggesetzlicher Vorschriften im Lande Nordrhein-Westfalen vom 25. April 1950, in: ZfBR, Bd. 91 (1950), S. 189 bis 193.
Aktiengesetz vom 6. September 1965, BGBl. 1965 I, S. 1089 bis 1184, zuletzt geändert durch Art. 5 des Gesetzes zur Kontrolle von Unternehmensabschlüssen (Bilanzkontrollgesetz – BilKoG) vom 15. Dezember 2004, BGBl. 2004 I, S. 3408 bis 3415.
Gesetz zur Ordnung von Abgrabungen (Abgrabungsgesetz) vom 21.11.1972, GVBl. NW 1972, S. 372 bis 375.
Gesetz zur Ordnung von Abgrabungen (Abgrabungsgesetz) in der Fassung der Bekanntmachung vom 23.11.1979, GVBl. NW 1979, S. 922 bis 924.
Bundesberggesetz vom 13. August 1980, BGBl. 1980 I, S. 1310 bis 1363, zuletzt geändert durch die Achte Zuständigkeitsverordnung vom 25. November 2003, BGBl. 2003 I, S. 2304 bis 2345.
Gesetz über die Auflösung der Gemeinschaftskasse im Rheinischen Braunkohlengebiet vom 16. Februar 1982, GVBl. NW 1982, S. 74.
Gesetz zur Änderung des Bundesberggesetzes vom 12. Februar 1990, BGBl. 1990 I, S. 215 bis 218.
Gesetz zur Einführung der Regionalplanung und der Braunkohlen- und Sanierungsplanung im Land Brandenburg (RegBkPlG) vom 13. Mai 1993, GVBl. 1993 I, S. 170 bis 175.
Gesetz über die Eröffnungsbilanz in Deutscher Mark und die Kapitalneufestsetzung (D-Markbilanzgesetz – DMBilG) in der Fassung der Bekanntmachung vom 28. Juli 1994, BGBl. 1994 I, S. 1842 bis 1866.
Gesetz über die Aufgaben und Befugnisse der Polizei im Land Brandenburg (Brandenburgisches Polizeigesetz – BbgPolG) vom 19. März 1996, GVBl. 1996 I, S. 74 bis 95.

320   Literaturverzeichnis

Gesetz zur Verbesserung der Wettbewerbsfähigkeit deutscher Konzerne an Kapitalmärkten
und zur Erleichterung der Aufnahme von Gesellschafterdarlehen (Kapitalaufnahmeer-
leichterungsgesetz – KapAEG) vom 20. April 1998, BGBl. 1998 I, S. 707 bis 709.

Landesplanungsgesetz des Landes Sachsen-Anhalt (LPlG) vom 28. April 1998, GVBl. 1998,
S. 255 bis 262.

Gesetz über den Wertpapierhandel (Wertpapierhandelsgesetz – WpHG) in der Fassung der
Bekanntmachung vom 9. September 1998, BGBl. 1998 I, S. 2708 bis 2725, zuletzt geändert durch Art. 3 Gesetz zur Kontrolle von Unternehmensabschlüssen (Bilanzkontrollgesetz – BilKoG) vom 15. Dezember 2004, BGBl. 2004, S. 3408 bis 3415.

Steuerentlastungsgesetz 1999/2000/2002 vom 24. März 1999, BGBl. 1999 I, S. 402 bis 496.

Landesplanungsgesetz (LPlG); Bekanntmachung der Neufassung vom 11. Februar 2001,
GVBl. NW 2001, S. 50 bis 62.

Gesetz über die Umweltverträglichkeitsprüfung (UVPG) in der Fassung der Bekanntmachung
vom 5. September 2001, BGBl. 2001 I, S. 2350 bis 2374, zuletzt geändert durch Siebtes
Gesetz zur Änderung des Wasserhaushaltsgesetzes vom 18. Juni 2002, BGBl. 2002 I,
S.1914 bis 1922.

Gesetz zur Raumordnung und Landesplanung des Freistaates Sachsen (Landesplanungsgesetz
– SächsLPlG) vom 14. Dezember 2001, GVBl. 2001, S. 716 bis 722.

Gesetz zur Änderung steuerlicher Vorschriften (Steueränderungsgesetz 2001 – StÄndG 2001)
vom 20. Dezember 2001, BGBl. 2001 I, S. 3794 bis 3821.

Gesetz über Naturschutz und Landschaftspflege (Bundesnaturschutzgesetz – BNatSchG) vom
25. März 2002, BGBl. 2002 I, S. 1193 bis 1218.

Gesetz zur weiteren Reform des Aktien- und Bilanzrechts, zu Transparenz und Publizität
(Transparenz- und Publizitätsgesetz) vom 19. Juli 2002, BGBl. 2002 I, S. 2681 bis2687.

Gesetz zur Ordnung des Wasserhaushalts (Wasserhaushaltsgesetz – WHG) in der Fassung der
Bekanntmachung vom 19. August 2002, BGBl. 2002 I, S. 3245 bis 3266.

Körperschaftsteuergesetz (KStG) in der Fassung der Bekanntmachung vom 15. Oktober 2002,
BGBl. 2002 I, S. 4144, zuletzt geändert durch Gesetz zur Änderung des Versicherungs-
aufsichtsgesetzes und anderer Gesetze vom 15. Dezember 2004, BGBl. 2004 I, S. 3416.

Einkommensteuergesetz in der Fassung der Bekanntmachung vom 19. Oktober 2002, BGBl.
2002 I, S. 4210 bis 4330, Berichtigung vom 10. Februar 2003, BGBl. 2003 I, S. 179, zuletzt geändert durch Gesetz zu dem Dritten Zusatzprotokoll vom 4. Juni 2004 zum Ab-
kommen vom 16. Juni 1959 zwischen der Bundesrepublik Deutschland und dem König-
reich der Niederlande zur Vermeidung der Doppelbesteuerung auf dem Gebiete der
Steuern vom Einkommen und vom Vermögen sowie verschiedener sonstiger Steuern
und zur Regelung anderer Fragen auf steuerlichem Gebiete vom 15. Dezember 2004,
BGBl. 2004 II, S. 1653 bis 1654.

Bekanntmachung der Neufassung des Gesetzes zur Regionalplanung und zur Braunkohlen-
und Sanierungsplanung (RegBkPlG) vom 12. Dezember 2002, GVBl. Brandenburg
2003 I, S. 2 bis 8.

Gesetz zur Einführung internationaler Rechnungslegungsstandards und zur Sicherung der
Qualität der Abschlussprüfung (Bilanzrechtsreformgesetz – BilReG) vom 4. Dezember
2004, BGBl. 2004 I, S. 3166 bis 3182.

Literaturverzeichnis

2. Schreiben, Verfügungen, Verordnungen, Richtlinien

BMF, Schreiben vom 20.05.1980 – IV B 2 – S 2170 – 50/80, DB, Jg. 33 (1980), S. 1295 bis 1296.

BMF, Schreiben vom 16.04.1981 – IV B 2 – S 2137 – 12/81, DB, Jg. 34 (1981), S. 965.

BMF, Schreiben vom 27.09.1988 – IV B 2 – S 2137 – 49/88, DB, Jg. 41 (1988), S. 2279.

BMF, Schreiben vom 27.12.1995 – IV B 2 – S 2137 – 87/95, BB, Jg. 51 (1996), S. 264.

BMF, Schreiben vom 17.11.1999 – IV C 2 – S 2175 – 30/99, BStBl. 1999 I, S. 1127 bis 1129.

BMF, Schreiben vom 21.01.2003 – IV A 6 – S 2137 – 2/03, DB, Jg. 56 (2003), S. 239.

BMF, Schreiben vom 26.05.2005 – IV B 2 – S 2175 – 7/05, BB, Jg. 60 (2005), S.1327 bis 1332.

OFD Hannover, Verfügung vom 02.11.1998 – S 2137 – 95 – St H 222/S 2137-86 – StO 221, BB, Jg. 54 (1999), S. 153.

OFD Hamburg, Verfügung vom 29.04.2002 – S 2190 – 9/02 – St 32, DB, Jg. 55 (2002), S. 1025.

OFD Münster, Kurzinformation Einkommenssteuer vom 21.01.2005 – Nr. 5/2005, BB. Jg. 60 (2005), S. 489.

Richtlinien des Landesoberbergamts Nordrhein-Westfalen für das Aufbringen von kulturfähigem Bodenmaterial bei forstwirtschaftlicher Rekultivierung für die im Tagebau betriebenen Braunkohlenbergwerke vom 12. November 1973 in der Fassung vom 2. März 1984, abgedruckt in: Zydek/Heller: Deutsches Bergrecht (Loseblatt), 7. Ergänzung, April 1986.

Richtlinien des Landesoberbergamtes Nordrhein-Westfalen für die landwirtschaftliche Wiedernutzbarmachung von Braunkohlentagebauen vom 7. Januar 1992 in der Fassung vom 17.Mai 1993, abgedruckt in: Zydek/Heller: Deutsches Bergrecht (Loseblatt), 19. Ergänzung, August 1993.

Richtlinie des Landesbergamtes Brandenburg zum Immissionsschutz in Braunkohletagebauen vom 10.12.2001 (die Richtlinie wurde dem Verfasser auf Anfrage zugesendet).

Verordnung zur Änderung bergrechtlicher Verordnungen vom 10. August 1998, BGBl. 1998 I, S. 2093 bis 2095.

Richtlinie 93/22/EWG des Rates vom 10. Mai 1993 über Wertpapierdienstleistungen, Amtsblatt der Europäischen Gemeinschaften Nr. L 141/27 bis 46 vom 11.06.1993.

Verordnung (EG) Nr. 1606/2002 des Europäischen Parlaments und des Rates vom 19. Juli 2002 betreffend die Anwendung internationaler Rechnungslegungsstandards, Amtsblatt der Europäischen Gemeinschaften Nr. L 243/1 bis 4 vom 11.09.2002.

Einkommensteuer-Durchführungsverordnung 2000 (EStDV 2000) in der Fassung der Bekanntmachung vom 10. Mai 2000, BGBl. 2000 I, S. 717 bis 733.

Allgemeine Verwaltungsvorschrift zur Anwendung des Einkommensteuerrechts (Einkommensteuer-Richtlinien 2003 – EStR 2003) vom 15. Dezember 2003, BStBl. 2003 I, Sondernummer 2.

3. Bundestags-Drucksachen

BT-Drucks. 8/1315: Gesetzentwurf der Bundesregierung: Entwurf eines Bundesberggesetzes (BBergG).

BT-Drucks. 8/3965: Beschlußempfehlung und Bericht des Ausschusses für Wirtschaft (9. Ausschuß) a) zu dem von der Bundesregierung eingebrachten Entwurf eines Bundesberggesetzes (BBergG) – Drucksache 8/1315, b) zu dem vom Bundesrat eingebrachten Entwurf eines Gesetzes zur Änderung des Gesetzes zur vorläufigen Regelung der Rechte am Festlandsockel –Drucksache 8/1018.

BT-Drucks. 8/4220: Unterrichtung durch den Bundesrat: Bundesberggesetz (BBergG) – Drucksachen 8/1315, 8/3965 – hier: Anrufung des Vermittlungsausschusses.

BT-Drucks. 8/4331: Beschlußempfehlung des Ausschusses nach Artikel 77 des Grundgesetzes (Vermittlungsausschuß) zu dem Bundesberggesetz (BBergG) – Drucksachen 8/1315, 8/3965, 8/4220.

BT-Drucks. 11/4015: Gesetzentwurf der Bundesregierung: Entwurf eines Gesetzes zur Änderung des Bundesberggesetzes.

BT-Drucks. 14/23: Gesetzentwurf der Fraktionen SPD und Bündnis 90/Die Grünen: Entwurf eines Steuerentlastungsgesetzes 1999/2000/2002.

BT-Drucks. 14/265: Gesetzentwurf der Bundesregierung: Entwurf eines Steuerentlastungsgesetzes 1999/2000/2002.

BT-Drucks. 14/442: Dritte Beschlußempfehlung des Finanzausschusses (7. Ausschuß) zu dem Gesetzentwurf der Fraktionen SPD und Bündnis 90/Die Grünen – Drucksache 14/23 – Entwurf eines Steuerentlastungsgesetzes 1999/2000/2002.

BT-Drucks. 14/443: Dritter Bericht des Finanzausschusses (7. Ausschuß) zu dem Gesetzentwurf der Fraktionen SPD und Bündnis 90/Die Grünen – Drucksache 14/23 – Entwurf eines Steuerentlastungsgesetzes 1999/2000/2002.

BT-Drucks. 14/6378: Gesetzentwurf der Fraktionen SPD und Bündnis 90/Die Grünen: Entwurf eines Gesetzes zur Neuregelung des Rechts des Naturschutzes und der Landschaftspflege und zur Anpassung anderer Rechtsvorschriften (BNatSchG NeuregG).

BT-Drucks. 14/6877: Gesetzentwurf der Bundesregierung: Entwurf eines Gesetzes zur Änderung steuerlicher Vorschriften (Steueränderungsgesetz – StÄndG 2001).

Prof. Jacob & Prof. Dahlhaus GmbH

Baubetriebliche Unternehmensberatung

- Flächenrecycling
- Wirtschaftlichkeitsuntersuchungen
- Public Private Partnership (PPP)
- Baubetriebswirtschaftliche Schulung
- International Project and Construction Management Support and Consultancy

Beratende Ingenieure

- Tunnelbau
- Verschlussbauwerke
- Spezialtiefbau
- Baukonstruktionen
- Konstruktiver Ingenieurbau

Dr.-Külz-Str. 9	Bleibtreustraße 53	Arnikaweg 23
09599 Freiberg	10623 Berlin	76149 Karlsruhe
Tel.: (03731) 77 44 13	Tel.: (030) 31 50 82 05	Tel.: (0721) 4 76 70 20
Fax: (03731) 77 44 14	Fax: (030) 31 50 82 06	

Internet: www.jdc-beratung.de E-mail: info@jdc-beratung.de

Deutscher Universitäts-Verlag

Ihr Weg in die Wissenschaft

DUV

Der Deutsche Universitäts-Verlag ist ein Unternehmen der GWV Fachverlage, zu denen auch der Gabler Verlag und der Vieweg Verlag gehören. Wir publizieren ein umfangreiches wirtschaftswissenschaftliches Monografien-Programm aus den Fachgebieten

- ✓ Betriebswirtschaftslehre
- ✓ Volkswirtschaftslehre
- ✓ Wirtschaftsrecht
- ✓ Wirtschaftspädagogik und
- ✓ Wirtschaftsinformatik

In enger Kooperation mit unseren Schwesterverlagen wird das Programm kontinuierlich ausgebaut und um aktuelle Forschungsarbeiten erweitert. Dabei wollen wir vor allem jüngeren Wissenschaftlern ein Forum bieten, ihre Forschungsergebnisse der interessierten Fachöffentlichkeit vorzustellen. Unser Verlagsprogramm steht solchen Arbeiten offen, deren Qualität durch eine sehr gute Note ausgewiesen ist. Jedes Manuskript wird vom Verlag zusätzlich auf seine Vermarktungschancen hin geprüft.

Durch die umfassenden Vertriebs- und Marketingaktivitäten einer großen Verlagsgruppe erreichen wir die breite Information aller Fachinstitute, -bibliotheken und -zeitschriften. Den Autoren bieten wir dabei attraktive Konditionen, die jeweils individuell vertraglich vereinbart werden.

Besuchen Sie unsere Homepage: *www.duv.de*

Deutscher Universitäts-Verlag
Abraham-Lincoln-Str. 46
D-65189 Wiesbaden